रज़ा पुस्तक माला

असहमति में उठा एक हाथ

रघुवीर सहाय की जीवनी

रज़ा फ़ाउण्डेशन | THE RAZA FOUNDATION

असहमति में उठा एक हाथ

रघुवीर सहाय की जीवनी

विष्णु नागर

राजकमल प्रकाशन

रज़ा पुस्तक माला : **जीवनी**
प्रधान सम्पादक : अशोक वाजपेयी | सम्पादक : पीयूष दईया
राजकमल प्रकाशन प्रा.लि. और रज़ा फ़ाउण्डेशन का सह-प्रकाशन

ISBN : 978-93-88753-72-2

मूल्य : ₹1295

पहला संस्करण : 2019

प्रकाशक : राजकमल प्रकाशन प्रा. लि.
1-बी, नेताजी सुभाष मार्ग, दरियागंज
नई दिल्ली-110 002

शाखाएँ : अशोक राजपथ, साइंस कॉलेज के सामने, पटना-800 006
पहली मंजिल, दरबारी बिल्डिंग, महात्मा गाँधी मार्ग, इलाहाबाद-211 001
36 ए, शेक्सपियर सरणी, कोलकाता-700 017

वेबसाइट : www.rajkamalprakashan.com
ई-मेल : info@rajkamalprakashan.com

मुद्रक : यश प्रिंटोग्राफिक्स
नोएडा-201 301 (उत्तर प्रदेश)

ASAHMATI MEIN UTHA EK HATH
Raghuveer Sahay Ki Jeewani
(Biography) by Vishnu Nagar

रघुवीर जी की स्मृति में
विमलेश्वरी जी और सहाय-परिवार को समर्पित

जीवन साहित्य से अधिक मूल्यवान् है...पर मैं अपने जीवन का जो कुछ नहीं बताता हूँ, वह मेरे जीवन का मूल्यांकन करने के लिए आपके जानने योग्य भी नहीं है।

—रघुवीर सहाय

आमुख

कलाओं में भारतीय आधुनिकता के एक मूर्धन्य सैयद हैदर रज़ा एक अथक और अनोखे चित्रकार तो थे ही उनकी अन्य कलाओं में भी गहरी दिलचस्पी थी। विशेषतः कविता और विचार में। वे हिन्दी को अपनी मातृभाषा मानते थे और हालाँकि उनका फ्रेंच और अँग्रेज़ी का ज्ञान और उन पर अधिकार गहरा था। वे, फ्रांस में साठ वर्ष बिताने के बाद भी, हिन्दी में रमे रहे। यह आकस्मिक नहीं है कि अपने कला-जीवन के उत्तरार्द्ध में उनके सभी चित्रों के शीर्षक हिन्दी में होते थे। वे संसार के श्रेष्ठ चित्रकारों में, २०-२१वीं सदियों में, शायद अकेले हैं, जिन्होंने अपने सौ से अधिक चित्रों में देवनागरी में संस्कृत, हिन्दी और उर्दू कविता में पंक्तियाँ अंकित कीं। बरसों तक मैं जब उनके साथ कुछ समय पेरिस में बिताने जाता था तो उनके इसरार पर अपने साथ नवप्रकाशित हिन्दी कविता की पुस्तकें ले जाता था : उनके पुस्तक-संग्रह में, जो अब दिल्ली स्थित रज़ा अभिलेखागार का एक हिस्सा है, हिन्दी कविता का एक बड़ा संग्रह शामिल था।

रज़ा की एक चिन्ता यह भी थी कि हिन्दी में कई विषयों में अच्छी पुस्तकों की कमी है। विशेषतः कलाओं और विचार आदि को लेकर। वे चाहते थे कि हमें कुछ पहल करनी चाहिये। २०१६ में साढ़े चौरानवे वर्ष की आयु में उनकी मृत्यु के बाद रज़ा फ़ाउण्डेशन ने उनकी इच्छा का सम्मान करते हुए हिन्दी में कुछ नयी क़िस्म की पुस्तकें प्रकाशित करने की पहल *रज़ा पुस्तक माला* के रूप में की है, जिनमें कुछ अप्राप्य पूर्व प्रकाशित पुस्तकों का पुनर्प्रकाशन भी शामिल है। उनमें गाँधी, संस्कृति-

चिन्तन, संवाद, भारतीय भाषाओं से विशेषत: कला-चिन्तन के हिन्दी अनुवाद, कविता आदि की पुस्तकें शामिल की जा रही हैं।

रघुवीर सहाय आधुनिक हिन्दी कविता के एक मूर्धन्य हैं। उनका बाद की हिन्दी कविता पर गहरा प्रभाव पड़ा है। लेखक होने के अलावा वे, अपनी जीविका के लिए, पत्रकारिता से सम्बद्ध रहे। उस क्षेत्र में भी वे नवाचारी थे : उनकी पहल पर उस समय हिन्दी पत्रकारिता ने जीवन और समाज की ऐसी छबियाँ उकेरीं जो राजनीति और आर्थिकी से आक्रान्त पत्रकारिता में दुस्साहस की तरह थीं : इस नवाचार की उन्हें क़ीमत भी चुकानी पड़ी। हिन्दी कवि और पत्रकार विष्णु नागर ने रघुवीर सहाय की यह जीवनी मनोयोग और अध्यवसाय से लिखी है। उसमें ऐसे ब्यौरे दिये गये हैं जो अधिकांश पाठकों के ध्यान में नहीं रहे हैं। एक कवि-पत्रकार का जीवन-संघर्ष अपनी सारी मानवीय चेष्टा और सार्थकता के साथ विफलता में प्रगट होता है। कवि-जीवन की कई विडम्बनाएँ और अन्तर्विरोध जैसे कि उसकी गरिमा और स्वाभिमान, एकाग्रता और बिखराव बहुत जीवन्त होकर उभरते हैं। यह जीवनी रज़ा फ़ेलोशिप के अन्तर्गत लिखी गयी है। रज़ा फ़ाउण्डेशन उसे उत्साह और कृतज्ञता से प्रकाशित कर रहा है।

अशोक वाजपेयी
मई २०१९, नयी दिल्ली

प्रस्तावना इस जीवनी के बारे में

विष्णु नागर

इस जीवनी के बारे में

क़रीब तीन साल हुए, एक दिन अशोक (वाजपेयी) जी का फ़ोन आता है, जिनसे फ़ोन पर तो पिछले पैंतीस-छत्तीस वर्षों में याद नहीं, इससे पहले कब बात हुई थी। उन्होंने रघुवीर सहाय की जीवनी लिखने का प्रस्ताव किया और यह भी आश्वस्त किया कि इसमें उनका कोई हस्तक्षेप नहीं होगा।

हस्तक्षेपमुक्त काम करने का अपना सुख है ही, इस रूप में यह प्रस्ताव बेहद सुखद था मगर मन में कुछ दुविधाएँ भी थीं। अन्ततः मैंने स्वीकृति दी। मैं ख़ुद मित्रों से कहता आया हूँ कि हम कितने कृतघ्न हैं कि हमारे पास न जाने अपने कितने ही बड़े लेखकों की अच्छी क्या बुरी तक जीवनियाँ नहीं हैं, ऐसे में एक अवसर मुझ तक चलकर आया है, वह भी अपने प्रिय लेखक के बारे में—जिन्हें मैं कम-ज़्यादा व्यक्तिगत रूप से जानता भी रहा हूँ—तो इसे स्वीकार करना चाहिए। इस निर्णय तक पहुँचने में, मेरा हौसला बढ़ाने में मदद, मेरे कुछ कवि-मित्रों ने भी की।

बाद में अशोक जी का जो औपचारिक पत्र आया, उसमें इस काम के लिए एक साल का समय दिया गया था। मेरा अधिकांश समय दैनिक अख़बार में काम करते बीता है। समय पर या समय से पहले ही लिखकर देने का अभ्यस्त रहा हूँ। भरोसा था कि समय पर यह काम भी पूरा कर दूँगा लेकिन मैं इस बार ग़लत निकला। मुझे कोई रिपोर्ट या लेख नहीं लिखना था, विशुद्ध पत्रकारिता नहीं करनी थी। जीवन में पहली बार योजनाबद्ध ढंग से एक पूरी किताब लिखनी थी, जिसमें विभिन्न लोगों से बातचीत, अध्ययन,

शोध सब शामिल है। इसलिए वायदे पर वायदे करता रहा और समय पर पूरा कर नहीं पाया। अन्तिम वायदा भी समय पर पूरा नहीं कर पाया, हालाँकि इस बार प्रयत्न पूरा किया और अपने स्वभाव से लड़कर लगभग नियमित रूप से एक–डेढ़ महीने तक काम किया। ख़ैर! अब जो आपके सामने है, उसे बेहतर ढंग से करने की अपनी ओर से क्षमताभर कोशिश की है। ये जो भी है आपके सामने, वह मेरे भीतर बैठे पत्रकार और लेखक दोनों का योग है। इसमें क्या अधिक है, क्या कम, क्या और कितना और होना चाहिए था, इसका फ़ैसला अब आप करें।

रघुवीर जी के देहावसान के क़रीब २७ साल में यह काम शुरू किया था तो इस अन्तराल की भी अपनी सीमाएँ थीं। जो सीमाएँ काम हाथ में लेने के समय थीं, उससे अधिक बाद में बढ़ती गयीं। जब यह काम शुरू किया था तो हमारे बीच कुँवर नारायण, केदारनाथ सिंह, अजित कुमार जैसे रघुवीर जी के समकालीन और निकटस्थ कवि जीवित थे। ये इस काम को पूरा करते–करते नहीं रहे। कुँवर जी तो उनके विश्वविद्यालय काल से घनिष्ठ मित्र थे लेकिन रघुवीर जी के कई और घनिष्ठ पहले ही नहीं रहे थे, जैसे कृष्ण नारायण कक्कड़ और मनोहर श्याम जोशी आदि। जोशी जी ने तो 'रघुवीर सहाय रचनावली' के बहाने बहुत से संस्मरण, पुस्तकाकार साझा करके ख़ासतौर से आकाशवाणी में उनके पहले कार्यकाल के बारे में, काफ़ी कुछ बताया है वरना कोई और था नहीं अब, जो उस दौर के बारे में कुछ बताता और इस तरह बताता। उनके लिखे का काफ़ी लाभ उठाया मैंने। फिर एक अच्छा काम यह हुआ कि उनकी रचनावली सामने आ चुकी है। उसमें यहाँ–वहाँ खोजने से टुकड़ों–टुकड़ों और संकेतों में बहुत कुछ मिला। 'दिनमान' के उनके सहयोगियों का भी बहुत सहयोग मिला, सुझाव मिले। त्रिलोक दीप ने तो 'दिनमान' की फाइलें ज़िल्द बँधवाकर अपने पास रख रखी थीं, उनका जब चाहा, इस्तेमाल किया। बाक़ी साथियों—जवाहरलाल कौल, रामसेवक श्रीवास्तव, प्रयाग शुक्ल, विनोद भारद्वाज, बनवारी, विश्वम्भर श्रीवास्तव का भी पूरा सहयोग मिला। रघुवीर जी के वरिष्ठ साथी जितेन्द्र गुप्त से संयोगवश उनकी मृत्यु के कुछ दिन पहले ही मुलाक़ात हो गयी थी। वह तब भी बहुत अस्वस्थ थे। उनसे दूसरी भेंट नहीं हो पायी। रघुवीर जी की पत्नी विमलेश्वरी जी अब काफ़ी वृद्ध हैं लेकिन स्मृतियों का पूरा ख़ज़ाना लगभग उनके पास सुरक्षित है। रघुवीर जी की चारों

सन्तानों और दामाद हेमन्त जोशी से भी बातचीत हुई। लखनऊ में रह रहे रघुवीर जी के सभी चार छोटे भाइयों का भी पूरा सहयोग मिला। सत सोनी, कृष्ण कुमार, इब्बार रब्बी, मंगलेश डबराल, वीरेन्द्र यादव, पल्लव, असग़र वज़ाहत, सुरेन्द्र राजन, विनोद दास, विजय कुमार, शशि प्रकाश चौधरी जैसे कितने ही वरिष्ठों, कनिष्ठों, मित्रों-परिचितों ने सहयोग किया-करवाया। रज़ा फ़ाउण्डेशन और अशोक वाजपेयी ने पहल की, वह तो बुनियादी बात है ही। और पीयूष दईया ने पूरी पाण्डुलिपि देख कर मेरा भला किया, कई जगह दोहराव था बातों का, उनसे बचा (अभी भी कुछ होंगे शायद)।

इसमें इतना समय लगने के बहुत से कारण रहे हैं। एक बुनियादी कठिनाई तो यह है कि विशेष रूप से रघुवीर जी की कविता पर तो बहुतों ने लिखा है और अब भी लिख रहे हैं मगर उनका आत्यन्तिक-आत्मीय परिचय देनेवाली सामग्री कम उपलब्ध है। जो है, वह छुटपुट है। जोशी जी को छोड़कर उनके साथ गुज़रे जीवन के वर्षों के बारे में उनके अन्य समकालीनों ने या हम बाद के लोगों ने भी बहुत कम लिखा है। कक्कड़ जी ने भी उनके साहित्य पर अधिक लिखा है मगर अपने लम्बे मैत्रीपूर्ण जीवन के विभिन्न प्रसंगों पर बहुत कम लिखा है। अगर रघुवीर जी और जोशी जी ने विभिन्न प्रसंगों में कक्कड़ जी का उल्लेख न किया होता तो इस मित्रता की कहानी बहुत कुछ आधी-अधूरी रहती।

इस बीच यह जीवनी लिखना तो मेरी प्राथमिकता रही ही है मगर जीवन की कई और प्राथमिकताओं, तात्कालिक प्रेमपूर्ण दबावों-अपेक्षाओं की भी पूरी तरह उपेक्षा नहीं की जा सकती थी। कुछ हद तक दिल्ली शहर के अपने सुख-दुख, दूरियाँ भी विलम्ब की ज़िम्मेदार हैं। कुछ ज़िम्मेदारी इस समय की राजनीतिक, सामाजिक-सांस्कृतिक परिस्थितियों की भी है, जो हम सबको इतना विचलित करती हैं कि कई बार उन पर प्रतिक्रिया-हस्तक्षेप किये बग़ैर रहा नहीं जाता। वैसे बुरा समय कई बार रचनात्मक रूप से उत्तेजक समय होता है और वह आपको एकाग्र नहीं रहने देता। वैसे भी हम न ऋषि-मुनि हैं, न उनकी तरह जंगल में रह रहे हैं और न हिमालय के एकान्त में (हालाँकि एकान्त तो वहाँ भी नहीं रहा अब।) कि अविचलित भाव से एकान्त साधना कर सकें। इसलिए दिमाग़ अटकता-भटकता रहा, जो ज़रूरी भी लगता है—ख़ुद अपने लिए भी और जीवनी लेखन के काम

के लिए भी। वैसे भी अकादेमिक दुनिया से मेरा इतनी दूर का रिश्ता रहा है कि उसके लिए—अच्छे अर्थों में जो कठोर अनुशासन चाहिए—जो रामविलास शर्मा आदि महामनाओं में था, मुझमें नहीं है, न हो सकता है, न उसकी कामना अपने लिए रही कभी बल्कि अनुशासन तोड़ते रहने का जो कीड़ा बचपन में लग गया था, कुछ अर्थों में वह अब भी जीवित और सक्रिय है। इसलिए जब जीवनी का काम करने लगता था तो मेरा मन इसमें इतना रम जाता था कि थककर सोने लगता तो भी कई बार मन जीवनी में ही अटका रहता और मुश्किल से नींद आती। फिर एक बार किसी कारण से बाधा आती तो फिर से काम शुरू करना कठिन हो जाता। अब तय किया है कि इस काम की चाहे पूछ हो न हो, इस तरह का यह पहला और अन्तिम काम होगा मेरे लिए। एक ज़माने में दिल्ली की परिवहन व्यवस्था के बहाने समाज को समझने की कोशिश कुछ-कुछ की थी, कुछ सामग्री भी बटोरी थी मगर वह काम न तब हो सका, न अब हो सकेगा।

विभिन्न विश्वविद्यालयों के हिन्दी विभाग दशकों से शोध के नाम पर अधिकांश फ़र्ज़ी-चलताऊ काम करवा रहे हैं। आज के लेखकों पर होनेवाले शोधकार्य भी—जितने मुझे देखने में आये हैं—उनमें से अधिकांश में शोध जैसा कुछ ख़ास नज़र नहीं आता—एक ढाँचा है, जिसमें जैसे-तैसे सब फिट करके छुट्टी पा जाना है, डिग्री ले लेना है। अधिकतर अकादेमिक शोध भी शोधवृत्ति प्राप्तकर्ताओं की कृपा से नहीं हुए हैं। यह काम अगर अकादेमिक संस्थाओं ने लगन से किया-करवाया होता तो मेरे जैसे ग़ैर-अकादेमिक आदमी का दुस्साहस नहीं होता कि वह इधर देखने की हिम्मत भी कर सके।

रघुवीर सहाय का जीवनभर का काम प्रभूत और बहुमुखी है, जैसा कि इस जीवनी से एक बार और स्पष्ट होगा। इतना बहुमुखी और इतना मौलिक है कि सब कुछ पर यहाँ लिखा भी नहीं जा सका लेकिन उनके सोच के दायरे में आनेवाली कुछ चीज़ों का संकेत और सार यहाँ है, जिन पर अभी तक दुर्भाग्य से हमारा ध्यान नहीं गया है। मेरे ख़याल से उन बातों को भी जीवनी का अंग बनाना चाहिए, जो किसी लेखक के यहाँ अलग से दिखायी देती हैं और साहसिक ढंग से दिखायी देती हैं। उनकी कविताओं-कहानियों का कोई मूल्यांकन यहाँ करने से यथासम्भव बचा गया है क्योंकि मेरे मत में यह जीवनी का काम नहीं है और रघुवीर जी के मूल्यांकन की बहुत सी

अच्छी कोशिशें हुई भी हैं। यहाँ अधिक प्रयत्न यह रहा है कि उन्होंने ख़ुद अपने काम के बारे में क्या कहा है, क्या बताया है, यह सामने लाया जाये।

अन्त में मैं उनका ऋणी तो हूँ ही, जिनका यहाँ उल्लेख है, उनका भी जिनका उल्लेख बीच-बीच में आया है। 'रघुवीर सहाय रचनावली' के सम्पादक सुरेश शर्मा से उनकी अपनी अत्यधिक व्यस्तता के कारण बात करना तो सम्भव नहीं हो सका मगर उनके संस्मरणों का यहाँ-वहाँ उपयोग है, रघुवीर जी के अन्तिम दिन के कुछ विवरणों का भी। एक अध्याय 'जीवन और रचना' तो यथावत् यहाँ साभार दिया जा रहा है।

सबसे अधिक धन्यवाद तो पत्नी प्रमिला का है। उन्होंने बहुत कुछ त्याग कर, सहकर इस काम के लिए मुझे अपना समय लेने दिया बल्कि प्रोत्साहित भी किया कि पूरा ध्यान इस काम में लगाये रहूँ। इस बीच दिन का बहुत सा समय हमने एक घर में दो द्वीपों के वासियों की तरह बिताया है।

मैं अजित कुमार जी को इस मौक़े पर याद करना चाहूँगा विशेष रूप से, जिन्होंने सहयोग तो किया ही, उनकी इच्छा थी कि यह पुस्तक जल्दी आये, वह बार-बार पूछते रहते थे लेकिन उनकी यह इच्छा पूरी कर पाता, इस बीच वह नहीं रहे। वह चाहते थे कि जीवनी की भाषा में कहीं-कहीं मेरी व्यंग्यात्मकता भी झलके लेकिन वह मेरे लिए सम्भव नहीं हो सका। दिव्यराज अमेय को भी याद करना चाहूँगा, जिन्होंने जीवनी लिखने में सहयोग किया। और स्वर्गीय लक्ष्मीधर मालवीय व नवल शुक्ल का भी।

एक आपत्ति यह हो सकती है कि किताब रघुवीर जी के बारे में कुछ अधिक प्रशंसात्मक हो गयी है। अगर यह सही है तो इसका 'दोष' कुछ हद तक रघुवीर जी के व्यक्तित्व में है, कुछ उनके बारे में अच्छी-अच्छी बातें करनेवालों में और अन्त में सबसे अधिक मेरा है।

यथासम्भव पूरी सावधानी और व्यक्ति निरपेक्षता बरतने की कोशिश की गयी है, फिर भी कुछ भूलों-ग़लतियों की ओर किसी ने ध्यान दिलाया तो उन्हें आगे ठीक करने का प्रयत्न रहेगा।

—विष्णु नागर

क्रम

बचपन का समय

उन्हें बचपन में ही दिल्ली देखनी पड़ गयी थी।

१९२९ भारत के स्वतन्त्रता संघर्ष के इतिहास का एक महत्त्वपूर्ण वर्ष है, ख़ासकर उसका दिसम्बर महीना। ३१ दिसम्बर को लाहौर में काँग्रेस के अधिवेशन में सभापति जवाहरलाल नेहरू ने 'पूर्ण स्वराज्य' की घोषणा की और आगामी २६ जनवरी को 'स्वतन्त्रता दिवस' के रूप में मनाने का आह्वान किया। इसी साल लखनऊ के एक मध्यवित्त-परिवार में ९ दिसम्बर को एक बच्चे का जन्म लेना कोई बड़ी घटना नहीं थी लेकिन बाद में हमने पहचाना कि वह कम से कम भारतीय और विशेषकर हिन्दी साहित्य के इतिहास की एक महत्त्वपूर्ण घटना थी। उस दिन लखनऊ के हरदेवसहाय के यहाँ उनकी सबसे बड़ी सन्तान का जन्म हुआ था, जिसने बड़े होकर साहित्य और पत्रकारिता के इतिहास में बहुत बड़ा काम किया।

पहले बच्चे के जन्म पर स्वाभाविक है कि बहुत ख़ुशियाँ मनायी गयी होंगी। उस दिन जन्मे उस बच्चे ने १९४७ में आज़ादी मिलने तक के सत्रह सालों में जो देखा-सुना-जाना, उसका असर उसके रचनात्मक सोच पर गहरा पड़ा। वह समय भारत की आज़ादी के संघर्ष की दृष्टि से तो महत्त्वपूर्ण था ही, रचनात्मक दृष्टि से भी कारगर था। वह साहित्य, कला, संगीत आदि में आये नये उभारों का काल था। उस समय हर क्षेत्र की बड़ी प्रतिभाएँ सामने आ रही थीं, जिन्होंने बेहद लगन और परिश्रम से वह सब हासिल किया, जो आधुनिक भारत की अविस्मरणीय सांस्कृतिक निधि के रूप में आज याद किया जाता है। ये प्रतिभाएँ किसी न किसी रूप में आज़ादी के संघर्ष से भी सम्बद्ध थीं मगर ज़रूरी नहीं कि सबका रास्ता राजनीति से होकर ही

गया हो लेकिन उससे वे अप्रभावित और उदासीन भी नहीं थीं।

रघुवीर सहाय ९ दिसम्बर, १९२९ को जिस परिवार में जन्मे, वह इससे पन्द्रह साल पहले ही १९१४ में लखनऊ आकर बसा था। रघुवीर जी के बाबा (पितामह) लक्ष्मीसहाय उसी वर्ष उत्तर प्रदेश की कई जेलों में जेलर रहने के बाद रिटायर हुए थे। उन्होंने अपनी तीन बेटियों और तीन बेटों के हित में यह फ़ैसला किया कि वह अपने उन्नाव ज़िले के नज़दीकी शहर लखनऊ में आकर बसें तो शायद बच्चों का भविष्य बन जाये। उन्होंने अपनी बचत और पेंशन के पैसों से तीनों बेटों के लिए आसपास तीन घर ख़रीद दिये ताकि उस बड़े शहर में अपनी गृहस्थी का भार सम्भालते हुए उनके साथ वह रह सकें। इन तीन बेटों के नाम थे—देवीसहाय, बलदेवसहाय और हरदेवसहाय। पहले दो बेटे और एक बेटी पहली पत्नी से हुए थे। पत्नी का निधन होने पर लक्ष्मी सहाय को दूसरे विवाह से तीन और बेटे-बेटी हुए। बेटे का नाम हरदेव रखा गया और दो बेटियों के नाम—लीलावती और ज्ञानवती।

वैसे लक्ष्मीसहाय की उन्नाव की पुरवा तहसील के गाँव बरवट में छोटी-मोटी ज़मींदारी थी। फिर भी न तो वह ज़मींदार के रूप में और न जेलर के रूप में ज़ालिम माने जाते थे, उनकी छवि दयावान व्यक्ति की थी। रिटायर होकर जब वह लखनऊ आये तो उन्होंने अपने मोहल्ले के लोगों के लिए मुफ़्त होम्योपैथी और आयुर्वेदिक चिकित्सा आरम्भ की, जिसका ज्ञान उन्होंने नौकरी के दौरान कभी हासिल किया था। यही काम वह अमीनाबाद में अपने बेटे बलदेवसहाय की किताबों की दुकान पर जाकर भी किया करते थे। वह लखनऊ के अपने पड़ोसियों में 'दरोग़ा साहब' के नाम से मशहूर थे। उन्होंने लखनऊ में लोगों की इस तरह जो सेवा की, उसे सम्मान देने के लिए उनकी मृत्यु के बाद मोहल्ले की उस सड़क का नाम 'लक्ष्मी सहाय रोड' रखा गया। आज भी यह सड़क इसी नाम से जानी जाती है। यह अलग बात है कि बाद के लखनऊ ने उनके पोते रघुवीर सहाय की स्मृति को किसी भी रूप में सुरक्षित रखना ज़रूरी नहीं समझा। राज्य की समाजवादी सरकार—जिस समाजवादी विचारधारा से रघुवीर जी जुड़े थे—सौ से अधिक पुरस्कार हर वर्ष देती रही मगर उसने एक पुरस्कार तक उनके नाम पर रखना ज़रूरी नहीं समझा। उन्नाव से सात क़िलोमीटर की दूरी पर दही चौकी नामक जगह के पास उनके नाम पर १९९५ में 'रघुवीर सहाय

वनचेतना' केन्द्र बनाया गया, जिसके बारे में घोषणा की गयी थी कि वह साहित्यिक चेतना का केन्द्र भी बनेगा और वहाँ रघुवीर जी की प्रतिमा स्थापित होगी। परिवारजनों के अनुसार उन्नाव के लोग राज्य सरकार के सहयोग से यह प्रतिमा स्थापित करना चाहते थे मगर यह काम भी सिरे नहीं चढ़ सका।

नौकरी करते हुए लक्ष्मीसहाय को अपनी ज़मींदारी की देखरेख के लिए ज़्यादा समय नहीं मिलता था मगर रिटायर होने के बाद उनका बरवट आना-जाना अक्सर होता था। जब उनकी उम्र उन्हें दगा देने लगी तो उन्होंने यह ज़िम्मेदारी अपने दो बड़े बेटों—देवीसहाय और बलदेवसहाय को सौंपी, जिसमें से मँझले बेटे बलदेवसहाय बाद में उन्नाव में ही रहने लगे। हरदेव तब छोटे थे, इसलिए वह इस सबसे दूर रखे गये। लक्ष्मीसहाय जब लखनऊ आये थे, तब हरदेव महज़ आठ साल के थे।

लक्ष्मीसहाय लखनऊ में मुफ़्त दवाएँ बाँटने के साथ आर्य समाज का काम भी देखते थे। लोग निजी मामलों में भी दरोग़ा साहब से राय लेने आते। इस आर्य समाजी परिवार में पूजापाठ नहीं होता था मगर मन्त्र पाठ और यज्ञ होता था। घर में कोई मूर्ति वग़ैरह नहीं थी।

आर्य समाज के प्रभाव के कारण लक्ष्मीसहाय ने अपने नाम के साथ जातिसूचक नाम श्रीवास्तव नहीं जोड़ा। उनकी तरह उनके बेटों के नाम के साथ भी सहाय जोड़ा गया, इसलिए स्वभावतः लोग समझते थे कि सहाय उनका जातिसूचक नाम है। नाम के साथ श्रीवास्तव न लगाने की यह परम्परा आगे भी चलती आ रही है। जब रघुवीरसहाय मात्र सत्रह वर्ष के थे और ग्यारहवीं कक्षा में पढ़ते थे, तब कान्यकुब्ज कॉलेज की वार्षिक पत्रिका में उनका एक लेख छपा था—'हिन्दी पर बाङ्ला भाषा का प्रभाव।' उस पर उनका नाम रघुवीरसहाय श्रीवास्तव, एकादश (कक्षा) मिलता है। (यह अलग बात है कि सब यही समझते थे कि रघुवीरसहाय में सहाय जातिसूचक है, जो कायस्थों में प्रचलित है। ख़ुद रघुवीरसहाय में दुविधा दिखायी पड़ती है। कई बार वह रघुवीर और सहाय अलग-अलग लिखते-हस्ताक्षर करते, कई बार संयुक्त रघुवीरसहाय लिखते। मसलन उनके जीवित रहते, 'कुछ पते, कुछ चिट्ठियाँ' और 'लोग भूल गये हैं' जैसे कविता संग्रहों में उनका नाम रघुवीर सहाय छपा है, उन्होंने 'लोग भूल गये हैं' की जो हस्ताक्षरित प्रति मुझे भेंट की, उसमें भी दस्तख़त रघुवीर सहाय नाम से है लेकिन

'सीढ़ियों पर धूप में' उनका नाम रघुवीर सहाय प्रकाशित है और उनकी मृत्यु के बाद प्रकाशित कविता-संग्रह 'एक समय था' में भी कवर पर उनके जो हस्ताक्षर छापे गये हैं, उनमें रघुवीर और सहाय संयुक्त हैं। 'रघुवीर सहाय रचनावली' में उसके सम्पादक सुरेश शर्मा ने उनका नाम रघुवीर सहाय ही छापा है। मगर 'दिनमान' में उनका नाम संयुक्त छपता था—रघुवीर सहाय। कुछ लोग रघुवीर जी और कुछ उन्हें सहाय जी सम्बोधित करते थे और दोनों से उन्हें आपत्ति नहीं थी। कभी उन्होंने सहाय बारे में कोई स्पष्टीकरण दिया हो, ऐसी जानकारी भी नहीं मिलती।

हरदेवसहाय के घर बेटा तो हुआ मगर परिवार का दुर्भाग्य कि वह जब मात्र डेढ़ साल का था, तभी उसकी माँ तारामणि देवी यक्ष्मा (टीबी) से काफ़ी कम उम्र में चल बसीं। तब हरदेवसहाय मात्र २३ वर्ष के थे। तारामणि सामाजिक चलन के मुताबिक अगर पति से पाँच-छह साल छोटी रही होंगी, तो १७-१८ साल की रही होंगी। आज भी पारम्परिक शादियों में अक्सर उम्र का यह अन्तर देखने में आता है। तब टीबी की बीमारी लगभग लाइलाज थी या कहें उसका इलाज आसान नहीं था। चूँकि हरदेवसहाय के पिता लक्ष्मीसहाय ज़मींदार थे तो उन्होंने अपने बेटे हरदेव की शादी भी एक ज़मींदार परिवार में की थी। तारामणि देवी, सीतापुर के महल तरीनपुर के रईस और ज़मींदार ठाकुर रामेश्वर बख़्श सिंह की ज्येष्ठ पुत्री थीं।

किसी बच्चे के पिता का न रहना उसका बड़ा दुर्भाग्य है या उसकी माँ का न रहना, इस बारे में क्या कहा जा सकता है लेकिन हर हालत में दोनों में से किसी का बच्चे की बहुत कम उम्र चले जाना हादसे से कम नहीं है। उस उम्र का बच्चा माँ या पिता के अभाव को महसूस करके भी उसे व्यक्त करना नहीं जानता। सौभाग्य से हरदेवसहाय के बड़े भाई बलदेवसहाय की पत्नी यानी उनके बच्चे की ताई चम्पादेवी और उनकी बेटी सुशीला ने उस बच्चे की अच्छी तरह—लगभग माँ की तरह ही—देखभाल की। अपनी ताई को वह बचपन से अम्माँ कहते थे। वैसे बहन सुशीला तब ख़ुद भी बच्ची थी, वह अपने छोटे भाई से कुल ५-६ साल ही बड़ी थी मगर उन माँ-बेटी ने मिलकर बच्चे को माँ का अभाव महसूस नहीं होने दिया। हरदेवसहाय ने १९३७ में यानी बच्चे के सात साल का होने पर दूसरा विवाह शकुन्तला देवी से किया। बालक रघुवीर अपनी ताई को अम्माँ कहते थे तो अपनी दूसरी माँ को अम्माँ जी।

दूसरी माँ ने भी रघुवीर को कभी पराया नहीं, अपना ही बच्चा माना। वह किताबों में डूबे रहनेवाले अपने इस बेटे की बहुत चिन्ता करती थीं, वह कुछ खा-पी ले, इसके लिए उसकी इतनी चिरौरी करती थीं कि उनका यह बेटा कभी-कभी इससे चिढ़ जाता था। एक बार माँ ने कहा—'बेटा तुम्हें भूख लगे तो यहीं छीके में केले पड़े हैं, उठाकर खा लेना, भूलना मत, भूखे मत रहना।' बच्चा खाने-पीने के पीछे पड़ने की अपनी माँ की आदत से इतना आज़िज़ आ चुका था कि उसने पूरा छींका उठाकर ज़मीन पर फेंक दिया।

बच्चे की दस साल की उम्र होने तक वह जीवित रहे और उस बच्चे को अपने बाबा का प्यार ख़ूब मिला। वह अपने पास अपने इस एकमात्र पोते को बैठाने का बहाना ढूँढ़ने के लिए उसे अख़बार पढ़कर सुनाने के लिए पुकारते। उसकी तमाम फ़रमाइशें पूरी करते। बाबा का यह साथ उनके किसी छोटे भाई को नहीं मिल सका। उनके होने तक वह गुज़र चुके थे। इस बालक को अपने दादा और पिता से आर्यसमाजी संस्कार मिले। घर में आर्यसमाजी पूजा-पाठ, आराधना, यज्ञ सब होता था (मूर्तियाँ घर की स्त्रियों के निजी संग्रह में थीं)। उसके परिवार में दूसरों से सब अलग होता था, इसलिए उसे मोहित करता था। ललित, शुद्ध, परिपक्व और अर्थमय लगता था। किशोरावस्था तक लगता था कि धर्म के नाम पर उसे भी जीवनभर यही करना है। युवा होने पर इस सबसे मोहभंग हुआ और हुआ तो फिर पूरी तरह हुआ।

महज़ आठ साल की उम्र में लखनऊ आ चुके हरदेवसहाय की लगभग पूरी पढ़ाई यहीं हुई, जहाँ उनके बड़े बेटे रघुवीर सहाय समेत दूसरे सभी बच्चों की पढ़ाई हुई। ज़मींदारी सँभालने से हरदेवसहाय का ताल्लुक़ नहीं था और शायद शहरी आधुनिकता का भी असर रहा हो कि उनमें सामन्ती ठसक नहीं थी। पढ़ाई पूरी करने के बाद वह पास ही 'ब्वायज एंग्लो बंगाली स्कूल' में अध्यापक हो गये। उनमें पढ़ाने के साथ पढ़ने का संस्कार भी था, जो अब दुर्लभ सा होता जा रहा है। वह विशेषकर अँग्रेज़ी साहित्य के प्रेमी थे मगर उनके घर में हिन्दी की किताबें और पत्र-पत्रिकाएँ भी आती थीं।

उस नरम दिल इनसान को एक बात बहुत बुरी लगती थी कि उससे कोई झूठ बोले, उनके बच्चे तो बिलकुल नहीं। जब बच्चों की तोड़ने-फोड़ने, काटने-पीटने की उम्र होती है, तब एक बार उनके बेटे रघुवीर ने बुनाई डोरिया (डोरिया सेल्फ़ पैटर्न) के एक मेज़पोश के चार खानों में से एक

खाना ब्लेड से काट दिया। पिता ने पूछा—'क्या, तुमने यह काटा है'? मार पड़ने के डर से बच्चे रघुवीर ने कह दिया, 'नहीं, मैंने तो नहीं काटा।' पिता ने कहा—'घर में तुम्हारे अलावा दूसरा और कोई ऐसा नहीं है, जो ऐसी हरकत करे। हमें सच-सच बता दो।' अन्दर बैठे मार के डर ने उनके बेटे को सही बात बताने से रोका। हारकर पिता ने कहा—'ठीक है फिर, अगर किसी ने मुझे सच-सच नहीं बताया तो मैं खाना नहीं खाऊँगा।' दो पल तो बेटे के मन में झिझक रही—सच स्वीकार करे या नहीं, थोड़ा इन्तज़ार किया मगर फिर लगा कि मेरे झूठ की वजह से मेरे पिता भूखे रहेंगे तो बेटे ने घर में पड़ा डण्डा ख़ुद उठाकर पिता को दिया और कहा—'आप मुझे मार लीजिये मगर खाना ज़रूर खाइए।' बेटे का इतना कहना था कि पिता का सारा ग़ुस्सा न केवल काफ़ूर हो गया बल्कि इस तरह सच बोलने और डण्डा खाने की तैयारी दिखानेवाले बच्चे को उन्होंने गले से लगा लिया।

रघुवीर सहाय को बचपन में प्यार ख़ूब मिला और अकेलापन भी। उनके दस साल के होने तक घर में कोई दूसरा बच्चा नहीं था। हाँ, उनके दोनों ताऊ जी के बच्चे थे लेकिन वे उनसे उम्र में बड़े थे। उनके एक ऐसे बड़े भाई को बच्चों को तंग करने में बड़ा मज़ा आता था। वह रघुवीर के दोनों कानों को अपनी दोनों हथेलियों से दाबकर उसे हवा में उठा लेते और पूछते—'अच्छा बताओ, तुम्हें दिल्ली दिखी?' उस समय रघुवीर का सारा वज़न उसकी अपनी कनपटियों पर पड़ रहा होता और बच्चे का मुँह खिंचकर घोड़े-सा हो जाता। वह चीख़कर कहता—'हाँ-हाँ दिल्ली दिखी।' ऐसे कष्ट में भला बच्चे को दिल्ली क्या, लंदन और न्यूयॉर्क भी दिख सकता था—पलभर में। इस तरह रघुवीर जी को बचपन से ही लखनऊ से ही दिल्ली दिखायी जाने लगी थी। जैसे ही उस बच्चे को दिल्ली दिख जाती, वैसे ही उसे नीचे आकर ज़मीन पर खड़ा होना नसीब हो जाता। कान लाल हो जाते होंगे, उनमें देर तक दर्द रहता होगा मगर बड़े भाई, बड़े भाई हैं, उनका क्या किया जा सकता है? वैसे यह शुभ हुआ कि तब से ही बालक रघुवीर को दिल्ली दिखने लगी थी। चूँकि यह सिलसिला बचपन से, लखनऊ से ही, शुरू हो चुका था तो रघुवीर सहाय रहे ज़रूर लखनऊ से अधिक समय तक दिल्ली शहर में मगर दिल्ली उनके लिए परदेस बनी रही—'दिल्ली मेरा परदेस।'

बचपन में स्कूल जाने में उसे बड़ा मज़ा आता। स्कूल जाना मानो सैर पर

जाना हो। एक आदमी तमाम बच्चों को इकट्ठा करके अपने साथ स्कूल लाता-ले जाता था। सब बच्चे बातें करते-करते बड़े मज़े-मज़े से स्कूल जाते। रोज़-रोज़ नयी-नयी गलियाँ, नये-नये मकान, नये-नये लोग देखते, इसलिए भी स्कूल जाने की रघुवीर को बड़ी ललक रहती। थोड़ा बड़ा होने पर रघुवीर कतराने लगा मगर स्कूल जाने की इच्छा कभी मरी नहीं। एक समय कतराने का कारण यह भी था कि रघुवीर गणित में कमज़ोर था। इसके पीरियड में उसे कुछ समझ में नहीं आता था, इसलिए उसे कोफ़्त होती लेकिन साथ ही रोज़ दोस्तों से मिलना, उनके साथ खेलना और झगड़ना, इन सबमें बड़ा मज़ा भी आता था, इसलिए स्कूल जाते थे। हाँ, एक बार ज़रूर ऐसा हुआ कि पेटदर्द का बहाना करके रघुवीर सात-आठ दिन स्कूल नहीं गया। रोज़ वह जानबूझकर इतनी देर से उठता ताकि स्कूल जाने का टाइम निकल जाये। बाबूजी पूछते—'आज तुम स्कूल नहीं गये' तो बेटा कहता—'पेट में दर्द है न।' पिता कहते—'अच्छा लेकिन रात को तो तुम्हारा पेट ठीक हो गया था' तो वह जवाब देता—'हाँ, तब ठीक तो हो गया था मगर फिर से होने लगा है।' इस तरह बहानेबाज़ी का खेल कई दिनों तक चलता रहा। पिता सोचते होंगे कि अभी तक तो बच्चा रोज़ उत्साह से स्कूल जाता था, अब नहीं जा रहा है तो ज़रूर उसे कोई तकलीफ़ होगी। उधर सच्चाई यह थी कि गणित का डर तो था ही, वह कुछ दिन स्कूल से अलग, अकेले अपने साथ रहना चाहता था। समय बरबाद करना चाहता था, इसलिए बिस्तर में पड़ा रहता, कभी उठकर कहानी-क़िस्से पढ़ने लगता, कभी बिल्ली के बच्चों से खेलने लगता (बाद में रघुवीर सहाय में बिल्लियों के प्रति ऐसा प्रेम जागा कि जिसने उनसे 'चालीस की उम्र में प्रेम' जैसी कहानी लिखवाई—शायद उसके कुछ सूत्र यहाँ भी हों।)

उस बच्चे को वैसे खेलने-कूदने का ज़्यादा शौक़ नहीं था। वह अपने मोहल्ले में स्थित डेलीगेसी में शाम के समय टेबल टेनिस खेलने अवश्य जाता था मगर कबड्डी उसका अधिक प्रिय खेल था, जिसे वह अपने दोस्त दीनबन्धु के साथ अक्सर खेलता। बचपन में वह एक और खेल खेलता, जिसमें कई बच्चों के एकसाथ खेलने पर ज़्यादा मज़ा आता है। वह खेल था एक-दूसरे के कान में कोई शब्द धीरे से कहना कि पासवाले को भी सुनायी न दे। जैसे एक लड़के ने दूसरे के कान में कहा—'भैंस।' दूसरे ने तीसरे के कान में 'भैंस' के अलावा कोई और शब्द भी जोड़ दिया। इस

तरह तीसरा, चौथे के कान में और चौथा, पाँचवें के कान में कुछ जोड़ता चला जाता। आख़िरी बच्चे तक यह सब चलता रहता। आख़िरी लड़का मान लो बताता—'भैंस पेड़ पर चढ़ गयी और बया के घोंसले में रहने लगी।' सब बच्चों को कल्पना की संयुक्ति से निकले ऐसे वाक्य से सबको मज़ा आता। दुबारा फिर यह खेल शुरू होता।

पूरे परिवार में रघुवीर जी के ताऊ जी बलदेव सहाय ने ही व्यवसाय करने की कोशिश की। उन्होंने किताबों की दुकान खोली मगर व्यापारिक बुद्धि के अभाव में उसे ज़्यादा समय तक चला नहीं पाये और घाटा खाकर उसे बन्द कर देना पड़ा। उसका 'लाभ' बालक रघुवीर को मिला। ताऊ जी अपनी दुकान से घर पर जो किताबें लाये थे, उससे उसे मनचाहा ख़ज़ाना अचानक मिल गया, जिसमें तमाम तरह की किताबें थीं—तीसरी-चौथी कक्षा की पाठ्यपुस्तकें, अँग्रेज़ी और बाङ्ला के उपन्यास, परीकथाएँ, मिथक कथाएँ आदि। उसकी रुचि पढ़ने में और अधिक जागने लगी। एक तरह से पढ़ने की प्रवृत्ति जगाने-उकसाने में ताऊजी का भी संयोगवश बहुत हाथ रहा।

घर और आसपास के असर से हिन्दी, कुछ हद तक अँग्रेज़ी, उर्दू सीखी। स्कूल में बाङ्ला सीखी और इतनी अच्छी सीखी कि वह बंगालियों की तरह बाङ्ला का उच्चारण करते थे। संस्कृत के एक अध्यापक उनके पिता के मित्र थे, उनके साथ मिलकर भाषा के कुछ मज़ेदार प्रयोग किये। सटीक अभिव्यक्ति ढूँढ़ने में उनके पिता ने भी उन्हें सहारा और सहयोग दिया।

बचपन के कुछ दोस्त, कुछ अध्यापक

बचपन के कुछ दोस्त, कुछ अध्यापक

रघुवीर सहाय ने अपने बचपन के कुछ मित्रों और अध्यापकों को बाद में याद किया है, जिनमें 'बेहद लम्बू बंगाली मित्र' अनाथबन्धु मुखर्जी, नरेश बरनवाल, प्रणव मित्र और कमला हैं। उनके अध्यापक वाजपेयी जी और जोशी जी हैं।

रघुवीर सहाय का बचपन का प्रिय खेल कबड्डी था। इस 'नाटकीय और आविष्कार भरे' खेल को वह अपने मोहल्ले के खेल के मैदान में अनाथबन्धु आदि मित्रों के साथ खेला करते। इस खेल में जब अनाथबन्धु ताल-सुर सहित धीमी लय में 'छल कबड्डी आलताल, मेरी मोंछें लाल लाल' कहता तो 'कबड्डी में मूँछवाली इस तुकबन्दी' से उसके साथी रघुवीर चकित रह जाते। दोनों अलग-अलग हाईस्कूल में पढ़ते थे मगर इण्टरमीडिएट कॉलेज में साथ पढ़ने लगे थे। वहाँ अर्थशास्त्र विभाग एक बार छात्रों को उद्योग-धन्धे दिखाने ले जा रहा था, जिसका ख़र्च कॉलेज़ नहीं दे रहा था, बल्कि छात्रों से माँग रहा था। इन दोनों के घर की आर्थिक हालत ऐसी नहीं थी कि अपने माँ-बाप से यह ख़र्च उठाने को कह सकें। इन दोनों ने मिलकर एक योजना बनायी—गुमनाम पत्र लिखने की। यह पत्र भूगोल-अर्थशास्त्र विभाग के 'रोबीले' अध्यापक वाजपेयी जी को देना था। पत्र इस तरह लिखा गया था कि अध्यापक तो क्या कोई साथी छात्र भी इसका अन्दाज़ न लगा पाता। इन्होंने पत्र में लिखा—'कॉलेज हर साल हम लोगों को उद्योग-धन्धे दिखाने हमारे अपने पैसे से क्यों ले जाता है? इसमें कितना ख़र्च आ रहा है, पढ़ाई तो हो नहीं रही है। हमारे पैसे से तनख़्वाह पानेवाले अध्यापक काम नहीं कर रहे हैं। यह क्या है?'

तय योजना के मुताबिक कॉलेज बन्द होने के बाद रघुवीर ने यह पत्र मोड़-माड़कर वाजपेयी जी के कमरे के दरवाज़े से नीचे खिसका दिया।

अगले दिन वाजपेयी जी ने यह पत्र पढ़ा। वह ग़ुस्सा हुए। कक्षा में उन्होंने सबको इस पत्र के बारे में बताया और कहा—'एक बात सब समझ लें, मैं किसी विद्यार्थी से वेतन माँगने नहीं जाता। मैं कॉलेज से वेतन पाता हूँ और उसी के प्रति ज़िम्मेदार हूँ। पढ़ाई ठीक नहीं हो रही है, जिसका ऐसा ख़याल है, वह मुझसे आकर मिले। उधर मैं यह भी पता लगवा रहा हूँ कि यह गुमनाम चिट्ठी मेरे कमरे में डालने वाला डरपोक लड़का कौन है? मैं तो जानता हूँ, दो दिन बाद सबको पता चल जायेगा।'

अब दोनों की हवा खिसकी। पोल खुल जाने के डर के मारे दोनों दोस्त दो-तीन दिन तक मिले ही नहीं, मिलने पर भी क़तरा कर निकल जाते। ख़ैर! वाजपेयी जी ने मामले को वहीं ख़त्म कर दिया। बाद में कक्षा में यह मामला नहीं छेड़ा, किसी छात्र का नाम नहीं लिया और वह दौरा भी स्थगित करवा दिया। अनाथबन्धु ने यह सोचकर कि अभी तो मैं किसी तरह बच निकला हूँ मगर यह रघुवीर का बच्चा आगे कभी भी इस तरह फँसा सकता है, इसलिए उसने, रघुवीर से मिलना-जुलना बिलकुल छोड़ दिया। दोनों को एक-दूसरे पर शक था कि हो न हो, दूसरे ने डरकर वाजपेयी जी को उसका नाम बता दिया होगा। इसके बाद एक कॉलेज में होते हुए भी दोनों मुलाक़ात से बचते रहे। बाद में भी उन्हें एक-दूसरे को पता नहीं चला कि कौन कहाँ है, क्या-कैसे कर रहा है। जीवन का यह अध्याय हमेशा के लिए वहीं ख़त्म हो गया।

बचपन की उनकी एक मित्र कमला थी। एक दिन वह, रघुवीर और नरेश बरनवाल साथ-साथ स्कूल जा रहे थे। नरेश तिरछा-तिरछा चल रहा था। इसी समय श्यामाप्रसाद स्कूल की बस हरहराती हुई आयी और बिलकुल पास से गुज़री, जिसका दरवाज़ा ग़लती से खुला हुआ था। इस कारण 'मुँह बाये चलती' कमला के सिर पर चोट लगी। वह सड़क पर गिर गयी मगर बरनवाल को कुछ न हुआ। उस समय ये दोनों घायल कमला को वहीं छोड़कर दौड़ते हुए उसके घर पहुँचे और हाँफते-हाँफते उसके बड़े भाई को बताया कि कमला के साथ 'ग़लत' हो गया है। भाई ने पूछा—'कमला कहाँ है?' इन्होंने बताया कि वह वहीं पड़ी है। ख़ैर! घरवाले आये और उसे रघुवीर के घर ही ले आये, जो शायद सबसे पास रहा हो। कमला के सिर

पर बड़ी भारी पट्टी बँधी थी मगर कमला मस्त थी, जैसे उसने बड़ी बहादुरी का काम करके दिखाया हो। वह पट्टी बाँधे 'मारे बहादुरी के ख़ुशी से लेटी हुई थी।' यह कहानी अचानक ११ बरस की उम्र में उसकी मौत के साथ ख़त्म होती है।

उनका एक और बंगाली बालमित्र था—प्रणव मित्र। वह पड़ोसी था और विश्वविद्यालय में ये दोनों साथ पढ़ रहे थे। ये दोनों मित्र विश्वविद्यालय में अपनी साइकिल और अपनी चप्पल को ज़रूर चमका कर जाते। ये क्लास गोल करके चाय और चॉप खाने निकल जाते। उसकी ख़बर बाद में भी रघुवीर जी को मिलती रही। १९८४ में जब उन्होंने यह क़िस्सा लिखा, तब प्रणव नौकरी छोड़कर कोलकाता में क्रॉकरी का बिजनेस कर रहा था।

रघुवीर जी ने अपने स्कूल के दिनों के एक अध्यापक के.के. जोशी को भी उनकी मृत्यु की ख़बर पाकर याद किया है। अध्यापक की मृत्यु की ख़बर लखनऊ से किसी शिक्षक ने ही उन्हें भेजी थी, जो जोशी जी के सहयोगी रह चुके थे। जोशी जी ने रघुवीर जी को आठवीं कक्षा के बाद फिर नवीं-दसवीं में विज्ञान पढ़ाया था। प्रयोगशाला में प्रयोग भी वही करवाते थे। जोशी जी अनुशासन और सच्चाई के मामले में बेहद कड़े थे, जो उनके प्रिय शिष्यों को भी उनकी झक मालूम देता था। हरेक के बस में नहीं था कि उनके मानदण्डों पर खरा उतर सके। ये मानदण्ड प्रशासनिक न होकर व्यक्तिगत थे। रघुवीर जी लिखते हैं कि इसका नतीजा यह हुआ कि एक तरफ़ सारा स्कूल जोशी जी को दिल से चाहता था पर दूसरी तरफ़ जोशी जी दिन-प्रतिदिन अकेले होते चले गये। उसी स्कूल में अपने अध्यापक पिता के सहयोगी होने के कारण जोशी जी से सम्भवतः रघुवीर जी का व्यक्तिगत स्तर पर भी सम्बन्ध था। स्कूली जीवन के बाहर उनके जीवन के बारे में रघुवीर जी लिखते हैं कि दूसरे अध्यापकों के विपरीत गर्मी की छुट्टियों में भी वह लखनऊ छोड़कर कहीं जाते नहीं थे। वह पढ़ते बहुत थे—दैनिक अख़बार, साप्ताहिक पत्र, सभी कुछ। उनके घर में पुरानी पत्रिकाओं के ढेर लगे रहते। वह शाम को पाँच बजे से लेकर रात को नौ बजे तक बतियाते—अपने किसी मित्र के साथ। समस्या कोई गम्भीर न होती, लेकिन दोनों ऐसे बैठते, इस तरह विचार-विमर्श करते, जैसे किसी गूढ़ प्रश्न की छानबीन कर रहे हों, जबकि वे दोनों मिलकर किसी जानी-पहचानी समस्या पर ही बात कर रहे होते। ज़्यादातर तो जोशी जी ही

बोलते, दूसरा उन्हें सुनता। वह एक के बाद एक अपनी असहमतियाँ ज़ाहिर करते। अपनी असहमति के तमाम बिन्दु वह बताते, जिनसे सामने वाला या तो ऊब जाता या उनके तर्क सुनकर घोर निराशा में डूब जाता। जोशी जी अपने पिता के इलाज के लिए रोज़ दवाखाने जाते। वह ज़माना गोलियों और इंजेक्शन का नहीं था, मिक्स्चर का था। उसे बनवाकर घर लाते। अस्पताल में इस कारण देर लगने से उन्हें कोई शिकायत नहीं होती, वह धीरज से दो-तीन घण्टे भी बैठे रह सकते थे। इस बीच वह किसी दुकान मालिक से आत्मदया और कुण्ठा से भरी आलोचना करते रहते। अपनी मृत्यु से पच्चीस साल पहले उन्होंने रघुवीर जी को एक पत्र लिखा था, उसमें गुरु के आशीर्वाद भी थे, मगर शिक्षा पद्धति, परीक्षा व्यवस्था, अफ़सरशाही की औंधी खोपड़ी, धाँधली, धोखाधड़ी और कुल मिलाकर चारों ओर फैली असहायता का वर्णन था। वह बीमार रहने लगे थे मगर उन्होंने अपने स्वास्थ्य की कोई शिकायत नहीं की थी।

कैसे सहा होगा पिता, कैसे तुम बचे होगे?

यही मैं हूँ
यही मैं हूँ
और जब मैं यही होता हूँ
थका या उन्हीं-के-से वस्त्र पहने, जो मुझे प्रिय हैं—
दुखी मन में उतर आती है पिता की छवि
अभी तक जिन्हें कष्टों से नहीं निष्कृति
उन्हीं अपने पिता की मैं अनुकृति हूँ
यही मैं हूँ।

पिता के बारे में रघुवीर सहाय की एक और प्रसिद्ध कविता है—

शक्ति दो
शक्ति दो, बल दो, हे पिता

जब दुख के भार से मन थकने आये
पैरों में कुली की-सी लपकती चाल छटपटाये
इतना सौजन्य दो कि दूसरों के बक्स-बिस्तर घर तक पहुँचा आयें
कोट की पीठ मैली न हो, ऐसी दो व्यथा—
शक्ति दो
और यह नहीं दो तो यही कहो
अपने पुत्रों, मेरे छोटे भाइयों के लिए यही कहो—
कैसे तुमने अपनी पीढ़ी में किया होगा क्या उपाय?
कैसे सहा होगा पिता, कैसे तुम बचे होगे?
तुमसे मिला है जो विक्षत जीवन का दाय
उसे क्या करें?

तुमने जो दी है अनाहत जिजीविषा
उसे क्या करें ?
कहो अपने पुत्रों, मेरे छोटे भाइयों के लिए यही कहो।

वैसे तो किसी कवि की किसी कविता के बारे में—जो प्रकट रूप से आत्मकथ्य लगती है—यह मानना सरलीकरण हो सकता है कि वह पूरी तरह कवि के अपने जीवन के बारे में है, केवल आत्मकथा है। ऐसा होता नहीं है कि कोई कविता व्यक्तिगत प्रसंगों से निकलकर उसी में जाकर समा जाये। जब तक कोई कविता व्यक्ति-विशेष के बारे में होकर भी व्यापक मानवीय सरोकारों से नहीं जुड़ती, उसका कोई अर्थ नहीं होता। ये दोनों कविताएँ अगर हमें अन्दर तक भिगोती हैं, तो एक तरह से ये हमारे अपने पिता से हमारे सम्बन्धों के बारे में है या नहीं होते हुए भी हमारे अपने जीवन के बारे में और उस जीवन के बारे में है, जिसे हमने नज़दीकी से जाना-भोगा है। वैसे ये कविताएँ रघुवीर जी के अपने पिता के बारे में भी हैं, इसमें भी सन्देह नहीं। इनकी प्रगाढ़ भावनात्मक ऊर्जा, गहरी व्याकुलता इसकी स्पष्ट गवाही देती है। रघुवीर जी ने नये-नये प्रकाशित 'दूसरा सप्तक' (१९५१) की एक प्रति पिता को भेंट करते हुए—जिसके सात में से एक कवि वह भी थे—अपनी ताज़ा लिखी कविता 'शक्ति दो, बल दो' हाथ से लिखकर उनके प्रति अपना गहरा सम्मान प्रकट किया था। एक तरह से उन्होंने यह संकेतित करने की कोशिश की थी कि इस कविता में व्यक्त भावों का मूल स्त्रोत पिता आप हैं।

पिता का उन पर कितना गहरा प्रभाव था, इसे उन्होंने 'दूसरा सप्तक' के अपने वक्तव्य में इस तरह रखा है—

> पिताजी स्कूल मास्टर थे और हैं; परिवार सामान्य मध्यवर्गीय, जिसमें सरकारी, आर्यसमाजी और काँग्रेसी प्रभावों के अन्दर लोग मज़े-मज़े से चलते रहे। बहुत समय तक इकलौता लड़का रहने के कारण पिता जी की धर्मभीरुता, सादगी और सहृदयता का मुझ पर गहरा असर पड़ा। यह मैं नहीं कह सकता कि कला के लिए अपनी रुचि मैंने किस एक व्यक्ति से पायी मगर यह शायद सच हो कि पिताजी की सादगी से मैंने कला की प्रेरणा ली हो।

'शक्ति दो, बल दो' कविता के लिखने की तिथि और समय 'रघुवीर सहाय रचनावली' में अंकित है, जिससे पता चलता है कि यह २८ दिसम्बर,

१९५१ को रात ढाई बजे लिखी गयी थी। 'यही मैं हूँ' कविता की तिथि नहीं दी गयी है मगर उसका वर्ष यही है। यानी ये उस समय की कविताएँ हैं, जब युवा रघुवीर क़रीब २१ साल के थे और 'प्रतीक' में दिल्ली में आ चुके थे। शायद लखनऊ से दूर उन्हें अपने पिता की ताक़त, उनके संघर्ष, उनकी जिजीविषा का ताप अधिक तीव्रता से महसूस हुआ हो। एक छोटी साहित्यिक पत्रिका में अज्ञेय के साथ काम करने के अपने आकर्षण और सुख थे। इस आरम्भिक नौकरी के ज़रिये उन्हें दिल्ली में पैर जमाने की ज़मीन भी निश्चित रूप से मिली थी मगर 'प्रतीक' से उन्हें वेतन के रूप में मात्र १७५ रुपये मिलते थे, जिससे शायद ख़ुद उनका गुज़ारा तब ठीक ढँग से चल जाता होगा। सम्भव है, वह बहुत थोड़ा पिता को भेज भी पाते होंगे, इतना कम कि इससे उनके पिता को अपने आर्थिक कष्टों से निष्कृति नहीं मिल सकती थी, इसकी तकलीफ़ भी शायद इस कविता में छिपी है। उनके पिता अपनी बीमारियों के साथ रघुवीर जी से दस साल और उससे भी छोटे तीन और बच्चों का लालन-पालन कर रहे थे।

कहीं इस कविता में रघुवीर सहाय का एक गहरा अपराधबोध झलकता दीखता है, जिसका भले ही उस समय की उनकी परिस्थितियों में तार्किक रूप से औचित्य ढूँढ़ना मुश्किल हो मगर भावनात्मक औचित्य तो था ही। उसी कविता में वह उन्हीं पिता के माध्यम से व्यापक दुनिया से जुड़ते हैं और दुख के भार से मन के थकते जाने पर ऐसी व्यथा और ऐसा सौजन्य देने की शक्ति और बल माँगते हैं कि दूसरों के बक्स-बिस्तर बिना कोट मैले होने की चिन्ता किये उनके घर तक पहुँचा सकें। यह प्रार्थना वह ईश्वर से नहीं, अपने पिता से कर रहे हैं। पिता-पुत्र के सम्बन्ध की ऐसी गहराई को हिन्दी कविता में इस तरह की अभिव्यक्ति शायद कम मिली है। अगर रघुवीर जी का पूरा लेखन पढ़ जायें तो पिता की उनकी दुनिया में सबसे सम्माननीय जगह है। रघुवीर जी के छोटे भाई बलबीरसहाय के अनुसार वह पिता को अपना 'भगवान' मानते थे। पिता की कही हर बात पूरी होनी चाहिए, ऐसा विश्वास था उनका।

रघुवीर सहाय पर अपनी संस्मरणात्मक पुस्तक 'रघुवीर : रचनाओं के बहाने एक स्मरण' में मनोहर श्याम जोशी लिखते हैं कि

> उस ज़माने में उन्होंने ये कविताएँ जब लखनऊ में सुनी थीं तो उनकी आँखें छलछला आयी थीं। रसिक जनों को तब इस तरह की सादगी कुछ

> ख़ास प्रिय नहीं थी और 'शक्ति दो, बल दो हे पिता...' जैसी पंक्तियाँ उन्हें अटपटी लगती थीं, जबकि कुँवर नारायण और मेरे जैसे तरुण श्रोता इन्हें सुनकर भावविभोर हो उठते थे।'

रघुवीर सहाय जब भी अपने पिता को याद करते हैं—चाहे वह कविता हो या गद्य—भावविभोर होकर ही करते हैं, वह चाहे १९५१ का वर्ष हो, जब उन्होंने पिता पर ये दो कविताएँ लिखी या इसके ३९ वर्ष बाद जून, १९९० का वक़्त हो—ख़ुद उनकी अपनी मृत्यु से क़रीब छह माह पहले का समय—वह अपनी डायरी में पिता की मृत्यु के दिन के दृश्य की पुनर्रचना करने की कोशिश करते हैं।

एक बार रघुवीर जी अपने पिता के साथ सीतापुर ज़िले के एक मेले में गये। वह पुस्तक मेला नहीं था मगर मेले में किताबों की कई दुकानें एक के बाद एक लगी हुई थीं। वह शायद तब चौथी कक्षा में पढ़ते थे। चारों तरफ़ किताबें सजी हुई देखकर एक किताब ख़रीदने की इच्छा उन्होंने पिता से प्रकट की। पिता ने एक बार किताबों पर नज़र डालकर रघुवीर जी को एक पतली सी पुस्तिका ख़रीद कर दी। इसमें मन्नन द्विवेदी गजपुरी की कविताएँ थीं। बहुत बाद में—काफ़ी बड़े होने पर—उन्हें मालूम हुआ कि गजपुरी उन दिनों के बाल साहित्य के अच्छे कवि माने जाते थे और उनकी बहुत ही छोटी-छोटी किताबें बाज़ार में बिका करती थीं। उनकी किताबें ऐसे मेलों में ज़रूर बिकती रही होंगी—

> और मेरे जैसे जाने कितने बालक इन मेलों से पहली बार जान पाये होंगे कि किसी कवि ने कई किताबें लिखी हैं और उन किताबों का अपना एक संसार है और उनमें प्रवेश करना अवश्य एक बड़ा साहसिक अनुभव होगा। मेरे लिए जो किताब ख़रीदी गयी थी, उसका दाम चार पैसा यानी एक आना था।

अपने पिता की अनेक स्मृतियों में से, जो स्मृति सबसे अधिक उन्हें मुग्ध करती थी, वह थी प्राथमिक पाठशाला से निकलकर अभी-अभी पिता के उस स्कूल में जाने की, जहाँ वह पढ़ाया करते थे। दिन के ग्यारह बजे थे। चमचमाती हुई धूप खिली थी। रघुवीर जी से ऊँची कक्षाओं के सुन्दर, हृष्ट-पुष्ट विद्यार्थी चूने से खींचे ट्रैक पर १०० और २०० गज की दौड़, दौड़ रहे थे। रघुवीर जी को बाक़ी कार्यक्रमों से अधिक ऊँची कूद की प्रतियोगिता आकर्षक लगती थी, उसे देख रहे थे। तभी उन्होंने देखा कि

उनके पिता ने क्रिकेट की गेंद ली और हाथ के शक्ति भरकर उसे तेज़ी से आकाश में उछाल दिया। सीधी ऊपर जाकर वह गेंद छोटी होती चली गयी। पिता के चारों ओर घेरा बनाकर खड़े उनके विद्यार्थी उत्सुकता से उस पर आँखें गड़ाये रहे। एक जगह जाकर गेंद जैसे ठहर गयी और फिर दुगनी गति से नीचे आने लगी। जब आसानी से वह पहचानी जाने लगी तो उनके पिता ने अन्दाज़ किया और चार क़दम बायें हटकर उस गेंद को रोक लिया। आगे का वर्णन उनके शब्दों में :

> गेंद के उनकी खुली हथेली में छप से आकर बन्द होते ही, एक सुन्दर गति का वृत्त पूरा हो गया। वह स्वयं गतिमय हो गये थे और उस संयत क्षण में जब गेंद उन्होंने रोकी, वह एक ऐसे चित्र की भाँति दिख रहे थे, जिसमें गति का एक मूर्त क्षण दृश्य कर दिया गया हो। यह सुन्दर था और अपने पिताजी की अन्य सुन्दर रूपों के साथ वह भी मेरी चेतना में समाहित हो गया।

पिता को अपने इस बड़े बेटे की समझदारी पर शायद इतना विश्वास था कि उसके निर्णयों को उन्होंने हमेशा अपनी मौन स्वीकृति दी। वैसे भी मुखर होने में उनका विश्वास कम था। वह अपने बच्चों से भी ज़रूरतभर बातें करते थे। यही कारण था कि जब लखनऊ विश्वविद्यालय में एमए में उनके इस बेटे ने पहले अर्थशास्त्र विषय में दाख़िला लिया, फिर उसे बदलकर अँग्रेज़ी विषय ले लिया तो भी उनकी स्वीकृति का रूप मौन रहा। रघुवीर जी का अनुमान है कि उनके पिता इस निर्णय से ख़ुश हुए थे अन्दर से, शायद यह उनके मन की बात थी (वह ख़ुद भी अँग्रेज़ी के अध्यापक और साहित्यप्रेमी थे।) मगर उन्होंने इतना ही कहा : 'ठीक है, तुम ज्वाइन कर लो।' उनका बेटा कविताएँ लिखने लगा, छपने लगा तो भी वह मौन सब देखते-सुनते रहे, ख़ुश होते रहे। उन्होंने इसे अपने बेटे की पढ़ाई में बाधक, एक फ़ालतू हरकत मानकर, उसे कभी रोका-टोका नहीं। 'दूसरा सप्तक' की प्रति भेंट करने पर भी पिता की प्रतिक्रिया मौन रही, इसके बावजूद कि रघुवीर जी के अनुसार उन्होंने उस पुस्तक को अच्छी तरह से देखा-पलटा था। रघुवीर जी बताते हैं कि इस तरह की बहुत-सी घटनाएँ उनके साथ हुईं, जिनके आधार पर उन्होंने मान लिया था कि उन्हें पिता की प्रतिक्रिया बिलकुल चुपचाप ढंग से मिलेगी, न बड़े ज़ोरों से कभी मना किया जायेगा, न कभी शाबाशी दी जायेगी।

हाँ, दो-एक अवसर ज़रूर अपवाद थे। १९४८ में महात्मा गाँधी की हत्या से लेकर उनकी अन्तिम यात्रा की कमेंट्री सुनकर, समाचार-पत्रों में इसके विवरणों को पढ़कर और लखनऊ में निकली गाँधी जी की नक़ली अन्तिम यात्रा के दृश्यों को देखकर रघुवीर जी ने 'महाप्रयाण' शीर्षक से एक लम्बी कविता लिखी थी। उनके पिता ने न केवल इसे अपने बेटे के मुँह से ख़ुद सुनना चाहा बल्कि अपने एक मित्र से इसकी तारीफ़ करते हुए कहा कि लड़के ने अभी यहीं कमेंट्री सुनी और तुरन्त एक लम्बी कविता लिख दी! 'महाप्रयाण' रघुवीर जी की लिखी सबसे लम्बी कविता है, जो रचनावली के क़रीब आठ पृष्ठों में प्रकाशित है। रघुवीर जी की 'हमारी हिन्दी' कविता भी उनके पिता को पसन्द थी, जिस पर उस दौर में हिन्दीवादियों ने भारी बावेला मचाया था। वैसे काफ़ी समय तक तो उनके परिवार के अन्य लोगों के साथ उनके पिता भी यह जानते नहीं थे कि उनका बड़ा बेटा कविताएँ लिखता है क्योंकि रघुवीर जी ने ख़ुद आगे बढ़कर कभी इसे प्रचारित नहीं किया।

रघुवीर जी को अच्छा पहनने और खाने का शौक़ अपने पिता से एक तरह से विरासत में मिला था। ज़रा उनकी ऊपर दी गयी पहली कविता 'यही मैं हूँ' की इस पंक्ति को फिर से पढ़ें—'उन्हीं के से वस्त्र पहने, जो मुझे प्रिय हैं।' रघुवीर जी के एक समय के घनिष्ठ मित्र रहे मनोहर श्याम जोशी का ध्यान भी इन पंक्तियों पर गया था और उन्होंने लिखा है—'मुझे पता नहीं कि रघुवीर के पिता ऐसे कौन-से वस्त्र पहनते थे, जो उसे पसन्द थे लेकिन लखनऊ में और बाद में दिल्ली में मैंने यह ज़रूर नोट किया कि रघुवीर सहाय को टाई और बॉस्कटनुमा स्वेटर पहनना प्रिय था। कुर्ता-पायजामा और जवाहर जैकेट उसकी पसन्द की दूसरी पायदान पर आते थे।...कहीं शर्ट और टाई ख़रीदने का ज़िक्र आया है। रघुवीर को बने-ठने रहने का काफ़ी शौक़ था...अपने बदन और अपने कपड़ों को साफ़-सुथरा रखना भी उसने अपने पिता से सीखा था।' विमलेश्वरी जी बताती हैं कि रघुवीर जी के पिता भी खाने के शौक़ीन थे। अपनी पसन्द की चीज़ें खाते थे मगर थोड़ी।

उनके पिता घर में अक्सर धोती-कुर्ता पहनते और मोहल्ले में धोती और शर्ट पहनकर जाते मगर शहर में निकलते तो हल्के भूरे रंग की पैंट, दो बटन का कोट और सफ़ेद शर्ट पहनते और टाई लगाना नहीं भूलते थे। हर मौसम के हिसाब से वह कोट-पैंट, टाई पहनते और हाँ, स्कूल को छोड़कर कहीं

और जाते तो साथ में छड़ी ले जाते। वह हमेशा साफ़-सुथरे कपड़े पहनते थे। कपड़ों में ज़रा भी सिकुड़न उन्हें बर्दाश्त नहीं थी। साथ में रूमाल रखते थे और सेंट भी लगाते थे। किस कपड़े के साथ कौन सा जूता पहनेंगे, यह पहले से तय होता था। उनके जूते भी बढ़िया चमकते हुए होने चाहिए, ऐसे कि उनमें आईने की तरह अपनी शक्ल दिख जाये। उनके जूते चमकाने का काम उनके बच्चे शौक़ से किया करते थे। सीमित आमदनी में वह अपने बच्चों को महँगे कपड़े भले न दिलवा सके हों मगर कपड़े शरीर पर फिट आनेवाले ही होने चाहिए, ताकि वे स्मार्ट दिखें, इसका ख़याल वह रखते थे। रघुवीर जी ने अपने पिता से यह सब भी ग्रहण किया—छड़ी छोड़कर।

एक दिलचस्प वाक़या है। अपने पिता (और माँ के भी) के प्रति सम्मान दिखाने के लिए, लत लगने के बावजूद वह उनके सामने कभी सिगरेट नहीं पीते थे या ऐसी किसी स्थिति में अचानक पिता से सामना हो जाये तो तुरन्त उसे छिपा लेते थे, बुझा देते थे। उनके शायद दिल्ली आ जाने के बाद की यह घटना है। एक बार पिता-पुत्र ट्रेन से कहीं जा रहे थे। रघुवीर जी को सिगरेट की तलब लगी मगर पियें तो पियें कैसे? एक तरफ़ पिता का सम्मान रखना ज़रूरी, दूसरी तरफ़ सिगरेट की तलब भी ज़बर्दस्त! द्वन्द्व गहरा था, लेकिन सीमारेखा पार करना मुश्किल था। ऐसी हालत में बेचैनी से कसमसाने के अलावा वह क्या कर सकते थे? टायलेट में जाकर पीते तो भी उसकी गन्ध आती। पिता ने उनकी इस दुविधा को ताड़ लिया, हाव-भाव पढ़ लिये। उन्होंने इस संकट का हल निकालते हुए स्पष्ट रूप से कहा—'हमें मालूम है बेटा, तुम सिगरेट पीते हो, जाओ, बाहर जाकर आराम से पी आओ। इतना परेशान मत होओ।'

रघुवीर सहाय ने कभी इस बात को छुपाया नहीं और शायद इस बात का मलाल भी उन्हें नहीं था कि वह बी.ए. में थर्ड क्लास आये थे। यह बात उन्होंने 'दूसरा सप्तक' के अपने वक्तव्य में बिना किसी झिझक बतायी भी है। बी.ए. में थर्ड डिवीजन आये तो पिता से एक सम्बन्धी ने कहा—'इसे क्यों बेकार पढ़ा रहे हो, मैं सचिवालय में काम करता ही हूँ, वहाँ इसे भी लगवा देता हूँ। पाँच-छह साल में तरक्की करके यह ठीक कमा लेगा।' पिता ने बेटे से पूछा—'देखो, चुन्नी मौसा ऐसा कह रहे थे। तुम्हारा क्या ख़याल है?' रघुवीर जी ने पिता से संकोच छोड़कर साफ़ कहा—'बाबूजी जो यह नौकरी करके उसमें ख़ुश रहेगा, उसका हक़ मैं इस तरह छीन रहा

होऊँगा। मैं इस नौकरी में ख़ुश नहीं रहूँगा।' पिता ने बिना वक़्त गँवाये अपने थर्ड डिवीजन बेटे की बात मान ली और कहा—'ठीक है, तुम अपनी पढ़ाई जारी रखो।' आर्थिक कष्ट और बीमारियों से जूझ रहे पिता ने यह तब कहा था, जब निम्न-मध्यवर्गीय पिता अपनी बात, बच्चों पर लादने में अक्सर सफल रहते थे। ऐसे वक़्त में अपने बेटे में इतना भरोसा दिखाना, उसे उसके ढंग से चलने देना, उनके पिता के बारे में काफ़ी कुछ बताता है।

२९ मई, १९५८ में पिता की मृत्यु ने २९ साल के रघुवीर जी को काफ़ी विचलित किया मगर उन्होंने अपना सन्तुलन नहीं खोया। परिवार के वह सबसे बड़े पुरुष सदस्य थे और जितनी भी सामर्थ्य उनमें थी, किया। वही अकेले थे, जिन्हें अब सब कुछ सम्भालना था। उन पर अब अपने छोटे भाइयों की ज़िम्मेदारी आ गयी थी, जिसके लिए वह फ़िलहाल तैयार नहीं थे मगर कोई विकल्प भी नहीं था। उनसे छोटे भाई बलवीर तब मात्र साढ़े अट्ठारह साल के थे और हाईस्कूल-इण्टर में पढ़ रहे थे, उनका सपना इंजीनियर बनने का था। उनसे छोटे धर्मवीर तब मात्र सोलह साल के थे, विजयवीर सात साल के तथा सबसे छोटे भाई अजयवीर कुल साढ़े चार साल के थे। दोनों छोटे भाइयों ने तो तब स्कूल जाना शुरू भी नहीं किया था। उनके पिता को दमा काफ़ी पहले से था मगर उनकी मृत्यु दिल की बीमारी से हुई। इससे ठीक दो साल पहले, मई १९५६ में पहली बार जब उन्हें दिल का दौरा पड़ा था, तब वह सह गये थे लेकिन दूसरी बार वह बच नहीं पाये।

मगन की असमय मृत्यु

रघुवीर सहाय की दूसरी माँ से उनके चार भाइयों के अलावा एक और भाई भी हुआ था मगर उसकी असमय मृत्यु हो गयी। मृत्यु के समय वह मात्र क़रीब पौने तीन साल का था। वह हमेशा मस्त-मगन रहनेवाला बच्चा था, इसलिए उसका घरेलू नाम 'मगन' रखा गया था। वैसे उसका औपचारिक नाम यदुवीर सहाय था। उसका जन्म १ जून, १९४६ को हुआ और निधन १३ फ़रवरी १९४९ को। उसे चेचक का टीका लगवाने के बाद मामूली बुख़ार आया। तभी उसे सर्दी लग गयी और उसका बुख़ार एकदम बढ़कर १०६ डिग्री पर जा पहुँचा। ३६ घण्टे तक कोमा में रहने के बाद उसकी मृत्यु हो गयी। वैसे उसके दोनों हाथों में दो-दो अँगूठे थे और एक हाथ के दोनों अँगूठे आपस में जुड़े हुए नहीं थे, अलग-अलग थे। इस तरह उसके चारों अँगूठे उसी तरह काम करते थे, जैसे हमारे दो अँगूठे करते हैं। यह लोक मान्यता थी कि ऐसे बच्चे बहुत भाग्यशाली होते हैं। आसपास के बच्चे परीक्षा देने जाते या कोई युवा नयी नौकरी का इण्टरव्यू देने जाता तो उसके हाथों से मस्तक पर टीका लगवाकर जाता था। चूँकि वह किसी के पास भी चला जाता था, सबसे ख़ुश रहता था, इसलिए आसपास के लोग भी उसे बहुत प्यार करते थे।

उसकी मृत्यु से उसके माता-पिता को दुख हुआ ही, रघुवीर जी भी अपने इस छोटे भाई से बहुत ज़्यादा लगाव रखते थे। उसे लेकर वह बहुत भावुक थे। उसकी मृत्यु के एक दिन बाद और उसके अगले दिन भी उन्होंने ख़त लिखा—अपने आत्मीय (प्रसिद्ध आलोचक और 'तारसप्तक' के कवि) और तब बालपत्रिका, 'मनमोहन' के सम्पादक नेमिचन्द्र जैन को। इसका उद्देश्य इस दुख से अपना मन हल्का करना और 'मगन' के नाम से एक

बाल–पत्रिका के प्रकाशन के बारे में उनसे सलाह–मशविरा लेना था। दूसरे पत्र में उन्होंने उस बच्चे को हमेशा हँसमुख, प्रसन्न रहनेवाला और हरेक से दोस्ती करने वाला बताते हुए लिखा कि हम लोग जिस छोटे से घर में रहते हैं, उसमें कोई चीज़ ऐसी नहीं है, जिससे उसका सम्बन्ध न रहा हो। वह कुर्सी से मेज़ पर चढ़कर क़लमदान को उलटा–पुलटा करता था, शीशे में अपना मुँह देखकर 'बबुआ' कहता था, जूते–मोजों पर पॉलिश करने की कोशिश करता था। उसने दरवाज़े पर खड़िया से अपनी समझ से कुछ बड़ी–बड़ी बातें लिख रखी थीं। रघुवीर सहाय लिखते हैं—

> उसके एक–एक कौतुक को याद करके रोने के लिए तो सारा जीवन पड़ा है—कम से कम तब तक, जब तक कि समय उसे हमें भुला न दे और ऐसा नहीं होगा। इस छोटी सी उमर में मैं एकाएक बड़ा ज्ञानी और वय:प्राप्त हो गया हूँ। केवल मगन ही ऐसा प्राणी था, जिसने मेरा दिया हुआ प्यार स्वीकार किया था।' (घर की) 'हर चीज़ में मगन की याद बसी हुई है और मैं केवल और शक्ति माँगता हूँ कि उसकी बार–बार आती हुई याद को जीतकर दुनिया के काम–धन्धों में लगूँ, मुझे विश्वास ही नहीं होता कि वह हम सब लोगों के बीच से एकाएक कहीं चला गया है।

'मनमोहन' पत्रिका रघुवीर जी के यहाँ नियमित रूप से आती थी, उसकी बिक्री लखनऊ शहर में भी अच्छी–ख़ासी थी। इसकी ताईद करते हुए रघुवीर जी ने एक पत्र में लिखा कि उनके पिता की इच्छा है कि मेरे सम्पादन में 'मगन' नाम से एक बाल पत्रिका प्रकाशित हो, 'वे स्वयं स्कूल मास्टर हैं और बच्चों में इण्टरेस्टेड हैं।' इस सम्बन्ध में रघुवीर जी ने, नेमि जी से आवश्यक निर्देश और सूचनाएँ माँगी थीं कि उन्हें इस सम्बन्ध में किन–किन बुनियादी बातों का इन्तज़ाम करना होगा, जिसमें काग़ज़, सरकारी अनुमति, छपायी, प्रकाशन आदि शामिल हैं। रघुवीर जी यह भी चाहते थे कि नेमि जी उस बच्चे का एक चित्र अपनी पत्रिका में छापें। उन्होंने उसकी मृत्यु के क़रीब पाँच माह बाद २१ जुलाई को नेमि जी को उसका एक चित्र भेजते हुए उसका प्रकाशन पत्रिका के कवर के रूप में करने का सुझाव दिया था मगर साथ ही यह भी लिखा था—'कवर पेज न सही कहीं भी प्रकाशित कर दीजिये परन्तु कर दीजिये और जल्दी ही।'

सात दिन बाद स्वयं रघुवीर सहाय इस सिलसिले में नेमि जी से मिलने

इलाहाबाद गये थे मगर संयोग से घर-दफ़्तर दोनों जगह उनसे मुलाक़ात नहीं हो पायी। बाद में पत्र में लिखकर नेमि जी से उन्होंने अपने पत्रों में लिखी हुई बातों का उत्तर चाहा था। नेमि जी ने उन्हें क्या सलाह दी या वह इस बारे में चुप रहे, इस बारे में कुछ कहना कठिन है क्योंकि उन्होंने जवाब में क्या लिखा, इसका अब अता-पता नहीं है। शायद पत्रिका प्रकाशन के कारण सहाय-परिवार पर पड़नेवाले अतिरिक्त आर्थिक बोझ आदि कारण रहे हों या कुछ और, उनके पिता की यह इच्छा पूरी नहीं हो पायी। इस तरह बीस साल की उम्र में रघुवीर सहाय एक बाल-पत्रिका का सम्पादन करके अपनी सम्पादकीय प्रतिभा का परिचय न दे सके। शायद वह अपने समय की अनोखी बाल-पत्रिका होती। वैसे रघुवीर सहाय की प्रेरणा का कारण मगन रहा हो या बाल लेखन के प्रति उनका रुझान रहा हो, मगन के जीवित रहते उन्होंने कई कविताएँ-कहानियाँ बच्चों के लिए लिखीं, जिनमें से ही शायद कुछ कविताएँ बाद में प्रकाशित हुई हैं। उनका लिखा उस दौर की बाल पत्रिकाओं 'बालसखा' और 'मनमोहन' में प्रकाशित हुआ। उन्होंने बाल नाटक भी लगभग उसी दौर में लिखे, मुख्यतः लखनऊ रेडियो के लिए। उसी दौर में उन्होंने अच्छे बाल नाटकों की पहचान कैसे हो, इसकी रूपरेखा बताते हुए एक पुस्तिका भी लिखी थी। बाद के वर्षों में उनकी बाल साहित्य में रुचि घटती गयी।

'रघुवीर सहाय रचनावली' में संकलित उनकी एक कहानी 'रामशंकर-मगर शंकर' का सम्भावित लेखन काल १९८० बताया गया है मगर उसकी लेखनशैली इस बात की गवाही देती प्रतीत होती है कि यह उनके आरम्भिक दौर की रचना है।

पुरखों का गाँव बरवट

> गाँव से जुड़े होना कोई बुरी बात नहीं है मगर कोई ख़ास बात भी नहीं है। ख़ास बात होगी किसी का यह कहना कि मैं गाँव से जुड़ा नहीं हूँ।
>
> —(रघुवीर सहाय रचनावली-५, पृ. ४२३)

निराला और रघुवीर सहाय जैसे दो बड़े कवियों में इतनी समानता ज़रूर थी कि दोनों मूल रूप से उत्तर प्रदेश के उन्नाव ज़िले की पुरवा तहसील के थे। निराला का गाँव गढ़ाकोला था तो रघुवीर जी का बरवट। यह उनके पुरखों का गाँव था। उनके पितामह कभी वहाँ के ज़मींदार रहे थे। गाँव से उनका सम्बन्ध अनुपस्थित ज़मींदार के पुत्र-पौत्र का था। ज़मींदारी उन्मूलन के बाद ज़मीन जोतनेवाले की हो गयी थी।

बरवट गाँव सदर पुरवा तहसील कार्यालय से क़रीब २० क़िलोमीटर दूर है। दोनों कवियों के गाँव आसपास हैं, हालाँकि निराला की तरह रघुवीर जी का जन्म गाँव में नहीं हुआ था, न वहाँ वह पले-पुसे-बढ़े थे, न वह अपनी जीविका के एक अंश के लिए भी उस पर निर्भर थे। वह गाँव के आदमी तो नहीं थे लेकिन वह 'गाँव को अपनी चीज़' मानते थे, उसे खाने-पीने-लूटने की चीज़ नहीं। 'मैं उस जीवन का हिस्सा बन गया होता तो मुझे बहुत कुछ मिलता।...बड़ा शहर मुझे एकसाथ अपने अन्दर ले आता है, अकेला कर देता है और फिर वह मुझे यथासम्भव बाहर की दुनिया को समझने के लिए उतना ही प्रेरित करता है।'

१४ से १८ वर्ष की उम्र के बीच वह कई बार दस-पन्द्रह दिन के लिए गाँव गये थे, अनेक बार अपने बड़ों के साथ। उन्होंने अपनी 'पहला पानी'

कविता यहीं लिखी थी। १९४८ के २२ साल बाद जब १९७० में मात्र कुछ घण्टों के लिए वह अपने गाँव आये थे तो भी पुरवा और बरवट के बीच पड़ने वाले बंजर को उन्होंने पहचान लिया था और गाँव के छोर पर खड़े खजूर के दो वृक्षों को भी। गाँव में घुसते ही उन्हें वहाँ के रास्ते भी याद आ गये क्योंकि तब तक हर मकान ठीक-ठीक पहले जैसा तो नहीं रहा था, मगर जो जहाँ पहले था, वहीं पर था। उन्हें यह भी याद आ गया कि इन मकानों में कौन-कौन लोग रहते हैं। उन्हें १९७० में वे सभी लोग मिले, जो १९४८ में उन्हें मिले थे, जो तब अधेड़ थे या वृद्ध। 'वे सब सुन्दरता से अब और वृद्ध हो गये थे। किसानों के उस समाज में कोई भी इस बीच परलोक नहीं गया था।' उन्होंने ज़रूर यहाँ आकर इस बीच अपने खानदान के तीन-चार लोगों की मरने की सूचना दी, हालाँकि एक-दो ताज़ा मौतों के अलावा बाक़ी सूचनाएँ गाँव के लोगों के लिए नयी नहीं थीं। उन्हें गाँव के बीचोंबीच उनकी उम्र के कुछ लोग मिले, जो १९४८ में तो उन्हें अपने से बड़ा समझते थे मगर अब नहीं। जब वे सब सामने आये तो उनसे बराबरी से गले मिले। वहाँ उन्हें अपने हमउम्र गोपेश्वर भी दिखे, जो रघुवीर जी को देखते ही बड़े ज़ोरों से उनसे आकर गले मिले। गोपेश्वर के साथ १९४८ में और उससे पहले उन्होंने गाँव की ख़ूब सैर की थी, ताकि बुज़ुर्ग अभिभावकों के सामने लगातार हाज़िरी देने की मजबूरी से बचा जा सके। गोपेश्वर अब रघुवीर जी से लम्बे और तगड़े हो चुके थे, अधिक 'करिया व झुरा' भी गये थे। उन्हें सुकुल भी मिले, जो अब 'पढ़ेलिखे आदमी' बन गये थे और पोढ़े हो चुके थे। उनके पुराने घर के एक ओर जो काछिन रह रही थीं, 'वह वैसे ही कसे बदन पर एक कपड़ा पहने थीं। वह अपने बहुत बोलनेवाले मुँह में एक टूटे दाँतभर की जगह रखे हुए बाक़ी दाँत बाय रही थीं।' उनसे मिलकर रघुवीर जी ने गाँव के तमाम लोगों को याद किया और गाँववालों ने भी उनके तमाम शहरी रिश्तेदारों को। उनके वंश के प्रत्येक परिवार के पुत्रों के नाम उन्हें याद थे लेकिन उन्हें इससे बिलकुल सरोकार नहीं था कि इनमें से कौन, किस पद पर पहुँच गया है और कितना कमा रहा है। 'उनके लिए वे सब व्यक्ति शहर की दुनिया के—एक बिलकुल दूसरी दुनिया के प्राणी थे—और सामूहिक रूप से अधिक समृद्ध दिखते थे।'

१९७० में यह गाँव ८० घरों का था। इनमें से अधिकांश घर अहीरों और पासियों के थे, कुछेक घर ब्राह्मणों के और कुल तीन घर कायस्थों के थे, जिनमें से अब दो ही घर रह गये थे क्योंकि रघुवीर जी का पूरा परिवार गाँव

छोड़कर लखनऊ जा चुका था।

गाँववालों को यह शक था कि हो न हो यह शख़्स, उस ब्राह्मण परिवार से अपना मकान छुड़ाने आया होगा, जिस पर अभी उसने कब्ज़ा जमा रखा है। उस आधे कच्चे, आधे पक्के मकान को उनके बाबा ने जेठ की धूप में खड़े रहकर और अलग से ईंटें पकवाकर बनवाया था। उस ब्राह्मण का दावा था कि रघुवीर जी के परिवार की ख़ुदकाश्त की ज़मीनें बिकवाने के मुआवज़े के तौर पर उसे यह मकान दिया था। बहरहाल, मकान जिसके पास था, उसे छोड़कर बाक़ी के लिए यह मात्र एक दिलचस्प घटना होती, अगर वाकई रघुवीर जी का इरादा यह होता लेकिन उनके आने का उद्देश्य यह था ही नहीं। जब रघुवीर जी अपने पुराने मकान को देखने पहुँचे तो उसका मौजूदा मालिक बाहर निकलकर आया, उसने इनके लिए चारपायी बिछायी, शरबत पिलाया और काफ़ी देर तक उनके साथ रहा। सम्भवतः उसे आशंका थी कि कहीं कोई रघुवीर जी को मकान के नाम पर भड़का न दे। उसने अपने घर में उन्हें भोजन करवाने का आग्रह भी किया लेकिन रघुवीर जी ने इसे नहीं माना।

उनका मन तो उस समय दो-चार घर छोड़कर एक कथित तौर पर नीची जाति समझी जाने वाली जाति पासी के साफ़सुथरे और सुघर घर के मिट्टी और गोबर लिपे फ़र्श पर लेटने का था। उस घर की दीवारों पर खेती के औजार टँगे थे और चमचमाता हुआ एक कलसा कोने में रखा था। उस घर में शहर की नक़ल ज़रा भी नहीं थी और न ग्रामीण उपकरणों की वैसी सजावट, जो शहर के दीवानख़ानों में दिखती है। बहरहाल, अपने मन की करने से रघुवीर जी के अपने शुभचिन्तक अप्रसन्न हो सकते थे, इसलिए उन्होंने ऐसा करना ठीक नहीं समझा—

> क्योंकि एक दिन के लिए गाँव आकर खलबली मचाने के उनके 'अपराध' को ये कभी क्षमा न करते और उन्हें जल्दी से जल्दी गाँव से विदा करने पर उतर आते।

दोपहर होने लगी तो साथ चल रहे गाँव के लोगों में असमंजस दिखने लगा कि अब इनके खाने और आराम की क्या व्यवस्था करें तो उन्होंने 'राजनयिक व्यवहार-कुशलता' के साथ उन्हें सलाह दी कि आप अपने जाति भाई के घर चले जायें। चार आदमी उन्हें वहाँ तक छोड़ने आ गये। रघुवीर जी ने जाति के ऊँच-नीच गणित को समझते हुए वही किया, जो उन्हें सुझाया गया था। वे जाति भाई इनके चचेरे पितामह के सौतेले भाई के पौत्र यानी

उनके नज़दीकी भाई थे। इस क़िलेनुमां मकान में उनके आने पर छोटा-मोटा मजमा लग गया। उनके इस भाई के पास एक रेडियो सेट था, जिसे वह ताले में बन्द रखते थे। शाम को लखनऊ रेडियो का देहाती कार्यक्रम अकेले में सुनने के लिए उसे निकालते थे और उसकी ख़ास-ख़ास बातें दूसरों को ऐसे पहुँचाते थे, जैसे रेडियो ने सिर्फ़ उन्हें ये बातें बतायी हों।

गाँव में जो परिवर्तन उन्होंने देखे, उनमें एक यह भी था कि पहले यहाँ के बच्चे स्कूल नहीं जाते थे लेकिन अब जाने लगे थे। स्कूल अब गाँव के काफ़ी पास बन चुका था, जबकि पहले काफ़ी दूर था। बच्चों के पास अब किताबें भी थीं। कमर के नीचे अब कोई बच्चा शायद ही नंगा दिखता था। तथाकथित छोटी जाति के लोगों के कथित ऊँची जाति के लोगों से अधिक साफ़-सुथरे, लिपेपुते मकान थे, हालाँकि कच्चे थे। एक दलित को मकान बनाने के क़र्ज़ की पहली किस्त मिल गयी थी तो उसने पक्की चौपाल और बैठक बनाना शुरू कर दिया था पर क़र्ज़ की दूसरी किस्त तब तक न मिल सकने के कारण उस मकान का काम अधूरा पड़ा था। अहीरों के घरों में गाय-भैंसों की बहुतायत थी।

इसके साथ उन्हें यह भी समझ में आया कि उनका गाँव आसपास के गाँवों से पिछड़ रहा है, हालाँकि ऐसा नहीं था कि दूसरे गाँव बहुत आगे बढ़ गये थे। आसपास के गाँवों में बिजली आ चुकी थी मगर इस गाँव में नहीं आयी थी। चारों ओर के गाँवों को एक छोटी नहर से पानी मिलता था, इसे नहीं मिलता था। चकबन्दी के कारण गाँव के ज़्यादातर लोगों के पास ज़मीनें तो थीं मगर थोड़ी-थोड़ी, ख़ुद खाने के लिए भी उन्हें अक्सर बाज़ार से अनाज आदि ख़रीदना पड़ता था। कोई सोहनलाल अध्यापकी से सेवानिवृत्त होकर उन्नत खेती के अगुआ बन चुके थे। वह मैक्सिकन गेहूँ की खेती करते थे। गाँव का एक बड़ा हिस्सा छोटी जाति के लोगों के कब्ज़े में था, जिनके मकान बड़ी जाति के लोगों की अपेक्षा कहीं अधिक साफ़-सुथरे, लिपे-पुते थे। गाँव के बहुलांश को गाँव का नेतृत्व प्राप्त नहीं था।

गाँव से जाते समय उन्हें वहाँ के लोगों ने डलियाभर महुआ, हँडियाभर राब, एक पोटली में कुछ आलू दिये। उस साल आम की फसल अच्छी नहीं हुई थी तो अगले साल आम के मौसम में आने की हिदायत दी गयी। उनके ब्राह्मण दोस्त ने एकान्त में उनसे अनुरोध किया कि वह उन्हें शहर में नौकरी दिला दें। रघुवीर जी ने उससे औपचारिक हाँ-हूँ की 'क्योंकि शहर में अपनी दयनीय स्थिति का ज्ञान मैं उस ग्रामीण को देने के अपमान से बचना चाहता था।'

लखनऊ उनका वतन था, देस था

> लखनऊ मेरा वतन है और मेरी राय में हर लेखक को बार-बार अपने वतन जाना चाहिए। जब-जब मैं वहाँ जाता हूँ—ज़िन्दगी और समाज की थोड़ी-सी समझ और लेकर आता हूँ। मैं उसी शहर में पैदा हुआ और बड़ा हुआ, इसलिए मैं वहाँ की बोली और मिज़ाज को सिर्फ़ एक अलंकार की तरह नहीं देखता, जैसे कि दूर प्रदेशों से आने वाले लोग देखते होंगे।
>
> —(रघुवीर सहाय रचनावली-५, पृ. ४५८)

रघुवीर सहाय मई, १९५१ में क़रीब साढ़े इक्कीस वर्ष की उम्र में दिल्ली आ चुके थे। अभी-अभी उन्होंने लखनऊ विश्वविद्यालय से अँग्रेज़ी में एम. ए. किया था लेकिन एक बार वह दिल्ली आये तो फिर दिल्ली के होकर रह गये। वह मानें, न मानें दिल्ली ही उनका वतन हो चुकी थी। फिर भी उन्होंने अपना देश, अपना वतन लखनऊ को ही माना। 'प्रतीक' बन्द होने पर वापिस लखनऊ जाने की सम्भावना के बारे में वात्स्यायन जी ने उनसे पूछा था, तो उन्होंने इनकार किया था। वात्स्यायन जी भी इसी मत के थे कि उन्हें दिल्ली नहीं छोड़ना चाहिए। लखनऊ और घर छूटने की पीड़ा तथा दिल्ली का उखड़ापन तब कुँवर नारायण के अनुसार रघुवीर सहाय का स्थायी मूड बन गया था। शुरू-शुरू में लखनऊ के लिए अपनी छटपटाहट में वह कभी अपने वरिष्ठ अमृतलाल नागर को पत्र लिखते थे, कभी अपने हमउम्र कुँवर नारायण, कृष्ण नारायण कक्कड़ आदि को।

जिस लखनऊ को छोड़कर वह दिल्ली आये थे, तब तक यहाँ सही मायने में वह साहित्यिक वातावरण नहीं बना था, जो लखनऊ में उन्हें सहज सुलभ

था। यह स्थिति इसके बावजूद थी कि 'प्रतीक' जैसी पत्रिका अब इलाहाबाद से यहाँ चली आयी थी, जिसमें काम करने ही वह दिल्ली आये थे। दिल्ली आकर बसनेवाले अपनी पीढ़ी के हिन्दी लेखकों में वह अग्रणी थे। उनके बाद तो बहुत से आये और जिसे साहित्य का गढ़ कहते हैं, दिल्ली वह बनती चली गयी।

जब वह यहाँ आये, तब लखनऊ, इलाहाबाद और बनारस साहित्य, संस्कृति और विद्वत्ता के बड़े केन्द्रों में शुमार होते थे। लखनऊ में वैचारिक मतभेदों के बावजूद लेखकों का आपस में मिलना-जुलना ख़ूब था, साहित्य की गहमागहमी थी। लखनऊ का कॉफी हाउस दिनभर हिन्दी-उर्दू के लेखकों से खचाखच भरा रहता था। वहाँ कई बड़े लेखकों की अपनी मेज़ें होती थीं, जिनके इर्द-गिर्द हिन्दी-उर्दू के लेखक आ जुटते थे। वहाँ गप्पें होती थीं, साहित्यिक चर्चाएँ होती थीं। यशपाल, अमृतलाल नागर, इलाचन्द्र जोशी, भुवनेश्वर, मजाज़, सलाम मछलीशहरी, आले अहमद सुरूर की अलग-अलग मेज़ें हुआ करती थीं। लखनऊ आने पर डॉ. राममनोहर लोहिया या डॉ. केसकर की मेज़ के आसपास भी मजमा जमता था। लखनऊ विश्वविद्यालय के डी. पी. मुखर्जी, सी. पी. मिश्रा जैसे विद्वानों की मेज़ें भी वहाँ थीं। इन बड़े लोगों की मेज़ों के इर्द-गिर्द कोई नियम नहीं था कि कब, किसकी मेज़ ज़ोर पकड़ जाये। नाटककार भुवनेश्वर भी अक्सर कई दोस्तों से घिरे होते थे और बहस का केन्द्र होते थे। उनके तर्क साथ के लोगों को परास्त कर देते थे। उनकी बहस में इतनी कशिश होती थी कि उनके तर्कों से तंग आ चुके लोगों का भी वहाँ से उठकर जाने का मन नहीं होता था। जोशी जी के अनुसार, मजाज़ और भुवनेश्वर कॉफी हाउस से तभी उठते थे, जब कोई प्रशंसक, कॉफ़ी से बेहतर चीज़ पिलाने का प्रबन्ध कर देता था।

उस समय वहाँ लेखकों-बुद्धिजीवियों के अलावा लखनऊ आर्ट्स कालेज के कलाकार भी आते थे। आधुनिक कला की प्रदर्शनियाँ भी वहाँ यदाकदा होती थीं। पत्रकारों में 'नेशनल हैरल्ड' के सम्पादक चेलापति राव थे। हिन्दी के बड़े पत्रकारों में 'स्वतन्त्र भारत' के सम्पादक अशोक जी और 'नवजीवन' के ज्ञानचन्द जैन थे। सुबह कॉफी हाउस के खुलने से लेकर रात को बन्द होने तक वहाँ चर्चाएँ ही चर्चाएँ होती थीं। इसी कॉफी हाउस में १९५० में एक दिन प्रगतिशील लेखक संघ से जुड़े लेखकों की बातचीत ने ही एक तरह से लखनऊ लेखक संघ के विचार को जन्म दिया था।

लखनऊ विश्वविद्यालय भी तब गहमागहमी का केन्द्र था। इस विश्वविद्यालय के छात्र रहे मनोहर श्याम जोशी के शब्दों में वह इण्टेलेक्चुअलों का एक बड़ा अड्डा था। तब आचार्य नरेन्द्र देव कुलपति थे और अन्तरराष्ट्रीय-राष्ट्रीय ख़्याति के कई अध्यापक वहाँ थे। छात्रों में भी मोटे-मोटे पोथे पढ़कर लम्बे-चौड़े बहस-मुबाहिसे करने का रिवाज़ था। वह विश्वविद्यालय तब फ़ैशनपरस्ती से लेकर मौज़मस्ती करने और 'घनघोर इण्टेलेक्चुअलता' में अव्वल था। प्रगतिशील लेखक संघ और लखनऊ लेखक संघ की गोष्ठियाँ भी निरन्तर होती थीं। ऐसे लखनऊ को रघुवीर सहाय दिल्ली आकर कुछ ज़्यादा ही 'मिस' करने लगे हों तो यह स्वाभाविक है।

रघुवीर सहाय ने ऐसे समय लखनऊ छोड़ा, जब वह शहर ऐतिहासिक बदलावों का गवाह बन रहा था, जो १९४७ में भारत के विभाजन के साथ ही इस शहर में भी आ रहे थे। बड़े पैमाने पर शरणार्थियों के आने से लखनऊ शहर बड़े पैमाने पर बदल रहा था। रघुवीर सहाय इस परिवर्तन के प्रति सकारात्मक थे। उनकी बातों से लगता है कि केवल वही नहीं बल्कि लखनऊ के तमाम लोगों का यही रवैया था। यह आम समझ बन रही थी कि ये घरबार खोकर आये हुए लोग हैं, बेचारे हैं मगर बहादुर हैं। इनके आने के बाद लखनऊ की ज़िन्दगी के रंग को बदलने से कोई रोक नहीं पा रहा था। इनके आने के साथ लखनऊ का खानपान, दुआ-सलाम का ढंग भी बदलने लगा। शहर में खाने-पीने की तमाम नयी दुकानें खुलीं, भीड़ बढ़ी, उजड्डपन आया, गोश्त-रोटी आयी, फलों का रस आया और भी बहुत कुछ आया। वहाँ कुछ चेहरे कड़ी मार खाते हुए दिखने लगे, कुछ दाँत भींचकर बोझ उठाते हुए। कुछ मस्त-बेफिक्रे दिखे, 'जिन्हें झूठ-मक्कारी-हेराफेरी' से परहेज़ नहीं था, जो हर गिरावट को 'वक़्त का तकाजा' मानते थे। शरणार्थियों में या तो नौकरीपेशा लोग थे या सिर्फ़ मेहनत के बल पर जीने वाले लोग, जो व्यापार के नये व्यावहारिक मूल्यों को अपना रहे थे।

पहले लखनऊ के ज़रा-सी ऊँची हैसियत के निवासी भी पूरा ताँगा किराये पर लेकर कहीं आते-जाते थे। साथ में किसी और सवारी को बैठाने का रिवाज़ नहीं था। लखनऊ की सभ्यता में एक सवारी गाड़ी में एक मुसाफ़िर का होना मामूली बात थी। केवल निचले वर्गों के लोग सामूहिक रूप से आते-जाते दीखते थे लेकिन ज़रा सी ऊँची हैसियत के लोग ताँगे में अगर कभी अकेले नहीं भी बैठे होते थे, तो दोस्तों या परिवारवालों के साथ होते

थे। केवल इक्के में एक से अधिक सवारियाँ बैठाने का चलन था। शरणार्थियों के आने के बाद भी कुछ समय तक यह रीत चलती रही, फिर ताँगे ग़ायब होने लगे और जो थोड़े-बचे भी थे, वे मजबूरन एक से अधिक सवारियाँ बैठाने लगे थे। ताँगों की जगह अब साइकिल रिक्शा लेने लगे थे।

आज़ादी से पहले अमीनाबाद पार्क में शाम के वक़्त ठण्डी हवा में, दूब के मैदान में 'गृहस्थ, ख़ानदानी स्त्रियाँ और कभी-कभी प्रेमी युगल बैठा करते थे। प्रेमियों के लिए वहाँ मिलने के लिए पास का हनुमान मन्दिर एक बहाना हुआ करता था।' यह पार्क अमीर-ग़रीब सब वर्गों को प्यारा और सुगम था। आज़ादी के पहले अन्तरिम सरकार बनाने के लिए चुनाव के दौर में मुस्लिम लीग का दफ़्तर यहीं अमीनाबाद पार्क के सामने होता था। उसके नेताओं ने शाम के समय पार्क में जमा भीड़ को अपना श्रोता बनाना शुरू किया।

शरणार्थियों के आने के बाद पहली बार इस अमीनाबाद पार्क में भी बदलाव आये। पार्क के हरे-भरे आरामगाह में खोमचे लगने लगे। रोटी के लिए दिनभर मेहनत करते हुए, भाईचारे की कहानियों को जन्म देते हुए शरणार्थी वहाँ कुछ न कुछ बेचते देखे जाने लगे। उनके खोमचों के ग्राहक लखनऊ के आरामपसन्द लोग थे, जिनके संस्कार उन्हें सड़क पर चाट खाने की अनुमति तो देते थे मगर पूरा खाना खाने की नहीं।

१९४७ से पहले का झण्डेवाला पार्क राजनीति का एक तरह से 'स्वाभाविक कुतुबनुमा' हुआ करता था। राजनीतिक सभाएँ वहीं हुआ करती थीं—मुसलिम लीग के एक अपवाद को छोड़कर। रघुवीर जी की स्मृति जहाँ तक उनका साथ देती है, शायद ही कभी लीग ने अपनी सभा वहाँ की हो और अगर की भी होगी तो काँग्रेस जितनी बड़ी नहीं रही होगी। जैसे इस इलाक़े में अनेक पार्टियों के दफ़्तर हुआ करते थे, वैसे ही पार्क में उनके झण्डे भी अनेक होते थे। काँग्रेस का तिरंगा सबसे बड़ा था मगर ऐसा सरकार के हुक्म से नहीं हुआ था, उसके अपने शहर के लोगों पर असर के कारण। वैसे वहाँ जिस पार्टी की सभा बड़ी होती थी, उसी का पार्क में झण्डा भी ऊँचा लगने लगता था। १९४७ तक यही स्थिति बनी रही।

जिस लखनऊ में रघुवीर सहाय बचपन से रहते आये थे, उस शहर का कोई एक रंग नहीं था, उसमें कई लखनऊ थे, कई रंग थे। 'ये लखनऊ उसी

शहर के अन्दर थे—मोहल्लों के रूप में भी और मानसिकताओं के रूप में भी।' एक लखनऊ बंगालियों का था, तो एक कुमाउँनियों का। एक रस्तोगियों का था तो एक खत्रियों और पंजाबियों का। एक लखनऊ मुसलमानों का अपना था। ये सारे लखनऊ, उनके अपने लखनऊ के अन्दर समाये थे। १९४७ के बाद जो परिवर्तन आये, उसमें पूर्वी उत्तर प्रदेश के लोगों का भी कुछ योगदान था, बनारसी पान की कई दुकानें लग गयी थीं। फलों और रोटियों की चलती-फिरती दुकानें भी आ चुकी थीं। हाल ही में बने पाकिस्तान से आये लोग भी जब यहाँ आकर बस गये, तो वे भी इस लखनऊ के जीवन का यानी उनके अपने जीवन का हिस्सा बन गये।

रघुवीर जी के मुताबिक इन शरणार्थियों में शोषक और शोषित दोनों क़िस्म के थे। इनमें से विश्वविद्यालय में पढ़नेवाले छात्र तो बहुत कम आये, ज़्यादातर तो अमीनाबाद में खोमचे लगाने लगे। 'इन शरणार्थियों के साथ वहाँ की वर्ग संस्कृति भी लखनऊ आ गयी थी और भारत के वर्ग संस्कृति के बीच ठीक से बैठ गयी थी।' छोटी-मोटी डिग्री वाले लोग सरकारी या अर्द्ध सरकारी पद पा गये थे। जो वहाँ भी सुरक्षित पदों पर थे, उन्हें यहाँ भी उतनी ही सुरक्षा मिली। उन्हें यहाँ स्थापित होने में देर नहीं लगी। इनमें से ऐसे किसी शरणार्थी को रघुवीर सहाय ने नहीं देखा, जो रो रहा हो कि हाय, उसका देश पीछे छूट गया, चूँकि ये सब 'नौकरियों और पेशों से विस्थापित थे, ज़मीन से नहीं। वहाँ उनके पास रोज़ी-रोटी का एकमात्र साधन' ज़मीन नहीं थी कि उसके छिन जाने का दुख उन्हें हो। सम्पन्न विस्थापित लखनऊ के सबसे उम्दा चायघरों में साफ़-सुथरे कपड़ों में उठने-बैठने लगे थे। उनमें से कुछेक विश्वविद्यालय के अँग्रेज़ी जैसे विषय में भर्ती हो गये थे। इनकी पहुँच दिल्ली तक थी।' ये शाब्दिक अर्थ में विस्थापित नहीं थे क्योंकि उनके लिए भारत में एक आर्थिक-सांस्कृतिक वर्ग संरक्षक के रूप में पहले से मौजूद था। उधर 'विभाजन के बाद आने वाले पढ़े-लिखे विस्थापित पंजाबियों के लिए लखनऊ बोलचाल की उर्दू और उर्दू के शहरी इतिहास के कारण अनुकूल पड़ता था क्योंकि उर्दू से लगाव उन्हें 'राष्ट्रीय दर्जा' दिलाता था, जबकि हिन्दी से लगाव कहीं न कहीं उन्हें नये देश में होने की याद दिलाता था। लखनऊ की हिन्दी भी दरअसल वही थी, जिसे उर्दू कहा जाता है।' पंजाबी बुद्धिजीवियों को अपने उर्दू समाज के कारण दुराव का अनुभव नहीं हुआ। इसके अलावा उनकी मातृभाषा पंजाबी के

लिए लखनऊ की संस्कृति में गुंजाइश थी। नौकरी पा गये पढ़े-लिखे पंजाबी उर्दू साहित्य की दुनिया में सहज ही अपनापा पा गये थे। १९४८-४९ में संयोग से प्रगतिशील लेखक संघ की उर्दू इकाई भी विशेष रूप से सक्रिय थी। विभाजन के कई दर्दों में से उर्दू के छूटने के उनके दर्द को लखनऊ ने बढ़ने नहीं दिया था। प्रगतिशील लेखक संघ का विश्वविद्यालय के उर्दू विभाग से भी घना सम्बन्ध था। विभाजित भारत के शरणार्थियों को उत्तर प्रदेश के हिन्दी-उर्दू के मिले-जुले वातावरण में अनुकूलता और प्रीति मिली और बदले में उन्होंने उत्तर प्रदेश के जीवन को नयी ऊर्जा दी। रघुवीर जी कहते हैं—

> वह ठीक यही सकारात्मक बात नहीं कह पाते, अगर वह उत्तर प्रदेश में पले-बढ़े और जवान न हुए होते और अगर आज़ादी और विभाजन का यह मिश्रित अनुभव किसी और प्रदेश में उन्हें हुआ होता। पंजाब का आदमी अपने स्वभाव के साथ जब यहाँ बसने आया तो उसने प्रदेश को भी समृद्ध किया और ख़ुद अपने को भी। तभी एक आधुनिक संस्कृति बनी।

भारत विभाजन से पहले के लखनऊ के बारे में वह कहते हैं कि उसमें बुर्का और डोली में बैठी मुस्लिम औरतें गली से आती-जाती दिखती थीं। घरों में टाट के पर्दे लटके रहते थे। टाट के पर्दे के पीछे से कभी साफ़-सुथरी कमीज़ पहने घर का मालिक बाहर निकलता दीखता था। कभी घर के युवक किसी बत्तख को पकड़ने के लिए बाहर आते थे। इस लखनऊ में पान की कुछ मशहूर दुकानें थीं, जहाँ चार दोस्त मिला करते थे। कुछ हलवाइयों के बँधे ग्राहक थे और परदेशियों का भी ताँता लगा रहता था। उनके यहाँ की मिठाइयाँ मशहूर थीं। कचौरियाँ पेट भरने और जलेबियाँ नाश्ते के लिए ज़िन्दगी की एक ज़रूरत बन गयी थी। १९५० तक भी यह संस्कृति बची थी कि पुराने मोहल्लों में होली के चार दिन बाद भी होली की आग सुलगती दिखती थी। नब्बे के दशक में भी उन्होंने एक जगह कुन्दे इतने बड़े-बड़े देखे थे कि अभी सात दिन और उसमें आग सुलगती रह सकती थी। होली के पकवान तब भी हर घर में बनते थे, अब भी बनते थे। विभाजन से पहले होली के दिन १८-२० बरस के लड़के—जिनमें लड़कियाँ नहीं होती थीं—अबीर-गुलाल झोली में लेकर सड़क पर निकलते थे—गाते हुए।

भारत को जिस दिन आज़ादी मिली, उस दिन रघुवीर सहाय भी झण्डा लहराने और पोस्टर लगाने वाले युवकों में शामिल थे। साइकिल लेकर वह भी सारा लखनऊ शहर घूमने, हल्ला मचाने में लगे हुए थे। जब आज़ादी का दिन आया, तब वह बहुत छोटे भी नहीं थे। उनकी उम्र तब १८ साल थी और उत्साह लबालब था।

लेकिन बाद का लखनऊ उनकी नज़र में बहुत बदलने लगा था। वैसे वह बार-बार वहाँ जाते ज़रूर थे मगर १९७२ में ही 'दिनमान' के सम्पादकीय में उस बदलाव पर टिप्पणी करते हुए उन्होंने लिखा था कि उनकी जानी-पहचानी सड़कों पर पहले जहाँ छोटी-मोटी हैसियत के नौकरीपेशा लोग रहते थे, वे रहते अभी भी वहीं हैं मगर उनके वे घर खण्डहर से हो गये हैं। हर ऐसे दो-चार खण्डहरों के बाद एक दुकान है, जिसमें डब्बाबन्द खाद्य पदार्थ और प्रसाधन सामग्रियाँ भरी पड़ी हैं। वे दुकानें इतनी चमकीली हैं कि किसी पत्रिका का आवरण पृष्ठ मालूम देती हैं। जहाँ ये चमकीली दुकानें नहीं हैं, वहाँ दरजी हैं और उनके यहाँ सलूकों की कतार की कतार किन्हीं अज्ञात शरीरों के आकार को विज्ञापित करती हुई टँगी हैं। १९८९ के शुरुआती महीनों में भी लखनऊ जाने पर वही निराशा उनके स्वर में थी। उन्होंने पाया कि वे गलियाँ ही नहीं, वे जगहें सब ख़त्म होती जा रही हैं, जहाँ समाज को समूहों में देखा, सुना-सूँघा-चखा जा सकता था। पान की जिन मशहूर दुकानों पर पहले कभी चार दोस्त शाम को मिला करते थे, वे अब नहीं हैं। कुछ हलवाइयों की दुकानों पर ग्राहकों और परदेसियों का ताँता बँधा करता था, वे भी अब नहीं हैं, जहाँ की कचौरी और जलेबी भी मशहूर थी। अब दुकानों में सजावट ज़्यादा रहने लगी है, जैसे वे पुकार-पुकार कर कह रही हों कि हम बेच रहे हैं, तुम आकर ख़रीदो। फिर भी उन्होंने स्टेशन पर उतरते हुए देख लिया था कि इस शहर में अभी बहुत कुछ ज़िन्दा भी है, बावजूद 'धक्का मार संस्कृति' द्वारा यह प्रचार करने के लिए कि उत्तर प्रदेश और बिहार के लोग काम से जी चुराते हैं। काम करते हैं और उसका उचित मेहनताना माँगते हैं।

उम्र कम, लिखा बहुत, स्वीकृत बहुत हुए

> सत्रह बरस की उम्र में कविता लिखने लगा। पहले तो मैं भी कविता लिखनेवाले लड़कों की हँसी उड़ाया करता था। मैं जब आठवीं में था, तब एक लड़का तरह-तरह के कवित्त सुनाया करता था। उसकी मैं हँसी उड़ाता था।
>
> (इस लेखक को रघुवीर सहाय द्वारा 'बालभारती' के लिए दिये गये साक्षात्कार से, जो जुलाई, १९७५ के अंक में प्रकाशित हुआ था।)

कम उम्र में लिखना-छपना आरम्भ करने का अर्थ हमेशा किसी की लेखन-प्रतिभा का अन्तिम और अकाट्य प्रमाण नहीं होता और यह तो बिलकुल ज़रूरी नहीं कि ऐसे लेखक की यात्रा सार्थक रूप से बहुत दूर तक चले मगर रघुवीर सहाय ने न केवल बहुत कम उम्र में—क़रीब पन्द्रह वर्ष की आयु में—लिखना और छपना आरम्भ किया बल्कि यही काम बाद में उनकी आजीविका और सर्जनात्मकता का मूल आधार बना। हरिवंश राय बच्चन, रामकुमार वर्मा और गिरिजा कुमार माथुर की कविताओं का उन पर आरम्भिक प्रभाव पड़ा और किसी की भी शुरुआत प्रभावों को ग्रहण करके ही होती है, अपना रास्ता तो बाद में धीरे-धीरे मिलता है और वह भी अपना रास्ता पाने की इच्छा और साहस होने पर ही मिलता है। इन प्रभावों के गहराने से भी सम्भवत: पहले की बात है कि एक बार वह किशोरावस्था में बहुत बीमार पड़े। कुछ तो उस उम्र का असर रहा, कुछ उस समय उनका एक लड़की से रागात्मक सम्बन्ध चल रहा था (जिसे वह सिर्फ़ जानते थे)। ऐसी उम्र में ख़ासकर लड़के-लड़की माता-पिता को विद्रोही होते-बिगड़ते नज़र आते हैं। कई बार कोशिश करके भी किशोर मन को वे पूरी

तरह समझ नहीं पाते। यह भी कारण था कि कुल मिलाकर एक अजब तरह के अकेलेपन के दौर से युवा रघुवीर गुज़र रहे थे। इस बीमारी के दौरान ही उन्होंने एक कविता लिखी। वह कविता तुकान्त थी और लम्बी-लम्बी पंक्तियोंवाली थी। यह उनकी पहली कविता थी, हालाँकि इसके बावजूद जिस कविता को वह अपनी पहली रचना की तरह याद करते हैं, वह रामकुमार वर्मा के एक गीत—'मैं तुम्हारी मौन करुणा का सहारा चाहता हूँ' की तर्ज पर लिखा गया एक गीत है। स्मृति की गड़बड़ उनसे कब, कहाँ हुई, यह कहा नहीं जा सकता। इसे लेकर कुछ वर्षों के अन्तराल से उन्होंने दो विपरीत बातें कहीं। 'बालभारती' के साक्षात्कार में वह कहते हैं कि इसे उन्होंने किसी को नहीं सुनाया, सुनाने की इच्छा नहीं हुई थी क्योंकि उन्होंने महसूस किया कि यह उनकी अपनी मौलिक चीज़ नहीं है। 'रघुवीर सहाय' पुस्तक में प्रकाशित एक अन्य साक्षात्कार में वह दूसरी बात कहते हैं। उन्होंने यह गीत किसी कवि सम्मेलन में सुना था, जिसे रामकुमार वर्मा ने गाकर सुनाया था। इसके आधार पर जो गीत उन्होंने लिखा, इसे लिखने के बाद पहली बार उन्हें पूर्णता जैसी चीज़ की हल्की-सी अनुभूति हुई थी क्योंकि सारी तुकें उन्होंने मिला ली थीं, छन्द पूरा कर लिया था और तीन-तीन, चार-चार पंक्तियों के बाद टेक आती थी।

इस क़िस्म की दो कविताएँ—'अन्त का आरम्भ' तथा 'कामना' १९४६ की हैं, जो १९४६ से १९६० तक की आरम्भिक कविताओं के स्वतन्त्र रूप से अभी तक अप्रकाशित संकलन 'यह दुनिया बहुत बड़ी है, जीवन लम्बा है' में संकलित हैं (रचनावली में यह पूरा संग्रह आ चुका है)। इस संग्रह को स्वयं रघुवीर जी ने १९८३ में तैयार किया था और इसकी भूमिका भी लिखी थी मगर यह अभी तक स्वतन्त्र रूप से छप नहीं पाया। रचनावली में संकलित है। इसमें उन चौदह वर्षों की यत्र-तत्र प्रकाशित और अप्रकाशित कविताएँ हैं। उन पर बच्चन की कविता का भी गहरा असर रहा है, जिसकी चर्चा एक अन्य अध्याय में है।

लेकिन शब्दों का खेल, छन्द का परिष्कार ही कविता नहीं है बल्कि कविता में, उसके अन्दर एक कवि है, कवि की कोई अथॉरिटी है, इसका अहसास उनके अनुसार उन्हें बी.ए. प्रथम वर्ष में १९४७ में जाकर हुआ। (दरअसल वर्ष को लेकर एक साक्षात्कार में उनकी स्मृति कुछ धोखा दे गयी है। यह कविता दरअसल १ जनवरी, १९४८ को लिखी गयी थी, जिसका शीर्षक

'नया वर्ष' है। इस कविता के हाशिये पर वह जानकारी है, जिसका ज़िक्र उन्होंने विस्तार से किया है। १९४८ वह वर्ष था, जब उन्होंने बी.ए. पूरा कर लिया था)। जनवरी के उस पहले दिन उन्हें लखनऊ के चौक के एक मोहल्ले चौपटिया में आयोजित एक सार्वजनिक सभा में कविता पढ़ने बुलाया गया था। मुक्त छन्द में लिखी यह पहली कविता उन्होंने उसी दिन उस आयोजन के लिए लिखी थी। उनका विचार था कि उन्हें इस कविता के माध्यम से बताना है कि इस नये वर्ष में क्या-क्या होगा और हम नागरिक क्या-क्या करें। ये बातें जब उस कविता में आयीं तो उन्हें लगा कि इस कविता में कुछ तत्त्व हैं, जो केवल छन्द के उस परिष्कार से अलग हैं, जो वह करने का प्रयास करते आये थे। उन्हें यह आनन्द प्राप्त हुआ कि उन्होंने कुछ बढ़िया लिख लिया है। उसमें विचार सरल ही थे, जो उस उम्र में हो सकते थे। फिर धीरे-धीरे वह बच्चन, माथुर आदि के प्रभाव से बाहर आये। निराला, अज्ञेय, शमशेर धीरे-धीरे उन्हें बोधगम्य लगने लगे। बच्चन की तरह एक रेले में ये कवि उन तक नहीं आये थे और जब ये उनके कवि मन पर हावी हुए तो इनकी वे कविताएँ उनके ज़्यादा क़रीब आयीं, जिनमें इनका शिल्प उन्हें अधिक प्राणमय था। लेकिन यह काफ़ी बाद की बात है।

वैसे कविता से भी पहले की एक कहानी के रूप में उनकी पहली रचना १९४५ की लिखी मिलती है, तब वह मात्र पन्द्रह वर्ष के थे। यह कहानी कान्यकुब्ज कॉलेज की पत्रिका में उसी वर्ष छपी मगर उसका अधूरा रूप ही रचनावली-सम्पादक को उपलब्ध हो पाया। इसका शीर्षक है 'योग का महत्त्व।' इसी वर्ष उन्होंने बाल-कहानी 'मोती-हीरा' भी लिखी, जो उनके जीवनकाल में प्रकाशित नहीं हो सकी। अगले वर्ष उन्होंने एक बाल-कविता 'दसमी के मेला देख लीन' (अवधी में) लिखी, जो आकाशवाणी के लखनऊ केन्द्र से प्रसारित हुई और यही अगले वर्ष 'बाल सखा' पत्रिका में प्रकाशित भी हुई। उस वर्ष उनकी कुल नौ रचनाओं का प्रसारण आकाशवाणी से हुआ और ५-७ रुपये के रूप में उस किशोर-वय में कमाई करने का सुख उन्हें मिला। १९४६ में ही उनका एक आलेख 'हिन्दी पर बंग-भाषा का प्रभाव' उसी स्कूली पत्रिका में छपा था, तब वह ग्यारहवीं कक्षा में पढ़ते थे।

१९४६ में वह रामकुमार वर्मा और बच्चन के असर में—बल्कि बच्चन का असर गहरा था—कविताएँ भी लिख रहे थे और आकाशवाणी के लिए

उन्होंने बाल कविताएँ और एक रेडियो संगीत रूपक 'ऋतु संगीत' भी लिखा। इसी वर्ष उन्होंने दस-दस मिनट की अवधि की 'चम्मच की चोरी' तथा 'तीन सुजान' नामक बाल-कहानियाँ भी लिखीं। 'तीन सुजान' कहानी कुछ महीने बाद लखनऊ रेडियो स्टेशन से संगीत रूपक के रूप में प्रसारित हुई। इसके अलावा 'लाल बुझक्कड़ आये' शीर्षक से पाँच 'संलाप' भी लिखे, जो अप्रैल से मई के बीच क्रमशः एक-एक पखवाड़े के बाद प्रसारित हुए। 'चम्मच की चोरी' रचना से उन्हें पहली बार पारिश्रमिक के रूप में आकाशवाणी से पाँच रुपये प्राप्त हुए थे, जो ७, १० और १५ रुपये तक पहुँचे। १९४६ से १९५० के बीच उनकी कोई इक्कीस रचनाएँ आकाशवाणी से प्रसारित हुईं, हालाँकि इनमें से किसी की रेडियो स्क्रिप्ट प्राप्त नहीं हुई है। इसी वर्ष उन्होंने हीरानन्द शास्त्री के पुरातत्त्व सम्बन्धी अँग्रेज़ी व्याख्यानों के हिन्दी अनुवाद का काम भी हाथ में लिया।

उन्होंने कम उम्र में ही बच्चन की काफ़ी कविताएँ पढ़ रखी थीं और इस कवि की वेदना ने—१६ वर्ष की उम्र में ही—युवा रघुवीर के 'अन्तर की समस्त वेदना के लिए रास्ता खोल दिया था।' जब वह कुछ आरम्भिक कविताएँ लिख चुके थे, तब गिरिजा कुमार माथुर का कविता-संग्रह 'नाश और निर्माण'(१९४६) छपा और बाद की उनकी कविताओं का भी रघुवीर जी पर वैसा ही प्रभाव पड़ा, जैसा कि बच्चन की कविताओं का पड़ा था। अगर उनकी पहली उपलब्ध (बाल-रचनाओं से इतर) कविता को उनकी पहली कविता मानें तो उसका शीर्षक है—'अन्त का आरम्भ।' इसकी तिथि २२ अगस्त, १९४६ दी गयी है और यह कविता स्वयं कवि द्वारा अपने जीवन में (१९८३ में) तैयार आरम्भिक कविताओं के संकलन में संकलित है, 'यह दुनिया बहुत बड़ी है' में है। १९४६ में उन्होंने इसके अलावा पाँच और कविताएँ लिखीं, जो तब अप्रकाशित रहीं। आज़ादी के वर्ष अगस्त, १९४७ में उनकी पहली कविता 'आदिम संगीत', 'आजकल' पत्रिका में प्रकाशित हुई। वैसे उनकी कविताएँ इसी वर्ष 'रानी', 'जिज्ञासा', 'विजय' आदि कुछ पत्र-पत्रिकाओं में भी प्रकशित हुई थीं मगर महत्त्व वह सरकारी पत्रिका 'आजकल' में प्रकाशित कविता का ही मानते हैं, जो कि उस समय अपनी साफ़-सुथरी छपायी, सुन्दरता और अपने बेहतर साधनों के लिए जानी जाती थी। इसके प्रकाशन के बाद वह आश्वस्त थे कि इसे पढ़ा और देखा जायेगा हालाँकि उनकी यह आशा पूरी नहीं हुई। अगस्त,

१९४७ में ही 'हंस' में भी उनकी अपेक्षया लम्बी कविता छपी थी—'एक रात' मगर वह भी शायद पाठकों का ध्यान उनकी कविता की ओर आकर्षित नहीं कर पायी। इसी वर्ष सम्भवतः जीवन की पहली और अन्तिम अँग्रेज़ी कविता 'सेवन ओ क्लॉक' लिखी। उस आरम्भिक दौर में रघुवीर जी ने गीत तो अनेक लिखे मगर तीन ग़ज़लें भी लिखीं, जिसमें से उनकी एक ग़ज़ल 'तीसरा सप्तक' में भी शामिल है। कच्ची उम्र में, १९४७ में लिखी ये ग़ज़लें छायावादी प्रभाववाली विशुद्ध हिन्दी में हैं, उर्दू-हिन्दुस्तानी का जैसे आर्यसमाजी प्रभाव में आकर समझ-बूझकर उसमें निषेध किया गया है। दिलचस्प यह है कि इस दिशा में वह १९४७ के बाद आगे नहीं बढ़े। 'सीढ़ियों पर धूप में' संकलित कविताओं में—जो १९५० से १९५९ तक की हैं—गीत-ग़ज़ल, गीतात्मकता नहीं है। वैसे छन्द पर अधिकार का फायदा उन्हें आरम्भ में आकाशवाणी के लिए काम करने में तो मिला ही, उनकी बाद की कविताओं को भी मिला, जिसके कारण 'रामदास' और अन्य अनेक स्मरणीय कविताएँ वह सम्भव कर पाये। इसके अलावा शेक्सपियर और दूसरे नाटककारों के अनुवाद करने में भी इससे उन्हें बहुत मदद मिली। यक्षगान शैली में शेक्सपियर के नाटक का 'बरनम वन' जैसा चर्चित-प्रशंसित अनुवाद वह छन्दाभ्यास के बग़ैर न कर पाते। अपने जीवन का एकमात्र फ़िल्मी गीत लिखने पर भी वह शायद हाथ न आज़मा पाते।

पहली बार उनकी कवि के रूप में पहचान 'प्रतीक' के पावस अंक (सितम्बर, १९४८) में 'सायंकाल' शीर्षक कविता छपने के बाद बनी। इसका पुनर्लेखन उन्होंने कम से कम दस बार किया था, हालाँकि सम्पादक अज्ञेय ने इसे प्रकाशित करते समय इसकी ७६ में से ६ पंक्तियाँ अपने सम्पादकीय विवेक का इस्तेमाल करते हुए निकाल दी थीं। लखनऊ में रहते हुए वह विभिन्न स्थानीय और लखनऊ से बाहर की पत्र-पत्रिकाओं में तो लिखते-छपते रहे ही, १९५० तक वह आकाशवाणी, लखनऊ के संगीत कार्यक्रमों की समीक्षा भी खुलकर आलोचनात्मक ढंग से करने लगे थे।

१९५१ में प्रकाशित 'दूसरा सप्तक' में रघुवीर सहाय की कविताओं का प्रकाशन उनके कवि-जीवन की पहली बड़ी घटना है। वह इस संग्रह में शामिल सबसे युवा कवि थे, जबकि उनकी वय से कुछ बड़े दूसरे कवि 'तीसरा सप्तक' में प्रकाशित हुए। 'दूसरा सप्तक' का प्रकाशन जब १९५१

में हुआ, तब वह मात्र २१ साल के थे और इसमें उनकी कविताएँ १९४७ से १९४९ के बीच की हैं यानी सत्रह से उन्नीस वर्ष के कवि की है। १९४७ की एकमात्र कविता ही इसमें 'याचना' शीर्षक से है, बाक़ी कविताएँ १९४८-४९ की हैं। वह तीनों सप्तकों (चौथा सप्तक तक सप्तकों का ज़माना बीत चुका था।) में प्रकाशित सबसे युवा कवि थे। यह उनकी काव्य-प्रतिभा के साथ, तब के अज्ञेय की सूझ-बूझभरी दृष्टि का प्रमाण भी था। तब तक अज्ञेय को मार्क्सवाद से विरक्ति नहीं हुई थी, जिसका पहला प्रमाण तो 'तार सप्तक' के कवि हैं, जिनमें अधिकांश तब घोषित रूप से मार्क्सवादी थे। वे भी अज्ञेय को साथ लेकर चले थे, अज्ञेय भी उनके साथ थे। 'दूसरा सप्तक' में शमशेर बहादुर सिंह जैसे कवि हैं तो रघुवीर सहाय भी, जिन्होंने अपनी भूमिका में अपने साथ प्रकाशित वरिष्ठ कवि शमशेर जी के एक वाक्य को उद्धृत किया था—'शमशेर बहादुर का यह कहना मुझे बराबर याद रहेगा कि ज़िन्दगी में तीन चीज़ों की ज़रूरत है—ऑक्सीजन, मार्क्सवाद और अपनी वह शक्ल, जो हम जनता में देखते हैं।' शमशेर जी का रघुवीर सहाय द्वारा उद्धृत यह वाक्य भविष्य में एक स्मरणीय कथन बन गया, जिसकी प्रामाणिकता में मार्क्सवाद से दूर जाने के बाद भी रघुवीर सहाय ने कभी सन्देह नहीं किया, उससे पीछे हटने की बात कम से कम सीधे तौर पर कहीं नहीं कही बल्कि कवि मंगलेश डबराल की मानें तो वह फिर से मार्क्सवाद की ओर लौट रहे थे।

लखनऊ के अपने साहित्यिक जीवन के आरम्भ में (१९४६ से १९५१ के बीच) अलग-अलग विधाओं में उन्होंने काफ़ी लेखन किया। कविताएँ तो काफ़ी लिखी हीं, जो 'दूसरा सप्तक' का हिस्सा बनीं और विभिन्न पत्र-पत्रिकाओं में भी छपीं। इसके अलावा ख़ासतौर से आकाशवाणी के लिए बाल साहित्य भी बहुत लिखा, जिसमें कविता, कहानी, नाटिकाएँ, रूपक, संलाप आदि शामिल हैं। इसके अलावा कहानियाँ 'आधी रात का तारा', 'गुब्बारे', 'सपने और सवेरा', 'कुत्ते की प्रतीक्षा' सम्मिलित हैं। इसके अतिरिक्त उन्होंने तीन रेडियो नाटक—'अँधेरा', 'मन की बात', 'सुख के लिए' लिखे। ज़ाहिर है कि कविताओं की संख्या अधिक रही। तीन महीने अख़बार की नौकरी भी की। १६ से २१ साल के बीच एक युवा ने संख्या की दृष्टि से काफ़ी लिखा, जिनका प्रसारण-प्रकाशन भी हुआ। साहित्यिक स्वीकृति उसी समय बनी। लखनऊ-इलाहाबाद से बाहर भी उनकी ख्याति

पहुँची। उस समय अज्ञेय जैसी बड़ी साहित्यिक हस्ती ने उन्हें स्वीकृति दी। लिखने के अलावा 'प्रगतिशील लेखक संघ' और 'इप्टा' से भी वह जुड़े, इनसे निराश होकर 'लखनऊ लेखक संघ' बनाने में केन्द्रीय भूमिका निभायी, थोड़ा रंगमंच भी किया। आकाशवाणी के कार्यक्रमों की समीक्षाएँ लिखीं। बाद का उनका लम्बा जीवन दिल्ली में बीता, उम्र के साथ वह वयस्क हुए, अनुभव का अधिक व्यापक संसार उनके सामने खुला, अवसर खोये भी, मिले भी, विभिन्न स्तरों पर जीवन और लेखन में संघर्ष किया। स्वाभाविक है कि इससे उनकी रचनात्मक प्रतिभा ने भी अधिक निखार पाया, उनकी स्वीकृति का दायरा बढ़ता गया लेकिन इस सबकी नींव लखनऊ में पड़ी थी, इससे कोई इनकार नहीं कर सकता, रघुवीर जी भी यह मानते हैं।

'प्रगतिशील' रघुवीर सहाय और लखनऊ लेखक संघ

लोग आज रघुवीर सहाय को महत्त्वपूर्ण कवि के रूप में याद करते हैं मगर कभी वह मार्क्सवादी विचारधारा से जुड़े थे, फिर समाजवादी नेता डॉ. राम मनोहर लोहिया के सम्पर्क में आकर समाजवादी विचारधारा के क़रीब होते गये। सोशलिस्ट पार्टी के क़रीब होने के बावजूद उत्तरोत्तर वह संगठित राजनीति या धर्म के ख़िलाफ़ होते गये। बहरहाल, उनमें आये इस बड़े परिवर्तन का सम्बन्ध कहीं न कहीं उनके लखनऊ में प्रगतिशील लेखक संगठन और इप्टा से साथ उनके कड़ुवे अनुभवों से रहा हो सकता है। वहाँ वह 'प्रगतिशील लेखक संघ' के अलावा 'इप्टा' (इण्डियन पीपुल्स थियेटर) से भी अभिन्न रूप से जुड़े थे। वहाँ लगातार ऐसी स्थितियाँ बनती गयीं कि रघुवीर सहाय ने लखनऊ में प्रगतिशील विचारधारा से सम्बन्ध रखते हुए 'लखनऊ लेखक संघ' और साथ ही 'लखनऊ नाट्य संघ' की स्थापना करने में महत्त्वपूर्ण भूमिका निभायी। विशेष तौर पर 'इप्टा' के संयोजक के रूप में उनके अनुभव बहुत कड़ुवे रहे थे।

इप्टावाले प्रसंग की बात कुछ बाद में, पहले 'लखनऊ लेखक संघ' की बात—जिसकी स्थापना से वह सघन रूप से जुड़े थे। इसकी स्थापना का वैसे श्रेय सभी और ख़ुद रघुवीर सहाय भी अपने लखनऊ के परममित्र कृष्ण नारायण कक्कड़ को देते हैं मगर स्वयं कक्कड़, रघुवीर सहाय के योगदान को ज़्यादा महत्त्वपूर्ण बताते हुए कहते हैं कि 'लखनऊ लेखक संघ' और 'लखनऊ नाट्य संघ' को नयी शक्ल देने में उनका योगदान नम्बर एक पर था।

१९४४ के आसपास प्रगतिशील लेखक संघ की दो शाखाएँ लखनऊ में बन चुकी थीं—प्रगतिशील हिन्दी लेखक संघ और प्रगतिशील उर्दू लेखक संघ। आरम्भ में शायद दोनों तरह के लेखकों की रचनाएँ सुनने-सुनाने और उन पर बहस करने के लिए अलग वातावरण बनाने की दृष्टि से ऐसा हुआ। वैसे इनकी बैठकें अलग-अलग होती थीं तो समय-समय पर संयुक्त रूप से भी होती थीं। लखनऊ में प्रगतिशील हिन्दी लेखक संघ की अधिकांश बैठकें यशपाल जी के घर पर होती थीं, जिनमें अमृतलाल नागर, गिरिजा कुमार माथुर, भारतभूषण अग्रवाल, रघुवीर सहाय, कुँवर नारायण आदि लेखक-कवि भाग लेते थे। इसकी एक बैठक में समाजवादी विचारक और बौद्धधर्म के विद्वान आचार्य नरेन्द्र देव ने 'प्रगतिशीलता क्या है', विषय पर व्याख्यान दिया था, जिसे सुनने के लिए राहुल सांकृत्यायन और अपने ज़माने के प्रसिद्ध अँग्रेज़ी पत्रकार और जवाहरलाल नेहरू द्वारा स्थापित अँग्रेज़ी अख़बार 'नेशनल हैरल्ड' के सम्पादक चेलपति राव भी आये थे। दरअसल, श्री राव के सम्पादन में यह अख़बार उनके नाम का पर्याय बन चुका था। ये बैठकें बहुत उदार वातावरण में होती थीं। प्रगतिशील लेखक संघ के अनेक सदस्य कम्युनिस्ट पार्टी से सम्बद्ध नहीं थे लेकिन संघ के अन्दर तनावों की शुरुआत १९४६-४८ के बीच होने लगी थी। १९४७ में इलाहाबाद में हिन्दी प्रगतिशील लेखक संघ के सम्मेलन में उत्तर प्रदेश की भाषा हिन्दी हो या हिन्दुस्तानी, इस प्रश्न पर मतभेद उभरे। हिन्दी और उर्दू दो भाषाएँ हैं या नहीं है, यह भी मतभेद का एक मुद्दा था। इसके बावजूद प्रगतिशील लेखक संघ ही ऐसा मंच था, जहाँ वैचारिक स्फूर्ति और संवादशीलता मौजूद थी, ऐसा कक्कड़ मानते हैं। उसमें उदारता के लिए बराबर जगह थी।

आज़ादी के बाद प्रगतिशील लेखक संघ के हिन्दी-उर्दू लेखकों के बीच मतभेद पैदा होते गये। प्रगतिशील उर्दू लेखक संघ का बड़ा हिस्सा कम्युनिस्ट पार्टी की तब की उस लाइन के साथ था कि यह आज़ादी झूठी है तो हिन्दी लेखक सामान्यत: ऐसा नहीं मानते थे। मार्क्सवादी समालोचना पिटे-पिटाये ढंग से क्यों हो रही है, क्यों एक अरचनात्मक जकड़बन्दी का रवैया चला आ रहा है, जिसका सामाजिक वास्तविकताओं से सम्बन्ध नहीं है, यह भी मतभेद का एक बड़ा मुद्दा था। रघुवीर जी याद करते हैं कि १९५० में लखनऊ कॉफ़ी हाउस में प्रगतिशील लेखक संघ से जुड़े कुछ लेखकों में

बहस हो रही थी कि मार्क्सवादी साहित्य समालोचना इतने पिटे-पिटाये ढंग से क्यों होती है और आज़ादी की ऊर्जा का इस पर असर क्यों नहीं पड़ा? इन सवालों को लेकर कक्कड़ के नेतृत्व में तबके प्रगतिशील लेखक संघ के सचिव आले अहमद सुरूर और प्राय: उर्दू लेखकों के रवैये का विरोध करते हुए १९५० में 'लखनऊ लेखक संघ' की स्थापना हुई। इसकी स्थापना के लिए रघुवीर जी, कक्कड़ जी और नरेश मेहता लखनऊ क़ॉफी हाउस में मिले। उस समय के दो बड़े हिन्दी लेखकों—यशपाल और अमृतलाल नागर—ने भी नये लेखकों के इस विद्रोह में साथ दिया।

रघुवीर सहाय के मुताबिक यह दरअसल हिन्दी-उर्दू लेखकों का विभाजन नहीं था—साहित्य की सामाजिक ज़िम्मेदारी को व्यापक राजनीतिक दृष्टि से देखने और सँकरी लीक पर चलने में से एक सही रास्ते के चुनाव का प्रश्न था। इन हिन्दी लेखकों का मत था कि वैज्ञानिक-सामाजिक चेतना के अनेक स्तरों पर विचार और कलात्मक अनुभव का संवाद होने से ही प्रगतिशील साहित्य उभर सकता है, न कि 'पलटनी आलोचना' की असंवेदनशीलता दोहराते रहने से।

बहरहाल, इस सबके बीच ८ अप्रैल, १९५१ को लखनऊ लेखक संघ का विधान सर्वसम्मत ढंग से स्वीकृत हुआ। इसके नाम से प्रगतिशील शब्द ज़रूर ग़ायब था मगर उसी की धारा का विकास करने की भावना यहाँ थी। इसकी स्थापना की मुख्य रूप से पहल कक्कड़ ने की थी, उन्होंने नये लेखकों से इस बारे में संवाद स्थापित किया था। रघुवीर सहाय, नरेश मेहता और कक्कड़ ने मिलकर इसकी एक विज्ञप्ति तैयार की, जिस पर यशपाल, डॉ. देवराज आदि ने भी हस्ताक्षर किये। इसमें कहा गया था—'कलात्मक सृजन का मूल स्रोत सामाजिक वास्तविकता है और परिवर्तनशील सामाजिक वास्तविकता के प्रति सचेत रहना कलाकार-साहित्कार का दायित्व है।' इसकी सर्वसम्मत मान्यताओं को रूप देने का काम जिन लोगों को सौंपा गया था, उनमें भी कक्कड़ के साथ रघुवीर सहाय आदि थे। कक्कड़ और सहाय ने मिलकर इसकी तमाम बैठकों की रपटें भी लिखीं और इसके संयोजन का काम भी रघुवीर सहाय ने गहरी निष्ठा से किया।

कुल मिलाकर लखनऊ लेखक संघ बनने का काम बिना किसी ख़ास विवाद के हुआ। इसकी बैठकों में प्रगतिशील लेखक संघ से जुड़े लेखक भी आते थे। रज़िया सज्जाद ज़हीर, अमृतलाल नागर, भगवती चरण वर्मा,

बाकर मेंहदी, आले अहमद सुरूर, भगवतशरण उपाध्याय, इलाचन्द्र जोशी, गिरिजा कुमार माथुर, डॉ. देवराज, शिव मंगल सिंह सुमन, शमशेर बहादुर सिंह, कुँवर नारायण, राजीव सक्सेना, मनोहर श्याम जोशी आदि सभी नये-पुराने लेखक इसके कार्यक्रमों में आते थे। मनोहर श्याम जोशी के अनुसार इसकी बैठकों में यशपाल, अमृतलाल नागर और भगवतीचरण वर्मा जैसे लेखक नियमित रूप से आते थे। इसकी भी ज़्यादातर बैठकें यशपाल के यहाँ होती थीं। कुँवर नारायण के अनुसार—

> विभिन्न विचारों और रायों के लेखकों का इस तरह सौहार्द्रपूर्ण ढंग से एक ही मंच पर इकट्ठा होना, हमारे लिए एक सुखद अनुभव और ज़रूरी शिक्षा थी। मतभेद न हों, ऐसा नहीं था, पर मतों के बीच इतनी विभाजक रेखाएँ न थीं कि संवाद असम्भव हो जाय। यह अपने आप में एक स्वस्थ साहित्यिक स्थिति थी कि (दो अलग तरह की साहित्यिक पत्रिकाएँ) 'नया पथ' और 'युगचेतना' निकालनेवाले लेखक एक मंच पर इकट्ठा होकर बातचीत कर सकते थे। विचारों के कारण लेखकों के आपसी सम्बन्धों में दूरियाँ नहीं आने पाती थीं।

एक बार लखनऊ लेखक संघ की बैठक में स्टीफन स्पेंडर भी आये थे। उन्होंने हिन्दी की कविताओं के अँग्रेज़ी अनुवाद सुने थे और जो कविताएँ अँग्रेज़ी में उन्हें कमज़ोर लगती थीं, उन्हें हिन्दी में सुनकर उनकी ताक़त का अन्दाज़ लगाया था। संघ की बैठक में मनोहर श्याम जोशी पहली बार आये और उसमें अपनी कहानी 'मैडिरा मैरून' पढ़ी। यह उनके तब तक के भावुक अन्दाज़ से अलग व्यंग्यात्मक कहानी थी। उस कहानी की यशपाल, नागर जी और भगवतीचरण वर्मा तीनों ने तारीफ़ की लेकिन सबसे ज़्यादा प्रशंसा नागर जी ने की। जोशी जी कहते हैं कि कारण शायद यह हो कि यह बिलकुल ही नागर जी के रंगवाली कहानी थी। इससे जोशी जी फूलकर कुप्पा हुए ही थे कि अगले सप्ताह उनके ही लखनऊ विश्वविद्यालय के एक छात्र सतीश सरकार ने एक कहानी सुनायी—'यह, वह और कुछ नहीं।' इसका सब पर इतना जादुई असर हुआ कि सब वाह-वाह कर उठे। कुछ हफ़्ते बाद फिर उसने इसी अन्दाज़ में 'तिज़ोरी का चूहा' कहानी पढ़ी। वह भी प्रशंसित हुई। ये दोनों कहानियाँ ख़्वाज़ा अहमद अब्बास की पत्रिका 'सरगम' में छपीं। पहली कहानी को 'सरगम' की कहानी प्रतियोगिता में प्रथम पुरस्कार मिला। बाद में 'सरगम' के एक पाठक ने पत्र लिखा कि ये

दोनों कहानियाँ नोबेल पुरस्कार विजेता क्नूट हाम्सून के उपन्यास 'हंगर' से उड़ायी गयी हैं। सम्पादक को यह बात मंजूर करनी पड़ी और इस तरह उस नवोदित लेखक की साहित्य जगत से विदायी हमेशा के लिए हो गयी।

वैसे लखनऊ लेखक संघ की उम्र ज़्यादा नहीं रही। 'प्रतीक' में वात्स्यायन जी के सहयोगी बनकर रघुवीर सहाय के १९५१ में दिल्ली आने के बाद एक स्थानीय संगठन के रूप में इसकी ऊर्जा चुकती गयी, हालाँकि जिस धारा का प्रतिनिधित्व यह संगठन करता था, वह साहित्य में समय के साथ मजबूत होती गयी।

उधर इसी तरह इप्टा की तर्ज़ पर 'लखनऊ नाट्य संघ' बनने की कहानी भी लगभग समानान्तर रूप से चलती है मगर उसमें काफ़ी तल्ख़ी भरी हुई है। १९४९ में भारत भूषण अग्रवाल आकाशवाणी में अस्थायी नौकरी पर कार्यक्रम सहायक के रूप में लखनऊ में नियुक्त हुए। उनके आने पर पुरानी सम्बद्धता के कारण उन्हें भारतीय कम्युनिस्ट पार्टी की सांस्कृतिक इकाई 'इप्टा' (इण्डियन पीपुल्स थियेटर एसोसिएशन) को फिर से जीवित करने का दायित्व सौंपा गया। उनकी नौकरी नयी-नयी थी और अस्थायी भी और चूँकि 'तार सप्तक' के अपने वक्तव्य में वह अपने को कम्युनिस्ट घोषित कर चुके थे, इसलिए उन पर सरकार को सन्देह होना वाजिब था। सरकार की उन पर कड़ी नज़र रही होगी शायद। बकौल रघुवीर सहाय, भारत जी ने उनसे कहा कि लखनऊ इप्टा के संयोजक का काम तुम सँभाल लो, ताकि मुझे सामने न आना पड़े। रघुवीर सहाय ने यह प्रस्ताव स्वीकार कर लिया। उन्होंने संयोजक के नाते पुराने संयोजक से 'इप्टा' का पुराना हिसाब-किताब माँगा, वह नहीं मिला तो नये सिरे से उन्होंने पूरा रजिस्टर बनाया। जल्दी ही रघुवीर जी अमीरुद्दौला पार्क (झण्डा पार्क) में 'इप्टा' के गाना गाने की मण्डली में शामिल हो गये। इसकी रिहर्सल कम्युनिस्ट कार्यकर्त्री सुभद्रा के घर पर और इप्टा की बैठकें कभी रघुवीर सहाय के घर पर और कभी क़ैसर बाग़ की एक इमारत में होती थीं। इन बैठकों में तय हुआ कि चूँकि 'इप्टा' के पुराने नाटकों की स्क्रिप्टें हिसाब-किताब के साथ ही ग़ायब हैं, इसलिए इलाहाबाद जाकर नयी स्क्रिप्टें नेमिचन्द्र जैन से लायी जायें।

ख़ुद रघुवीर सहाय वहाँ से बलराज साहनी के दो-एक नाटकों की स्क्रिप्ट लेकर आये। इसकी एक बैठक में यह भी तय हुआ कि अपने ज़माने के मशहूर कवि पढ़ीस जी के सुपुत्र युक्तिभद्र दीक्षित भारत के राष्ट्र मण्डल में

शामिल होने के फ़ैसले के विरुद्ध 'खुला नीलाम' नामक नाटक लिखेंगे और अगली बैठक में उसे सुनायेंगे। ऐसा हो पाता इससे पहले ही अख़बारों में यह ख़बर छप गयी कि 'खुला नीलाम' नाटक के लिखने, पढ़ने, तैयार करने पर भारत रक्षा क़ानून के तहत प्रतिबन्ध लगा दिया गया है। ज़ाहिर है कि यह सूचना 'इप्टा' के ही किसी सदस्य के माध्यम से पहुँची होगी। सरकारी नोटिस रघुवीर सहाय के घर पर भी चिपका दिया गया। बहरहाल, क़ैसर बाग़ के मज़दूर यूनियन के जिस दफ़्तर में आगे की मीटिंग होनी थीं, उस पर अचानक ताला लग गया। रघुवीर जी के अनुसार वहाँ गौरी और तनवीर नामक जो कार्यकर्ता रहते थे, उनका भी फिर पता नहीं चला। उन्हें इस सबकी कोई पूर्व सूचना नहीं थी। बहरहाल, इस दफ़्तर में 'इप्टा' की साप्ताहिक बैठकों की कार्रवाई की रिपोर्टें, सदस्यों की सूची आदि का फिर कभी पता नहीं चल सका। रघुवीर सहाय को लगा कि संकट के समय 'इप्टा' के सामान–काग़ज़ात तक का पता न चलना कुछ–कुछ वैसा ही है, जैसे कि ज़मीन–जायदाद के फ़ौजदारी मुक़दमों में अक्सर होता है। रघुवीर सहाय को तकलीफ़ यह भी थी कि 'प्रगतिशील लेखक संघ' और 'इप्टा' पर विचारधारा के नाम पर कब्ज़ा करने वाले लोगों का रचनात्मकता और रंगकर्मियों से कोई लगाव नहीं है।

लखनऊ नाट्य संघ की एक उल्लेखनीय उपलब्धि यह थी कि उसने यशपाल का नाटक 'नशे–नशे की बात' का प्रदर्शन ३० अप्रैल, १९५१ को किया, जिसमें ख़ुद यशपाल, रघुवीर सहाय तथा कक्कड़ ने भूमिकाएँ अदा कीं। कक्कड़ जी के अनुसार उसका कोई एक निर्देशक नहीं था। इसका प्रबन्ध उन दोनों ने संयुक्त रूप से सम्भाला था। इसमें रघुवीर सहाय शराब के ठेके के नौकर बने थे और यशपाल ने इस नौकर के जो संवाद ठेठ खड़ी बोली में लिखे थे, उन्हें रघुवीर सहाय ने लेखक की अनुमति से अवधी में बदल दिया था। यह नाटक की दुनिया में रघुवीर सहाय का और उसमें काम करने वाले लगभग सभी लोगों का पहला नौसिखिया प्रयोग था। इसका पहला शो ही अन्तिम शो साबित हुआ। कक्कड़ के अनुसार इसमें यशपाल और रघुवीर सहाय ने आधुनिक दृष्टि से अविस्मरणीय अभिनय किया था। उस समय लखनऊ में कोई प्रेक्षागृह तो था नहीं, तो इसका आयोजन 'छठे मन्दिर' में किया गया था। यह वही जगह थी, जहाँ उन्नीसवीं सदी के उत्तरार्द्ध में 'नील दर्पण' नाटक का मंचन हुआ था। इसमें अँग्रेज़ों

की कहीं हल्की सी आलोचना थी तो इस पर प्रतिबन्ध इसी 'छठे मन्दिर' के प्रदर्शन पर लगा था। इस नाटक में अभिनय से पहले रघुवीर सहाय का रंगमंच की कला से इतना ही सम्बन्ध था कि उन्होंने आकाशवाणी के लिए कुछ संगीत नाटक लिखे थे, जिसमें से ४५ मिनट के एक नाटक का निर्देशन गिरिजा कुमार माथुर ने किया था।

इन सब के साथ घर की परिस्थितियाँ देखकर रघुवीर सहाय की नौकरी की तलाश भी जारी थी, जो एम.ए. अँग्रेज़ी में करने के बाद मई के मध्य में १९५१ में ही अज्ञेय के मासिक 'प्रतीक' में दिल्ली में सहायक सम्पादक बनने के साथ पूरी हुई। लखनऊ का वह अतीत तकलीफ़ के साथ उनके पीछे छूटता गया और दिल्ली में एक अलग रघुवीर सहाय का उदय हुआ, जो इस सबसे दूर थे। वह पार्टी से जुड़े सांस्कृतिक संगठन में उत्साह से काम करने को 'व्यर्थ' समझने लगे थे। वैसे जोशी जी के अनुसार दिल्ली में लखनऊ, दिल्ली और आकाशवाणी के साहित्यकार मित्रों की एक अच्छी-ख़ासी मण्डली बनने के बाद रघुवीर जी के मन में यह इच्छा जागी कि लखनऊ लेखक संघ जैसी ही कोई संस्था दिल्ली में भी बनायी जाय, फिर तय हुआ कि संस्था न बनायी जाय, अलग-अलग लेखकों के घर गोष्ठियाँ रखी जायें। इसमें से एक गोष्ठी रघुवीर जी के घर होने पर क्या तमाशा खड़ा हुआ था, उसका वर्णन अन्यत्र है।

प्रगतिशीलता की धारा से जुड़े होने के कारण जो मार्क्सवाद उन्हें ऑक्सीजन की तरह ज़रूरी लगता था, वह अब शायद उतना ऑक्सीजन न लगने लगा होगा। एक बार भोपाल में राजेश जोशी आदि से बातचीत में उन्होंने कहा था कि पहले मैं छोटा था तो दो रोटियाँ खाता था, अब बड़ा हो गया हूँ तो ज़्यादा खाता हूँ। इसी तरह ऑक्सीजन का तो आज भी कोई विकल्प नहीं है मगर मार्क्सवाद के बारे में यही बात नहीं कह सकते। अपनी वह शक्ल जो वह जनता में तब देखते थे, बाद में भी देखते रहे और एक लेखक-कवि पत्रकार के रूप में वह प्रासंगिक बने रहे।

बच्चन जी का गहरा असर

रघुवीर सहाय को कविताएँ सुनने का चस्का तो शायद उनके हाईस्कूल के दिनों से ही लग चुका था। उन्हीं दिनों उन्होंने लखनऊ के कान्यकुब्ज इण्टर कॉलेज के एक कवि सम्मेलन में निराला के मुँह से उनकी कई कविताएँ सुनी थीं। तब उन्हें ये कविताएँ ज़्यादा तो समझ में नहीं आयी थीं पर उन्होंने निराला किस तरह बोल रहे हैं, किस तरह पढ़ रहे हैं और उनका व्यक्तित्व कैसा है, इस पर ज़रूर ग़ौर किया था। जब निराला की कविताएँ उन्होंने सुनी थीं, तब तक उन्हें पढ़ा नहीं था। वे समझ में आना तो तब शुरू हुईं, जब वह एम.ए. में आ चुके थे।

वैसे रघुवीर जी के कविता लिखने के आरम्भिक दौर में जिस हिन्दी कवि का सबसे गहरा असर पड़ा, वह अपने ज़माने के सबसे लोकप्रिय कवि हरिवंश राय बच्चन थे। शुरुआत में उनकी-सी बहुत सी कविताएँ ऐसी थीं, जैसे उन्होंने बच्चन की कविता की प्रतिलिपियाँ अपनी कविताओं में बनाकर रख दी हों—

तुम सपनों में क्यों आती हो
मन की ज्वाला बुझा चुकी हो
अन्त राह का सुझा चुकी हो
फिर क्यों मेरा हाथ पकड़ उस दुर्गम पथ पर लौटाती हो
तुम सपनों में क्यों आती हो

या

भाई और न चल पायेंगे
भार लिया है हमने सिर पर

चलते रहने का हँस-हँसकर
भूल हमारी है यह साथी, हँसकर कैसे जल पायेंगे
भाई और न चल पायेंगे।

छायावादोत्तर काल में, भारत की आज़ादी के आसपास के वर्षों में बच्चन जी लोकप्रियता के लिहाज़ से हिन्दी कविता-जगत पर छाये हुए थे। रघुवीर जी के हवाले से कहें तो 'उस समय गाँधी और सुभाष चन्द्र बोस का नाम हर स्कूल-कॉलेज के छात्र की ज़बान पर रहता था और इनमें से जो हिन्दी जाननेवाले होते थे, उन्हें बच्चन की कविता का कोई न कोई संग्रह पढ़ते देखा जा सकता था, चाहे वह 'निशा निमन्त्रण' हो या 'मधुशाला' या 'एकान्त संगीत।' जाने कितने लड़के-लड़कियों ने—जो जीवन में आमतौर पर शुष्क-व्यावहारिक समझे जाते थे—बच्चन की करुणाभरी अपनापे और भाईचारे की कविता से भावनाओं का आदर करना सीखा—वे आदमी बने।' उस समय श्रोताओं पर उनका ऐसा जादू था कि उनसे रातभर कविताएँ सुनना और ग़ौर से सुनने के लिए मंच के निकट खिसकते चले आना मामूली बात थी। ऐसे लोकप्रिय कवि ने रघुवीर जी के विकसित होते कविमन को आन्दोलित-अनुप्राणित किया। कविता को छायावाद के नक़लीपन से मुक्ति दिलाने का सबसे ज़्यादा श्रेय वह बच्चन जी को देते हैं। छायावादी और आदर्शवादी कविताएँ उन्हें शब्दकोशों से शब्द उधार लेकर लिखी गयी कविता लगती थीं, जिसमें हर चीज़ हवाई थी, भाषा, विरह, मृत्यु और तो और जीवन भी। उन कविताओं में 'अपनापा' नहीं था। उस दौर में लोगों का अपनापा पानेवाले कवि उनकी नज़र में बच्चन ही थे, जिनका कविता की भाषा में किये गये परिवर्तन को वह 'क्रान्तिकारी' मानते थे, एक 'सांस्कृतिक और राजनीतिक घटना' भी और इस काम को 'ऐतिहासिक' भी।

उनकी नज़र में बच्चन की कविता की 'लोकप्रियता का रहस्य' बचपन से किशोरावस्था तक अपने परिवेश और पुरखों से संकलित कवि की स्मृतियाँ हैं। 'गाँव के, घर के, जोगियों के, लोकगीतों और बड़े-बूढ़ों के मुँह से सुनी भाषा में साहित्य की उनहार बच्चन जी को मिली थी।' बच्चन से सुनी दो बातों ने रघुवीर जी पर गहरा असर डाला—एक यह कि 'मधुशाला' का छन्द वही है, जो कि तुलसीदास के 'रामचरितमानस' का है। दूसरा जिस मकान (सम्भवत: इलाहाबाद में मुट्ठीगंज का मकान) में बच्चन जी रहा

करते थे, उसके सामने ठण्ड में अलाव जला करता था। उसके चारों ओर किसान बैठा कर गाने गाते थे और पौराणिक कहानियाँ कहते-सुनाते थे। बच्चन जी ने उन्हें कभी बताया था कि उनकी कविता के बिम्ब और कथानक बार-बार इन प्रतीकों से जुड़ते चलते हैं।

इस कवि को रघुवीर जी ने किसी न किसी बहाने बार-बार याद किया है, ख़ासतौर पर नब्बे के दशक में लिखी अपनी कई टिप्पणियों में। १९८३ में जब नौ खण्डों की 'बच्चन ग्रन्थावली' का विमोचन दिल्ली के कमानी सभागार में तत्कालीन प्रधानमन्त्री इन्दिरा गाँधी ने किया और उसके बाद १९८७ में भी नये कवियों की कविताओं के बहाने प्रकाशित उनकी टिप्पणी 'बच्चन : आज के बहाने' में भी उनका स्मरण किया। 'बच्चन ग्रन्थावली' के विमोचन के अवसर पर बच्चन जी के अलावा मंच पर इस रचनावली के सम्पादक अजित कुमार, आलोचक डॉ. नामवर सिंह और रघुवीर सहाय थे। उस विमोचन समारोह में बच्चन जी पर बोलने से पहले उन्होंने स्वयं कवि से बातचीत कर यह जानना चाहा था कि आपका 'काव्य-रहस्य' क्या है? इस आधार पर बोलते हुए रघुवीर सहाय ने कहा था कि बच्चन जी की अतुलनीय लोकप्रियता का रहस्य दरअसल वह स्मृति है जो बच्चन ने बचपन से किशोरावस्था तक अपने परिवेश और पुरखों से हासिल की थी।

बच्चन जी से उनका व्यक्तिगत सम्पर्क भी रहा, मिलना-जुलना रहा मगर उससे ज़्यादा शायद नहीं, जितना कि उनकी कविता से लगाव था। उनकी कविता से रघुवीर जी का सम्बन्ध बनने की कथा भी बड़ी दिलचस्प है। तब रघुवीर जी १६-१७ के रहे होंगे। बच्चन जी के एक गहरे मित्र थे ज्ञान प्रकाश जौहरी, जो संयोग से रघुवीर जी के पिता के भी अभिन्न मित्र और सहपाठी थे। जौहरी जी जब शोध के सिलसिले में विदेश जाने लगे तो अपनी बहुत-सी किताबें उनके पिता के पास छोड़ गये, जिनमें बच्चन जी की कई किताबें थीं, जिनमें 'निशा निमन्त्रण', 'एकान्त संगीत', 'मधुशाला', 'हलाहल' आदि शामिल हैं। इन किताबों में वे किताबें भी थीं, जो स्वयं बच्चन जी ने अपने हस्ताक्षर करके 'प्रिय ज्ञानप्रकाश जौहरी को' लिखकर भेंट की थीं और नीचे वही उनके प्रसिद्ध हस्ताक्षर थे—जो अँग्रेज़ी के good शब्द की तरह लगते हैं। रघुवीर जी के मन में उन किताबों को छूने-देखने-पढ़ने से स्फुरण-सा हुआ कि मेरे घर में वे किताबें भी हैं, जो बच्चन जी ने अपने हस्ताक्षर सहित उस व्यक्ति को भेंट में दी हैं, जो मेरे घर का-

सा व्यक्ति है। उन कविताओं को पढ़कर उन्हें रस तो मिला ही, एक तरह की शक्ति भी मिली। फिर उन्होंने अपनी बहुत सी आरम्भिक कविताएँ, उसी तर्ज पर लिखीं। ऐसी कविताएँ लिखीं, जैसे वे बच्चन जी की कविताओं की सत्य प्रतिलिपियाँ हों। उसके बाद जब रघुवीर जी कॉलेज में थे तो वहाँ आयोजित कवि सम्मेलन में बच्चन जी को भी बुलाया गया था मगर किसी कारण से उन्होंने आने से मना कर दिया। तब किसी ने व्यंग्य में कहा कि बच्चन जी तो पाँच सौ रुपये लेते हैं, हमारे यहाँ क्यों आयेंगे? रघुवीर जी कहते हैं कि इस व्यंग्य में वह रोष भी छिपा हुआ था कि जब तुम हमारे कवि हो, तो हमारे बीच में रुपये की दीवार खड़ी करने का तुम्हें क्या हक़ है?

रघुवीर जी के शब्दों में उन्होंने जब ख़ुद कविता करना सीखा और बच्चन की प्रसिद्ध कविताओं की नक़लें कर डाली थीं, तब यह बात १९४७ या १९४८ की रही होगी कि एक दिन उन्हें पता चला कि लखनऊ की क़ैसरबाग़ बारादरी में बच्चन जी कवि सम्मेलन में आ रहे हैं तो वह सुनने गये। रात बारह बजे से कुछ पहले बच्चन जी ने कविताएँ पढ़ना शुरू किया था और अपनी बिलकुल नयी कविताएँ भी वहाँ पढ़ी थीं, जिनकी भाषा नयी थी, छन्द भी नया और गीत के सुर भी नये :

> इसीलिए खड़ा रहा कि तुम मुझे पुकार लो
> तुम गा दो मेरा गान अमर हो जाय।

कवि सम्मेलन में रात ढलने लगी थी। पौ फटने पर कवि सम्मेलन समाप्त हुआ। रघुवीर जी लिखते हैं :

> विकसित होते मेरे कवि के लिए रातभर जागने और कविता की गूँज में, गीत में डूबे रहने का अनुभव ऐसा ही था जैसे नदी की धारा में स्नान करने का होता है, जिसके बाद देर तक रक्त में नदी की सनसनी बहती रहती है।

तीन साहित्यिक मित्र

रघुवीर सहाय के हमउम्र मित्रों में पहला नाम कृष्णनारायण कक्कड़ का है, जिनसे उनकी मित्रता लखनऊ विश्वविद्यालय से आरम्भ हुई, जो रघुवीर जी के जीवन तक कायम रही। इनकी पहली मुलाक़ात १९४७ या १९४८ में कभी हुई थी। तब कक्कड़ जी एम. ए. अँग्रेज़ी के प्रथम वर्ष में थे और रघुवीर जी बी.ए. के दूसरे या तीसरे वर्ष में। तब तक कक्कड़ जी की कहानियाँ आकाशवाणी, लखनऊ से प्रसारित होने लगी थीं और 'हंस' में भी छपना आरम्भ हो चुकी थीं। इन्हीं सब बातों ने युवा रघुवीर के मन में साहित्य की दुनिया में उभरते इस साथी से मिलने की उत्सुकता जगायी।

कक्कड़ तब विश्वविद्यालय के महमूदाबाद होस्टल में रहते थे, वहीं रघुवीर जी ने उनसे मुलाक़ात की। युवा कक्कड़ के रूप में उन्हें अच्छा-भरोसेमन्द मित्र और अपनी आरम्भिक रचनाओं का अच्छा पाठक-श्रोता मिला, जिसे उन्होंने अपनी ढेरों कविताएँ पढ़वायीं-सुनायीं। उस समय ऐसे साथी के मिलने का महत्त्व अधिक था। कक्कड़ जी तब कहानियों के साथ-साथ रेखांकन करने और चित्र बनाने में भी दिलचस्पी लेते थे। उन दिनों की उनकी एक स्कैच बुक में रघुवीर जी ने खिलंदड़े अन्दाज़ में कवितानुमा कुछ पंक्तियाँ लिखी थीं—'टेढ़ी-मेढ़ी, आड़ी-तिरछी, ग़लत-सलत रेखाएँ हैं यह/कहीं-कहीं तो किसी व्यक्ति के चेहरे की सीमाएँ हैं यह/और कहीं तो यह है कुछ भी नहीं/सिर्फ़ एक टूटी-सी जंजीरें, जिनके बाहर उन्हें तोड़कर भाग गयी है/हैं नहीं पकड़ में आने वाली/सूक्ष्म व्यंजना की मुद्राएँ।'

दोनों मित्रों का यह सम्बन्ध दिनोंदिन प्रगाढ़ होता गया, जबकि कई अन्य मित्रों से सम्बन्धों में समय के साथ वह गर्मजोशी नहीं रही या सम्बन्ध मात्र

औपचारिक रह गये। रघुवीर जी जब दिल्ली से लखनऊ जाते या कक्कड़ जी लखनऊ से दिल्ली आते, तो दोनों मित्रों की लम्बी-लम्बी बैठकें जमतीं। रघुवीर जी अपने इस मित्र के समाचार जानने के लिए चिन्तित रहा करते। बीच में कोई ख़बर नहीं मिलती तो अपने दूसरे मित्र कुँवर नारायण से कहते कि उस तक मेरी शिकायत पहुँचाना या 'दिनमान' के लिए उसने फलाँ आलेख अभी तक क्यों नहीं भिजवाया, यह कहना। कक्कड़ जी अविवाहित थे, घर में वह और उनकी बहन रहती थीं, इसलिए दोनों मित्रों की निर्विघ्न बैठक वहीं जमतीं। उनकी बहन सरला कक्कड़ बताती हैं कि उनके यहाँ जब भी रघुवीर जी आते, तो सीढ़ियों से ही आत्मीय आवाज़ लगाते थे—'कक्कड़।' फिर दोनों मित्र घण्टों ग़पबाजी में लीन रहते। कई बार रघुवीर जी ड्राइंगरूम के सोफ़े पर लेटे-लेटे गपियाते। फिर दोनों की जब इच्छा होती, शहर में चल देते। फिर उनके लौटने का कोई भरोसा नहीं होता।

लखनऊ में ही दोनों 'इप्टा' और प्रगतिशील लेखक संघ से जुड़े। फिर उसकी जड़ता से ऊबकर दोनों ने 'लखनऊ लेखक संघ' और 'लखनऊ नाट्य संघ' बनाने में केन्द्रीय भूमिका निभायी। १९५१ में लखनऊ में हुई एक गोष्ठी में रघुवीर जी ने अपनी यह कविता पहली बार सुनायी थी—'अगर कहीं मैं तोता होता, तो क्या होता... ।' वहाँ उपस्थित ज़्यादातर लोगों को समझ में नहीं आयी कि इस पर वे क्या कहें! जोशी जी और कक्कड़ साहब ने अपनी शरारतयुक्त मुस्कान, कवि को बख़्शी।

दिल्ली आने के बाद रघुवीर जी ने लम्बे-लम्बे पत्रों के ज़रिये कक्कड़ जी से संवाद स्थापित रखा। कक्कड़ जी के लिए एक समय उन्होंने दिल्ली में नौकरी तलाश करने की कोशिश की और इसमें उन्हें सफलता भी मिली। कक्कड़ जी को चिट्ठी लिखकर तुरन्त यहाँ बुलाया भी मगर अन्ततः वह नहीं आये। (शुरू-शुरू में तो ख़ैर ख़ुद रघुवीर जी को भी दिल्ली रास नहीं आ रही थी)। बाद में जब टेलीफ़ोन की सुविधा बढ़ी तो इस कारण इनकी लम्बी-लम्बी बातें होने लगीं। लिखित संवाद अधिकतर पोस्टकार्ड लिखने तक सीमित रह गया। सरला जी बताती हैं कि १९८२-८३ में उनके भाई नर्वस ब्रेकडाउन के शिकार हुए तो रघुवीर जी दिल्ली से फ़ोन करके उन्हें इस स्थिति से उबारने में जो भी मदद एक मित्र के रूप में वह कर सकते थे, उन्होंने की। क़रीब दस वर्षों तक रघुवीर जी के आग्रह पर कक्कड़ जी 'दिनमान' में विभिन्न विषयों पर लिखते रहे। इन दोनों मित्रों के मन में

अपने वरिष्ठ, अद्‌भुत प्रतिभा के धनी नाटककार और कथाकार भुवनेश्वर के प्रति गहरा प्रेम और सम्मान था। कक्कड़ जी ने कई सालों के प्रयत्न के बाद जब १९७५ में 'मेघदूत' नामक संस्था के माध्यम से लखनऊ में उनके नाटक 'ताँबे के कीड़े' का प्रदर्शन प्रसिद्ध निदेशक भानु भारती के निर्देशन में करवाया तो रघुवीर जी उस अवसर पर आये थे। उन्होंने उस प्रदर्शन के बहाने न केवल 'दिनमान' में स्वयं लिखा बल्कि भुवनेश्वर पर एक आवरण कथा छापी, जिसे कक्कड़ जी और भानु भारती ने लिखा। इसके अलावा भुवनेश्वर के एक अप्राप्य हो चुके नाटक 'आज़ादी की नींद' का भी उसी अंक में प्रकाशन किया गया। इस अंक के लिए कक्कड़ जी ने अपने संग्रह के कुछ चित्र भी छपने के लिए दिये थे। इस नाटक का एक तरह से 'दिनमान' ने पुनरुद्धार किया था। इसके लिए रघुवीर जी, कक्कड़ जी को श्रेय देते हैं, जिन्होंने इसे आदित्य मिश्र से हासिल किया था, जो १९४८ में गोकुलचन्द रस्तोगी के साथ 'रक्ताभ' पत्रिका का सम्पादन किया करते थे।

११ अक्टूबर, १९६० को गोमती में ज़बर्दस्त बाढ़ आयी थी, जिससे लखनऊ में भारी तबाही मची थी। संयोग से उस समय रघुवीर जी लखनऊ में ही थे। बाढ़ से हुई तबाही का अन्दाज़ा लेने के लिए एक दिन गोमती किनारे के क्षेत्र में ये दोनों निकले। बाढ़ के कारण शहर का एक पुल, एक तरफ़ से टूटकर बह गया था और उसका दूसरा सिरा नदी के ऊपर छज्जे की तरह लटक रहा था। इस दूसरे सिरे पर एक परचून की दुकान थी, जिसे एक वृद्धा चलाती थी। कक्कड़ जी ने इस तबाही के कई चित्र बनाये थे। साथ ही वह इस महिला से बातचीत भी कर रहे थे। रघुवीर जी ने भी उससे कुछ सवाल पूछे। उन्होंने पूछा—'जब यह पुल टूटकर बहा, तब तुम कहाँ थीं और तुम्हारे भीतर क्या हो रहा था?' उसका उत्तर था—'मैं पास के मन्दिर के शिखर पर बनी अटारी में छिपी हुई थी। मन्दिर का शिखर पानी की हिलोरों से मानो काँप रहा था।' रघुवीरजी ने फिर पूछा—'लेकिन तब तुम्हारे भीतर क्या हो रहा था?' वह मौन थी, शायद इस तरह सवाल को समझने में दिक़्क़त हो रही थी। कई बार पूछने पर उसने कहा—'हो क्या रहा था, कुछ भी नहीं। बस, मैं जो कुछ होना हो, उसकी प्रतीक्षा कर रही थी।'

इस घटना का महत्त्व इसलिए भी है कि दिल्ली आकर रघुवीर जी ने वात्स्यायन जी को यह पूरा वाक़या सुनाया, जिन्होंने तब तक अपने उपन्यास 'अपने-अपने अजनबी' की कथावस्तु तो तैयार कर ली थी, मगर उसके

कथानक में कहीं कुछ अन्तराल रह गये थे। रघुवीर जी से यह क़िस्सा सुनने के बाद वात्स्यायन जी ने कहा—

> अब मुझे जो चाहिए था, मिल गया।' रघुवीर जी लिखते हैं—'मुझे ख़ुद नहीं मालूम कि उन्हें क्या मिल गया और मिला वह क्या इस घटना के आधार पर मिला परन्तु इसके अगले ही दिन लिपिक के साथ बैठकर उन्होंने उपन्यास लिखवाना शुरू कर दिया, यह मालूम है।

यह उपन्यास पहली बार १९६१ में छपकर सामने आया था।

कक्कड़ जी और रघुवीर जी की अन्तिम भेंट रघुवीर जी की मृत्यु से कोई एक महीने पहले लखनऊ में हुई थी, जब वह रामजन्मभूमि विवाद के बारे में हिन्दी मीडिया की भूमिका पर रिपोर्ट तैयार करने प्रेस कौंसिल के सदस्य की हैसियत से आये थे। आने से पहले उन्होंने कक्कड़ जी को दो कार्ड लिखे थे कि वह हिन्दी, उर्दू तथा अँग्रेज़ी के अख़बारों की कतरनें इकट्ठा कर लें। कक्कड़ जी को इस बीच दिल का दौरा पड़ा था तो इसमें से एक पत्र में एहतियात बरतने, ठीक से इलाज करवाने की सलाह देने के साथ लापरवाही का फक्कड़ाना अन्दाज़ छोड़ने की सलाह भी दी थी। लखनऊ आने पर वह दो बार कक्कड़ जी के घर गये—उसी आत्मीय अन्दाज़ में सीढ़ियाँ चढ़ते हुए 'कक्कड़' आवाज़ लगायी। एक बार वह नहीं आ पाये तो ३० सितम्बर, १९८९ को एक पत्र सिर्फ़ यह स्पष्टीकरण देने के लिए लिखा कि किन व्यस्तताओं के कारण वह नहीं आ सके हैं। इसके बाद रघुवीर जी के घर से वही फ़ोन आया, जिसमें उनके न रहने की सूचना थी। कक्कड़ जी लिखते हैं,

> धीरे-धीरे यह अहसास घर करता गया कि मैंने सम्भवत: अपने जीवन का सबसे गहरा साथी खो दिया है। यह अहसास उसके बाद हर दिन गहरा होता गया है।

कुँवर नारायण

१९४९ में लखनऊ विश्वविद्यालय में एम.ए. (अँग्रेज़ी) पूर्वार्द्ध में रघुवीर जी का परिचय कुँवर नारायण से हुआ, जो दोस्ती में बदला और आजीवन चला। लखनऊ से शुरू हुआ यह सफ़र दिल्ली तक चलता रहा, जहाँ कुँवर

जी बहुत बाद में आ गये थे। अँग्रेज़ी में एम.ए. करते हुए भी जहाँ एकाध कविता (सेवन ओ क्लॉक, १९४७) को छोड़कर रघुवीर सहाय हिन्दी में लिखते थे। हिन्दी साहित्य से उनका अच्छा परिचय था। कुँवर जी से जब उनकी मुलाक़ात हुई, तभी अज्ञेय का कविता-संग्रह 'हरी घास पर क्षणभर' प्रकाशित हुआ था और रघुवीर जी इसे लेकर बहुत उत्साहित थे। विश्वविद्यालय के लॉन पर लेटे-बैठे उन्होंने एक दिन इसकी अनेक कविताएँ कुँवर जी को सुनायीं, उन पर दोनों में बातचीत हुई। कुँवर जी के लिए हिन्दी कविता की नयी सम्भावनाओं से उनका यह पहला साक्षात्कार था, हिन्दी साहित्य की नयेपन से पहला परिचय। तब तक कुँवर जी हिन्दी में भी कविताएँ और गद्य लिखते ज़रूर थे मगर उनका रुझान अँग्रेज़ी में कविताएँ लिखने की ओर था। उस समय कुँवर जी अँधेरे में अपनी रचनात्मकता का रास्ता टटोलने की कोशिश में थे। अज्ञेय की कविताओं को सुनने के इस अनुभव ने कुँवर जी को हिन्दी कविता के निकट लाने में मदद की और इन दोनों को भी एक-दूसरे के नज़दीक लाने में।

दोनों विश्वविद्यालय परिसर में शैक्षिक मामलों पर तो चर्चा करते ही थे, साहित्य भी उनकी चर्चाओं का एक बड़ा विषय था। उस समय विश्वविद्यालय का माहौल अलग था। राधाकमल मुखर्जी, बीरबल साहनी, डी.पी. मुखर्जी, अशोक मित्र जैसे विद्वान वहाँ अध्यापक थे। अगर अँग्रेज़ी के छात्र किसी और विद्वान अध्यापक की कक्षा में व्याख्यान सुनने जाना चाहते तो अध्यापक का अहम इससे आहत नहीं होता था, वे इससे ख़ुश होते थे कि उनका छात्र ज्ञान के दूसरे अनुशासनों के माध्यम से भी अपना बौद्धिक विकास करना चाहता है। कुँवर जी कहते हैं कि—

> उस समय पूरा लखनऊ ही एक तरह से हमारा विश्वविद्यालय हुआ करता था। लखनऊ कॉफी हाउस सुबह से रात तक बुद्धिजीवियों से भरा-पूरा रहता था। वहाँ विश्वविद्यालय के अध्यापकों से लेकर डॉ. राम मनोहर लोहिया, डॉ. केसकर, मजाज़ साहब, आले अहमद सुरूर, यशपाल, अमृतलाल नागर, इलाचन्द्र जोशी आदि सब बड़े लेखक-शायर-कवि-राजनेता आया करते थे, उनसे बहस-बातचीत होती थी।

उधर लखनऊ लेखक संघ की जानदार गोष्ठियों में किताबों और रचनाओं पर चर्चा होती थी। कृष्णनारायण कक्कड़, सर्वेश्वरदयाल सक्सेना आदि के साथ ये लेखक भी मस्ती में हज़रतगंज में सड़क साहित्य की रचना किया

करते थे। 'फूलों में वह बात नहीं, जो फूलों में होती थी...' कविता सड़क साहित्य की देन है। विजयदेव नारायण साही भी इस मण्डली में शामिल होने बीच-बीच में आया करते थे। लेखकों में वैचारिक मतभेद तो थे मगर इस कारण उनमें आपसी दुश्मनियाँ नहीं थीं।

रघुवीर जी ने १९५१ में एम.ए. किया मगर उनका डिवीज़न थर्ड आया। इसका कारण पढ़ने के साथ ही पत्रकारिता से कुछ कमाकर पिता की मदद करने की इच्छा और ज़रूरत रही होगी। साहित्य और ख़ासकर कविता में गहरी रुचि लेने की अपनी व्यस्तताएँ भी रही होंगी। इन्हीं सब कारणों से एम.ए. के प्रथम वर्ष में पूरी उपस्थिति न होने के कारण तत्कालीन कुलपति आचार्य नरेन्द्र देव ने परीक्षा देने से उन्हें रोक दिया था। कुँवर जी के अनुसार थर्ड डिवीज़न का कारण यह रहा होगा कि वह कक्षा में अध्यापन की पद्धति से प्रभावित नहीं थे, हर मामले में वह अपनी मौलिक सोच रखते थे, हर बात पर सवालिया निशान लगाना उनका स्वभाव था। इस तरह का अध्ययन उन्हें या किसी को भी प्रथम श्रेणी कैसे दिलवा सकता था?

उन्हीं दिनों दोनों मित्रों ने मिलकर 'टॉइम्स लिटरेरी सप्लीमेंट' (टीएलएस) से प्रभावित होकर चार पृष्ठों की एक पत्रिका 'परख' नाम से प्रकाशित करने की योजना भी बनायी, जिसमें मुख्य रूप से पुस्तक समीक्षाएँ होनी थीं और साथ ही किसी लेखक से उसकी किताब पर बातचीत भी लेकिन इसी बीच रघुवीर सहाय 'प्रतीक' में सहायक सम्पादक होकर दिल्ली चले गये और यह योजना धरी की धरी रह गयी। रघुवीर जी ने दिल्ली से लिखे एक पत्र में भी साप्ताहिक पत्रिका निकालने का सुझाव दिया था और जहाँ तक सम्भव है, वहाँ तक सहयोग करने का प्रस्ताव भी रखा था। आश्वस्त किया था कि पत्रिका जगत में उनके विस्तृत परिचय और व्यावहारिक ज्ञान का पूरा फायदा वह पत्रिका को देंगे। उनका मत था कि बिक्री की दृष्टि से दो महीने में ही निश्चिन्त हुआ जा सकता है। शर्त यह है कि उसका मूल्य कम हो, वितरण व्यवस्था दुरुस्त हो, पाठकों के प्रति दृष्टिकोण और गुणवत्ता उत्कृष्ट हो तो ऐसी पत्रिका ख़रीदी जायेगी क्योंकि सड़ियल से सड़ियल पत्रिका भी सर्कुलेशन की अच्छी व्यवस्था के कारण अच्छी चल जाती है। उन्होंने उस समय प्रकाशित तीन पत्रिकाओं—हंस, प्रतीक और राष्ट्रवाणी का उदाहरण देते हुए इनकी सीमाएँ बतायी थीं। उन्हीं दिनों, दोनों मित्रों की बच्चों पर लिखी कविताओं का एक संग्रह तैयार करने की

योजना भी बनी थी। कुँवर जी ने उत्साहित होकर २५-३० कविताएँ भी लिखी थीं मगर जैसा कि मित्रों के बीच कई बार कई योजनाओं को लेकर होता है, योजना बनाते समय जो उत्साह होता है, कल्पना की जो उड़ान होती है, वह उसे आकार देते समय दोनों में समान रूप से नहीं रहती। यही इस योजना के साथ भी हुआ। हाँ, कुँवर जी ने बाद में 'युगचेतना' पत्रिका प्रकाशित की, जिसमें रघुवीर जी दिल्ली से सहयोग करते रहे। उधर बाद के वर्षों में 'दिनमान' के सम्पादक के रूप में उत्कृष्ट पत्रिका निकालने का उनका सपना भी पूरा हुआ, हालाँकि वह साहित्यिक पत्रिका नहीं थी। रघुवीर जी की दुनिया भी तब तक साहित्य तक सीमित नहीं रही थी, उसका भूगोल पूरा समाज बन चुका था।

रघुवीर जी लखनऊ से जब दिल्ली आये थे, तब तक इस शहर की साहित्यिक पहचान नहीं थी, जबकि लखनऊ की साहित्यिक ज़िन्दगी गुलज़ार थी, इसलिए अज्ञेय जैसे लेखक के सहयोगी बनकर भी लखनऊ को वह बहुत 'मिस' करते थे। दिल्ली उन्हें 'अजब अधकचरे' लोगों का शहर लगता था, जहाँ 'न कोई कल्चर है, न जहनियत।' 'प्रतीक' में दो महीने तक तनख़्वाह न मिलने के कारण वह ५०० रुपये के क़र्ज़ में भी फँस गये थे, जो तब के लिहाज़ से बड़ी राशि थी। लखनऊ छोड़ने की पीड़ा और दिल्ली का उखड़ापन उस समय उनका स्थायी मूड था। दिल्ली के ये आरम्भिक दिन उनके लिए आर्थिक और मानसिक कष्ट के रहे, हालाँकि इसके बावजूद ये दिन रचनात्मक दृष्टि से बंजर नहीं थे। वह उदास मन से लखनऊ अमृतलाल नागर और उन्हें लम्बे-लम्बे पत्र लिखा करते, जिनमें से कई कुँवर जी के पास संगृहित-सुरक्षित नहीं रहे।

कुँवर जी जब-जब भी दिल्ली आते, तो दोनों के बीच लखनऊ जाग जाता, जैसे वे लखनऊ में ही मिल रहे हों। रघुवीर जी का विवाह होने के बाद कुँवर जी ने महसूस किया कि अब वह भाव उनमें नहीं रहा, परिवर्तन आया है। परिवार की, दफ़्तर की उनकी ज़िम्मेदारियाँ इस बीच बढ़ी थीं। लखनऊ अब उनके लिए अतीत बनने लगा था। उन्हीं दिनों कभी रघुवीर जी ने आग्रह करके कुँवर जी को दिल्ली के इण्डिया इण्टरनेशनल सेण्टर जैसे एलीट क्लब का सदस्य बनवाया, जो इस शहर के प्रबुद्धवर्ग के सम्पन्न हिस्से का बौद्धिक केन्द्र भी था/है। कुँवर जी इसकी सदस्यता लेने के लिए तब बहुत उत्सुक नहीं थे। इसकी सदस्यता की धनराशि रघुवीर जी ने तुरन्त

जमा भी करवा दी थी। बाद में इसके लिए वह रघुवीर जी का आभार मानते थे। कुँवर जी उनसे मुस्कुराकर कहते—'तुमने एक तरह से मेरे लिए दिल्ली में जायदाद ख़रीद दी है, जो मेरे लिए मूल्यवान् है।' खाने-पीने के रघुवीर जी शौक़ीन थे, तो मिलने पर खाने-पीने का मैन्यू तय करना भी उनके ही जिम्मे था।

रघुवीर जी ने आग्रह करके कुँवर जी से 'दिनमान' के लिए कई बार लिखवाया। एक बार रघुवीर जी ने कहा—'कुँवर, तुम हमारे लिए लिखो। यह तुम तय करो कि तुम्हें किस विषय पर लिखना है।' फिर उन्होंने ही सुझाव दिया कि तुम इस पर लिखो कि तुम शाकाहारी क्यों हो? तब शाकाहार जैसे विषयों पर बात करना पत्रकारिता की चिन्ताओं में शामिल नहीं था। इस पर 'दिनमान' ने कवर स्टोरी की। कई देशी-विदेशी क्लासिक फ़िल्मों पर भी कुँवर जी ने लिखा।

रघुवीर जी ने भोपाल के एक कार्यक्रम में मिलने पर कहा—'कुँवर, मैं अब लम्बी कविता लिखना चाहता हूँ।' कुँवर जी ने कहा—'लेकिन तुमने अपने आप से पूछा है कि तुम क्यों लम्बी कविता लिखना चाहते हो?' कुँवर जी के अनुसार उनका यह सवाल सुनकर कुछ देर रघुवीर जी चुप रहे। फिर उन्होंने कहा—'हाँ, इस पर सोचना पड़ेगा।'

मनोहर श्याम जोशी

मनोहर श्याम जोशी भी एक दौर में रघुवीर जी के घनिष्ठ मित्रों में थे। जोशी जी की पुस्तक 'रघुवीर सहाय : रचनाओं के बहाने एक स्मरण' इसका अच्छा प्रमाण है। १९५३ से १९६८ तक अपनी मैत्री की स्मृतियों को समेटते हुए लिखी यह पुस्तक वैसे भी रघुवीर सहाय के व्यक्तित्व के कुछ अनछुए पहलुओं को समझने में मदद करनेवाली एकमात्र पुस्तक है। इसमें लखनऊ में दोनों के परिचय से लेकर दिल्ली में उनकी गहरी मित्रता का पूरा दौर उपस्थित है। १९६८ के बाद भी दोनों लेखक दिल्ली में रहे, दो अलग पत्रिकाओं के सम्पादक भी रहे मगर उनके बीच घनिष्ठता का वह सोता तब तक सूख चुका था।

दोनों का परिचय लखनऊ में १९५३ में रघुवीर जी के घनिष्ठ मित्र और

जोशीजी के 'इण्टेलेक्चुअल गुरु' कृष्णनारायण कक्कड़ ने करवाया था। समय-समय पर होनेवाली गोष्ठियों में मुलाक़ातों और रघुवीर जी की कविताओं के अनन्य प्रशंसक होने के बावजूद दोनों का यह सम्बन्ध लखनऊ में परिचय की सीमाओं से आगे नहीं बढ़ पाया था। जोशी जी के अनुसार इसके कई कारण हो सकते हैं।

एक तो रघुवीर सहाय उस समय एम.ए. अँग्रेज़ी में कर रहे थे और जोशी जी बी.एस-सी. में थे। दूसरे प्रगतिशील होने के बावजूद रघुवीर जी का विश्वविद्यालय के कम्युनिस्टों के साथ उठना-बैठना बिलकुल नहीं था, जबकि जोशी जी का था। तीसरा कारण जोशी जी तब होस्टल में रहते थे और रघुवीर जी अपने माडल टाउन वाले मकान में। इस तरह विश्वविद्यालय के बाद भी मिलने के नियमित अवसर नहीं थे। फिर पढ़ने के साथ रघुवीर जी उस दौर में कुछ-कुछ पत्रकारिता भी करते थे, इसलिए उन्हें कॉफ़ी हाउस में अड्डेबाजी करने का अधिक समय नहीं मिलता था। दोनों की मुलाक़ातें या तो लखनऊ लेखक संघ में या प्रगतिशील लेखक संघ की विश्वविद्यालय शाखा की गोष्ठियों में होती थी। इसके कारण जोशी जी, रघुवीर जी की कविताओं के 'अनन्य प्रशंसक' तो बने, मित्र नहीं। रघुवीर जी की 'अगर कहीं मैं तोता होता...' कविता सुनकर वह ख़ुशी से झूम उठे थे और उनकी 'यही मैं हूँ' तथा 'शक्ति दो' जैसी कविताएँ सुनकर उनकी आँखें छलछला आयी थीं, मगर मित्रता का रिश्ता बनने के लिए इतना काफ़ी नहीं था। लखनऊ में फ्रीलांसिंग के क्षेत्र में जोशी जी के उस्ताद रघुवीर जी बने। उन्होंने ही इनका परिचय सुरेन्द्र बालूपुरी से करवाया, जो तब 'किसान मज़दूर प्रजा पार्टी' का अँग्रेज़ी साप्ताहिक 'रिबेल' निकाल रहे थे, जहाँ से जोशीजी का पत्रकार के रूप में जीवन शुरू हुआ। इसी बीच रघुवीर जी 'प्रतीक' के सहायक सम्पादक बनकर दिल्ली आ गये। इसके क़रीब दो साल बाद जोशी जी भी अपनी क़िस्मत आज़माने दिल्ली आये। यहाँ वह जिन तीन लखनवी लोगों के भरोसे पहुँचे थे, उनमें एक रघुवीर जी थे, जो अभी-अभी आकाशवाणी के हिन्दी समाचार विभाग में उप-सम्पादक बने थे।

बहरहाल, केवल परिचय के आधार पर जोशी जी का दिल्ली में रघुवीर जी ने इस तरह स्वागत किया कि मानो वह उनके मित्र-परिचित नहीं, अनुज हों। उन्होंने ही लिखकर कमाने के रास्ते जोशी जी को दिखाये। शुरू-शुरू

में आकाशवाणी में प्रभाकर माचवे से मिलने का सुझाव भी जोशी जी को उन्होंने दिया। माचवे जी ने किसानों के लिए प्रेरक संगीत रूपक लिखने का काम जोशी जी को दिया तो जोशी जी मदद के लिए रघुवीर जी के पास पहुँचे। उन्होंने घण्टेभर में उसका ख़ाका बनाकर दिया और दो गीत भी लिखकर दे दिये। जोशी जी की बेरोज़गारी के दिनों में जब रघुवीर जी का उधारखाता चल रहा होता तो वह जोशी जी को खिलाते-पिलाते, जोशी जी को रेजगारी की ज़रूरत होती तो आधी-आधी दोनों बाँट लिया करते। आकाशवाणी के हिन्दी समाचार विभाग में वात्स्यायन जी परामर्शदाता थे तो रघुवीर जी ने ही जोशी जी की नौकरी के सिलसिले में दोनों की बात करवायी, जिसके नतीजे में अन्ततः जोशी जी को कैजुअल अनुवादक का काम मिला। इस तरह दोनों साथ-साथ काम करने लगे और यह परिचय जल्दी ही मित्रता में बदल गया। उन युवा दिनों में इन्होंने ख़ूब मटरगश्ती की, सड़क साहित्य रचा, कई तरह की नाटकीय हरकतों से अपना और दूसरों का मनोरंजन किया। जब वात्स्यायन जी आकाशवाणी छोड़कर चले गये तो रघुवीर जी ने भी अनुवाद के काम से ऊबकर यह नौकरी छोड़ दी मगर दोनों की मैत्री बनी रही, उतना नियमित रूप से तो नहीं मगर साथ रहा। दोनों के फिर से मिलने-जुलने, साथ काम करने की सम्भावना तब बनी, जब वात्स्यायन जी 'दिनमान' के सम्पादक बने। जोशी जी तथा रघुवीर जी दोनों को वह मुख्य उपसम्पादक के पद पर वह लाना चाहते थे। जोशी जी तो इसके लिए तैयार हो गये मगर रघुवीर जी जब तक 'दिनमान' में आने को राजी हुए, तब तक जोशी जी 'साप्ताहिक हिन्दुस्तान' का सम्पादक बनकर संस्थान छोड़ चुके थे। फिर एक समय आया कि दोनों को सम्पादक पद से इस्तीफ़ा देना पड़ा, तब तक भी मैत्रीभाव बना रहा। ऊपरी तौर पर गर्मजोशी भी रही मगर दूरियाँ पैदा हो चुकी थीं। एकाध इण्टरव्यू में संक्षिप्त नकारात्मक टिप्पणी करने के अलावा रघुवीर जी ने अपने और जोशी जी के सम्बन्धों पर कहीं कोई रोशनी नहीं डाली।

आकाशवाणी के साथ

> कविता रिकॉर्ड करना और आकाशवाणी से उसे प्रसारित करना, मेरे लिए उतना ही पुराना अनुभव है, जितना मेरा कविता लिखना है। १९४७ से कविता लिखता रहा हूँ और १९५० से उन्हें ख़ुद रेडियो पर पढ़ता रहा हूँ। यह बता देना ज़रूरी है कि बहुत से कवियों को रेडियो पर कविता पढ़ना प्रतिष्ठा का विषय जान पड़ता है और वह इस सिलसिले में तरह-तरह की शर्तें रखते हैं, नखरे दिखाते हैं। यह सब उन्हें शोभा भी देता है मगर मुझे शुरू के दिन से यह काम बहुत सहज लगता रहा है।
>
> —(रघुवीर सहाय रचनावली-३, पृ. २१०)

रघुवीर सहाय जब मात्र चौदह साल के रहे होंगे तब उन्होंने 'रामराज्य' फ़िल्म के एक गाने की तर्ज पर 'वीर शिवाजी' शीर्षक से एक गाना लिखा था, जिसमें शिवाजी की लगभग पूरी जीवनकथा आ गयी थी, जिसका उस समय की कोलम्बिया कम्पनी ने लगभग छह मिनट का रिकार्ड बनाया था। इसे उस समय की एक गायिका आशा माथुर और कृष्ण कुमार पुरी ने गाया था। यह रिकार्ड बहुत समय तक लखनऊ में रह रहे उनके छोटे भाइयों के पास सुरक्षित रहा मगर समय के साथ यह टूट-फूट गया।

१९४६ में उन्होंने लखनऊ रेडियो स्टेशन पर कार्यक्रम देना शुरू किया था। पहली बार रेडियो स्टेशन के स्टूडियो में माइक्रोफ़ोन के सामने अपनी रचना पढ़ने की स्मृति उन्हें तब की है, जब वह कान्यकुब्ज कॉलेज से इण्टरमीडिएट करके लखनऊ विश्वविद्यालय में भर्ती हुए थे। उन्होंने गर्मी की छुट्टियों में एक कहानी रेडियो स्टेशन के पते पर भेजी, जिसकी स्वीकृति अगस्त-

सितम्बर में उनके पास आयी—पाँच रुपये फीस के अनुबन्ध के साथ। उसमें उस कहानी के प्रसारण की तारीख़ लिखी थी। उस दिन यह सोचकर वह आकाशवाणी गये थे कि अपनी कहानी वह ख़ुद लाइव पढ़ेंगे। उनकी रचना और आवाज़, दोनों, श्रोता सुनेंगे। पहली बार वह रेडियो स्टेशन गये थे, तो बड़े सलीके से तैयार होकर, सज-सँवरकर गये थे। तब सईदा बानो इस प्रोग्राम की प्रोड्यूसर थीं, जिन्हें वहाँ सब लोग आदर से 'आपा' कहा करते थे (बाद के वर्षों में जब रघुवीर जी आकाशवाणी, दिल्ली के समाचार विभाग में काम करने लगे, तब वह भी वहाँ स्थानान्तरित होकर उर्दू ख़बरें पढ़ने लगी थीं)। उन्होंने युवा होते रघुवीर को स्टूडियो में औरों के साथ बैठा तो दिया मगर उनसे किसी ने उनकी कहानी पढ़ने के लिए नहीं कहा। थोड़ी देर बाद उन्हें मालूम हुआ कि उनकी कहानी उनके ही एक समवयस्क युवा पढ़ने की तैयारी कर रहे हैं। 'मुझे इस वक़्त याद नहीं कि इस पर मैं निराश हुआ कि नहीं लेकिन बैठा सुनता रहा।' बाद में उन्हें मालूम हुआ कि इस युवक का नाम युक्तिभद्र दीक्षित है। उन्हें यह जानकर ख़ुशी हुई क्योंकि इनके पिता का नाम उन्होंने सुन रखा था। कुछ वर्षों बाद १९४८ में इप्टा, लखनऊ के सचिव की हैसियत से उन्होंने युक्तिभद्र के साथ नुक्कड़ों पर इप्टा द्वारा तैयार गीत गाये।

युवा रघुवीर उस दिन जब बच्चों के इस प्रोग्राम से निकलकर रेडियो स्टेशन के बाहर निकलने लगे तो दरवाज़े पर अर्जुन लाल नामक एक सज्जन ने उन्हें देखा। वह शायद उनकी उम्र के किसी लड़के की तलाश में ही बाहर आये थे, जिसकी बोली अवधी हो। उन्होंने पूछा—'तुम अवधी बोल सकते हो? और अगर बोल सकते हो तो हमारे प्रोग्राम 'हमारा पंचायत घर' में चलो।' यह प्रोग्राम उसी दिन से शुरू होनेवाला था। अवधी तो ख़ैर रघुवीर जी के घर में बोली ही जाती थी। वह फ़ौरन तैयार हो गये। अर्जुन लाल के कमरे में उनकी भेंट रमई काका से हुई, जो उसी कार्यक्रम के सिलसिले में बुलाये गये थे। अर्जुन लाल और रमई काका के इस एक घण्टे के 'पंचायत घर कार्यक्रम' ने ज़िन्दादिल अवधी में समां ख़ूब बाँधा। देहाती भाइयों के बीच सरकारी प्रचार इसी ज़िन्दादिली से तब होता था। रघुवीर जी कहते हैं कि इन्हीं दोनों बेमिसाल प्रसारकों का करिश्मा था कि उन्हें साथ लेकर हुआ यह पहला कार्यक्रम वर्षों तक लखनऊ का सबसे अधिक लोकप्रिय कार्यक्रम बना रहा। इन अर्जुन लाल को रघुवीर जी (प्रसारण का) ने अपना 'गुरु-

समान' माना है—

> उन्होंने मुझे माइक्रोफ़ोन पर बोलने की विद्या सिखायी, जो वर्षों मेरे व्यवसाय में काम आयी और मेरे समाचार व्याख्या और वार्ता के नयी दिल्ली के कार्यक्रमों में मेरा अवलम्ब बनी।

१९४६ से १९५० के बीच के चार वर्षों में रघुवीर जी की लखनऊ रेडियो से अनेक रचनाओं का प्रसारण हुआ, जिनमें बाल कहानियाँ, कविताएँ और रेडियो रूपक आदि हैं। उनकी पहली ज्ञात कविता 'दशमी का मेला' सर्वप्रथम रेडियो से ही प्रसारित हुई थी। इसे फिर उन्होंने 'बालसखा' में भी छपवाया था। लखनऊ के दिनों में जब उन्होंने उम्र के २१वें वर्ष में प्रवेश ही किया था, तब उसी आकाशवाणी के कार्यक्रमों के विभिन्न पहलुओं की उन्होंने आलोचनात्मक और तीख़ी समीक्षा लिखना आरम्भ किया। उनकी ऐसी पहली रेडियो-समीक्षा ११ दिसम्बर, १९५० में हिन्दी दैनिक 'नवजीवन' में प्रकाशित हुई, जिसका शीर्षक था—'ब्रॉडकास्टिंग क्या है।' रेडियो समाचार, ऑल इण्डिया रेडियो और संगीत, रेडियो और कला, लोकगीत प्रसारण के लिए संगीत, भारतीय प्रसारण की समस्याएँ आदि विषयों पर उन्होंने खुलकर लिखा और कम नहीं लिखा। रचनावली के डिमाई आकार के ३० पृष्ठों में यह सामग्री आयी है। उनकी १९५० में लिखी रेडियो-समीक्षाओं में भी स्पष्टता, प्रखरता और संगीत की समझ स्पष्ट रूप से दिखायी देती है और इस विद्या के प्रति उनका समर्पण भी नज़र आता है।

दिल्ली आने पर उन्होंने आकाशवाणी में दो बार क़रीब चार-चार साल के लिए नौकरियाँ कीं—पहली बार १९५३ से १९५७ तक उप-सम्पादक के रूप में तथा दूसरी बार १९५९ से १९६३ तक संवाददाता के रूप में। आकाशवाणी से इस लम्बे जुड़ाव के दौरान रघुवीर जी ने न केवल रेडियो पर ही कार्यक्रम प्रस्तुत किये, बल्कि रेडियो को बेहतर रूप देने के लिए तर्कयुक्त और सहज भाषा के कितने ही प्रयोग भी किये-करवाये।

आकाशवाणी में उप-सम्पादक के रूप में नियुक्ति होने पर उन्हें ३२५-३७० रुपये का वेतनमान मिला। पौने चार साल तक काम करने के बाद दो-तीन कारण ऐसे बने कि उन्होंने यह नौकरी छोड़ी या यह कह सकते हैं कि उन्हें छोड़नी पड़ी। छोड़ने की इच्छा तो उनकी थी ही क्योंकि उनके अनुसार अँग्रेज़ी से रोज़ हिन्दी में बहुत अनुवाद करना होता था, जिसकी

स्वाभाविक ही अपनी ऊब थी। मीडिया संगठनों में सर्जनात्मकता से जुड़े लोग अक्सर इसका अनुभव अधिक तीव्रता से करते हैं। समाचारों के अँग्रेज़ी से हिन्दी अनुवाद में भाषा के रचनात्मक प्रयोग की भी एक सीमा थी क्योंकि समाचारों की भाषा का एक ख़ास ढर्रा होता है, जिसको तोड़ना एक समस्या होती है, ख़ासतौर पर उन माध्यमों में, जहाँ श्रोता समाचार सुनते हैं।

रघुवीर जी की नियुक्ति भले ही लिखित परीक्षा के बाद मौखिक साक्षात्कार के ज़रिये एक निष्पक्ष सरकारी एजेंसी द्वारा लिए गये टेस्ट में प्रथम आने के बाद हुई थी, तथापि मनोहर श्याम जोशी बताते हैं कि समाचार कक्ष में पहले से अस्थायी रूप से कार्यरत और उसी परीक्षा के बाद स्थायी किये गये उप-सम्पादकों का मानना था कि परीक्षा में प्रथम स्थान और ग्रेड में वरिष्ठता, हिन्दी समाचार सलाहकार अज्ञेय की अनुकम्पा से प्राप्त हुई है। उन्हें रघुवीर जी का 'भाषा की बारीकियाँ छाँटते रहना और लिखते समय अक्षरों को लगभग बाङ्ला अक्षरों का रूप दे डालना' समान रूप से आपत्तिजनक और हास्यास्पद लगता था। उनका विरोध अज्ञेय जी के इंचार्ज रहते तो मुखर नहीं हो सका लेकिन वह जब चले गये तो विरोध खुल कर सामने आया।

जोशी जी कहते हैं कि रघुवीर सहाय तब छोटी से छोटी बात को बहुत बड़ा मुद्दा बना डालने और उस पर किसी भी समझौते के लिए तैयार न होने के लिए 'ख़ासे बदनाम' थे। एक मर्तबा आकाशवाणी के हिन्दी बुलेटिन में रघुवीर ने 'जब तक ऐसा हो, तब तक' से शुरू होने वाला कोई वाक्य लिखा। समाचार वाचक शिवसागर मिश्र (तब तक वह राज्यसभा के सदस्य बन चुके अपने समय के शीर्ष कवि माने जाने वाले रामधारी सिंह दिनकर के दामाद बन चुके थे और स्वयं भी कहानी लेखक थे) थे। उन्होंने इस वाक्य को बदलकर 'जब तक ऐसा न हो, तब तक' कर दिया। इस पर रघुवीर जी बिगड़े। उन्होंने मिश्र जी से दो बातें कहीं—पहली यह कि समाचार-वाचक को सम्पादक के लिखे हुए पर क़लम चलाने का अधिकार नहीं होता और दूसरा यह कि लेखक होने के बावजूद आपको 'जब तक ऐसा हो और जब तक ऐसा न हो' के अर्थ में तमीज़ करना नहीं आता।

ज़ाहिर है इससे शिवसागर जी भड़क गये। उन्होंने फ़ोन उठाकर अपने ससुर दिनकर जी से इसका निर्णय कराने की ठानी। रघुवीर जी ने उनका फ़ोन

काटते हुए कहा, 'जो मैंने लिखा है, सो आप पढ़ियेगा।' शिवसागर जी बोले—'मैं आपका लिखा नहीं पढ़ूँगा।' रघुवीर जी ने उनके हाथ से बुलेटिन छीना और यह कहकर स्टूडियो की ओर जाते-जाते कहा—'तो ठीक है, बहैसियत शिफ्ट इंचार्ज बुलेटिन मैं पढ़ूँगा।' यह सुनकर शिवसागर जी को अन्ततः झुकना पड़ा मगर जोशी जी के अनुसार इस तरह रघुवीर जी ने 'अपने दुश्मनों की संख्या में एक और की वृद्धि कर डाली।'

उसी ज़माने में शिवरामन नामक अमेरिका में पढ़े-लिखे और सुदूर पूर्व में काम कर चुके एक वरिष्ठ पत्रकार को सरकार ने आकाशवाणी के समाचार विभाग का 'उद्धार' करने के लिए बुलाया था। शिवरामन की अमेरिकी ढंग की बेतकल्लुफी सभी लोगों को आश्चर्यजनक लगी और रघुवीर जी को अपमानजनक। इसका कारण था। शिवरामन कभी भी हिन्दी सेवा में आ जाते और मेज़ पर बैठकर टाँगें झुलाने लगते। सभी लोगों को वह उनके पहले नाम से पुकारते थे, जो कि यहाँ का चलन न तब था, न अँग्रेज़ीदाँ हिन्दीभाषियों को छोड़कर अब है। वह चाय-कॉफी बुलवाते और इस बीच कई बार हिन्दी पर चुटकियाँ कसा करते, हिन्दीवालों पर फब्तियाँ कसते। रघुवीर जी को छोड़कर बाक़ी कोई उन्हें जवाब देने की हिम्मत नहीं करता था।

एक दिन अँग्रेज़ी से अनुवाद करने के बजाय सीधे हिन्दी में बुलेटिन तैयार करने के विषय में मन्त्रालय के नुमाइन्दों की मौजूदगी में एक बैठक थी। उसमें भी शिवरामन ने चुटकी ली हिन्दी यूनिट के लोगों पर (सम्भवतः रघुवीर जी को निशाना बना रहे हों)। टिप्पणी करते हुए कहा कि अगर हिन्दी में किसी व्यक्ति में बग़ैर अनुवाद किये समाचार बुलेटिन तैयार करने की क्षमता होती तो क्या वह अब तक दिनकर जी की तरह राज्यसभा में न हुआ होता? इस बात पर रघुवीर सहाय ने उनसे इतना झगड़ा किया कि जोशी जी के मुताबिक इसके बाद त्यागपत्र ही दिया जा सकता था। त्यागपत्र भी उन्होंने तब दिया, जब उनकी पहली सन्तान मंजरी हुई थी और उनकी पत्नी इस वास्ते मायके कानपुर गयी थीं। जोशी जी लिखते हैं : 'बढ़े हुए पारिवारिक दायित्व और अनुवादक के रूप में छटपटाती साहित्यधर्मिता के रुकने से खिन्न रघुवीर ने अपनी बीमारी का एक ऐसा इलाज किया, जो जितना उचित नहीं था, उतना ही अव्यावहारिक भी था।' रोज़ी-रोटी की कोई वैकल्पिक व्यवस्था किये बग़ैर उन्होंने पक्की सरकारी नौकरी से

इस्तीफ़ा दे दिया।' वह अगस्त, १९५९ में आकाशवाणी में संवाददाता के रूप में पुनः आये। पहले एक साल के और बाद में तीन साल के अनुबन्ध पर। उनका मासिक वेतन पाँच सौ रुपये तय हुआ था।

जोशी जी कहते हैं कि जिस रघुवीर ने 'एक आदर्शवादी' के रूप में आकाशवाणी की पक्की नौकरी ठुकरायी थी, वह उसी आकाशवाणी में और उसी समाचार विभाग में बहैसियत संवाददाता वार्षिक अनुबन्ध पर लौट आये, यह जानते हुए भी कि उन्हें उन्हीं शिवसागर मिश्र के अधीन काम करना होगा, जिनसे उनकी एक बार काफ़ी ठन चुकी थी। जोशी जी का सवाल है—'क्या वह आदर्शवादी से व्यावहारिक बनने को मजबूर हो गया था? जब मैं उससे मिला तब उसने यही कहा कि यह बिलकुल नये ढंग का काम है, इसलिए मैंने कर लिया है। तुम तो जानते ही हो जोशी कि मुझे ब्रॉडकॉस्टिंग के सभी पहलुओं से कितनी दिलचस्पी रही है। फिर यहाँ मुझे संवाददाता का काम करने का अवसर मिल रहा है।'

काम भले ही अनुबन्ध पर और शिवसागर जी के अधीन मिला मगर काम की प्रकृति पहले से बहुत अलग थी। संवाददाता का काम अनुवाद के काम से बहुत बेहतर था। इसमें असली पत्रकारिता करने का 'थ्रिल' भी था। इसी नौकरी के चलते, उन्हें संसद कवर करने का मौक़ा मिला। दूरदर्शन की शुरुआत हुई तो वहाँ भी आरम्भ में कार्यक्रम प्रस्तुत करने का अवसर मिला। १९५९ से १९६१–६२ तक उन्होंने दूरदर्शन से गणतन्त्र दिवस का 'आँखों देखा हाल' प्रस्तुत किया। १९६१ में ब्रिटेन की महारानी एलिजाबेथ भारत आयीं तो उसका 'आँखों देखा हाल' भी उन्होंने दूरदर्शन पर प्रस्तुत किया। यह नौकरी छोड़ने के बाद भी १९६६ में उन्हें स्वतन्त्रता दिवस का 'आँखों देखा हाल' प्रस्तुत करने का मौक़ा मिला। इसी नौकरी में उन्हें आचार्य कृपलानी का इण्टरव्यू लेने का अवसर मिला, जो तब चर्चित रहा। दूरदर्शन के लिए उन्होंने महात्मा गाँधी, रवीन्द्रनाथ टैगोर और राजेन्द्र प्रसाद पर कार्यक्रम बनाये। दूरदर्शन और आकाशवाणी का यह अनुभव उनकी पत्रकारिता और प्रसारण कला के विकास में बहुत सहायक रहा। इसी कारण बाद में उन्हें 'नवभारत टाइम्स' में विशेष संवाददाता बनने का मौक़ा मिला, जो बाद में उन्हें 'दिनमान' के सम्पादक पद तक ले गया।

जोशी जी लिखते हैं—

'उसे रेडियो के लिए जितना लिखने का शौक़ था, उतना ही रेडियो से

बोलने का भी। बाद के दौर में वह एक सशक्त ब्रॉडकॉस्टर के रूप में अपनी छवि का प्रसार और विकास करने में काफ़ी उत्साह से जुटा रहा। रेडियो डॉक्यूमेंट्री, रेडियो न्यूज़ रील और रेडियो संवाद से तो वह जुड़ा ही लेकिन साथ ही उसने 'आँखों देखा हाल' सुनाने की विधा भी अपनायी—आकाशवाणी और नये-नये खुले दूरदर्शन में। ऐसा करने वाला वह पहला हिन्दी साहित्यकार था। इस बीच मेरा और रघुवीर का कुछ महीनों का जो साथ रहा, उससे मुझे यही लगा कि रघुवीर पहले से थोड़ा बदल गया है, उसने अपने बहुत बड़े-बड़े स्वाभिमान पर कुछ अंकुश लगा दिया है। पहले वह महत्त्वपूर्ण लोगों से अपने को दूर रखता आया था लेकिन अब उनके बीच उठने-बैठने लगा था। कुछ पेशे की मजबूरी के कारण और कुछ वीआईपी बिरादरी और उसके कार्यकलापों को नज़दीक से जानने की इच्छा के कारण। साहित्यकारों से तो उसका दोस्ताना कभी नहीं रहा था लेकिन अब पत्रकारों—ख़ासकर अँग्रेज़ी पत्रकारों—से वह अपना परिचय बढ़ाने लगा था। पत्रकारों से दोस्ती बढ़ाने के पीछे भी शायद यही आग्रह था कि आप आत्मलिप्त और आत्मतुष्ट राजनीति को और अधिक समझ और पहचान सकें। विडम्बना यह कि वह लोगों से पहले के मुक़ाबले जितना ही ज़्यादा मिलने लगा, उतना ही लोगों से उसकी निराशा और नफ़रत बढ़ती गयी।'

जिस आकाशवाणी से रघुवीर जी का विभिन्न रूपों में सुदीर्घ सम्बन्ध रहा, उसी में सम्भवतः १९८९ में दो कविताओं को लेकर वहाँ के एक प्रोड्यूसर से हल्का-सा टकराव हुआ। कविताएँ रिकार्ड होने के बाद वह प्रोड्यूसर—जिसने यह रिकॉर्डिंग की थी—चलकर कवि के पास स्टूडियो में आया। उसने नम्रतापूर्वक कहा—'मुझे आनन्द आया पर एक बात कहूँ, आपने कुछ ऐसी पंक्तियाँ लिख दी हैं, जिनसे हमारी नीति का मेल नहीं बैठता। ऐसा करें कि इन पंक्तियों को छोड़कर दुबारा कविता पढ़ दें।' उनकी उस कविता में आया था—'शिक्षा विभाग ने कुछ दिन पहले ही घोषित किया है/ छात्रवृत्ति के लिए यह अर्हता में शामिल हो/ कि छात्र के पिता की हत्या हो गयी है...।' उस अधिकारी का कहना था कि 'इसमें से शिक्षा विभाग का नाम हटा दीजिये, यह सरकार के विरुद्ध है। आजकल हम लोगों को बहुत सावधान होने के आदेश हैं। दूसरी कविता में से 'बनिया, बनिया रहे, कायस्थ, कायस्थ रहे, निकाल दीजिये, जातियों के नाम आप इसमें रखेंगे तो हमें मुश्किल होगी।' रघुवीर जी ने उन सज्जन को समझाया कि उनमें से

एक कविता तो १९६७ में ही और दूसरी १९८२ में उनके संग्रहों में छप चुकी हैं और कोई समस्या नहीं हुई बल्कि पहली वाली कविता तो वह दूरदर्शन पर भी सुना चुके हैं, अतः अब इन पंक्तियों को हटाने की बात क्यों ? या तो इन कविताओं को पूरा का पूरा श्रोताओं को सुनवा दें या फिर पूरी की पूरी ये कविताएँ छोड़ दें। अधिकारी ने यह मानकर कि यह शख़्स ज़िद्दी और अड़ियल है, मामला वहीं ख़त्म कर दिया। वैसे भी उन कविताओं को दिल्ली केन्द्र में सिर्फ़ रिकॉर्ड करना था, उनका प्रसारण तो किसी और केन्द्र से होना था। रघुवीर जी को आशा थी कि प्रसारण के समय वहाँ ये कविताएँ सेंसर नहीं की गयी होंगी।

आकाशवाणी में काम करने के बाद के ये वर्ष सर्जनात्मकता की दृष्टि से ख़ास उल्लेखनीय नहीं रहे। इस बीच उन्होंने दो-चार कहानियाँ और सम्भवतः कुछ कविताएँ लिखी हों, इसके अलावा कुछ ख़ास लिखने के प्रमाण नहीं मिलते।

'प्रतीक' : सीखने के वे दिन

जब 'प्रतीक' इलाहाबाद से प्रकाशित होता था और द्विमासिक था, तब से अज्ञेय (सच्चिदानन्द हीरानन्द वात्स्यायन) से रघुवीर सहाय का बग़ैर एक-दूसरे को व्यक्तिगत रूप से जाने एक रिश्ता बनना शुरू हो चुका था। युवा रघुवीर सहाय ने उसमें अपनी कविताएँ भेजीं, हालाँकि उससे पहले भी उनकी ५०-६० कविताएँ 'आजकल' समेत कई पत्र-पत्रिकाओं में छप चुकी थीं लेकिन तब 'प्रतीक' में छपने का अपना ही महत्त्व और आकर्षण था। उस समय 'प्रतीक' पूर्ववर्ती साहित्यकारों के साथ बिलकुल नये लेखकों को भी सामने लाता था। रघुवीर जी को 'प्रतीक' में पहली बार कविता भेजते समय ज़रा भी 'संकोच' नहीं हुआ। उन्हें लगता था कि वह ख़ुद भी कुछ नया कर रहे हैं और जो आदमी कहीं (इलाहाबाद में) बैठा हुआ है, वह भी कुछ नया कर रहा है। उसके साथ अपनापा और एक रिश्ता स्वाभाविक रूप से बनता है। 'प्रतीक' में कविताएँ भेजने का एक अतिरिक्त आकर्षण यह भी था कि युवा रघुवीर की नज़र में इससे पहले 'सरस्वती' ही ऐसी पत्रिका हुआ करती थी, जिसमें दर्शन, इतिहास, पुरातत्त्व से सम्बन्धित जो कुछ भी छपता था, वह नया, बहुत स्फूर्तिदायक और खोज के लिए उकसानेवाला होता था। 'प्रतीक' से पोस्टकार्ड आया कि उनकी कविताएँ पावस अंक (अगस्त) में छपेंगी। यह १९४८ की बात है।

उस समय तक १९ साल के युवा रघुवीर का अज्ञेय से व्यक्तिगत रूप से ही नहीं, उनकी रचनाओं से भी मामूली परिचय था। तब तक उन्होंने अज्ञेय की कुछेक कविताएँ एक-दो बार किसी रेडियो कवि सम्मेलन में सुनी थीं और एक-दो कविताएँ इधर-उधर कहीं पढ़ी थीं। इसके अलावा उनका कहानी संग्रह 'शरणार्थी' पढ़ा था। उस समय तक उनका लिखा कुछ और पढ़ने की

उन्हें याद नहीं मगर इतना याद है कि जितना कुछ पढ़ा था, वह बिलकुल नया था और उसमें कहीं न कहीं वह भी शामिल हो सकते हैं। ख़ैर! जब कविताएँ छपकर आयीं तो उस अंक में जिन बड़े साहित्यकारों के नाम छपे थे, उनके साथ अपना नाम भी देखकर युवा रघुवीर में एक तरह का आत्मविश्वास आया, आत्मगौरव का बोध हुआ। इसके बाद उन्होंने दो और कविताएँ भेजीं। इसी दौरान युवा रघुवीर की अज्ञेय से मुलाक़ात अपने शहर लखनऊ में और फिर इलाहाबाद में हुई, जहाँ वह एम.ए. की पढ़ाई बीच में छोड़कर नौकरी ढूँढ़ने गये थे। अज्ञेय से भी वह इस सिलसिले में मिले थे। तब अज्ञेय ने सलाह दी कि पहले रघुवीर अपना एम.ए. (अँग्रेज़ी) पूरा कर लें, फिर सम्पर्क करें। अज्ञेय को अपना वायदा याद रहा। युवा रघुवीर को एक पत्र मिला कि वह दिल्ली में अज्ञेय से मिलें। तुरन्त रघुवीर सहाय ने अपने आने के बारे में पत्र लिखा लेकिन कोई जवाब नहीं आया। आख़िर अधीर होकर मई, १९५२ में वह एक दिन दिल्ली पहुँच गये, जहाँ से अब 'प्रतीक' मासिक रूप से निकलने लगा था।

एक बक्सा लिए वह नयी दिल्ली स्टेशन पर उतरे। सवारी लेकर फ़िरोज़शाह रोड पहुँचे, जहाँ तब 'प्रतीक' का दफ़्तर हुआ करता था। वहाँ उन्हें एक भारी-भरकम से आदमी ने बताया कि कल सबेरे आने पर यहाँ मुलाक़ात हो सकेगी। अगले दिन यह मुलाक़ात वहाँ नहीं, दरियागंज में अँग्रेज़ी की पत्रिका 'थॉट' के दफ़्तर में हुई। उस समय अज्ञेय इसके साहित्य सम्पादक थे। 'थॉट' कार्यालय के नीचे बनी मियानी में, घर और फ़िरोज़शाह रोड पर 'प्रतीक' के दफ़्तर में तीन दिनों तक अज्ञेय के साथ बातचीत चली। चौथे दिन युवा रघुवीर ने सहायक सम्पादक का नियुक्ति-पत्र लिया। 'प्रतीक' में लिया जाना उनके लिए 'बहुत बड़ा सम्मान' भी था, बड़ा अवसर भी। रघुवीर जी के शब्दों में उन दिनों लखनऊ के लोग चकित थे कि कल का यह लड़का 'प्रतीक' का सहायक सम्पादक कैसे बन गया?

इस पहली नौकरी का नियुक्ति-पत्र मिलने में तीन दिन लगने का कारण अज्ञेय या 'प्रतीक' का प्रबन्धन नहीं, ख़ुद रघुवीर सहाय थे। उनकी यह ज़िद थी कि नियुक्ति-पत्र में हर बात साफ़-साफ़ लिखी जाय। यह स्पष्ट किया जाये कि सहायक सम्पादक के कर्तव्य क्या-क्या होंगे। प्रकाशक बन्धुओं ने उन्हें समझाने की कोशिश की कि क्या यह लिखना पर्याप्त नहीं है कि सहायक सम्पादक, सम्पादक की सहायता करेगा? तो युवा रघुवीर ने

कहा कि नहीं, यह भी लिखना ज़रूरी है कि उससे सर्कुलेशन, डिस्पैच का हिसाब-किताब, मुंशी या हरकारे का काम नहीं लिया जायेगा। ख़ैर उनकी ज़िद के आगे अज्ञेय झुके। उन्होंने ये सारी बातें लिखकर, अपने हस्ताक्षर सहित नियुक्ति-पत्र दे दिया। साथ ही कहा—'यह पत्र मेरे हस्ताक्षर से दिया जा रहा है, अब आप फ़िज़ूल फ़िक्र न करें। आप इतनी बारीक़ी में जा ही क्यों रहे हैं?' लेकिन रघुवीर सहाय ने अपनी उम्र से ज़्यादा अपने को बड़ा बताते हुए कहा—'आप इन प्रकाशकों को जानते नहीं। ये सम्पादकों का ऐसे ही शोषण करते हैं।' कहना मुश्किल है कि इतनी अधिक सावधानी के पीछे लखनऊ में सम्पादकीयकर्मियों के शोषण की कोई कहानी थी या स्वयं उनका अपना कोई तीख़ा अनुभव था या अतिरिक्त सतर्कता का उनका स्वभाव। जब बहुत बाद में अज्ञेय उन्हें 'नवभारत टाइम्स' से 'दिनमान' में स्थानान्तरित करवाना चाहते थे तो भी अपने पुराने और घनिष्ठ सम्बन्धों के कारण रघुवीर सहाय झटपट राजी नहीं हुए थे, उसके प्रकाशन के क़रीब तीन साल बाद अपनी शर्तें मनवाकर आये थे।

'प्रतीक' का नियुक्ति-पत्र लेकर वह ५ मई, १९५१ को लखनऊ लौट गये। वहाँ सब तैयारी की, मित्रों से मिले-जुले और दस दिन बाद अपनी किताबें और काग़ज़-पत्र सँभाले; १५ मई को दिल्ली पहुँचकर काम में जुट गये। उनका मासिक वेतन तय हुआ था—१७५ रुपये।

उनका जो समय 'प्रतीक' में बीता, उसे रघुवीर सहाय ने 'सीखने के दिन' बताया है। अज्ञेय दफ़्तर में दस-ग्यारह बजे आते थे और जितना काम होता, उतना निबटाकर चले जाते थे। अज्ञेय के नये युवा सहयोगी अपने सम्पादक के आने से पहले निजी डाक को छोड़कर बाक़ी सारी चिट्ठियाँ और रचनाएँ पढ़कर रखते और उन पर अपनी टिप्पणी लिखते। फिर सारी सामग्री व्यवस्थित कर सम्पादक के सामने रख देते। रघुवीर सहाय लिखते हैं—

> यह छोटा सा अनुशासन निभाना मेरी शिक्षा की परीक्षा ही नहीं, मेरे व्यक्तिगत सम्मान का प्रश्न भी था। यदि कोई ढील होती या लस्टम-पस्टम तरीक़ा दीखता तो मुझे मालूम था कि वात्स्यायन जी कोई दण्ड तो नहीं देंगे पर मैं उनकी नज़रों में गिर जाऊँगा। यह आशंका ही मुझे सजग रखती थी।

'प्रतीक' के उस काल के प्रति, उस समय किये गये काम के प्रति रघुवीर सहाय के मन में अज्ञेय के प्रति ख़ूब प्रशंसा भाव मिलता है। वैसे रचनाओं

के मामले में अन्तिम निर्णय अज्ञेय ही लेते थे मगर कई अवसरों पर रघुवीर सहाय ने स्वयं निर्णय लिये। उन्हें लगता है कि शायद अज्ञेय को उनका यह स्वायत्त आचरण करना अनुकूल न लगता रहा हो मगर साथ ही वह यह भी कहते हैं कि जिस आज़ादी को दूसरों के लिए वह ज़रूरी मानते थे, उसमें उन्होंने कभी बाधा नहीं दी। कुँवर नारायण को १९५१-५२ में लिखे कुछ पत्रों से भी लगता है कि अज्ञेय ने उन्हें काफ़ी स्वायत्तता दे रखी थी। जिस आत्मविश्वास से कुँवर जी से वह लिखने का आग्रह करते थे, लिखवाते थे, उससे यह बात बहुत स्पष्ट है। वह फ्रांसीसी कवि रोज़र फ्राई के अनुवाद कुँवर जी से जल्दी मँगवाते हैं, 'कविता इसी अंक में दे दूँगा', 'इमेजिस्ट वाला' आर्टिकल ज़रूर भेजना जैसे आग्रह करते हैं, ये सब उसी आत्मविश्वास के उदाहरण हैं। एक जगह रघुवीर जी, अज्ञेय को 'स्वतन्त्र करनेवाला व्यक्तित्व' बताया है, शायद इसके पीछे अज्ञेय की उनके मन में बसी यह छवि रही होगी।

दिल्ली आने पर 'प्रतीक' द्वैमासिक से मासिक हो चुका था और रघुवीर जी के आने तक इस पत्रिका के तीन अंक निकल चुके थे। जनवरी-फ़रवरी, १९५१ अंक और मार्च-अप्रैल के संयुक्तांक प्रकाशित हो चुके थे तथा मई-जून अंक की तैयारी अज्ञेय कर चुके थे। रघुवीर जी को जुलाई अंक का काम देखना था। इस अंक की बाक़ायदा योजना बनाना, सामग्री मँगाना, अयाचित रचनाएँ छाँटना, लेखकों से पत्र-व्यवहार करना और प्रकाशन की सुविधा पर नज़र रखना, उन्होंने शुरू कर दिया था। हिन्दी की तमाम पत्र-पत्रिकाएँ तो कार्यालय में आती ही थीं, अज्ञेय बहुत सी सामग्री घर से लेकर भी आते थे और बाहर भी चौकन्ना रहने को कहते थे। इस समय अज्ञेय ने फ़िल्म, रंगमंच, चित्रकला, मूर्ति शिल्प और वास्तुकला पर टिप्पणियाँ छापीं। वह ख़ुद तो पत्रिका में लिखते ही थे, जिन विषयों पर लिखने के योग्य अपने इस युवा साथी को मानते थे, उसे उसके मन के मुताबिक लिखने देते थे। इस काम में रघुवीर सहाय को रचनात्मक मज़ा आने लगा था। बीच-बीच में किसी सम्पादकीय समस्या पर उन्हें वात्स्यायन जी की राय मिलती तो वह भी उनका निरा आदेश नहीं होती थी, मात्र एक विकल्प और एक सुझाव होती थी। वह स्वीकार करते हैं कि ऐसा नहीं कि उनका यह चुनाव कभी दुस्साहसभरा या निपट अनुभवहीनता से भरा हुआ नहीं होता था मगर ऐसे अवसरों पर भी उनके शिक्षक के धैर्य की याद आती

है, रघुवीर जी को अपनी किसी सूझ के अनोखेपन की नहीं। वह कहते हैं कि वात्स्यायन जी के सहायक होने का एक असाधारण पक्ष यह भी था कि उन्होंने वह समझ दी, जिसे आधार बनाकर वह रचनाओं को मँगाने और आनेवाली रचनाओं को पढ़कर उनकी स्वीकृति भेजा करते थे। अज्ञेय का अपना निर्णय उन्हें यह सिखाता था कि किन मूल्यों के आधार पर किसी रचना का चयन किया गया है, हालाँकि अज्ञेय किसी रचना पर केवल यह टिप्पणी लिखते थे कि यह स्वीकृत है या अस्वीकृत। एक बार कुँवर जी अपनी किसी रचना पर जानना चाहते थे कि अज्ञेय की इस पर क्या राय है तो रघुवीर जी ने लिखा था कि वैसे वात्स्यायन जी रचनाओं पर राय ज़रा कम ही देते हैं। वह अपनी राय को स्वीकृत–अस्वीकृत तक सीमित रखते हैं। वह भी तब, जब रघुवीर सहाय अपनी राय दे चुके होते हैं। इसके बावजूद रघुवीर जी ने कहा था कि वह इसकी कोशिश करेंगे।

रघुवीर सहाय लिखते हैं कि अपने से उम्र में दो–चार वर्ष बड़े या छोटे कितने ही लेखकों से पत्र–व्यवहार करना और उनकी नयी रचनाओं से संवाद करना उन्हें आधुनिक साहित्यिक मासिक पत्र के निर्माण की ऐसी स्फूर्ति से भर देता था कि जैसे यह अत्यन्त सम्पूर्ण सामाजिक कर्तव्य हो। उसी समय के अज्ञेय के कई सम्पादकीय भी रघुवीर जी को विचारोत्तेजन देते थे। उस दौरान उपन्यास लेखन को नयी स्फूर्ति देने के लिए अज्ञेय ने 'बारहखम्भा' शीर्षक से एक नयी धारावाहिक उपन्यास श्रृंखला शुरू की थी, जिसकी एक किस्त किसी एक लेखक को लिखने का आग्रह किया जाता था। इसकी पहली किस्त स्वयं अज्ञेय ने अगस्त, १९५१ के अंक में लिखी थी। इस श्रृंखला में आगे विष्णु प्रभाकर, प्रभाकर माचवे, मन्मथनाथ गुप्त, अमृतलाल नागर, धर्मवीर भारती तथा अन्य लेखकों ने लिखा मगर अगस्त, १९५२ में 'प्रतीक' के बन्द होने के कारण यह प्रयोग अधबीच में छूट गया।

रघुवीर सहाय के अनुसार यह कुल मिलाकर एक खेल था परन्तु वात्स्यायन जी मानते थे कि साझे के खेल में सभी खिलाड़ियों को खेलने का पूरा अवसर मिलना चाहिए। कोई अगर गिरता–पड़ता चलता है तो दूसरों को उसे सम्भालना चाहिए। इसके अलावा खेल में खिलाड़ियों को भी रस मिलता है और देखनेवालों को भी। दर्शकों को तो खिलाड़ियों की हार में भी रस मिलता है। खेल में एक पक्ष को हारना ही होता है, इसलिए क्या

हारनेवाला पक्ष न खेले, यह तर्क किस टीम ने कब माना है और किस दर्शक ने इसका कब अनुमोदन किया है?

रघुवीर जी के अनुसार जनवरी, १९५१ से अगस्त, १९५२ तक के अंकों का विश्लेषण करने पर मालूम होगा कि १९४७ के बाद के कलात्मक और वैचारिक उत्तेजन को वात्स्यायन जी ने समग्रता में प्रतिबिम्बित ही नहीं, स्फुरित करने का प्रयत्न भी किया। इस दौर में किसी भी नवयुवक को स्वाधीन ढंग से सोचने-समझने और स्वयं की अपनी रचनात्मकता को विकसित करने का अगर अवसर न मिला हो—जैसे मुझे उनके विश्वासपात्र सहायक के रूप में मिला—तो वह उसके अपने कारणों से रहा होगा। उस दौर में 'प्रतीक' में मैथिलीशरण गुप्त, बालकृष्ण राव, त्रिलोचन शास्त्री, शमशेर बहादुर सिंह, भारतभूषण अग्रवाल, सर्वेश्वरदयाल सक्सेना, केदारनाथ सिंह, गिरिजाकुमार माथुर, जगदीश गुप्त, कुँवर नारायण, रांगेय राघव की कविताएँ प्रकाशित हुईं तो राजेन्द्र यादव, सत्येन्द्र शरत, मनोहर श्याम जोशी, शिव प्रसाद सिंह आदि की कहानियाँ भी। भगवत शरण उपाध्याय, डॉ. देवराज, कपिला मलिक (बाद में वात्स्यायन), यशदेव शल्य, वासुदेव शरण अग्रवाल आदि के लेख कला, दर्शन, समाजशास्त्र आदि पर छपे। सम्मेलनों, गोष्ठियों, फ़िल्मों, रंगमंच और रेडियो प्रसारण पर टिप्पणियाँ प्रकाशित हुईं। स्वयं वात्स्यायन जी ने एक से अधिक बार फ़िल्मों पर लिखा।

केदारनाथ सिंह के एक संस्मरण से स्पष्ट होता है कि रचनाएँ संकलित करने के लिए यदाकदा अज्ञेय दिल्ली से बाहर भी रघुवीर जी को भेजा करते थे। कम से कम एक बार तो ज़रूर उन्हें लेखकों से मिलने बनारस भेजा था।

सम्पादक और उसके सहायक का यह सम्बन्ध दफ़्तरी रिश्ते से बाहर भी था। हर दूसरे-तीसरे हफ़्ते वात्स्यायन जी के साथ उनका बाहर मिलने-जुलने का कार्यक्रम बनता। कपिला जी से भी प्रायः रोज़ भेंट होती थी या तो कार्यालय के समय के बाद चाय पीने के लिए कनॉट प्लेस में या वात्स्यायन जी के अपने डेरे पर। जब अज्ञेय कुछ महीनों के लिए अंसारी रोड पर रहने चले आये थे तो प्रायः साइकिल से ही कार्यालय आया करते थे। 'प्रतीक' के काम से एक बार अज्ञेय, दोपहर की कड़ी धूप में रघुवीर जी को किंग्स्वे कैंप ले गये, जहाँ प्रसिद्ध कलाकार कुमारिल स्वामी का घर

ढूँढ़ने में थोड़ी मुश्किल हुई। रास्ते में वात्स्यायन जी ने ताज़ा गन्ने का रस पीने का आग्रह करके उन्हें चकित कर दिया क्योंकि रघुवीर जी सोच भी नहीं सकते थे कि 'बाहर से कठोर दिखनेवाला यह व्यक्ति, रसना के लिए इतना कोमल भी हो सकता है। मैंने तो यही देखा कि वक़्त–बेवक़्त कुछ भी चखते रहना वात्स्यायन जी की प्रकृति में था ही नहीं परन्तु उन्होंने सड़क के किनारे गन्ने का रस पिया, जैसे हम सब पीते हैं।' इसके बाद ताज़ादम होकर वे दोनों कुमारिल स्वामी के घर पहुँचे, उनके चित्र देखे, उनसे बातें कीं। उनसे कई चित्र माँगकर लाये गये, जिनमें से एक चित्र 'प्रतीक' के आवरण पर छपा और बाक़ी भीतर के पृष्ठों पर। कुमारिल पर एक सुदीर्घ लेख भी प्रकाशित हुआ। ऐसे ही वह एक बार अवनी सेन के घर गोल मार्केटवाले सरकारी क्वार्टर में गये। उनके चित्रों में से भी एक का चुनाव कवर पृष्ठ के लिए किया और उन पर भी एक लम्बा लेख छापा। कवि गिरिजा कुमार माथुर जब अमेरिका प्रवास से लौटकर आये तो उन्हें उनके करोलबाग स्थित घर जाकर पकड़ा गया। वहाँ तक वह फटफटे से ले गये थे क्योंकि वहाँ तक जाने का तब एक यही साधन सहज उपलब्ध था।

रघुवीर जी कहते हैं कि उन्हें वात्स्यायन जी से भी संस्कार मिले और उनके अपने पिता से भी। १९५१ में दिल्ली आने पर बहुत बार अज्ञेय के साथ समय बिताने का मौक़ा मिला। बाद के वर्षों में वात्स्यायन जी ने एक सम्मानजनक दूरी बनाकर रखते हुए उनसे प्रेमपूर्ण सम्बन्ध बनाये रखे। रघुवीर जी के बच्चों के साथ भी वात्स्यायन जी ख़ूब उठते–बैठते, घुलते–मिलते थे।

अगस्त, १९५२ में 'प्रतीक' बन्द हुआ पर वह बन्द नहीं हो रहा है, यह भ्रम ख़ुद अज्ञेय को था तो ख़ुद रघुवीर जी को भी था, इसलिए उन्होंने लिखा— 'प्रकाशकों की कुछ ग़लती के कारण उसका प्रकाशन फ़िलहाल टल रहा है—वह निकलेगा अवश्य।' इस कारण उन्होंने रचनाएँ अपने पास रख रखी थीं, लौटायी नहीं थीं। कुँवर जी से भी कहा था कि उनके पास ही अभी रहने दें। अगस्त के बाद से ही उन्हें तनख़्वाह मिलना बन्द हो चुका था, उधार ले–लेकर वह काम चला रहे थे। २५ अक्टूबर के पत्र में वह कुँवर जी को बताते हैं कि उन पर लगभग ५०० रुपये का क़र्ज़ हो चुका है, जो उस समय के हिसाब से बड़ी राशि थी, उनकी अपनी तीन माह की मासिक तनख़्वाह के बराबर। इस बीच आकाशवाणी के लिए लिखकर वह

क़रीब ५० रुपये कमा लेते थे, उस समय की 'जनसत्ता' में साप्ताहिक स्तम्भ लिखकर भी इतनी ही राशि और पत्रिकाओं में लिखकर भी २५-३० रुपये—'इतने में मेरा ख़र्च कहाँ चल सकता है?'

ख़ैर 'प्रतीक' बन्द हो जाने पर रघुवीर सहाय को इस बात का अहसास हुआ कि उनके पास अपनी बात कहने का, अपने को पहचानने का बहुत बड़ा साधन छिन गया है। यह अवसर पहली बार 'प्रतीक' जैसी पत्रिका ने दिया था कि वे टिप्पणियाँ छपने लगीं, जिनका सम्बन्ध कला, समाज, साहित्य से है परन्तु जो मूलतः साहित्यिक टिप्पणियाँ नहीं हैं। फ़िल्म जैसे माध्यम को पहली बार एक कला और विकसनशील कला के रूप में माना और पहचाना गया। रघुवीर सहाय के अनुसार जाने-अनजाने 'प्रतीक' उस परम्परा का पुनर्सृजन कर रहा था, जो कि उसने 'सरस्वती' से पायी थी पर जाने क्यों अपने समय के साथ चलते हुए भी अपने समय से आगे बढ़ने की शक्ति उस समय की अन्य किसी पत्रिका में नहीं थी। वह कहते हैं—'प्रतीक' तो बन्द हो गया लेकिन उसने जो ऊर्जा फैलायी थी, वह अलग-अलग नये कवियों में अपने-अपने ढंग से विकसित होती रही।

'प्रतीक' के बन्द होने के बाद वात्स्यायन जी ने युवा रघुवीर से पूछा कि अब तुम यहाँ रहकर कुछ करोगे या वापिस लखनऊ जाओगे? उन्होंने कहा—'नहीं, अब मैं वापिस नहीं जाऊँगा।' वात्स्यायन जी ने भी उनकी इस बात की ताईद की लेकिन तत्काल उनके लिए कुछ नहीं कर पाये। आठ महीने बाद, मई, १९५३ में उन्हें आकाशवाणी में नौकरी दिलवा सके।

अज्ञेय, वात्स्यायन जी थे, 'भाई' नहीं

रघुवीर सहाय के वात्स्यायन जी (वह अज्ञेय जी के बजाय वात्स्यायन जी कहना अधिक पसन्द करते थे) से सम्बन्ध विशेषकर 'प्रतीक' में काम करने के बाद प्रगाढ़ हुए, जब दोनों को एक-दूसरे को व्यक्तिगत रूप से जानने-समझने का अवसर मिला। कवि के रूप में तो वात्स्यायन जी उन्हें इलाहाबाद से प्रकाशित होनेवाले 'प्रतीक' के ज़माने से ही जानने लगे थे, जब रघुवीर जी ने अपनी कविताएँ प्रकाशन के लिए भेजी थीं।

मासिक 'प्रतीक' बन्द हो जाने के बाद जब अज्ञेय जी आकाशवाणी के भाषा सलाहकार बने, तो इसके दो महीने बाद संघ लोकसेवा आयोग ने आकाशवाणी में रिक्त पदों के लिए विज्ञापन निकाला। तब अज्ञेय जी ने ही रघुवीर जी से कहा कि तुम भी इस पद के लिए आवेदन करो। इसकी मौखिक परीक्षा के बाद इण्टरव्यू में डॉ. नगेन्द्र बैठनेवाले थे, जिनसे उस समय अज्ञेय जी की काफ़ी घनिष्ठता थी। रघुवीर जी के मुताबिक उनसे शायद अज्ञेय जी ने कहा होगा—'इसके साथ थोड़ा अच्छा बर्ताव करना। इसे मैं ही लखनऊ से दिल्ली लाया था।' डॉ. नगेन्द्र ने इण्टरव्यू में रघुवीर जी से पूछा—'अच्छा तुम 'रिलैक्सेशन' की हिन्दी बताओ।' रघुवीर सहाय ने थोड़ा सोच-समझकर शब्द बताया—'विश्रान्ति।' नगेन्द्र जी ने कहा—'ठीक।' इस तरह रघुवीर सहाय मई, १९५३ में आकाशवाणी में दाख़िल हुए।

इस तरह 'प्रतीक' बन्द होने के बाद अपने इस युवा साथी को दुबारा नौकरी दिलाने की जो नैतिक बाध्यता अज्ञेय महसूस कर रहे होंगे, उससे उन्होंने इस तरह मुक्ति प्राप्त की। नौकरी देने के साथ साहित्य में भी जगह बनाने में वात्स्यायन जी ने उनकी मदद की, क्योंकि अज्ञेय जिस कारण 'प्रतीक'

में साथ लाये थे, उसकी वजह रघुवीर जी की साहित्यिक प्रतिभा ही थी। 'प्रतीक' में उनके आने से दो साल पहले ही १९४९ में वात्स्यायन जी ने उनसे 'दूसरा सप्तक' के लिए कविताएँ माँग ली थीं, जो उन्होंने उसी वर्ष उन्हें दे भी दी थीं।

१९६० में 'सीढ़ियों पर धूप में' तक यानी 'प्रतीक' में उनके शामिल होने के लगभग एक दशक बाद तक ऐसा लगता है कि अज्ञेय पूरी तरह रघुवीर जी के पीछे, उनके कवि-कथाकार को समर्थन देते हुए खड़े रहे, हालाँकि 'सीढ़ियों पर धूप में' के कवि-कथाकार पर अज्ञेय की कोई छाया नहीं दिखती। इसके प्रकाशन से रघुवीर जी का स्वतन्त्र कवि-लेखक व्यक्तित्व ज़्यादा बनता दीखा, जिसे अब किसी सहायता-सहारे की ज़रूरत नहीं रह गयी थी।

रघुवीर जी के अज्ञेय से घनिष्ठ सम्बन्ध तो थे मगर उन्होंने ख़ुद को कभी उस बिरादरी का सदस्य नहीं माना, जो उन्हें 'भाई' कहकर सम्बोधित करती थी, जिसमें सर्वेश्वरदयाल सक्सेना भी थे। रघुवीर जी के हवाले से कहें तो

> ख़ासतौर से इलाहाबाद के उनके साथी वात्स्यायन जी को हमेशा बहुत ही 'विह्वल' और 'कातर' स्वर में 'भाई' कहा करते थे, जबकि 'मेरा सामाजिक, पारिवारिक, व्यक्तिगत किसी प्रकार भी ऐसे शब्दों में सम्बोधित करने का अधिकार नहीं बनता था। उन्हें 'भाई' न कहते हुए ही मैं उनको क्या मानता रहा हूँ, इसकी परिभाषा करें तो एक सम्बन्ध बनेगा। वैसे बिना परिभाषा किये जो सम्बन्ध बनेगा, वह मुझे अधिक महत्त्वपूर्ण लगता रहा है।

अज्ञेय से ऐसी व्यक्तिगत घनिष्ठता का दावा उन्होंने कभी नहीं किया कि उन्हें वह वात्स्यायन जी से अधिक कुछ कहें। यह बात उन्होंने अज्ञेय जी के जीवित रहते १९६४ में साफ़तौर पर लिखी थी और बाद में इसे दोहराया भी। वह कहते हैं—

> मैं अज्ञेय को बहुत कम जानता हूँ पर जो लोग यह बात शिकायत की तरह कहते सुने जाते हैं, उनमें भी मैं नहीं हूँ। दरअसल, अज्ञेय को बहुत ज़्यादा जानना ज़रूरी भी नहीं है—मेरे लिए ख़ासतौर से नहीं—क्योंकि मैं जितना (उन्हें) जानता हूँ, वह अज्ञेय और मेरे बीच इस अलिखित समझौते की उपज है कि बहुत अधिक जानने का प्रयत्न नहीं किया

> जायेगा। दूसरे के व्यक्तित्व में या जीवन में इस तरह की दिलचस्पी लेना कि उसके पास कुछ भी बच न रहे, यह मैंने नहीं सीखा—अज्ञेय से नहीं सीखा। व्यक्तिगत स्तर पर कभी यह भी नहीं लगा कि स्नेह और अपनापे का एक सम्बोधन हम दोनों के बीच होगा, तभी यह स्नेह और अपनापा स्वीकृत और प्रदर्शित होगा।'

मनोहर श्याम जोशी—जो रघुवीर जी और वात्स्यायन जी दोनों को नज़दीक से जानते थे—उन्होंने भी अपनी पुस्तक में रघुवीर सहाय के वात्स्यायन-मुक्त व्यक्तित्व को विश्वसनीय ढंग से रेखांकित किया है। वह लिखते हैं—

> जैसे मुझे रघुवीर के कृतित्व में कहीं वात्स्यायन जी नज़र नहीं आये, वैसे ही उसके व्यक्तित्व में भी। यह ठीक है कि उसमें भी वात्स्यायन जी की तरह बड़ा स्वाभिमान था और वह भी औरों से कुछ अलग-थलग दिखता रहता था लेकिन वह दूसरे लोगों के लिए एक अज्ञेय-क़िस्म का 'नदी का द्वीप' हरगिज़ नहीं था।...उस समय तक मैं और रघुवीर दोनों ही वात्स्यायन जी के उन 'चेलों' (रघुवीर जी अपने को इस रूप में नहीं देखते थे) में थे, जो कम्युनिस्टों के हमदर्द रह चुके थे। रघुवीर ने वात्स्यायन जी के व्यक्तित्व से कोई छोटी-मोटी बात भी उधार नहीं ली थी, जबकि अक्सर यह देखा गया है कि जिस बड़े व्यक्तित्व का आपको लम्बा सान्निध्य मिला हो, उसकी कोई अदा, कोई भंगिमा, कोई तकियाकलाम या अन्दाज़-ए-बयाँ आप चाहे-अनचाहे स्वयं भी अपना लेते हैं। जैसे मैंने ही न जाने कब वात्स्यायन जी से किसी व्यक्ति से मिलते समय अपने हाथ मलते हुए मुस्कुराने की और किसी से बात करते हुए बीच-बीच में आँखें बन्द कर लेने की अदा उधार ले ली थी। बरसों बाद मेरे मित्र सत्येन्द्र शरत् ने इस ओर मेरा ध्यान दिलाया लेकिन रघुवीर में वात्स्यायन जी की कोई अदा किसी के देखने में नहीं आयी। दिमाग़ पर बहुत ज़ोर डालता हूँ तो रघुवीर के वात्स्यायन जी के चेला होने का कुल एक सबूत हाथ आता है, वह यह कि वात्स्यायन जी कई बार पूरा हस्ताक्षर करने की जगह प्रथम अक्षर से काम चला लेते थे। स. ही. वा. और रघुवीर भी अक्सर किसी पत्र या टिप्पणी के अन्त में र. स. लिख देता था। इस पर मैंने एक बार 'पुअर जोक' मारा था कि अज्ञेय को लिखना चाहिए—स.ही. वा. ग. ल. त.और रघुवीर को र.स.वा. नी.र.स.।

वह कहते हैं—

> रघुवीर और वात्स्यायन जी के स्वभाव में भी कोई समानता नहीं थी। यह

सही है कि रघुवीर भी वात्स्यायन जी की तरह अपनी व्यक्तिगत बातें दूसरों को बताने और दूसरे की व्यक्तिगत बातों में दिलचस्पी रखने से परहेज़ बरतता था लेकिन वह वात्स्यायन जी की तरह कोई अभेद्य कवच ओढ़े नहीं रहता था। उसे भी तलाश रहती थी, चन्द ऐसे व्यक्तियों की, जिनके सामने वह बेतकल्लुफ़ हो सके और जिन्हें वह ज़रूरत पड़ने पर अपने मन की बात कह सके और अन्तर की व्यथा सुना सके।'

उदाहरण के रूप में वह युवा रघुवीर के उस पत्र का ज़िक्र करते हैं जिसे उन्होंने अपने ढाई साल के छोटे भाई की मृत्यु के एक दिन बाद यह सूचना देने के लिए नेमिचन्द्र जैन को लिखा था।

यह सही है कि वात्स्यायन जी को अपने व्यक्तिगत जीवन में किसी की ताकझाँक पसन्द नहीं थी, न वह किसी और के जीवन में इस तरह की कोशिश करते थे। फिर भी उन्होंने अपने को 'विह्वल' भाव से 'भाई' कहनेवालों को रोका नहीं था, तो यह शायद उनकी शालीनता रही हो, अपने से कनिष्ठों की भावना को चोट न पहुँचाने का ख़याल रहा हो वरना अपने को 'भाई' सुनना ही उन्हें इतना प्रिय हुआ होता तो सम्भवत: रघुवीर सहाय को वह उस तरह स्वीकार न कर पाते, जिस तरह उन्होंने किया था। अज्ञेय जी की दो किताबों की रघुवीर जी द्वारा की गयी समीक्षाओं को छोड़ दें तो उन्होंने कुल सात संस्मरणात्मक टिप्पणियाँ अज्ञेय पर लिखी हैं मगर एक में भी अज्ञेय जी के व्यक्तिगत जीवन के बारे में कोई टिप्पणी नहीं की है, जबकि अपने समय में सम्मानित होने के साथ ही अज्ञेय विवादित और निन्दित भी रहे हैं। अज्ञेय के व्यक्तिगत जीवन के सनसनीखेज़ पहलुओं के बारे में साहित्य के पाठकों की ख़ासी दिलचस्पी रही है, शायद अब भी है।

अज्ञेय के व्यक्तिगत जीवन के बारे में भले ही उन्होंने कुछ न कहा हो मगर यह भी सच है कि उनके व्यक्तित्व को समझने की जो कुंजी वह देते हैं, शायद कहीं और न मिल सके। जैसे अज्ञेय से तमाम लोगों को यह शिकायत रही है कि वह बहुत कम बोलते हैं। रघुवीर जी अज्ञेय के इस पक्ष को समझने की एक दृष्टि देते हैं। वह स्पष्ट करते हैं कि यह सच है कि अज्ञेय बहुत कम बोलते थे और ऐसे लोग भी रहे होंगे, जिनसे वह एक बार बोल भी दिये हों तो दो वाक्यों से अधिक नहीं बोले होंगे। ऐसा संवाद—जिसमें कोई वैचारिक या आध्यात्मिक उत्तेजन न हो—वात्स्यायन जी को स्वीकार नहीं था, भले ही सामान्य जीवन में बहुत अधिक बोलना घनिष्ठता

की पहचान माना जाता हो। ऐसे में वात्स्यायन जी से इस बात की शिकायत क्यों की जानी चाहिए थी कि उन्हें इस तरह की घनिष्ठता पसन्द नहीं थी? इसके विपरीत उन्होंने कुछ मित्रों को बातचीत करने के लिए बुलाया है और उनसे काफ़ी देर तक बातचीत की है, उसका आनन्द उठाया है और उसे बाँटा है। अगर उनका स्वभाव संयमित और संयत था तो इस शिकायत का क्या मतलब? यह उनका अपना स्वभाव था। अगर वह आपसे आधे घण्टे बातचीत करके पाते थे कि अब उनका मन थक गया है तो वह बातचीत बन्द कर देते थे, इसकी शिकायत का क्या अर्थ? मूल बात यह है कि ज़्यादातर लोग प्रगल्भ नहीं तो वाचाल तो होते ही हैं और वे हर समय इस आशा में रहते हैं कि दूसरों से वार्तालाप में वे चोरी-छिपे अपने स्वार्थ की बात निकाल लें। ऐसे लोगों की वात्स्यायन जी की चुप्पी बरतने की शिकायत का क्या मतलब?

रघुवीर सहाय बताते हैं कि उन्हें अपने पहले परिचय के ही दौरान—जो १९४८-४९ में कभी हुआ था—यह बात साफ़ समझ में आ गयी थी कि यदि वात्स्यायन जी से यह मित्रता बढ़ानी है तो अतिशयता से दूर रहना होगा। यह बात भी उनके साथ सम्पर्क से समझ में आ गयी थी कि अपनी सब बातें, सब चिन्ताएँ दूसरों के सामने हल करने के लिए नहीं ले जाना चाहिए बल्कि अपनी ज़िम्मेदारी पर निर्णय करने का विवेक बढ़ाना चाहिए। उनके बहुत अधिक न बोलने के स्वभाव का एक पहलू रघुवीर जी यह भी बताते हैं कि वह हर बात की तारीफ़ या बुराई करना ज़रूरी नहीं समझते थे। हर रहस्य खोलते रहना उन्हें प्रिय नहीं था। इसके साथ उन्होंने कभी लोगों को अपने मनोरंजन का माध्यम नहीं माना। मनुष्य की गरिमा में उनका इतना दृढ़ विश्वास था कि वह मनुष्य को वस्तु के रूप में बरत ही नहीं सकते थे।

वात्स्यायन जी का केवल रघुवीर जी से साहित्यिक नहीं, पारिवारिक सम्बन्ध भी था। वात्स्यायन जी ने रघुवीर जी के सभी बच्चों को उन्होंने क़रीब से जानने की इच्छा रखी थी और उन्हें अधिक से अधिक अपने साथ उठने-बैठने का अवसर दिया था। 'ये सब बातें अपनापे की थीं, प्रदर्शन की नहीं।' अक्सर होली खेलने के बाद सहाय-परिवार वात्स्यायन जी से मिलने उनके घर जाया करता था। जब कपिला जी, वात्स्यायनजी की पत्नी थीं, तब भी और बाद में जब वह इला डालमिया के साथ सहजीवन बिताने

लगे, यह क्रम बना रहा। वात्स्यायन जी स्वयं भी कभी-कभी उनके घर आते थे। वसन्त जब पाँच साल के थे, तब उनका विद्यारम्भ वात्स्यायन जी के हाथों करवाया गया था। वसन्त को एक बार वह अपने साथ जयपुर घुमाने भी ले गये थे। एक बार 'इनसाइक्लोपीडिया ब्रिटेनिका' का पूरा सेट उन्होंने वसन्त को भेंट किया था, जो अब उनके घर की निधि है। एक बार वह जापान यात्रा से लौटे तो रघुवीर जी के चारों बच्चों के लिए ड्राइंग पेपर के रजिस्टर लाये। रघुवीर जी ने किसी प्रसंग में बच्चों को हँसते हुए बताया था कि वैसे वसन्त भले ही जल्दी-जल्दी बोलता है मगर जब वात्स्यायन जी के साथ होता है तो वह उनकी तरह धीरे-धीरे ही बोलने लगता है।

रघुवीर जी मानते थे कि वात्स्यायन जी से व्यक्ति की हैसियत से उन्हें जो संस्कार मिले, उनमें कपिला जी का बहुत बड़ा हाथ था, क्योंकि १९५१ में दिल्ली आने पर उन्हें उन दोनों के साथ बहुत समय बिताने का अवसर मिला। लेकिन एक साक्षात्कार में वह इस तरह भी कहते हैं कि कपिला जी जब तक वात्स्यायन जी के साथ थीं, तब तक उनसे लगभग पारिवारिक सम्बन्ध थे। 'मतलब ऐसे सम्बन्ध थे, जैसे कि गाँव से कोई लड़का शहर आये और साथ ठहरे तो शहरी परिवार का जो सम्बन्ध उससे बनेगा, वैसा ही सम्बन्ध था।'

अज्ञेय उनसे उम्र में १८ साल बड़े थे। जिस वक़्त वह पहली कक्षा की पुस्तक पढ़ रहे थे, तब अज्ञेय 'शेखर एक जीवनी' लिख रहे थे, इसलिए रघुवीर जी मानते हैं कि उम्र की इस दूरी के कारण उनसे बहुत घरेलू सम्बन्ध बना लेना तो मुश्किल था लेकिन फिर भी जिस तरह रचनाकर्म में उनसे अपनापा मिलता था, वैसे ही निजी जीवन में भी उनसे भरोसा मिलता था।

दिल्ली की सबसे बड़ी देन उसका 'परदेसीपन' है

दिल्ली की सबसे बड़ी देन उसका 'परदेसीपन' है

> 'दिल्ली मेरा देस नहीं है और दिल्ली किसी का देस नहीं हो सकती। उसकी अपनी संस्कृति नहीं है। यहाँ के निवासियों के सामाजिक आचरण को कभी इतना स्थिर होने का अवसर मिल भी नहीं सकता कि वह एक संस्कृति का रूप ग्रहण करे। अधिक से अधिक वह सभ्यता का बल्कि उसके अनुकरणों का एक केन्द्र हो सकती है। सो वह है और अपनी तमाम स्मृतियों के साथ है। मैं १९५१ की गर्मियों में 'प्रतीक' का सहायक सम्पादक होकर दिल्ली आया था, तब से इस शहर के कुछ हिस्से मेरी निगाह में उतने ही ख़ूबसूरत हैं, यहाँ मौसम का आना-जाना उतना ही प्रकट है और धूप और पेड़ और सूखे पत्ते उतने ही पवित्र हैं। तमाम इलाक़ों को जहाँ आज बड़ी-बड़ी सड़कें या इमारतें हैं, मैंने नंगा देखा है और उसकी याद की भी एक गुदगुदी है। ज़िन्दगी में जो दो काम किये हैं—अख़बारनवीसी और कविता, उन दोनों की सबसे अच्छी स्मृतियाँ भी यहीं की हैं और मुफ़लिसी की मस्तियाँ और पस्तियाँ भी परन्तु ये दिल्ली की सबसे बड़ी देन नहीं है। सबसे बड़ी देन तो एक परदेसीपन है : एक अजब तरह का एकान्त, जिसमें जब चाहो तब भीतर चले जाओ—चाहे कितनी ही भीड़ में क्यों न हो—और जिसमें से जब चाहो ज़रा देर के लिए बाहर आ जाओ। कोई देखेगा नहीं।'
>
> —(रघुवीर सहाय रचनावली-५, पृ. १४१)

रघुवीर सहाय दिल्ली नामक अपने इस 'परदेस' में मई, १९५१ में जब आये थे, तब वह क़रीब साढ़े इक्कीस साल के थे। यहाँ वह १९९० के अन्त

तक यानी जीवनपर्यन्त रहे—अगर 'कल्पना' में काम के दौरान हैदराबाद में रहने के कुछ महीनों को छोड़ दें तो। चालीस से कुछ अधिक वर्ष उनके यहाँ बीते।

रघुवीर सहाय पहली बार नयी दिल्ली रेलवे स्टेशन पर हाथ में एक बक्सा लिए उतरे, तो लखनऊ जैसे नफ़ासत पसन्द शहर से आये इस नवयुवक को यहाँ उतरते ही सबसे पहले और सबसे ज़्यादा अखरा था—यहाँ के लोगों का अक्खड़पन। उन्होंने वात्स्यायन जी को अपने आने के दिन और समय की सूचना नहीं दी थी। वह ताँगे से अकेले ही १४ डी–फ़िरोज़शाह रोड तक पहुँच गये थे। रास्ते में वह आशंकित रहे कि अगर वात्स्यायन जी नहीं मिले, तो पता नहीं यहाँ ठहरने–रुकने का क्या, कैसे इन्तज़ाम होगा? उनकी यह आशंका सही साबित हुई। उस दिन वात्स्यायन जी से उनकी मुलाक़ात नहीं हुई।

यहाँ आने के क़रीब सवा साल बाद उन्होंने पुरानी 'जनसत्ता' में अपने आने के पहले और तीसरे दिन के अनुभवों के बारे में बहुत रोचक अन्दाज़ में अपने साप्ताहिक स्तम्भ 'दिल्ली की झलकियाँ' में लिखा है। दिल्ली के पहले दिन के अक्खड़पन को देखने–समझने का भी बाद में उन्होंने एक तरह से आनन्द लिया। वैसे हास्य–व्यंग्य की प्रवृत्ति के बीज निश्चय ही उनमें पहले से मौजूद रहे होंगे लेकिन इसे लेखन में उतारने का कौशल उन्होंने दिल्ली आकर ही दिखाया। इसके प्रमाण उस गद्य और उन कविताओं में मिलते हैं, जो उन्होंने दिल्ली आने पर लिखीं। लखनऊ में रहते 'दूसरा सप्तक' में जो कविताएँ उनकी छपी हैं, उनसे इसका सबूत नहीं मिलता।

पुरानी 'जनसत्ता' में १९५२ में 'बस तेरा इन्तज़ार है' और 'युअर लक गुड' नामक निबन्धों और अलग से लिखे कुछ और टुकड़ों में उनकी व्यंग्यात्मक कौशल के प्रमाण मिलते हैं। इस बहाने दिल्ली में उनके आरम्भिक दिनों का कुछ–कुछ अन्दाज़ा भी होता है। वह नयी दिल्ली रेलवे स्टेशन पहुँचे ही थे कि एक सरदार जी ने अपनी अनुभवी निगाहों से यह परख लिया कि यह बन्दा परदेसी है और पहली बार ही दिल्ली आया है। उन सरदार जी ने वहाँ रघुवीर जी से कोई बात नहीं की मगर वह विशेष रुचि से इन्हें, इनके कार्यव्यापारों को देखता रहा। यहाँ तक कि वह जब ताँगेवाले से फ़िरोज़शाह रोड चलने के बारे में भावताव कर रहे थे, तब भी वह निष्पक्ष भाव से सब

देख–सुन–समझ रहा था, कहा–सुना उसने कुछ नहीं। वह शायद इस पढ़ेलिखे नौसिखिये के व्यवहार का बारीक़ी से अध्ययन कर रहा था। अभी–अभी देश की राजधानी में प्रवेश करनेवाले इस युवा को आशंका हुई कि हो न हो, यह ख़ुफ़िया पुलिस का आदमी है मगर संयोग से तीन दिन बाद बड़े रोचक ढंग से उन सरदार जी फिर मुलाक़ात हुई और तब 'रहस्य' खुला।

युवा रघुवीर सिंधिया हाउस के बस स्टाप पर बस का इन्तज़ार कर रहे थे। आसपास नज़र डाली तो संयोग से वही सरदार जी यहाँ भी थे। इस दुर्लभ संयोग को सरदार जी इस बार छोड़ना नहीं चाहते थे। उन्होंने हाथ के इशारे से इन्हें अपने पास बुलाया। इस लखनवी युवक को यह दिल्लीवाला अक्खड़ अन्दाज़ पसन्द तो नहीं आया, फिर भी कुछ सोचकर इस युवक ने उनके पास जाना ठीक समझा। उसने सख़्ती से सरदार जी से पूछा—'क्या है?' सरदार जी उस युवक की इस सख़्ती से कतई विचलित नहीं हुए। होते भी क्यों, दिल्ली उनकी अपनी थी और यह लड़का नयानवेला था। इस निमन्त्रण को स्वीकार कर सरदार जी से संक्षिप्त वार्तालाप करने का सबसे बड़ा फायदा यह हुआ कि उनका यह भ्रम दूर हो गया कि यह ख़ुफ़िया पुलिस का आदमी है। पता चला कि वह तो ज्योतिषी जी हैं। लखनवी युवक से उस समय सरदार जी ने जो कुछ कहा होगा, उसकी शुद्धतम देसी, ठेठ अँग्रेज़ी के अन्दाज़ को यथावत रखने की कोशिश रघुवीर जी ने की है—'मिस्टर प्लीज, योर लक गुड। आयी टेल।...आयी टेल, यू कम फ्रॉम डिस्टेंस। डेल्ही नाट गुड टू यू। यू गो बैक, मेन ट्राइंग हार्म यू। यू नॉट नो। बाल्ड हेड, बिग मैन।' सरदार जी उसके बाद महज़ एक रुपये चार आने में उनकी प्रेमिका का नाम–पता तक प्रकट करने को राजी हो गये, जो कि थी ही नहीं।

सरदार जी ने सोचा होगा कि यह आधुनिक क़िस्म का युवक है तो इसकी प्रेमिका भी ज़रूर होगी और उसका नाम कोई एकदम अपरिचित ज्योतिष विद्या का जानकार जानता है, इससे यह नयी–नयी आयी मछली जाल में अवश्य फँस जायेगी। संयोग या दुर्योग कहें, उस समय तक उस युवक का ऐसा कोई चक्कर चला नहीं था, ऐसा दावा हमारा नहीं, उस युवक का ही है, जो सरदार जी के सामने उस समय था। उस सरदार से किसी तरह बचे कि यहाँ से कहीं और चलें वरना यह सरदार सिर खाना नहीं छोड़ेगा। अगले नुक्कड़ पर एक और सरदार जी ने उनका रास्ता रोक लिया, वह भी

ज्योतिषी महाराज निकले। अन्दाज़ उनका भी वही फिक्स था—'मिस्टर प्लीज़ लिसन' वग़ैरह-वग़ैरह। इस युवक ने समझा कि यह वही सरदार जी हैं और उनका पीछा करते-करते यहाँ पहुँच गये हैं मगर वह दूसरे ज्योतिषी जी थे। उन्होंने सड़क पार करने का इन्तज़ार कर रहे इस युवक के सामने फिर वही चारा फेंका। फटाफट मुफ़्त में यह भी बता दिया कि उस युवक की 'प्रेमिका' का नाम 'म' से शुरू होता है। इससे अधिक बताने की उनकी फीस सवा रुपये से भी कम थी।

इससे भी बचकर वह निकल गये। व्यंग्यात्मक लहजे में रघुवीर जी लिखते हैं—'हमें विश्वास है कि यदि हम इसके बाद असावधानी के कारण ऐसे ही किसी स्थिति में फिर से पड़ गये होते तो वह मुफ़्त में भी सब बताने को राजी हो जाता।'

इसके क़रीब एक महीने बाद उन्होंने फिर एक बहुत दिलचस्प प्रसंग उसी 'जनसत्ता' में उन्हीं दिनों के बारे में लिखा है। उन दिनों की दिल्ली की लोकल बसों को वैसे तो क़ायदे से आना चाहिए था हर दस मिनट के बाद मगर बसें शाही थीं, ड्राइवर-कंडक्टर भी शाही रहे होंगे, इसलिए आती थीं—भाग्य भरोसे और स्वेच्छा से। घण्टे-घण्टे भर बाद या उसके भी बाद। यह प्रसंग इतना रोचक है कि यकायक हमारे परिचित लेखक रघुवीर सहाय में हरिशंकर परसाई की आत्मा उतर आती लगती है। उस समय उनकी लेखनी से निकले और कई प्रसंगों में भी यह भाव मुखर है। जैसे 'फुलके' का अर्थ हम-आप कुछ और जानते होंगे मगर उस समय तंदूर में सिंकी रोटियों को भी दिल्ली में फुलके कहा जाता था। वह लिखते हैं—'भई हम तो फुलके उनको कहते हैं, जो हथेली के बराबर होते हैं और बताशे की तरह फूले हुए थाली में आते हैं। ख़ैर स्वाद चाहते हैं तो वहीं सड़क के किनारे छोलेवाला भी मिल जायेगा। दो आने में कलेजा तक न चरपरा जाय तो कहना! मसाले के दाम हैं—मटर तो घाते में है।' वह अपने नये-नये बने एक मित्र का हवाला देते हैं, जो अक्सर कनाट प्लेस में उन्हें शाम को मिल जाया करते थे और मिलते ही बड़े तपाक से पूछते थे—'कहो जी बादशाहो की हाल है?' हम कहते—'ज़िन्दा हैं, आप तो मज़े में हैं?' उनका उत्तर आता—'जी ऐश कर रहे हैं, आज ओखले में (वह बीच-बीच में पत्नी को साइकिल के कैरियर पर और एक बच्चे को आगे तथा दूसरे को एक टोकरी में बैठाकर पैडल मारते हुए दूर ओखला तक हो आते थे) बड़ी

रौनक थी।' लेखक कहता है कि संक्षिप्त सी आय है इनकी, ऋण है, बच्चों की पढ़ाई-लिखाई ढंग की हो नहीं सकती, ख़ुद तमाम चीज़ों के लिए मन मसोस कर रह जाते हैं किन्तु जब मिलेंगे, 'बादशाह' और 'महाराज' से कम खिताब न देंगे।'

दिल्ली में उनका आरम्भिक जीवन कुछ मस्ती, कुछ फाकामस्ती, कुछ पस्ती में बीता। कुछ-कुछ लखनऊ के मित्रों और वहाँ की संस्कृति की यादों में डूबा हुआ और दिल्ली की संस्कृति से किसी हद तक घबराया हुआ। सितम्बर, १९५१ को कुँवर नारायण को लिखे एक पत्र में उन्होंने दिल्ली को 'अजब अधकचरे लोगों का शहर' बताया था, 'जहाँ न कोई कल्चर है, न जहनियत।' कक्कड़ जी को जून, १९५३ में उन्होंने दिल्ली में बहुत गर्मी पड़ने की बात लिखने के साथ ही लिखा था कि यहाँ गर्मी भी एक 'घटना' है 'क्योंकि जहाँ कुछ और नहीं होता, वहाँ मौसमों का आना-जाना ही काफ़ी घटना है।'

शुरू-शुरू में लखनऊ छोड़ने की उनमें काफ़ी बेचैनी रही, जो स्वाभाविक है मगर वह यह भी तय कर चुके थे कि दिल्ली आकर पुनर्मुषको भव नहीं होना है—लखनऊ नहीं लौटना है। वैसे लखनऊ के मित्रों की याद के अलावा और भी कई चीज़ें थीं, जिनमें वहाँ का कॉफी हाउस प्रमुख था। यहाँ का कॉफी हाउस उसके सामने उन्हें कुछ नहीं लगता था। बाद के वर्षों में भी शायद ही किसी ने उन्हें कभी कॉफी हाउस में आते-जाते देखा हो। लखनऊ का कॉफी हाउस तब अपने आप में एक संस्था हुआ करता था, जिसमें गिने-चुने लोग आया करते थे, इलाहाबाद का कॉफी हाउस भी तब विद्यार्थियों का अड्डा था। उसके मुक़ाबले दिल्ली का कॉफी हाउस उन्हें एक सराय जैसा लगा था, जहाँ जिसका जी चाहे, आये, ठहरे और चला जाये। यहाँ रोज़ उन्हें नये-नये चेहरे देखने को मिलते थे, लोगों की नयी-नयी आदतों से भी उनका परिचय होता था, कुछ पुरानी जान-पहचानें भी ताज़ा हो जाती थीं मगर यहाँ आनेवालों पर कॉफी हाउस अपना कोई असर नहीं छोड़ता था। उसके वातावरण से कॉफी की भाप और परोसनेवाले बेयरों की तत्परता कभी नहीं जाती थी। वहाँ आकर सभी कॉफी पीते थे, हँसते-बोलते थे मगर उन पर कॉफी हाउस का वातावरण एक विशिष्ट सत्ता की भाँति मण्डराता रहता था।

वह पहली बार दिल्ली के कॉफ़ी हाउस गये तो संयोग से लखनऊ के

कॉफी हाउस में काम कर चुका एक परिचित बेयरा मिल गया। उसने इन्हें और इन्होंने उसे पहचान लिया और उसने उन्हें जहाँ पर बैठा दिया, वहाँ बैठ गये। इसी बीच उसी टेबल पर तीन और लोग आ गये लेकिन तीन अपरिचितों के बीच बैठकर खाना उन्हें संकोच से भर रहा था। यह उनके स्वभाव और उनकी संस्कृति के अनुरूप नहीं था। इस पर वह लिखते हैं— 'जब तक कोई व्यक्ति एक प्रचलित सस्ते जीवनदर्शन का पूर्ण रूप से ग़ुलाम न हो जाता, तब तक तो वह सभी प्रकार के ओछेपन से विद्रोह करेगा ही।' इसके अलावा दिल्ली के कॉफी हाउस में उन्हें ऐसे-ऐसे खोखले दिमाग़ और रंगीन कपड़े पहने लोग दिखे कि उनकी तबियत इससे ऊब गयी। उनकी टिप्पणी है कि एकसाथ उन्होंने इतने भकुए चेहरे पहले एक जगह नहीं देखे थे और अगर देखे थे तो इतनी भड़कीली कमीज़ों से झाँकते हुए नहीं देखे थे। इसके विपरीत लखनऊ का कॉफी हाउस तब तक 'सामूहिक विचारविनिमय' की एक जगह थी, मध्यवर्ग के साफ़-सफ़ाई पसन्द नौजवानों के लिए भी वह सुलभ-सुगम थी। वहाँ बड़े-बड़े बुद्धिजीवी, हिन्दू-उर्दू लेखक आदि आते थे। इधर दिल्ली में प्रगतिशील लेखक संघ की एक बैठक में वह गये तो वहाँ उन्हें निराशा हाथ लगी। वहाँ बहस हो रही थी कि हनुमान 'प्रगतिशील' थे क्योंकि वह लाल लँगोटी बाँधते थे। वह इस बात को मानने को तैयार थे कि यह सब मज़ाक़ में कहा गया होगा, हालाँकि इतनी विनोदप्रियता का कोई लक्षण उन्हें दिल्ली की बोली में नहीं मिला था।

उन्होंने दिल्ली के जीवन को तब (और बाद में भी) ख़ूब निकट से देखा, उसमें अन्दर तक घुसे, उसमें रस लिया। कभी रामलीला के मेले में जा घुसे, कभी यहाँ के मौसमों, ख़ासकर वसन्त और शहर के कुछ ख़ूबसूरत हिस्सों पर लट्टू हुए। कभी सड़कों पर मटरगश्ती की, सड़क साहित्य रचा, अपरिचितों से बात करने का प्रयोग किया। जीवन में घुलमिल कर उसका रस लिया।

विवाह के बाद के क़रीब तीन वर्षों तक रघुवीर जी और विमलेश्वरी जी के जीवन में काफ़ी अनिश्चितताएँ रहीं। कभी किराये के मकान के एक कमरे में रहे, कभी दूसरे कमरे में। कमरा ही ड्राइंग रूम वही किचन, वही डाइनिंग रूम, वही बेडरूम था। पहले-पहल पृथ्वीराज लेन में एक सांसद ने अपनी जाफ़री किराये पर चढ़ा रखी थी, वहाँ रहे। वैसे उसमें रघुवीर जी पहले से

रह रहे थे। अविवाहित थे तो सब कुछ उस छोटी सी जगह में अव्यवस्थित रहता था। यह अव्यवस्था ही उनकी व्यवस्था थी। पहले दिन तो विमलेश्वरी जी ने किसी तरह उसी हालत में काटा। उनके पति को तो इससे फ़र्क़ पड़ता ही नहीं था। वह कमरा भी कहाँ था, जाफ़री थी। उसकी हालत सचमुच बहुत ख़राब थी। चारों तरफ़ जाले लगे थे। अख़बार की ढेरों रद्दी थी। कुछ अख़बार तो इतने पुराने थे कि उनका काग़ज़ पीला पड़ चुका था। इसी रद्दी के साये में चुहिया के बच्चे पल रहे थे। इन्हीं के अन्दर गन्दी चड्डी–बनियानें पड़ी थीं। रद्दी के बीच नोट भी जहाँ–तहाँ पड़े थे। साफ़–सफ़ाई के बाद कुल तीन सौ रुपये रद्दी में से प्रकट हुए। अगले दिन सफ़ाई के बाद सोने–बैठने के लिए नयी चटायी लायी गयी। जाफ़री चारों तरफ़ से खुली थी। पर्दे के रूप में साड़ी का इस्तेमाल किया गया, मगर हवा में साड़ी इधर–उधर उड़ती रहती थी। निजता कुछ थी ही नहीं। ख़ैर, एक महीना किसी तरह वहाँ गुज़ारा। विमलेश्वरी जी अभी तक अपने प्रोफ़ेसर पिता के लम्बे–चौड़े, खुले मकान में रही थीं, उनके लिए गुज़ारा करना इतनी सँकरी जगह में मुश्किल था मगर रहीं। विनय नगर (आज के सरोजिनी नगर) में भी एक कमरे में वे रहे—रघुवीर जी के चचाजाद भाई (और भाभी) के साथ। इनके भाई आकाशवाणी में पदोन्नत होकर अब प्रोग्राम एक्ज़ीक्यूटिव बन चुके थे। मनोहर श्याम जोशी के मुताबिक उनकी भाभी ऊपर से कठोर लगती थीं मगर अन्दर से मुलायम थीं। निःसन्तान होने के दुख ने उन्हें उस समय थोड़ा सख़्त और चिढ़चिढ़ा बना दिया था। वह बेहद सफ़ाई पसन्द थीं और रघुवीर सहाय घर गन्दा रखने, चीज़ें बिखेरते रहने और किसी भी तरह का क़ानून–क़ायदा न मानने वाले युवा, इसलिए वह फटकार सुनाती रहती थीं। बाद में इनकी भाभी को भी सन्तान प्राप्ति हुई तो वह अपने बच्चे में इतनी मगन हो गयीं कि उनके सिर से सफ़ाई का भूत उतर गया।

कुछ समय तक उनके साथ रहने के बाद सामने के ब्लाक में ओंकारनाथ श्रीवास्तव के नाम एक फ़्लैट अलाट हो गया था। संयोग से तभी ओंकारनाथ जी की नियुक्ति पश्चिम रेलवे में मुम्बई में हो चुकी थी और वह वहाँ जानेवाले थे। रघुवीर जी ने थोड़े समय के लिए यह फ़्लैट उनसे माँग लिया लेकिन इसे छोड़ा तब, जब उन्हें 'आउट ऑफ़ टर्न' मोतीबाग़ में एक फ़्लैट अलाट हो गया। इससे ओंकार जी और अजित जी को कुछ समस्याएँ आयीं क्योंकि यह फ़्लैट आकाशवाणी को लौटाना था। ख़ैर! इस घटना से

इन मित्रों के सम्बन्धों में कोई फ़र्क़ नहीं आया।

१० दिसम्बर, १९५५ को जब उनका विवाह हुआ, तब तक उन्हें आकाशवाणी में काम करते-करते क़रीब ढाई साल हो चुके थे। इसके बाद उन्होंने वहाँ सवा साल और काम किया, फिर नौकरी छोड़ दी। उसके बाद उनके दिल्ली के जीवन में लगातार अस्थिरता बनी रही। स्थिरता आने लगी थी मगर पारिवारिक परिस्थितियों के कारण उन्हें नौकरी छोड़नी पड़ गयी। यह स्थिरता क़रीब चार वर्ष बाद अगस्त, १९५९ में फिर तब आयी, जब वह दुबारा आकाशवाणी में संवाददाता के रूप में लौटे।

अस्थिरता के दौर में विमलेश्वरी जी की पहली सन्तान, मंजरी, परम्परा के अनुसार, अपने पीहर में हुई। इधर रघुवीर जी दिल्ली में फ्रीलांसिंग करते-करते आज़िज़ आ चुके थे, जेब ख़ाली रहने लगी थी। ज़्यादातर ताक़तवर हिन्दीवालों से उनकी बनती नहीं थी, जो इस बीच उनकी 'हमारी हिन्दी' कविता छपने के कारण ख़ासतौर से चिढ़े हुए थे, उन्हें यहाँ फ्रीलांसिंग का पर्याप्त काम नहीं मिल रहा था। इस चिढ़ का एक उदाहरण। गीतकार नरेन्द्र शर्मा तब आकाशवाणी, दिल्ली में कार्यरत थे। हाल ही में उनका खण्ड काव्य 'द्रौपदी' छपकर आया था। वह इसके कुछ अंश सुनाना चाहते थे और उन्होंने अपने नेताजी नगर स्थित आवास में इस मौक़े पर भोज रखा था। उन्होंने रघुवीर जी के मित्र कैलाश वाजपेयी से कहा कि वह वात्स्यायन जी को मनाकर लायें मगर रघुवीर जी के बग़ैर आयें (यह अलग बात है कि शायद रघुवीर जी को भी इस मण्डली में शामिल होकर ज़्यादा ख़ुशी नहीं होती)। कैलाश जी के शब्दों में :

> ऐसा इसलिए कि विद्यानिवास मिश्र (जो उस भोज में आ रहे थे) लखनऊ से निकलने वाली 'युगचेतना' पत्रिका में छपी रघुवीर जी की 'हमारी हिन्दी' रचना से नाराज़ थे, इसीलिए नरेन्द्र जी ने मुझे बरजा था।

ख़ैर, बेरोज़गारी की दिक़्क़तों से बाध्य होकर वह हैदराबाद चले गये— 'कल्पना' में नौकरी का प्रस्ताव आने पर। फिर कुछ समय बाद कपिला वात्स्यायन के प्रभाव से 'एशियन थियेटर इन्स्टीट्यूट' (राष्ट्रीय नाट्य विद्यालय का पूर्व रूप) में नौकरी लग गयी तो दिल्ली लौटे। स्थितियाँ अनुकूल होने ही लगी थीं कि संयोग से उनके पिता गम्भीर रूप से अस्वस्थ हो गये और लखनऊ में उनकी मृत्यु हो गयी। लखनऊ की नयी पारिवारिक ज़िम्मेदारियाँ अब रघुवीर जी के कन्धों पर आ गयीं। रघुवीर जी को वहाँ

सब कुछ व्यवस्थित करने में क़रीब आठ महीने लगे। लम्बी अनुपस्थिति के कारण उनकी नयी-नयी लगी, अच्छी तनख़्वाह वाली नौकरी छूट गयी थी। इस बीच उनकी दूसरी बेटी हेमा का जन्म हुआ। तीसरी बेटी (गौरी) जब विमलेश्वरी जी के गर्भ में थी, तब से एक सिलसिला बना, जो चलता चला गया। अगस्त, १९५९ में वह आकाशवाणी में संवाददाता बने, फिर १९६३ में नवभारत टाइम्स में विशेष संवाददाता, फिर मार्च, १९६८ में 'दिनमान' में आये और अन्ततः उसके सम्पादक बने। यह सिलसिला १९८३ में तब टूटा, जब 'नवभारत टाइम्स' में उन्हें सहायक सम्पादक बनाकर भेजा गया और अधिक अपमानित करने के लिए प्रबन्धन ने उन्हें साप्ताहिक 'रविवार्ता' तक का न सम्पादक बनाया और न कोई ढंग का काम करने का मौक़ा दिया। अगस्त में उन्हें 'नवभारत टाइम्स' से अलग होना पड़ा।

रघुवीर सहाय कहते थे कि वह केवल दो काम जानते हैं—अख़बारनवीसी और कविता। इनकी सबसे अच्छी स्मृतियाँ इसी दिल्ली नामक 'परदेस' की हैं। एक जगह वह यह स्पष्ट करना ज़रूरी समझते हैं कि दिल्ली को 'परदेस' कहने को उनकी दिल्ली से शिकायत के रूप में न देखा जाय, यह उन्हें दिल्ली द्वारा दी गयी सबसे बड़ी उपलब्धि है। इस परदेसीपन में उन्हें 'एक अजीब तरह का स्निग्ध एकान्त' मिलता था, 'जिसमें जब चाहो तब भीतर चले जाओ, जब चाहे कितनी ही भीड़ में क्यों न हो आसपास, ज़रा देर के लिए ही बाहर आ जाओ, कोई देखेगा नहीं।'

'तीसरा सप्तक' की उनकी कविताओं, कुल चार कहानियों और आकाशवाणी आदि के लिए लिखी कुछेक फरमाइशी चीज़ों के अलावा उन्होंने लगभग सबकुछ दिल्ली में, इसी 'परदेस' में लिखा। वही ज़्यादा महत्त्वपूर्ण और चर्चित रहा है और है। शायद इसीलिए वह इस 'परदेसीपन' को 'सेलिब्रेट' करते हैं। अख़बारनवीसी का हलका-सा प्रशिक्षण उन्हें अवश्य लखनऊ में मिला था मगर पत्रकारिता में उनकी असली पहचान दिल्ली में बनी। उनके वैवाहिक जीवन, बच्चों से जुड़ी सभी स्मृतियाँ यहीं की हैं। भले ही 'दिल्ली मेरा परदेस' थी (इस नाम से प्रकाशित उनकी पुस्तक में १९६० से १९६३ के बीच 'धर्मयुग' में सुन्दरलाल के छद्म नाम से लिखे क़रीब डेढ़ सौ टिप्पणियों के कुछ चुनिन्दा अंश संकलित हैं।) लेकिन दिल्ली उनके जीवन में एक अलग तरह से महत्त्व रखती है। कह सकते हैं कि लखनऊ

ने अगर उनके लेखन की बुनियाद रखी, तो इसकी इमारत दिल्ली में बनी।

दिल्ली को परदेस मानने के उनके सकारात्मक और नकारात्मक तमाम कारण थे। उनकी राय में दिल्ली की अपनी सांस्कृतिक जड़ें नहीं होना भी इसका एक कारण है। यह अधिक से अधिक सभ्यता का बल्कि उसके अनुकरण का एक केन्द्र हो सकती है। इसकी अपनी सांस्कृतिक जड़ें इसलिए नहीं बनीं क्योंकि यहाँ के निवासियों के सामाजिक वातावरण को कभी इतना स्थिर होने का अवसर नहीं मिला कि यह सम्भव हो पाता। इस शहर का भूगोल भी उनकी दृष्टि में इसका एक कारण है, 'जो सामुदायिक जीवन के अनुकूल नहीं है। यहाँ के मोहल्लों में, समाजों में और व्यक्तियों में परस्परावलम्बन नहीं है।' लेकिन इसका सकारात्मक पक्ष यह था कि यहाँ आने पर उनके शब्दों में उनके व्यक्तिगत अनुभवों का दायरा एकाएक बहुत बढ़ा। यह शहर उन्हें एकसाथ अन्दर ले आता था और अकेला भी कर देता था और फिर यथासम्भव बाहर की दुनिया को समझने के लिए प्रेरित करता था। यहीं उन्होंने 'वर्तमान की वास्तविकता' को ज़्यादा पैनेपन से समझना सीखा और उसे स्मृति में सुरक्षित रखना भी। यहीं समाज को बहुत कुछ समझने का अवसर उन्हें मिला, 'जो यहाँ मौजूद है उसे भी और जो यहाँ मौजूद नहीं है, उसे भी।' इसका श्रेय वह लखनऊ को छोड़ने से पहले अपनी मानसिक और बौद्धिक तैयारी को देते हैं। इसी बड़े शहर की उनकी अख़बारनवीसी और कविता दोनों की सबसे अच्छी स्मृतियाँ हैं। यहीं उन्होंने मुफ़लिसी, मस्तियाँ और पस्तियाँ भी देखीं। इस शहर के कुछ हिस्से उनकी निगाह में उतने ही ख़ूबसूरत थे, जितने कि तब थे, जब वह यहाँ पहली बार आये थे। यहाँ के मौसमों का आना–जाना, धूप, पेड़, सूखे पत्ते उन्हें उतने ही पवित्र लगते थे, जितने पहले थे। दिल्ली उनका परदेस थी मगर वह यह भी अच्छी तरह जानते थे कि दिल्ली में इतना अरसा रहने के बाद वह 'अपने देस' वापिस नहीं जा सकते। उनके अन्दर का लेखक अपने घर लौटना तो चाहता था, उस ज़मीन को फिर से छूना चाहता था, उस पर खड़ा होना चाहता था मगर इसकी जगह वहाँ अब नहीं बची थी। लेखक का अपना वह घर भी अब 'अपना' कहाँ रहा था, वह जगह भी बहुत बदल चुकी थी। वहाँ अब 'कटेबूचे, घुटनभरे, दड़बेनुमा मकान' बन चुके थे। मोहल्ले के नुक्कड़ों पर कचरे के ढेर स्थायी रूप से रहने लगे थे। नेताओं में कभी–कभी 'हिंसक उजड्डपन' दिखता था और एक 'भद्दी समृद्धि'

वहाँ भी घर-घर में छा गयी थी। उनके अपने उस नगर में 'ज़िन्दा रहने की आज़ादी' कम हो गयी थी। इसके साथ एक और बात थी कि वह नागर-संस्कारों के समर्थक लेखक थे और उनका शहर 'गाँव की सबसे घटिया संस्कृति से आक्रान्त' था। अब वह घर, उनका घर तभी हो सकता था, 'जब वह कम से कम भारत जितना बड़ा हो।' और क्या वह ऐसा हो सकता था, भारत की तमाम विविधताओं और उसमें छिपी ध्वनियों को पकड़ सकता था, यह सवाल उनके सामने था।

वह हिन्दी के उन लेखकों में से नहीं थे, जो किसी गाँव-क़स्बे से दिल्ली में आकर यहाँ बसें और इसे नरक मानते-कहते रहें मगर ठाट से इसी नरक में जीते भी रहें—नरक में हैं मगर पूरे ठाट और पूरी ठसक से जीते रहें। रघुवीर जी मानते थे कि महानगर के नरक होने की धारणा सिर्फ़ उनकी हो सकती है, जो किसी छोटे शहर से आये और जिन्होंने महानगर के प्रकट लाभों को पाने में ख़ुद को लगा दिया। इसके बाद (अपेक्षित न पाकर) उनका मोहभंग हुआ और उन्होंने यह निष्कर्ष निकाला कि महानगर नरक हैं। दिल्ली नरक होने की नहीं, बल्कि अकेलेपन की भावना उनमें पैदा करती थी, जिसे वह सकारात्मक मानते थे।

फ्रीलांसिंग के दौरान

> मैं पत्रकारिता से बिलकुल भी बाहर नहीं हूँ। यह और बात है कि मैं किसी अख़बार में नौकरी नहीं करता हूँ। अख़बार में नौकरी करने को ही मैं पत्रकारिता नहीं मानता हूँ—मैं नियमित रूप से १९८४ से 'जनसत्ता' में स्तम्भ लेखन का काम कर रहा हूँ। 'रविवार', 'नवभारत टाइम्स' में भी लिखा है। यह सब कार्य 'दिनमान' से त्यागपत्र देने के बाद से शुरू हुआ है।
>
> —(रघुवीर सहाय रचनावली-३, पृष्ठ-४७०)

'दिनमान' के सम्पादक पद से हटाये जाने और 'नवभारत टाइम्स' में कुछ महीने तक बेमन से रहने के बाद वह अगस्त १९८३ से जीवन के अन्त (१९९०) तक फ्रीलांसर रहे। सामान्यत: हिन्दी में अख़बारों-पत्रिकाओं में लिखकर किसी तरह गुज़ारे लायक भी आमदनी नहीं होती, चाहे कोई बड़े से बड़ा लेखक-पत्रकार न हो। उसे अतिरिक्त आमदनी के लिए कुछ और करना ज़रूरी होता है। वैसे एक बार लगभग डेढ़ दशक तक किसी बड़े संस्थान की महत्त्वपूर्ण समाचार पत्रिका का सम्पादक रहने के बाद उतना ही सम्मानजनक दूसरा काम, कम से कम हिन्दी में, मिलना प्राय: असम्भव होता है। यह बात रघुवीर सहाय जैसे यशस्वी सम्पादक पर अधिक लागू होती थी, क्योंकि वह हर क़िस्म का समझौता स्वीकार नहीं कर सकते थे। जिस संस्थान से वह दो दशक तक जुड़े रहे, जिस सम्पादक ने वात्स्यायन जी के छोड़ने के बाद 'दिनमान' जैसी पत्रिका का गौरव बढ़ाया ही, कम नहीं होने दिया, जब उसी संस्थान के मालिकों का दिल इतना छोटा हो गया कि उन्हें 'नवभारत टाइम्स' में सम्पादक के बराबर का दर्ज़ा देकर उपयुक्त

काम तक देना ठीक नहीं समझा, उनका अपमान करने में कोई कसर नहीं रखी तो बाक़ी से उम्मीद भी क्या होती ?

इससे पहले भी उन्हें तीन-चार बार फ्रीलांसरी करनी पड़ी थी। 'प्रतीक' बन्द होने के बाद वह अगस्त, १९५२ से अप्रैल १९५३ तक के नौ महीने फ्रीलांसर रहे, हालाँकि कम से कम चार महीनों तक वहाँ के प्रबन्धन ने भ्रम में रखा कि 'प्रतीक' बन्द नहीं हो रहा, कुछ समय के लिए स्थगित हुआ है। इस वजह से वह वहीं बँधे रहे, जबकि अगस्त के बाद से उन्हें तनख़्वाह नहीं मिली थी। वे दिन कम मुश्किल भरे नहीं थे। इस दौरान उन्होंने छुटपुट काम करके जैसे-तैसे गुज़ारा किया। उन्होंने आकाशवाणी के लिए वार्ताएँ, नाटक लिखे, कविताएँ पढ़ीं, कवि सम्मेलनों में कविताएँ सुनायीं, तब के एक अख़बार में कुछ समय तक साप्ताहिक स्तम्भ लिखा। कुछ और पत्र-पत्रिकाओं में भी लिखा। इससे भी उनका गुज़ारा नहीं चला। उन पर क़र्ज़ चढ़ चुका था। इस बीच उपन्यास लिखकर भी कमाने की उनकी योजना थी मगर चाहकर भी वह काम पूरा न हो सका। उनके तीन बेहद अधूरे उपन्यास हैं—खम्भा, नींद तथा एक और अनाम उपन्यास। 'नींद' भी दरअसल 'प्रतीक' में १२ उपन्यासकारों से १२ किस्तों में एक संयुक्त उपन्यास लिखवाने की योजना अज्ञेय ने बनायी थी, जिसका यह एक खण्ड है। सुरेश शर्मा के अनुसार उन्होंने मई, १९५९ में एक बूढ़े को लेकर उपन्यास लिखने की कोशिश की थी मगर उसके कुछ ही पृष्ठ लिख पाये। उनका एक सम्पूर्ण उपन्यास 'कोठरी की क़ैद' है, जो डिमायी आकार के कुल पन्द्रह पृष्ठों का है। वह लिखा कब गया, इसकी जानकारी नहीं मिलती मगर यह अप्रैल-मई-जून, १९७६ में परिवार कल्याण से जुड़ी सरकारी पत्रिका 'हमारा घर' जैसी साधारण पत्रिका में छपा था।

बेरोज़गारी और फ्रीलांसिंग के उस दौर की दो ही बातें सकारात्मक थीं। एक यह कि तब वह २१-२२ साल के युवा थे, उनमें मुफ़लिसी में भी जीवन बिताने का हौसला था। तब तक उनका विवाह भी नहीं हुआ था। मार्च, १९५७ में 'आकाशवाणी' की नौकरी से अलग होने के बाद क़रीब छह महीने तक उन्होंने पुनः फ्रीलांसिंग की। तब वह विवाहित थे। वह काफ़ी कठिन समय था। मई, १९५८ में पिता की बीमारी और महज़ ५२ वर्ष की उम्र में उनकी मृत्यु के कारण उन्हें नयी-नयी लगी नौकरी से हाथ धोना पड़ा, क्योंकि उन्हें लखनऊ में अपनी माँ और भाइयों समेत पूरे

परिवार के जीवन को फिर से पटरी पर लाना था। इस वजह से उन्होंने लखनऊ में रहकर समस्याएँ सुलझाने का फ़ैसला किया। तब स्थानीय आकाशवाणी केन्द्र उनका एक बड़ा सहारा बना, जिसके लिए वह दिल्ली जाने से पहले भी कुछ काम करते रहे थे। उसके लिए और कामों के अलावा (रघुवीर जी से छोटे भाई बलबीर सहाय के अनुसार) उस दौरान उन्होंने लखनऊ केन्द्र के पुरातत्त्व संग्रहालय के लिए क़रीब तीन स्क्रिप्ट भी अँग्रेज़ी में लिखीं और अपना स्वर दिया था। पिता की भविष्यनिधि कुछ पैसा मिला था, कॉपी जाँचने वग़ैरह के कुछ रुपये भी स्कूल पर बकाया थे, उनके मिलने से भी कुछ मदद मिली थी। उनके ताऊजी और मामा ने भी समय-समय पर परिवार की कुछ सहायता की थी। इस तरह लखनऊ में किसी तरह गृहस्थी की गाड़ी खिंचती रही। इरादा तो शायद यह भी था कि सम्भव हो तो लखनऊ में रहकर ही कुछ करें मगर इस बीच अनुभवों ने यह सिखा दिया था कि दिल्ली लौटना ही अब एकमात्र रास्ता है, वहीं नये सिरे से कुछ ढंग का काम मिल सकता है। दिल्ली आकर कुछ समय तक उन्होंने वात्स्यायन जी के साथ अँग्रेज़ी पत्रिका 'थॉट' के दो अंकों के लिए बतौर सहायक सम्पादक काम किया। मार्च, १९५९ में उसी आकाशवाणी में उन्हें संवाददाता का पद मिल गया, जिसकी उपसम्पादकी वह छोड़ गये थे।

उन्होंने 'जनसत्ता' में जनवरी, १९८४ से ३० दिसम्बर, १९९० तक यानी क़रीब छह वर्षों तक साप्ताहिक स्तम्भ 'अर्थात्' लिखा। यह अकेला स्तम्भ था उनका, जो सबसे लम्बे अरसे तक चला। वैसे मंगलेश डबराल के मुताबिक 'जनसत्ता' के सम्पादक प्रभाष जोशी पहले तो रघुवीर सहाय के साप्ताहिक स्तम्भ लिखने से उत्साहित हुए थे मगर बाद में उन्हें शिकायत रहने लगी थी कि रघुवीर सहाय भाषा की जलेबी बनाते हैं। फिर भी यह स्तम्भ जो मंगलेश जी के आग्रह पर रघुवीर जी ने लिखना शुरू किया था— अन्त तक चलता रहा। इसके अलावा लगभग १६ महीने तक 'इतवारी पत्रिका' में उसके सम्पादक के रूप में ओम थानवी के रहने तक 'बात' स्तम्भ लिखा। इसी दौरान अपने समय की और भी कुछ प्रसिद्ध व्यावसायिक तथा ग़ैरव्यावसायिक पत्र-पत्रिकाओं जैसे 'रविवार', 'सण्डे मेल', 'प्रतिपक्ष', 'सुलभ इण्डिया', 'सामयिक वार्ता' आदि में लिखा। अच्छा यह रहा कि उनकी वरिष्ठता और लम्बे अनुभव के कारण किसी भी सम्पादक ने उनसे न किसी ख़ास विषय पर लिखने के लिए कहा और न शायद वह दूसरों की

इच्छा और ज़रूरत के अनुसार पत्रकारिता कर सकते थे।

'नवभारत टाइम्स' में विशेष संवाददाता बनने से पहले उन्होंने कई कारणों से छद्म नाम से लेखन भी किया। यहाँ तक कि अपनी कुछ कविताएँ भी छद्म नाम से प्रकाशित करवायीं। 'प्रतीक' में सहायक सम्पादक बने तो सम्भवत: अज्ञेय भी उनकी ताज़ी-टटकी कविताएँ छापना चाहते होंगे और रघुवीर सहाय भी वहाँ छपना चाहते होंगे मगर सहायक सम्पादक की रचनाएँ उनके अपने नाम से छपें, यह उचित नहीं लगा होगा मगर कविताएँ छपें, यह अधिक ज़रूरी लगा होगा तो उनकी 'चाँद की आदतें', 'करो सहन', 'आओ नहाएँ', 'अगर कहीं मैं तोता होता' जैसी कविताएँ सत्यप्रिय मित्र के नाम से छपीं। अजित कुमार एक संस्मरण में लिखते हैं कि 'प्रतीक' मासिक में जब सत्यप्रिय मित्र के नाम से कुछ कविताएँ छपीं तो हमने हैरत और कुतूहल से पढ़ीं। ऐसे बदले हुए तेवर में लिखने वाला यह कौन-सा अपरिचित कवि हिन्दी में आ गया? तब के इलाहाबाद के सभी कवियों को हम निकट से जानते थे और उनमें से किसी का भी अन्दाज़ ठीक-ठीक यह न था। तभी एक दिन उनके परम मित्र ओंकारनाथ श्रीवास्तव यह ख़बर लाये कि यह सत्यप्रिय मित्र कोई और नहीं, कान्यकुब्ज कॉलेज, लखनऊ में उनसे एकाध साल सीनियर रहे रघुवीर सहाय हैं, जिनकी कुछ कविताएँ कॉलेज मैगज़ीन में भी छपी थीं, अब 'दूसरा सप्तक' में छपने को हैं। इन दिनों वह 'प्रतीक' में सहायक सम्पादक हैं और अज्ञेय के बहुत निकट हैं। अजित कुमार के अनुसार इसी नाम से उन्होंने बाद में 'कल्पना' में भी लिखा। 'दिनमान' में भी 'जी आपने कुछ कहा' स्तम्भ भी इसी नाम से लिखा, जिसमें पाठकों के कुछ चुने हुए पत्रों पर टिप्पणियाँ दी जाती थीं। 'धर्मयुग' में उन्होंने अपना पाक्षिक स्तम्भ 'दिल्ली की डायरी' क़रीब तीन साल तक सुन्दरलाल नाम से लिखा, जिसका कारण उनका उसी समय आकाशवाणी में कार्यरत होना रहा होगा। रसिक लाल पाठक नाम से उन्होंने कुछ समीक्षाएँ लिखीं। मनोहर श्याम जोशी लिखते हैं :

> वैसे तो रघुवीर सहाय के पास न भारी भरकम-पाण्डित्यपूर्ण किताबें पढ़ने की फ़ुर्सत थी, न चाह लेकिन वह जो भी पढ़ते थे, बहुत रस लेकर पढ़ते थे, इसलिए वह बहुत अच्छी पुस्तक समीक्षाएँ लिख सके।

रघुवीर जी की दिलचस्पी शुरू से अँग्रेज़ी से हिन्दी में रचनात्मक लेखन का अनुवाद करने में रही और शायद हिन्दी के वह अकेले महत्त्वपूर्ण लेखक

हैं, जिनके अगर सारे अनूदित साहित्य को एक जगह संकलित किया जाय, तो वह क़रीब दो हज़ार पृष्ठों के आसपास होगा। यह सारा काम उन्होंने सिर्फ़ तब नहीं किया, जब बीच-बीच में फ्रीलांसर होने की मजबूरी उनके सामने आयी बल्कि 'दिनमान' के सम्पादक के रूप में भी समय-समय पर यह काम किया। उनका यह काम अपनी रचनात्मक ऊर्जा को जीवित-पुनर्जीवित रखने का एक और उपाय था। ये अनुवाद उन्होंने किसी के आग्रह पर किये मगर किये अपनी शर्तों पर, अपनी तरह से किये। इसमें नाटकों, उपन्यासों, कहानियों, कविताओं सबके अनुवाद शामिल हैं। उन्होंने शेक्सपियर के चार नाटकों—'मैकबेथ' का 'बरनम वन' के नाम से, 'ऑथेलो' का इसी नाम से, 'मिडसमर नाइट्स' का 'बगर्‌यो वसन्त' के नाम से (बाद में इसे बदलकर 'फागुन मेला' कर दिया) और 'ट्वेल्थ नाइट' का 'बारहवीं रात' के नाम से अनुवाद किया। इसके अलावा फेदरिको गार्सिया लोर्का के 'द हाउस ऑफ़ बरनाडा एल्बा' का अनुवाद 'बिरजीस कदर का कुनबा' नाम से किया। 'तीन हंगारी नाटक' शीर्षक से 'गर्म कमरा'(फेरेंत्स कारंथी), 'लोकेशन पर' (इश्टवान चुरका) तथा 'प्रियतम टोट' (इश्टवान अर्केन्यू) के अनुवाद भी किये। इसके अलावा जापानी लेखक रयूनोस्के आकुतागावा के 'राशोमन' के नाट्यरूप का अनुवाद किया। इनमें से अधिकांश मंचित हुए।

वैसे ख़ुद रघुवीर जी ने रंगमंच के लिए एक भी नाटक नहीं लिखा, हालाँकि तीन रेडियो नाटक साहित्यिक जीवन की शुरुआत में लखनऊ में लिखे थे, उनमें एक आपेरा था। इसके अलावा प्रेमचन्द की दो कहानियों 'नैराश्य' और 'सुभागी' की टीवी पटकथाएँ और संवाद लिखे। उन्होंने जनवरी-फ़रवरी, १९७१ के 'दिनमान' के तीन अंकों में चार नटकही (संक्षिप्त एकांकी के लिए यह नया शब्द उन्होंने गढ़ा था) लिखीं। कविता की रंगमंच प्रस्तुति कई बार की और राष्ट्रीय नाट्य विद्यालय के पूर्व रूप 'एशिया थियेटर इन्स्टीट्यूट' में कुछ महीने अनुसन्धान अधिकारी भी रहे। इस बीच उनका नाट्य विशेषज्ञों और छात्रों का साथ रहा। रंगमंच के विभिन्न रूपों से किसी आधुनिक कवि की ऐसी गहरी संलग्नता के उदाहरण हिन्दी में शायद कम हैं।

नाटक के अनुवाद के क्षेत्र में उन्होंने पहला क़दम 'बरनम वन' के अनुवाद के रूप में रखा, जिसका निर्देशन अपने समय के प्रसिद्ध निदेशक ब. व.

कारन्त ने किया। इसके अनुवाद का आग्रह कारन्त जी का था। यह मात्र अनुवाद नहीं था। इस अनुवाद में उन्हें शेक्यपियर के प्रति ईमानदार रहना था, इसलिए इसे ऐसे छन्द में अनूदित करना था, जो हिन्दी के छन्द के अनुरूप होकर भी मूल नाटक की भाषा-छन्द आदि से मेल खाये। इसके लिए उन्होंने कवित्त छन्द चुना, जिसमें उनके अनुसार मात्रिक छन्द की अपेक्षा आवाज़ के अभिनय की कहीं अधिक सम्भावना होती है। मात्रिक छन्दों का भी एक-दो स्थानों पर उन्होंने प्रयोग किया। जहाँ उचित समझा, वहाँ उन्होंने शेक्सपियर के भाषिक प्रयोगों को महत्त्व दिया। जहाँ शेक्सपियर की भाषा सरल है, वहाँ उसे सरल रखा लेकिन जहाँ नाटकीय कारणों से नाटककार ने भाषा को क्लिष्ट, जटिल या आडम्बरमयी बनाया है, वहाँ उसकी रक्षा की लेकिन जहाँ अनुवादक को लगा कि नाटककार ने भाषा को अकारण विलम्बित और दुरूह बनाया है, वहाँ अनुवादक के अपने विशेषाधिकार का प्रयोग करते हुए अनुकरण नहीं भी किया। और भी कई तरह के परिवर्तन जहाँ अनुवादक को आवश्यक लगे, उन्होंने किये—मूल की यथासम्भव रक्षा करते हुए।

यक्षगान शैली में नाटक करने के निर्देशक के आग्रह के कारण निर्देशक और अनुवादक दोनों की सहमति से कुछ दृश्यों का पुनर्सम्पादन किया गया। इसके अलावा रिहर्सल के समय और प्रथम प्रदर्शन के बाद भी अनुवाद को अधिक निखारने के लिए उन्होंने समय-समय पर परिवर्तन किये। उन्हें गीतों का अनुवाद उस छन्द में करना था, जिसमें यक्षगान के गीत होते हैं। इसके लिए नृत्य की जिन गतियों और यतियों में उन्हें इन गीतों को बाँधना था, उससे उन्हें यह समझ में आया कि उनकी अपनी कविता की समझ यहाँ काम नहीं आनेवाली। उन्होंने स्वर और ताल के बारे में काफ़ी कुछ सीखा। इसी तरह फ्रिट्ज बेनिवित्ज के लिए उन्होंने 'ऑथेलो' का अनुवाद करते समय निर्देशक से यह सीखा कि शेक्सपियर के नाटकों में छन्द तो है लेकिन छन्द को नाटक पर हावी नहीं होने देने का आग्रह भी है। उन्हें यह भी समझ में आया कि नाटक कोरा गायन नहीं, वह जीवन व्यवहार का अभिन्न अंग होता है, इसलिए वह एक अलग रचनात्मक व्यवहार की माँग करता है। हंगारी नाटक 'प्रियतम टोट' का निर्देशन प्रसिद्ध अभिनेता और निर्देशक मनोहर सिंह ने किया। मनोहर सिंह ने यह शंका जताई कि हमारा दर्शक हंगारी कथानक और परिवेश को स्वीकार नहीं

करेगा मगर रघुवीर जी ने उनकी बात मानना ज़रूरी नहीं समझा, उसे यथावत रहने दिया। इसका कारण यह था कि भले ही इसमें वर्णित दूसरा महायुद्ध हमारे यहाँ नहीं हुआ, बाक़ी चीज़ें भी उसी तरह हमारे यहाँ नहीं थीं मगर नाम और चेहरे बदल देने की यहाँ आवश्यकता क्या है, अगर नाटक के मूल आशय को उसी देश की पृष्ठभूमि में भी रखा जा सकता है। अगर हम अपने अनुभव जगत में मूल पात्र और स्थितियों को वैसा ही रखकर उस अनुभूति की अखण्डता को बनाये रख सकें तो बदलाव क्यों करें? इसके विपरीत उन्होंने लोर्का के नाटक की पूरी सूरत और सीरत बदल दी। इसका कारण उन्होंने यह बताया कि स्पानी और भारतीय संस्कृति में मौलिक अन्तर है, इसलिए उसका भारतीय रूपान्तरण करना ज़रूरी है। हम ईसाई संस्कृति के मुक़ाबले मुस्लिम संस्कृति को बेहतर ढंग से पहचानते हैं और क्योंकि बरनाडा एल्बा जैसा चरित्र हिन्दू समाज में नहीं हो सकता मगर शायद मुस्लिम समाज में सम्भव है, तो उसका रूपान्तरण उस रूप में किया जा सकता है। बहरहाल, उन्होंने यह सीखा–जाना कि कई अर्थों में नाटकों का अनुवाद कविता और अन्य गद्य विधाओं की रचनाओं की अपेक्षा ज़्यादा जटिल है, अधिक सावधानी माँगता है। उसमें ज़्यादातर मामलों में निर्देशक के साथ मिलकर काम करना ज़रूरी है, उसकी समझ से नाटक को समझना ज़रूरी हो सकता है और नाटक का अनुवाद करते समय कुछ स्वतन्त्रताएँ ली जा सकती हैं और कुछ नहीं।

अनुवादों का उनका काम नाटकों के अलावा जो उपन्यासों–कहानियों–कविताओं तक फैला है, उसमें से बहुत सा रचनावली के आकार की मज़बूरियों के चलते उसमें नहीं आ सका है। युगोस्लाव उपन्यासकार इवो आन्द्रिच के बड़े उपन्यास 'द्रीना नदी का पुल' तथा उनके एक और लघु उपन्यास 'जेको' का अनुवाद भी उन्होंने किया। चीनी उपन्यासकार रओ शि के चीनी उपन्यास का 'वसन्तागम' और लाओ श के उपन्यास का 'रिक्शावाला' नाम से अनुवाद किया। हंगारी कहानियों तथा एक चीनी कहानी के अलावा अनेक विदेशी कविताओं के छुटपुट अनुवाद 'दिनमान' में रहते हुए उसके 'आज की कविता' स्तम्भ के लिए किये, जो बाद में एक साथ १९८६ में अनियतकालिक अनुवाद–पत्रिका 'तनाव' के एक अंक में 'भीतर के विष से लोग मर जायेंगे महामारी में' शीर्षक से छपे। ये तथा कुछ और अनुवाद रचनावली में संकलित हैं।

कई सर्जनात्मक अनुवाद उन्होंने नियमित पत्रकरिता करते हुए किये थे, जैसे शेक्सपियर के चार नाटकों के अलावा उपन्यास 'राख और हीरे'(१९७८), 'बारह हंगारी कहानियाँ' (भारत भूषण अग्रवाल के साथ, १९७२), लोर्का के नाटक 'बिरजीस कदर का कुनबा' (१९८५), जापानी कथाकार रयूनोस्के आकुतागावा के 'राशोमोन' (नाट्य रूप, १९८३), तीन हंगारी नाटकों—'वोकेशन पर', 'गर्म कमरा', 'प्रियतम टोट' (१९८३) के अनुवाद किये।

विदेशी कविताओं के अनुवाद के बारे में उनकी दृष्टि यह थी कि जब तक कोई कविता इतनी अच्छी नहीं लगे कि उसे ख़ुद न लिख सकने की कसक पैदा हो और जिसकी संरचना का रहस्य ज़रा सी छेड़छाड़ से उधड़ न सकता हो, ऐसी ही कविताएँ, कविताएँ कहलाने लायक हैं। ऐसी कविताओं का अनुवाद उन्हें हंगारी कवियों तक ले गया, जिसके ३४ कवियों के एक ऐसे संकलन का अनुवाद उन्होंने 'आधुनिक हंगारी कविता' शीर्षक से साहित्य अकादेमी के लिए किया। यूरोपीय-अमेरिकी कवियों से लेकर अफ्रीकी, रूसी-वियतनामी-बाङ्लादेशी कवियों के अनुवाद भी उन्होंने किये। हंगारी कविताओं के अनुवाद के पीछे और फ्रीलांसिंग के इस दौर में किये गये कुछ और अनुवादों के पीछे ज़ाहिर है कि कुछ हद तक फ्रीलांसरी की ज़रूरतें भी रही होंगी या शायद कविता-कहानी से हटकर अपने पसन्दीदा कुछ इलाक़ों में निरन्तर रचनात्मक रूप से सक्रिय रहने की इच्छा।

कुमार शाहनी की फ़िल्म के लिए उन्होंने एक गाना लिखा और ऐसा करते हुए कुछ नयी बातें सीखीं। इस तरह लेखन की चुनौतियों को उन्होंने कई स्तरों पर स्वीकार किया, यहाँ तक कि कविताओं की प्रस्तुति के अपने प्रयोगों को लेकर भी।

सिर्फ़ ५३ साल की उम्र में उन्हें बेरोज़गार कर दिया गया था या कहें कि होना पड़ गया था। लम्बे अरसे तक 'दिनमान' के सम्पादक रहे रघुवीर जी को 'नवभारत टाइम्स' का सहायक सम्पादक यह कहकर बनाना कि साप्ताहिक के सम्पादक का पद दैनिक के सहायक सम्पादक के तुल्य होता है, किसी भी स्वाभिमानी व्यक्ति की तरह उन्हें भी हताश कर गया और अन्ततः जानलेवा साबित हुआ। बीमारी, इस सदमे और एक सन्तान की बीमारी की चिन्ता ने उन्हें अन्दर-बाहर से तोड़ दिया था। ६०-६१ साल की उम्र में किसी मध्यवर्गीय व्यक्ति में ऐसी थकान, ऐसी बुजुर्गियत नज़र नहीं

आती, जैसी उनमें दिखने लगी थी। मंगलेश जी को वह 'दिनमान' के बाद के वर्षों में कई बार बेहद कातर लगे। एक बार असग़र वज़ाहत ने उन्हें बस स्टॉप पर बस की प्रतीक्षा करते देखा तो वह इससे बेहद विचलित हुए। जिस सम्पादक को उन्होंने हमेशा कार से कहीं आते-जाते देखा, जिसने उन्हें कई बार कार से उनके लगभग घर तक छोड़ा था, उन्हें बस के इन्तज़ार में खड़े देखना असग़र के लिए मुश्किल था। असग़र वहीं उतर पड़े और उनके पास गये। उनसे कहा—'सहाय जी।' उनका कोई जवाब नहीं आया। फिर सवाल किया—'साकेत (घर) जायेंगे?' फिर चुप्पी। वैसे दोनों मिलने पर ख़ूब बातें किया करते थे। वज़ाहत साहब को लगा कि अब फ़िलहाल उनके पास आगे कुछ कहने-सुनने को नहीं है। कुछ देर ख़ामोशी बनी रही। इतने में रघुवीर जी की साकेत की बस आ गयी। उन्होंने कहा—'अच्छा, मेरी बस आ गयी, चलता हूँ।' असग़र ने भी जवाब दिया—'अच्छा।' असग़र कहते हैं उस दृश्य को मैं कभी भूल नहीं पाया।

लेकिन विमलेश्वरी जी का कहना है कि नौकरी छूटने के बाद उन्हें कातर या दयनीय मानना सही नहीं है। दरअसल, बीमारियों के कारण उन्हें दाहिने कान से न के बराबर सुनायी देता था और सड़कों का शोर भी असग़र की बात सुन न पाने का कारण रहा होगा। इसके अलावा कान की समस्या और ब्लड प्रेशर के कारण उनका कार चलाना बन्द हो गया था। आर्थिक तंगी ख़ास नहीं थी, हाँ, पैसों की इफ़रात ज़रूर नहीं थी, जिसे वह पहले उदारता से ख़र्च किया करते थे। उनके 'दिनमान' से हटाये जाने के कुछ समय बाद उनका बेटा बसन्त कम्प्यूटर इंजीनियर के रूप में दिल्ली में काम करने लगा था और घर ख़र्च वही चलाता था। उनकी कार भी अब बसन्त ले जाता था। रघुवीर जी की मृत्यु के लगभग एक साल पहले बसन्त अमेरिका काम करने चले गये थे, इसलिए वह कार बेकार पड़ी रहती थी। जहाँ तक कातर दिखने की बात है, विमलेश्वरी जी का कहना है कि जिस संस्थान में दो दशक तक उन्होंने पूरी मेहनत, ईमानदारी लेकर, ख़ून-पसीना एक करके काम किया, उसने उनके साथ जब विश्वासघात किया, 'दिनमान' को जानबूझकर नष्ट करना शुरू किया, तो इसका सदमा उन्हें लगा था, जिसका उनके स्वास्थ्य पर प्रतिकूल प्रभाव पड़ा।

पारम्परिक विवाह

एक रंग होता है नीला

एक रंग होता है नीला
और एक वह जो तेरी देह पर नीला होता है

इसी तरह लाल भी लाल नहीं है
बल्कि एक शरीर के रंग पर एक रंग

दरअसल कोई रंग कोई रंग नहीं है
सिर्फ़ तेरे कन्धों की रोशनी है
और कोई एक रंग जो तेरी बाँह पर पड़ा हुआ है।

रघुवीर सहाय की उम्र का २६वाँ साल गुज़रने के सिर्फ़ एक दिन बाद उनका विवाह कानपुर के प्रोफ़ेसर महादेव प्रसाद श्रीवास्तव की ज्येष्ठ पुत्री विमलेश्वरी से हुआ। रघुवीर जी का जन्म ९ दिसम्बर १९२९ को मॉडल हाउस मोहल्ला, लखनऊ में हुआ, उनका विवाह १० दिसम्बर, १९५५ को हुआ। दुखद संयोग कि मात्र ६१ वर्ष की उम्र में उनकी मृत्यु भी दिसम्बर में ही हुई—३० दिसम्बर, १९९० को। जन्म, विवाह और मृत्यु तीनों का महीना दिसम्बर।

विवाह की बात दोनों के पिताओं ने तय की थी। न भावी दूल्हे ने पहले दुल्हन को देखा था, न भावी दुल्हन ने दूल्हे को। दुल्हन ने तो दूल्हे को दरवाज़े पर पहुँचने के बाद देखा। दूल्हे ने भी ऐसे ही किसी मौक़े पर झलक पायी होगी तो पायी होगी। रघुवीर जी की बारात के साथ कानपुर पहुँचनेवालों में कोई लेखक था या नहीं, इसकी तो कोई पुख़्ता जानकारी नहीं है।

विमलेश्वरी जी ने रघुवीर जी के तब के पक्के दोस्त मनोहर श्याम जोशी से पूछा था कि आप शादी में नहीं आये तो उनका जवाब था कि इसने बुलाया ही नहीं। फिर भी अनुमान है कि १५० या इससे अधिक बाराती आये थे। सहाय परिवार के सारे रिश्तेदार थे, शायद इसलिए भी कि हरदेव सहाय के यहाँ यह पहली शादी थी, उनके बड़े बेटे की शादी थी।

बारात को ठहराने के लिए एक गेस्ट हाउस बुक करवाया गया था। शादी की रस्में तीन दिन तक चली थीं। शादी ११२/ ३५५, हरस्वरूप नगर में हुई थी। घर बड़ा था, इसलिए सारी रस्में वहीं की गयीं।

२६ की उम्र तक उनका विवाह से पूर्व प्रेम नहीं रहा होगा, यह कल्पना करना कठिन है लेकिन रघुवीर जी अपनी बहुत निजी बातें, अपनी बेहद व्यक्तिगत परेशानियाँ दूसरों से क्या, सब कुछ अपने परिवार से भी साझा नहीं किया करते थे। उन्हें अपना दुख, ख़ुद झेलने का संस्कार मिला था। उनके लिखे में इसीलिए प्रत्यक्ष रूप से उनके किसी प्रेम-प्रसंग के बारे में भी कुछ नहीं मिलता। हाँ, उनकी कविताओं में इसके संकेत पढ़ना चाहें तो बहुत मिल सकते हैं। उदाहरण के लिए, १९५१ की इस कविता को संकेत की तरह अगर देखें :

> इतना ग़ुस्सा
> चिटखती क्यों हो
> इतना ग़ुस्सा!
> बोसा भी तो नहीं
> लिया है सिर्फ़ बुस्सा।

उनके एक प्रेम-प्रसंग के बारे में मनोहर श्याम जोशी ने अपनी किताब 'रघुवीर सहाय : रचनाओं के बहाने एक स्मरण' के पृष्ठ २४-२५ पर जो लिखा है, वही एकमात्र सबूत है। जोशी जी के अनुसार रघुवीर जी का यह प्रेम सम्बन्ध १९५१ से १९५३ के बीच चला। जोशी जी जब १९५३ में दिल्ली आये थे, तब यह समाप्ति के कग़ार पर था। उसके एक-दो महीने बाद यह टूट गया। जोशी जी कहते हैं : 'यह प्रसंग बहुत प्रेरणादायी रहा होगा।... इस प्रेम प्रसंग के कारण रघुवीर को ज़बर्दस्त रचनात्मक ऊर्जा मिली थी और अपनी सभी यादगार आरम्भिक कविताएँ उसने उसी दौर में लिखीं।' प्रेम और रचनात्मक ऊर्जा के गहरे सम्बन्ध की बात शायद सही होगी लेकिन यह एक तरह का रोमेंटिक सरलीकरण भी है। रचनात्मकता

के स्रोत कभी इकहरे नहीं होते। उनका रिश्ता कई–कई बातों से होता है। यह बात जितनी १९५१ से १९५३ के दौर पर लागू होती है, उतनी ही बाद के दौर पर भी। १९५७ से १९६१ के बीच उनकी तीन बेटियों और एक बेटे का जन्म हो चुका था। 'आत्महत्या के विरुद्ध' नाम से उनका पहला स्वतन्त्र कविता–संग्रह १९६७ में आया, जिसमें उनकी १९५७ से १९६७ के बीच की कविताएँ हैं यानी उनके 'प्रेम प्रसंग' घटने के वर्षों बाद की और पारिवारिक जीवन आरम्भ होने के दो वर्ष बाद से १९६७ तक की। दस वर्ष के इस दौर की कविताओं का यह कविता संग्रह—जो हिन्दी कविता और उनकी अपनी कविताओं का भी प्रस्थान बिन्दु है—अनेक अनुकूल और प्रतिकूल प्रतिक्रियाओं के बीच आया और हिन्दी कविता की दुनिया में एक विचलन, एक खलबली पैदा कर दी उसने उस समय।

अगर प्रेम से जोशी जी की मुराद किसी स्त्री से और वह भी विवाहपूर्व प्रेम सम्बन्ध से है तो विवाह के बाद भी उनकी अनेक कविताएँ प्रेमपगी मिलती हैं। और जोशी समेत कोई यह नहीं कहता कि विवाह के बाद भी उनका कोई प्रेम प्रसंग रहा है बल्कि कुँवर जी और जोशी जी की एक तरह से यह शिकायत–सी रही है कि विवाह के बाद रघुवीर जी की वह मस्ती, वह बेफिक्री नहीं रही थी, जो पहले होती थी, वह परिवार में अधिक व्यस्त हो गये थे।

जोशी जी के अनुसार

> रघुवीर निजी जीवन की बातें किसी से नहीं करता था, इसलिए भले ही प्रेम में, रघुवीर के सुखी–दुखी होने के संकेत कभी उसकी बातचीत से मुझे मिल जाते थे।

उस प्रेम कहानी का अन्तिम दृश्य रघुवीर जी के मुँह से सुनने को उन्हें ज़रूर मिला था :

> मैं अपनी जाफ़री में अपने गूदड़ पर लेटा हुआ अमेरिकी कविताओं का एक संग्रह पढ़ रहा था कि रघुवीर रुमाल से माथे का पसीना पोंछते हुए भीतर आया। ज़्यादातर वह अपनी नाक की नोंक पर किसी प्रसन्नता की चमक या नथुनों में किसी क्रोध की फड़क लिए पहुँचा करता था लेकिन उस दोपहरी उसका चेहरा भावशून्य लग रहा था। रुमाल से गूदड़ का एक कोना झाड़ कर उस पर बैठ गया। फिर उसने मेरी पुरानी सुराही में

> से ऐसा पानी पिया, जो लगभग गरम था, वैसा जिसे कुमाऊँनी में घत्घत् विशेषण दिया जाता है। फिर काफ़ी देर तक वह चुपचाप सिगरेट फूँकता रहा। मैंने अपनी निगाह उसके चेहरे से हटा कर कविता पुस्तक में गढ़ाये रखने की बीच-बीच में विफल होती कोशिश की।
>
> सिगरेट ख़त्म हो जाने पर उसने अत्यन्त संक्षेप में सुनाया अपनी प्रेम कहानी का अन्तिम दृश्य, जिसमें कहीं और शादी करने के लिए ज़बरदस्ती ही सही राजी कर ली गयी नायिका अपने देह नायक के भोग के लिए पलंग पर परोसती है लेकिन नायक उसे चादर ओढ़ाकर हमेशा के लिए चला जाता है।...रघुवीर का मुझे अपनी प्रेम कहानी का अन्त बहुत ही संक्षेप में ही सही बता देना इस बात का संकेत दे रहा था कि वह कुछ ही महीनों में मुझे अपना अन्तरंग मित्र मानने लगा था।

रघुवीर जी की १९५१-५३ के बीच चले उस दौर की कविताओं को उनकी ज़बर्दस्त रचनात्मक ऊर्जा का प्रमाण मानना चाहें तो निश्चय ही बहुत से हैं। कविताओं में व्यक्त प्रेम को कवि के प्रत्यक्ष अनुभव की सीधी परिणति मानना चाहें तो कविताओं में वे भी कई हैं। 'मत पूछना', 'हकीम', 'आओ जलभरे बर्तन में', 'होती', 'आओ नहाएँ', 'सांत्वना', 'क्या होगा' आदि कई कविताएँ इसके प्रमाण के रूप में मानी जा सकती हैं लेकिन इसी बीच लिखी 'प्यारी-प्यारी औरतें हरदम बक-बक करती रहती हैं' और 'पढ़िये गीता, बनिये सीता' जैसी कविताएँ भी हैं, जिन्हें आज स्त्री विरोधी भी कहा जा सकता है। इसी दौर की और ऐसी कई कविताएँ हैं जो जीवन के अन्य तमाम विषयों पर हैं।

बहरहाल, रघुवीर जी विवाह पूर्व प्रेम प्रसंग में पड़े हों तो यह कोई अजूबा नहीं है, स्वाभाविक-मानवीय है। एक और प्रसंग कुँवर जी के अनुसार लखनऊ विश्वविद्यालय की एक ईसाई लड़की का है, उसे रघुवीर जी भी पसन्द करते थे और कुँवर जी भी। एक दिन कुँवर जी ने रघुवीर जी से पूछा कि इसे देखकर तुम्हारा मन क्या करता है? रघुवीर जी ने कहा—'मेरा मन करता है कि वह मेरे कन्धों पर सुबक कर रोये।' ज़ाहिर है कि यह मामला बस देखने-दिखाने तक था। दोनों तरफ़ से दोनों मित्रों का कुछ था नहीं। कम से कम इस मामले में तो और कुछ नहीं था। न वह इनके कन्धों पर आकर रोई होगी, न रघुवीर जी को रोने के लिए उसके कन्धे मिले होंगे! प्रसंग एकपक्षीय रहा होगा।

परिवार के बिना उनकी कोई तस्वीर पूरी नहीं होती

मुझे प्यार करना भी बहुत अच्छा लगता है और मैं बिल्ली (बशर्ते कि वह बिलकुल अपने बाप की तरह खूसट न हो।) औरत, गाय, गिलहरी और कबूतर जैसी चीज़ों को बहुत प्यार करता हूँ। कौवे को नहीं करता और कुत्ते को नहीं करता। उम्मीद है कि आप मेरे जीवन के प्रेमपक्ष का कुछ अन्दाज़ा लगा सकेंगे। जो आप न जान पायेंगे, जो मैं बताता हूँ, वह यह कि मैं एक साथ बहुत से पात्रों को प्यार दे सकता हूँ। और मेरा तजुर्बा है कि जितना प्यार इकलौते बच्चे को दिया जाता है, उतना ही चार बच्चों में से हर एक को दिया जा सकता है और जितना प्यार अपनी बीवी को तब दिया गया था, जब वह दुल्हिन थी, उतना ही (ज़्यादा पर क़ैद नहीं) उसे तब दिया जा सकता है, जब वह माँ हो गयी हो। जो कहते हैं कि एक आदमी सबको कहाँ-कहाँ प्यार दे, वे परिवार नियोजन का पोस्टर पढ़कर आते हैं और ज़रूर अपनी बीवी से डरते हैं।

—(रघुवीर सहाय रचनावली)

बिना मेरे बच्चों और मेरी पत्नी के मेरी कोई तस्वीर पूरी नहीं हो सकती, चाहे वह ख़ुद मैंने ही क्यों न खींची हो। (वही)

एक बात बिलकुल साफ़ कर दूँ, साहित्य मेरे परिवार की ज़िम्मेदारी नहीं है, वह बिलकुल मेरी अपनी ज़िम्मेदारी है और उसका बोझ बिलकुल मेरा अपना है। जिस दिन आप मुझे कहते सुनेंगे कि

क्या करें गृहस्थी सँभालें या साहित्य, उस दिन समझियेगा कि रघुवीर सहाय को जो लिखना था, लिख चुके। (वही)

रघुवीर सहाय की बाहर की दुनिया निश्चय ही बहुत बड़ी थी, जिसमें उनकी पत्रकारिता थी, साहित्य था, रंगमंच और फ़िल्में थीं, संगीत था, तमाम लोगों से होनेवाली बहसें और बातचीत थी। सबसे बढ़कर समाज और समय की तमाम चिन्ताएँ थीं। उस दुनिया में रहना-जीना उन्हें बहुत पसन्द था मगर उतना ही बड़ा सच यह भी है कि वह परिवार को समर्पित व्यक्ति थे। किसी एक की क़ीमत पर दूसरे की उपेक्षा वह नहीं करते थे। इसकी तस्दीक विमलेश्वरी जी और इनकी चारों सन्तानें मंजरी, हेमा, बसन्त और गौरी करते हैं (एक पर्यवेक्षण असग़र वज़ाहत का है कि अपने बच्चों को देखकर उनके चेहरे पर जो भाव आता था, उसे शब्दों में बताया नहीं जा सकता)। पहले 'आकाशवाणी' के समाचार विभाग में उप-सम्पादक, फिर संवाददाता रहने से लेकर 'नवभारत टाइम्स' में विशेष संवाददाता बनने और फिर 'दिनमान' का सम्पादक बनने के बाद तक रघुवीर जी बाहर की उस दुनिया में ख़ूब डूबे रहते, बेहद लगन से अपना काम करते। उनकी बेटी हेमा तो यहाँ तक कहती हैं कि 'दिनमान' समाचार साप्ताहिक तो उनके अपने चार बच्चों और उनके अपने चारों छोटे भाइयों के साथ जैसे उनका नवाँ बच्चा ही बन चुका था। वह अपने सभी बच्चे को बराबर का प्यार देते थे, दे सकते थे। वह उतना ही प्यार हरेक को दे सकते थे, जितना कोई अपने अकेले बच्चे को दे सकता है। ख़ासकर 'दिनमान' में सम्पादक की ज़िम्मेदारी सँभालने के बाद उनके पास सप्ताह के बाक़ी दिनों में तो बहुत समय परिवार के लिए नहीं होता था मगर इस कारण परिवार की उपेक्षा नहीं होती थी। विशेषकर रविवार का दिन तो उनका पूरी तरह परिवार को समर्पित था। उस दिन बच्चों को सप्रू हाउस में बाल फ़िल्में या नाटक दिखाना, प्रेस क्लब या कनॉट प्लेस में (अब बन्द हो चुके) 'शुद्ध वेज़ीटेरियन रेस्तरां' में खाना खिलाने ले जाना, कार से उन्हें नये-नये रास्तों पर घुमाना, प्रकृति और पेड़ों से उनका परिचय करवाना, गर्मियों में इण्डिया गेट ले जाना, ठण्ड में लोदी गार्डन में सबके साथ गुनगुनी धूप सेंकना, ये सब और कई बातें उनकी उस दिन की दिनचर्या में शामिल होतीं। बीच-बीच में वह कार से बच्चों को आगरा, लखनऊ, कानपुर, जयपुर वग़ैरह ले जाते थे।

मंजरी, हेमा, गौरी और बसन्त के चेहरों पर उन दिनों को बहुत शिद्दत से याद करते हुए अब भी रौनक आ जाती है। माँ सहित क़रीब दस लोगों की ज़िम्मेदारी सँभालने के कारण समय के अनुसार उनकी अच्छी तनख़्वाह होने के कारण घर में पैसे की तंगी भले न रहती हो मगर इफ़रात भी नहीं थी। इसके बावजूद उन्होंने इस बात का भरसक ध्यान रखा कि उनके बच्चे खानपीने, खेल-खेलने, कपड़े पहनने आदि किसी मामले में किसी क़िस्म की कुण्ठा का शिकार न हों, इसलिए वह बाज़ार से उनके लिए नयी से नयी, सुन्दर से सुन्दर चीज़ें लाते थे—अक्सर बिन माँगे। बाज़ार में मौसम का कोई नया फल आता—चाहे वह देसी हो या विदेशी— घर लाते। रात को घर लौटते तो कहते बच्चो, जाओ कार की चाभी ले जाओ और पीछे की सीट पर फल रखे हैं, ले आओ। बच्चों के लिए वह नये से नये कपड़े लाते। कई बार खादी भवन से उनके लिए नयी से नयी फ्राक-कमीज़ आदि-आदि लाते। बच्चे अगर ज़िद करें कि हमें यही ख़ास चीज़ लेनी है—तो जहाँ तक सम्भव होता—उनकी बात का मान रखते। बच्चे जब बहुत छोटे थे तो उनके लिए रंगबिरंगी बाल कथाएँ, अक्षर ज्ञान करानेवाले खिलौने, चित्र कथाएँ आदि लाते। बच्चे घर की दीवारों पर चित्र बना-बनाकर उन्हें ख़राब करते तो उन्हें टोकने की बजाय उनका ध्यान दीवारों से हटाने के लिए उन्हें काग़ज़ थमा देते कि लो, इस पर अच्छा चित्र बनाओ। आकाशवाणी के समाचार विभाग में होने के कारण उनकी शिफ़्ट ड्यूटी होती थी। हेमा बताती हैं कि एक बार जन्मदिन पर वह एक दुकान में गयीं और महँगी फ्राक लेने की ज़िद कर बैठीं तो ख़र्च की सीमा के बाहर होने के बावजूद उन्होंने बेटी को निराश नहीं किया। एक बार रघुवीर जी कहीं गये तो उन्हें सुन्दर-सा लकड़ी का बना दो मंज़िला मकान दिखा तो महँगा होने के बावजूद खरीद लाये आये। उसमें दो बच्चियों की गुड़ियाएँ तो अँट गयीं, बाक़ी दो बच्चे भी कहने लगे, हमें भी अपना सामान रखने के लिए ऐसा ही घर चाहिए तो रघुवीर जी ने ख़ुद अपने हाथ से सुन्दर-सा दो मंज़िला घर लकड़ी की पेटियों से बनाया, जिसमें लकड़ी का पलंग और दूसरी मंज़िल पर जाने की सीढ़ियाँ भी थीं। एक बार लकड़ी का मुर्गा और भी कई चीज़ें बच्चों के लिए बनायी थीं। बढ़ई का सारा सामान वह घर में रखते थे—रन्दा, बसूला, छेनी, पाना सब। कोई कल्पना कर सकता है कि रघुवीर जी को यह कला भी आती होगी!

रघुवीर जी जहाँ जाते, वहाँ की कोई चीज़ घर ज़रूर साथ लाते थे। एक बार वह १९६५ के भारत–पाकिस्तान युद्ध के दौरान कवरेज़ करने अख़नूर सेक्टर गये, जहाँ काफ़ी बर्बादी हुई थी। वहाँ से किसी विद्यार्थी की उर्दू की एक फटी हुई स्कूली किताब के धुँधलाये कुछ पन्ने, अंकगणित की चारखाने वाली और अँग्रेज़ी की एक कॉपी भी ले आये थे, उसके आख़िरी पन्ने पर अनवर, कक्षा पाँच लिखा था। शायद उस उजड़ चुके बच्चे की कुछ परिकल्पना बच्चों के मन में जगाने के लिए। क्या पता युद्ध ने उसका क्या किया, ज़िन्दा रखा या मार दिया। सवाल यह नहीं था किसने किया, सवाल जो किया दो पड़ोसी देशों के युद्ध ने किया। इसके अलावा चीनी मिट्टी की कुछ टूटी–फूटी रकाबियाँ, तामचीनी के पिचके हुए बर्तन भी साथ लाये थे, जो किसी दूसरे के लिए बेकार की चीज़ें होतीं मगर उनके लिए अपने बच्चों में युद्ध से हुई बर्बादी का अहसास पैदा करने का एक तरीक़ा था कि कैसे युद्ध में कई भरे–पूरे परिवारों के जीवन देखते–देखते नष्ट हो जाते हैं।

वह अपने बच्चों के विकास में पूरी दिलचस्पी लेते थे लेकिन उन्होंने अपने ज़माने की चाल के विरुद्ध कभी बच्चों पर यह दबाव नहीं डाला कि ख़ूब स्कूली पढ़ाई करना, ख़ूब अच्छे नम्बर लाना और करियर बनाना ही जीवन का असली लक्ष्य है। यहाँ तक कि किसी बच्चे के कक्षा में अव्वल आने पर भी उस बच्चे को कोई ख़ास भेंट न तो दी जाती थी, न इसका जश्न मनाया जाता था। मंजरी कहती हैं कि तब तो हमें बुरा लगता था कि हमारे पापा कैसे अजीब हैं मगर बाद में समझ में आया कि वह चाहते हैं कि बच्चे जरा–जरा–सी उपलब्धि पर इतराना न सीखें और आत्मविश्वास के साथ जीवन में आगे बढ़ें। हेमा जब बी.ए. द्वितीय वर्ष में थी, उसी समय वह अपनी बुनियादी रुचि के काम नाटक में बहुत व्यस्त थी। परीक्षा आयी तो उसे अहसास हुआ कि रंगमंच के चक्कर में परीक्षा की तैयारी तो उससे हुई नहीं! घबराहट में वह अपने पापा के सामने जाकर रोने लगी कि इस साल तो मैं ज़रूर फेल हो जाऊँगी। रघुवीर जी ने उसे समझाया कि बेटा, अभी समय है, घबराओ मत, अब पढ़ाई कर लो, पास तुम हो जाओगी। वैसे भी इस बीच, तुम काम ही तो कर रही थीं, अभिनय करना भी तो काम है। चिन्ता मत करो, परीक्षा भी पास कर लोगी।

उन्होंने हरेक बच्चे को स्वतन्त्र छोड़ रखा था कि वह अपना रास्ता स्वयं चुने और सबने अपने–अपने रास्ते चुने। बड़ी बेटी मंजरी ने रूसी सीखी।

उसका स्वर अच्छा है, हिन्दी शुद्ध बोलने में दक्ष है। वह रेडियो-टीवी पर समाचारों की प्रस्तुति करना चाहती थी, तो उसे उस दिशा में जाने में मदद की। एक समय जब दूरदर्शन ही होता था, वही घर-घर देखा जाता था, प्राइवेट चैनलों का ज़माना नहीं आया था, तब मंजरी ने हिन्दी समाचार वाचिका के रूप में अपनी पहचान बनायी।

हेमा की रुचि नाटकों में थी। वह आर.के. पुरम् के पुराने घर में मंच-सज्जा से लेकर अभिनय तक सब कुछ करती थी। उसे इसका मौक़ा दिया। उसने राष्ट्रीय नाट्य विद्यालय में अभिनय का प्रशिक्षण लिया, फिर वहाँ के रंग मण्डल में बतौर अभिनेत्री काम किया, फ़िलहाल वहाँ पढ़ा रही है। गौरी इतिहास की पढ़ाई के साथ माता-पिता से विरासत में मिले भारतीय शास्त्रीय संगीत में रुचि थी, उसने उसमें दक्षता हासिल की। अमेरिका में रहकर भी उसने हिन्दुस्तानी शास्त्रीय संगीत पद्धति में गाने का अभ्यास नहीं छोड़ा, बल्कि वहाँ सिखाती भी है। उसने पश्चिम की ऑपेरा गायन भी सीखा है। एक बार बसन्त ने अपने पापा को बाँसुरी बजाकर माँ को सुनाते हुए देखा तो बसन्त के आग्रह पर उसे बाँसुरी बजाना सिखाया और कुछ बाँसुरियाँ ख़रीदकर दीं। उसने भी अमेरिका में रहकर हिन्दुस्तानी शास्त्रीय संगीत का अभ्यास किया है। एक बार बसन्त अपने पापा के साथ उनकी कार से घर आने के लिए उनके १०, दरियागंज स्थित दफ़्तर आया हुआ था। रघुवीर जी काम निबटाकर घर जाने के लिए कार की तरफ़ बढ़ ही रहे थे कि दरवाज़े की ओर से आवाज़ आयी—'ए सहाय साहेब, का टेबल टेनिस की एक बाजी खेल के नहीं जाइयेगा?' और वह फौरन खेलने लगे और अच्छी तरह खेले। बसन्त जब क़रीब चौदह साल का था तो उसे डम्बल्स ख़रीदकर दिये और कहा कि मैंने, तुम्हारी उम्र में ही कसरत करना शुरू कर दिया था और गोल-गोल मसल्स बनाये थे, ख़ुद को इस तरह देखकर बहुत अच्छा लगता था। लो, तुम भी यह करके देखो। बाद में बसन्त ने स्कूल के दिनों में एथेलेटिक्स में और आईआईटी में जिम्नास्टिक और एथेलेटिक्स में कई पदक जीते। बसन्त को हिन्दी में लिखने का भी शौक़ है मगर करियर की दृष्टि से उसने आईआईटी में इंजीनियरिंग में प्रवेश लिया था। बचपन में बसन्त की विज्ञान में रुचि को भी उसके पापा ने प्रोत्साहित किया। उसके लिए ग्लाइडर का किट लाये, कभी आरी, रन्दा, रेती, बर्मा और अन्य औज़ार लाये ताकि इनकी मदद से वह सीखे। बसन्त को उन्होंने इन्हें

चलाने का प्रशिक्षण भी दिया। उस ज़माने में विज्ञान की बहुत अच्छी पत्रिका 'साइंस टुडे' टाइम्स समूह से प्रकाशित होती थी। उसके अंक घर लाना भी वह नहीं भूलते थे। बसन्त ने अपने पिता की मदद से पेरिस्कोप, चोर अलार्म, कम्पास आदि बनाये। बसन्त कुछ बड़ा हुआ, उसने विज्ञान सम्बन्धी अनेक उपकरणों की माँग की तो रघुवीर जी लाल किले के पास लगनेवाले रविवार बाज़ार जाकर बिजली की मोटर, ट्रांजिस्टर, ट्यूब और कई तरह के बिजली उपकरण सस्ते और अच्छे लाये।

हेमा और बाक़ी बच्चे दिल्ली के प्रसिद्ध सरदार पटेल स्कूल से पहले 'होप हॉल' नामक पास के एक स्कूल में पढ़ते थे, जहाँ वे ज़्यादा ख़ुश नहीं थे मगर वहाँ माता-पिता को बच्चों को लाने-ले जाने में सुविधा थी। वहाँ के कुछ अध्यापकों से बच्चों को डर लगता था। एक बार रघुवीर जी ने मंजरी की स्कूल की फीस के दस रुपये हेमा को दिये और कहा कि फलाँ मैडम के पास इन्हें जमा कर देना। तीसरी में पढ़नेवाली हेमा उस मैडम से इतनी आतंकित रहती थी कि वह रुपये जमा करवाने की हिम्मत नहीं जुटा पायी। उसने ये पैसे पिता को भी नहीं लौटाये, अपने स्कूल बैग में रख लिये। ये रुपये 'बेकार' कब तक पड़े रहते, उनके छुट्टे करवाकर हेमा ने धीरे-धीरे ख़र्च करना भी शुरू कर दिया। एक दिन रघुवीर जी बच्चों को स्कूल से लेने आये। कार में हेमा उनके पास की सीट पर बैठी थी। कार चली तो बैग के पैसे बजने लगे। पापा ने पूछा—'तुम्हारे बैग में यह क्या बज रहा है, देखो। वैसे तुमने मंजरी की फीस जमा कर दी थी न!' हेमा ने कहा—'हाँ।' फिर उसे अहसास हुआ कि लगता है, उसका झूठ पकड़ा गया है। उसने सहज नाटकीयता से कहा—'पापा, मुझे माफ़ कर दीजिये, मैंने वे पैसे स्कूल में जमा नहीं किये हैं।' हेमा की नाटकीय मुद्रा को देख वह हँस दिये। मामला ख़त्म।

उन्होंने अपने बच्चों के लिए जो सरदार पटेल स्कूल चुना था, वहाँ छठी तक पढ़ाई हिन्दी में होती थी। संगीत, नाटक तथा अन्य कलाओं की ओर भी बच्चों को उन्मुख किया जाता था। ब.व. कारन्त जैसे नामी निर्देशक और उस समय के अन्य कलाकार इस संस्था से जुड़े थे। मंजरी और हेमा याद करती हैं कि अगर हमारे पिता ने हममें हिन्दी के प्रति रुचि न जगायी होती तो हम कभी जीवन में अपनी रुचियों का परिष्कार नहीं कर पातीं। शब्द सम्पदा को समृद्ध करने के लिए वह बच्चों से कहते, फ़ुर्सत में

शब्दकोश ही पढ़ लिया करो।

बच्चे अगर डरकर झूठ बोल रहे हों, छुपा रहे हों तो भी उनकी बात पर विश्वास करना उनकी विशेषता थी, जिससे रघुवीर जी के अपने पिता के साथ के एक प्रसंग की याद आती है, जब उनसे डरकर झूठ बोलने के बाद उन्होंने अपने पिता से कहा था कि लीजिये डण्डा और मुझे मारिये। १४ वर्ष के बसन्त के बारे में शायद उन्हें सन्देह हुआ कि वह सिगरेट पीने लगा है (वह ख़ुद भी पीते रहे अन्त तक) तो रघुवीर जी ने उससे यों ही पूछ लिया कि अच्छा बेटा, सच-सच बताना, तुम क्या सिगरेट पीने लगे हो? वैसे बताऊँ, मैंने भी इसी उम्र में शुरू कर दिया था। बसन्त ने झूठमूठ जवाब दिया, नहीं, मैंने तो आज तक नहीं पी है। तब उन्होंने कहा कि तो ठीक है। साथ ही सलाह भी दी कि वैसे मेरी तुम्हें सलाह है कि तुम पीना मत कभी, यह वाकई सेहत के लिए बहुत ख़राब है। बाद में बसन्त आईआईटी में इलेक्ट्रानिक इंजीनियरिंग के पाँच वर्षीय कोर्स के अन्त में नियमित रूप से सिगरेट पीने लगा। नौकरी करते समय भी पी मगर फिर कभी रघुवीर जी ने टोका नहीं, यह सोचकर कि अब वह अपने बारे में ख़ुद फ़ैसला करने में सक्षम है।

हाँ, प्रोत्साहन के साथ अपने बच्चों के शुभचिन्तक की तरह उनके काम के अच्छे आलोचक भी बने रहे। मंजरी और हेमा बताती हैं कि भले ही बाक़ी लोग उनके काम में किसी प्रकार का कोई नुक्स न देखें मगर उनके पापा उनके काम की बारीक़ियों में जाकर अगर कोई कमी दिखती, तो उसकी ओर संकेत करते, वह भी इस भाषा में : 'इसे इस तरह भी किया जा सकता था', यह नहीं कि इसे इस तरह करना चाहिए। प्रसारण में मंजरी के शुद्ध उच्चारण की बाहर काफ़ी तारीफ़ होती मगर उनके पापा अपनी शैली में कहते कि इस तरह इस शब्द का उच्चारण किया जा सकता था। बच्चे पढ़ाई करते-करते अगर किसी एक शब्द का अर्थ पूछने जाते तो अपने पिता द्वारा दी गयी सीख के अनुसार रघुवीर जी उस शब्द के अनेक अर्थ, व्युत्पत्तियाँ, ध्वनियाँ बताते। बच्चे अक्सर इससे चिढ़ जाते कि इनसे तो छोटी-सी बात भी पूछो तो ये पूरी रामायण सुना देते हैं मगर बाद में इसके महत्त्व का अहसास उन्हें हुआ। मंजरी और हेमा मानती हैं कि उनके पिता ने अगर भाषा की इतनी अच्छी तैयारी नहीं करवायी होती तो आगे का रास्ता उनके लिए कठिन होता। न मंजरी का दूरदर्शन में समाचार-वाचन के लिए चयन

आसानी से होता, न हेमा का अभिनय के साथ भाषा पर भी अच्छा अधिकार होता। हेमा ने अपने कॉलेज मिरांडा हाउस में मोहन राकेश के सुप्रसिद्ध नाटक 'आधे-अधूरे' में मल्लिका की भूमिका का निर्वाह किया था। नाटक के बाद उनके पिता ने कहा कि अगर तुमने अँग्रेज़ी स्कूल में पढ़ाई की होती तो बताओ तुम, क्या मल्लिका जैसे पात्र की शुद्ध संस्कृतनिष्ठ हिन्दी इतनी अच्छी तरह बोल पातीं ?

बचपन में रामकृष्णपुरम् के सरकारी घर में बाहर बरामदे में बिछे तख़्त को मंच बनाकर हेमा रूसी लोककथा का स्वयं द्वारा किये गये रूपान्तरण का निर्देशन और अभिनय का अभ्यास कर रही थी। अँधेरा हो गया तो रघुवीर जी अन्दर से टेबल लैम्प लाये और कहा, 'अब करो अभ्यास।' हेमा से उन्होंने तब कहा था कि मालूम है कि तुम जिस पद्धति में यह नाटक कर रही हो, मंच पर ड्रेस बदल-बदलकर तुम नये पात्र का रूप धर रही हो, यह ब्रेख़्त की शैली है।

अक्सर सफल और नामी पिता की छवि बच्चों के दिलोदिमाग़ पर छायी रहती है। कई बार ऐसे परिवारों में बच्चे अपनी माँ की बहुत उपेक्षा करते हैं। रघुवीर जी के परिवार में विमलेश्वरी जी की हमेशा केन्द्रीय जगह रही, आज भी है। अपने पिता की स्मृतियों में डूबते-उतराते हुए अक्सर बच्चे अपनी माँ के योगदान की चर्चा करते हैं, उनके प्रति कृतज्ञता महसूस करते हैं। विमलेश्वरी जी तमाम बीमारियों से घिरी रहीं मगर इस कारण पति की चिन्ता और बच्चों के लालन-पोषण की उपेक्षा नहीं होने दी। उन्होंने अपनी बेटियों को चौके-चूल्हे में नहीं लगाया। बेटियों ने दिलचस्पी दिखायी तो उनसे कहा कि तुम खड़ी रहकर ख़ुद देखो और समझो। रघुवीर जी की व्यस्तताओं के बीच विमलेश्वरी जी ही बच्चों की स्कूल सम्बन्धी समस्याएँ सुनतीं, समझतीं, होम वर्क में उनकी मदद करतीं। रघुवीर जी ने विमलेश्वरी जी को हमेशा जीवन साथी का पूरा सम्मान दिया, जिन्हें वह कभी सिर्फ़ बट्टू और कभी बट्टूजी कहकर पुकारते थे और उनके स्वादिष्ट खाने से प्रसन्न होकर बच्चों के सामने उन्हें अन्नपूर्णा कहा करते। जिस ज़माने में जब मोबाइल फ़ोन का नाम भी शायद कम लोगों ने सुना होगा या नहीं सुना होगा, जब बाहर जाने पर फ़ोन करना कई बार चुनौतीपूर्ण होता था, वह पूरी कोशिश करते कि किसी तरह पहुँचते ही सबसे पहले घर फ़ोन करके अपना हालचाल ज़रूर बतायें और उनकी ख़बर भी रखें।

एक बार विमलेश्वरी जी की तबियत बहुत ठीक नहीं थी तो रघुवीर जी मंजरी को अपने साथ एक पार्टी में ले गये। इसके सिवाय उसे कुछ नहीं बताया कि कहीं खाने पर चलना है। यह नहीं बताया कि जहाँ वह ले जा रहे हैं, वहाँ राजकीय भोज है, जहाँ सबकुछ बड़े टीमटाम से होता है। तत्कालीन प्रधानमन्त्री ने किसी विदेशी प्रधानमन्त्री के सम्मान में भोज दिया था, जहाँ पर तमाम क़िस्म की औपचारिकता होती हैं। भोज के समय मंजरी और सहाय जी की टेबिलें काफ़ी दूर थीं। मंजरी के पास बैठे लोग उसके लिए एकदम अपरिचित थे। वहाँ मन्त्रियों-अफ़सरों की बीवियाँ ख़ूब सज-धजकर आयी थीं, सब अँग्रेज़ी में गिटपिट कर रही थीं। मंजरी के जीवन का यह पहला ऐसा अनुभव था। सब कुछ उसके लिए अटपटा था। उसने जाते समय कपड़ों पर ख़ास ध्यान नहीं दिया था, इस कारण भी उसे अजीब लग रहा था। वहाँ साथ बैठे लोग आम तक काँटे-छुरी से खा रहे थे। उसने समझा कि यहाँ आम खाने की यही रीत है। वह लगातार संकोच और दुविधा में रही। बाद में वापिस आते समय मंजरी ने अपने पापा से कहा कि वहाँ तो आम भी छुरी-काँटे से खाये जा रहे थे, हमसे तो यह सब नहीं होता, कभी यह किया नहीं, सीखा नहीं। रघुवीर जी ने उससे कहा कि वे छुरे-काँटे से खायें, तुम्हारे लिए यह ज़रूरी नहीं था। तुम जिस तरह से घर पर आम खाती हो, उसी तरह खातीं, तुम्हें वहाँ कौन रोकता? दूसरों के तौर-तरीक़ों से आतंकित होने की ज़रूरत नहीं। हम अपनी सहजता को दूसरों की तरह बनकर क्यों खोयें!

अपना दुख वह किसी से साझा नहीं करते थे, बच्चों से तो करें भी क्यों, पत्नी से भी अधिक नहीं। वह तो विमलेश्वरी जी पति के स्वभाव को अच्छी तरह जानने के कारण उनके बिना कहे भी बहुत कुछ भाँप जाती थीं। वह इसे अपना सौभाग्य मानते थे कि उन्हें विमलेश्वरी जी जैसी पत्नी मिली हैं, जो अपने लिए कुछ नहीं माँगतीं। वह बच्चों से कहते कि कोई दूसरी पत्नी मिली होती तो शायद वह गहने-कपड़े की बहुत माँग करती, तो वह घर का ख़र्च कैसे चलाते? वह कहा करते थे कि जब तुम्हारी माँ मुस्कुराती नहीं हैं, तब भी देखो, कैसी मुस्कुराती-सी लगती हैं। रघुवीर जी कोई नया मुहावरा, कोई नया शब्द कहीं सुनते थे तो झट से उसे कहीं टाँक लेते थे। वह लखनऊ के थे, विमलेश्वरी जी कानपुर की, तो सहजभाव से विमलेश्वरी जी के मुँह से कोई कनपुरिया शब्द या मुहावरा निकल जाता, जो उनके

लिए नया–अनसुना होता तो वह कहते—'जरा बिट्टू जी इसे दुबारा बोलना तो।' उसे कहीं आँक लेते। उन्होंने फ़िल्म 'तरंग' के लिए दो गीत लिखे थे, उनमें से एक का ही इस्तेमाल हो सका। जिसका इस्तेमाल नहीं हो सका, उस गीत की तर्ज कभी बट्टू जी के मुँह से उन्होंने सुनी थी।

दूरदर्शन के लिए वे ताज़ा राजनीतिक–सामाजिक घटनाओं पर एक नियमित कार्यक्रम करते थे, इसलिए उन्हें टीवी कार्यक्रम के प्रस्तोता में क्या होना चाहिए, इसका ठीक–ठीक अन्दाज़ था। उन्होंने मंजरी को सलाह दी थी कि समाचार पढ़ते समय वाचक को तनकर नहीं बैठना चाहिए, शरीर को थोड़ा ढीला छोड़े रखना चाहिए। तनकर बैठने से रीढ़ की हड्डियों पर ज़ोर पड़ता है, जिससे तनाव कन्धे से होकर गले तक और फिर जबड़े पर असर दिखाने लगता है। इस कारण ज़ुबान से साफ़ बोलना मुश्किल हो जाता है, पूरा मुँह खोलकर पढ़ना कठिन हो जाता है। मंजरी बताती है कि ये बातें अब जाकर टीवी पर कार्यक्रम प्रस्तुति के लिए सिखाना शुरू हुआ है। मंजरी के पति हेमन्त जोशी भी दूरदर्शन पर क्षेत्रीय समाचार पढ़ते थे। उनके सिर के काफ़ी बाल जल्दी ही उड़ चुके थे, तो तत्कालीन निदेशक ने साफ़ कह दिया था कि स्क्रीन पर गंजापन नज़र आने के कारण आगे से उनसे समाचार वाचन करवाना मुश्किल होगा। हेमन्त को रघुवीर जी ने सलाह दी कि नीचे झुककर समाचार पढ़ने से गंजापन नज़र आता है तो इतना मत झुको। यह सलाह काम कर गयी।

उन्हें बिल्लियों का 'स्वाभिमान' पसन्द था

बहुत पहले की बात है। अज्ञेय जी ने बातचीत में कहा था : हमारे लेखक भाइयों को पशु-पक्षियों का, पेड़-पौधों का और फूल-पत्तियों का नाम नहीं मालूम रहता। अज्ञेय जी ने ठीक ही कहा था। महानगर के मुहल्ले में जिस जीवन को लेखक अपने चारों ओर लपेटे रहता है, उसमें ये सब चीज़ें मानो हैं ही नहीं।... जिस गाँव में लेखक पैदा हुआ था, उसमें कौन-कौन सी चिड़ियाँ थीं, यह सवाल अगर 'रविवार' के सम्पादक अपने लेखकों से पूछें तो मज़ा आये। इसमें यह सवाल भी जोड़ दें कि उनमें से आपके वर्तमान नगर में आपने देखी हैं तो और भी अच्छा रहे।

—(रघुवीर सहाय रचनावली-५, पृ. ३०४)

आज के हिन्दी साहित्य में चिड़िया कई बार आ चुकी है मगर वह एक अजब-सी चिड़िया है, जिसका कोई नाम नहीं, जाति नहीं, देश और काल से जिसका सम्बन्ध नहीं।...कोई पूछे कि साहित्यकार यदि चौबीस घण्टे के लिए घर में अकेला बन्द कर दिया जाय और उसे छूट दे दी जाय कि उसकी पसन्द का कोई एक पशु या पक्षी उसके साथ रहने दिया जा सकता है, तो कौन-सा पशु-पक्षी वह पसन्द करेगा तो मुझे आशंका है कि साहित्यकार विचित्र पशुओं के नाम लेगा, क्योंकि वह भी अपने को विचित्र मानता है।

—(रघुवीर सहाय रचनावली-३, पृ. १७७)

रघुवीर सहाय के मन में अपने लेखक साथियों के पशु-पक्षियों के प्रति सामान्य अज्ञान के बारे में एक क़िस्म का जो निन्दा-भाव यहाँ दीखता है,

वह किस हद तक सही है या ग़लत है, इसे हम अपने भीतर झाँककर ही ज़्यादा बेहतर ढंग से समझ सकते हैं मगर जहाँ तक उनका सवाल था, निस्सन्देह उनका पशु-पक्षियों से गहरा-जीवन्त लगाव था। वह जानवर पालने की इच्छा को भाई-चारा बढ़ाने की इच्छा का सबसे कठिन और सबसे मधुर रूप मानते थे। कठिन इस अर्थ में कि 'जानवर की गरिमा' की रक्षा करते हुए उससे 'संवाद' बनाये रखना उनके अनुसार 'कष्टसाध्य' भी है और 'मधुर' भी है। जब यह 'संवाद' मनुष्य और पशु के बीच बन जाता है तो दोनों पक्ष 'एक नये आत्मविश्वास' का परिचय पाते हैं। वह स्वयं किस हद तक इस पर खरे उतर सके थे, इसका प्रमाण अगर देखना हो तो उनकी अद्‌भुत कहानी 'चालीस की उम्र में प्रेम' और उनकी एक टिप्पणी 'एक बिल्ली के दुश्मन' को ज़रूर पढ़ना चाहिए।

उनके घर में अनेक घरेलू पशु-पक्षी पलते रहे हैं—अपने आस-पास दिखनेवाले बिल्ली, कुत्ता, कबूतर, तोता आदि। वह मानते थे कि बच्चों में दया-भावना और भावुकता की कमी न रहे, इसलिए उनका जानवरों से रिश्ता बनना, उनसे लगाव पैदा होना आवश्यक है, ऐसा लगाव जिसमें अपना कोई स्वार्थ न हो। ऐसा लगाव ही मनुष्य को अधिक संवेदनशील बनाता है लेकिन वह पिंजरे में बन्द कर पक्षियों को घर में पालने के विरुद्ध थे। जब बच्चों ने तोता पालने की बहुत ज़िद की तो उन्होंने बहुत समझाने की कोशिश की कि बिल्ली की गन्ध से तोता परेशान हो जायेगा और मौक़ा देखकर बिल्ली उसे खा भी सकती है। बच्चों ने कहा कि नहीं, हम ऐसा नहीं होने देंगे, हम उसकी पूरी सुरक्षा करेंगे। ख़ैर, उनकी ज़िद के आगे जब कोई तर्क नहीं चला तो रघुवीर जी एक तोता ले आये। बच्चे सोच रहे थे कि वह बोलेगा तो कितना अच्छा लगेगा! इसकी नौबत आने से पहले एक दिन उनकी बिल्ली मुनमुन की सन्तान मुश्तू ने तोते का पिंजड़ा बुरी तरह झिंझोड़ दिया तो डर के मारे वह तोता बीमार हो गया और मर गया। इसके बाद इस तरह की ज़िद फिर कभी बच्चों ने नहीं की। मृत्यु से कोई बीस दिन पहले उनके प्रेस एन्क्लेव के फ़्लैट के रसोईघर के रोशनदान में कबूतरी का दस दिन का एक बच्चा पल रहा था। पता नहीं किस वजह से पिछले दो दिनों से उसकी माँ उसके पास नहीं आ रही थी। यह देखकर रघुवीर जी ने उस बच्चे को रोशनदान से निकाला और अपने हाथ से बाजरे के आटे की गोलियाँ बनाकर उसके हलक में डालीं। दिन में तीन बार उसे दाना-

पानी देने का ज़िम्मा भी उन्होंने उठाया। कुत्तों से उन्हें ज़्यादा लगाव नहीं था, जो अमूमन लोगों में पाया जाता है। जब वह आर.के.पुरम के सरकारी मकान में रहते थे, तब उनके एक पड़ोसी ने अपने पाले हुए कुत्ते के बूढ़ा होने पर घर से निकाल दिया, तो उसे रघुवीर जी ने शरण दी, उसके खाने-पीने-पानी का इन्तज़ाम किया। उसे जब खाज हो गयी और घर के लोग उससे छूत के डर से डरने लगे, तब वह स्वयं उसे दिल्ली विश्वविद्यालय के पास बने पशु-गृह ले गये ताकि वहाँ उसे रखा जा सके और उसका इलाज हो सके। उसके बारे में बीच-बीच में वह डॉक्टरों से पूछताछ करते रहते थे। एक बार डॉक्टर ने कहा कि अब यह बच नहीं पायेगा, इसे दया-मृत्यु देना बेहतर रहेगा तो रघुवीर जी ने यह स्वीकार नहीं किया, उसे पुनः घर वापिस ले आये। उसके बाद भी वह तीन-चार साल ज़िन्दा रहा। एक बार कुत्ते पकड़नेवाली गाड़ी आयी और उसे पकड़कर ले गयी। उसके बाद उसका पता न चलना था, न चला।

बिल्लियों से उन्हें विशेष लगाव था। बिल्ली को वह अत्यन्त सहृदय और सुन्दर प्राणी मानते थे। इन्हें ख़ासतौर पर पसन्द करने का कारण उनके अनुसार यह था कि बिल्लियाँ 'स्वाभिमानी' होती हैं। ये आदमी को उतना ही अपने पास आने देती हैं, जितने की उन्हें ज़रूरत होती है। वे कुत्तों की तरह ख़ुदगर्ज़ी के लिए अपने को समर्पित नहीं करतीं। इसका सम्बन्ध जीवन के प्रति उनके अपने रवैये से भी था। उन्हें आदमियों में भी यही बात पसन्द थी, इसलिए कोई साधारण से साधारण आदमी भी (वह अपने को असाधारण नहीं मानते थे।) अपना स्वाभिमान, अपनी असहमतियों के साथ उनके पास जा सकता था और दुनिया से तमाम मुद्दों पर असहमति रखनेवाला यह शख़्स अपने से असहमतों के प्रति कोई दुर्भावना नहीं पालता था, अपनी बात सामने रखता था और कोशिश करता था कि अपनी बात के सही होने का विश्वास दिला सके या चुप होकर दूसरे की बात सुनता था। इस लेखक का भी ऐसा अनुभव है और प्रकाश मनु आदि का भी। प्रकाश मनु एक दिन अचानक उनके यहाँ पहुँच जाते हैं। रघुवीर जी से उनकी कविता पर बात करते-करते पहली ही मुलाक़ात में वह इतने सहज हो जाते हैं कि कह देते हैं कि आपके कविता-संग्रह 'हँसो, हँसो, जल्दी हँसो' के बाद की कविताएँ दुखी आदमी के संघर्ष के साथ पहले की तरह खड़ी नहीं होतीं तो वह थोड़ी देर सोच में पड़ जाते हैं। फिर पूछते हैं :

'आपको ऐसा लगता है?' फिर उनकी इस आपत्ति को ख़ारिज नहीं करते हुए 'हो सकता है...' के साथ बिना उत्तेजित या परेशान हुए अपना पक्ष रखते हैं।

बहरहाल, जब वह आकाशवाणी में थे और इस नाते जब उन्हें पहली बार मोती बाग़ में सरकारी मकान मिला, तब से उनके यहाँ बिल्लियाँ पलती रही हैं। शुरू में वह दिल्ली में अपने चचेरे भाई ब्रह्मानन्द सहाय के साथ उनके सरकारी मकान में रहते थे, उन्होंने भी बिल्लियाँ पाल रखी थीं। हो सकता है, इस कारण बिल्लियों को नज़दीक से जानने का मौक़ा उन्हें मिला हो और इस कारण रघुवीर जी के मन में इनके प्रति विशेष लगाव पैदा हुआ हो। मोती बाग़ में उनके घर में 'जेसी' नामक एक बिल्ली पलती थी। उसके लिए रघुवीर जी बाज़ार से मछली ख़रीदकर लाते और उसे ख़ुद खिलाते थे। वह जब घुर्र-घुर्र करके अपनी ख़ुशी व्यक्त करती तो उन्हें इससे बहुत आनन्द मिलता था। बाद में टीना, मुनमुन और कई बिल्लियाँ उनके यहाँ पलीं। कुछ उन्होंने अपने मित्रों-परिचितों को भेंट कीं, कुछ बिल्लियाँ उन्होंने जवाहरलाल नेहरू विश्वविद्यालय के एक रेस्तराँ के पास छोड़ीं।

टीना नामक बिल्ली का पूरा ख़ानदान उनके यहाँ पला। उसके बच्चों में एक का नाम रखा गया था—मुनमुन, जो उन्हें बहुत प्रिय थी। टीना के बारे में वह कहते थे कि वह रानी लगती है और मुनमुन के बारे में उनकी धारणा थी कि यह इनसान हो गयी है। मुनमुन के बारे में उन्होंने अपनी एक कहानी और एक टिप्पणी में अधिक विस्तार से लिखा है, उसे एक व्यक्ति मानते हुए उसका चरित्र-चित्रण किया है। मुनमुन उनके घर में ही पैदा हुई थी। उनके परिवार में वह बारह बरस तक पली और बड़ी हुई। वह शायद कुछ और जीती, अगर पास के एक पार्क में वह हिंसा का शिकार न हो जाती। वह बिल्ली पूरे परिवार का और पूरा परिवार उसकी बोली समझने लगा था। वह एक देसी बिल्ली थी, उसके देखने में, आँख फेर लेने में, उठकर चल देने में और बिन बुलाये आ जाने, सबमें एक अभिप्राय था, जो मनुष्य की बोली में सिर्फ़ बहुत से शब्दों में प्रकट किया जा सकता है। शाम को रघुवीर जी के घर लौटते ही मुनमुन उनके पास आ जाती। एक दिन वह घर आकर उस दिन की डाक देख रहे थे। उन्होंने देखा कि रोज़ की तरह वह उनके पास नहीं आयी, दूर बैठी घूरती रही। थोड़ी देर में रघुवीर जी उसके

असमंजस को ताड़ गये कि उन्होंने नया चश्मा लगाया है इसलिए शायद वह असहज हो रही है। उन्होंने अपना वह चश्मा निकालकर बगल में रखा तो तुरन्त मुनमुन उनके पास आ गयी।

कहानी में वह इस तरह आयी है—'मुनमुन ऐसे देखती थी, जैसे बहुत गम्भीर व्यक्ति हो, जबकि थी वह अपनी उम्र के हिसाब से भी अधिक गावदू।' 'मुनमुन दिन-ब-दिन खिलौने की तरह ख़ूबसूरत और साथ ही ज़ाहिल बनती जा रही थी।' कहानी में एक जगह यह वर्णन भी है कि एक दिन मुनमुन ने घर के तीन कोनों में तीन जगह गन्दगी कर दी। कहानी के मुख्य पात्र श्यामलाल उसे इसकी सज़ा देने का निश्चय करते हैं ताकि दूसरी बार वह ऐसी हरकत करना भूल जाये। उन्होंने सुन रखा था कि बिल्ली कितने ही ऊँची जगह से गिरे मगर वह ज़मीन पर आते-आते अपनी माँसपेशियों को इस तरह से ढील दे देती है कि पंजों के बल सुरक्षित गिरती है, इसलिए श्यामलाल उसे बिना कोई शारीरिक नुकसान पहुँचाये सज़ा देने के लिए कुछ ऊपर से गिरा देते हैं। वह गिरती तो पंजों के बल है और घबराकर तुरन्त बाहर भाग जाती है। तब तो कुछ पता नहीं चलता मगर अगले सवेरे वह लौटती है तो पता चलता है कि वह अपनी पिछली दोनों टाँगें ज़मीन पर रख नहीं पा रही है। इसके बाद लम्बे समय तक उसका इलाज चलता है और वह ठीक तो हो जाती है मगर उसकी पीछे की दोनों टाँगें हमेशा के लिए कमज़ोर पड़ जाती हैं (परिवार के लोगों के अनुसार यथार्थ में उसकी टाँग इलाज के बाद ठीक हो गयी थी, शायद लेखक ने अपने अपराधबोध को कहानी में इस तरह रखा है)। इस कारण श्यामलाल एक तरह से उससे अपनी ग़लती की माफ़ी माँगते हुए उसे पकड़कर प्यार करना-दुलारना चाहते हैं तो वह पकड़ में तो आ जाती है लेकिन बरसाये जा रहे प्यार का उस पर कोई असर नहीं होता। वह इसे ऐसे क़बूल करती है, जैसे वह बनी ही इसलिए हो और उनका कोई एहसान वह नहीं मान रही हो। इसके बाद से उसे और भी प्यार पसन्द और आराम तलब बताया जाता है। वह न कभी कोई चिड़िया पकड़ती है, न चूहा, अधिक से अधिक वह तितली को देखकर उठ बैठती है और कान खड़े करके अपनी नज़र से उसका पीछा करती है।

यह कहानी श्यामलाल और उनके परिवार तथा टीना, मुनमुन तथा उसके अन्य बच्चों की कहानी है। एक रविवार को टीना और उसके बच्चों की

खोज करने श्यामलाल और उनके दो बेटे निकलते हैं। (यथार्थ में हुआ यह था कि उन्होंने ही जानबूझकर बिल्लियों को घर से बाहर छोड़ दिया था ताकि वे आत्मनिर्भर होना सीखें)। बाद में श्यामलाल बेटे सहित चिन्तित होकर उन सबकी खोज में निकलते हैं। आस-पास ढूँढ़ा जाता है मगर पता चलता है कि टीना और उसका पूरा परिवार एक नाले में छुपा हुआ है। ये सब मिलकर उस बिल्ली-परिवार को किसी तरह वहाँ से निकालने की कोशिश में अन्ततः सफल हो जाते हैं।

हर रचना में कल्पनाशीलता की अपनी भूमिका होती है, होनी ही चाहिए, इसलिए उस दिन की हर घटना का उसी तरह बखान नहीं किया गया होगा, फिर भी इसके मुख्य पात्र श्यामलाल यहाँ किसी हद तक स्वयं रघुवीर सहाय हैं, ऐसा माना जा सकता है और जो पूरा परिवार बिल्ली के उन बच्चों की खोज में आगे-पीछे आ जाता है, वह उनका अपना ही परिवार रहा होगा। कहानी को कहानी बनाने के लिए उन्होंने एक की जगह अपने (श्यामलाल के) दो बेटे बना दिये। मनोहर श्याम जोशी ने भी लिखा है कि जहाँ तक उन्हें याद आता है कि एक मर्तबा सचमुच रघुवीर सहाय की बिल्ली और उसके बच्चे खो गये थे। परिवार भी ऐसी एक घटना की पुष्टि करता है। ऐसी कहानी उस पशु से एक घनिष्ठ मानवीय रिश्ते में बँधा रचनाकार ही लिख सकता है। पशु से जिस संवाद की बात वह करते हैं, वह यहाँ साफ़ दीखता है। दोनों के बीच एक संवाद है, संकट है और सम्भावनाएँ हैं। इसमें उन्होंने अपनी दोनों प्रिय बिल्लियों टीना और मुनमुन को अपने वास्तविक नाम और चरित्र के साथ रखा है। इस कहानी का नाम 'चालीस के बाद प्रेम' ही क्यों है, इसका स्पष्टीकरण भी इसमें मौजूद है। यह कहानी १९७२ में प्रकाशित उनके कहानी संग्रह 'रास्ता इधर से है' में छपी थी, बाद में यह 'रघुवीर सहाय रचनावली' में शामिल हुई। १९२९ में जन्मे रघुवीर सहाय ने जब यह कहानी लिखी थी, तब वह चालीस की उम्र पार कर चुके थे। कहानी में वह श्यामलाल के बहाने कहलवाते हैं

> 'चालीस पार करते-करते आदमी का ग़ैर-मामूलीपन ख़त्म होने लगता है। वह अपने अन्दर ऐसा न होने देंगे, यह श्यामलाल का दृढ़ निश्चय था मगर ऐसा तो हो ही रहा था, जैसे उन्हें जानवरों से प्यार हो चला था, जो इस उम्र में बहुतों को अक्सर हो जाया करता है। वह जानते थे कि यह उनके और उनकी पत्नी के ज़िन्दगी से थके चले होने का एक

नतीजा है मगर वह यह सोच कर ख़ुश होते थे कि उनके बच्चे—जो कि वास्तव में जानवर को पालने के लिए घर ले आये थे—औरों से अच्छे इनसान बनेंगे।'

क्या इस तरह की टिप्पणी सचमुच इस कहानी के पात्र श्यामलाल और रचनाकार रघुवीर सहाय के बीच बहुत दूरी बनाती हुई लगती है?

यह कहानी पढ़ने लायक है, जिसमें बिल्ली के व्यवहार के बहुत बारीक़ विवरण, मानवीय ऊष्मा के साथ मौजूद हैं। टीना (बिल्ली) के तीन बच्चे होते हैं तो कैसे श्यामलाल के परिवारजनों को एक नयी परिस्थिति का सामना करना होता है, उनकी बिलौटे से जान बचाने के लिए, कैसे पूरा परिवार तरह-तरह के उपाय करता है, कैसे बिल्ली अपने बच्चों के लिए उन जगहों को असुरक्षित समझती है जहाँ उनकी जान बचाने का इन्तज़ाम परिवारजन करना चाहते हैं। अन्ततः उन बच्चों को उन्हीं जगहों पर रखा जाता है, जहाँ वह उन्हें सुरक्षित समझती है। कैसे इसके बावजूद एक बिलौटा मौक़ा ताड़कर एक-एक कर दो बच्चों को जान से मार देता है और टीना तथा उसके बच्चों को किस-किस तरह एक-एक कर बाहर निकालने में सफलता पायी जाती है और सबको वापिस घर ले आया जाता है, इसके बारीक़ विवरण कहानी में हैं।

रघुवीर सहाय किस तरह अपने यहाँ पल रही बिल्लियों की परवाह करते थे, इसका एक दिलचस्प और एक हद तक मार्मिक बखान अपने संस्मरण में मनोहर श्याम जोशी ने किया है। उन्होंने लिखा है—

> मुझे याद है एक बार जब मैं उसके साथ घर पहुँचा, तब मंजरी से किसी की कुशल पूछते हुए उसने काफ़ी चिन्तित स्वर में प्रश्न किया कि अब कैसी हैं? कुछ खाया उन्होंने? मैं यही मानकर चला कि वार्तालाप किसी वृद्धा रिश्तेदार के सन्दर्भ में हो रहा है। बाद में पता चला कि यह बातचीत बिल्ली के बारे में हो रही है। हिन्दी में रेणु जैसा कुत्ता-प्रेमी साहित्यकार दुर्लभ है तो रघुवीर सहाय जैसे बिल्लीवादी साहित्यकार दुर्लभतम है। अँग्रेज़ी साहित्य का विद्यार्थी रह चुका रघुवीर बस एक बिल्ली-प्रेम के मामले में ही विलायती साहित्यकार कहा जा सकता है।

सुरेश शर्मा ने अपने एक संस्मरण में उनके जेएनयू के साउथ इण्डियन ढाबे पर आने का ज़िक्र किया है, जहाँ का डोसा उन्हें बहुत पसन्द था। उस ढाबे

पर उन्होंने बिल्ली के कुछ बच्चे भी छोड़ रखे थे। एक शाम लाइब्रेरी जाते हुए सुरेश शर्मा ने देखा कि एक हरी कार उस ढाबे पर आकर रुकी। उसमें से रघुवीर जी निकले, जो सिर्फ़ यह पूछने वहाँ आये थे कि बिल्ली के ये बच्चे ठीक तो हैं? एक बार आर.के. पुरम वाले फ़्लैट के पिछले वाले खुले हिस्से में बैठकर रघुवीर जी सुबह का अख़बार पढ़ रहे थे। टीना के तीन-चार बच्चे भी वहीं आसपास घूम रहे थे। दो बच्चे उनके ऊपर चढ़ गये और उन्होंने वह अख़बार फाड़ दिया। जैसे किसी के छोटे बच्चे ऐसी हरकत करें तो साधारणतः कोई पिता या दादा या नाना नाख़ुश नहीं होता, डाँटता नहीं, तो वह भी उनकी इस हरकत से नाराज़ नहीं हुए। उन्होंने मुस्कुराकर कहा—'देखो, यह इनके अख़बार पढ़ने का ढंग है।'

विदेशी नस्ल के कुत्ते के बच्चे हों और कोई भेंट दे तो बहुत से लोग ख़ुशी-ख़ुशी तैयार हो जायेंगे, आभार मानेंगे मगर साधारणतः बिल्ली के बच्चों को पालने में बहुतों की दिलचस्पी नहीं होती, जबकि बिल्ली जल्दी-जल्दी बच्चे देती है और उनके बच्चे कोई माँगता नहीं। ऐसा ज़िक्र उनकी कहानी में भी है। उन्हें बिल्ली के निरन्तर बढ़ते बच्चों को किसी को भेंट करने के रास्ते भी निकालने पड़ते थे। आख़िर कितने बच्चों को वह पालें? कितना ख़र्च वह उठायें? किस हद तक अपने घर को बिल्ली के बच्चों का घर बनने दें? इसलिए वह कुछ बच्चों को जेएनयू के ढाबे पर छोड़ जाते हैं, जहाँ उन्हें खाने को कुछ न कुछ मिलता रहता होगा। लेकिन एक बार उन्हें छोड़ देने के बाद वह उनकी ओर से बेफिक्र नहीं हो जाते थे। उनके सहयोगी रहे जवाहरलाल कौल ने बताया कि एक शाम वह मेरे सामने आकर बैठ गये। उन्होंने बात-बात में पूछा—'आप कोई जानवर पालते हैं?' कौल ने कहा—'कभी कुत्ता ज़रूर पालता था मगर पत्नी को पसन्द नहीं है तो अब नहीं पालता।' फिर उन्होंने पूछा—'बिल्ली?' कौल ने जवाब दिया—'बिल्ली पालने का तो कभी मौक़ा नहीं आया।' तुरन्त बिना रुके उन्होंने कहा—'तो चलिए, मैं आपके लिए बिल्ली की गिफ़्ट लाया हूँ। नीचे चलकर ले लीजिये।' कौल साहब मना करना तो चाहते थे मगर मना नहीं कर पा रहे थे। ख़ैर! रघुवीर जी के साथ नीचे आये तो हुआ यह कि बिल्ली के बच्चे उनकी कार के टूटे शीशे से बाहर निकलकर लापता हो चुके थे। वह बताते हैं कि इस तरह बिल्ली पालने के संकट से वह बच गये।

लेकिन एक अलग तरह का अनुभव भी है। अपने एक संस्मरण में कुबेरदत्त

ने लिखा है कि एक दिन वह रघुवीर जी के साथ उनकी कार में दूरदर्शन से अपने घर मुनीरका आ रहे थे। अपने घर ले जाकर रघुवीर जी ने कहा—'चलिये, थोड़ा बैठते हैं, साथ चाय पीते हैं।' फिर दोनों में चर्चा शुरू हो गयी। होते-होते संगीत का जानवरों पर प्रभाव पर चर्चा शुरू हो गयी और उसके बाद बात का विषय बिल्लियों पर आ पहुँचा। रघुवीर जी ने बिल्लियों की नस्लों, आदतों, उनके रंगों-डिज़ाइनों के बारे में बताना शुरू कर दिया। स्वभावत: चर्चा का रुख़ उनकी अपनी बिल्लियों तक पहुँच गया। लौटते समय कुबेरदत्त ने उनसे कहा कि मुझे भी बिल्लियों से गहरा अनुराग है तो वह ख़ुश हो गये। इसके क़रीब तीन सप्ताह बाद रघुवीर जी सुबह-सुबह साढ़े छह-सात बजे उनके घर पहुँचे। अपने बेटे या किसी बेटी को ऊपर भेजा। उसने घण्टी बजायी और कुबेरदत्त को नीचे बुला लाये, जहाँ रघुवीर जी कार में बैठे थे। रघुवीर जी ने कहा—'सुनो, तुम्हें बिल्ली पसन्द है न? इसे पालो और ख़ूब प्यार दो।' इसके साथ उन्होंने एक पर्चा भी दिया, जिसमें उसके पालन-पोषण के बारे में तमाम हिदायतें थीं। इसके साथ कहा—'शुरू में कुछ दिक़्क़तें आयेंगीं, बाद में सब ठीक हो जायेगा।' वह बिल्ली कुबेरदत्त के यहाँ पलती रही। कुबेरदत्त के निधन के कुछ वर्ष बाद उनकी पत्नी और नृत्यांगना कमलिनी दत्त ने अपने पति की स्मृति में कुबेरदत्त के साथ खेलती बिल्लियों की तस्वीरोंवाला २०१७ का कैलेण्डर अपने कुछ मित्रों-परिचितों के बीच बँटवाया था।

रघुवीर जी की सबसे प्रिय बिल्ली मुनमुन का अन्त बड़े दर्दनाक ढंग से हुआ। वह उनकी कालोनी से कुछ दूर बनी एक 'नंगीबूची' मुसलिम बस्ती के कब्रिस्तान से जुड़े मैदान में घूम रही थी। वहाँ ग़रीब मुसलमानों के बड़े होते बच्चे खेला करते थे। वे उन ग़रीब ख़ानदानों के थे, जिनकी ज़मीनें पास की बस्ती में बसे अमीर बन चुके वे हिन्दू ख़रीदते जा रहे थे, जो १९४७ में मूलत: शरणार्थी के रूप में यहाँ बसाये गये थे और अब उपभोक्ता सामान की बिक्री से कमाये गये मुनाफ़े से धनवान बन चुके थे। दूसरी तरफ़ मुसलमान गाँव था, जो न अब गाँव रह गया था, न शहर बना था। वहाँ जो बढ़ई, मिस्त्री, कस्साब और दिहाड़ी मज़दूर रहते थे, वे महज़ इतना कमा पाते थे कि ढाबे में तामचीनी की उखड़ी तश्तरियों में गाय का सस्ता माँस और मैदे की बनी रोटियाँ खा सकें। इस ग़रीब बस्ती के बच्चे ग़रीबी की वही घुटन साथ लेकर उस मैदान में खुले में साँस लेने आते थे। उनके

साथ हिन्दू बच्चे खेलने नहीं आते थे, क्योंकि न वे अँग्रेज़ी बोलना जानते थे, न उर्दू, न साफ़-शफ़्फ़ाक कपड़े पहनते थे, न अदब-क़ायदा जानते थे। ये बच्चे वहाँ अपना प्रिय खेल खेलते थे—अपने पालतू ख़ूँखार कुत्तों को उत्तेजित कर उन्हें हिन्दू बस्ती के पालतू कुत्तों और बिल्लियों पर छोड़ देते और उन्हें लाठियों से घेरकर अपने कुत्तों से नुचवा देते। इसी बर्बर हिंसा का शिकार एक दिन मुनमुन भी बन गयी। उसके मारे जाने की ख़बर पाकर रघुवीर जी लिखते हैं—

> हम लोगों को एकाएक समझ में आया कि वह अपने हत्यारों की कल्पना में कितनी अजनबी, कितनी अनचाही और कितनी असामान्य रही होगी, उनकी वास्तविक दुनिया से कितना विजातीय प्राणी—एक अप्राकृतिक पशु जन्तु।

वह आगे लिखते हैं—

> ग़रीबी की घुटन में हिंसा का सम्बल, समाज में अपनी क्षुद्रता में अपनी सुरक्षा का, मनुष्यों से परायेपन का अहंकारयुक्त आश्वासन, जहाँ प्रेम का कोई मूल्य नहीं है, भय है, मुनमुन की हत्या का कारण था। जहाँ मेरी पत्नी के, मेरे और मेरे बच्चों के साथ एक जानवर के प्रेम को आज एक सामाजिक मूल्य नहीं माना जायेगा, वहाँ भरोसा नहीं कि हम लोगों के एक-दूसरे के साथ प्रेम को भी कल केवल एक अत्यन्त आत्मपरक और असामाजिक अनुभव मान लिया जाय, इसलिए मैं आज और अभी विरोध करता हूँ, जिसे हत्यारों से वैसा ही संवाद करने का मौक़ा न मिला, जैसा वह मुझसे किया करती थी।

'कल्पना' के वे कुछ महीने

रघुवीर जी का जीवन मुख्यत: लखनऊ और दिल्ली में बीता। उनके २१ बरस की उम्र में दिल्ली आ जाने के बाद तो उनका शेष जीवन दिल्ली में ही बीता। इस बीच वह बहुत छोटी सी अवधि—क़रीब पाँच महीने—हैदराबाद रहे, जहाँ वह भवानी प्रसाद मिश्र द्वारा साहित्यिक मासिक 'कल्पना' का सम्पादक मण्डल छोड़ने के बाद ख़ाली हुई जगह पर आये थे। 'कल्पना' के मालिक और सम्पादक बद्री विशाल पित्ती ने उन्हें बुलाया कि आपने आकाशवाणी की लगी-लगाई नौकरी छोड़ दी है, जहाँ आपकी तनख़्वाह अच्छी थी और नौकरी सरकारी। अब आप 'कल्पना' में आ जाइये लेकिन हम आपको उतनी तनख़्वाह नहीं दे पायेंगे।

वह 'कल्पना' से अक्टूबर, १९५७ में जुड़े। फ़रवरी, १९५८ में दिल्ली आ गये, जहाँ नये-नये बने 'एशियन थियेटर इन्स्टीट्यूट' में अनुसन्धान अधिकारी का पद उन्हें मिल चुका था। यहीं से अगले चार महीनों तक 'कल्पना' के सम्पादक मण्डल के सदस्य के तौर पर काम करते रहे ताकि उनके कारण ख़ाली हुई जगह इस बीच भरी जा सके। हैदराबाद से बाहर रहकर भी कुछ महीने तक 'कल्पना' का सम्पादन करने की छूट अकेले रघुवीर जी को ही मिली थी।

'कल्पना' की चार सौ रुपये की नौकरी करने वह हैदराबाद इसलिए चले गये थे—जैसा कि उस ज़माने के उनके घनिष्ठ मित्र मनोहर श्याम जोशी बताते हैं—कि मार्च, १९५७ में आकाशवाणी से इस्तीफ़ा देने के बाद वह बेरोज़गार थे। फ्रीलांसिंग ही सहारा थी। एक तरफ़ उनकी पहली सन्तान मंजरी का जन्म हो चुका था और दूसरी तरफ़ उन्होंने आकाशवाणी की

नौकरी छोड़ दी थी। इस बीच उनकी जमा पूँजी सब ख़त्म हो चुकी थी। दिल्ली में रहकर हिन्दी में फ्रीलांसिंग करना तो आज तक मुश्किल है, तब तो और भी कठिन रहा होगा। चार सौ रुपये महीने फ्रीलांसिंग से कमाना बहुत मुश्किल रहा होगा, यह बात यह लेखक १९७१ से १९७४ के अपने और दूसरे मित्रों के अनुभव के आधार पर भी कह सकता है, तभी वह हैदराबाद जाने को राज़ी हुए होंगे।

निश्चित रूप से 'कल्पना' अपने समय की सबसे महत्त्वपूर्ण, चर्चित और नियमित रूप से प्रकाशित होनेवाली साहित्यिक पत्रिका थी। शायद वह पहली और अन्तिम ऐसी साहित्यिक पत्रिका रही होगी, जिसके सम्पादक मण्डल में छह–छह लोग थे। इन सम्पादकों को बाक़ायदा नियमित रूप से तनख़्वाह मिलती थी और लेखकों को पारिश्रमिक भी। 'प्रतीक' के बाद एक और महत्त्वपूर्ण साहित्यिक पत्रिका के सम्पादन से जुड़ने की इच्छा भी सम्भवतः रघुवीर जी को हैदराबाद खींच लायी होगी।

लेकिन तब का हैदराबाद लगता है, उन्हें बिलकुल रास नहीं आया। किराये का मकान तो ले लिया था मगर वहाँ उत्तर भारतीय खाने की समस्या थी, जिससे वह परेशान रहने लगे। वह पत्नी को साथ ले नहीं गये थे तो बाहर खाना पड़ता था, जहाँ दक्षिण भारतीय व्यंजन ही मिलते थे। वह हैदराबाद, आज का हैदराबाद नहीं था। ख़ैर! उनके खाने की समस्या तो सम्पादक मण्डल के एक सदस्य मुनीन्द्र जी के अनुसार उन्होंने हल कर दी थी। मुनीन्द्र जी की हाल ही में शादी हुई थी। उन्होंने प्रस्ताव किया कि आप मेरे घर खाना खाने आ जाया करें। रघुवीर जी वहाँ खाने तो लगे मगर समस्या यह थी कि सिलसिला आख़िर कब तक चलता रह सकता था, कभी तो वैकल्पिक व्यवस्था करनी पड़ती! उन्हें वैसे भी यथासम्भव शीघ्र दिल्ली लौटना था, इसलिए वह परिवार को हैदराबाद न ले जाने का मन बनाकर ही गये थे। रघुवीर जी के दिल्ली में न रहने के कारण विमलेश्वरी जी कभी अपनी छोटी बच्ची के साथ अपने पीहर कानपुर जाकर रहतीं, कभी अपनी ससुराल लखनऊ चली आतीं। यह स्थिति भी बहुत समय नहीं चल सकती थी, इसलिए फ़रवरी, १९५८ में वह नयी नौकरी मिलते ही दिल्ली आ गये।

तब 'कल्पना' के सम्पादक मण्डल में पत्रिका के मालिक बद्री विशाल पित्ती का नाम भी छपता था। प्रदेश की राजनीति में सक्रिय होकर विधायक

बनने से पहले तक वह पत्रिका के काम में भी सक्रिय दिलचस्पी लेते थे। बताते हैं कि वह सम्पादकों को यह अहसास नहीं होने देते थे कि वह मालिक हैं, सबसे मित्रवत व्यवहार करते थे। तब प्रमुख सम्पादक की भूमिका आर्येन्द्र शर्मा निभा रहे थे और सम्पादक मण्डल के बाक़ी सदस्य थे—मधुसूदन चतुर्वेदी, मुनीन्द्र, जगदीश मित्तल और रघुवीर सहाय। इनमें श्री मित्तल कला सम्पादक थे और शायद किसी साहित्यिक पत्रिका के पहले और अन्तिम वेतनभोगी कला सम्पादक। व्यवस्था यह थी कि हर आनेवाली रचनाओं को सभी सम्पादक देखेंगे। एक ही रचना की कई टाइप प्रतियाँ बनवायी जाती थीं और सभी सम्पादकों से उनका मंतव्य जानने के लिए भेज दी जाती थीं। यह किसी एक सम्पादक के अख़्तियार में नहीं था कि वह किसी रचना को स्वीकृत या अस्वीकृत कर सके। सर्वसम्मति से ऐसे निर्णय लिये जाते थे। वैसे सम्पादक मण्डल में भवानी प्रसाद मिश्र के बाद रघुवीर जी अकेले ऐसे सम्पादक थे, जो नयी रचनाशीलता से जुड़े थे।

रघुवीर जी के 'कल्पना' में आने के बाद जो सिलसिला कुछ समय से रुका हुआ था, वह फिर से शुरू हुआ। विविध कलाओं पर समीक्षात्मक टिप्पणियाँ छपने लगीं, साहित्यिक-सामाजिक प्रश्नों पर टीकाएँ लिखी जाने लगीं। उस समय के अनेक महत्त्वपूर्ण कवियों की कविताएँ छपीं, जिनमें कुँवर नारायण, श्रीकान्त वर्मा, सर्वेश्वरदयाल सक्सेना, प्रभाकर माचवे, अशोक वाजपेयी, मलयज आदि थे। निर्मल वर्मा द्वारा किये गये विलियम सराया की कहानी और कुँवर नारायण द्वारा किये गये टी. एस. ह्यूम की कविता के अनुवाद आदि छपे। केशवचन्द्र वर्मा, रामस्वरूप चतुर्वेदी, शिवदान सिंह चौहान आदि उस समय का शायद ही कोई युवा, प्रतिभाशाली या वरिष्ठ लेखक न छपा हो।

अशोक वाजपेयी के अनुसार 'कल्पना' की प्रतिष्ठा तो पहले से थी मगर रघुवीर जी के जाने के बाद ही इस पत्रिका ने वह जगह हासिल की कि हर लेखक के लिए वहाँ छपना गौरव की बात बन गयी। बकौल मनोहर श्याम जोशी 'कल्पना' का सम्बन्ध उस दौर में प्रयोगवादियों-प्रगतिवादियों से जुड़ा और रघुवीर जी का लोहियावादियों से। 'कल्पना' के कार्यालय में समाजवादी पार्टी का कार्यालय भी हुआ करता था। पित्ती जी पार्टी के पदाधिकारी भी थे। लोहिया जी का दिल्ली से हैदराबाद आना अक्सर होता

था। रघुवीर जी का व्यक्तिगत परिचय लोहिया जी से वहीं हुआ। ओम प्रकाश दीपक से भी उनका परिचय वहीं हुआ, जो बाद में 'दिनमान' के नियमित लेखक और रघुवीर जी के मित्र बने। लोहिया जी और दीपक जी को वह पत्रकारिता के अपने गुरु का दर्जा देते थे।

१९८७ में मलयज के देहावसान के बाद उनका स्मरण करते हुए १९५७ के अन्त या १९५८ के आरम्भ में 'कल्पना' में प्रकाशित हुई उनकी तीन कविताओं 'सवेरे की मृत्यु', 'एक दिन डूबने के ठीक पहले' तथा 'पतझड़ में सूर्यास्त' का उल्लेख किया है। उन्होंने लिखा है कि जब ये कविताएँ आयीं तो सम्पादक मण्डल ने उन्हें बहुत उत्साह से देखा। इन तीनों कविताओं को उन्होंने ही एक शीर्षक 'दिन की छायाएँ' दिया था।

रघुवीर जी ने क़रीब चार महीने तक 'कल्पना' में 'साहित्य धारा' स्तम्भ रसिक लाल पाठक के छद्म नाम से लिखा, जो उनसे पहले प्रसिद्ध कथाकार मार्कण्डेय भी 'चक्रधर' के छद्म नाम से लिखा करते थे। इस स्तम्भ में उस समय की महत्त्वपूर्ण पत्रिकाओं में प्रकाशित रचनाओं का नोटिस लिया जाता था। रघुवीर जी के बाद यह स्तम्भ फिर से मार्कण्डेय ने अपने उसी छद्म नाम से लिखना आरम्भ किया। विमलेश्वरी जी बताती हैं कि 'कल्पना' के कवर पर हाथ से लिखा पत्रिका का जो नाम छपता था, उसे रघुवीर जी ने अपने हाथों से डिज़ाइन किया था। 'कल्पना' छोड़ने के सात साल बाद उन्होंने 'दृष्टिकोण' नाम से स्तम्भ लिखना भी आरम्भ किया था मगर यह स्तम्भ भी ज़्यादा समय तक नहीं चला। फ़रवरी १९६५ से शुरू होकर अक्टूबर में यानी सात महीने बाद बन्द हो गया लेकिन यह स्तम्भ रघुवीर जी अपने ही नाम से लिखते थे।

'कल्पना' पर अपने शोध प्रबन्ध लिखने के दौरान शशिप्रकाश चौधरी ने उसके दो सम्पादकों—जगदीश मित्तल और मुनीन्द्र से लम्बे साक्षात्कार लिये थे। मित्तल जी ने तो जैसे बड़ी हिकारत से कहा—'रघुवीर सहाय पैंट-बुशर्टधारी थे और सिगरेट पीते रहते थे। टिके नहीं, दिल्ली लौट गये।' इससे ज़्यादा उनके पास रघुवीर जी के बारे में कहने के लिए कुछ था नहीं। लगभग हमउम्र मुनीन्द्र जी के मन में ऐसा भाव नहीं था मगर दिलचस्प है कि उनका ध्यान भी रघुवीर जी के 'एकदम आधुनिक पहनावे पैंट, शर्ट, टाई' पर गया था। उस ज़माने में हिन्दी के लेखक की छवि में यह पोशाक शायद धँसती नहीं होगी—कम से कम हैदराबाद में तो नहीं, जहाँ रघुवीर

सहाय ने धोती-कुर्ता, कुर्ता-पायजामा पहननेवाले हिन्दी लेखक की छवि को बदलकर पुराने लोगों को शायद दुखी किया था। रघुवीर जी को वैसे भी पहनने-ओढ़ने का शौक़ था और पोशाक के मामले में ज़बर्दस्ती का हिन्दीवाला बनकर रहना उन्हें पसन्द नहीं था। सम्भव है कि पैंट-शर्ट-टाई पहनने के पीछे 'कल्पना' के सम्पादकों के दबेछुपे विरोध भाव को ठेंगा दिखाना भी एक उद्देश्य रहा हो।

‘हमारी हिन्दी’ और हमारे हिन्दीवाले

मार्च १९५७ में आकाशवाणी से त्यागपत्र देने के बाद रघुवीर सहाय ने कुछ समय तक छुटपुट लेखन करने के साथ ही लखनऊ से प्रकाशित द्विमासिक साहित्यिक पत्रिका ‘युगचेतना’ का प्रतिनिधि भी बनना चाहा, बल्कि उन्होंने ख़ुद अपनी ओर से अपने मित्रों—कुँवरनारायण और कृष्णनारायण कक्कड़ को सुझाव दिया था कि अब मैं पूरी तरह ख़ाली हूँ, तुम लोग मुझे दिल्ली में अपना प्रतिनिधि नियुक्त करो। मित्रों ने यह पत्र उन्हें भेज दिया और वह काम करने लगे। वह रिपोर्ताज़, फ़िल्म समीक्षाएँ और कविताएँ भेजने लगे। दिल्ली में हुए एशियाई लेखक सम्मेलन की रिपोर्टिंग भी उन्होंने इस पत्रिका के लिए की, जिसमें अँग्रेज़ी के लेखक मुल्कराज आनन्द आदि के साथ अज्ञेय आदि कई बड़े लेखक सम्मिलित हुए थे। कुँवर नारायण के अनुसार, रघुवीर जी ने कुछ बहुत अच्छी फ़िल्म समीक्षाएँ लिखीं (जो संयोग से रचनावली में संकलित नहीं हैं)। इसके सम्पादक मण्डल में कुँवर नारायण और कक्कड़ के अतिरिक्त डॉ. देवराज, प्रताप नारायण टण्डन थे। इस पत्रिका के लिए रघुवीर सहाय ने उस समय के हिन्दी-प्रतिष्ठानियों द्वारा बाद में विवादास्पद बना दी गयी कविता ‘हमारी हिन्दी’ भी प्रकाशन के लिए भेजी, जो इसके आगामी जून-जुलाई, १९५७ के अंक में छपी। आमतौर पर होता यह था कि अपने पते पर आनेवाली सभी रचनाओं की प्रतियाँ बनाकर कुँवर नारायण बाक़ी सब सम्पादकों को भेज दिया करते थे, ताकि सबकी राय ली जा सके लेकिन जब यह कविता आयी तो शायद वह अंक प्रेस में जानेवाला था या कोई और वजह रही होगी कि उन्होंने कविता को ख़ुद पढ़ा, पसन्द किया और छपने भेज दिया।

जब वह कविता प्रकाशित हुई तो उसे लेकर लखनऊ में तब की काँग्रेसी

सरकार और हिन्दी प्रतिष्ठानियों ने बहुत हल्ला मचाया, विशेषकर श्रीनारायण चतुर्वेदी और विद्यानिवास मिश्र ने आगे बढ़कर यह काम किया, जो उस समय प्रदेश सरकार से जुड़े थे। उनकी नज़र में यह 'भ्रष्ट' कविता थी। इस पत्रिका की ४०० प्रतियाँ उत्तर प्रदेश सरकार ख़रीदती थी, इसलिए ये लोग उत्तर प्रदेश सरकार पर दबाव बनाने में सफल हुए। 'स्वतन्त्र भारत' अख़बार के शिवसिंह सरोज़ ने भी इस पत्रिका की प्रतियाँ जलाने की धमकी दी। 'सरस्वती' के सम्पादक श्रीनारायण चतुर्वेदी ने रघुवीर सहाय और उनकी इस कविता के विरुद्ध लेख लिखा। इस कविता को मातृभाषा हिन्दी का अपमान बताया। विवादित होने पर इस कविता को लेकर साहित्य जगत् में भी मतभेद उभरे लेकिन वरिष्ठ कथाकार यशपाल ने इस कविता का बचाव किया। उन्होंने कहा कि मातृ शब्द किसी भी चीज़ पर चस्पां हो जाये तो उसे लेकर बावेला मचाया जा सकता है। धरती अगर माता है तो क्या इस माता पर सोया नहीं जाता, पैर रखकर चला नहीं जाता? तो क्या हम ऐसा करना छोड़ दें? क्या इसे धरती माता का अपमान मानें? उन्होंने 'नया पथ' में सम्पादकीय लिखकर लेखकीय स्वातन्त्र्य का प्रश्न उठाया था।

'युगचेतना' के सम्पादकों पर दबाव पड़ा कि वे इस कविता के प्रकाशन के लिए क्षमा याचना करें। कुँवर नारायण और डॉ. देवराज राज्य के शिक्षा मन्त्री कमलापति त्रिपाठी से मिले। वह स्वयं इस विवादास्पद कविता के कारण ग़ुस्से से भरे थे। उन्होंने कहा कि यह सब आपने क्या छाप दिया है? आप लोग बिलकुल नासमझ हैं। पहले तो ये चुपचाप उनकी बातें सुनते रहे। जब मन्त्री जी का क्रोध कुछ शान्त हुआ तो कुँवर जी ने पूछा—'अब क्या करना है पण्डित जी, बताएँ?' उन्होंने कहा—'कुछ नहीं, आप लोगों को सार्वजनिक रूप से क्षमा माँगनी होगी।' इन्होंने कहा ठीक है और पत्रिका के अगले अंक में कुछ इस तरह लिखा गया—'इस कविता को शब्द-कार्टून मानकर छापा गया था लेकिन अगर इससे किसी की भावनाओं को ठेस पहुँची है तो हम लोग इसके लिए क्षमाप्रार्थी हैं।'

जब क्षमाप्रार्थना उस रूप में प्रकाशित हुई तो कमलापति जी को उन हिन्दी प्रतिष्ठानियों ने जाकर समझाया कि 'यह क्षमा याचना तो चतुराई भरी है। अगर किसी को ठेस पहुँच गयी है तो ठेस लगने के लिए हम ज़िम्मेदार हैं—कविता के लिए सम्पादक और स्वयं कवि नहीं। फिर से कमलापति जी ने उन्हें बुला भेजा और कहा —'भाई आप लोगों ने यह किस तरह का

स्पष्टीकरण छापा है? यह तो कोई क्षमा-याचना नहीं हुई? आप बिना शर्त क्षमा-याचना कीजिये।' तो सम्पादकों की ओर से कहा गया—'पण्डित जी, हम समझे नहीं कि आपकी इस बात का मतलब क्या हुआ? बताइए किस तरह से बिना शर्त क्षमा-याचना प्रकाशित की जाय?' उस वक़्त बलभद्र मिश्र या कोई और जो उनके पास बैठे थे, उनसे इशारे से कमलापति त्रिपाठी ने कहा कि ज़रा आप इन्हें लिखकर दीजिये कि इन्हें क्या छापना है। उन्होंने जो लिखकर दिया, उसे पढ़कर कुँवर जी ने कहा—'पण्डित जी, यह तो हम नहीं छाप सकेंगे।' कमलापति जी ने कहा—'क्या मतलब कि हम नहीं छाप सकेंगे?' तो इन्होंने कहा—'ठीक है तो फिर हम यह पत्रिका ही बन्द कर देंगे।' वह बोले—'यह आप जानिये मगर इसे छापते रहना हो तो इन्हीं शब्दों में क्षमायाचना छापनी पड़ेगी।'

नतीजा यह हुआ कि वह क्षमा-याचना नहीं छपी और पत्रिका बन्द हो गयी, जो कि पिछले चार-पाँच साल से प्रकाशित हो रही थी।

यह कविता रघुवीर जी ने १९५७ में लिखी थी और तत्काल ही वह प्रकाशित भी हो गयी थी। उसमें हिन्दी की तुलना 'दुहाजू की नयी बीबी' से की गयी है, जो बहुत बोलने वाली, बहुत खाने वाली और बहुत सोने वाली है। उसके लिए निरन्तर गहने बनवाते जाओ और उसे सर पर चढ़ाते जाओ, वह खा-पीकर मोटी होती चली जाये, पसीने से गँधाती जाये, घर का माल ले के मायके पहुँचाती जाये, बात-बात पर पड़ोसियों से झगड़े, घर से निकले ही नहीं, क्योंकि औरतों को जो चाहिए, वह घर ही में है—तुलसीकृत रामायण से लेकर कोकशास्त्र तक, प्रपंच के लिए एक खूसट महाराजिन भी और अधेड़ पति भी, जिसके प्राण वह अकच्छ किये रह सकती है। उसकी बला से घर गन्दा रहे और सन्तान को— जिसका कि जिग़र बढ़ा हुआ है—मासिक पत्रिका के ऊपर हगाया करे, उस ज़मीन पर जिस पर कि हिन्दी भवन बनना है। अन्तिम कुछ पंक्तियाँ हैं—'कहनेवाले चाहे कुछ कहें / हमारी हिन्दी सुहागिन है, सती है, ख़ुश है / उसकी साध यही है कि खसम से पहले मरे / और तो सब ठीक है पर पहले खसम उससे बचे / तब तो वह अपने साध पूरी करे।'

यह कविता वैसे तो, जिसे राजभाषा कहा जाता है, उस हिन्दी को लेकर है मगर दुहाजू की बीवी को माध्यम बनाकर यह बात कही गयी है, इसलिए आज इसका अलग स्त्री-पाठ सम्भव है। कहा जा सकता है कि यह हिन्दी

और हिन्दीवालों के बारे में जो भी कहती हो, यह 'दुहाजू की बीवी' के बारे में समाज में व्याप्त एक ख़ास छवि का प्रक्षेपण करती है। सम्भव है कि इसमें किसी ख़ास स्त्री का चरित्र-चित्रण रहा हो। अगर ऐसा है, तो भी यह अपने आपमें दुहाजू की बीवी के साधारणीकरण का आधार नहीं बन सकता। सम्भव है रघुवीर जी बाद में इसे दूसरी तरह लिखते, जैसा कि उनकी बाद की स्त्री-सम्बन्धी कविताओं से स्पष्ट है। लेकिन सम्भवत: इस तरह के सवाल इस कविता के छपने पर नहीं उठे थे, हिन्दी को 'दुहाजू की बीवी' बताने पर उठे थे। सवाल वे नहीं उठे, जो आज उठ सकते हैं, सवाल यह उठा था कि हिन्दी को इस तरह अपमानित किया गया है। वैसे इस कविता में रघुवीर सहाय ने उन ठेठ क़िस्म के शब्दों का इस्तेमाल किया है, जो यथार्थ के प्रति उनके आग्रह के बावजूद शहरी और लखनवी रघुवीर जी के भाषा-संस्कार का अभिन्न हिस्सा नहीं रहा। शायद हिन्दी प्रतिष्ठान के प्रति अपना रचनात्मक क्रोध प्रकट करने के लिए उन्हें यही भाषा उपयुक्त लगी होगी। वैसे भी कवि, भाषा का किस तरह, कहाँ इस्तेमाल करता है या नहीं करता है, यह उसकी अपनी रचनात्मक स्वतन्त्रता है और उसका उपयोग वह दूसरी बार करता है या नहीं, यह भी बाद की उसकी रचनात्मक दृष्टि से तय होता है।

ज़ाहिर है कि इस रूप में हिन्दी को देखना-दिखाना हिन्दी के प्रतिष्ठान को नहीं सुहाया, जो उस समय दिल्ली से लखनऊ तक फैला हुआ था और आज से कहीं ज़्यादा मज़बूत था, केन्द्र तथा हिन्दी प्रदेशों की सत्ता के काफ़ी निकट था। उसने इस पर ऐसा बावेला मचाया, जो शायद हिन्दी पर लिखी किसी और कविता पर न इसके पहले मचा, न बाद में। १९५७ में हिन्दी शायद अँग्रेज़ी की जगह राष्ट्रभाषा बनने की होड़ से बाहर नहीं हुई थी या हिन्दीवाले इस भ्रम में थे। वे आज़ाद भारत में अँग्रेज़ी की जगह हिन्दी के पटरानी बनाये जाने के प्रति सम्भवत: अधिक आश्वस्त थे। इस कविता से हिन्दी की प्रतिष्ठानियों को हिन्दी की उस छवि को धक्का सा लगता हुआ लगा होगा, उन्हें अपना हिन्दीवाद—जो भविष्य में उन्हें और ऊँची सीढ़ियाँ चढ़ा सकता था—ख़तरे में लगा होगा। यही उनकी एक लघु-पत्रिका में छपी पत्रिका से इतनी ज़्यादा चिढ़ का कारण रहा होगा। आज़ादी के कुल दस बरस बीतने के बाद हिन्दी पूजकों को इस तरह देखने, उन्हें बेनक़ाब करने का साहस रघुवीर सहाय ही कर सकते थे। इसके लिए दृष्टि

के वैभव के साथ पाखण्ड–ढोंग को पहचानने–कहने की जो हिम्मत होनी चाहिए, वह उनमें थी। इस साहस के साथ कुँवर नारायण जैसे कवि–सम्पादक भी थे, जिन्होंने अकेले अपने दायित्व पर इसे प्रकाशित करने का निर्णय लिया था और एक सीमा के बाद अपनी पत्रिका का प्रकाशन बन्द करना तो स्वीकार किया मगर सत्ता के दबाव के आगे झुकना नहीं।

अपने लेखों और सम्पादकीयों के रूप में रघुवीर जी ने १९५९ से लेकर अपने जीवन के अन्तिम वर्ष यानी १९९० तक हिन्दी की स्थिति पर ख़ूब लिखा है। हिन्दी के साथ उस दौर में क्या–क्या, कैसे–कैसे हुआ, इसका लगभग समकालीन इतिहास उनके क़रीब ५७ आलेखों में उपलब्ध है। उन्होंने १९५७ में आकाशवाणी की नौकरी छोड़ी तो इसका बुनियादी कारण भी हिन्दी था। इसके प्रकाशन के दस साल बाद १९६७ में जब उनका पहला स्वतन्त्र कविता–संग्रह 'आत्महत्या के विरुद्ध' छपा तो उसमें इस कविता को स्थान मिला।

बहरहाल, 'हमारी हिन्दी' कविता की लड़ाई 'युगचेतना' पत्रिका ने उस समय के सरकारी निहित स्वार्थों से लड़ी मगर हथियार नहीं डाले उसने, उसी तरह रघुवीर सहाय जिस हिन्दी की बात तीस से ज़्यादा बरस तक करते रहे, वह हिन्दी अपने स्तर पर लड़ाई तो हार गयी मगर उन्होंने आजीवन लड़ना भी नहीं छोड़ा, एक ऐसी हिन्दी के लिए जो अकृत्रिम हो, लोगों की अपनी हो।

'नवभारत टाइम्स' के वर्ष

> पहले अवश्य सारे हिन्दी क्षेत्र में कुछ नामी अख़बार थे पर उनकी बड़े अख़बार की हैसियत नहीं थी। उनके कुछ पत्रकारों का प्रभाव पाठकों पर था पर पूरे अख़बार में अँग्रेज़ी से अनुवाद किये हुए तैयारशुदा समाचारों की भरमार रहती थी और कुछ गिने-चुने पत्रकारों को समाचार के स्रोतों तक पहुँच कर समाचार संकलन करने और लिखने का अवसर मिलता था। उन गिने-चुने पत्रकारों को भी सम्पादकीय लिखना विशेष प्रिय था क्योंकि उससे समाचार संकलन का परिश्रम नहीं करना पड़ता था। लेखक अख़बार में काम करने आया तो लेखक का काम बढ़ने लगा। मन की भावनाएँ प्रकट कर देना पत्रकारिता नहीं रह गया। यह तो बिना अख़बार में काम किये भी हो सकता था पर अख़बार ने कुछ और तरह का लेखकीय अनुशासन सिखाया। साथ ही कुछ जीवनानुभवों में वृद्धि की, यथार्थ के आयाम खोले।
>
> —(रघुवीर सहाय रचनावली-३, पृ. १६३-६४)

रघुवीर सहाय आकाशवाणी छोड़कर अगस्त-१९६३ में 'नवभारत टाइम्स' के विशेष संवाददाता बनकर आये। पहली बार समूह के मालिकों ने 'नवभारत टाइम्स' का समाचार ब्यूरो बनाना तय किया। उसमें शुरू में ब्यूरो प्रमुख समेत चार संवाददाता नियुक्त किये गये, जिनमें एक रघुवीर सहाय भी थे। इससे पहले अँग्रेज़ी से अनूदित ख़बरें-लेख आदि इसमें छपा करते थे। इस संस्थान के हिन्दी अख़बार में भी संवाददाताओं के महत्त्व को मालिकों ने ख़ुद समझा या उन्हें समझाया गया कि इसमें अनूदित ख़बरें और लेख देने से बेहतर होगा कि इसके भी अपने संवाददाता हों, जो संसद,

केन्द्र सरकार के मन्त्रालयों और विभिन्न राजनीतिक दलों के बारे में दिल्ली से प्रसूत राष्ट्रीय महत्त्व के समाचार नियमित रूप से दें।

उनका स्तम्भ 'दिल्ली डायरी', मई, १९६० से 'धर्मयुग' में नियमित रूप से छप रहा था। समूह के मालिक शान्तिप्रसाद जैन और उनकी पत्नी रमा जैन हिन्दी साहित्य के प्रेमी थे, रमा जैन कुछ ज़्यादा ही। उनकी निगाह रघुवीर जी के 'धर्मयुग' के इस स्तम्भ पर पड़ी, जो तब छद्म नाम से छपा करता था। उन्हें छद्म नाम का सहारा इसलिए लेना पड़ा कि वह तब आकाशवाणी में संवाददाता थे। रघुवीर जी को 'नवभारत टाइम्स' में विशेष संवाददाता पद पर आने का प्रस्ताव किया गया। रघुवीर जी जब तैयार हो गये तो रमा जैन ने कहा कि मैं आपके घर चलकर आपके पत्नी-बच्चों से भी मिलना चाहूँगी। रघुवीर जी ने बताया कि हमारे घर में तो सोफा तक नहीं है, आपको दिक़्क़त होगी तो उन्होंने कहा, होने दो। मुझे तो आपके परिवार से मिलना है। विमलेश्वरी जी के अनुसार, रघुवीर जी ने उनके आने से पहले बस इतना बताया था कि रमा जी आ रही हैं। वह कौन हैं, क्या हैं, क्यों आ रही हैं, विमलेश्वरी जी को कुछ मालूम नहीं था। रमा जैन घर आयीं, उनका यथोचित स्वागत किया गया, उन्होंने बहू के रूप में विमलेश्वरी जी को आशीर्वाद दिया, बच्चों से प्यार किया। वह जब चली गयीं तो विमलेश्वरी जी ने पूछा, 'ये रमा जी हैं कौन?' उनके आने की वजह भी पूछी। तब रघुवीर जी ने कारण बताया। विमलेश्वरी जी ने कहा, 'तो क्या आप आकाशवाणी छोड़ देंगे?' उन्होंने कहा कि 'हाँ, मैं नवभारत टाइम्स में चला जाऊँगा।'

साहू जैन के कारण ही इस समूह की विभिन्न हिन्दी पत्रिकाओं से समय-समय पर उस ज़माने के कई मशहूर लेखक जैसे अज्ञेय, मोहन राकेश, धर्मवीर भारती, सर्वेश्वरदयाल सक्सेना, श्रीकान्त वर्मा, मनोहर श्याम जोशी, कमलेश्वर आदि जुड़े। इसी क्रम में रघुवीर जी भी थे लेकिन वही एकमात्र ऐसे लेखक थे, जो किसी हिन्दी दैनिक के संवाददाता के रूप में जुड़े थे। जो काम करने वह 'नवभारत टाइम्स' में लाये गये थे, लगभग वही काम वह एक अलग माध्यम, आकाशवाणी में कर रहे थे। तब 'नवभारत टाइम्स' दिल्ली में सर्वाधिक बिक्री वाला हिन्दी दैनिक हुआ करता था।

'नवभारत टाइम्स' में नियुक्ति के क़रीब डेढ़ वर्ष बाद मार्च, १९६५ से 'राजधानी की चिट्ठी' नाम से उनका साप्ताहिक स्तम्भ प्रकाशित होना

आरम्भ हुआ, जो तीन साल से कुछ अधिक, जुलाई १९६८ तक हर सोमवार को लगातार छपता रहा। उसके बाद वह समाचार सम्पादक बनकर 'दिनमान' में चले गये। यह स्तम्भ 'धर्मयुग' में प्रकाशित 'दिल्ली की डायरी' से भिन्न उस सप्ताह की घटनाओं पर आधारित विशुद्ध राजनीतिक स्तम्भ था। उस समय उस अख़बार में विशेष संवाददाता के अपने नाम से समाचार नहीं छपते थे, इसलिए इस स्तम्भ से उनकी व्यक्तिगत पहचान अख़बार के पाठकों में बनी। यह स्तम्भ बहुत पढ़ा जाता था। इस पर अख़बार में काफ़ी चिट्ठियाँ आती थीं। रघुवीर सहाय के अनुसार उनके इस स्तम्भ का लोहा उनके सम्पादक अक्षय कुमार जैन भी मानते थे। स्तम्भ लिखने के बाद इसे सम्पादक को दिखाने की ज़रूरत नहीं थी। वह हर शुक्रवार को सीधे सम्बद्ध उप-सम्पादक को दे दिया जाता था। कभी-कभी सम्पादक, रघुवीर जी से कहते थे कि जब भी आप कश्मीर पर लिखें तो मुझे दिखा दिया करें।

अब तो स्थितियाँ कुछ मायनों में बेहतर हैं मगर उस समय बड़े हिन्दी अख़बारों में भी ज़्यादातर लोग ऐसे आते थे, जिनका पत्रकारिता से न पहले कभी कोई लेना-देना रहा था, न काम करते हुए इस बारे में योग्यता बढ़ाने की ज़रूरत वे महसूस करते थे। उनके लिए यह मात्र नौकरी थी, जिसमें अनुवाद करने से अधिक योग्यता हासिल करने की ज़रूरत नहीं थी। प्रबन्धन और सम्पादक का भी इस ओर कोई ध्यान नहीं था। काम निबटाया और उस दिन के काम से ही नहीं, बल्कि पत्रकारिता से भी फ़ारिग़ हो गये। अक्सर किसी की सिफ़ारिश पर लोग आते थे। पत्रकार-व्यंग्यकार सत सोनी और कवि-पत्रकार इब्बार रब्बी का भी यह मानना है जो उस दौर में 'नवभारत टाइम्स' में थे। १९७७ में वात्स्यायन जी के सम्पादक बनने के बाद से कुछ सुधार आना शुरू हुआ, जो कई पुराने लोगों के रिटायर होने के कारण राजेन्द्र माथुर के सम्पादन काल के दौरान लगभग सम्पन्न हो पाया।

रघुवीर जी के उस कार्यकाल के दौरान कम ही सम्पादकीयकर्मी रघुवीर जी द्वारा लिखित सामयिक राजनीतिक विषयों पर लिखी टिप्पणियों के महत्त्व को समझते थे। समाचारों की भाषा में कोई हल्का सा प्रयोग भी तब के ज़्यादातर पत्रकारों की समझ से परे था। सत सोनी बताते हैं कि एक बार शिक्षा मन्त्रियों के सम्मेलन की रिपोर्ट रघुवीर जी ने दी। उसमें एक दिलचस्प

वाक्य था—'शिक्षा मन्त्रियों ने भाषा की शिक्षा तथा शिक्षा की भाषा पर चर्चा की।' उस समय के किसी सम्पादकीय सहयोगी को यह समझ में नहीं आया या शायद उन्हें यह वाक्य अटपटा लगा। एक मुख्य उप-सम्पादक इसके प्रकाशन से पहले इसका 'मतलब' समझने रघुवीर जी के पास आये। रघुवीर जी ने उनकी बुद्धि की सीमा और उनके निस्सीम अहंकार को देखकर जवाब दिया कि आप मुख्य उप-सम्पादक हैं, आप जैसा चाहें अपनी समझ से परिवर्तन कर लें। इससे उनका अहम् सन्तुष्ट हुआ होगा शायद और विशेष संवाददाता का भी कुछ नहीं बिगड़ा क्योंकि उस पर उसका नाम तो जाता नहीं था।

लेकिन उनके स्तम्भ में उनकी जानकारी और सहमति के बग़ैर कोई छेड़छाड़ करे, यह उन्हें पसन्द नहीं था। एक बार एक वाक्य रघुवीर सहाय ने कुछ ऐसा लिखा, 'जब यह स्तम्भ छपेगा, तब कश्मीर में...हो चुका होगा।' उस दिन इब्बार रब्बी ने रघुवीर जी से बिना चर्चा किये इस वाक्य को बदल दिया। अगले दिन रघुवीर जी ने उनके पास आकर पूछा कि क्या इस वाक्य को सम्पादक ने बदला था? वह जानते थे कि तत्कालीन सम्पादक ऐसा कुछ नहीं करेंगे। रब्बी जी ने बताया कि नहीं, मैंने बदल दिया है तो रघुवीर जी ने उनसे सख़्ती से कहा : 'आप आइन्दा ऐसा नहीं करेंगे, मैं सम्पादक के अलावा किसी और के प्रति यहाँ जिम्मेवार नहीं हूँ? हाँ, अगर सत सोनी कोई सुझाव देते कि फलाँ वाक्य आपकी लेखन शैली के अनुसार तो बिलकुल दुरुस्त है मगर अख़बार पाठकों के लिए ज़रा मुश्किल हो सकता है तो दोनों मिलकर उसे ठीक कर लिया करते थे।

यह स्तम्भ उनके समाजवादी-राजनीतिक आग्रहों से अलग था। इसमें घटनाओं के बहाने अक्सर किसी एक विषय की चर्चा की जाती थी और अख़बार की नीति को देखते हुए इस स्तम्भ को लिखते समय यह सावधानी बरतनी होती थी कि किसी प्रकार का कोई विवाद पैदा न हो। तत्कालीन केन्द्र सरकार या राज्य सरकारों की नीतियों की आलोचना इस स्तम्भ में अक्सर नहीं होती थी। होती थी भी तो इशारों-इशारों में। इस समय कम से कम दिल्ली के दैनिक अख़बारों की पत्रकारिता में सरकार और काँग्रेस को सबसे पवित्र और आलोचना से परे माना जाता था। रघुवीर जी भी इसी रास्ते पर चलते थे या उन्हें चलना पड़ता था, जो बाद में 'दिनमान' में उनके द्वारा अपनाये गये रास्ते से भिन्न था। 'धर्मयुग' के स्तम्भ में समाज-

संस्कृति के बहाने ऐसी आलोचना पर पाबन्दी नहीं थी मगर 'नवभारत टाइम्स' का यह स्तम्भ तत्कालीन परिस्थितियों को समझने का एक बहाना था। वैसे यह संयोग नहीं कि रघुवीर जी ने 'धर्मयुग' वाले स्तम्भ के आधार पर तो किताब बनायी—'दिल्ली मेरा परदेस', 'दिनमान' और अन्यत्र कुछ लेखन को उन्होंने अपनी कुछ पुस्तकों में शामिल किया मगर जीवित रहते, इस स्तम्भ के लेखों को किसी किताब के रूप में संकलित नहीं किया।

इस स्तम्भ का काल लाल बहादुर शास्त्री और उनके बाद प्रधानमन्त्री बनीं इन्दिरा गाँधी का आरम्भिक प्रधानमन्त्रित्व काल था। इसमें उस समय की तमाम घटनाओं का ज़िक्र है, जिसमें उस समय हिन्दी को आगे लाने और अँग्रेज़ी के विरोध और हिन्दी के समर्थन का आन्दोलन भी शामिल है। इस घटनाचक्र का उल्लेख उन्होंने अपने कई स्तम्भों में किया—थोड़ी पक्षधरता दिखाते हुए। उस स्तम्भ को पढ़कर कई दिलचस्प राजनीतिक बातों का आज स्मरण हो आता है, जैसे उस समय गृहमन्त्री को अक्सर स्वराष्ट्र मन्त्री लिखा जाता था और विदेश मन्त्री को परराष्ट्रमन्त्री, जो बाद में बिलकुल बन्द हो गया। रघुवीर जी ने साम्प्रदायिकता, १९६५ के भारत-पाक युद्ध, कश्मीर के उलझे हुए प्रश्न आदि पर भी लिखा।

'नवभारत टाइम्स' में आने का सबसे बड़ा लाभ रघुवीर सहाय को यह हुआ कि उन्हें लोकसभा की भरपूर कवरेज का अवसर मिला, जिसमें अगर सत्तापक्ष के कई बड़े नेता हुआ करते थे तो विपक्ष के भी कई बड़े स्तम्भ थे, जिनमें समाजवादी नेता डॉ. राम मनोहर लोहिया भी थे, जिन्होंने तीन आना बनाम पन्द्रह आना की बहस छेड़कर आर्थिक ग़ैर-बराबरी के प्रश्न को प्रभावशाली ढंग से उठाया था, जिस पर बाद में राष्ट्रव्यापी चर्चा हुई। बाद में तीन आना, तीन आना और पन्द्रह आना, पन्द्रह आना भी नहीं रहे मगर बहस स्थायी और निरन्तर राष्ट्रीय बहस का विषय बन गयी। रघुवीर जी कहते हैं—'संसद की प्रेस दीर्घा में मेरा पहुँचना मेरे राजनीतिक और सामाजिक यथार्थ का एक विकास था। संसद की कवरेज के कारण सबसे बड़ा लाभ यह हुआ कि मैंने अपनी आँखों से देखा और अपने कानों से उन तमाम राजनीतिक बहसों को सुना, जो लोहिया के पक्ष में या ख़िलाफ़ दिखायी देती थीं।' उससे बहुत बड़े पैमाने पर मूल्यों के बदलाव, सत्ता परिवर्तन और समाज परिवर्तन के बारे में न जाने कितने यथार्थ उनके लिए निकल

कर आये, जिनकी परिणति उनकी कविता में भी हुई है, जिसका एक बड़ा प्रमाण उनका पहला स्वतन्त्र कविता-संग्रह 'आत्महत्या के विरुद्ध' है, जिसे तब 'कविता में पत्रकारिता' तक कहा गया था। लोहिया जी ने :

> पहली बार उन विषयों पर पार्लियामेंट में बहस उठायी, जिनके बारे में समझा जाता था कि वे संसदीय बहस के विषय ही नहीं हैं। संसदीय दिमाग़ पूछता था कि इतिहास क्या संसद में बहस का विषय है और शिक्षा की पुस्तकें कौन सी बहस का विषय हैं?

लोहिया जी द्वारा छेड़ी ऐसी बहसों का स्थायी प्रभाव रघुवीर सहाय के पत्रकार और रचनात्मक व्यक्तित्व पर पड़ा। वह भले ही अपने स्तम्भ में अपने राजनीतिक आग्रह नहीं दिखाते थे मगर 'नवभारत टाइम्स' के लोग उन्हें लोहियावादी-समाजवादी मानते थे और कुछ तो जानबूझकर उनके सामने लोहिया जी के बारे में बेसिर पैर की बातें करते थे, जिनसे उत्तेजित होने के बजाय वह मुस्कुराकर उन्हें निरुत्तर कर दिया करते थे।

रघुवीर सहाय दुबारा मध्य मार्च, १९८३ में 'दिनमान' के सम्पादक पद से हटाकर अपमानजनक परिस्थितियों में 'नवभारत टाइम्स' में भेजे गये। उनके एक पत्र से संकेत मिलता है कि उन्हें इस दैनिक में भेजते समय तक उन्हें उनके पदनाम के बारे में जानकारी तक नहीं थी। अगर उस समय के वरिष्ठ पत्रकार मधुसूदन आनन्द की मानें—रघुवीर सहाय को पूरी तरह से संस्थान से हटाने की तैयारी थी। सम्पादक-सम्पादक खेलने में माहिर हिन्दी के एक सम्पादक ने भी यही समझाया था कि रघुवीर जी को पूरी तरह हटाना ही संस्थान के हित में है। अतः प्रबन्धन रघुवीर सहाय को 'दिनमान' से हटाकर उन्हें 'नवभारत टाइम्स' में लाना भी नहीं चाहता था। 'नवभारत टाइम्स' के सम्पादक राजेन्द्र माथुर के हस्तक्षेप के बाद उन्हें लिया गया लेकिन सम्भवतः प्रबन्धन के दबाव में कोई महत्त्वपूर्ण काम नहीं दिया गया। १४ साल तक संस्थान के एक प्रतिष्ठित समाचार साप्ताहिक के सम्पादक रहे व्यक्ति को पुस्तक समीक्षा करने-करवाने का काम दिया गया, हालाँकि शुरू में एक बार श्री माथुर ने उन्हें आन्ध्र में एन.टी. रामाराव के मुख्यमन्त्री बनने के बाद उस पर रिपोर्ट लिखने हैदराबाद भेजा था। कारण जो भी रहा हो, रघुवीर जी ने सिर्फ़ एन.टी. रामाराव का इण्टरव्यू लिया और चले आये। आन्ध्र आये और एक बड़े राजनीतिक बदलाव पर रिपोर्ट नहीं दी। इससे भी शायद माथुर साहब क्षुब्ध हुए। अख़बार के

साप्ताहिक परिशिष्ट 'रविवार्ता' का सम्पादक बनाने की बात भी नहीं मानी गयी थी। उन्हें सम्पादकीय लिखने के लिए रोज़ होनेवाली बैठक में भी नहीं बुलाया जाता था और न सम्पादकीय लिखवाया जाता था। स्थितियाँ उनके लिए अनुकूल और सम्मानजनक नहीं थीं। हताश होकर उन्होंने ११ अगस्त को त्यागपत्र सौंप दिया।

मार्क्सवाद से लोहियावाद की ओर

रघुवीर सहाय गुरु-शिष्य परम्परा के लेखक-पत्रकार नहीं थे। उनका रचनात्मक व्यक्तित्व दूसरों से इतना भिन्न था कि उनका न कोई गुरु हो सकता था, न शिष्य। यह अलग बात है कि उन्होंने अपनी कविता के ज़रिये हिन्दी कविता के बहुत से दरवाज़े खोले, जिसके कारण वह बहुतों के प्रेरणास्रोत बने। रघुवीर सहाय ने किसी को अपना गुरु तो नहीं बनाया मगर समाजवादी नेता डॉ. राम मनोहर लोहिया को अपना शिक्षक बताया है। लोहिया अनौपचारिक अर्थ में रघुवीर जी के शिक्षक थे। इस रूप में वह लोहिया को बहुत ऊँचा दर्ज़ा देते हैं। राजनीति में उस ज़माने में लोहिया के असंख्य अनुयायी—शिष्य रहे होंगे, उनके व्यक्तित्व में शायद ऐसा चुम्बकीय आकर्षण था लेकिन साहित्य और पत्रकारिता में रघुवीर जी (और विजयदेव नारायण साही) से बड़ा शायद ही कोई लोहियावादी रहा हो। वह जड़ नहीं, जीवन्त लोहियावादी थे, जो उनसे कोई सूत्र लेते थे और आगे बढ़ते थे—अपनी सम्पूर्ण राजनीतिक-सामाजिक-रचनात्मक चेतना के साथ। वह अज्ञेय को भी आलोचनात्मक दृष्टि से देखते हैं मगर डॉ. लोहिया के प्रति उनका अनुराग प्रबल और अनालोचनात्मक है। कुछ अर्थों में तो उन्हें डॉ. लोहिया का योगदान महात्मा गाँधी से ज़्यादा बड़ा लगता है। वह जवाहरलाल नेहरू की बहुत-सी सीमाएँ मानते हैं, महात्मा गाँधी की भी मगर डॉ. लोहिया की भी कुछ सीमाएँ हो सकती हैं, इसका कोई प्रमाण उनके लेखन में नहीं मिलता। वह गाँधी जी की सीमाएँ बताते हुए कहते हैं—

> समाज के सबसे कमज़ोर वर्गों के लिए उनका कार्यक्रम-जैसा उस समय बन सकता था—इतना ही था कि उसके प्रति होनेवाले अन्याय के प्रति वह सचेत हो। राजनीतिक संगठन में उसकी भागीदारी की कोई सम्पूर्ण

योजना वह सफल नहीं कर पाये। उनके बाद यह काम लोहिया ने सँभाला।

वह लोहिया को इस बात का श्रेय भी देते हैं कि उन्होंने—

> हिन्दुस्तान की असलियत के बारे में गाँधी के मुक़ाबले ज़्यादा जानकारी जमा की और उसको समाजवादी कार्यक्रम बनाने में इस्तेमाल किया। संगठन बनाने की ज़िम्मेदारी भी उन्होंने गाँधी से कहीं ज़्यादा बढ़कर अपने कन्धों पर ली। शीर्ष संगठन बनाने पर वह काँग्रेस के जैसा ही बन जायेगा, यह बात गाँधी से बढ़कर समझते हुए उन्होंने आन्दोलन से नया नेतृत्व और उससे नये संगठन की परिकल्पना की। इसमें वह आंशिक रूप से ही सफल हो पाये थे...कि तभी १९६७ में ग़ैरकाँग्रेसी सरकारों में शामिल होते हुए भी आन्दोलन को जारी रखने के लिए नये ढंग के कार्यक्रम और संगठन बनाने की ज़रूरत आ पड़ी। और ...ठीक उसी समय लोहिया नहीं रहे।

रघुवीर जी के अनुसार—

> उनकी मृत्यु गाँधी की मृत्यु से ज़्यादा नुकसानदेह साबित हुई क्योंकि गाँधी ने तो जब संगठन के सम्बन्ध में एक क्रान्तिकारी विचार दिया था, तब की राजनीतिक परिस्थिति में लोहिया के निधन के वर्ष की तुलना में कहीं अधिक आज़ादी की गुंजाइश थी। काँग्रेस के अलावा भी संगठन का निर्माण हो सकता है, तमाम अन्तर्विरोधों और समस्याओं के साथ, यह समस्या लोहिया के ही सामने आयी—गाँधी के सामने वह एक सत्य के प्रयोग जैसी अनजान और अस्पष्ट थी।

वह गाँधी के भक्तों की आलोचना करते हुए कहते हैं—

> उन्होंने बाद में खद्दर से लेकर अहिंसा तक उनके बहुत से कार्यक्रम चलाये, मगर लोहिया की तरह वे सामाजिक रिश्तों को बदलनेवाले कार्यक्रम नहीं बनाते। वह जानते हैं कि जिन सात क्रान्तियों का कार्यक्रम लोहिया ने लोगों के सामने रखा था, इनमें से कोई अपने आप में पूरा नहीं। हर कार्यक्रम दूसरे से मिलकर ही शक्ल पाता है परन्तु इन कार्यक्रमों को एक-दूसरे से काटकर वे इस तरह लागू करने की योजनाएँ बनाते रहते हैं, जिससे इनके कारण लोगों की अपने भविष्य का निर्णय करने की ताक़त न बढ़ने पाये।

जहाँ वह लोहिया को 'आंशिक' रूप से सफल मानने को तैयार हैं, वहाँ भी उनकी सीमा उनकी असामयिक मृत्यु को मानते हैं, स्वयं लोहिया को नहीं। लोहिया की मृत्यु १९६७ में मात्र ५७ वर्ष की उम्र में हुई। रघुवीर जी का अपने पिता से भी गहरा अनुराग था। अपने पिता को लेकर उन्होंने जितना भी लिखा है, उसे पढ़कर कहीं ऐसा नहीं लगता कि उनके इस अनुराग में कहीं अतिरेक है मगर डॉ. लोहिया के प्रति उनके अनुराग में आज लगता है कि अतिरेक अधिक है। रघुवीर जी के जीवित रहते ही काफ़ी हद तक लोहिया एक भूले जा चुके चरित्र बन चुके थे, उनकी याद समाजवादियों के एक तबके तक सीमित रह गयी थी, उनमें भी बहुत से लोहिया का नामजप अपनी सुविधा के लिए करते थे। इससे बाहर की दुनिया में बहुत कम लोग मिलते हैं, जिनमें युवा नाममात्र के होंगे। जो गाहे-बगाहे लोहिया को किसी भी बहाने आज याद कर लेते हैं, उनमें से लगभग सबके सब या तो अब बुज़ुर्ग हो चुके हैं या बुज़ुर्गियत की ओर बढ़ रहे हैं, हालाँकि यह कहने का मतलब यह नहीं कि वह भारतीय राजनीति के लिए अन्तिम तौर पर अप्रासंगिक हो चुके हैं।

रघुवीर जी ने अपनी साहित्यिक यात्रा लखनऊ में मार्क्सवाद से शुरू की थी— प्रगतिशील लेखक संघ और इप्टा में सक्रिय साझेदारी करके। इनसे मोहभंग हुआ तो जो लखनऊ लेखक संघ बनाया, उसकी प्रतिबद्धता भी प्रगतिशीलता के प्रति रही। 'दूसरा सप्तक' में प्रकाशित उनके संक्षिप्त वक्तव्य से भी यह बात स्पष्ट है। इसमें वह 'सामाजिक यथार्थ के प्रति अधिक से अधिक जागरूक' रहने के साथ ही 'वैज्ञानिक तरीक़े से समाज को समझने' की बात करते हैं। वह शमशेर बहादुर सिंह का अब प्रसिद्ध हो चुका यह कथन अपने वक्तव्य में उद्धृत करते हैं कि ज़िन्दगी को समझने के लिए तीन चीज़ों की ज़रूरत है—'ऑक्सीजन, मार्क्सवाद और अपनी वह शक्ल जो हम जनता में देखते हैं।' इसी के साथ वह यह भी स्पष्ट करते हैं कि 'मार्क्सवाद को कविता पर गिलाफ़ की तरह चढ़ाया नहीं जा सकता।'

वह एक जगह कहते हैं कि वह डॉ. लोहिया के साथ (व्यक्तिगत रूप से) बहुत रहे नहीं हैं और न लोहिया औपचारिक अर्थ में उनके शिक्षक थे। रघुवीर जी ने पहली बार लोहिया को लखनऊ में ग़ैर-राजनीतिक दोस्तों (साहित्यिक मित्रों)के बीच कभी 'देखा' था। १९५१ में जब वह दिल्ली आये, तब भी लोहिया को उन्होंने सभाओं में देखा भर था, जिनमें वह पार्टी

कार्यकर्ताओं को सम्बोधित किया करते थे। एक बार अख़बारों से मालूम हुआ कि फ़िरोज़शाह रोड के एक बंगले में लोहिया जी समाजवाद के बारे में बातें करेंगे तो रघुवीर जी उन्हें सुनने पहुँचे। सुनने आनेवालों में ज़्यादातर लोहिया–समर्थक कार्यकर्ता थे। लोहिया उन्हें बार–बार समझा रहे थे कि संगठन कैसे चलाना चाहिए।

लोहिया जी से उनकी पहली औपचारिक मुलाक़ात हैदराबाद में हुई, जहाँ उसी भवन में समाजवादी पार्टी का कार्यालय भी था, जहाँ 'कल्पना' का सम्पादकीय विभाग था। वहाँ लोहिया जी से उनका व्यक्तिगत परिचय और बातें तो हुईं मगर इसका उनके विचारों पर कोई प्रत्यक्ष प्रभाव पड़ा हो, इसके प्रमाण नहीं हैं। १९५७ में जब वह 'आकाशवाणी' में थे और संसद की कवरेज करते थे, तब औसतन १०–१५ दिन में लोहिया जी से एक बार मिलने का उल्लेख अवश्य मिलता है। ज़ाहिर है कि उनकी लोहिया में दिलचस्पी बढ़ रही थी। यह भी संयोग था कि जिस दिन उन्होंने 'नवभारत टाइम्स' के विशेष संवाददाता के रूप में लोकसभा की कवरेज करना शुरू किया, उसी दिन लोहिया जी भी निर्वाचित होकर पहली बार सदन में बैठे थे। इस तरह वह पहले दिन से लोकसभा में लोहिया की उपस्थिति के साक्षी रहे।

दरअसल, रघुवीर सहाय में बदलाव की असली प्रक्रिया १९६३ में लोहिया के लोकसभा में प्रवेश से सघन रूप से शुरू होती है। तब उनका समाजवादी नेता से मिलना–जुलना बढ़ता है, संसद की बहसों में लोहिया को ख़ूब सुनने का मौक़ा मिलता है। शुरू–शुरू में प्रेस गैलरी में बैठने वाले अँग्रेज़ी के साथी पत्रकार रघुवीर जी से कहा करते थे कि डाक्टर साहब सदन में हिन्दी में कुछ बोल रहे हैं, ज़रा हमें बाद में समझा देना कि क्या कह रहे हैं।

लोहिया के संसद में आने के बाद पहली बार लोकसभा में नेहरू सरकार के ख़िलाफ़ अविश्वास प्रस्ताव आया। इसके कुछ दिनों बाद ही लोहिया ने भारत के २७ करोड़ औसत भारतीयों की आय तीन आना बतायी और पन्द्रह आना आय होने के दावे को झूठा बताया था। इस ऐतिहासिक बहस का राष्ट्रव्यापी प्रभाव पड़ा। रघुवीर जी के शब्दों को उद्धृत किये बिना भी हम उनकी इस बात से सहमत हो सकते हैं कि 'इससे संसद ही नहीं, हिन्दुस्तान का दिमाग़ हिल गया था।' यह ख़बर दिल दहलाने से ज़्यादा आँखें खोलनेवाली थी। इसका गहरा और दीर्घकालिक असर हुआ, आज

भी आधुनिक सन्दर्भों के साथ यह बहस जारी है। इसके बाद मीडिया में और आम जनता में उनकी एक अलग छवि बनी और प्रेस के वही लोग—जो पहले रघुवीर जी से कहा करते थे कि ज़रा डाक्टर साहब, हिन्दी में क्या बोल रहे हैं, यह समझा देना—वे ख़ुद उनके बोलने पर अपनी सीट पर आकर बैठने लगे और स्वयं इसे 'समझने' लगे, उन्हें अँग्रेज़ी अनुवाद में रघुवीर जी से समझने की ज़रूरत नहीं पड़ी। यह एक बड़ा परिवर्तन था, जो लोहिया, लोकसभा की बहसों में हिन्दी के माध्यम से लाये। अँग्रेज़ी को भूलकर-छोड़कर, हिन्दी में बोलना भी सम्मानजनक समझा जाने लगा। किस बहस में लोहिया लगभग किस समय बोलेंगे, इसकी सूचना आज की तरह प्रेसवालों को पहले भी मिल जाती थी। उस समय प्रेस गैलरी खचाखच भरी होती थी। बाक़ी सारा काम छोड़कर संवाददाता लोहिया को सुनने पहुँचते थे कि कहीं उनकी कोई महत्त्वपूर्ण बात न छूट जाये। रघुवीर जी बताते हैं कि इससे पहले लोकसभा का वातावरण यह था कि 'सरकार की नीति बता दी जाती थी और सदस्यों से चुप रहने को कहा जाता था।'

रघुवीर जी कहते हैं कि लोहिया के कारण लोकसभा के सदस्यों में तथा कार्यवाही सुनने-पढ़ने और जाननेवाले लोगों में पहली बार सोचने-समझने का क्रम शुरू हुआ। लोहिया को सुनकर लोग बहुत 'शिक्षित' होते थे। लोकसभा में लोहिया के आने का सबसे बड़ा फायदा समाजवादी विचारों और ख़ुद लोहिया को यह हुआ कि उनके विचार अब अख़बारों में पहले की अपेक्षा कई गुना ज़्यादा छपते थे, कम समय में ही वह एक वैकल्पिक शक्ति स्रोत बनते दीखने लगे थे। 'मोटे-तौर पर उन्होंने लोगों में प्रश्न करने का माद्दा पैदा किया, उनमें यथार्थ की एक नयी समझ पैदा की। लोहिया ने कमज़ोर वर्गों, पिछड़ी और दलित जातियों को ही नहीं, ऐतिहासिक कारणों से दलित स्त्री को भी अपने राजनीतिक एजेण्डा में शामिल किया और द्विजों के ग़रीब वर्गों को इन शोषितों से जोड़ने की कोशिश की।' उनके अनुसार लोहिया को इस बात का भी श्रेय जाता है कि उन्होंने उन विषयों पर लोकसभा में बहस पैदा की, जिनके बारे में पहले यह समझा जाता था कि ये संसदीय बहस के विषय नहीं हो सकते हैं। 'संसदीय दिमाग़ तब पूछता था कि इतिहास क्या संसद में बहस का विषय हो सकता है? और शिक्षा की पुस्तकें कौन सी बहस का विषय बन सकती हैं? इसी तरह की और भी बातें होती थीं।'

जहाँ तक लोहिया से रघुवीर जी के व्यक्तिगत सम्बन्धों का सवाल है, उसके बारे में वह विनम्रतापूर्वक कहते हैं—

> उसने मुझे बहुत बदला, यह तो नहीं कहूँगा' लेकिन साथ ही वह दूसरे ढंग से यह मानते हुए लगते हैं कि उन्हें सचमुच बहुत बदला : 'उनके विचारों ने मुझे साहित्य, समाज और आदमी को समझने में बड़ी मदद की। आदमी से राज्य, भाषा और औरत के रिश्ते को मैंने इस तरह समझा। संगीत, पशु-पक्षी और प्रकृति की नयी समझ मुझे मिली।...जो किताबें नहीं कर सकती थीं, जो अध्यापक नहीं कर सकते थे, उतने बड़े पैमाने पर उन्होंने अपने हर मित्र को या ऐसे हर आदमी को—जिससे उनकी बातचीत होती थी—बदला।

अगर इसे बहुत बदलना नहीं कहते हैं तो फिर किसे कहते हैं? अगर लोहिया ने उन्हें नहीं बदला तो वह उन्हें अपना शिक्षक क्यों मानते थे? समाज को समझने की जिस दृष्टि को उन्होंने हासिल किया, वह बदलाव नहीं है तो क्या है? ज़ाहिर है कि रघुवीर जी की आदत कभी अपने बारे में किसी तरह का दावा करने की नहीं रही, अलबत्ता उन्होंने जो काम अपने जीवन में किया, उस पर उन्हें ज़रूरी आत्माभिमान रहा। वह लोहिया को अपना 'शिक्षक' बताते हुए कहते हैं कि ऐसा नहीं है कि उन्होंने कभी बैठकर उन्हें यह सिखाया हो कि कैसे लिखना-बोलना चाहिए—

> लेकिन उन्होंने समाज को समझने की दृष्टि दी और दूसरों तक पहुँचने की शैली में मुझको बहुत कुछ सिखाया—बिना सिखाये हुए केवल देखकर-सुनकर उनसे सीखा।

दो अलग-अलग प्रसंगों में रघुवीर जी उन्हें 'साहित्य और लेखन के काम का शिक्षक' बताते हैं। वैसे इसमें उन्होंने एक जगह एक नाम और जोड़ा है—ओम प्रकाश दीपक का (वह भी लोहियावादी समाजवादी थे)। दीपक जी और उनका बहुत मिलना-जुलना था, बातें होती थीं, संवाद होता था। वह रघुवीर जी के 'प्रकट और निकट संवाद सूत्र थे।' लोहिया के प्रति रघुवीर जी का सम्मान इस हद तक है कि उन्हें वह 'आज की पत्रकारिता का पूर्वज' बताते हैं। अपनी बात को स्पष्ट करते हुए वह कहते हैं कि—

> लोहिया 'पूर्वज' इसलिए हैं कि गाँधी आपको हिन्दुस्तान की ख़बर देते थे। गाँव में, देहात में, शहर में, कारखाने में, जहाँ कहीं उन्होंने इनसान

को देखा, उसकी क्या स्थिति है, यह उन्होंने भारतवासियों को किसी न किसी रूप में बताया। उन्होंने अपनी सारी नीतियों में उस आदमी को केन्द्र बनाया, जिसकी ख़बर लेकर वह आते थे। यही काम लोहिया ने भी किया। गाँधी के बाद लोहिया ने जितना हिन्दुस्तान को देखा, उसके आदमी और इतिहास को देखा, उसकी भाषा और समाज को पहचाना और दूसरों को बताया, उतना किसी राजनीतिक ने नहीं बताया। नाम बहुत बड़े-बड़े रहे हैं—नेहरू से लेकर कहाँ-कहाँ तक, लेकिन इन लोगों ने ख़बर नहीं दी। इन लोगों ने ख़ाली अपने मन की बात, भावनात्मक बातें बता दीं लोगों को। उसमें कोई यथार्थ की सूचना नहीं थी।

वैसे इस तर्क से तो गाँधी जी 'पत्रकारिता के पूर्वज' थे यानी लोहिया पूर्वजों में से एक थे!

बहरहाल, जिस दौर में लोहिया लोकसभा सदस्य थे, रघुवीर जी तब 'नवभारत टाइम्स' के विशेष संवाददाता थे और अज्ञेय 'दिनमान' के सम्पादक। अज्ञेय के सम्पादन में भी 'दिनमान' में लोहिया पर काफ़ी कुछ छपता था। जिसके बारे में रघुवीर जी की राय यह लगती है कि इसके पीछे एक तरह की अवसरवादिता थी। संस्थान के मालिकों ने यह देख लिया था कि अख़बार का बिजनेस चलाना है तो विपक्ष के एक बड़े नेता को समर्थन देना होगा। इस बात को वात्स्यायन जी ने भी समझ लिया था, इसलिए उन्होंने ऐसा होने देने से किसी को रोका नहीं, हालाँकि 'वह न तो लोहिया के भक्त थे, न लोहिया की विचारधारा को पूरी तरह मानते थे।' कुछ ने मालिकों की यह नीति देखकर लोहिया का नाम लेकर संस्थान में महत्त्वपूर्ण स्थान बनाने की कोशिश की। यह प्रचार किया कि वे लोहिया के बहुत निकट हैं, ताकि मालिक उन्हें 'लोहिया का एजेंट मानें और फायदे दें।' इसलिए पहले के दो-तीन वर्षों में लोहिया की तस्वीरें, उनके नाम और विचारयोग्य बातें छपती रहीं लेकिन लोहिया की मृत्यु के बाद यही लोग बदल गये। कहने लगे कि हम तो लोहिया को जानते तक नहीं, हमारा उनसे कोई वास्ता नहीं। रघुवीर जी ऐसे लोगों के नाम तो नहीं लेते मगर लगता है निशाने पर श्रीकान्त वर्मा हैं, जो बाद में काँग्रेसी हो गये थे।

रघुवीर जी ने जब 'दिनमान' सँभाला, तब तक लोहिया की मृत्यु को छह-सात महीने बीत चुके थे। वह इस बात का श्रेय लेते हैं कि उन्होंने पहले से

चले आ रहे, लोहिया की तस्वीरें छापने के सिलसिले को बन्द किया, हालाँकि 'दिनमान' ने लोहियावादी विचारों को आगे बढ़ाने में तब अधिक सक्रिय भूमिका निभायी।

लोहिया की एक छवि यह भी थी, कि वह एकमात्र नेता थे, जो बुद्धिजीवियों-लेखकों से सम्पर्क में रहते थे। रघुवीर जी इस सन्दर्भ में रामधारी सिंह दिनकर, जैनेन्द्र, विजयदेव नारायण साही, सर्वेश्वरदयाल सक्सेना, बद्री विशाल पित्ती, मक़बूल फ़िदा हुसेन आदि के नाम लेते हैं। अशोक वाजपेयी भी एक ऐसे प्रसंग के साक्षी रहे हैं। एक बार लोहिया जी दिल्ली के कॉफी हाउस में समाजवादी कार्यकर्ताओं से घिरे बैठे थे। उन्होंने देखा कि श्रीकान्त वर्मा, कमलेश आदि कुछ लेखक उनकी ओर चले आ रहे हैं तो उन्होंने अपने साथ बैठे कार्यकर्ताओं से कहा कि 'अच्छा, अब तुम लोग जाओ, बुद्धिजीवी आ गये हैं।' जाने में ना-नुच करने वाले केवल राजनारायण थे। जैनेन्द्र के बारे में रघुवीर जी बताते हैं कि वह घण्टों लोहिया के घर ऐसी बैठकों में बैठे रहते थे और लोहिया जी उनसे अलग से मिलते नहीं थे। रघुवीर जी के अनुसार, 'लोहिया जी को इसकी ज़रूरत ही नहीं थी कि वह किसी लेखक को बुलाकर दुनिया को यह बतायें कि मैं कितना सांस्कृतिक आदमी हूँ। ऐसे दस आदमियों को वह एबीसीडी पढ़ा सकते थे।' रघुवीर जी मिलने-जुलने और संवाद में फ़र्क़ मानते हैं : 'जैनेन्द्र का अगर कोई संवाद लोहिया से था तो वह जैनेन्द्र के लेखन में भी तो झलकना चाहिए, वह कहाँ है? जैनेन्द्र के साहित्य में दिखाइये ऐसी एक भी पंक्ति!' इसी तरह वह हुसेन के बारे में कहते हैं कि उनका लोहिया से मिलना-जुलना ज़रूर था मगर संवाद नहीं था।' हुसेन के किसी काम में लोहिया के दिमाग़ की या उनके सोच की झलक तक नहीं है। वह मानते हैं कि १९६३ में लोहिया के लोकसभा में पहुँचने के बाद लोगों को लगने लगा था कि किसी दिन सरकार बदल सकती है और लोहिया नये शक्तिकेन्द्र बन सकते हैं। इस भय के कारण लोग उनसे घबराने लगे थे, बड़े-बड़े उद्योगपतियों से लेकर राजनेता तथा लेखक तक उनके पास जाने लगे थे।

वात्स्यायन जी के 'दिनमान' में रघुवीर जी

वैसे तो वात्स्यायन जी के साहित्यकार रूप के प्रति रघुवीर जी का प्रशंसा भाव और व्यक्तिगत आदर भाव हमेशा बना रहा लेकिन उनके पत्रकार रूप के बारे में वह आश्वस्त नहीं थे। कई मामलों में वह वात्स्यायन जी के पत्रकार पक्ष के कटु आलोचक थे। वैसे तो शायद इस बारे में वह आजीवन मौन रहना पसन्द करते मगर रघुवीर जी के साठवें जन्मदिन पर उन पर केन्द्रित एक पुस्तक के प्रकाशन की योजना बनी, जिसके लिए उनसे एक लम्बा साक्षात्कार प्रयाग शुक्ल, मंगलेश डबराल, विष्णु नागर तथा असद ज़ैदी ने लिया। उसमें रघुवीर जी से उनके 'दिनमान' के चौदह वर्षों के सम्पादन काल पर भी चर्चा हुई। स्वाभाविक है कि इसके संस्थापक-सम्पादक वात्स्यायन जी का भी ज़िक्र आया, जो १९६८ में एक साल की छुट्टी पर विदेश चले गये थे और यह दायित्व, प्रबन्धन को राजी करके रघुवीर जी को सौंप गये थे। रघुवीर जी क़रीब नौ महीने पहले इस साप्ताहिक में समाचार सम्पादक बनाकर इसी आश्वासन के साथ लाये गये थे कि वात्स्यायन जी की अनुपस्थिति में उनका दायित्व रघुवीर जी सँभालेंगे। वात्स्यायन जी के जाने के बाद उन्हें 'दिनमान' का स्थानापन्न सम्पादक बनाया गया। विदेश से लौटकर वात्स्यायन जी ने जब त्यागपत्र दे दिया तो रघुवीर जी कार्यकारी सम्पादक बनाये गये। औपचारिक तौर पर इसका सम्पादक पद उन्हें १९७० में सौंपा गया और वह इस पद पर मार्च, १९८३ तक रहे। यह अलग बात है कि 'दिनमान' में आते ही एक तरह से वात्स्यायन जी ने रघुवीर जी को सम्पादक पद का दायित्व सौंप दिया था। उनके जाने के बाद तो पद चाहे स्थानापन्न सम्पादक का रहा हो या कार्यकारी सम्पादक का, सम्पादक का दायित्व तो पूरी तरह वही देख रहे थे।

१९८८-८९ में कभी उनसे हुई कई दौरों की बातचीत में रघुवीर जी, वात्स्यायन जी के पत्रकारिता वाले पक्ष को लेकर पहली और आख़िरी बार काफ़ी मुखर हुए। इससे पहले अप्रैल, १९८७ में प्रकाशित एक टिप्पणी में उन्होंने 'दिनमान' के दौरान वात्स्यायन जी से अपने सभी सहयोगियों को मिले 'अपनापे' तक ख़ुद को सीमित रखा था। वात्स्यायन जी की मृत्यु के तत्काल बाद लिखी इस टिप्पणी में और कहा-लिखा भी क्या जा सकता था? उन्होंने इस मौक़े पर प्रकाशित कई और टिप्पणियों में भी उनके उदार-सकारात्मक पक्ष को रेखांकित किया था और उनके पत्रकारिता वाले पक्ष पर मौन रखा था। यहाँ तक कि 'आकाशवाणी' के लिए, लिए गये १५० से अधिक पृष्ठों के साक्षात्कार में भी—जो मुख्य रूप से रघुवीर जी ने लिया था और गोपाल दास ने उनका सहयोग किया था—वात्स्यायन जी के पत्रकारिता वाला पक्ष पूरी तरह उपेक्षित रखा गया, उनके लेखक पक्ष की ही चर्चा हुई। सम्भव है कि वात्स्यायन जी ख़ुद नहीं चाहते होंगे या इसका निर्णय उन्होंने प्रश्नकर्ताओं पर छोड़ा होगा। सम्भव यह भी है कि रघुवीर सहाय को उनके रचनात्मक व्यक्तित्व में विशुद्ध पत्रकारिता वाला पक्ष उनके 'दिनमान' काल को छोड़कर—एक अवान्तर प्रसंग से अधिक नहीं लगा होगा।

हम लोगों से रघुवीर जी ने बातचीत में 'दिनमान' की बात भी की। उसमें उन्होंने कई बातें उस तरह कहीं, जिस तरह वह खुलकर कहना चाहते थे। उनके शब्दों में :

> जर्नलिज़्म में उनके (वात्स्यायन जी) आने का रैशनेल यह रहा है कि वह यह बताना चाहते थे कि हाँ, मैं जर्नलिज़्म करना भी जानता हूँ। उन्होंने पहले आगरा से प्रकाशित 'सैनिक' वग़ैरह में इसी आधार पर काम किया है। आप अगर स्पष्ट शब्दों में सुनना चाहें तो मैदान (ज़मीनी पत्रकारिता) से उनका कोई ताल्लुक़ नहीं था। 'सैनिक' (साप्ताहिक) में भी जब वह थे, तो मेरा ख़याल है कि वह शायद सम्पादकीय वग़ैरह लिखा करते थे। बाद में 'विशाल भारत' में भी जब वह सम्पादक कहलाये, तो वैसा ही कुछ करते थे। हमारे पास उनका (पत्रकारिता के) दूसरे क्षेत्र में किया गया काम सामने भी नहीं है।'

एक और जगह रघुवीर जी कहते हैं—

> अज्ञेय जी यह समझते थे कि उन्होंने 'दिनमान' का तीन वर्ष तक सम्पादन करके पत्रकारिता में अपने झण्डे गाड़ दिये हैं। यही (कुल)

उनके पत्रकार जीवन का उद्देश्य था।

वह यह कहने में भी नहीं झिझकते कि उनकी अपनी पत्रकारिता के विकास में 'अज्ञेय कोई ख़ास मायने नहीं रखते, सिवाय इसके कि उन्होंने मौक़ा दिया और उनका समर्थन किया।' यही नहीं, वह ज़ोर देकर कहते हैं कि उन्हें पत्रकारिता का प्रशिक्षण दो समाजवादियों—लोहिया और ओम प्रकाश दीपक ने दिया, वे उनके शिक्षक थे, अज्ञेय नहीं थे। शायद वह कहना चाहते थे कि अवसर देने के ठीक वही मायने नहीं होते, जो कि सिखानेवाले के, शिक्षक के होते हैं यानी इन दोनों ने उन्हें सिखाया और ये सिखानेवाले ऊँचे पाये के लोग थे, इसीलिए वात्स्यायन जी ने उन्हें अवसर दिया। अर्थ यह कि वात्स्यायन जी के प्रिय व्यक्ति होने के नाते नहीं बल्कि पत्रकारिता की उनकी शिक्षा-दीक्षा और अनुभव के आधार पर उन्हें अवसर मिला। वैसे यह क्या कम दिलचस्प है कि ज़मीनी पत्रकारिता का व्यावहारिक प्रशिक्षण उन्हें भले ही आकाशवाणी-दूरदर्शन-नवभारत टाइम्स जैसे लोकप्रिय जन माध्यमों से मिला हो मगर वह पत्रकारिता का अपना असली शिक्षक उनको बताते हैं जिनकी पहचान पत्रकार के रूप में कभी नहीं रही, ख़ासकर लोहिया जी की, जो समाजवादी पत्रिका 'जन' के सम्पादक ज़रूर थे मगर उनका मुख्य क्षेत्र राजनीति होने के कारण यह पक्ष ध्यान नहीं खींचता। 'जन' का सम्पादन भी एक तरह से उनके राजनीतिक कर्म का ही विस्तार था, उसी की एक शाखा थी। इस तरह देखें तो रघुवीर जी के लिए पत्रकारिता के प्रशिक्षण के मायने अलग थे, उसमें वैचारिक प्रशिक्षण का स्थान अधिक बड़ा था।

वैसे पत्रकारिता के औपचारिक प्रशिक्षण की पहली पाठशाला तो लखनऊ का 'नवजीवन' अख़बार था लेकिन जहाँ तक वात्स्यायन जी का सवाल है, उन्होंने (साहित्यिक) पत्रकारिता के प्रशिक्षण का पहला अवसर 'प्रतीक' के माध्यम से रघुवीर जी को दिया। फिर 'आकाशवाणी' में वह सलाहकार बने तो वहाँ उप-सम्पादक के रूप में रघुवीर जी को काम करने का मौक़ा दिया था। वहाँ मुख्य रूप से रघुवीर जी का काम अँग्रेज़ी से समाचारों का हिन्दी अनुवाद करना था, जो पत्रकारिता का एक अंग तो है, ठीक-ठीक पत्रकारिता नहीं। वैसे उनके जीवन में पत्रकारिता के सबसे बड़े मौक़े अगर किसी एक व्यक्ति ने सबसे अधिक दिये-दिलवाये तो वह निश्चित रूप से वात्स्यायन जी थे। उन्होंने ही दिया 'दिनमान' के सम्पादक के रूप में

अवसर और ज़िद करके दिया। इसके बग़ैर रघुवीर सहाय के पत्रकार-सम्पादक रूप में जो निखार देखा गया, काम करने का जो अद्भुत अवसर उन्हें मिला, वह हमारे सामने नहीं होता। उनके 'आकाशवाणी' और 'नवभारत टाइम्स' के कार्यकाल को पत्रकारिता के क्षेत्र में उनकी किसी बड़ी सिद्धि की तरह नहीं देखा जा सकता। रघुवीर सहाय को उनकी पत्रकारिता के लिए 'दिनमान' के कारण ही आज भी याद किया जाता है। फिर भी शायद यह सही हो कि अवसर देना एक बात है, किसी से विशुद्ध पत्रकारिता सीखना और बात है मगर बात अन्ततः दोनों से मिलकर ही बनती है।

रघुवीर जी के कथनों से स्पष्ट है कि टाइम्स समूह का प्रबन्धन तब वात्स्यायन जी के इतने प्रभाव में था कि उनके निर्णय को सिरमाथे रखने के अलावा वह कुछ कर नहीं सकता था। इसका एक कारण सम्भवतः यह भी रहा होगा कि वात्स्यायन जी सम्पादक पद से त्यागपत्र देकर नहीं गये थे, केवल एक साल का अवकाश लेकर गये थे यानी इस पद पर वापसी का दरवाज़ा उन्होंने और प्रबन्धन ने भी कुछ सोचकर खुला रखा था। इस कारण उनकी इच्छा का सम्मान करना प्रबन्धन के लिए ज़रूरी रहा होगा वरना रघुवीर जी की जगह दूसरा कोई उस पद पर आ जाता तो पता नहीं, उसका स्वरूप वह इस बीच क्या से क्या बना देता और तब उसमें चाहकर भी लौटना वात्स्यायन जी के लिए सम्भव नहीं था!

अगस्त, १९६३ में जब 'नवभारत टाइम्स' के विशेष संवाददाता के पद पर रघुवीर जी की नियुक्ति हुई, लगभग उसी समय 'दिनमान' की नींव भी पड़ना शुरू हो चुकी थी। इस दैनिक में आने के क़रीब छह महीने बाद ही अख़बार के सम्पादक अक्षय कुमार जैन ने रघुवीर जी से कहा कि आपको साहूजी (कम्पनी के मालिक साहू शान्ति प्रसाद जैन) ने बुलाया है। वह आपको 'दिनमान' में लेना चाहते हैं। ज़ाहिर है कि रघुवीर जी अभी-अभी इस अख़बार में आये थे, अख़बार दैनिक था, बड़ा बैनर था, पद विशेष संवाददाता का था और फील्ड में काम करने का अवसर था तो वह अनिश्चित भविष्यवाले एक नये समाचार साप्ताहिक में जाने के लिए उत्सुक क्यों होते, इसलिए उन्होंने इसका भरसक विरोध किया। यह विरोध तब तक जारी रहा, जब तक कि 'दिनमान' ने अपनी एक जगह नहीं बना ली, उन्हें उपयुक्त पद, तनख़्वाह और भविष्य में सम्पादक बनाने का स्पष्ट आश्वासन नहीं दे दिया गया।

रघुवीर सहाय के अनुसार, अगस्त, १९६३ से दिसम्बर, १९६७ के बीच कम से कम छह मर्तबा कभी वात्स्यायन जी ने तो कभी महाप्रबन्धक पी. के. राय ने ऐसा कुछ तन्त्र बनाया कि वह 'दिनमान' में चले जायें। उधर रघुवीर जी कहते रहे—'मैं नहीं जाना चाहता, क्योंकि यहाँ अच्छी-ख़ासी तनख़्वाह है, अच्छा-ख़ासा रचनात्मक काम करने के अवसर हैं तो वहाँ कम तनख़्वाह पर 'घटिया' काम करने क्यों जाऊँ?' तब उन्हें यह भी लग रहा था कि 'नवभारत टाइम्स' में वह ऐसा काम कर रहे हैं, जो 'दिनमान' की तुलना में 'बहुत बड़ा' है। एक बार मैनेजर डिसूज़ा ने उनसे कहा कि जब वात्स्यायन जी आपको इतना चाह रहे हैं तो आप वहाँ जाते क्यों नहीं? वह आपको केवल दो महीने के लिए ही तो बुला रहे हैं! आप कम से कम उनसे एक बार मिल लें। वात्स्यायन जी ने भी उन्हें मनाने की कोशिश की कि आप सिर्फ़ दो महीने के लिए आयें। इस पर रघुवीर जी का जवाब था कि दो महीने बाद मैं वहाँ वापिस कैसे जाऊँगा? बेहतर यह है कि आप जो भी काम हो, वह बता दीजिये, कर दूँगा। पहले जब आपने 'दिनमान' शुरू होने के बाद कहा था, तो आपको संसद-समीक्षा लिखकर दी थी, क्योंकि मैं संसद की रपट अपने अख़बार के लिए लिखता था। इस पर वात्स्यायन जी ने कहा कि ठीक है, तुम 'दिनमान' के लिए वही लिख दिया करो। रघुवीर जी का जवाब था कि ठीक है, यह तो मेरे बाँये हाथ का खेल है। वात्स्यायनजी ने— रघुवीर जी के अनुसार—यह बात तब मान ली थी कि अच्छा अब आपको 'नवभारत टाइम्स' से हटवाया नहीं जायेगा। वैसे दूसरी तरफ़ तैयारी यह भी थी कि अगर रघुवीर जी बात नहीं मानते तो उनका 'दिनमान' में स्थानान्तरण कर दिया जायेगा। इसके आदेश तैयार हो चुके थे मगर रघुवीर जी से बातचीत के बाद वात्स्यायन जी ने उसे रुकवा दिया।

लेकिन 'दिनमान' में वात्स्यायन जी उन्हें लेना ही चाहते थे तो उन्होंने कुछ समय बाद फिर से कोशिशें शुरू कर दीं। रघुवीर जी के पास कई माध्यमों से यह बात पहुँचायी गयी। दो साल तक पी. के. राय कहते रहे कि अब इस साल तो आप चले ही जायें। २६ जनवरी, १९६८ को गणतन्त्र दिवस की परेड में मुलाक़ात होने पर श्री राय ने अगले दिन ही रघुवीर जी को अपने दफ़्तर में बुलाया। श्री राय ने उस दिन तनख़्वाह में वृद्धि और उनकी इच्छानुसार उनकी शर्तें मानने के साथ यह संकेत भी दिया कि वात्स्यायनजी के बाद आपको सम्पादन दिया जा सकता है। तब रघुवीर जी को लगा कि

इस बात में कुछ दम है और वह राज़ी हुए।

इस तरह शुरू होने के क़रीब चार साल बाद रघुवीर जी, मार्च, १९६८ में 'दिनमान' आये। जोशी जी के अनुसार शुरुआत में वात्स्यायन जी ने मुम्बई में उनसे मिलने पर कहा था कि उन्हें और रघुवीर सहाय, दोनों को मुख्य उपसम्पादक बनाया जायेगा, चूँकि पत्रिका में दो सहायक सम्पादक बनाना सम्भव नहीं है। मुम्बई में तब जोशी जी फ़िल्म्स डिवीज़न में प्रथम श्रेणी अधिकारी थे और एक बार उन्हें इसी अख़बार समूह की 'माधुरी' नामक फ़िल्मी पत्रिका का सम्पादक बनाने की बात भी चली थी। ख़ैर, जोशी जी के मन में फिर से दिल्ली आने की साध थी, देश के पहले और गम्भीर हिन्दी समाचार साप्ताहिक में काम करने की इच्छा थी तो उन्होंने इस पद पर आना भी मंज़ूर कर लिया, जो उनके मौजूदा पद से छोटा था मगर रघुवीर जी ने यह स्वीकार नहीं किया। वह इसी संस्थान के दैनिक के विशेष संवाददाता थे, जो मुख्य उप-सम्पादक से ऊपर का पद माना जाता है। उनके सामने जोशी जी वाली विवशताएँ नहीं थीं। वह दिल्ली में और उसी संस्थान में थे। अन्ततः वह तमाम कोशिशों के बाद समाचार सम्पादक बनकर आये। यह पद उनके लिए विशेष तौर पर निर्मित किया गया था। रघुवीर जी के मुताबिक वात्स्यायन जी यह सन्देश देना चाहते थे कि उनके बाद स्पष्ट तौर पर वही नम्बर दो हैं। रघुवीर जी के आने के चार महीने पहले ही जोशी जी 'साप्ताहिक हिन्दुस्तान' में चले गये थे।

वैसे 'साप्ताहिक हिन्दुस्तान' में नियुक्ति से कुछ पहले सम्भवतः रघुवीर जी का 'दिनमान' में न आना तय-सा मानकर वात्स्यायन जी ने जोशी जी को मुख्य उपसम्पादक से पदोन्नत कर सहायक सम्पादक बना दिया था और श्रीकान्त वर्मा को विशेष संवाददाता का पद दे दिया था, हालाँकि इसके कुछ ही पहले रघुवीर जी, जोशी जी को बता चुके थे कि वह सहायक सम्पादक के रूप में 'दिनमान' में आ रहे हैं और इससे उन्हें कोई एतराज़ तो नहीं है? ज़ाहिर है कि जोशी जी इससे खिन्न थे, क्योंकि उनका मानना था कि 'दिनमान' एक तरह से उनके कन्धों पर चल रहा है, इसलिए उनकी स्वाभाविक अपेक्षा थी कि या तो उन्हें यह पद दिया जाये या रघुवीर जी और उन्हें बराबर का दर्जा दिया जाये। जोशी जी के अनुसार उन्होंने अपनी यह नाराज़गी अपने मित्र से छुपायी भी नहीं थी। तत्काल विकल्प न होने की विवशता में उन्होंने रघुवीर जी से यह ज़रूर कहा कि अब आपत्ति करके

भी मैं जाऊँगा कहाँ ? उन्होंने यह भी सोचा कि किसी और के इस पद पर आने से बेहतर होगा कि उनका पुराना मित्र ही इस पद पर आये, जो निस्सन्देह योग्य है। इसी के साथ शायद जोशी जी के सामने यह बात स्पष्ट हो गयी थी कि किसी भी क़ीमत पर वात्स्यायन जी, रघुवीर सहाय को 'दिनमान' में लायेंगे और उनसे वरिष्ठ पद पर भी ला सकते हैं। अगर 'दिनमान' के समाचार सम्पादक रहे जितेन्द्र गुप्त की बात मानें तो वात्स्यायन जी ने यह बात जोशी जी को स्पष्ट कर दी थी कि वह उन्हें अपना उत्तराधिकारी बनाने नहीं जा रहे हैं। एक बार जोशी जी, वात्स्यायन जी से पूछने गये थे कि आप तो कहीं भी दो-तीन साल से ज़्यादा टिकते नहीं तो आपके बाद सम्पादक कौन होगा ? वात्स्यायन जी ने उनसे स्पष्ट कहा, मैं आपके बारे में सोच नहीं रहा। जोशी जी स्वयं भी इस बात की पुष्टि करते से लगते हैं कि रघुवीर सहाय का यह कथन 'जरामरा खुन्नसभरा' होते हुए भी सही है कि वात्स्यायन जी उनकी उपयोगिता विविध विषयों की जानकारी रखनेवाले और विदेशी साहित्य-संस्कृति से परिचित एक चेले के रूप में मानते थे, जिससे जो भी कहा जायेगा, वह 'निकालकर धर देगा' मगर वात्स्यायन उन्हें वह पर्याप्त परिपक्व नहीं मानते थे। भाषा के मामले में जोशी जी की खिलन्दड़ी दृष्टि भी वात्स्यायन जी को पसन्द नहीं थी। वात्स्यायन जी, रघुवीर जी को ही अपना उत्तराधिकारी मानते थे। वैसे जोशी जी ने एक जगह यह दावा भी किया है कि उन्होंने जब वात्स्यायन जी को 'साप्ताहिक हिन्दुस्तान' जाने के अपने निर्णय की जानकारी दी तो उन्होंने जोशी जी के सामने अपने विदेश जाने की स्थिति में उन्हें 'दिनमान' का सम्पादक बनाने का संकेत दिया था। जोशी जी का यह दावा सही होगा क्योंकि जब वात्स्यायन जी को लगा होगा कि रघुवीर जी नहीं आ रहे हैं तो उनका विकल्प जोशी जी ही हो सकते हैं। इसके बावजूद जोशी जी कुछ सोचकर नहीं रुके।

जोशी जी का यह भी कहना है कि उन्होंने 'दिनमान' इसलिए छोड़ा कि उन्हें लगने लगा था कि सहायक सम्पादक (यह पद विशेष संवाददाता के बराबर ही होता है) के जिस पद पर रघुवीर सहाय को होना चाहिए था, उस पर वह काबिज़ हैं और जाने-अनजाने उन्होंने वह जगह ले ली है, जो क़ायदे से उनके मित्र की होनी चाहिए थी, अत: उन्होंने यहाँ-वहाँ नौकरी तलाशना शुरू की। मित्र के लिए त्याग भावना का योगदान उनके अन्यत्र

नौकरी ढूँढ़ने में कितना रहा मालूम नहीं, मगर बड़ा सच शायद यह रहा हो कि जिस आशा में जोशी जी इतने अरसे से मेहनत कर रहे थे, वह पूरी होती नहीं लग रही थी। रघुवीर सहाय के बार-बार कड़ा रुख़ दिखाने के बावजूद वात्स्यायन जी उन्हें लाना चाहते थे। इस स्थिति में यहाँ अब और बने रहने और अपने बराबरी के सहयोगी तथा मित्र को अपने से वरिष्ठ बनाया जाना स्वीकार करने का तनाव झेलने से बेहतर जोशी जी ने चले जाना ठीक समझा होगा।

जोशी जी की यह कोरी कल्पना भी हो सकती है कि जब वात्स्यायन जी ने जोशी जी को सहायक सम्पादक के पद पर पदोन्नत कर दिया तो रघुवीर जी इससे आहत और अपमानित हुए कि जिस पद पर उन्हें बैठाया जाना था, वह पद अब जोशी जी को मिल गया है। इस बात का प्रमाण उनके पास जो भी रहा हो, कम से कम वह अपनी पुस्तक में नहीं दे पाये। वैसे भी रघुवीर जी इसी के समानान्तर पद पर 'नवभारत टाइम्स' में थे। इस बारे में ख़ुद रघुवीर जी ने कहीं कुछ भी कहा-लिखा नहीं है। उनकी नज़र में तो उनकी राह का रोड़ा जोशी जी या कोई भी कभी था नहीं। रघुवीर जी ने अपने 'दिनमान' आने की कहानी जो बतायी है, उसमें जोशी जी परिदृश्य में कहीं हैं नहीं। उनका कहना है कि उन्हें सम्पादक से ठीक नीचे पद पर लाने का संयुक्त निर्णय जनरल मैनेजर राय, सम्पादक वात्स्यायन जी और मालकिन श्रीमती रमा जैन का था, ताकि वात्स्यायन जी के बाद उन्हें उत्तराधिकारी बनाया जा सके। केवल एक निदेशक चन्द्रमौलि शर्मा इससे असहमत थे और अन्त तक असहमत रहे लेकिन बाक़ी लोगों ने कहा कि यह सही आदमी है। यह 'नवभारत टाइम्स' में रहकर काम सीख चुका है, रिकॉर्ड भी इसका बहुत अच्छा है। इस बीच उनके तमाम 'सही लोगों' से सम्बन्ध भी बन चुके थे।

क़रीब नौ महीने तक समाचार सम्पादकी के दौरान रघुवीर जी के अनुसार वह बहुत से ऐसे काम करते रहे, जिन्हें सामान्यतः सम्पादक की ज़िम्मेदारी माना जाता है। इस तरह वह बहुत सी ज़हमतों से सम्पादक को बचाते रहे। इस दौरान अज्ञेय जी ने उन्हें बहुत स्वतन्त्रता दी। ऐसे कई लोगों से लिखवाने दिया, जिन्हें रघुवीर जी पत्रकार मानते थे। कुछ चुनी हुई चीज़ों पर रघुवीर जी स्वयं भी समाचार विश्लेषण लिखने लगे थे। उन्होंने स्टाफ़ के लोगों से पहले से अधिक काम लेना और उन्हें काम देना शुरू कर दिया था, जिसका

वात्स्यायन जी और बाक़ी लोगों ने स्वागत किया। रघुवीर जी कहते हैं कि शुरू में ही उन्होंने वात्स्यायन जी को 'दिनमान' में संवाददाता रखने की सलाह दी थी क्योंकि वह स्वयं पहले आकाशवाणी और फिर दूरदर्शन में संवाददाता रह चुके थे लेकिन उनकी यह बात मानी नहीं गयी। रघुवीर जी के मुताबिक वात्स्यायन जी की समझ इस बारे में दूसरी थी। वह मानते थे कि इस समय जो लोग फील्ड में हैं, सब घटिया हैं, जबकि हमें जितने लोगों को रखना है, उनमें हमें ऐसे लोग चाहिए, जो समझदारी से लिख सकें। उधर जोशी जी, रघुवीर जी की बात की काट यह कहकर करते हैं कि वात्स्यायन जी भले ही फील्ड में न रहे हों मगर संवाददाताओं का महत्त्व वह जानते थे मगर घाटे में चल रही इस पत्रिका के लिए जगह-जगह संवाददाता नियुक्त करने के लिए प्रबन्धन तैयार नहीं था। जोशी जी व्यंग्य में कहते हैं कि वात्स्यायन जी ने इस अभाव को दूर करके अपने इस चेले यानी उनके सहयोग से 'टाइम' जैसी पत्रिका निकालकर 'धर' दी थी। इसका एक दिलचस्प प्रसंग है। कान फ़िल्म समारोह ख़त्म होते ही 'दिनमान' में उस पर 'बड़ी ज़बर्दस्त ' रिपोर्ट सचित्र छप गयी बल्कि 'फ़िल्म फेयर' के सम्पादक—जो इसे कवर करने गये थे—उनकी रिपोर्ट आने से पहले ही छप गयी थी। प्रबन्धन इससे चक्कर में आ गया। उसने सम्पादक से जवाब-तलब किया कि आपने किसी और से यह कवरेज करवाकर कम्पनी का अतिरिक्त ख़र्च क्यों करवाया ? और जब आपके पास कान समारोह के चित्र थे तो आपने कम्पनी के अन्य प्रकाशनों को उन्हें क्यों नहीं दिया ? वात्स्यायन जी ने इसके जवाब में लिखा कि किसी ने हमारे लिए मुफ़्त कवरेज की है और उसने हमें ये चित्र इस शर्त पर दिये थे कि उन्हें अन्यत्र नहीं छापा जायेगा। प्रबन्धन ने आइन्दा कवरेज के लिए उस संवाददाता का नाम जानना चाहा लेकिन वात्स्यायन जी ने यह बताने से इनकार कर दिया कि उसका नाम मनोहर श्याम जोशी है, जो कि कई फ्रांसीसी फ़िल्म समीक्षकों की निगाह से इस फ़िल्मोत्सव को 'देख आया है।'

रघुवीर जी को वात्स्यायन जी द्वारा 'दिनमान' के लिए नियुक्त किये गये कई सम्पादकीय सहकर्मियों के चुनाव से भी शिकायत थी। वह सर्वेश्वरदयाल सक्सेना समेत कुछ लोगों को लाये जाने को उचित नहीं मानते थे। उनकी निगाह में सर्वेश्वर जी का रिश्ता 'परिमल' (इलाहाबाद की साहित्यिक संस्था) से तो था मगर पत्रकारिता से रत्तीभर नहीं था। इसके बावजूद 'दिनमान' के स्वरूप में सर्वेश्वर जी के लिए जगह थी, उनकी योग्यताओं

का इस्तेमाल ख़ुद रघुवीर सहाय ने भी अपने सम्पादनकाल में बग़ैर किसी दुविधा के किया। 'चरचे और चरखे' जैसा लोकप्रिय स्तम्भ अक्सर वही लिखते थे। रंगमंच समीक्षा भी वही करते थे, संगीत और नृत्य के पेज, पुस्तक समीक्षा स्तम्भ भी वही देखते थे।

अज्ञेय द्वारा की गयी तीन नियुक्ति पर रघुवीर जी ने ख़ासतौर से सवाल उठाये। उनका मत था कि वात्स्यायन जी को दरअसल ऐसे लोगों की ज़रूरत थी, जो उन्हें आश्वस्त कर सकें, उनके 'पहरेदार' बन सकें। स्टाफ़ ऐसे लोगों से भर गया था, जो कि न होते तो उनकी जगह ठोस काम करनेवाले लोग हो सकते थे। 'वात्स्यायनजी एक नयी पत्रिका शुरू कर रहे थे, जिसमें कि कड़ी मेहनत की ज़रूरत होती है, जो कि इन चारों (सर्वेश्वर जी सहित) आदमियों में से कोई नहीं कर सकता था। बस उन्होंने दो-तीन ऐसे आदमी ज़रूर रख लिये थे, जो कि मेहनत कर सकें।' उनके अनुसार श्याम लाल शर्मा, शुक्ला रुद्र और जवाहरलाल कौल को समाचार पत्रिका के बारे में इतना अन्दाज़ा तो था कि उसमें समाचार चुनकर छापे जाते हैं लेकिन समाचार कैसे जमा करने चाहिए, क्या जमा करना चाहिए और क्या छापना चाहिए, इसके बारे में उन्हें कोई आइडिया नहीं था। बिना इन तीन चीज़ों के आप एक अच्छा अख़बार कैसे निकाल सकते हैं? वह यहाँ तक मानते हैं कि तब इसे 'न्यूज़ मैगज़ीन' कहते हुए भी ज़्यादातर लोगों को झिझक होती थी। रघुवीर जी ने इन सभी लोगों के साथ आगे भी काम किया, उनके प्रति बिना किसी प्रकार की उपेक्षा-अवहेलना का भाव दिखाये, सबकी योग्यता और सीमाओं को समझते हुए, उनसे अधिक से अधिक काम लेते हुए।

श्रीकान्त वर्मा भी उनके अनुसार संस्थान की मालकिन रमा जैन के कहने पर 'दिनमान' में लाये गये थे, 'जो किसी काँग्रेसी सांसद के साथ लगे हुए थे और जर्नलिज़्म के नाम पर पोलिटिक्स करना चाहते थे।' पुराने लोगों में केवल जितेन्द्र गुप्त को वह उल्लेखनीय मानते हैं, 'जो सारा काम जानते थे और कर सकते थे।' अपनी मृत्यु से कुछ दिन पहले श्री गुप्त ने बताया था कि 'दिनमान' में उनकी नियुक्ति का श्रेय रघुवीर जी को जाता है, जो 'आकाशवाणी' के समय से उनके काम से परिचित थे, जबकि वात्स्यायन जी उस समय तक इसे छोड़ चुके थे।

रघुवीर जी मानते थे कि 'वात्स्यायन जी ने 'दिनमान' की जो नींव डाली

थी, वह उनके लिए बहुत महत्त्वपूर्ण साबित हुई, इसलिए उसे उन्होंने उखाड़ा भी नहीं, उखाड़ना चाहा भी नहीं वरना उन्हें ख़ुद के गिर जाने, ख़त्म हो जाने का ख़तरा था।'...'उस आदमी ने चाहे जिस वजह से किया हो, एक सही काम किया था।' उस नींव के आधार पर एक इमारत खड़ी की जा सकती थी, 'जो काम वात्स्यायन जी ने नहीं किया था।' वात्स्यायन जी के इस फ़ैसले से वह सहमत थे कि 'दिनमान' में साहित्य नहीं छापा जायेगा।' उनके अनुसार अगर उस समय वात्स्यायन जी ने साहित्य छापने का निर्णय किया होता तो ('विद्यानिवास मिश्र तो शायद मान जाते, शायद नहीं घुसते') मगर तमाम हिन्दी के लोग—जो उनके इर्द-गिर्द थे—घुस आते, पत्रिका बैठ जाती क्योंकि यह राजनीतिक पत्रिका थी। उनका एक और योगदान रघुवीर जी यह मानते हैं कि वात्स्यायन जी ने 'दिनमान' की योजना के समय ही यह स्पष्ट कर दिया था कि यह राजनीतिक पत्रिका होगी, इसमें राजनीतिक विषयों पर चर्चा होगी और यह किसी दल-विशेष की अनुगामिनी नहीं होगी लेकिन उनकी नज़र में वात्स्यायन जी की कमज़ोरी यह थी कि 'वह अपने आपको गम्भीर आदमी मानते थे।' इसके अलावा वात्स्यायन जी का कला-संगीत सब जगह नाम था लेकिन उन्हें लगता था कि उनसे 'दिनमान' के लिए कुछ माँगना असाध्य होगा, शायद बहुत अर्थमय भी नहीं होगा, हालाँकि 'प्रतीक' के दौरान ऐसी कई पहल करने के उदाहरण स्वयं रघुवीर जी ने दिये हैं।

बहरहाल, 'दिनमान' में आने से पहले स्वयं रघुवीर जी लम्बे अर्से तक पत्रकार रहे थे—जो कि वात्स्यायन जी निरन्तरता में नहीं रहे थे, इसलिए उन्होंने अपने पूर्व सम्पादक की जो तमाम कमज़ोरियाँ बतायी हैं, उनकी अनदेखी करना शायद ठीक न हो। सम्भव है यह शायद दो लोगों की अलग समझ या दूसरे की परिस्थिति को ठीक से न समझने का मामला हो। भले ही रघुवीर सहाय के अनुसार वात्स्यायन जी अपने आसपास 'पहरेदार' रखना पसन्द करते थे और 'भक्तों' और 'प्रेमियों' से 'दिनमान' में लिखवाते थे मगर उनमें कोई तो बात थी कि उन्होंने 'भक्त', 'प्रेमी' या 'पहरेदार' को नहीं, ऐसे व्यक्ति को सम्पादक बनाया, जो कि उनका 'भक्त' और 'अनुचर' होने से इनकार करता था। रघुवीर जी न केवल इनसे अपने को अलग करके देखते थे बल्कि उनके अनुसार इन भक्तों-प्रेमियों-पहरेदारों से उनका सम्बन्ध उल्टा ही बनता गया। उन्होंने इस सन्दर्भ में दो के नाम ख़ासतौर से

लिए हैं—विद्यानिवास मिश्र और सर्वेश्वरदयाल सक्सेना। इसके अलावा इस कोटि के कुछ 'छोटे-मोटे' लोगों से भी उनकी कभी वैचारिक और रागात्मक रूप से नहीं पटी। वात्स्यायन जी से रघुवीर जी के मतभेद रहे, तकरारें हुईं, जैसा कि वह ख़ुद कहते हैं—मगर उन्हें ही अपना उत्तराधिकारी बनाने की उत्सुकता वात्स्यायन जी के बारे में बहुत कुछ और भी कहती है।

वात्स्यायन जी के दौर के 'दिनमान' के प्रति अपनी तमाम आलोचनाओं के बावजूद रघुवीर सहाय मानते थे कि उन्होंने ही हिन्दी के इस पहले प्रमुख समाचार साप्ताहिक की ज़मीन तैयार की थी, जो कि एक 'ऐतिहासिक सत्य' है। इस पत्रिका की तुरन्त ही समाज में स्वीकृति बनी क्योंकि लोगों ने इससे पहले ऐसी पत्रिका नहीं पढ़ी थी। इसके बावजूद वह नहीं मानते कि अपने तीन साल के कार्यकाल में वात्स्यायन जी ने जो प्रतिमान बना दिये थे, वे पत्रकारिता के लिए बिलकुल नये थे। उनके अनुसार सब कुछ मिला-जुला था और उसमें कोई दिशा नहीं थी। उन्हें उन लोगों से सख़्त शिकायत थी, 'जो दिनमान की बात करते समय वात्स्यायन जी का नाम लेते चले जाते थे, लेकिन यह भूल जाते थे कि १४ साल तक रघुवीर सहाय भी इसके सम्पादक थे और बाद में जो 'दिनमान' लोगों की याद में है, वह वात्स्यायन जी का बनाया हुआ नहीं, उनका अपना बनाया हुआ है।' वैसे यह सच है। क्या वात्स्यायन जी द्वारा सम्पादित 'दिनमान' हिन्दी पत्रकारिता की स्मृतियों का लम्बे समय तक हिस्सा बना रहता, अगर रघुवीर जी की जगह किसी और ने उसे सँभाला होता?

'दिनमान' की पहचान वह थे

'दिनमान' के उस बुनियादी आधार को रघुवीर सहाय ने बनाये रखा, जो वात्स्यायन जी ने बनाया था। वह कहते भी हैं कि जो नींव वात्स्यायन जी ने डाली थी, वह उनके लिए महत्त्वपूर्ण थी। अगर उन्होंने आधार ही ग़लत बनाया होता तो 'दिनमान' निहायत कूड़ा पत्रिका होती और उसे नये सिरे से नयी शक्ल देना मुश्किल होता। वैसे वह यह भी कहते हैं कि जो आधार वात्स्यायन जी ने बनाया था, वह उनका अपना नहीं था। 'टाइम' और 'न्यूज़वीक' जैसी विदेशी पत्रिकाओं को आधार बनाकर ऐसा समाचार-साप्ताहिक निकालने का असली विचार किसका था, इस बारे में रघुवीर जी और जोशी जी की जानकारियाँ भिन्न हैं। रघुवीर जी कहते हैं कि साहू जैन यह 'आदर्श' अमेरिका से लाये थे। जोशी जी का कहना है कि ('दिनमान' के उप-सम्पादक) श्यामलाल शर्मा पहले कुछ और लोगों के साथ मिलकर 'देशकाल' नामक एक समाचार-साप्ताहिक प्रकाशित करते थे। वह इस पत्रिका का प्रकाशन का प्रस्ताव लेकर साहू जैन के पास गये। इस पर रमा जैन ने पूछा कि 'टाइम' के पैटर्न की ऐसी पत्रिका हिन्दी में निकालनेवाला सम्पादक हिन्दी में मिलेगा कहाँ? उन्होंने वात्स्यायन जी का नाम सुझाया और वात्स्यायन जी ने इस प्रस्ताव को मान लिया। शायद दोनों पूर्व मित्र अपनी-अपनी जगह सही हों। साहू जैन अमेरिका से यह विचार लाये हों मगर श्यामलाल जी के सुझाव और सम्पादक के रूप में वात्स्यायन जी का नाम सामने आने पर उन्होंने इसे कार्यरूप देने के बारे में निर्णय लिया हो। या सच जो भी हो, इससे बहुत फ़र्क़ नहीं पड़ता।

बहरहाल, रघुवीर सहाय ने 'दिनमान' का बुनियादी ढाँचा वही रखकर भी उसे काफ़ी बदला। उस रास्ते पर आगे चलते हुए उसे उस भारतीय यथार्थ

से जोड़ा, जिसे यथास्थिति का दूसरा नाम नहीं कहा जा सकता। यह स्वाभाविक भी था। दोनों बरसों से एक-दूसरे के निकट रहे मगर सोच में काफ़ी हद तक भिन्न भी थे। वैसे भी रघुवीर सहाय किसी भी मामले में लकीर के फकीर नहीं थे। उन्होंने 'दिनमान' को मुख्य रूप से एक सामाजिक-राजनीतिक-सांस्कृतिक समाचार साप्ताहिक बनाया। प्रयाग शुक्ल के शब्दों में उनके पास एक ऐसी पैनी नज़र थी, जो यह देखती रहती थी कि सड़क, बस, गली-मोहल्लों, स्कूल-कालेजों में क्या हो रहा है, संसद, सभागारों, अख़बारों, खेल के मैदानों में क्या-क्या हो रहा है, राजनीति की दुनिया में, समाज-विरोधी ताक़तें या सामाजिक न्याय की पक्षधर ताक़तें कहाँ सक्रिय हैं। शायद यह भी एक कारण रहा कि उनके सम्पादक बनने के बाद इस पत्रिका की लोकप्रियता बढ़ी। 'दिनमान' से आरम्भ से सम्बद्ध रहे रामसेवक श्रीवास्तव के अनुसार इस परिवर्तन के बाद इसकी प्रसार संख्या दस हज़ार तक बढ़ी। इसके बावजूद विज्ञापनों के अभाव में 'दिनमान' चाहे वात्स्यायन जी के समय का हो या रघुवीर जी के समय का, मालिकों के लिए हमेशा घाटे का सौदा रहा। चूँकि इस पत्रिका के मूल विचार की जड़ में साहू शान्ति प्रसाद जैन और रमा जैन थे और इससे आर्थिक लाभ कमाना उनकी मुख्य चिन्ता नहीं थी तो इनके प्रभावी रहने तक कुछ कम संसाधनों के साथ यह पत्रिका निकलती रही मगर मालिकों की नज़र में सम्पादक और पत्रिका का पूरा सम्मान बना रहा।

रघुवीर सहाय के आने के क़रीब-क़रीब साथ ही प्रबन्धन उनके पुत्र अशोक जैन के हाथों में आ गया और घाटे के कारण 'दिनमान' उनकी प्राथमिकता सूची से बाहर चला गया। उन्होंने देर सबेर इसे ७, बहादुर शाह ज़फ़र मार्ग से हटाकर १०, दरियागंज के पुराने भवन में भेज दिया, ताकि दैनिक अख़बारों के लिए ज़्यादा जगह निकल सके। रघुवीर जी की योग्यता का स्वीकार तो इस संस्था में था मगर वात्स्यायन जी जैसी बड़ी छवि उनकी नहीं थी, इसलिए उनके विरोध करने के बावजूद 'दिनमान' को दरियागंज जाने को विवश होना पड़ा। वहाँ एक समाचार-पत्रिका के लिए आवश्यक सुविधाएँ नहीं थीं, उपलब्ध वे भी नहीं करवायी गयीं, जिनका कि आश्वासन दिया गया था। वहाँ लोगों का आना-जाना अपेक्षया कठिन तो था ही मगर वहाँ न टेलीप्रिन्टर था, न लाइब्रेरी जैसी अन्य ज़रूरी सुविधाएँ। टाइम्स ऑफ़ इण्डिया, इकनॉमिक टाइम्स, नवभारत टाइम्स जैसे अख़बारों के

सम्पादकीय विभाग बहादुर शाह ज़फ़र मार्ग में होने से राजनीतिक पत्रकारिता की गहमागहमी वहाँ थी, जो यहाँ नहीं थी। उधर दरियागंज की यह पुरानी बिल्डिंग कुछ इस तरह बनी थी कि उसमें दिन में भी अँधेरा रहता था। वैसे यहाँ पर 'दिनमान' के साथ 'पराग' और 'सारिका' को भी मुम्बई से ले आया गया था और 'वामा' नाम से नयी महिला हिन्दी पत्रिका भी शुरू की गयी थी। बाद में 'दिनमान' की प्रसार संख्या घटने का एक कारण रघुवीर जी की नज़र में सुविधाओं का अभाव था और यह बात अशोक जैन से साफ़-साफ़ कहने में उन्होंने संकोच नहीं किया। संसाधनों की हालत यह थी कि कवरेज के लिए भी सम्पादकीय कर्मियों को अक्सर कम्पनी का वाहन नहीं मिलता था।

मनोहर श्याम जोशी अपने मित्र द्वारा सम्पादित 'दिनमान' से उतने प्रसन्न नहीं थे, जितने कि वह वात्स्यायन जी के 'दिनमान' से थे। वह अपनी किताब में वात्स्यायन जी के समय के 'दिनमान' को लेकर रघुवीर जी द्वारा की गयी सभी प्रतिकूल टिप्पणियों को ख़ारिज करते हैं मगर वह यह अवश्य मानते हैं कि उनके मित्र ने 'दिनमान' को पहले से अधिक जुझारू और आम आदमी की पत्रिका बनाया।

वात्स्यायन जी भी अपने सहयोगियों को उनकी अपनी समझ से कहने-लिखने की स्वतन्त्रता ज़रूर देते होंगे। रघुवीर जी ने उनकी स्मृति में लिखी एक टिप्पणी में भी वात्स्यायन को 'स्वतन्त्र करनेवाला व्यक्तित्व' बताया है। बताते हैं कि उनकी एक ही शर्त हुआ करती थी कि अगर सम्पादक किसी के लिखे पर कोई सवाल पूछे तो उसे इसका सन्तोषजनक जवाब देना आना चाहिए। इसमें कुछ ग़लत भी नहीं था। रघुवीर सहाय की शैली इससे भिन्न थी। वह साप्ताहिक बैठकों में अपने साथियों से आगामी अंक पर विस्तृत विचार-विमर्श करते थे और सभी को पता रहता था कि कौन क्या कर रहा है। उसी दौरान उस विषय पर लिखनेवाले का पक्ष सुन-समझकर अपनी बात रखकर उसे एक नयी दिशा देते थे। दूसरे भी कोई विषय सुझाते थे और वह उपयुक्त लगता तो उस पर काम करने के लिए उसे प्रोत्साहित करते थे। राजनीतिक-सामाजिक विषयों के साथ ही अनेक सांस्कृतिक विषयों पर उस दौरान आवरण कथाएँ लिखी गयीं, जिन पर आवरण कथा लिखने की परम्परा तो तब हिन्दी में क्या अँग्रेज़ी पत्रकारिता में भी अधिक नहीं थी। पाब्लो नेरूदा, उस्ताद अलाउद्दीन खाँ, ऋत्विक

घटक, बिनोद बिहारी मुखर्जी, भुवनेश्वर, मणि कौल आदि कुछ ऐसे उदाहरण हैं, जिन पर आवरण कथाएँ 'दिनमान' में छपीं। बैठक में हरेक के काम का निर्धारण हो जाने के बाद कौन, कहाँ गया, कब आया या कब नहीं आया, इसकी चिन्ता अक्सर वह नहीं करते थे।

अपने साथियों द्वारा लिखा अक्सर वह छपने पर ही पढ़ते थे। उनसे बहस करने-लड़ने का अधिकार सबको बराबर था। काम की अधिकता भी लोगों को खिजा देती थी। उनसे विवाद कामकाजी हो या सैद्धान्तिक, वह कभी इसका बुरा नहीं मानते थे बल्कि प्रयाग शुक्ल कहते हैं कि हर बहस, हर विवाद के बाद उनसे सम्बन्ध बेहतर ही हुए। अपने सहयोगियों का विश्वास जीतने की दिशा में उनका यह बड़ा क़दम था और यह उनकी रणनीति नहीं थी, स्वभाव था। वह सहकर्मी हो या फ्रीलांसर हो, उसे अपनी सीमित दुनिया से बाहर निकलने के लिए प्रोत्साहित करते थे। जैसे उन्होंने सम्पादक बनने के कुछ समय बाद ही प्रयाग शुक्ल से कहा कि आप निराला जी के गाँव गढ़ाकोला जायें और रपट तैयार करें। प्रयाग जी को संकोच था कि अब इतने बरस बाद वहाँ रिपोर्ट लिखने लायक क्या मिलेगा मगर वह गये तो उनके सामने अनुभवों की एक नयी दुनिया खुल गयी। उन्होंने आकर एक नहीं, तीन किस्तों में रिपोर्ट लिखी। रघुवीर जी इस तरह के सम्पादक नहीं थे कि हर मुद्दे पर इतना ही लिखा जायेगा, उतना नहीं। अगर काम में गुणवत्ता है तो 'दिनमान' के कितने पृष्ठ दिये जायेंगे, एक तरह से इसका निर्धारण लिखनेवाला करता था। महान् संगीतकार और गुरु उस्ताद अलाउद्दीन ख़ाँ लगभग बेहोशी की हालत में थे तो प्रयाग जी से कहा कि आप इस समय मैहर जायें तो अच्छा रहेगा। प्रयाग जी, का संकोच यह था कि वह भारतीय शास्त्रीय संगीत के बारे में बहुत कम जानते हैं, तो वहाँ जाकर भी क्या सचमुच ढंग की रिपोर्ट बना पायेंगे लेकिन रघुवीर जी ने उन्हें प्रोत्साहित करते हुए कहा कि देश का इतना बड़ा संगीतकार हमसे अब बिछुड़ने ही वाला है। इस समय हम वहाँ जाकर जो चीज़ें दर्ज कर लेंगे, वे फिर मिलनेवाली नहीं हैं।

प्रयाग जी, नेत्र सिंह रावत, विनोद भारद्वाज सांस्कृतिक विषयों पर अमूमन लिखा करते थे, उनसे कई तरह के काम करवाये। प्रयाग जी को दक्षिण एशिया पर नज़र रखने की ज़िम्मेदारी भी सौंपी गयी। इसी तरह की ज़िम्मेदारियाँ दूसरे साथियों पर भी थी। चुनाव कवरेज के लिए तो उन्होंने

हर साथी को देश में जगह-जगह भेजा। वात्स्यायन जी के समय सिर्फ़ सम्पादक का नाम छपता था, उनके नाम के नीचे बाक़ी सम्पादकीयकर्मियों का पद और उनका नाम नहीं। रघुवीर जी ने इस परम्परा को तोड़ा, अपने साथ अपने सभी सहयोगियों के नाम भी प्रकाशित करना शुरू किया। पहले रिपोर्टों-टिप्पणियों के लेखकों के नाम यदा-कदा ही छपते थे, उन्होंने धीरे-धीरे इसमें उदारता बरतना शुरू किया।

उन्होंने नये से नये लोगों से विविध विषयों पर ज़मीनी रिपोर्टें लिखवाने की बड़े पैमाने पर सुचिन्तित पहल की, जिसमें ज़मीनी कार्यकर्ता भी शामिल किये गये। उनकी मुख्य चिन्ता यह थी कि दिल्ली और बड़े शहरों की ख़बरें तो पत्र-पत्रिकाओं को मिल जाती हैं मगर क़स्बों-गाँवों में क्या-कैसे हो रहा है, इसकी ख़बर नहीं दिखती। दिखती भी है तो हिंसा और हत्या की ऐसी ख़बरें, जिनसे शहरियों का मनोरंजन हो। इसे तोड़ने के लिए उन्होंने 'संवाद-प्रतियोगिता' शुरू की, जिसमें साधारण लोगों ने बड़े पैमाने पर भागीदारी की और छोटी-छोटी जगहों की ख़बरें 'दिनमान' को मिलना शुरू हुईं। किसानों-कामगारों को भी लिखने-कहने का मौक़ा मिला। मसलन, उन्होंने गाँधी जी की प्रतिमाएँ कहाँ-कहाँ हैं और किस-किस हालत में हैं, इस पर और स्कूलों की दशा पर संवाद प्रतियोगिता करवायी। प्राथमिक स्कूलों की दशा, रोज़गार के साधनों आदि अनेक विषयों पर लिखने का अवसर दिया। उन्होंने पहले से चले आ रहे इस पैटर्न को भी तोड़ा कि हर विषय पर हर बार एक कॉलम जाना ही चाहिए : 'मैंने पाया कि उस जकड़बन्दी को निभाना बेकार और असम्भव है। विषय ही हमने इतने बना लिए थे कि 'टाइम' और 'लाइफ' के पैटर्न से पत्रिका निकालते तो 'दिनमान' की साइज़ का चौगुना अख़बार होने पर भी शायद पूरा नहीं पड़ पाता। भारतीय परिस्थितियों में इनसान की रचनात्मकता के इतने अधिक विषय हैं, इसलिए यह क्रम बनाया गया कि हर हफ़्ते एक नया कॉलम जायेगा।' उस समय 'दिनमान' में पाठक की चिट्ठी छपना भी गौरव की बात थी। तब के छात्र नेता लालू प्रसाद यादव-नीतीश कुमार भी उसमें पत्र लिखा करते थे। उन्होंने अपने एक लेख 'जो आदमी हम बना रहे हैं' में 'दिनमान' में आनेवाले युवा पाठकों के पत्रों का हवाला देते हुए लिखा है कि वे बता रहे हैं कि किस तरह अन्याय उनके जीवन को सीधे-सीधे नष्ट कर रहा है, कैसे परीक्षाओं में अनियमितताओं में गुण्डों से लेकर

विद्यालय और लोकसेवा आयोग तक शामिल हैं और विद्यार्थी इनके सामने असहाय हैं। इन पत्रों से वह यह निष्कर्ष निकालते हैं कि 'एक समग्र दृष्टि की भूख युवजनों में मिट नहीं रही है पर बढ़ भी नहीं रही है।' एक सम्पादकीय 'पुरानी ख़बर' उन्होंने गोरखपुर के एक सहृदय पाठक के हवाले से लिखा था। उस पाठक ने रामप्रसाद बिस्मिल की स्मृति में आयोजित एक बैठक की ख़बर को एक स्थानीय दैनिक अख़बार ने इस आधार पर न छापने पर हताशा व्यक्त की थी कि यह ख़बर अब पुरानी हो चुकी है। उसने पूछा था कि क्या बिस्मिल की स्मृति की ख़बर पुरानी पड़ सकती है? क्या यह भी कोई सनसनीखेज ख़बर है, जो दो-तीन दिन बाद अपना आकर्षण खो बैठे? इस मामले में पाठक के साथ खड़े होते हुए उन्होंने १९८१ में यह सम्पादकीय लिखा था, जिसमें स्पष्ट रूप से कहा था कि बिस्मिल जैसे शाश्वत सत्य और आदर्श की स्मृति में उनकी जन्मतिथि या पुण्यतिथि पर ही नहीं, उनका कभी भी स्मरण करना ख़बर है और यह पुरानी नहीं पड़ सकती।

जोशी जी कहते हैं और यह सम्भव है कि रघुवीर जी, वात्स्यायन जी की तरह ही नहीं, ख़ुद जोशी जी की तरह भी अध्ययनशील नहीं रहे हों मगर राजनीति, समाज और जीवन की जो समझ और दृष्टि उनके पास थी, शायद ही किसी और हिन्दी सम्पादक के पास रही हो। जोशी जी कहते हैं कि रघुवीर जी निहायत आधारभूत और मौलिक क़िस्म के चिन्तन के कायल थे, शायद इसीलिए उन्हें पढ़ने से अधिक स्वयं सोचना बेहतर लगता था। अगर यह बात व्यंग्य में भी कही गयी हो, तो भी रघुवीर जी के रचनात्मक लेखन के अलावा 'दिनमान' में उनका पत्रकार के रूप में किया गया लेखन इसका गवाह है कि रघुवीर जी कितने भिन्न ढंग से, कितनी परतों को देख-उघाड़-समझ सकने की क्षमता रखनेवाले लेखक-पत्रकार थे। इस बात का महत्त्व वात्स्यायन जी भी समझते थे और इसीलिए उन्हें अपने उत्तराधिकारी के रूप में देखना चाहते थे।

उनके समय में 'दिनमान' ही टाइम्स प्रकाशन की सम्भवतः अकेली ऐसी पत्रिका थी, जहाँ उसके कर्मियों के आने-जाने का कोई निश्चित समय नहीं था, जबकि साथ ही बैठनेवाले 'पराग', 'सारिका' के सम्पादकीय कर्मियों को यह छूट हासिल नहीं थी। मंगलेश डबराल बताते हैं कि एक बार दिल्ली आये बड़े फ़िल्मकार ऋत्विक घटक का साक्षात्कार लेने नेत्रसिंह रावत भेजे

गये। वह तीन दिन बाद दफ़्तर लौटे। रघुवीर जी उनकी इस लम्बी अनुपस्थिति से चिन्तित थे। चौथे दिन वह आये तो सम्पादक ने पूछा कि क्या हुआ था रावत जी? रावत जी उप-सम्पादक थे, सम्पादन विभाग में सबसे छोटे पद पर मगर रघुवीर जी की नज़र में किसी के पद का छोटा होना उस पद पर बैठे व्यक्ति के कमतर होने का सबूत नहीं था, न इससे उसका अपनी बात बिना झिझके, खुलकर सम्पादक से कह देने का अधिकार कम होता या छिनता था। यहाँ तक कि मेरे जैसा फ्रीलांसर का भी नहीं। रघुवीर जी के इस सवाल से रावत जी बिगड़ गये। उन्होंने जवाब दिया—'सहाय जी, आप क्या यह समझते हैं कि मैं इस बीच ऐश कर रहा था, मैं यह इण्टरव्यू लिखने में लगा था।' बात उसी समय और वहीं ख़त्म हो गयी। वैसे भी यह बात रघुवीर जी और साथी जानते थे कि रावत जी कह रहे हैं तो इसमें झूठ नहीं हो सकता। कोई ऐसा करता भी तो रघुवीर जी उस पर अविश्वास करके उसे दण्डित नहीं करते।

रघुवीर सहाय के 'दिनमान' के आख़िरी साढ़े तीन सालों में उनके सहयोगी रहे बनवारी जी बताते हैं कि उनकी कार्यशैली की ख़ासियत यह थी कि वह किसी अपरिचित से भी इतने उत्साह और जिज्ञासा भाव से मिलते थे कि बातचीत का सिरा कहीं से भी पकड़कर वह चर्चा को इस तरह आगे बढ़ाते चले जाते थे कि उसका आख़िरी सिरा कई बार पकड़ में नहीं आता था। व्यक्ति में निहित उसकी रचनात्मकता उजागर हो, किसी भी बात के अनेक पहलू सामने आयें, यह उनकी खोज रहती थी। उन्हें विश्वास था कि क्या पता कब कोई कुछ कहते-कहते अचानक ऐसी महत्त्वपूर्ण बात कह ज़ाये, जिसका ठीक से भान कहनेवाले को भी न हो! उन्हें विश्वास था कि हर व्यक्ति में इस दुनिया को देखने-समझने का कोई न कोई निराला ढंग ज़रूर है, उसे सामने लाना पत्रकार का काम है। इसी आशा और विश्वास में उनकी टेबल पर लिखित सामग्री का ढेर लगा रहता था, जिनमें से कई चीज़ें वह कभी देख नहीं पाये मगर देखना चाहते थे।

उन्होंने 'दिनमान' का उपयोग अपने और अपने मालिकों के लिए होने नहीं दिया। एक प्रसंग तब का है जब जुगनू शारदेय फ्रीलांसर की तरह बिहार की कवरेज किया करते थे। एक बार बिहार के मुख्यमन्त्री केदार पाण्डे ने जुगनू जी को मिलने बुलाया। वह मुख्यमन्त्री के कक्ष में थे, तभी सूचना अन्दर पहुँची कि साहू शान्ति प्रसाद जैन आये हैं। मुख्यमन्त्री ने जुगनू जी

को बताया कि साहू जी, डालमिया नगर के अपने कारखानों के बिजली के लम्बे-चौड़े बिल के बारे में मदद माँगने आये हैं। अगर 'दिनमान' के सम्पादक और आप चाहें तो मैं उनकी मदद कर सकता हूँ। जुगनू जी ख़ुद कैसे इसका निर्णय करते, उन्होंने तत्काल रघुवीर जी को वहीं से फ़ोन किया और पूछा कि मैं क्या जवाब दूँ? रघुवीर जी ने स्पष्ट रूप से कहा कि मुख्यमन्त्री जी इस बारे में जो करना चाहें करें या न करें, इसका 'दिनमान' से कोई वास्ता नहीं होगा।

बिहार का ही एक और प्रसंग है। 'दिनमान' के सम्पादकीय सहकर्मी जवाहरलाल कौल पटना गये थे। वहाँ की राजनीतिक सरगर्मियों के सिलसिले में वह कई बड़े नेताओं से मिले। उनमें से एक नेता ने कुछ बातें ऐसी कहीं, जो बदली हुई राजनीतिक परिस्थिति में उनके अनुकूल नहीं पड़ती थीं। इण्टरव्यू छपने पर उन नेता ने सम्पादक को पत्र लिखा कि 'दिनमान' ने उनकी बात को तोड़-मरोड़कर छापा है। रघुवीर जी ने उचित ही उनका पत्र छाप दिया मगर इस टिप्पणी के साथ कि—'दिनमान' अपने संवाददाता की रिपोर्ट पर कायम है।

दूसरा प्रसंग भी श्री कौल से सम्बन्धित है। तब केन्द्र में जनता पार्टी की सरकार थी और समाजवादी नेता राज नारायण स्वास्थ्य मन्त्री थे। उनके संवाददाता सम्मेलन की कवरेज के लिए श्री कौल को भेजा गया था। रिपोर्ट छपी तो मन्त्री जी ने शिकायत की कि यह आधी-अधूरी है। अगली बार इस संवाददाता को न भेजें लेकिन रघुवीर जी ने अगली बार भी श्री कौल को ही भेजा।

आज जब अख़बारों में पाठकों के लिए जगह सिकुड़कर कहीं-कहीं शून्य तक जा पहुँची है, तब यह याद करना विस्मय से भर देता है कि रघुवीर जी ने अपने समय में 'दिनमान' के कितने ही पाठकों को अपना अनौपचारिक संवाददाता बनाया, यहाँ तक कि पाठकों के स्तम्भ 'मत-सम्मत' में भी ज़रूरी होने पर रिपोर्ट छापी। एक प्रसंग है। गोरखपुर से एक युवा पत्रकार दयानन्द पाण्डेय ने तात्कालिक महत्त्व के एक विषय पर रिपोर्ट भेजी। वह 'मत-सम्मत' में छप गयी। दयानन्द पाण्डेय ने गुस्से में पत्र लिखा कि रिपोर्ट को आपने पाठक के पत्र के रूप में कैसे छाप दिया? सम्पादक का जवाब आया, वह विषय तात्कालिक महत्त्व का था। अगले अंक के आने तक विलम्ब हो जाता। चूँकि यह अंक तैयार हो चुका था, इसलिए अन्य

कोई विकल्प नहीं था। आपको इसका भुगतान किया जायेगा और किया भी गया, जबकि पाठक के लिखे पत्र के भुगतान की कोई परम्परा नहीं है। उनकी यह मान्यता थी कि समाज के प्रति सजग हर पाठक संवाददाता हो सकता है। हर नागरिक एक पाठक है और अख़बार को वह पढ़ता ही नहीं, बनाता भी है, इसलिए वह उन्हीं क्षमताओं से लैस है, जो पत्रकार में हैं। सम्पादक हद से हद एक सहायक की भूमिका निभा सकता है।

इस समझ के कारण 'दिनमान' को देश के—ख़ासकर हिन्दीभाषी क्षेत्रों के—ऐसे-ऐसे हिस्सों की ऐसी-ऐसी ख़बरें मिलीं और प्रकाशित हुईं, जिन्हें छापने की इच्छा और कल्पना उस समय के अन्य सम्पादक नहीं कर सकते थे। यह कल्पना तो उनकी कल्पना से परे थी—और आज भी है—कि पाठक भी उनके संवाददाता हो सकते हैं। कृष्ण कुमार तो उस समय के 'दिनमान' की तुलना 'पत्राचार विद्यालय' से करते हैं, जिसका ध्येय हिन्दी के चिन्ताजगत् की हदों को फैलाना और छोटी से छोटी बस्ती में रहनेवाले पाठक को एक बड़ी दुनिया का हिस्सेदार बनाना था। यह काम 'दिनमान' अपने कई स्तम्भों के माध्यम से किया करता था। 'संवाद प्रतियोगिता' इसका एक ख़ास मंच था। इस वजह से 'दिनमान' की माँग और प्रतीक्षा हिन्दी राज्यों के ऐसे तमाम गाँवों-क़स्बों में थी, जहाँ उस समय के बड़े-बड़े दैनिक भी नहीं पहुँचते थे। पाठक उसकी बड़ी बेसब्री से प्रतीक्षा करते थे, उससे अपनत्व महसूस करते थे।

शायद ही उनके रहते कभी कोई विज्ञापन अँग्रेज़ी में छपा हो। इस मामले में उनका कड़ा सैद्धान्तिक रुख़ था। विज्ञापनदाताओं को हिन्दी के पाठकों तक उनकी भाषा में पहुँचना होगा, एक तरह से यह उनकी ज़िद थी। ख़ुद यह लेखक जब एक बार उनके कक्ष में था तो वह महाप्रबन्धक से कुछ ग़ुस्से में कह रहे थे कि उनके पास विज्ञापन अँग्रेज़ी में फिर से क्यों भिजवाया गया है, जबकि वह मना कर चुके हैं। कई बार अँग्रेज़ी के विज्ञापन का हिन्दी अनुवाद दिनमानकर्मी किया करते थे, जो उनका काम नहीं है।

'दिनमान' में लिखने की नीयत से कोई युवा आया हो और उसे सम्पादक ने निराश लौटाया हो, ऐसा शायद ही कभी हुआ हो। इन पंक्तियों का लेखक भी १९७१ में बिना पूर्व परिचय के उनके पास गया था तो उसके पास पत्रकारिता के नाम पर दिखाने के लिए कुछ नहीं था। कुछ बेहद आरम्भिक क़िस्म की कविताओं की डायरी थी, जो उसने निःसंकोच दिखा

दी और अगर वह आज भी सुरक्षित होती तो उसे उन रचनाओं पर शर्म आती लेकिन रघुवीर जी ने उस डायरी को तुरन्त और पूरा पढ़ा और जो भी उसमें उन्हें सार्थक दिखा, उसे रेखांकित किया। उस डायरी से उन्होंने भाँपा कि यह लड़का 'दिनमान' के लिए लिख सकता है। वह ख़ुद कई बार आगे बढ़कर लिखने का प्रस्ताव किया करते थे या कोई प्रस्ताव दे तो उसे ध्यानपूर्वक सुनकर लिखनेवाले को एक दिशा देने की कोशिश करते थे। 'दिनमान' से लिखने की शुरुआत उर्मिलेश, बनवारी, विनोद भारद्वाज, मंगलेश डबराल आदि कई ने की है, जो बाद में पत्रकारिता के पेशे में आये। कृष्ण कुमार, असग़र वज़ाहत, क्षमा शर्मा और न जाने कितने नयों को वहाँ अवसर मिला। मेरे जैसे कुछ तो काफ़ी हद तक 'दिनमान' के भरोसे ही बीच-बीच में दिल्ली में बेरोज़गारी को जैसे-तैसे झेल पाये।

बनवारी जी 'दिनमान' के नियमित पाठक तो थे, उसके लेखक बनने का उनका कम से कम उस समय तक इरादा नहीं था। तब वह अपनी भूमिका समाजवादी युवजन सभा के भीतर देखते थे। उसकी तरफ़ से छात्रों के किसी मुद्दे पर अपने संगठन के साथियों के साथ वह दिल्ली विश्वविद्यालय में धरने पर बैठे थे। तब के समाजवादी नेता सत्यपाल मलिक उनके सम्पर्क में थे। उन्होंने एक दिन कहा कि आओ बनवारी, तुम्हें रघुवीर सहाय से मिलवाता हूँ। वह ९ अगस्त (भारत छोड़ो आन्दोलन) पर कुछ लिखवाना चाहते हैं। इसके लिए मैंने तुम्हारा नाम दिया है।' ख़ैर, बनवारी जी किसी तरह राज़ी हुए। विषय पर रघुवीर जी से बात हुई। लिखने की बात आने पर बनवारी जी ने धरनेवाली अपनी व्यस्तता बतायी और कहा कि लिखना अभी सम्भव नहीं होगा। रघुवीर जी ने कहा, चलिये आप यह बताइये, कि आप अगर लिखते तो क्या लिखते? तत्काल रघुवीर जी ने अपने निजी सहायक को बुलाया और उनसे बनवारी जी जो कुछ बोल रहे थे, उसे शार्टहैण्ड में लिखने को कहा। कुछ देर बाद जब टाइप होकर काग़ज़ आये तो उन्हें दिखाकर रघुवीर जी ने पूछा—देखकर बताइये कि आपकी बात ठीक ढंग से आयी है? बनवारी जी ने पढ़कर कहा, हाँ, बिलकुल ठीक ढंग से। इसके छपने पर बनवारी जी ने देखा कि रघुवीर जी ने अपनी पत्रिका के लिए पहली बार लिखनेवाले—और वह भी बोलकर लिखवानेवाले—इस लेखक के पहले पैराग्राफ़ को अन्त में और अन्तिम पैराग्राफ़ को आरम्भ में रख दिया है और कोई कतरब्यौंत नहीं की है। किसी सम्पादक में अपने

काम के प्रति ऐसी निष्ठा हो सकती है कि नये से नये से भी इस तरह लिखवा ले, इस बात ने उनके मन को छुआ। फिर अनुपम मिश्र और बनवारी संयुक्त रूप से 'दिनमान' में लगभग नियमित रूप से लिखने लगे।

यही नहीं, जब बनवारी जी आपातकाल में दिल्ली विश्वविद्यालय की नौकरी से सस्पेंड कर दिये गये थे और गाँधी शान्ति प्रतिष्ठान में मामूली फ़ेलोशिप पर कुछ शोध कर रहे थे तो बनवारी जी से मिलने रघुवीर जी ख़ुद गये—उन्हें 'दिनमान' में काम करने का प्रस्ताव देने के लिए। बनवारी जी ने कहा कि मैं तो व्याख्याता हूँ। मेरी नौकरी तो फिर से लग सकती है। आप अनुपम मिश्र को रख लें, उनके पास फ़िलहाल कोई नौकरी नहीं है। रघुवीर जी ने कहा कि मैं आपके पास कुछ सोचकर आया हूँ मगर बात नहीं बनी। रघुवीर जी तब अनुपम मिश्र के पास गये, जो अभी तक के इस घटनाचक्र से अपरिचित थे। उन्होंने भी बनवारी जी को ही रखने का आग्रह किया। उनका कहना था कि राजनीतिक लेखन करना मेरे बस में नहीं है। यह सिलसिला चलता रहा। निराश रघुवीर जी ने एक दिन कहा कि ठीक है, अगर आप दोनों ही नहीं आना चाहते तो फिर प्रबन्धन की मर्ज़ी से 'टाइम्स ऑफ़ इण्डिया' की प्रशिक्षु पत्रकार प्रशिक्षण योजना के तहत किसी प्रशिक्षित युवा को रखना होगा। ख़ैर, जैसे भी हुआ, बनवारी जी अन्ततः तैयार हो गये।

विनोद भारद्वाज तब लखनऊ में एम.ए. के छात्र थे। साहित्य और कलाओं में दिलचस्पी लेने के कारण वह कृष्ण नारायण कक्कड़ के सम्पर्क में थे, जो रघुवीर जी के घनिष्ठ मित्र थे। एक बार रघुवीर जी लखनऊ आये तो कक्कड़ जी ने विनोद जी से उनकी मुलाक़ात करवायी। उसी समय प्रसिद्ध अमेरिकी भाषाशास्त्री नोम चोमस्की की कोई किताब चर्चा में थी। विनोद जी ने इसका ज़िक्र किया तो रघुवीर जी ने इस पर फौरन लिखने को कहा और दिल्ली आकर भी इसे जल्दी भिजवाने के लिए तार किया। एक मुलाक़ात में उनसे 'दिनमान' में आने का आग्रह किया मगर यह भी बताया कि 'प्रशिक्षु पत्रकार योजना' के माध्यम से ही वह आ सकते हैं। चयन के बाद प्रशिक्षण से लैस होकर वह 'दिनमान' में आये। विनोद जी के अनुसार तब 'दिनमान' में काम करना उतना ही सम्मानजनक था, जितना जवाहरलाल नेहरू विश्वविद्यालय में प्रोफ़ेसरी करना। यह आकर्षण उन्हें 'धर्मयुग' की बजाय 'दिनमान' की तरफ़ खींच लाया।

रामशरण जोशी तब हिन्दुस्तान समाचार में कार्यरत थे और वहाँ के कर्मचारियों की हड़ताल की ख़बर छपवाने रघुवीर जी से मिलने आये थे। रघुवीर जी ने इस पर रिपोर्ट छापने की सहमति दी। बाद में 'दिनमान' में लगातार उनसे लिखवाया भी। उनसे सबसे पहले अपने ज़माने के मशहूर कथक नर्तक शंभू महाराज का इण्टरव्यू करने के लिए कहा। जोशी जी का इस दुनिया से ज़्यादा परिचय नहीं था। उन्होंने असमर्थता व्यक्त की तो जोशी जी को रघुवीर जी ने यह बताया कि उनसे आपको कैसे-क्या बातें करनी होंगी। फिर दिल्ली के पुराने क़िले के पुरातात्विक महत्त्व पर उनसे लिखवाया। फिर बाड़मेर-जैसलमेर की अकाल की स्थिति का वहाँ जाकर उसके सामाजिक-आर्थिक पक्षों का विश्लेषण करते हुए रिपोर्ट लिखने के लिए कहा। बाद में उन्हें 'दिनमान' में लेने की बात भी हुई लेकिन कुछ कारणों से मामला ख़त्म हो गया।

उर्मिलेश तब इलाहाबाद विश्वविद्यालय के बी.ए. द्वितीय वर्ष के छात्र थे। 'दिनमान' में उन्होंने कई किस्तों में प्रकाशित प्रभा दीक्षित का लेख विवेकानन्द के पुनर्मूल्यांकन पर पढ़ा था। संयोग से अभी-अभी उर्मिलेश ने विवेकानन्द का लेखन पढ़ा था। उन्होंने प्रतिक्रिया में कुछ लिख भेजा। बी.ए. के इस छात्र को इस बौद्धिक पत्रिका में अपना लिखा छपने की ज़रा भी उम्मीद नहीं थी लेकिन अंक आया तो चुने हुए तीन लेखों में एक लेख उनका भी था। उसके नीचे उनके हॉस्टल का पता था तो वह रातोंरात अपने विश्वविद्यालय में प्रसिद्धि पा गये। छात्र उनके पास दौड़-दौड़कर आये और बधाई देने लगे। उन्होंने इस तरह जीवन में प्रसिद्धि का पहला-पहला स्वाद चखा।

चूँकि, रघुवीर जी पत्रकारिता को सर्जनात्मक लेखन से कम महत्त्वपूर्ण नहीं मानते थे, पत्रकारिता भी लेखन जितनी सर्जनात्मक हो सकती है, यह मानते थे, इसलिए दैनन्दिन जीवन में जो-जो घटता था, उस सब पर उनके पत्रकार और कवि की नज़र रहती थी। सम्पादक बनकर भी उनका रिपोर्टर जाग्रत रहता था। असग़र साहब को साथ लेकर वह एक बार उनके गृहनगर फ़तेहपुर की चुनाव कवरेज के लिए गये। उन्हें शहर से दूर एक चुनावी सभा में जाना था। उन्होंने असग़र वज़ाहत के घर से टैक्सी नहीं ली बल्कि साइकिल रिक्शे से दोनों बस अड्डे गये, वहाँ बाक़ायदा लाइन में लगकर बस का टिकट लिया। गर्मी में बस के खुले शीशों से सड़क की धूल भी

अन्दर आ रही थी। थोड़ी दूर पर बैठे एक ग्रामीण ने उस धूल को 'पाउडर' कहा तो रघुवीर जी इस अभिव्यक्ति पर मुग्ध हुए। उन्होंने कहा कि देखिये, हमारी भाषा में कविता के कितने उपादान छुपे पड़े हैं और हम हैं कि उनका इस्तेमाल नहीं करते!

एक बार वह अपने समकालीन कवि-मित्र केदारनाथ सिंह के साथ गोरखपुर से कुशीनगर तक एक जर्जर जीप से गये। रास्ते में उसका टायर पंक्चर हो गया तो वह सड़क से कुछ दूरी पर हाट देखने चल दिये और उस धूल-धक्कड़भरे हाट में घुस गये। वहाँ एक-एक चीज़ ग़ौर से देखी, दुकानदारों से बात की और एक लुटिया उन्हें बहुत पसन्द आयी तो उसे ख़रीदकर ले आये। उनका कवि उनके सम्पादक के साथ और सम्पादक, कवि के साथ चलता था, दोनों की राहें अलग-अलग नहीं थीं। एक समूचा व्यक्ति होता था, जो स्थितियों को दोनों नज़रों से देखता था, दोनों को घुलामिला देता था। सम्पादक हाट देखकर सम्पादक नहीं बना रहता था, साधारण आदमी बना जाता था बल्कि न सम्पादक रहता था, न दिल्लीवाला और न ठीक-ठीक कवि, बल्कि धूल-धक्कड़ में घूमता एक आम हिन्दुस्तानी। वह जो कि, जानता है—'बच्चा-बच्चा हिन्दुस्तानी माँग रहा है पानी-पानी', वह 'रामदास' की हत्या की आशंका को ख़ुद भी जीता था।

साकेत में अपने फ़्लैट में आने से पहले रघुवीर जी का परिवार आर.के. पुरम में रहता था। उनके फ़्लैट के सामने से एक आदमी अक्सर रविवार को हारमोनियम बजाता हुआ गुज़रता। रघुवीर जी उसे आवाज़ देकर बुलाते, उससे भजन सुनते, उससे उसका, उसके गाँव-जवार का हाल पूछते, गेहूँ वग़ैरह खाने-पीने की चीज़ों के वहाँ क्या भाव चल रहे हैं, वहाँ लोगों का गुज़रबसर कैसे होता है, यह पता करते। हाथरस के पास किसी गाँव के कोई अध्यापक अग्निहोत्री जी ने उन्हें चिट्ठी लिखी कि मेरा छोटा बेटा गम्भीर रूप से बीमार है और उसे दिल्ली के एम्स में दिखाना ज़रूरी है। आपकी मदद चाहिए। अग्निहोत्री जी अध्यापक थे। उनका रघुवीर जी से केवल यह परिचय था कि वह 'दिनमान' के सम्पादक के रूप में था और वह इसके नियमित पाठक थे। रघुवीर जी ने एम्स में उनका इन्तज़ाम करवाया, उस लड़के को भरती करवाया। उसे कोई लाइलाज़ रोग था, जो दुनिया में तब कुल ११ लोगों को था। वह लड़का रघुवीर जी के रहते जीवित रहा मगर बाद में बच नहीं पाया लेकिन इन दो परिवारों के बीच

जीवनभर का एक रिश्ता जुड़ गया। बाँग्लादेश में मुक्तिसंग्राम के दिनों में रघुवीर जी बाङ्‍लादेश गये थे। वहाँ से उन्हें त्रिपुरा की राजधानी अगरतला होकर दिल्ली आना था, जहाँ बाङ्‍लादेशी शरणार्थी काफ़ी संख्या में थे। अगरतला में बाङ्‍लादेशी शरणार्थियों के बीच एक १७-१८ साल का लड़का उन्हें मिला, जिसका घरेलू नाम जुन्टू था। उसके भाई-भाभी का तब तक पता नहीं चला था, होस्टल में रहनेवाली बहन को वहाँ से निकालकर मार डाला गया था। जुन्टू बिलकुल निराश्रित था—एकदम अकेला। रघुवीर जी उसे अपने साथ दिल्ली लाये, कुछ दिन अपने साथ रखा। वह कहीं जल्दी ही कोई काम ढूँढ़कर अपने पैरों पर खड़ा होना चाहता था। उसे किसी फ़ैक्ट्री में काम दिलवाया। बाद में वही जुन्टू कोलकाता में बसकर धनवान बन गया। इस परिवार से उसने रिश्ता निभाया।

रघुवीर जी का पत्रकारिता से सर्जनात्मक रिश्ता उनकी 'दिनमान' के दिनों की पत्रकारिता में कई रूपों में व्यक्त होता है।

सुरेन्द्र राजन का मन पहले चित्रकला में रमा, फिर उनकी रुचि फ़ोटोग्राफ़ी में जागी, फिर कुछ फ़िल्मों-विज्ञापनों में अभिनय के लिए वह जाने गये। फ़ोटोग्राफ़र के रूप में उनकी सर्जनात्मकता का सबसे बेहतर इस्तेमाल 'दिनमान' ने किया। उन दिनों जयप्रकाश नारायण काफ़ी बीमार थे, लगभग मरणासन्न थे, दिल्ली के आयुर्विज्ञान संस्थान(एम्स) में भर्ती थे। आशंका व्यक्त की जा रही थी कि उनके अन्तिम दिन आ चुके हैं। ऐसे मौक़े पर रघुवीर सहाय की नज़र जयप्रकाश जी की जिजीविषा पर गयी, जो मौत से निरन्तर जूझ रहे थे। इस पर एक कवर स्टोरी की जा रही थी। सबसे आसान था उनकी कोई नयी या पुरानी तस्वीर लगाकर 'दिनमान' का मुखपृष्ठ बनवाना लेकिन उन्होंने सुरेन्द्र राजन से कवर के लिए कोई फ़ोटो लाने के लिए कहा। राजन के मन में शुरू से यह बात स्पष्ट हो चुकी थी कि उन्हें जयप्रकाश जी की जिजीविषा को संकेतित करने के लिए उनके किसी फ़ोटोग्राफ़ का इस्तेमाल नहीं करना है लेकिन इसकी जगह क्या करना है, यह स्पष्ट नहीं था। घूमते-घामते एक जगह उन्होंने एक सूखे पौधे में कोपलें आती देखीं। उन्हें लगा कि यही शायद उपयुक्त फ़ोटोग्राफ़ होगा। यह उन्होंने रघुवीर जी को दिखाया। रघुवीर जी ने कहा कि इससे बेहतर और क्या हो सकता था, यह तो अपने आप में कविता है।

सुरेन्द्र राजन को वह हमेशा सर्जनात्मक रूप से चुनौतीपूर्ण काम देने के

लिए ही याद किया करते थे और इसके लिए उन्हें दूसरे फ़ोटोग्राफ़रों से क़रीब दुगना भुगतान भी करवाते थे। एक बार प्रबन्धन ने रघुवीर जी से स्पष्टीकरण माँगा कि आप दूसरे फ़ोटोग्राफ़रों के मुक़ाबले इन्हें लगभग दुगना पैसा क्यों देते हैं? रघुवीर जी ने जवाब दिया—सुरेन्द्र राजन फ़ोटोग्राफ़ नहीं खींचते, उनके फ़ोटोग्राफ़ कलाकृतियाँ हैं, इसका जो भुगतान हम उन्हें कर रहे हैं, वह ज़्यादा नहीं, कम है।

एक बार उन्होंने सुरेन्द्र राजन को एक और चुनौतीपूर्ण काम दिया। 'दिनमान' में दिल्ली के मण्डी हाउस पर कवर स्टोरी जानी थी। राजन को उसके लिए मुखपृष्ठ की तस्वीर लाने की ज़िम्मेदारी दी गयी। मण्डी हाउस वैसे तो एक ख़ास भवन का नाम है, जहाँ आजकल दूरदर्शन का मुख्यालय है लेकिन मण्डी हाउस तब तो लगभग पूरी तरह से और अब भी बड़ी हद तक दिल्ली का सांस्कृतिक केन्द्र है। मण्डी हाउस इलाक़े में एक गोल चक्कर है, जहाँ से छह रास्ते फूटते हैं। वहाँ से कनाट प्लेस, आईटीओ वग़ैरह से आने-जाने वाले वाहन बड़ी तादाद में गुज़रते हैं। राजन के मन में दुविधा थी कि कैसे उस चौराहे को उसकी सम्पूर्णता में फ़ोटोग्राफ़ का रूप दें? यह सुविधा तो थी नहीं कि हवाई जहाज से फ़ोटोग्राफ़ ले सकें ताकि सब कुछ वांछित मिले। उन्होंने कथक केन्द्र के पास क़ैमरा लगाया। वहाँ से कई फ़ोटोग्राफ़ लिये। कुछ बहुत अच्छे फ्रेम उन्हें मिले। सामने दो पेड़ थे, ऊपर खुला आसमान और गोल चक्कर से तेज़ी से गुज़रते वाहन। ऐसे हर फ़ोटोग्राफ़ में कुछ सेकंड का फ़र्क़ था। उन्होंने एक फ़ोटोग्राफ़ काली पृष्ठभूमि में भी लेने का सोचा था लेकिन काम करते-करते सूरज ढल चुका था और वह पृष्ठभूमि मिलना अब सम्भव नहीं रहा। काम जल्दी देना था। इस पूरी प्रक्रिया के दौरान उन्होंने यह समझा कि मण्डी हाउस, न एक बिल्डिंग का नाम है, न एक चौराहे का नाम। उन्हें वहाँ के वक़्त को फ़ोटो फ्रेम में बाँधना है, वहाँ के गतिशील समय को महसूस करना-करवाना है। उन्होंने उन फ़ोटोग्राफ़ों का एक कोलाज बनाया और रघुवीर जी से अपने सर्जनात्मक असन्तोष को भी व्यक्त किया कि मैं आपको दो-तीन विकल्प ज़रूर दे रहा हूँ, हालाँकि मैं उनसे ख़ुद बहुत सन्तुष्ट नहीं हूँ।

पहली बार उन्हें यह एहसास हुआ कि जो बात फ़ोटोग्राफ़ में कही जा सकती है, वह पेंटिंग में नहीं। बुनियादी रूप से पेंटर सुरेन्द्र राजन पहले फ़ोटोग्राफ़ी को कोई बड़ी कला मानते नहीं थे। उन्हें पहली बार हेनरी

कार्टिया ब्रेसां के चित्रों को देखकर इस कला की सादगी को समझने में मदद मिली। उन्होंने रघुवीर जी को यह भी बताया कि इस फ़ोटोग्राफ़ी को करते हुए उन्होंने क्या महसूस किया तो रघुवीर जी ने कहा कि दरअसल, यह अकेले फ़ोटोग्राफ़र की नहीं, आपके अन्दर के कवि की समझ है। कवि ही इस तरह देख और महसूस कर सकता है।

सम्पादक रूप में रघुवीर जी की सर्जनात्मकता के प्रमाण तो तब के अंक हैं ही, एक प्रमाण यह भी है कि उन्होंने चन्द्रकान्त देवताले की एक कविता—जो बाद में काफी प्रसिद्ध हुई—'थोड़े से बच्चे और बाकी बच्चे' के एक अंश को 'दिनमान' के मुखपृष्ठ पर छापा और पूरी कविता अन्दर के पृष्ठों में प्रकाशित की। 'दिनमान' जैसे समाचार साप्ताहिक को सोच समझकर वात्स्यायन जी ने हिन्दी कविता-साहित्य का एक और मंच नहीं बनने दिया था, जिससे रघुवीर जी भी पूरी तरह सहमत थे लेकिन देवताले जी की इस कविता का छपना एक तरह का अपवाद था। वह कविता भी थी, एक तरह से समाज की ख़बर भी। दिलचस्प यह है कि एक लघु पत्रिका ने पहले इसे छापने से मना कर दिया था। उसके सम्पादक ने कहा था कि अभी इस पर देवताले जी, आपको बहुत काम करने की जरूरत है। देवताले जी ने जवाब में वह कविता वापिस मँगवा ली थी, यह कहते हुए कि इस पर फिर से काम करके भेजूँगा। उसी कविता को, उसी रूप में देवताले जी ने अपने अभिन्न सुदीप बनर्जी की सलाह पर 'दिनमान' को भेज दिया। यह देखकर उन्हें सुखद आश्चर्य हुआ कि यह कविता सम्मान के साथ वहाँ छपी है।

रघुवीर सहाय की विदाई उर्फ़ 'दिनमान' की विदाई

रघुवीर सहाय को 'दिनमान' से हटाये जाने की अफ़वाहें बीच-बीच में उड़ती रहती थीं। एक बार ख़ुद इन पंक्तियों के लेखक ने उनका ध्यान उन दिनों फैल रही ऐसी अफ़वाह की ओर दिलाया था तो या तो यह कोरी अफ़वाह रही होगी या शायद मामला सुलझ चुका होगा या इस बारे में मुझे कुछ बताना उन्होंने आवश्यक नहीं समझा होगा या जो भी स्थिति रही हो, उन्होंने बड़ी निश्चिन्तता से कहा कि ऐसी अफ़वाहें मेरे बारे में समय-समय पर उड़ती रहती हैं। अन्ततः मार्च, १९८३ में वह 'दिनमान' से हटाये गये और जो आदमी क़रीब डेढ़ दशक तक सम्पादक रहा था, उसे 'नवभारत टाइम्स' में सहायक सम्पादक के रूप में भेजकर अपमानित करके एक तरह से बाहर का रास्ता दिखा दिया गया। संयोग से मनोहर श्याम जोशी को भी कुछ ही महीने पहले हिन्दुस्तान टाइम्स समूह के 'साप्ताहिक हिन्दुस्तान' के सम्पादक पद से हटा दिया गया था। उनसे कहा गया था कि ऐसा आपके काम को हल्का करने के लिए किया जा रहा है और उनसे सिर्फ़ 'वीक एण्ड रिव्यू' का सम्पादन देखने को कहा गया। संकेत यहाँ भी स्पष्ट था।

बनवारी जी के अनुसार दो—तीन हफ़्ते पहले ही यह ख़बर हम तक पहुँच चुकी थी कि रघुवीर जी की जगह 'पराग' और 'सारिका' के सम्पादक कन्हैयालाल नन्दन को लाया जा रहा है। यह ख़बर रघुवीर जी को इससे पहले ही मिल चुकी थी। उन्होंने इस बीच अपना पद और सम्मान बचाने की भरपूर कोशिश भी की थी। इस सिलसिले में उन्होंने वात्स्यायन जी से

भी तीन–चार बार बातचीत की। उनसे कहा था कि यह क्या बदतमीज़ी है कि मुझे पदावनत कर 'नवभारत टाइम्स' में भेजा जा रहा है। शायद तब तक वात्स्यायन जी का मालिकों पर प्रभाव रहा होगा या रघुवीर जी ऐसा मानते रहे होंगे। रघुवीर जी के ही शब्दों में—'आप बोलिये, कहिये उनसे कि यह क्या कर रहे हैं? डिमोट कैसे कर सकते हैं? कहीं और ट्रांसफर कर दें। मैं तो नौकरी करने को तैयार हूँ। नौकरी करने की जो मेरी शर्तें हैं, मानता हूँ।'

लेकिन अन्ततः कुछ हुआ नहीं। रघुवीर जी का मानना है कि वात्स्यायन जी ने किसी से कुछ कहा–किया नहीं। कहा क्यों नहीं या कहा और कुछ नहीं होने के संकेत उन्हें दिये गये या वह उस समय कुछ कहने–करने की स्थिति में नहीं रहे थे या सचमुच कुछ करना नहीं चाहते थे, यह कहा नहीं जा सकता। जोशी जी के अनुसार रघुवीर जी 'दिनमान' से हटाये जाने पर उनसे भी आकर मिले थे और कहा था कि इस अत्याचार के विरुद्ध हमें मिलकर संघर्ष करना चाहिए लेकिन जोशी जी को यह बात 'विचित्र' लगी। उन्होंने साथ देने से मना कर दिया। उनका तर्क था कि सम्पादक का पद तो प्रबन्धक का पद माना जाता है और प्रबन्धकों को मालिक जब चाहे, निकाल सकता है, उन पर मज़दूर संघोंवाले नियम लागू नहीं होते, इसलिए हम क्या संघर्ष करेंगे और क्या क़ानूनी लड़ाई लड़ेंगे? रघुवीर जी उनके इस रुख़ से निराश हुए। उनका तर्क था कि हम दोनों को राजनीतिक दबाव में हटाया गया है, क्योंकि हमने इन्दिरा–काँग्रेस का विरोध किया है। हमें अपनी–अपनी पत्रिकाओं को ऊँचाई तक पहुँचाने के लिए पुरस्कृत करने के बजाय दण्डित किया जा रहा है। इस बात से जोशी जी भी सहमत थे कि राजनीतिक कारण ही इसके पीछे हैं मगर उनका कहना था कि पूँजी और राजनीति का चोलीदामन का साथ है, इसलिए कुछ हो नहीं सकता। रघुवीर जी का कहना था कि यही तो कारण है कि हमें सम्पादक के पद की गरिमा की रक्षा के लिए सैद्धान्तिक लड़ाई लड़नी चाहिए, ताकि पत्रिका की दृष्टि और विचारधारा सम्पादक तय कर सकें, मालिक नहीं। बहरहाल, जाते–जाते रघुवीर जी यह कहते गये थे कि अपनी पदावनति को लेकर मैं तो क़ानूनी लड़ाई लड़ूँगा।

बाद में उनका इरादा बदल गया। क़रीब चार महीने उन्होंने 'नवभारत टाइम्स' में काम किया और फिर छोड़ दिया। सुरेश शर्मा के अनुसार

'दिनमान' से उन्हें हटाये जाने पर मैनेजर पाण्डेय, गोरख पाण्डे, असद ज़ैदी (तब सभी जवाहरलाल नेहरू विश्वविद्यालय से किसी न किसी रूप में जुड़े थे) आदि के हस्ताक्षरों के साथ एक वक्तव्य जारी किया गया था, जिससे रघुवीर जी को बहुत सन्तोष मिला लेकिन बाद में उन्होंने कुछ सोचकर किसी को ऐसा अभियान चलाने के लिए प्रोत्साहित नहीं किया। अजित कुमार के अनुसार राजेन्द्र यादव ने उनसे कहा था कि वह ज़रा रघुवीर जी से पूछकर देखें कि क्या लेखकों की ओर से संयुक्त वक्तव्य जारी किया जाये तो उन्होंने ऐसा करने से मना कर दिया था। सुधीश पचौरी और कर्ण सिंह चौहान भी बताते हैं कि वे जनवादी लेखक संघ की ओर से रघुवीर जी से मिलने गये थे, उन्हें भी निराशा हाथ लगी। 'पतनोन्मुख दिनमान बहिष्कार समिति' के तहत भी उन्हें हटाये जाने के विरोध में 'दिनमान' न पढ़ने का अभियान शुरू हुआ था पर वह भी नियोजित ढंग से आगे नहीं बढ़ सका। फिर भी विरोध हुआ लेकिन जितना हो सकता था, उतना रघुवीर जी की ख़ुद की उदासीनता के चलते भी नहीं हो सका। विरोध से मालिक अपना फ़ैसला बदल लेते, ऐसा तो शायद मुमकिन नहीं था लेकिन ऐसे मामले में स्वयं विरोध दर्ज़ करना और उसकी पहल करने से दूसरों को करने से रोकने के पीछे उनकी क्या समझ थी, वही जानते रहे होंगे।

रघुवीर जी ने शायद यह मान लिया था कि कम्पनी पर मुक़दमा करके लम्बी क़ानूनी लड़ाई लड़ना उनके बस में नहीं है। इसमें उलझने से उनके काम का हर्ज़ा होगा। उन्होंने कम्पनी से प्राविडेंट फण्ड, ग्रेच्युटी आदि लेकर उसे सलाम कर दिया। हालाँकि कृष्ण कुमार के मुताबिक अपने हटाये जाने के छह-आठ महीने तक भी वह यह तय नहीं कर पाये थे कि उन्हें 'टाइम्स ऑफ़ इण्डिया' प्रतिष्ठान से खुलेआम लड़ना चाहिए या नहीं।

'जनसत्ता' सहित दिल्ली के किसी अख़बार ने उनके हटाये जाने की ख़बर नहीं छापी, इसका अफ़सोस एक लेख में कृष्ण कुमार ने ज़ाहिर किया है लेकिन अख़बार उद्योग के मालिकों के बीच यह अलिखित-सा समझौता आज तक चला आ रहा है कि हम अपने या किसी दूसरे समाचार-समूह के किसी के सम्पादक बनने या हटने की ख़बर नहीं छापेंगे। इन्दौर का 'नयी दुनिया' ज़रूर अपवाद रहा, जिसने इस बारे में कृष्ण कुमार का लेख छापा। नन्दन जी को इतना श्रेय ज़रूर दिया जा सकता है कि उन्होंने कम से कम

'दिनमान' (२८ मार्च-३ अप्रैल, १९८३) में यह सूचना छापी लेकिन उसी अंक से उसके बुनियादी चरित्र को उलट देने में भी देर नहीं की। उन्होंने कवर पर उसी तरह की एक स्टोरी छापी, जैसी लोकप्रिय कही जाने वाली हिन्दी पत्रिकाओं में तब छपा करती थीं। इससे नये पाठक बनने के बजाय पुराने पाठक 'दिनमान' से विरक्त होने लगे। वैसे व्यावसायिक दृष्टि से एकदम 'अव्यावहारिक' इच्छा रघुवीर जी की यह थी कि उन्हें अपने सम्पादन में प्रकाशित 'दिनमान' के अन्तिम अंक में यह घोषणा करने दी जाये कि वह अपनी इच्छा से नहीं हटे हैं।

कृष्ण कुमार के अनुसार—'दिनमान' से हटाये जाने के सात-आठ वर्ष बाद तक वह इस अपमान की चोट महसूस करते रहे। १९९४ में 'दिनमान' के तीस वर्ष पूरे होने पर जब उसके पुराने अंकों से उनके कुछ लेख-सम्पादकीय छापे गये तो उन्होंने कृष्ण कुमार से कहा कि आप 'दिनमान' से लिखित रूप में यह सवाल करें कि इस 'दिनमान' को उस 'दिनमान' में अपनी विरासत ढूँढ़ने और दुनिया को उसे दिखाने का क्या नैतिक अधिकार है? कृष्ण कुमार ने इस आशय की चिट्ठी लिखी भी, जो छपी नहीं। अपनी मृत्यु के कोई महीनाभर पहले कृष्ण कुमार से उन्होंने कहा था कि 'दिनमान' के उस दौर की कहानी लोगों को बतायी जानी चाहिए कृष्ण कुमार ने जवाब में कहा कि 'रंगशिविर' में अपने स्तम्भ में वह लिखेंगे तो रघुवीर जी का जवाब था नहीं, किसी बड़ी पत्रिका में लिखिये। कृष्ण कुमार लिखते हैं कि मैंने मन ही मन कहा कि संवाद की किसी छोटी से छोटी कोशिश को भी रघुवीर जी, आपने कभी छोटा नहीं माना, फिर आप यह छोटे-बड़े का फ़र्क़ अब क्यों कर रहे हैं? लेकिन उन्होंने यह कहा नहीं। 'आख़िर उन्होंने मुझे चीज़ों को समझना, उनकी जाँच करना, उन पर निरन्तर लिखना सिखाया था और लिखते रहने के सुन्दर अवसर मुहैया कराये थे, शिक्षा में मेरी दिलचस्पी को चिन्ता का रूप दिया था और उसे गहराने की राह खोली थी, सबसे बड़ी बात कि मुझ पर विश्वास किया था...' वह लिखते हैं कि रघुवीर सहाय 'दिनमान' की 'हत्या' पर चीख़े क्यों नहीं, शायद यह सोचकर कि लोग इसका मज़ाक़ बनायेंगे।'

नन्दन जी भारी आत्मविश्वास के साथ सम्पादक बने थे मगर 'दिनमान' में वह ज़्यादा वर्ष टिक नहीं पाये बल्कि इसके बाद टाइम्स समूह में उनका पुराना दबदबा ख़त्म होने का सिलसिला शुरू हुआ। उन्हें 'नवभारत टाइम्स'

के फीचर सम्पादक के अमहत्त्वपूर्ण पद पर भेज दिया गया, जहाँ से उन्होंने बाहर का रास्ता ढूँढ़ना शुरू किया, जो उन्हें मिल गया। 'दिनमान' में उनकी जगह फिर सतीश झा ने ली, फिर घनश्याम पंकज इसे 'दिनमान टाइम्स' बनाने का फार्मूला लेकर आये मगर कोई टोटका चल नहीं पाया। अन्त में बन्द करके इसे टाइम्स समूह के सान्ध्य दैनिक 'सान्ध्य टाइम्स' में 'समाहित' कर दिया। 'सान्ध्य टाइम्स' में 'समाहित' करना भी एक मज़ाक़ से कम नहीं था। हर शनिवार को प्रथम पेज पर 'सान्ध्य टाइम्स' के नीचे कोष्ठक में लिखा होता था—'दिनमान समाहित।' अन्दर ऐसा कुछ नहीं होता था, जो किसी भी रूप में 'दिनमान' की याद दिलाये क्योंकि 'समाहित' करने का यह उद्देश्य था ही नहीं। 'सान्ध्य टाइम्स' के सम्पादक रहे सत सोनी के अनुसार सम्भावित उद्देश्य था, इस नाम का 'उपयोग' करके 'दिनमान' के नाम से सस्ते काग़ज़ का सरकारी कोटा लेना। टाइम्स समूह के कुछ अख़बारों को इस बहाने अपने कुछ संवाददाताओं को सरकारी मान्यता दिलाने की अतिरिक्त सुविधा दिलाना भी एक उद्देश्य था। एक कारण शायद इस नाम से मिलनेवाले सरकारी विज्ञापन लेना भी रहा हो। श्री सोनी के अनुसार उन्हें भी 'दिनमान' का सम्पादक बनाने की बात चली थी। उन्होंने कम पृष्ठ और कम दाम रखकर, इसे 'पारिवारिक पत्रिका' बनाकर इसकी प्रसार संख्या लाखों तक पहुँचाने का सपना देखा और दिखाया था मगर कई असफल प्रयोगों से उकताये हुए मालिकों ने लम्बी बातचीत के बाद एक और ऐसा प्रयास करने से हाथ खींच लिए और 'दिनमान' को 'सान्ध्य टाइम्स' में समाहित होने की मौत की सज़ा दी गयी। एक शानदार, एक अविस्मरणीय पत्रिका का इससे त्रासद अन्त और क्या हो सकता था? उसके दो बड़े सम्पादकों—अज्ञेय और रघुवीर सहाय को सारत: अपमानित करने का इससे 'बेहतर' उपाय और हो भी क्या सकता था?

वैसे सच यह भी है कि तब तक मालिकों की रुचि पत्रिकाओं में रह नहीं गयी थी। नया व्यावहारिक 'दर्शन' यह था कि इनमें विज्ञापन जुटाने के लिए जितने प्रयत्न किये जायेंगे, उतने प्रयत्न अगर अख़बारों के लिए किये जायें तो आर्थिक लाभ बहुत बढ़ जायेगा। 'फ़िल्मफ़ेयर' और 'फ़ेमिना' को छोड़कर टाइम्स समूह की सारी हिन्दी-अँग्रेज़ी पत्रिकाएँ भी बन्द होती चली गयीं, 'द इलस्ट्रेटेड वीकली ऑफ़ इण्डिया', 'साइंस टुडे' सब।

वैसे आज भी 'दिनमान' के नाम पर दो ही सम्पादक याद किये जाते हैं—

वात्स्यायन जी और रघुवीर सहाय। बाद में कौन सम्पादक रहा या नहीं रहा, यह पत्रिका ज़िन्दा रही या मर गयी, निकलती रही या नहीं निकली। और बन्द हो गयी तो कब बन्द हुई, इसकी चिन्ता किसी को नहीं रही।

नन्दन जी के आने के बाद 'पराग' और 'सारिका' जैसी पत्रिकाएँ भी वैसी नहीं रह गयी थीं, जैसी वे आनन्द प्रकाश जैन और कमलेश्वर के समय थीं लेकिन फिर भी चल रही थीं या उन्हें चलाया जा रहा था। नन्दन जी कभी प्रबन्धन के लाड़ले हुआ करते थे। कहते हैं कि काफ़ी समय से उनकी नज़र 'दिनमान' की सम्पादकी हासिल करने पर थी। बाल और कहानी मासिक का सम्पादक होने के बाद एक समाचार साप्ताहिक का सम्पादक होना निश्चय ही एक सीढ़ी ऊपर चढ़ना था। इसके बाद की सीढ़ी 'नवभारत टाइम्स' का सम्पादक पद हो सकता था, जो नहीं हो सका। मालिकों की समझ शायद यह थी कि राजनीतिक सम्पर्कोंवाला कोई सम्पादक (नन्दन जी) 'दिनमान' को अगर लोकप्रिय नहीं भी बना पाया तो भी वह अपने सम्पर्कों का लाभ बेहतर ढंग से कम्पनी को दिलवा सकेगा, जबकि रघुवीर जी निश्चित रूप से इस मामले में काम के आदमी नहीं थे।

वैसे नन्दन जी 'आत्मकथा' में लिखते हैं कि 'दिनमान' की प्रसार संख्या का १४ हज़ार से भी नीचे गिरना और कम्पनी के अध्यक्ष अशोक जैन से रघुवीर जी की खटपट होना, उन्हें हटाये जाने का कारण था। सम्भव है कि श्री जैन से रघुवीर जी की अनबन रही होगी मगर रघुवीर जी के अनुसार १९८० में जो 'दिनमान' ४० हज़ार बिक रहा था, उसकी प्रसार संख्या इस हद तक गिर गयी होगी, यह विश्वसनीय नहीं लगता। २२ अगस्त, १९८० को रघुवीर जी अपनी डायरी में अशोक जैन से बातचीत के बाद यह ज़िक्र करते हैं कि मालिक की यह शिकायत है कि प्रसार संख्या ४० हज़ार से आगे क्यों नहीं बढ़ रही? तीन साल के भीतर ही ऐसा क्या हो गया कि 'दिनमान' की प्रसार संख्या २६ हज़ार तक घट गयी और अगर वास्तव में ऐसा था तो उसके कारण क्या हो सकते थे? आपातकाल के बाद 'दिनमान' के पुराने तेवर फिर लौट आये थे, फिर भी पाठक क्यों घटते गये? क्या 'रविवार' और 'इण्डिया टुडे' की तरफ़ तब तक पाठक इतने अधिक आकर्षित हो चुके थे? वैसे इस उद्योग में यह भी माना जाता है कि किसी सम्पादक को निकालना हो तो जानबूझकर उस पत्र या पत्रिका की प्रसार संख्या गिरवा दी जाती है। क्या सच था, क्या नहीं, इसका जवाब आज नहीं

दिया जा सकता। वैसे नन्दन जी इसका कारण बताते हैं कि रघुवीर जी ने 'दिनमान' को बिहार के मुख्यमन्त्री रहे और समाजवादी नेता कर्पूरी ठाकुर वाले समाजवाद से जोड़ दिया था, इस कारण पाठक कटते गये थे, जबकि 'दिनमान' की टीम जो बड़ी सशक्त थी मगर वहाँ काम करनेवाले लोगों को 'समाजवादी चश्मा' लगाना पड़ता था। रघुवीर जी का समाजवादी राजनीतिक रुझान कभी छुपा नहीं रहा मगर क्या रघुवीर जी पर यह आरोप विश्वसनीय लगता है कि उनका लोहियावाद, कर्पूरी ठाकुरवादी समाजवाद पर जाकर अटक गया था? उनके राजनीतिक लेखन और जीवन से तो इसका कोई प्रमाण नहीं मिलते!

नन्दन जी कहते हैं—

> अशोक जैन को मेरे ऊपर बहुत भरोसा था क्योंकि मैंने दो पत्रिकाएँ ऐसे ढंग से सँवार दी थीं कि उनके मन पर मेरी एक सुन्दर छाप बन गयी थी।...मेरे नाम को लेकर वह आश्वस्त थे कि मैं 'दिनमान' में भी कुछ चमत्कार करूँगा, जिससे उसका सर्कुलेशन बढ़ेगा।...एक दिन अचानक यह फ़ैसला लिया गया कि 'दिनमान' के सम्पादक नन्दन जी होंगे।

बहरहाल, यह नन्दन जी का अपना सच था, ज़रूरी नहीं कि यह सबका सच हो और यह भी क्या ज़रूरी है कि उनका यह 'सार्वजनिक सच' उनका 'निजी' सच भी हो?

वैसे 'दिनमान' से हटाकर 'नवभारत टाइम्स' में भेजे जाने और फिर वहाँ से भी त्यागपत्र देने से पहले रघुवीर जी ने परिवारजनों से बात की थी, अपने बच्चों से भी राय ली थी कि उनका निर्णय ग़लत तो नहीं है लेकिन परिवार का पूरा समर्थन उन्हें मिला।

'दिनमान' से एकाएक हटाये जाने ने रघुवीर जी को बुरी तरह तोड़ दिया था। कृष्ण कुमार के शब्दों में इसे वह अन्त तक सह नहीं पाये। वह अपने साथ हुए इस अन्याय के ख़िलाफ़ न चीख़ सके, न कारगर ढंग से लड़ सके और अन्ततः यही उनकी असामयिक मृत्यु का कारण बना। उनकी मँझली बेटी हेमा सिंह कहती हैं—

> 'दिनमान' उनके लिए उनके एक बच्चे की तरह था। उसके लिए उन्होंने अपने को पूरी तरह खपा रखा था। इस कारण इस झटके से उबरना उनके लिए मुश्किल रहा। निजी संस्थान में रहकर भी पता नहीं उन्हें यह अपेक्षा

क्यों थी कि उनके साथ कभी अपमानजनक व्यवहार नहीं होगा?

अचानक वह कमज़ोर और बूढ़े दिखने लगे थे, जबकि वह निकाले जाते समय मात्र ५४ वर्ष के थे। इससे उबरने की कोशिश में उन्होंने तमाम पत्र-पत्रिकाओं में जमकर स्तम्भ लेखन और छुटपुट लेखन किया। नाटकों आदि के अनुवाद किये, कविताओं की प्रस्तुतियों के क्षेत्र में अभिनव काम किया लेकिन अपनी रचनात्मकता को परे रखकर कुछ नहीं किया। एक बार तत्कालीन सूचना सचिव एस.एस. गिल ने 'दूरदर्शन' के लिए सोप आपेरा लिखने और कार्यक्रमों का सामान्य स्तर सुधारने के लिए हिन्दी के कुछ वरिष्ठ लेखकों को बुलाया था। जोशी जी तो सोप आपेरा के पक्ष में थे और उन्होंने 'हम लोग' जैसा लोकप्रिय सीरियल लिखा भी मगर रघुवीर जी साहित्यिक कार्यक्रमों की पैरवी करते रहे। उन्होंने प्रेमचन्द की कहानियों पर आधारित दो पटकथाएँ दूरदर्शन के लिए लिखीं मगर सोप आपेरा नहीं, जबकि एक ज़माने में उन्होंने आकाशवाणी के लिए बहुत तरह की चीज़ें लिखी थीं और जोशी जी की आरम्भ में इसमें मदद भी की थी।

लोहिया के बाद जयप्रकाश

स्वतन्त्र भारत के सिर्फ़ दो नेताओं की तरफ़ रघुवीर सहाय ने उम्मीद से देखा। पहले डॉ. राम मनोहर लोहिया और दूसरे जयप्रकाश नारायण। वह इन दोनों नेताओं को महात्मा गाँधी की परम्परा में देखते थे। रघुवीर जी की एक टिप्पणी का शीर्षक ही है—'गाँधी, लोहिया, जयप्रकाश।' उनका एक और आलेख है 'गाँधी अकेले कुछ नहीं', जो उन्होंने जनता पार्टी के असफल प्रयोग के बाद १९८० में इन्दिरा गाँधी की वापसी पर लिखा था। उसमें भी वह महात्मा गाँधी के साथ बाक़ी दोनों को जोड़ते हुए एक दिलचस्प स्थापना देते हैं—

> गाँधी अकेले कोई चीज़ नहीं हैं। उन्हें सिर्फ़ लोहिया और जयप्रकाश के साथ रखकर ही सही मायने में समझा जा सकता है। इन दोनों को अलग करके उन्हें एक भला आदमी बनाकर ही चला जा सकता है।

वह यह भी जोड़ते हैं कि—

> १९७४ में लोकतन्त्र की लड़ाई का एक दौर ख़त्म होने के बाद इन तीनों (गाँधी, लोहिया, जयप्रकाश) के नाम अक्सर साथ-साथ सुनायी पड़ने लगे हैं।

रघुवीर जी के अनुसार १९६९ के बाद देश में पनपे शिखर राजनीति के विचार के ख़िलाफ़ जयप्रकाश खड़े हुए, जिसने संगठनों और लोगों को छोटे-छोटे दायरों में बाँट दिया था। १९७३ तक आते-आते ग़ैरकाँग्रेसी दल जनसमर्थन खो चुके थे। अगर १९७४ का आन्दोलन न हुआ होता, उसे बड़े उद्देश्य और व्यापक साझेदारी से जोड़ा नहीं गया होता, शोषितों को अपने अधिकार दिलाने के लिए 'सत्ताग्रह' की जगह 'सत्याग्रह' के अस्त्र का

इस्तेमाल नहीं किया गया होता, गाँधी और लोहिया ने विकेन्द्रीकरण का जो मूल सिद्धान्त भारत के लिए तजवीज़ किया था, उसे जयप्रकाश ने आगे जाकर स्थापित नहीं किया होता तो विपक्षी राजनीति अपने परम्परागत तरीक़ों से ख़ुद बदलाव नहीं ला सकती थी।

वैसे रघुवीर सहाय, जयप्रकाश नारायण का होना तब से स्वीकार करना आरम्भ करते हैं, जब वह १९७४ में छात्रों, युवकों, विभिन्न, राजनीतिक दलों को छोड़कर आये लोगों और निर्दलियों के साथ मिलकर एक बड़ा आन्दोलन बिहार में खड़ा करते हैं, जो तत्कालीन प्रधानमन्त्री इन्दिरा गाँधी की सत्ता के लिए एक बड़ी चुनौती बन जाता है। इससे पहले के जयप्रकाश के कामों का उल्लेख न वह पहले करते पाये जाते हैं, न बाद। जयप्रकाश, जयप्रकाश उनके लिए इसलिए हैं, गाँधी और लोहिया के बाद जगह वह इसलिए पाते हैं कि उन्होंने बिहार आन्दोलन खड़ा किया था।

निश्चित रूप से अपने समय का वह सबसे बड़ा और नये क़िस्म का अहिंसक राजनीतिक आन्दोलन था, जो ८ अप्रैल, १९७४ को पटना में मौन जुलूस और जयप्रकाश नारायण द्वारा छात्रों के नाम पत्र लिखने के साथ शुरू हुआ था। इस पत्र में उन्होंने छात्रों से कहा था कि यह आन्दोलन मन्त्रिमण्डल बदलवाने या नये चुनाव करवाने का आन्दोलन नहीं है बल्कि नीचे से ऊपर तक भ्रष्टाचार की बीमारी की जड़ पर प्रहार करने का शान्तिमय संघर्ष है। इसके अगले दिन उन्होंने पटना में विराट सभा करके आन्दोलन को और आगे बढ़ाया। इसके बाद तो यह आन्दोलन आकार लेता चला गया। विधायकों पर इस्तीफ़े का दबाव डाला जाने लगा, एक ख़ास तारीख़ तक त्यागपत्र न देनेवाले विधायकों को घेरने का आह्वान किया गया। लगान और दूसरे करों को न देने, सहकारिताओं को छोड़कर बाक़ी सरकारी संस्थाओं के क़र्ज़ न लौटाने, गाँव-गाँव में संघर्ष समितियाँ बनाने, छात्रों से सालभर तक स्कूल-कॉलेजों को छोड़कर आन्दोलन के साथ आने का आह्वान किया गया। इसी दौरान जयप्रकाश ने 'सम्पूर्ण क्रान्ति' का विचार दिया, दलविहीन समाज और नीचे से राजनीतिक संगठन बनाने आदि तमाम विचार भी दिये। यह अलग बात है कि १९७७ में जनता पार्टी की सरकार बनने के बाद से ये विचार हवा हो गये।

रघुवीर सहाय ऐसे बिहार आन्दोलन के साथ न केवल ख़ुद खड़े हुए बल्कि अपने सम्पादन में प्रकाशित 'दिनमान 'को भी इस आन्दोलन का हिस्सा

बनाया, उसका मुखपत्र जैसा बनाया। उस समय बिहार से बाहर शायद अगर कहीं और इस आन्दोलन को सबसे ज़्यादा गम्भीरता से लिया जा रहा था, इसकी सकारात्मक रिपोर्टिंग की जा रही थी, तो वह 'दिनमान' था। निश्चित रूप से किसी पूँजीपति प्रकाशन घराने के व्यावसायिक उपक्रम को इस हद तक ले जाने के अपने ख़तरे हैं, जो रघुवीर जी ने उस समय उठाये, हालाँकि यही अपेक्षा सेंसर के चलते इसी रूप में वह आपातकाल में पूरी न कर सके। उन्होंने इस आन्दोलन पर दूसरों से तो लिखवाया ही, ख़ुद भी ख़ूब लिखा। उनके ढेरों सम्पादकीय आलेख इस विषय पर हैं।

लोहिया के योगदान के प्रति रघुवीर जी की दृष्टि अनालोचनात्मक है मगर जयप्रकाश के बिहार आन्दोलन के प्रति ठीक ऐसा ही रुख़ नहीं है। वह अनेक बार इस आन्दोलन की सीमाओं और असफलताओं का ज़िक्र भी करते हैं मगर उसका दोष वह जयप्रकाश पर नहीं मढ़ते, उनके प्रति रघुवीर जी के आदर में कमी नहीं आती। १९७७ में इन्दिरा गाँधी को हटाकर जनता पार्टी की सरकार बनती है तो आरम्भ में स्वागत करने के बाद जब जयप्रकाश नारायण और स्वयं उनके अपने सपने भी इस सरकार से एक-एक कर टूटने लगते हैं, जनता पार्टी भी उन्हें दूसरी काँग्रेस पार्टी साबित होती दीखती है। रघुवीर सहाय न केवल उसकी तीख़ी आलोचना करते हैं, बल्कि सत्ता मिलने के बाद जनता पार्टी के नेताओं ने जयप्रकाश नारायण से जो दूरी बना ली थी, उसकी सख़्त आलोचना करते हैं और उसे सलाह देते हैं कि जयप्रकाश के पास जाये। वह जयप्रकाश के साथ खड़े होते हैं, उनके अकेलेपन पर स्वयं लिखकर और जयप्रकाश नारायण से साक्षात्कार लेकर भी उसे रेखांकित करते हैं। यहाँ तक कि जब उड़ीसा की मुख्यमन्त्री नन्दिनी सत्पथी, जयप्रकाश पर 'द इण्डियन एक्सप्रेस' के मालिक रामनाथ गोयनका का आतिथ्य स्वीकार करने और भ्रष्टाचार के विरुद्ध बोलने में अन्तर्विरोध देखती हैं और इस पर आपत्ति करती हैं तो इस बात को आठ साल बाद भी याद करते हुए रघुवीर सहाय लिखते हैं—

> यह बेतुका तर्क था माने जब किसी रईस के मेहमान हों तो या तो भ्रष्टाचार करो या मेहमान ही न बनो, यानी भ्रष्टाचार का विरोध किसी सूरत में न करो। एक और प्रचार इस तर्क में निहित था कि भ्रष्टाचार की बात क्या करते हो, सभी तो भ्रष्ट हैं। यह तर्क नीचता से भरा हुआ और मानवीय गरिमा के विरुद्ध है।

जयप्रकाश का 'सबसे बड़ा और एक अर्थ में क्रान्तिकारी' योगदान रघुवीर सहाय यह मानते हैं कि उन्होंने इन्दिरा गाँधी की 'लोकतन्त्र-विरोधी शक्तियों के विरुद्ध जनशक्ति' को जगाया और 'व्यक्तिगत तानाशाही' के 'सम्पूर्ण आधिपत्य' से देश को बचाया। वह मानते हैं—'जयप्रकाश ने सर्वसत्तावाद पर ठीक ऐसे क्षण आक्रमण किया, जिसके बीत जाने पर वर्तमान लोकतान्त्रिक तरीक़ों से कोई आक्रमण सफल नहीं हो पाता।' जयप्रकाश नारायण ने 'नीचता भरे असत्य' की पोल खोलकर सब लोगों में 'साहस' जगाया, शिखर राजनीति का प्रतिकार कर लोक राजनीति की ओर देश को मोड़ा। वह जयप्रकाश के महत्त्व को इस तरह भी स्थापित करते हैं कि 'लोहिया के सामने इतनी कठिनाइयाँ नहीं थीं, जितनी कि जयप्रकाश के सामने थीं।' जयप्रकाश को वह 'बिलकुल मरे हुए समाज को ज़िन्दा' करने का श्रेय देते हैं। इतना बड़ा श्रेय तो वह न गाँधी को देते हैं, न लोहिया को, हालाँकि वह लोहिया के काम को भी गाँधी के काम के आगे का ही मानते थे। जयप्रकाश के आन्दोलन के लगभग तीन वर्ष बाद १९७७ में जब जनता पार्टी की सरकार को सत्ता सँभाले क़रीब पाँच महीने हो चुके थे (अक्टूबर में), तब जयप्रकाश का एक साक्षात्कार रघुवीर जी ने लिया था। इससे ऐसा लगता है रघुवीर जी की इस सरकार से निराशा, स्वयं जयप्रकाश नारायण के निराश होने से पहले ही शुरू हो चुकी थी। जब वह जयप्रकाश से पूछते हैं कि 'एक निर्दलीय शक्ति' देश में विकसित करने में एक नया दलीय संगठन बनाने अथवा वर्तमान दलों का संगठन सुधारने में यह आन्दोलन सफल नहीं हुआ है तो यह सवाल सुनकर जयप्रकाश एक तरह से चिढ़ जाते हैं। उनके लगभग बारह पंक्तियों के सवाल का सात शब्दों में जवाब कुछ खीजते हुए देते हैं—'कुछ दल तो मिलकर एक हुए न!' फिर से सवाल को आगे बढ़ाते हुए रघुवीर जी उनसे पूछते हैं 'लेकिन दलों का मिलना क्या आप समझते हैं... ?' यह सवाल पूरा भी नहीं हो पाता कि जयप्रकाश उन्हें बीच में टोकते हुए कहते हैं—'जनता पार्टी इसी प्रयास का फल था।' इसके बाद यह सोचकर कि इस तरह के सवाल जयप्रकाश को पसन्द नहीं आ रहे हैं तो वह सवालों की पटरी बदलकर पूछते हैं कि 'देश के सामने इस समय संकट को आप किस रूप में पहचानते हैं, तो जयप्रकाश इसका जवाब देने की बजाय उल्टे उन्हीं से पूछते हैं, 'क्या है आपके ध्यान में?' लेकिन इसी साक्षात्कार में जब आगे चलकर रघुवीर जी 'सम्पूर्ण क्रान्ति' जैसे जयप्रकाश के नारे के बारे में पूछते हैं तो वह ईमानदारी से

स्वीकार करते हैं कि 'सम्पूर्ण क्रान्ति' का कोई संगठन नहीं हुआ है और उसका आगे क्या होगा या हो सकता है, यह मेरे ध्यान में नहीं है। बहरहाल 'सम्पूर्ण क्रान्ति' को ठोस रूप में परिभाषित करने के रघुवीर जी के सवालों का कोई जवाब वह नहीं दे पाते। एक जगह रघुवीर जी शिकायत-सी करते जान पड़ते हैं कि जयप्रकाश 'सम्पूर्ण क्रान्ति' की अधिक व्याख्या नहीं देते, जबकि लोहिया ने अपनी 'सप्त क्रान्ति' की अवधारणा को स्पष्ट किया था। इसके बावजूद वह जयप्रकाश नारायण का बचाव करते हुए कहते हैं— 'बिना संगठन के ऐसी कोई व्याख्या देना भी लफ़्फ़ाजी होती।'

दरअसल, रघुवीर जी को इस आन्दोलन से राजनीति में बुनियादी परिवर्तन आने की इतनी गहरी उम्मीद थी कि जयप्रकाश का कोई असन्तोषजनक जवाब भी उन्हें निराश नहीं करता, उनकी श्रद्धा में कमी नहीं आती, वह उनके बचाव में उतर आते हैं। लोहिया की तरह जयप्रकाश सिद्धान्तकार नहीं थे मगर रघुवीर जी को बिहार आन्दोलन के इस नेता के बारे में यह बात बड़ी लगती थी कि वह अपने समय में अकेले नेता थे, जो संगठित राजनीति के रास्ते से अलग हटकर लोगों को आन्दोलित करने की, सत्ता को चुनौती देने की क्षमता रखते थे, जिनका क़द इस देश में इतना बड़ा था कि इन्दिरा गाँधी जैसी नेता का कोई आश्वासन, कोई लुभावना राजनीतिक प्रस्ताव उन्हें अपने रास्ते से डिगा नहीं सकता था। तत्कालीन प्रधानमन्त्री ने नवम्बर, १९७४ में जयप्रकाश से मुलाक़ात करके ऐसी कोशिश की थी मगर दोनों की ९० मिनट की बातचीत का कोई ठोस नतीजा नहीं निकला और आन्दोलन पहले की तरह आगे बढ़ता रहा।

१९७७ में जनता पार्टी की सरकार का आना जयप्रकाश नारायण को उत्साहित करता है, जैसा कि उस समय आपातकाल से परेशान हर नागरिक को करता था। जयप्रकाश इसे 'लघुक्रान्ति' मानते थे। वह यहाँ तक मानते थे कि जनता पार्टी अगर बिखर गयी तो देश में तानाशाही आ जायेगी मगर किस तरह सत्ता मिलते ही प्रधानमन्त्री मोरारजी देसाई समेत कई नेताओं ने बिहार आन्दोलन के इस नेता को अकेला कर दिया था, उनसे कुछ भी पूछना बन्द कर दिया था, इसकी ओर भी रघुवीर जी ने ध्यान दिलाया है। वह ऐसे समय में सत्ता के साथ नहीं, जयप्रकाश के साथ खड़े होते हैं। चुनाव के लगभग एक साल बाद जयप्रकाश से वह पुनः भेंट करते हैं, जिसकी भूमिका लिखते हुए रघुवीर जी जनता पार्टी के नेताओं की

सत्तालोलुपता के कारण पूरी पार्टी की विश्वसनीयता को मिट्टी में मिला देने के लिए लानत भेजते हैं। कहते हैं कि इन्दिरा गाँधी के हटने के बाद जनता पार्टी के नेताओं को जयप्रकाश नारायण से कोई मतलब नहीं रह गया है। अपने को 'घायल सेनापति' बताते हुए जयप्रकाश उन लोगों के नाम लेते हैं, जो उनसे अब सम्पर्क नहीं रखते। वह कहते हैं—'मोरारजी को मैंने और दादा (आचार्य कृपलानी) ने प्रधानमन्त्री नामजद किया था, पर वह भी कोई सम्पर्क नहीं रखते। सिद्धराज ढड्ढा को यहाँ लाया ही इसलिए गया था कि वह मुझे बाहर की घटनाओं के सम्पर्क में रखेंगे पर वह भी अपने ही कारणों से व्यस्त रहते हैं। राधाकृष्ण से कुछ उम्मीद थी पर वह कुछ नहीं कर पाते।' इस पर टिप्पणी करते हुए रघुवीर जी लिखते हैं—'ये बातें किसी खीजे हुए बूढ़े की शिकायतें नहीं थीं, सिर्फ़ एक व्याकुल मन की बोली थी, जो ताज़ा हवा नहीं ले पा रहा था, जबकि ताज़ा हवा मिलना कठिन नहीं होना चाहिए था।' सितम्बर, १९७८ को उनके कदमकुआँ स्थित मकान पर हुई भेंट के बाद लिखी एक टिप्पणी में वह कहते हैं कि जयप्रकाश नारायण से मिलने तो कई प्रकार के लोग आया करते हैं मगर अधिकांश लोग उन्हें अपना पक्ष बताने आते हैं या फिर किसी और का पक्ष लेकर पैरवी करने। उनसे जयप्रकाश कहते थे कि ठीक है, आपकी बात सुन ली मगर दूसरों की भी तो मालूम हो! कुछ ऐसे सन्देशवाहक भी उनके पास आते थे, जो कहते थे कि 'आप अपने मन की बात जनता के सामने बोल मत दीजियेगा।' उस साक्षात्कार में जयप्रकाश शिकायत करते हैं कि उनसे कोई सम्पर्क नहीं रखा जाता, उन्हें अनुपयोगी मान लिया गया है, जनता पार्टी अब काँग्रेस की राह पर चल पड़ी है, यह पार्टी समाज को बदलने-बनाने का, निर्माण-परिवर्तन का साधन इस डर से नहीं बन रही है कि कहीं इस कारण सत्ता उसके हाथ से निकल न जाये। अगले अंक में रघुवीर जी जनता पार्टी के नेताओं को सम्बोधित करते हुए सम्पादकीय आलेख लिखते हैं, जिसका शीर्षक है—'जयप्रकाश के पास जाओ।' एक जगह वह जनता पार्टी के कामकाज की निगहबानी करने के जयप्रकाश के आह्वान का समर्थन करते हुए इस पार्टी के नेताओं पर वार करते हैं—

> जयप्रकाश जी ने किसी निरीह सन्त (विनोबा?) का स्थान नहीं बनाया है, भले ही जोख़िम उठाने और इतिहास को मोड़ने की जयप्रकाश जी की शक्ति की बदौलत आज जो सत्तासीन हैं, ऐसा चाहते हैं।

आपातकाल के आतंक में सम्पादकत्व

> मैं उन लोगों के बारे में बहुत आश्वस्त नहीं हूँ जो कि कहते हैं कि आप असहमति इस धमाके से करिये कि आप मर जायें—बिना कोई बात कहे और वह तमाशा सब देखें।
>
> (अशोक वाजपेयी और मंगलेश डबराल से रघुवीर सहाय की आपातकाल के दौर में 'पूर्वग्रह' के लिए हुई बातचीत का एक अंश)

रघुवीर सहाय कहते हैं कि १९६९ से १९७४ के दौरान यानी आपातकाल से पहले तक देश में क़ानूनन सेंसर ज़रूर नहीं था लेकिन बोलने और लिखने की आज़ादी पर पैसे और लाठी के दबाव तरह-तरह से बढ़ रहे थे। साथ ही यह भी सच है कि इसके बावजूद आपातकाल से ठीक पहले तक वह लगभग अपनी शर्तों पर एक बड़े व्यावसायिक संस्थान में तमाम कठिनाइयों के बीच 'दिनमान' जैसी पत्रिका अपने ढंग से सम्पादित कर रहे थे। २६ जून, १९७५ को आपातकाल लगने के बाद यह सम्भव नहीं रहा। रघुवीर जी को ही क्या इन्दिरा गाँधी के कुछ अत्यन्त विश्वसनीय लोगों को छोड़कर शायद ही किसी को इसका अन्दाज़ा रहा होगा कि इलाहाबाद उच्च न्यायालय द्वारा प्रधानमन्त्री इन्दिरा गाँधी के विरुद्ध दिये गये निर्णय के बाद देश में बाक़ायदा आपातकाल की घोषणा की जा सकती है, जिसमें लोगों के मूल नागरिक अधिकार तक स्थगित कर दिये जायेंगे और प्रेस पर बेहद सख़्ती की जायेगी। यह एकदम नयी और अप्रत्याशित स्थिति थी।

उनकी एक बड़ी मुश्किल यह थी कि आपातकाल की घोषणा से पहले तक वह जयप्रकाश नारायण के नेतृत्व में चल रहे बिहार आन्दोलन का 'दिनमान'

के ज़रिये उत्साहपूर्वक समर्थन कर रहे थे, जिससे उसकी विश्वसनीयता विपक्ष की पत्रिका के रूप में बन रही थी। रघुवीर सहाय का इसके कारण सम्पादक के रूप में व्यक्तिगत सम्मान बढ़ा था। उनकी ख्याति लिखने-पढ़नेवालों की दुनिया से बाहर भी फैली थी। उस समय वह बिहार आन्दोलन में लोकतन्त्र की नयी सम्भावनाएँ देख रहे थे मगर आपातकाल लगने के बाद उनके सामने तीन रास्ते बचे थे—या तो वह सम्पादक का पद आपातकाल के विरोध में छोड़ दें या मौन रहें या मुखर होकर आपातकाल का समर्थन करें। उन्हें क्या और कैसे करना है, यह तय करने में उन्होंने देर नहीं की। उन्होंने वह रास्ता चुना, जो एक पत्रिका के रूप में 'दिनमान' के निकलते रहने और सम्पादक के रूप में उनके बने रहने को सुनिश्चित करे। उन्होंने किसी हद तक नयी परिस्थितियों के अनुकूल 'दिनमान' को बनाया।

'दिनमान' ने भी औरों की तरह जयप्रकाश नारायण समेत विपक्ष के तमाम नेताओं की गिरफ़्तारी के बाद उनका नाम लेना बन्द कर दिया। जयप्रकाश और आन्दोलन के अन्य नेताओं की गिरफ़्तारी के बाद बिहार आन्दोलन का भी एक तरह से पटाक्षेप हो गया था।

आपातकाल के दो दिनों में ही देशभर में सरकारी आँकड़ों के अनुसार, ७६७ गिरफ़्तारियाँ हो चुकी थीं। 'दिनमान' ने गिरफ़्तारियों की सूचना तो दी मगर सेंसर के साये में गिरफ़्तार नेताओं के नाम देना ठीक नहीं समझा। यहाँ तक सावधानी रघुवीर जी ने बरती कि तब के उनके निजी सचिव विश्वम्भर श्रीवास्तव से भी—जो भारतीय जनसंघ (बाद में भारतीय जनता पार्टी) के नेता लालकृष्ण आडवाणी के कार्यालय में अंशकालिक रूप से काम किया करते थे—दूरी बना ली। नवम्बर में मीसा में उनकी गिरफ़्तारी का वारण्ट जारी हो चुका था। विश्वम्भर जी के अनुसार अगले दिन वह बचते-बचाते 'दिनमान' पहुँचे तो रघुवीर जी ने उनसे कहा कि आपके यहाँ आने से बाक़ी लोग संकट में आ सकते हैं।

आपातकाल की घोषणा से पहले और इलाहाबाद उच्च न्यायालय के इन्दिरा गाँधी का चुनाव रद्द करने का निर्णय आने के बाद २९ जून, १९७५ के अंक में 'दिनमान' के तेवर तेज़ नहीं थे तो समर्पणी मुद्रा में भी नहीं थे। मुखपृष्ठ पर इन्दिरा गाँधी और राजनारायण की आमने-सामने तस्वीरें थीं और पृष्ठभूमि में जनता थी। 'पत्रकार संसद' में न्यायालय द्वारा प्रधानमन्त्री के बारे में दिये गये निर्णय पर बड़े देशों के मीडिया की प्रतिक्रियाएँ थीं।

विपक्षी दलों की रामलीला मैदान में २२ जून को हुई सभा का विवरण और २३ जून को जयप्रकाश नारायण के साथ हुई विपक्षी नेताओं की बैठक की चर्चा थी, जिसमें जेपी ने सभी विपक्षी दलों को मिलाकर एक दल बनाने का सुझाव दिया था। 'दिनमान' ने लोकदल के अध्यक्ष चरण सिंह का साक्षात्कार भी अदालत के निर्णय पर छापा था। रघुवीर जी का इस बड़ी घटना पर कोई सम्पादकीय अवश्य नहीं था।

इसके बाद छपे ६ जुलाई, १९७५ के अंक में अभी-अभी स्वर्गीय हुए 'तार सप्तक' के कवि भारत भूषण अग्रवाल पर 'दिनमान' ने कवर स्टोरी की। मुखपृष्ठ पर नाटक में अभिनय करते हुए उनका एक दुर्लभ चित्र छापा। इस तरह मुखपृष्ठ को तो आपातकालमय होने से उन्होंने बचा लिया लेकिन अन्दर के पृष्ठों पर आपातकाल पर सम्पादकीय टिप्पणी समेत बहुत-सी सामग्री थी। सम्पादकीय का शीर्षक था—'दासप्रथा से कालेधन तक।' यह आपातकाल में घोषित आर्थिक नीति की सराहना में था—'नयी आर्थिक नीति में बर्बर बन्धक प्रथा के अन्त की घोषणा एक तरफ़ तो मानवीय उपकार है, दूसरी तरफ़ वह गाँव की ज़िन्दगी में अमीर और ग़रीब के अत्याचारी असन्तुलन को मिटाने का आरम्भ है।' इसमें उन्होंने बुद्धिजीवियों तथा साहित्यकारों को 'मानवीय सन्त्रास' का 'विशेषज्ञ' बताते हुए उनका उपहास उड़ाया था। इस अंक में आकाशवाणी पर श्रीमती गाँधी ने २६ और २७ जून को 'राष्ट्र के नाम प्रसारित सन्देशों' का लिखित रूप प्रकाशित किया गया था। कुछ काँग्रेसी नेताओं की आपातकाल का स्वागत करते हुए प्रतिक्रियाएँ दी थीं, वे प्रकाशित की थीं। इनमें उत्तर प्रदेश के मुख्यमन्त्री हेमवती नन्दन बहुगुणा, राजस्थान के हरिदेव जोशी, उड़ीसा की नन्दिनी सत्पथी, हिमाचल प्रदेश तथा त्रिपुरा के मुख्यमन्त्रियों की प्रतिक्रियाएँ थीं लेकिन विपक्षी नेताओं और बुद्धिजीवियों की प्रतिक्रियाएँ नदारद थीं। कुछ देशी-विदेशी अख़बारों और रेडियो केन्द्रों द्वारा आपातकाल की आलोचना किये जाने का उल्लेख अवश्य था। साथ ही साथ काँग्रेसी सांसदों ने बीबीसी के 'अनुचित प्रसारण' के विरुद्ध 'रोष' व्यक्त करते हुए भारत स्थित बीबीसी सेवा के संवाददाता को निष्कासित करने की माँग का ज़िक्र भी था। वैसे उस समय स्थिति थी भी यही कि छापा वही जा सकता था, जिसकी अनुमति सेंसर दे।

उस दौरान संजय गाँधी की उत्तर प्रदेश की 'तूफ़ानी रैलियों' की कवरेज भी की गयी। 'दिनमान' के संवाददाता रामसेवक श्रीवास्तव ने उत्तर प्रदेश में

'भूमि सुधार' के क्षेत्र में हुई 'सकारात्मक पहल' पर कुछ किस्तों में रिपोर्ट लिखी थी। विशेष संवाददाता श्रीकान्त वर्मा तो आपातकाल से पहले भी काँग्रेस के साथ थे। उनका लिखा पहले भी अविकल छपता था, अब भी छप रहा था। तुर्कमान गेट पर बने कथित 'अवैध निर्माण' के विरोध का मात्र अख़बारी विवरण था। नसबन्दी के विरोध की ख़बर थी, बड़ौदा डायनामाइट केस की रिपोर्ट में जार्ज फर्नांडिस का नाम था।

आपातकाल के एकदम बाद लिखे सम्पादकीय के बाद के सम्पादकीयों में आपातकाल के सीधे समर्थन से काफ़ी हद तक बचा गया था बल्कि तीन महीनों में सिर्फ़ एक सम्पादकीय लिखा गया, उसका सम्बन्ध भी आपातकाल से नहीं था। बहरहाल, छपा बहुत कुछ आपातकाल में सरकार और काँग्रेस के पक्ष में मगर ज़्यादातर विशुद्ध रिपोर्टिंग थी, वह भी दैनिक अख़बारों की शैली में—मात्र सूचनात्मक।

जनवरी, १९७७ में सरकार द्वारा आम चुनाव की घोषणा के बाद सेंसर का दबाव नहीं था तो विपक्षी नेताओं के बयानों की रिपोर्टिंग की गयी मगर दूध के जले सम्पादक तब छाछ को भी सँभल-सँभल कर पी रहे थे। चुनाव के नतीजे सामने आने तक सावधानी का साथ रघुवीर जी ने नहीं छोड़ा। २३-२९ जनवरी के सम्पादकीय में आपातकाल हटाने का स्वागत किया गया मगर इस 'चेतावनी' के साथ कि 'जब तक यह प्रकट न हो कि राजनीतिक दलों का व्यवहार और जनता के प्रति उनका सम्बोधन क्या है, तब तक केवल बोलने की आज़ादी से लोकतन्त्रीय पद्धति की सही मायनों में फिर से स्थापना नहीं हो सकती। साथ ही यह भी कि काँग्रेस पार्टी के आर्थिक कार्यक्रमों को 'पिछले १८ महीनों में कार्यरूप मिला है और उससे व्यापक सुधार हुआ है।' इसी सावधानी का नतीजा है कि श्रीमती गाँधी के चुनाव क्षेत्र रायबरेली पहले जवाहरलाल कौल जाते हैं, फिर राम सेवक श्रीवास्तव भेजे जाते हैं, फिर सम्पादक स्वयं भी जाते हैं। कौल बताते हैं—

> जहाँ तक १९७७ में हुए लोकसभा चुनाव की बात है, रघुवीर जी की मान्यता थी कि रायबरेली सीट से इन्दिरा गाँधी चुनाव जीतेंगी और पूरे देश में भी क्योंकि तुरत-फुरत में जनता पार्टी का जो गठन हुआ है, वह उनका मुक़ाबला नहीं कर पायेगा। ...रायबरेली मुझे यह सोचकर भेजा गया था कि यह शरीफ आदमी, उसी नतीजे पर पहुँचेगा, जिस पर वह स्वयं पहुँचे हैं लेकिन मैं जब होकर आया, तो इस नतीजे पर नहीं पहुँचा।

> मेरी रिपोर्ट पढ़कर उन्हें शायद लगा होगा कि यह आदमी भावना में बह गया है लेकिन रघुवीर सहाय की ख़ूबी यह थी कि बिना किसी कारण के किसी रिपोर्ट को रोकना या उसमें काट-छाँट करने से परहेज़ करते थे। फिर उन्होंने रामसेवक श्रीवास्तव को भेजा कि शायद यह भावना से ऊपर उठकर देखेंगे।'

ख़ैर, श्रीवास्तव जी ने रायबरेली को कौल साहब के शब्दों में भावना से ऊपर उठकर देखा—

> यह तथ्य निर्विवाद है कि रायबरेली में काँग्रेस संगठन वैज्ञानिक आधार पर काम कर रहा है, प्रतिपक्ष उसका मुक़ाबला संगठन या प्रचार किसी स्तर पर सही और प्रभावी ढंग से कर पाने में सक्षम नहीं है।

अन्त-अन्त में रघुवीर जी रिपोर्टिंग करने जाते हैं, तब तक चुनाव नतीजे आ चुके होते हैं, वह वहाँ जो देखते हैं, वही लिखते हैं, जो उनकी पूर्व कल्पित धारणा के विपरीत है। उनकी रिपोर्ट का शीर्षक है—'निरक्षरों ने पढ़ेलिखों को मुक्त किया।' वैसे यह भी हो रहा था कि रायबरेली के अलावा अन्य संसदीय क्षेत्रों में गये संवाददाता अपने-अपने ढंग से तथ्यगत रिपोर्टिंग कर रहे थे। कहीं उन्हें जनता पार्टी के पक्ष में वातावरण नज़र आ रहा था, तो उसे भी निर्भीक होकर दर्ज़ कर रहे थे और वह छापा जा रहा था।

नतीजे आने के बाद रघुवीर जी आपातकाल से पहले के अपने तेवरों में लौट आते हैं—

> श्री जयप्रकाश नारायण ने १९७४ में युवावर्ग के आन्दोलन का नेतृत्व तानाशाही और भ्रष्टाचार के विरुद्ध एक अभियान शुरू किया था, आज उसका पहला चरण पूरा हो गया है।...आज तीस साल के काँग्रेस राज को एक झटके से हटाकर करोड़ों निरक्षर भारतीयों को बता दिया है कि वे न तो तानाशाही को बर्दाश्त करेंगे, न भ्रष्टाचार को।

'दिनमान' राजनीतिक साप्ताहिक था लेकिन जिन पृष्ठों पर देश और राज्यों की राजनीति की चर्चा होती थी, वे पृष्ठ अक्सर आठ ही हुआ करते थे—पत्रिका का केवल छठा हिस्सा। पत्रिका की महत्ता और उसका बड़ा आकर्षण इसके अलावा छपनेवाले पृष्ठ थे।'दिनमान' ने आपातकाल में ही 'प्रश्नचर्चा' और विभिन्न ज़मीनी सर्वेक्षण प्रकाशित किये। स्कूलों और पुस्तकालयों की दुर्दशा पर सर्वेक्षण छापे, स्कूलों में बच्चों की प्रार्थनाओं पर आलोचनात्मक

टिप्पणियाँ छापीं। 'प्रश्नचर्चा' का एक दिलचस्प विषय यह था कि पाठक, लेखकों की रचनाओं के ऐसे अंश बताएँ, जिन्हें लेखक ने तो अपनी ओर से गम्भीरता से लिखा है मगर जिनका प्रभाव हास्यजनक है। इसी बीच मुद्राराक्षस ने बुद्धपूर्व के भारतीय इतिहास पर कुछ सवालिया निशान लगाते हुए लम्बा लेख लिखा, प्रभा दीक्षित ने विवेकानन्द की मान्यताओं पर सवाल उठाये, निर्मल वर्मा ने कुम्भ पर रिपोर्ट लिखी और 'रात का रिपोर्टर' लिखा मगर आपातकाल ने 'दिनमान' की जो राजनीतिक चाल बिगाड़ी, उसका दीर्घकालिक असर पड़ा। आपातकाल के बाद 'रविवार' साप्ताहिक के प्रकाशन ने 'दिनमान' की प्रसार संख्या को प्रभावित किया। इसका कारण यह था कि यह साप्ताहिक आपातकाल के बाद प्रकाशित हुआ था, इसलिए उसके समर्थन के 'दोष' से वह अपनेआप मुक्त था।

जवाहरलाल कौल और त्रिलोक दीप बताते हैं कि वैसे सेंसर अधिकारियों के पास इतना काम होता था कि जिन पत्रकारों पर उन्हें भरोसा था, उनसे वे अक्सर पूछ लेते थे कि कोई सेंसरयोग्य बात रिपोर्ट या लेख में तो नहीं है और मोटा-मोटी देखकर मोहर लगा देते थे लेकिन इसका अर्थ यह नहीं था कि पत्र-पत्रिकाओं वालों को इस बहाने कुछ भी स्वतन्त्र ढंग से लिखने की छूट थी। हाँ, महीन सांकेतिकता कभी-कभी काम कर जाती थी।

आपातकाल का विरोध न करने का निर्णय रघुवीर जी के लिए कठिन था। इस दौरान उनका स्वास्थ्य काफ़ी ख़राब रहा। विरोध न करने के निर्णय के पीछे के कारणों पर बाद में भी रघुवीर सहाय ने प्रकाश नहीं डाला। वह दूसरों और अपने व्यक्तिगत मामलों को व्यक्तिगत रखने में विश्वास रखते थे। इसलिए उनके नैतिक अन्तर्द्वन्द्वों की गवाही दूसरे देते हैं, वह ख़ुद नहीं।

आपातकाल के वर्षों बाद एक जगह ज़रूर उन्होंने आपातकाल लगने के तत्काल बाद 'दिनमान' के अन्दर कुछ अप्रिय स्थितियाँ पैदा होने का उल्लेख किया है। आपातकाल की घोषणा से कुछ पहले और इलाहाबाद उच्च न्यायालय का निर्णय आने के बाद 'दिनमान' ने कई प्रतिपक्षी नेताओं से भेंटवार्ताएँ प्रकाशित की थीं। इन नेताओं ने स्पष्ट रूप से प्रधानमन्त्री से त्यागपत्र देने की माँग की थी। जिस दिन देर रात को आपातकाल की घोषणा हुई थी, उसी दिन सुबह संयोग से वह अंक बाज़ार में आया। तब तक दिल्ली समेत कई जगह वह अंक पहुँच चुका था और कहीं-कहीं नहीं भी पहुँचा था, रास्ते में था। २६ जून को रघुवीर जी के दफ़्तर आने से पहले

दिल्ली में सेंसर के लिए ज़िम्मेदार एक अधिकारी का क्रोधभरा फ़ोन 'दिनमान' में आया, जिसे जवाहरलाल कौल ने रिसीव किया। श्री कौल के अनुसार उन्होंने सारी स्थिति अधिकारी को बतायी कि अब अंक वापिस लेना मुश्किल होगा। बाद में रघुवीर जी के कार्यालय आने के बाद उस अंक की अ-वितरित प्रतियों को बाक़ी जगह वितरित करवाना उचित होगा या नहीं, इस पर बहस हुई। उनके दो-तीन सहयोगी जो आपातकाल के विरोध में थे, उन्होंने यहाँ तक उनसे कह दिया कि अब कुछ लिखा नहीं जा सकता और कम से कम वे ख़ुद नहीं लिखेंगे। उनका मत था कि वे जो लिखते हैं, वह तत्कालीन सरकार का विरोध किये बग़ैर लिखा नहीं जा सकता। रघुवीर जी ने उन्हें अपने ढंग से समझाया कि सेंसर सरकार ने लागू किया है, सम्पादक ने नहीं। इस स्थिति में आपातकाल और सेंसर का विरोध एक तार्किक विचार है पर राजनीतिक लेखन की अनिवार्यता यह नहीं है। वह कहते हैं—

> यदि हमारे कुछ साथी केवल अपनी क्रान्तिकारिता सिद्ध करने के लिए सरकार की आलोचना करना चाहते हों तो फिर हमारे हज़ारों पाठकों को तो उनसे भी अधिक सरकार की सच्ची आलोचना करनी है, उनकी जगह ये अब 'दिनमान' में लिखा करेंगे क्योंकि सेंसर हमारे ऊपर लगा है, हमारे पाठकों पर नहीं।

उनका आशय शायद यह था कि सरकार की नीतियों की आलोचना करने से हम ख़ुद बचेंगे मगर पाठकों को इसकी स्वतन्त्रता देंगे। जो विषय हम संवाद-प्रतियोगिताओं और प्रश्न-चर्चाओं के माध्यम से उन्हें देंगे, उन पर वे अपनी राय निःसंकोच देकर यह सिद्ध कर देंगे कि बार-बार सेंसर नहीं लगाना चाहिए। ख़ैर एकाध सप्ताह बाद रघुवीर जी के अनुसार उन बाक़ी साथियों ने भी सहयोग करना शुरू कर दिया मगर पहले अंक में समस्या आयी, जिनका कुछ साथियों की मदद से उन्होंने सामना किया।

रघुवीर सहाय के अनुसार आपातकाल में पाठक उनकी अपेक्षाओं पर खरे उतरे और उनका 'ज़बर्दस्त सहयोग' मिला। 'न तो पाठकों ने सरकार की ख़ुशामद में लेख भेजे, न ऐसे छापे गये, वे उन नीतियों पर चुप नहीं रहे, जिन्हें वे देश के लिए घातक मानते थे।...देश का मतलब दस-पाँच लोग ही रह गया है और जन साधारण केवल कूड़ा-कचरा है, यह धारणा फैलाना सेंसर का मुख्य उद्देश्य था, जिसे 'दिनमान' के पाठकों ने पूर्णतः नहीं तो

कारगर हद तक विफल किया।' 'दिनमान' की विशेषता अर्थात् पाठकों में से चुनकर लेखक बनाने का एक 'नया आयाम' यहीं सब 'विकसित' हुआ।

आपातकाल लगने पर उन्हें लगा था कि 'दिनमान' अब 'नीरस' छपेगा क्योंकि उनके कुछ साथी सिवाय उग्र व्यंग्य के और कुछ लिखने को तैयार नहीं थे। ऐसे साथियों के बारे में वह लिखते हैं—

> राजनीतिक समझ के अभाव और सस्ती लोकप्रियता के मोह ने उन्हें ऐसा बना दिया था कि पत्रकार के रास्ता दिखाने, साहस देने और प्रशिक्षित करने का कर्तव्य ही वे भूल चुके थे। राजनीति के सतही उथले पानी में छपाक-छपाक करना उन्हें आसान जान पड़ता था, उसकी गहरी नदी को मझधार से तैर कर पार करना वे राजनीतिक नेताओं का काम मानते थे। ख़ुद का काम केवल भाषाई-बहादुरी दिखाना था।

शायद टाइम्स ऑफ़ इण्डिया जैसे बड़े मीडिया संस्थान ने उस संकट के समय बचे और बने रहने का उपाय आपातकाल का साथ देना माना था। सम्भवत: प्रबन्धन ने एक मीटिंग बुलाकर सम्पादकों के सामने यह स्पष्ट भी कर दिया था। 'दिनमान' के एक सहयोगी महेश्वर दयालु गंगवार के अनुसार तत्कालीन सूचना-प्रसारण मन्त्री विद्याचरण शुक्ल ने भी (रघुवीर सहाय समेत) प्रमुख सम्पादकों की बैठक में यह स्पष्ट कर दिया था कि न केवल पत्र-पत्रिकाएँ सरकार का विरोध न करें, बल्कि उसका समर्थन भी करें। वह समय रघुवीर जी के व्यक्तिगत जीवन में ऐसा था कि उनका बेटा और बेटियाँ अभी पढ़ रहे थे। लखनऊ में उनके चारों भाइयों और उनकी माँ की ज़िम्मेदारी भी उन पर थी। शायद वैकल्पिक रोज़गार का कोई रास्ता भी नहीं था। उस दौर में शायद ही आपातकाल विरोधी पत्रकार-लेखक को कोई काम देता, भले ही उस काम का राजनीति से दूर-दूर तक कोई सम्बन्ध न हो। ये कुछ सवाल भी शायद उनके मन में रहे हों। वैसे भी रघुवीर सहाय दिल्ली के जीवन के आरम्भिक दौर में विद्रोही मुद्रा अपनाकर आकाशवाणी की अच्छीभली नौकरी छोड़कर संकट झेल चुके थे।

ऐसी स्थितियों में भी निश्चय ही ऐसे लोग होते हैं, जो जान देने तक को तैयार रहते हैं, लड़ते हैं मगर रघुवीर सहाय शायद ऐसे नहीं थे या कहें कि ऐसी स्थितियाँ नहीं थी। वैसे आपातकाल में सरकार का विरोध न करने के बावजूद वह अपनी नौकरी बचने के प्रति पूरी तरह आश्वस्त नहीं थे। आपातकाल से कुछ पहले भी कम से कम दो बार ऐसी स्थितियाँ आयीं,

जब उनकी नौकरी ख़तरे में पड़ी। विश्वम्भर श्रीवास्तव जी की मानें तो आपातकाल में श्रीकान्त वर्मा उन्हें हटाने की फिराक में थे और इसके लिए उनका उपयोग करना चाहते थे। जयप्रकाश के निजी सचिव रहे कुमार प्रशान्त बताते हैं कि रघुवीर सहाय १९७४ के अन्त में या उसके आस-पास पटना आये थे और बताया था कि वह आगे 'दिनमान' के सम्पादक नहीं रह पायेंगे क्योंकि प्रबन्धन पर उन्हें हटाने का दबाव है। यह बात जयप्रकाश जी तक पहुँची। वह चिन्तित हुए। उन्होंने साहू शान्ति प्रसाद जैन को फ़ोन लगवाया। जेपी 'दिनमान' को जानते थे, पढ़ते थे मगर कुमार प्रशान्त के अनुसार रघुवीर जी को व्यक्तिशः अधिक नहीं जानते थे। ख़ैर, कुमार प्रशान्त ने स्वयं श्री जैन को बताया कि जेपी किस सम्बन्ध में बात करना चाहते हैं। उनका जवाब था कि बाबूजी (जेपी) से कहें कि उन्हें इस बारे में बात करने की ज़रूरत नहीं, वह स्वयं मामला देख लेंगे। फिर भी जेपी ने अलग से एक पत्र लिखवाया, जिसमें रघुवीर सहाय या 'दिनमान' का नाम न लेते हुए लिखा कि अख़बार मालिकों की ओर से सम्पादकों पर ऐसा कोई दबाव नहीं आना चहिए, जिससे कि वे अपनी मर्ज़ी से काम न कर सकें। ऐसी बात तो होनी ही नहीं चाहिए कि किसी को निकालने के लिए दबाव बने। उन्होंने यह भी लिखा कि टाइम्स समूह की ऐसी परम्परा भी नहीं है।

कुमार प्रशान्त के अनुसार इस कारण आसन्न संकट से रघुवीर जी बच गये, जिसके लिए उन्होंने धन्यवाद भी दिया। इमरजेंसी से कुछ पहले भी सरकार अख़बारों के ख़िलाफ़ सख़्त होने लगी थी, रघुवीर जी समेत कई सम्पादकों पर तलवार लटकने लगी थी। तब रघुवीर जी, जेपी से मिलना चाहते थे कि वह मालिकों से बात करें। तब उन्हें बता दिया गया कि जेपी इस समय किसी एक सम्पादक के बारे में मालिकों से बात नहीं करना चाहेंगे, क्योंकि संकट कई सम्पादकों पर है और जेपी सार्वजनिक रूप से बार-बार कह ही रहे हैं कि पत्रकारों की स्वतन्त्रता पर हमला नहीं होना चाहिए।

आपातकाल के कारण जिस तनाव से रघुवीर जी गुज़र रहे थे, वह उनका स्वास्थ्य गिरने की शक्ल में प्रकट होने लगा था। 'दिनमान' के नियमित लेखक रहे शिक्षाशास्त्री कृष्ण कुमार का कहना है कि अगर आपातकाल न लगा होता और इस तनाव में उन्हें लगातार न जीना पड़ता तो हमारे बीच वह ज़्यादा समय रहते। रघुवीर जी के समकालीन और वरिष्ठ कवि अजित

कुमार के अलावा मंगलेश डबराल, विनोद भारद्वाज तथा उनके साथ 'दिनमान' में काम कर चुके अन्य कई साथी भी इससे सहमत हैं। इस तनाव की जड़ में आपातकाल में श्रीकान्त वर्मा की ताक़त अचानक बढ़ जाने का भय भी था, जो इस बीच राज्यसभा सदस्य बनाये जा चुके थे। इस सन्दर्भ में बीमारी के दौरान विनोद भारद्वाज के सामने रघुवीर जी की इस टिप्पणी को याद कर सकते हैं कि जो मेरी बीमारी का कारण है, वही (श्रीकान्त वर्मा) मेरा हालचाल लेने चला आया है। मंगलेश डबराल कहते हैं कि वह तीसरी दुनिया के और बड़े कवियों की तरह योद्धावृत्ति के नहीं थे। वह अपनी कविता में तो कहते हैं कि हमें बड़ी इच्छाओं से डरना चाहिए, ज़िलाधीशों से नहीं मगर वह उस दौर के ज़िलाधीशों से डर गये थे।

आपातकाल के दौरान 'साप्ताहिक हिन्दुस्तान' के सम्पादक रहे मनोहर श्याम जोशी ने भी रघुवीर जी की सम्भावित मन:स्थिति पर लिखा है। उनके अनुसार—

> उस समय सम्पादकों का बुरा हाल था। इसके पहले भी वैसे यह तो होता ही था कि कोई सम्पादक बाद में बनता था, उसके निकाले जाने की, उसके ख़िलाफ़ ज़बरदस्त षड्यन्त्र रचे जाने की अफ़वाहें पहले से उड़ने लगती थीं। शुभचिन्तक बार-बार आकर आपको अन्य शुभचिन्तकों के बारे में सावधान करते रहते थे। बहैसियत सम्पादक मैं यह सब देख-सुन चुका हूँ। आपातकाल में तो और भी बुरा हाल था। जो भी शुभचिन्तक आता, यही कहता कि आपने ऐसा नहीं किया तो आपकी नौकरी चली जायेगी या वह यह कहता कि आप वैसा कर चुके हैं, इसलिए अब आपकी नौकरी जाने ही वाली है। रघुवीर काँग्रेस-विरोधी पत्रकार था, इसलिए उसके लिए आपातकाल और भी आतंकप्रद रहा होगा। मैं समझता हूँ कि रघुवीर में वात्स्यायन जी के साथ 'दिनमान' में काम करने के लिए राज़ी होते समय, अपने को अपनी ही निगाहों में जितना गिरा हुआ पाया होगा, उससे ज़्यादा आपातकाल के दौरान 'दिनमान' का सम्पादन करने में।... रघुवीर के प्रशंसक-निन्दक बातों ही बातों में मुंशी जी का असली स्वरूप सामने आने का कोई न कोई क़िस्सा सुना जाते मुझे। मानो उन सबको रघुवीर का भिन्न होना खलता रहा हो, इसलिए अब उसकी असलियत खुलना तसल्लीबख़्श लग रहा है। मुझे ऐसे लोगों की बातों पर कभी विश्वास नहीं हुआ लेकिन मुझे विश्वास है कि ये सब बातें रघुवीर के कानों तक भी पहुँचती होंगी। एक ओर

आपातकाल और दूसरी ओर निन्दकों की कानाफूसी, इससे निराशा, क्रोध और भय का मिला-जुला भाव रघुवीर के मन में उपज रहा था। रघुवीर पर तनाव और मुक्त हास्य के दौरे बार-बार बारी-बारी से पड़ते रहे थे सदा, अब तनाव प्रमुख होता जा रहा था, हँसी उसकी ग़ायब हो गयी थी।

'दिनमान' के लिए पटना से ख़बरें भेजनेवाले जुगनू शारदेय के अनुसार आपातकाल के बाद 'रविवार' के प्रकाशन के कारण 'दिनमान' की प्रसार संख्या काफ़ी हद तक प्रभावित हुई थी। 'रविवार' का पहला ही अंक चालीस हज़ार बिका था। टाइम्स प्रबन्धन रघुवीर जी पर 'दिनमान' को 'रविवार' बनाने का दबाव डालने लगा था, ताकि वह इस प्रतियोगिता में टिक सके। विनोद भारद्वाज बताते हैं कि रघुवीर जी ने तब 'दिनमान' को 'रविवार' नहीं बनाने का दृढ़ निश्चय दिखाया ('दिनमान' से हटाये जाने के बाद वैसे उन्होंने कुछ समय तक 'रविवार' में स्तम्भ लेखन भी किया, यह अलग बात है)। अगस्त, १९८० में कम्पनी के चैयरमैन अशोक जैन ने उन्हें 'दिनमान' को अँग्रेज़ी में प्रकाशित 'इण्डिया टुडे' बनाने का दबाव डाला था, जो भद्रवर्ग में तब लोकप्रिय हो रहा था। उस समय तो रघुवीर जी ने इसकी डमी बनाकर देने का वायदा करके बात को टाला मगर 'दिनमान' को 'इण्डिया टुडे' नहीं बनने दिया, जिस तरह उन्होंने अँग्रेज़ी में 'दिनमान' में विज्ञापन छपने का भी बार-बार विरोध किया था।

आपातकाल में रघुवीर सहाय न केवल अपनी और अपने साथियों की नौकरी बचाने के प्रति चिन्तित थे बल्कि उनके प्रिय लेखक कृष्ण कुमार विश्वविद्यालय की छुट्टियों के अपने गृह नगर टीकमगढ़ में थे तो उन्होंने आपातकाल के ख़तरे की ज़द में आने से बचने के लिए उन्हें सलाह दी कि आप फौरन दिल्ली लौट आयें, यहाँ गिरफ़्तारी से बचना अधिक सम्भव होगा। आपातकाल के दौरान उनके भीतर के तनाव को इस रूप में भी देखा जा सकता है कि समाजवादी नेता लाड़ली मोहन निगम का कोई लेख 'दिनमान' में विचारार्थ था। उसके बारे में निगम शायद रघुवीर जी से एकाधिक बार पूछ चुके थे तो इस पर ख़फ़ा होते हुए उन्होंने कृष्ण कुमार से कहा कि एक तरफ़ भारतीय मनुष्य के नागरिक अधिकार ख़त्म हो रहे हैं और दूसरी तरफ़ इन सज्जन को अपने लेख की पड़ी है।

रघुवीर सहाय ने कहीं लिखा है कि किसी व्यक्ति की असली पहचान

किसी प्रकार की आपातस्थिति में पड़ने पर उसके व्यवहार से नहीं की जानी चाहिए बल्कि सामान्य स्थितियों में उसका सामान्य व्यवहार देखना चाहिए। यह बात उन्होंने सबके बारे में कही थी और इसका सम्बन्ध इस आपातकाल से था भी नहीं पर शायद उस दौरान 'दिनमान' के ज़रिये उन्होंने जो किया या नहीं किया, उस पर भी इससे कुछ रोशनी पड़ती है। यही कारण रहा कि रघुवीर सहाय की समाजवादी निष्ठा और व्यक्तिगत प्रतिष्ठा आपातकाल के बाद भी लगभग अक्षुण्ण रही। लेखक-कवि के रूप में उनकी विश्वसनीयता पर कोई आँच नहीं आयी। उनके सम्पादक से अलग आपातकाल के दौरान उनका कविता-संग्रह 'हँसो, हँसो, जल्दी हँसो' छपकर आया तो उसे आपातकाल के विरुद्ध एक हथियार की तरह देखा गया। ख़ुद 'हँसो हँसो, जल्दी हँसो' शीर्षक कविता इस पंक्ति से शुरू होती है—'हँसो तुम पर निगाह रखी जा रही है / हँसो, अपने पर न हँसना / क्योंकि उसकी कड़वाहट पकड़ ली जायेगी / और तुम मारे जाओगे / ऐसे हँसो कि बहुत ख़ुश न मालूम हो / वरना शक होगा कि यह शख़्स शर्म में शामिल नहीं / और मारे जाओगे'। उनकी इसी संग्रह की एक और कविता है—'हा हा हा' जो इस कविता-संग्रह की पहली कविता है—'हा हा हा / तुमने मार डाले लोग / हा हा हा / क्योंकि वे हँसे थे, तुमने मार डाले लोग / तुमने मार डाले लोग हा हा हा'। एक और उनकी कविता है 'आपकी हँसी।' पूरी कविता इस प्रकार है—'निर्धन जनता का शोषण है / कह कर आप हँसे / लोकतन्त्र का अन्तिम क्षण है / कह कर आप हँसे / सबके सब हैं भ्रष्टाचारी / कह कर आप हँसे / चारों ओर बड़ी लाचारी / कह कर आप हँसे / कितने आप सुरक्षित होंगे / मैं सोचने लगा / सहसा मुझे अकेला पाकर फिर से आप हँसे।'

आपातकाल के बाद भी रघुवीर सहाय बार-बार यह चेतावनी देते रहे कि क़ानूनन सेंसर का न होने का मतलब यह नहीं है कि शासन अब अधिनायकवादी नहीं होगा। मोरारजी और चरण सिंह की सरकार के पतन के बाद हुए चुनाव के समय २२ दिसम्बर, १९७९ को लिखे सम्पादकीय में उन्होंने लिखा कि प्रधानमन्त्री पद की उम्मीदवार श्रीमती गाँधी से केवल यह पूछना कि क्या इमरजेंसी फिर लगेगी, यह भ्रम फैलाना है कि अब इमरजेंसी नहीं है, तो शासन, अधिनायकवादी नहीं होगा। वास्तव में वह व्यक्ति की स्वतन्त्रता सीमित करने के अन्य तरीक़ों से भी लोकशक्ति का

दमन और एकाधिकार का संचय कर सकता है। इसी प्रकार यह पूछना कि क्या सेंसर फिर लगेगा यह भ्रम फैलाना है कि सेंसर के मामले में क़ानूनन दयालु होना लोकशक्ति के पक्ष में होना है। आतंक, भय और निराशा फैलाने के साधन...अधिनायक को लोक से बचाये रखने में इतनी दूर तक मददगार हो सकते हैं कि क़ानूनन सेंसर के बिना भी सेंसर बना रह सकता है। (यह आज की स्थिति से बहुत स्पष्ट है) और भी उन्होंने बहुत कुछ लिखा, जो अघोषित आपातकाल के ख़तरों को दिखाता है। यहाँ तक कि अपने जीवन के अन्तिम वर्ष (१९९०) में लिखी अपनी डायरी में भी उन्होंने इस बात को रेखांकित किया था कि १९७५ में आपातकाल लगने के बाद किसी ने कहा था कि राजनीति भविष्य में पहले जैसी नहीं रह जायेगी।...१९७७ में सरकार बनने पर सेंसर तो हट गया पर उसकी विकृति बनी रही। यह विकृति यह है कि बोलने की आज़ादी है पर बहस नहीं है, जो सेंसर के पहले थी। बहस है पर असहमति के तार्किक और सामाजिक आधार नहीं हैं, केवल हाँ या नहीं बच रहे हैं जिनमें से कोई एक चुनना बहस को और भी व्यर्थ कर देने पर ही सम्भव है।

आपका लिखा पढ़ने को अधीर हूँ

आपने मुझे वरिष्ठ कहा है तो आप केवल वय के हिसाब से कह लीजिये कि मैं वरिष्ठ हूँ। वास्तव में वरिष्ठ होने के लिए जिस मानसिकता की ज़रूरत है, उस मानसिकता में मैं नहीं हूँ क्योंकि वह मानसिकता लगभग मृत्यु का प्रतीक है। क्योंकि हमारा काम शुरू ही हुआ है। हमारा काम ऐसे समय में शुरू हुआ है जबकि हमसे पहले की पीढ़ी और नयी पीढ़ी के बीच व्यावहारिक सम्बन्ध में मूल परिवर्तन आया है—सन् ६०-६५ के बाद। अभी सभी लोग नयी पीढ़ी के अंश हैं यद्यपि नयी पीढ़ियाँ एक से अधिक आ चुकी हैं।

—(रघुवीर सहाय रचनावली-३, पृ. ५२३)

प्रिय सुधेन्दु

आपकी यात्रा का संक्षिप्त परिचय मिला, उसी से मन व्याकुल हो उठा है। हिन्दुस्तान में ज़िन्दगी का अधिकार सिमटकर कितने कम हाथों में आ गया है, यह दिल्ली में रोज़ देखता हूँ और यही लोग मानवता की बात करते हैं। मेरे जैसे न जाने कितने मध्यवर्गीय लेखक इसी अधिकारी वर्ग के चक्र के अंश हैं। वे भी मानवीय अनुभूति, नियति और सन्त्रास की बात करते हैं पर यह जानना कि वे कितने अधूरे आदमी हैं, एक ऐसा सन्त्रास है, जिसे बाक़ी आदमी को जाने बिना नहीं जाना जा सकता। उसे जाने बिना—जिस संसार की बात आज का कवि बहुधा करता है—वह वास्तव में सत्ता और शक्ति के प्रभामण्डल में अपनी दयनीय स्थिति जानने की पीड़ा है बल्कि पीड़ा ही नहीं, निरी ग्लानि है। पीड़ा हो तो शायद वह अपने उस प्रतिरूप को भी जानना चाहे, जो हिन्दुस्तान की ज़िन्दगी से कटे

> हुए लोगों में मिलेगा, जो आप पलामू में देखकर आ रहे हैं।
>
> आपने जो कुछ भी देखा–सुना–समझा और आपके भीतर जो कुछ भी हुआ, शब्दश: 'दिनमान' के माध्यम से हज़ारों अपने जैसे मध्यवर्गीय कूपमण्डूकों तक पहुँचा सकूँ, तो कृतज्ञ होऊँगा। उसी सच्चे अर्थ में कृतज्ञ, और आपके इस मुक्तिदायक अनुभव में साझे का निजी सन्तोष तो मुझे मिलेगा ही। पत्र पाते ही आप लिखने बैठ जायें, मैं वह सब पढ़ने को अधीर हो रहा हूँ। आकार, शैली आदि की कोई क़ैद नहीं है। जो आपको स्वभाविक जान पड़े, वही करें।'
>
> आपका
> रघुवीर सहाय

यह है रघुवीर सहाय द्वारा सुधेन्दु पटेल नामक उस समय के युवा पत्रकार को लिखा गया पत्र। देखिए, एक कवि, एक सम्पादक की यह व्याकुलता, जो सुधेन्दु पटेल नामक उस युवा ने पलामू के आदिवासियों की ग़ुलामों जैसी दशा के संक्षिप्त विवरण देकर उनमें जगा दी थी। यह भी ध्यान दीजिये कि रघुवीर जी एक युवा के सामने किस तरह विनम्र हैं, कैसी छूट एक अनजान युवा पत्रकार को देते हुए स्वयं कृतज्ञता का अनुभव कर रहे हैं। कितने ऐसे बेचैन और विनम्र सम्पादक आज याद आते हैं? दो–चार या कुछ ज़्यादा?

पटेल ने अपने एक संस्मरण में याद दिलाया है—

> मैं भूल नहीं पाता हूँ बरसों हुए, एक समाचार पत्र में पलामू के बारे में छपी एक छोटी–सी ख़बर से इस क़दर उद्वेलित हुआ था कि रहा नहीं गया। उसी शाम अपने एक मित्र के साथ पलामू निकल गया। मुग़लसराय से प्रारम्भ हुई रेल के अँधेरे डब्बों की यात्रा ने पलामू के जंगलों की अन्तहीन काली सुरंगों के मुहाने पर जाकर दम तोड़ा था। हम आज़ाद भारत के ग़ुलाम इलाक़े में थे, जहाँ के लोग, लोक कल्याणकारी लोकतान्त्रिक शासन के साये में जानवर की तरह पल रहे थे। एक बाल्टी पानी की एवज़ में आदिवासी लड़कियों की अस्मत डाकबंगले से लेकर थाने तक में लूटी जा रही थी। एक क़िलो मोटा अनाज, आदमी को बन्धक बनाने के लिए पर्याप्त क़ीमत थी। वहाँ एक ऐसा अँधेरा छाया हुआ था, जिसे वहाँ जाकर ही महसूस किया जा सकता था।'

बीस दिन की आदिम जंगल की पैदल यात्रा ने सुधेन्दु पटेल को भीतर तक झकझोर दिया था। उन्होंने रघुवीर जी को पत्र लिखा, जिसका कुछ ही दिनों में यह जवाब मिला था।

जब भी, जो भी युवा उनके पास कुछ लिखने की इच्छा से आया, उसे उन्होंने लगभग बिना किसी अपवाद के लिखने का मौक़ा दिया। उनमें कुछ पत्रकार बने, कुछ अन्ततः नहीं बने तो भी उन्होंने हिन्दी में चुनौतीपूर्ण विषयों पर लिखा—रिपोर्टिंग की। कृष्ण कुमार आज शिक्षाविद् के रूप में प्रसिद्ध हैं। उनके हिन्दी में लिखने की शुरुआत 'दिनमान' ने करवायी। मंगलेश डबराल, असग़र वजाहत, विनोद भारद्वाज, अनुपम मिश्र, बनवारी, उर्मिलेश, रामशरण जोशी न जाने कितने ऐसे नाम हैं। दिल्ली के किसी कॉलेज से अभी-अभी निकली क्षमा शर्मा 'दिनमान' आयीं। वह इसके अलावा कुछ नहीं जानती थीं कि 'दिनमान' हिन्दी की एक समाचार साप्ताहिक पत्रिका है, जहाँ लिखकर छोटी-मोटी कमाई की जा सकती है। उन्हें भी लिखने के लिए प्रेरित किया गया। यह अलग बात है कि उन्होंने अपने कारणों से कभी कुछ लिखा नहीं। न जाने कितने ही साधारण पाठकों को 'दिनमान' ने लेखक बनाया। शायद ही इससे पहले किसी ने ऐसा उद्यम किया हो।

कृष्ण कुमार दिल्ली के किरोड़ीमल कॉलेज में नये-नये थे और अँग्रेज़ी पढ़ाने लगे थे। उनका पत्राचार सर्वेश्वर जी से तो था मगर रघुवीर जी से नहीं। दिल्ली आने पर वह दो-तीन बार सर्वेश्वर जी के पास आये। उन्होंने एक दिन पूछा कि तुम मुंशी (रघुवीर सहाय) से मिलोगे और उन्हें उनके कक्ष में ले गये। २१-२२ साल के युवा कृष्ण कुमार को उन्होंने बहुत आदर से बैठाया। बातचीत के दौरान पूछा कि आप हमारे लिए क्या लिखेंगे? दो-तीन विषय चर्चा से निकलकर आये। उन्होंने इन सब पर अविलम्ब लिखने के लिए कहा। उनसे शुरू में युवा राजनीति पर 'दिनमान' के स्तम्भ 'प्रश्न चर्चा' के लिए आलेख लिखवाया। 'प्रश्न चर्चा' में दिये गये विषय पर ढेरों उत्साही पाठक अपनी टिप्पणियाँ लिखते थे, कम से कम ३००-४०० चिट्ठियाँ आती थीं। अन्त में उसके मूल आलेख का लेखक सबकी बातों को समेटते हुए, इस बीच उठे तमाम सन्देहों-प्रश्नों पर समेकित आलेख लिखता था। १९७२ के स्वतन्त्रता-दिवस विशेषांक के लिए उनसे शिक्षा पर आलेख लिखने के लिए कहा गया। इस पर जल्दी लिखने का दबाव

बनाने के लिए उन्होंने तार दिये क्योंकि तब कृष्ण कुमार के पास फ़ोन नहीं था। वह कहते हैं कि इतनी कम उम्र में उन्होंने बड़े-बड़े काम उनसे करवाये, उनकी सामर्थ्य का विस्तार किया। एक बार ग़रीब बच्चे किन चीज़ों को खिलौना बना लेते हैं, इस पर लिखवाया और उसका शीर्षक दिया—प्रेमचन्द की प्रसिद्ध कहानी पर आधारित करके—'हामिद के खिलौने।' इस आलेख को ख़ूब फैलाकर छापा—रेखाचित्रों समेत।

एक बार विश्व प्रसिद्ध शिक्षाशास्त्री इवान इलिच भारत आये थे। रघुवीर जी ने उनसे साक्षात्कार का समय माँगा और कृष्ण कुमार जी से कहा कि आप बात करने जाइये। क़रीब दो-ढाई घण्टे की उस बातचीत को शार्ट हैण्ड में रघुवीर जी के एक सहायक नोट करते रहे। उस समय स्थिति यह थी कि इलान इलिच की कोई किताब हिन्दुस्तान में उपलब्ध नहीं थी, बस उनकी कीर्ति यहाँ पहुँची थी।

एक बार रघुवीर जी को दिल्ली के सरदार पटेल स्कूल के एक ऐसे शिक्षक के बारे में पता चला, जो कि संसदीय बहस की पद्धति से बच्चों को पढ़ाते थे। उन्हें यह दिलचस्प लगा। उस पर उन्होंने कृष्ण कुमार से स्टोरी लिखवायी। पंचकुइयाँ रोड स्थित हरिजन सेवा संघ में बहुत ग़रीब बच्चों की एक नर्सरी थी, जहाँ सात-आठ साल की उम्र के क़रीब डेढ़ सौ बच्चे आते थे। उनके साथ वहाँ किस तरह का व्यवहार होता है, यह जानने के लिए कृष्ण कुमार जी को भेजा गया। एक बार बिहार की स्थिति देखने के लिए उन्हें भेजा। वहाँ से आकर कृष्ण कुमार ने चार किस्तों में रिपोर्ट लिखी। तीन छपीं। चौथी रिपोर्ट के छपने से पहले आपातकाल लग चुका था। वह रिपोर्ट नक्सलवादी आन्दोलन पर थी, सेंसर के कारण वह छप नहीं सकी।

रघुवीर जी के सम्पादन के आख़िरी तीन सालों में उनके साथ काम कर चुके बनवारी कहते हैं कि वह हर नये व्यक्ति से उत्साह तथा जिज्ञासा भाव से मिलते थे, ताकि उसकी रचनात्मकता का कोई न कोई पक्ष उससे बात करके उजागर कर सकें। उन्हें हर व्यक्ति की प्रतिभा में गहरी आस्था थी। उन्हें विश्वास था कि तथ्यों की इस दुनिया को देखने-समझने का एक न एक निराला ढंग उनसे मिलने आये व्यक्ति के पास ज़रूर होगा, तभी वह आया है, भले ही उसे इसका अहसास नहीं है। उनके समय में ही साधारण किसानों और खान मज़दूरों की भी सुविचारित टिप्पणियाँ 'दिनमान' में छपी हैं। अपने पास आयी चिट्ठियों और लेखों को वह काफ़ी सहेज कर

रखते थे। कोई टिप्पणी, कोई आलेख पहली नज़र में कितना ही अधकचरा क्यों न लगे, उसे वह एक बार और पढ़ लेना चाहते थे। वह मानते थे कि हर आदमी की अपनी विशिष्ट परिस्थितियाँ हैं और अपनी जगह से वह ज़रूर कोई ऐसी बात देख सकता है, जो बाक़ी दृष्टियों का पूरक बन सकती है। लोगों की रचनात्मकता में उनका यह गहरा विश्वास कई बार अव्यावहारिक परिस्थितियाँ पैदा कर देता था। इस कारण उनकी मेज़ पर पुराने लेखों और टिप्पणियों का अम्बार लग जाता था। इसी आशा में वे चीज़ें पड़ी रहती थीं कि इन्हें वह फ़ुर्सत में अवश्य पढ़ेंगे।

मंगलेश डबराल तब दिल्ली आये ही थे। १९७० में किसी दिन वह 'दिनमान' आये, रघुवीर जी से मिलने। लिखने की बात हुई तो तब के उत्तर प्रदेश के पहाड़ी क्षेत्र (आज के उत्तराखण्ड) के इस कवि-लेखक से रघुवीर जी ने कहा कि दिल्ली में पहाड़ के लोग किस हालत में रह रहे हैं, क्या-क्या करते हैं, इस पर रिपोर्ट लिखिये। उन दिनों अधिकांश पहाड़ी या तो घरेलू नौकर या अर्दली का काम करते थे। मंगलेश जी ने १०-१५ दिनों में तमाम लोगों से बातचीत कर रिपोर्ट लिखी। बाद में भी वह लिखते रहे और पत्रकारिता उनका पेशा बनी। 'दिनमान' उत्तराखण्ड में बहुत पढ़ा जाता था।

कथाकार असग़र वज़ाहत नये-नये दिल्ली आये थे। रघुवीर जी से लिखने की इच्छा प्रकट की। रघुवीर जी ने पूछा—'आप क्या लिखना चाहेंगे?' उन्होंने कहा—'मैं हिन्दी साहित्य में उच्च वर्ग के चित्रण पर लिखना चाहूँगा।' रघुवीर जी ने कहा—तो लिखिये। एक बार गोवा से आकर उन्होंने कहा कि मैं इस पर लिखना चाहूँगा। कोई भी सम्पादक हाँ या ना कहने से पहले यह सवाल अक्सर नहीं पूछता, जो रघुवीर जी ने उनसे पूछा—'क्या आपने गोवा जाते समय यह सोचा था कि मैं आकर इस पर लिखूँगा?' असग़र वज़ाहत ने कहा—'नहीं', तो रघुवीर जी का जवाब था कि फिर इस पर हमारे लिए मत लिखिये क्योंकि इसका अर्थ यह है कि आप गोवा घूमने-फिरने गये थे। अगर यह सोचकर गये होते कि मैं इस पर 'दिनमान' में लिखूँगा तो कोई बात बनती। पहली बार अमेरिका से आकर उन्होंने रघुवीर जी से उस पर यात्रा-संस्मरण लिखने का प्रस्ताव किया। रघुवीर जी ने कहा कि हमें यात्रा संस्मरण नहीं चहिए, आप यह बताइये कि आपने वहाँ क्या देखा, क्या पाया? जब उन्होंने कुछ विस्तार से बताया तो रघुवीर जी ने उनसे छह विषयवार किस्तों में इस पर लिखने को कहा।

असग़र किसी रेड इण्डियन कवि की कविता भी साथ लाये थे। उन्होंने रघुवीर जी को यह कविता दिखायी कि क्या इसका अनुवाद छप सकता है? रघुवीर जी ने ध्यान से पढ़कर कहा—'नहीं, इसका हिन्दी अनुवाद हो नहीं सकता। इसमें इतनी बुनियादी बातें हैं कि हिन्दी में उसका अनुवाद करना प्राय: असम्भव होगा। शायद अँग्रेज़ी अनुवाद में भी यह कविता ख़राब होकर आयी होगी।'

बनवारी जी बताते हैं कि रघुवीर जी में बच्चों जैसा कुतूहल और साधकों जैसी जिज्ञासा थी और साथ ही हर आदमी की रचनात्मक व्यक्तित्व की गरिमा को बनाये रखने की शिष्टता भी। इस दुनिया का हर एक आदमी उनके लिए एक लेखक, एक रचनाकार था। 'मेरे लिए पत्रकारिता की इससे बड़ी कोई सीख नहीं हो सकती थी।'

छबि-वीथी

रघुवीर सहाय की कुछ एकल छबियाँ

रघुवीर सहाय की कुछ एकल छबियाँ

रघुवीर सहाय की कुछ एकल छबियाँ

यात्रा में।

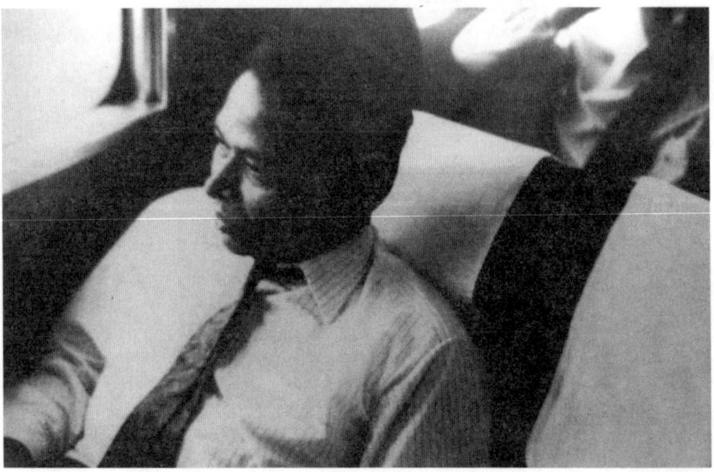

अध्ययन-कक्ष में।

हेम ज्योतिका द्वारा रची गयी एक शबीह।

जीवन–संगिनी विमलेश्वरी सहाय के साथ।

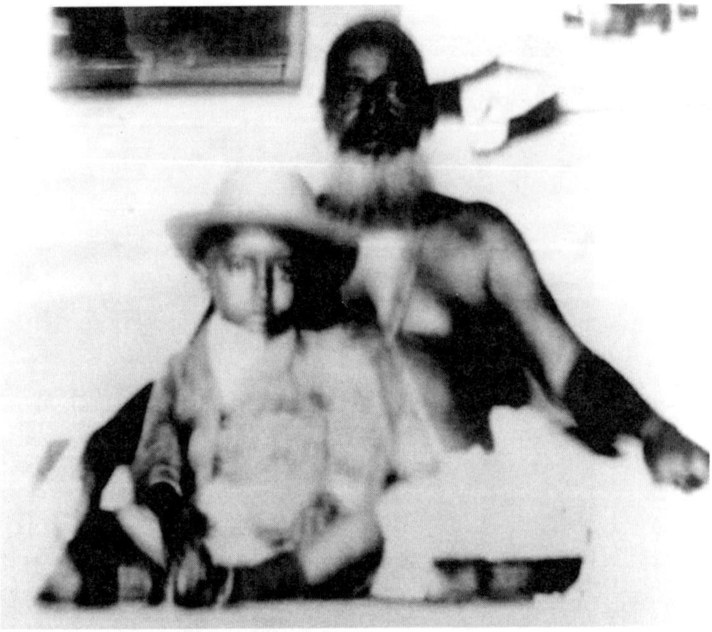

बाबा लक्ष्मी सहाय के साथ।

नाना–नानी के साथ नाती पीयूष।

सपत्नीक रघुवीर सहाय, साथ में बेटी मंजरी, हेमा और बेटा वसन्त।

पति-पत्नी दीपावली मनाते हुए।

फणीश्वरनाथ रेणु के साथ।

विष्णु खरे व अन्य के साथ।

अजित कुमार और स्नेहमयी चौधरी के विवाह के अवसर पर | दूल्हा-दुल्हन के बायीं ओर हरिवंशराय बच्चन, तेजी बच्चन बैठे हैं। अमिताभ बच्चन खड़े हैं। नीचे बैठे लोगों में सपत्नीक रघुवीर सहाय : गोद में बड़ी बेटी मंजरी।

दिनमान का सम्पादक-कक्ष | फणीश्वरनाथ रेणु, सर्वेश्वरदयाल सक्सेना एवं अन्य के साथ चर्चारत।

पण्डित जवाहरलाल नेहरू के साथ, संवाददाता के रूप में।

अटल बिहारी वाजपेयी के साथ संवादरत।

दलाई लामा के साथ संवादरत।

लता मंगेशकर के साथ।
रघुवीर जी ने कुमार शहानी की फ़िल्म 'तरंग' के लिए एक गाना लिखा था जिसे लता जी ने गाया था। इसी सिलसिले में विचार-विमर्श करते हुए।

मंजरी, जगदीश चतुर्वेदी, रघुवीर सहाय, विमलेश्वरी सहाय,
गिरिजा कुमार माथुर व अन्य।

मंच पर अज्ञेय और अशोक वाजपेयी | रघुवीर सहाय कविता-पाठ करते हुए।

इस्मत चुग़ताई से साहित्य अकादेमी पुरस्कार लेते हुए, साथ में शिवमंगल सिंह सुमन।

खड़े बायें से दायें : सरल विशारद, सर्वेश्वरदयाल सक्सेना, विद्यानिवास मिश्र, अज्ञेय, उमेश आचार्य, अनिल बोर्दिया, डॉ. छगन मोहता, हरीश भादानी, डॉ. राजानन्द भटनागर एवं अन्य | बैठे हुए बायें से दायें : शुभू पटवा, डॉ. पूनम दईया एवं अन्य | बीकानेर लेखक-शिविर।

निराला के गाँव गढ़ाकोला का घर | छायाकार : रघुवीर सहाय।

न सही यह कविता

कविता के अमरत्व में मेरा विश्वास नहीं है किन्तु कविता लिखी जाने के बाद अपनी ज़िन्दगी जीती है और कभी-कभी वह काफ़ी लम्बी भी हो सकती है। कभी न कभी उसके मर जाने का दुख कवि को नहीं होना चाहिए, उसके लिए वह लिखी जाते ही मर चुकी होती है किन्तु उसे जो बार-बार अलग-अलग समय में पढ़ते हैं, वे यदि जीवन से कुछ ले रहे हों और स्वयं उनकी जीने की और बनाने की इच्छा बार-बार जी रही हो, तो सम्भव है कि वे पुरानी कविताओं में भी जान डालते रहें—कविता इसी अर्थ में जीती रह सकती है। यही कवि भी अपनी कविता को दुबारा पढ़कर करता है पर वह किसी मरी हुई कविता को भी नहीं कह सकता कि यह मेरी नहीं थी।

—(रघुवीर सहाय रचनावली-१, पृ. १०५)

वह रचना जो पाठक या श्रोता के मन में पतन का विकल्प जागृत नहीं करती, न तो साहित्य की उपलब्धि होती है, न समाज की। विकल्प की चेतना के विपरीत यदि कविता कुछ करती है तो वह यथास्थिति को ही यथार्थ के रूप में आरोपित करने का दुष्प्रयत्न और रचना परम्परा की विश्व उपलब्धियों को पीछे लौटाने का दूसरा नाम है और रचना नहीं है। वह रचना के साधन का रचना-विरोधी उद्देश्यों के हाथों में पड़ना है।

—(रघुवीर सहाय रचनावली-१, पृ. २६२-२६३)

कविता जब ज़माने को आगे ले जाना चाहती है तो कवि को भी कोशिश करनी पड़ती है और पाठक को भी। तब जाकर बात

समझ में आना शुरू होती है। कवि को कोशिश यह करनी पड़ती है कि वह सच्चाई को कुछ इस तरह रखे कि वह नयी न हो, सिर्फ़ उसके मायने नये हों। जैसे कवि अगर बता पाता है कि ख़ुशी का अर्थ पिंज़रे में सुन्दर पक्षी नहीं है, पेड़ की डाल पर बैठा आज़ाद पक्षी है और वही सुन्दर है तो कविता को समझने की कोशिश करने से पाठक को अनुभव होगा कि उसने एक नयी बात समझी है। जब यह नयी बात समझ में आती है तो उसके साथ कुछ नये शब्द, कुछ नया संगीत, कुछ नये बिम्ब भी समझ में आते हैं। पुराने पैमानों के हिसाब से भी यह कविता मानी जायेगी। इसे पाठक भी पसन्द करेंगे, जो बरसों से कविता पढ़ना छोड़े हुए हैं बल्कि उन्हें यह एक तरह की नयी पहचान करायेगी और ज़्यादा ख़ुशी देगी।

—(रघुवीर सहाय रचनावली-३, पृ. १५९-६०)

(कविता में) एक कॉमा फ़ुलस्टॉप आपने इधर का उधर किया और अर्थ का अनर्थ हुआ। मैंने तो इसीलिए किताब में भी पिछले दस साल से कविता में कॉमा-फ़ुलस्टॉप सब हटा दिया है। जिसको इतनी समझ न हो कि कविता पढ़ते हुए कहाँ थोड़ा रुकना है, कहाँ ज़्यादा, उसको दो-तीन बार और ज़रूरत पड़े तो पच्चीस बार कविता पढ़नी चाहिए। समझ में आ जायेगी। तब कॉमा-फ़ुलस्टॉप लगाकर मैं पच्चीस बार कविता पढ़ने वाला पाठक हाथ से क्यों जाने दूँ?

—(रघुवीर सहाय रचनावली-५, पृ. ३४२)

मैं बदमाशों, गधों, आधे पागलों और मक्कारों के लिए एक ज़िम्मेदारी महसूस करता हूँ पर जो कुछ मैं रचता हूँ, सिर्फ़ अपनी ज़िम्मेदारी पर रचता हूँ—या फिर नहीं रचता...।

—(रघुवीर सहाय रचनावली-१, पृ. १०३)

रघुवीर सहाय की कविता—ख़ासकर 'आत्महत्या के विरुद्ध' के बाद से—काफ़ी चर्चित और विवादित रही है। उसे एक तरफ़ 'अख़बारी कविता' तक कहा गया और दूसरी तरफ़ उसे कविता का एक नया मोड़ भी बताया गया। नामवर सिंह की सबसे चर्चित आलोचना कृति 'आलोचना के नये प्रतिमान' के तो जैसे नये नायकों में वह थे। अन्त में उनकी छवि हिन्दी

कविता में एक नया मोड़ लानेवाले कवि के रूप में मान्य हुई। 'दूसरा सप्तक' और फिर 'सीढ़ियों पर धूप में' तक वह चर्चित कवि थे। उन्नीस वर्ष के युवा अशोक वाजपेयी ने अपने प्रिय कवि मुक्तिबोध को सागर से १० फ़रवरी, १९६० को एक पत्र में लिखा—'मेरे बहुत प्रिय लेखक रघुवीर सहाय का पहला रचना संकलन निकला है : 'सीढ़ियों पर धूप में'। वात्स्यायन जी ने सम्पादन किया है, एक प्रति आपको जल्द भेजता हूँ।'

१९६० में भारतीय ज्ञानपीठ की 'ज्ञानपीठ लोकोदय ग्रन्थमाला' में प्रकाशित २७५ पृष्ठों की कहानियों, कविताओं और लेखों के संग्रह 'सीढ़ियों पर धूप में' का मूल्य मात्र चार रुपये था, जो मैंने १९८१ में बढ़े हुए मूल्य छह रुपये में प्राप्त किया था। इसमें भूमिका 'नये साहित्य के सृष्टा' नामक शृंखला के सम्पादक सच्चिदानन्द वात्स्यायन की थी। रघुवीर सहाय का समर्पण इन शब्दों में था—

> इस पुस्तक में संगृहीत कृतियों की रचना के समय मैंने बहुत कुछ त्यागा है पर इतना अकेला अपने को कभी अनुभव नहीं किया, जितना यह समर्पण लिखते समय कर रहा हूँ—'वह कितना सुन्दर था जो मैंने पाया था और मैं चला आया हूँ और दुखी नहीं हूँ', यही मैं यह पुस्तक आपके पास छोड़ देते हुए कहना चाहता हूँ।

भूमिका में वात्स्यायन जी ने लेखक से तब तक के अपने परिचय को प्राय: बारह वर्ष पुराना बताया था। पहले उनकी कुछ कविताएँ वात्स्यायन जी देख चुके थे 'पर पहली तीन-चार मुलाक़ातों में उन्हें कवि की अपेक्षा अँग्रेज़ी साहित्य के विधिवत् विद्यार्थी (तब वह एम. ए. परीक्षा की तैयारी कर रहे थे) और हिन्दी-उर्दू के 'अवैध अध्येता' के रूप में ही जाना। आगे वह लिखते हैं—

> पहला 'आलाप' जब इस कोटि में पहुँचा कि उसे परिचय कहा जाये, तब मैंने मन ही मन रघुवीर सहाय को 'एंक्शस यंग मैन' के वर्ग में रख लिया था, आज भी मेरी समझ में वह एक 'एंक्शस यंग मैन' ही हैं।

बहरहाल, वात्स्यायन जी इस 'एंक्शस यंग मैन' की कहानियों और कविताओं की अपनी भूमिका में खुलकर तारीफ़ करते हैं। वास्तव में जो 'माडर्न' हैं, 'आधुनिक' है कहानी में, उनमें रघुवीर जी को वह 'अन्यतम' बताते हैं। उनकी कविताओं की 'स्निग्ध मर्मस्पर्शिता' की तुलना 'जाड़ों की घाम' से

करते हैं, जिसमें 'तात्क्षणिक गरमाई' और 'एक उदार खुलापन' है। इसमें उनकी सचमुच कुछ बहुत अच्छी कहानियाँ भी हैं—'खेल', 'लड़के', 'सेब', 'एक जीताजागता व्यक्ति', 'मेरे और नंगी औरत के बीच', 'कहानी की कला' आदि। इसमें कहानियों से कहीं अधिक पृष्ठ कविताओं को दिये गये हैं। इस संग्रह से रघुवीर जी कविताओं की पहली बार एक ठोस शक्ल दिखने लगती है, जिसकी 'दूसरा सप्तक' की कविताओं में कुछ-कुछ छायाएँ नज़र आती थीं। गिरधर राठी के अनुसार 'सीढ़ियों पर धूप में' से ही उनकी कोई भी कविता-संग्रह की किसी दूसरी कविता की शैली की पुनरावृत्ति नहीं करती।...काव्यानुभव के जितने और जैसे आयाम, उनमें खुलते हैं, काव्यरूपों के जैसे विस्तार के संकेत उनमें एक परिपूर्णता के साथ बढ़ते हैं, वे पाठक को बारम्बार चौंका सकते हैं। उनकी यह ख़ूबी 'आत्महत्या के विरुद्ध' और 'हँसो हँसो जल्दी हँसो' में भी निरन्तर बनी हुई है।

र.स. के तब के घनिष्ठ मित्र मनोहर श्याम जोशी के अनुसार—रघुवीर जी के लिए (उस दौर में) कविता रच डालना निहायत ही सहज और सरल काम था। उनके लिए ज़िन्दगी की हर चीज़, कविता के दायरे में आती थी। तब कई कविताएँ पार्लियामेंट स्ट्रीट में चहलकदमी करते हुए उन्होंने अपने मन में तैयार की थीं। इनमें से तीन कविताओं (अर्पित, प्रतीक्षा और बौर) के जन्म के साक्षी जोशी जी रहे हैं, जो कि उनकी काव्य प्रतिभा के लखनऊ के दिनों से ही अनन्य प्रशंसक थे। ये कविताएँ कुछ ही दिन आगे-पीछे लिखी गयी थीं। जोशी जी कहते हैं कि इन तीनों कविताओं को रघुवीर जी एक ही कविता का हिस्सा मानते थे (लेकिन ये तीनों कविताएँ १९६० में प्रकाशित 'सीढ़ियों पर धूप में' अलग-अलग शीर्षकों से प्रकाशित हैं।)। 'प्रतीक्षा' कविता जिस दिन रची गयी, उस दिन रघुवीर जी की जेब में पैसे थे, लिहाज़ा वह मित्र की ख़ातिरदारी आकाशवाणी की कैंटीन में करने के बजाय उन्हें कुछ दूर अपने अत्यन्त प्रिय और तबके निहायत शानदार रेस्त्रां 'क्वालिटी' में ले जा रहे थे। ढलती हुई धूप थी मगर तेज़ थी। 'हम गुलमोहरों की छाया में चल रहे थे, तभी रघुवीर के मुँह से निकला—'अरे इस वर्ष गुलमोहर में अभी तक फूल नहीं आये!' मैंने मज़ाक़ किया कि तुम्हारा यह बयान 'बोलचाल की भाषा' में तो है ही, 'साँस की लय' में भी ढला हुआ है, लिहाज़ा यह तुम्हारी किसी कविता का हिस्सा बन सकता है (रघुवीर जी उस समय अक्सर 'साँस की लय' और 'बोलचाल की भाषा' की बात किया करते

थे—लेखक), यह सुनकर रघुवीर मुस्कुराया। बहुत प्रसन्नता से मुस्कुराते समय उसकी थोड़ी चौड़ी और बड़े-बड़े नथुनों वाली नाक की नोंक भी चमक उठती थी। उस क्षण भी चमकी। कुछ देर वह अपने में ही खोया रहा। फिर बोला—'दूसरे-तीसरे जब इधर से निकलता हूँ/ देखता हूँ/अरे इस वर्ष गुलमोहर में अभी तक फूल नहीं आया/ इसी तरह आशा करते रहना कितना अच्छा है/ विश्वास रहता है कि वह प्रज्ज्वलित रूप/ मैं भूल नहीं आया।'

वहीं जोशी जी यह भी बताते हैं कि 'पढ़िये गीता' और 'नारी बिचारी है' के अन्त में कुछ बन्द 'भयंकर रूप से अप्रकाश्य' थे, जो उन्होंने दिल्ली में कवि के मुँह से सुने थे। जोशी जी यह भी बताते हैं कि 'यही मैं हूँ' कविता की सादगी तब के लखनऊ के रसिकजनों को पसन्द नहीं आयी थी, जबकि वह स्वयं इससे चमत्कृत और कृतकृत्य थे। 'शक्ति दो' उनके मुँह से सुनकर तो उनकी आँखें छलछला आयी थीं, कुँवर नारायण और वह भावविभोर हो गये थे। लखनऊ के इन रसिकजनों ने 'अगर कहीं मैं तोता होता...' सुनकर माथा ठोंक लिया था और कहा था, यह भी कोई कविता है भला, समझ में तो आती नहीं। यह सुनकर उस समय कृष्ण नारायण कक्कड़ के चेहरे पर शैतानी मुस्कान आयी थी और जोशी जी ख़ुशी से झूम उठे थे।

इस संग्रह से ही यह स्पष्ट हो जाता है कि उन्होंने हिन्दी कविता की परम्परा से छन्द ज़रूर लिया था मगर नागार्जुन की तरह ही इसके साथ अक्सर आ जानेवाला मुफ़्त का तामझाम लेने से ख़ुद को बचाया था। उस छन्द को आधुनिक और लोकतान्त्रिक चेतना से सक्षम बनाया था। उसे वह नहीं रहने दिया था, जो वह पहले था, उसमें अपने समय का वह जीवन लाये, जो पहले लगभग ग़ायब था। जो उनकी कविता को तब 'अटपटा' और 'अकाव्यात्मक' मानते थे, उन्हें यह मानने दिया, उनके आगे झुके नहीं। उन्होंने तो अगले संग्रह में प्रतीक और रूपक तक को ठुकरा दिया, यहाँ तक कह दिया—'न सही यह कविता/मेरे हाथ की छटपटाहट सही।' जो शख़्स इस हद तक कविता के पारम्परिक परिधानों से दूर चला जाये, उसका कोई आलोचक, कोई ग्रन्थ, यहाँ तक कि जिस छन्द को वह इस्तेमाल करता है, वह भी क्या कर सकता है? जो कहे—'तोड़ो तोड़ो तोड़ो/ये पत्थर, ये चट्टानें, ये झूठे बन्धन टूटें/तो धरती को हम जानें...' उसका कोई क्या करे?

'आत्महत्या के विरुद्ध' में एक कविता है—'एक अधेड़ भारतीय आत्मा', उसकी इन पंक्तियों पर लोगों का बहुत ध्यान गया है और मुझे भी ये पंक्तियाँ

विद्यार्थी जीवन से आकर्षित करती रही हैं—'प्रिय पाठक/ ये मेरे बच्चे हैं/ कोई प्रतीक नहीं/ और इस कविता में/ मैं हूँ मैं/ कोई रूपक नहीं/ यह मैं खड़ा हूँ/ भरा-पूरा एक आदमी/ आठ-दस सफ़ेद बाल/ आठ-दस अधूरे स्वप्न/' ...यह एक कवितांश ही नहीं, उनकी अपनी कविता के बारे में एक सैद्धान्तिक वक्तव्य है, जो इससे पहले के कवियों से पूरी तरह भिन्न और काफ़ी हद तक प्रतिकूल है। यह कविता एक तरह से प्रतीकों-उपमाओं-रूपकों से उनकी ख़िलाफ़त का सार्वजनिक घोषणापत्र है। उनकी धारणा थी—

> उपमाएँ केवल एक तथ्य और दूसरे तथ्य की उपमाएँ नहीं होतीं, वे एक मूल्य और दूसरे मूल्य की उपमा हो जाती हैं। उनमें से एक मूल्य, समाज-विरोधी भी हो सकता है, इसलिए उपमा का इस्तेमाल हमेशा भ्रामक होगा। प्रतीक भी केवल एक प्रकट यथार्थ का प्रतीक नहीं होता बल्कि एक संस्कार का प्रतीक बन जाता है। वह यथार्थ से मेरे अनुभव के सूत्र को तोड़ देता है और यथार्थ की पहचान को तोड़-मरोड़ कर उसे मेरे ऊपर लाद देता है। जब मैं कहता हूँ—मैं दवाखाने में अपने बच्चों को लिए हुए खड़ा हूँ तो मेरे और बच्चों के उस यथार्थ में खड़े होने की जो असलियत है, तो उसे मेरे पाठक या श्रोता को समझना होगा। अगर वह उनको किसी एक बड़ी भारी वायवीय परिस्थिति का प्रतीक मान लेता है तो इससे मेरी कविता नष्ट हो जाती है, क्योंकि वह कविता उन बच्चों के शरीर में से होकर जा रही है। इस यथार्थ को पहचानने के लिए आपको प्रतीकों से मुक्त होना पड़ता है, जो कि हिन्दी कविता के लम्बे दौर में पाठकों की संवेदना पर लाद दिये हैं।

वह इस मायने में भिन्न थे कि उनके यहाँ कोई वक्तव्य—किसी कविता में आता है—तो वह किसी क्षणिक आवेग में कही गयी कोई बात नहीं होती, कोई सूझ नहीं होती, वह उनकी पुख़्ता समझ होती है। अशोक वाजपेयी और मंगलेश डबराल ने एक साक्षात्कार में 'प्रतीक' और 'रूपक' की उनकी अवधारणा पर सवाल करते हुए उनकी कुछ कविताओं—जैसे 'ग़ुलाम स्वप्न' और 'काबुल स्वप्न' (हँसो, हँसो, जल्दी हँसो) में—कवि द्वारा प्रतीक और रूपक बाँधने को उनकी कविताओं में आया परिवर्तन माना तो रघुवीर सहाय ने तार्किक ढंग से इससे इनकार किया। उनका कहना है कि—

> हिन्दी कविता के पाठकों की यह कमज़ोरी है कि जब कवि कहता है 'देखो, वृक्ष को देखो, वह कुछ कह रहा है' तो वह यह सोचने लगता

है कि ज़रूर इसका अर्थ प्रतीकात्मक है और आजिज़ आकर—इस आजिज़ी का स्तर यह था कि यह कविता पर पहुँचा—मैंने उस कविता में यह कहा कि 'प्रिय पाठक/ ये मेरे बच्चे हैं/कोई प्रतीक नहीं' और 'प्रिय पाठक' कहा तो आप समझ सकते हैं कि कुछ स्नेह से कहा, कुछ व्यंग्य से कहा।.... मेरी तो केवल इस बात में दिलचस्पी है कि क्या मैंने जानबूझकर किसी वस्तु को, वस्तु रहने से वंचित किया है? अगर मैं ऐसा करता हूँ तो मैं बहुत घटिया कवि हूँ। मैं नहीं मानता इस बात को। मैं चाहता हूँ कि भाषा के साथ यह बर्ताव बन्द हो, हमेशा के लिए बन्द हो।...प्रतीक का इस्तेमाल मैं नहीं करना चाहता हूँ, मैं सख़्त ख़िलाफ़ हूँ उसके, क्योंकि वह मुझे दयनीय बना देता है।...

दरअसल, प्रतीक केवल एक प्रकट यथार्थ का प्रतीक नहीं होता बल्कि एक संस्कार का प्रतीक बन जाता है। वह यथार्थ से मेरे अनुभव के सूत्र को तोड़ देता है और यथार्थ की पहचान को तोड़-मरोड़ कर उसे मेरे ऊपर लाद देता है। जब मैं कहता हूँ—मैं दवाखाने में अपने बच्चों को लिए हुए खड़ा हूँ तो मेरे और बच्चों के उस यथार्थ में खड़े होने की जो असलियत है, तो उसे मेरे पाठक या श्रोता को समझना होगा। अगर वह उनको किसी एक बड़ी भारी वायवीय परिस्थिति का प्रतीक मान लेता है तो इससे मेरी कविता नष्ट हो जाती है, क्योंकि वह कविता उन बच्चों के शरीर में से होकर जा रही है। इस यथार्थ को पहचानने के लिए आपको प्रतीकों से मुक्त होना पड़ता है, जो कि हिन्दी कविता के लम्बे दौर में पाठकों की संवेदना पर लाद दिये हैं।

उपमा के बारे में वह कहते हैं कि उसे उन्होंने इसलिए छोड़ा क्योंकि—

वह मुझे बहकावे में डालती थी। जो चीज़ अभी मेरे काम की नहीं है और शायद कभी मेरे काम की नहीं होगी, उनमें एक उपमा भी है। ...उपमा हमेशा सामाजिक चेतना के दो स्तरों को एक-दूसरे से तुल्य कर देती है, इसलिए वह बहुत ख़तरनाक चीज़ है और बहुत भटका सकती है।' उपमाएँ केवल एक तथ्य और दूसरे तथ्य की उपमाएँ नहीं होतीं, वे एक मूल्य और दूसरे मूल्य की उपमा हो जाती हैं। उनमें से एक मूल्य, समाज-विरोधी भी हो सकता है, इसलिए उपमा का इस्तेमाल हमेशा भ्रामक होगा।

'सीढ़ियों पर धूप में' और 'आत्महत्या के विरुद्ध' में वैसे कुल सात वर्ष का

अन्तराल है—जो बहुत छोटा नहीं मगर बहुत लम्बा भी नहीं है—मगर दोनों संग्रहों की कविताओं में आये परिवर्तनों को देखें, तो यह बहुत बड़ा है। जैसा कि अशोक वाजपेयी कहते हैं—

> 'सीढ़ियों पर धूप में' प्रेम था, स्त्री थी, सहज भावना थी, विस्मय, उत्साह और उत्सुकता थी। प्रकृति प्रेम और जिजीविषा के साथ छोटी चीज़ों के बीच मनुष्य होने का सुख और तनाव था। उस कविता में कुछ आदिम से लगते सम्बन्धों और उनके विकल्पों को बदलने की सुन्दरता और कोमलता थी तो 'आत्महत्या के विरुद्ध' की कविताएँ उनके बदले हुए तेवर को सूचित करती थीं। यह संग्रह भी (पहले की तरह) 'जीने के कर्म' को परिभाषित करता है लेकिन उसका दृश्य आक्रामक, छटपटाहट और चीत्कारभरा, अधिक सीधे, समकालीन और सार्वजनिक है। वह अधिक सीधे, आज के हिन्दुस्तानी आदमी के जीने के कर्म को परिभाषित करने की ओर प्रवृत्त है। इस काव्य-संस्कार के रहते कविता में मनुष्य होने का सुख या हर्ष के बजाय, 'हर दिन मनुष्य से एक दर्ज़ा नीचे रहने का दर्द' है।

यह परिवर्तन 'सीढ़ियों पर धूप में' और 'आत्महत्या के विरुद्ध' संग्रहों में ही नहीं है। यह फ़र्क़ 'आत्महत्या के विरुद्ध' और 'हँसो हँसो जल्दी हँसो' में भी है। रघुवीर जी स्वयं कहते हैं—

> 'हँसो, हँसो, जल्दी हँसो' और 'आत्महत्या के विरुद्ध' दोनों एक-एक निष्कृति के सूचक थे। उससे पहले 'सीढ़ियों पर धूप में' कविता के एक से अधिक पड़ावों तक सहेजी गयी उपलब्धियों का संचय था। उसके भी पहले 'दूसरा सप्तक' में संकलित रचनाएँ अत्यन्त प्राथमिक कविताओं के अभ्यासमूलक दौर से निकलते ही अपनी दुनिया में पैर रखने के समय की कविताएँ थीं, जबकि 'लोग भूल गये हैं' की कविताएँ, काव्य-जीवन के जिस दौर में लिखी गयी हैं, वह अभी हाल ही में शुरू हुआ था और अभी निपटा नहीं है। कवि को दिख रहा था कि यह अभी और चलेगा। 'मँझधार से या कहें कि बीच भँवर से लिखी हुई कविता प्रकाशित कर देने का यह मेरा पहला अवसर है।

१९८९ में प्रकाशित कविता-संग्रह 'कुछ पते, कुछ चिट्ठियाँ' की भूमिका में भी वह लिखते हैं—

> पिछले संग्रह की कविताएँ लिखते समय, सामाजिक चेतना और

> रचनात्मक अभिव्यक्ति के जिस दौर से कवि अपनी कविताएँ लेकर पाठकों के सामने परीक्षा के लिए उपस्थित हुआ था, वह दौर अभी समाप्त नहीं हुआ है।

एक तरह से यह भी उनके कविता के मँझधार में होने का दौर था। दुर्भाग्य से इससे बाहर अपनी कविता को निकाल लाने का समय उन्हें नहीं मिला कि वह अगले संग्रह को एक निष्पत्ति तक ले जा पाते।

बहरहाल, फिर लौटते हैं—'आत्महत्या के विरुद्ध' की ओर। यह अपने दौर का और बाद का भी चर्चित संग्रह रहा है। इसके बाद अगले ही कविता-संग्रह 'हँसो, हँसो, जल्दी हँसो' ने वह पहचान रघुवीर सहाय को फिर से दी कि उन्हें मुक्तिबोध के बाद का सबसे महत्त्वपूर्ण कवि कहा जाने लगा। असद ज़ैदी ने लिखा है—

> रघुवीर सहाय, मुक्तिबोध के बाद हिन्दी साहित्य की एकमात्र ऐसी हस्ती थे, जिनके विचार और कर्म का योगदान साहित्यिक दुनिया के बाहर भी उतना ही है, जितना कि भीतर। मैं समझता हूँ कि सामाजिक-राजनीतिक चिन्तन के स्तर पर रघुवीर सहाय का योगदान निहायत मौलिक है और उतना ही मौलिक है, जितना मुक्तिबोध का है।

हमारे समय के एक और महत्त्वपूर्ण कवि मनमोहन मानते हैं :

> मुक्तिबोध के बाद सम्भवतः वह पहले कवि हैं, जिन्होंने हमारे समय के गम्भीर और सर्वव्यापी संकट की ऐतिहासिकता को इतनी सम्पूर्णता के साथ सामने रखा है। इस संकट का वर्णन बहुतेरे कवि करते हैं लेकिन रघुवीर सहाय की कविता एक तरह से इस संकट की प्रखर और विस्तृत आलोचना प्रस्तुत करती है, जो यह बताती चलती है कि आख़िर क्या-क्या दाँव पर लगा हुआ है और अभी तक बचा हुआ है।

'आत्महत्या के विरुद्ध' से हिन्दी कविता की दुनिया में ऐसी हलचल मची कि नामवर सिंह ने इसके प्रकाशन के एक वर्ष बाद ही प्रकाशित अपनी सबसे चर्चित आलोचना-कृति 'कविता के नये प्रतिमान' के केन्द्र में मुक्तिबोध के बाद की पीढ़ी के जिन कवियों की चर्चा की, उनमें रघुवीर सहाय अग्रिम थे। अशोक वाजपेयी की सबसे चर्चित आलोचना-कृति 'फ़िलहाल' में भी उनके इस संग्रह की सविस्तार चर्चा है। 'आत्महत्या के विरुद्ध' चर्चित अधिक हुआ, विवादित कम। विवादित भी उनकी नज़र में

अधिक हुआ, जो कविता की दुनिया में यकायक आये बदलाव के इस बड़े झटके को, एक सक्रिय पत्रकार द्वारा कविता में अपने अनुभवों को लाये जाने को बर्दाश्त नहीं कर पा रहे थे। कारण शायद यह भी हो कि रघुवीर जी अपना कविता-संग्रह प्रकाशित करवाने से पहले अपनी बहुत कम कविताएँ पत्र-पत्रिकाओं में छपवाते थे, इसलिए बहुत कुछ ऐसे लोगों के लिए अप्रत्याशित था। नौ वर्षों बाद प्रकाशित इस कविता-संग्रह के दूसरे संस्करण में पाठकों द्वारा इसे पसन्द करने और आलोचकों द्वारा इसे विवेच्य मानने पर उन्होंने सन्तोष और आत्मविश्वास व्यक्त किया। लेकिन १९८५ में प्रकाशित तीसरे संस्करण में यानी इसके प्रकाशन के १८ साल बाद इसकी इस आलोचना का संयत उल्लेख भी किया कि 'यह काव्य नहीं, अख़बारी कतरनें हैं।' उन्होंने इस बात की सीधे सफ़ाई देना ज़रूरी नहीं समझा कि ये कविताएँ ऐसी नहीं हैं। इतना ज़रूर बताया कि जब वह इस संग्रह में संकलित कविताएँ लिख रहे थे, तब उन्हें रेडियो, टेलीविज़न और अख़बार में काम करते-करते कम से कम बीस वर्ष बीत चुके थे। यह काम वह तब कर रहे थे, जबकि साहित्यकार बिरादरी इस काम को साहित्य की गरिमा के प्रतिकूल मानती थी।

> आज भले ही कितने ही समर्थ कवि रेडियो और अख़बार में नौकरी कर रहे हैं और पिछली पीढ़ी की तरह यह रोना नहीं रो रहे हैं कि इससे उनकी साहित्य रचना की क्षमता मर गयी है। इसके विपरीत इनमें से जो यथेष्ट जागरूक पत्रकार हैं, उनकी यथार्थ के प्रति दृष्टि व्यापक, काव्य की अनुभूति उदार तथा अभिव्यक्ति समर्थ ही हुई है।

जहाँ तक उनका अपना सवाल था, अख़बार में लिखना या १९४७ से ही ख़बरनवीसी अपनी मातृभाषा में करना, उन्होंने उतना ही रचनात्मक काम माना, जितना कविता करना। अख़बारनवीसी और कविता के बीच इस रचनात्मक रिश्ते का खुलासा करना ही पर्याप्त संकेत है। 'आत्महत्या के विरुद्ध' को मिली व्यापक स्वीकृति और लोकप्रियता के बावजूद उनके रहते, इसके जो तीन संस्करण प्रकाशित हुए, उनमें पहले और दूसरे, दूसरे और तीसरे संग्रह के प्रकाशन में इतना विलम्ब हुआ कि इसके तीसरे संस्करण की भूमिका में उन्होंने इस पर अपनी अप्रसन्नता छुपायी नहीं। लिखा कि प्रकाशन के कुछ वर्ष बाद ही इसका दूसरा संस्करण समाप्त हो चुका था मगर पहले संस्करण के नौ वर्ष बाद यह छपा। तीसरा संस्करण में

भी इतना ही विलम्ब हुआ। उन्होंने अपनी ओर से लिखा (चूँकि प्रकाशक क्यों लिखता?)—'इस विलम्ब के कारण यदि किसी प्रेमी पाठक को प्रतीक्षा करनी पड़ी हो तो आशा है, विलम्ब के लिए क्षमा करेंगे।' फ़िलहाल उसका 'पाँचवाँ संस्करण' उपलब्ध है लेकिन उसमें तीसरे संस्करण वाला यह वक्तव्य अनुपलब्ध है। न केवल यह बल्कि इसमें उन्होंने कविताओं के उस क्रम को भी काफी कुछ बदला था, जो पहले तथा दूसरे संस्करणों में था। इसके अलावा उन्होंने दो सहयोगी कविता में भी संग्रह से बाहर कर दी थीं। दुखद यह है कि 'पाँचवें संस्करण' में पहले, दूसरे संस्करणों का प्रकाशन वर्ष तो दिया गया है, इस संस्करण का उल्लेख तक नहीं है, जो कि १९८५ में छपा था। दिलचस्प यह है कि 'रघुवीर सहाय रचनावली' में 'आत्महत्या के विरुद्ध' की कविताओं का क्रम सम्पादक ने तीसरे संस्करण के अनुसार ही रखा है और उस संस्करण की भूमिका भी प्रकाशित की है। यह अगर प्रकाशक की चूक है तो गम्भीर है।

'हँसो, हँसो, जल्दी हँसो' के साथ यह त्रासदी नहीं हुई। उसका पहला संस्करण मई, १९७५ में छपा और दूसरा क़रीब इसके साढ़े तीन साल बाद दिसम्बर, १९७८ में आया। लेकिन इसका पीछा एक ग़लतफ़हमी करती रही। यह संग्रह आपातकाल लगने से ठीक एक महीने पहले नेशनल पब्लिशिंग हाउस से छपकर आया था और यह पाठकों तक जब तक ठीक से पहुँचता, तब तक आपातकाल लग चुका था। उस बुरे दौर में भी यह चर्चित हुआ, जिसका प्रमुख कारण था कि इसकी कविताएँ अनेक पाठकों को आपातकाल पर कवि की तीख़ी-खरी और सीधी प्रतिक्रिया के रूप में नज़र आ रही थीं। कुछ पाठक इस लेखक को ऐसे भी मिले हैं, जो इस बात से निराश थे कि आपातकाल के डर के कारण उस दौरान यह कवि इनका सम्बन्ध आपातकाल से जोड़ने से कतरा रहा था, जबकि सच यह है कि कवि सिर्फ़ एक तथ्य की ओर इशारा कर रहा था। आपातकाल हटने और जनता पार्टी की सरकार बनने के बाद सितम्बर, १९७८ में इस संग्रह के दूसरे संस्करण की भूमिका में भी उन्होंने साफ़-साफ़ कहा—

> इस संग्रह की कविताएँ इससे पिछले संग्रह 'आत्महत्या के विरुद्ध' के १९६७ में प्रकाशन के बाद से लेकर १९७४ तक की अवधि में लिखी गयी हैं। संग्रह की शीर्षक कविता १९७२ में तथा कुछ एक अन्य कविताएँ इसके आगे-पीछे पत्रिकाओं में प्रकाशित हो चुकी हैं किन्तु

> अधिसंख्य कविताएँ पहली बार संग्रह में प्रकाशित हुई हैं। १९७५ में प्रकाशित होने के संयोग से यदि किसी को भ्रम हो कि इस संग्रह की कविताएँ आपातकालीन स्थिति के दौरान लिखी गयी थीं, तो वह दूर हो जाना चाहिए। आपातकालीन स्थिति घोषित होने से पूर्व ही जो लोग एक लम्बे दौर में लोकतन्त्र के क्षय के प्रमाण और आनेवाले संकट को पहचानते रहे थे, उनमें से यह कवि भी एक था और उसने जो पहचाना, वह तभी लिखा था—आपातकालीन स्थिति के दौरान उसने कोई कविता नहीं लिखी। वह पहले की तरह आगे आने वाले संकट को पहचानने में लगा रहा और अब भी लगा हुआ है।

दरअसल, हमारी बहादुरी का बड़ा हिस्सा दूसरों को कायर सिद्ध करने में ख़र्च हो जाता है, यह व्यर्थ का विवाद इसका एक और प्रमाण था। आपातकाल के समय 'दिनमान' के रुख़ पर बहस सम्भव है, इस कविता-संग्रह की कविताओं के लिखे जाने की अवधि को लेकर नहीं। ये कविताएँ इस बात का भी प्रमाण हैं कि आपातकाल के दौरान 'दिनमान' का रुख़ कई परिस्थितिजन्य कारणों से तय हुआ था, सम्पादक की बुनियादी बेचैनी और असहमति अपनी जगह थी। इस दौर में अगर भवानीप्रसाद मिश्र का प्रतिरोध का तरीक़ा रोज़ कविताएँ लिखना था, तो रघुवीर जी का बिलकुल न लिखना था। दोनों ध्रुवान्तों पर खड़े इन कवियों के तरीक़ों से सहमति-असहमति हो सकती है मगर प्रतिरोध के उनके ये निजी निर्णय थे, जिसका कि अधिकार उन्हें था।

रघुवीर सहाय की एक और विशेषता थी—जो उनके अनेक साक्षात्कारों से स्पष्ट है—उन्हें अपनी अधिकतर कविताएँ एक तरह से मुखाग्र थीं। उनकी कविताओं पर किसी बातचीत को पढ़ जायें, उनमें वह अपनी कविताओं के सम्बद्ध अंशों को उद्धृत करते हैं। कई बार तो यह भी बताते हैं कि वे कविताएँ कैसे लिखी गयीं। अशोक वाजपेयी ने तो उस लम्बे साक्षात्कार में यह बात उनसे कही भी कि कविता के बारे में आपने जो लिखा या कहा है—उसे पढ़ने पर अक्सर यह लगता है कि जैसे ज़्यादातर आपने अपनी ही कविता के बारे में लिखा है, अपने समकालीनों या बाद वालों के बारे में नहीं। ख़ैर! उन्होंने इसका स्पष्टीकरण दिया और बाद के वर्षों में लगातार कई समकालीनों और बाद के कवियों-लेखकों पर लिखा, जो रचनावली के तृतीय खण्ड में संकलित है।

दया के विरोध की कहानियाँ

कई बार यह तय कर पाना मुश्किल हो जाता है कि कहानी लिखूँ या कविता लिखूँ या लेख लिखूँ। एक कोई चीज़ होती है जो एक बिन्दु पर आकर अपनी जात खो देती है कि यह कहानी होगी या कविता होगी। यह भी होता है कि अक्सर कुछ दूर तक चलने पर वह पूरी तरह से बनती या खुलती भी नहीं है। कभी-कभी तो घबराकर या उकताकर लगता है कि अच्छा तो इसको कहानी नहीं बनायेंगे, इसको कविता में ही लिखेंगे। विचार प्रकट करने वाले लेखक के दायरे में इस तरह अक्सर होता है कि कविता की विधा में इसे पकड़ तो रहा हूँ लेकिन मैं लिखूँगा इसको लेख की विधा में।...सबसे आदर्श स्थिति वह होती है जबकि आख़िर तक न मालूम हो लेखक को कि मैं किस विधा में इसको लिखूँगा और जब मालूम हो तब उससे पलटने का कोई चारा न रह जायेगा, तब उस विधा में ही लिखना पड़ेगा उसे।

—(रघुवीर सहाय रचनावली-३, पृ. ४९७)

मेरी दिलचस्पी कहानी में हमेशा रही है, यह विधा मुझे आकृष्ट करती रही है और यह अभी साफ़ कर दूँ कि यह कहने का मतलब यह नहीं है कि पहले से मानकर चलता हूँ कि यह विधा बहुत आकर्षक है, इसमें मुझे लिखना ही चाहिए।

(वही, पृ. ४९७)

दरअसल, हिन्दी के किसी भी कहानीकार की कहानियों से रघुवीर सहाय की कहानियों की तुलना नहीं की जा सकती। वह चकित कर देने की हद तक अपनी भाषा और बनावट में ही नहीं, जीवन

के प्रति अपनी दृष्टि में भी 'अद्वितीय' हैं। यह दृष्टि ही उनकी कहानियों की 'थीम' रचती है। वह मनुष्य द्वारा मनुष्य पर की गयी दया नहीं, बल्कि मनुष्य द्वारा किसी भी प्रकार की 'दया' के विरोध की कहानियाँ हैं। उनकी सारी कहानियों की 'थीम' लगभग एक है।

('रघुवीर सहाय' पुस्तक में संकलित विजय मोहन सिंह के लेख 'दया के विरुद्ध' से)

बात का आरम्भ वैसे यहाँ से भी किया जा सकता था कि रघुवीर सहाय के कथाकार के रूप की बहुत उपेक्षा हुई, जिसे विजय मोहन सिंह जैसे उनकी कहानियों का मर्म सबसे अच्छी तरह समझनेवाले आलोचक ने रेखांकित किया है। फिर भी आरम्भ हम इससे इसलिए नहीं करेंगे क्योंकि ऐसा तो निराला और जयशंकर प्रसाद, मुक्तिबोध और श्रीकान्त वर्मा से लेकर आज तक के उन तमाम कवि-कथाकारों के साथ हुआ है, जिनकी स्वीकृति का मुख्य कारण उनकी कविता है। इस बात को यहाँ दोहराने से स्थिति बहुत बदलनेवाली है नहीं। वैसे यहाँ हमारा ज़ोर रघुवीर जी की कहानियों का मूल्यांकन करने पर अधिक है भी नहीं।

हमारे या दूसरों के अधिक मानने-न मानने के बावजूद वह 'अद्वितीय कथाकार' हैं—कम से कम उनकी कुछ कहानियाँ इसका प्रमाण हैं। और कुछ रचनाओं वाली बात ही हर महत्त्वपूर्ण रचनाकार पर लागू होती है। जिस सवाल को उन्होंने अपनी कहानियों के माध्यम से बार-बार रेखांकित किया—यह कहना अतिरेक लग सकता है मगर है नहीं शायद—कि एक मनुष्य को दूसरे पर दया करने का कोई हक़ नहीं है, दूसरे मनुष्य पर ही नहीं बल्कि संकट में फँसे किसी पक्षी पर भी (देखें, कहानी—'मुक्ति का क्षण' और 'एक जीता जागता व्यक्ति')। वह भी आपकी दया के बग़ैर स्थितियों से जूझ सकता है, उसे पहले जूझने दें। यह एक ऐसा सवाल है, जिससे हिन्दी का कोई कथाकार पहले कभी सतत रूप से नहीं टकराया, यहाँ तक कि कोई कवि भी नहीं। अब भी इसके प्रति रचनाकार बहुत सजग हैं, ऐसा नहीं लगता।

इस बात को भी यहीं छोड़कर, उनकी कहानी पर बात दूसरे बिन्दु से आरम्भ करते हैं, उनकी कहानी 'सरकस' के माध्यम से। एक ऐसी कहानी से, जिसकी ओर उनकी कहानियों के प्रशंसकों का ध्यान भी लगभग नहीं

गया है। यह उनकी रूस यात्रा के दौरान लेनिनग्राद में १९७० में देखे गये एक सरकस को देखने के अनुभव पर आधारित है। रघुवीर जी की रुचि वहाँ सरकस देखने में नहीं थी मगर उनकी दुभाषिया ने जब कहा कि रूसी सरकस न देखेंगे तो पछतायेंगे, तो वह मान गये और वास्तव में पछताये भी नहीं। सरकस तो ठीक ही रहा होगा मगर जो चीज़ वह अपने साथ यादगार के रूप में लाये, वह एक किशोर के जीवन के सच्चे, पवित्र और अनमोल क्षण हैं, जिन्हें पता नहीं उस शिद्दत से वहाँ उपस्थित सैकड़ों दर्शकों ने देखा/महसूस किया या नहीं, हालाँकि उसकी असफलता-सफलता दोनों पर वहाँ दर्शकों ने उसका हौसला बढ़ाया था। इस पूरे अनुभव पर उन्होंने रूस के यात्रा विवरण के रूप में तो लिखा ही, उसे लगभग उसी तरह कहानी का रूप भी दिया। वाक्य रचना से लेकर पूरे अनुभव की पुनर्रचना तक में यात्रा विवरण और कहानी में काफ़ी समानताएँ हैं। 'रघुवीर सहाय रचनावली' के दूसरे खण्ड में यह कहानी और यह यात्रा विवरण एक ही शीर्षक से मौजूद हैं। कहानी में वह किशोर, रूस या भारत का न होकर, समस्त मानवीय अनुभव का हिस्सा बन जाता है, जिसकी सीमा कोई एक देश नहीं हो सकता।

कहानी कुल इतनी-सी है कि क़रीब बारह साल के लड़के को दूसरे युवकों के साथ सरकस के उस करतब में शामिल किया गया है, जिसमें उन सबको एक से दूसरी ढेंकी तक उछल-उछलकर जाना है और पाँचवीं ढेंकी से हवा में उछलकर एक खड़े खम्भे पर स्थित सिंहासन पर बैठ जाना है। सावधानी के लिए उस लड़के की कमर में एक पट्टा बाँध दिया जाता है, ताकि निशाना चूकने पर वह ३० फीट नीचे से अगर गिरने लगे तो छत में लगी गरारी से उसे ऊपर ही खींचकर रोक लिया जाय। पहली बार में वह लड़का उस कुर्सी तक नहीं पहुँच पाता। दूसरी बार यही प्रदर्शन फिर होना था। इस बार कमर में बँधी रस्सी को उस लड़के ने ख़ुद खोल दिया। उसे लगा कि उसकी सुरक्षा के लिए कमर में बँधा यह पट्टा ही उसकी असफलता का कारण है। दूसरी बार में वह सफल रहा। इस बार वह किशोर अपनी सफलता पर मुग्ध होकर विजय का चिह्न सबको दिखाता है। पूरा हॉल तालियों की गड़गड़ाहट से गूँज जाता है।

यात्रा विवरण तथा इस कहानी में एक बड़ा फ़र्क़ यह है कि कहानी में कथाकार इस सम्भावना से इनकार नहीं करता कि उस किशोर की यह

असफलता दर्शकों की वाहवाही लूटने का एक बहाना भी हो सकती है। इस सम्भावना से इनकार न करने के बावजूद कथाकार यह कहलवाता है—'मैं सब समझता हूँ। अगर मेरे लड़के की हार बनावटी थी तो इससे क्या? क्या तुम इससे इनकार कर सकती हो कि उसकी जीत से मुझे ख़ुशी हुई? अन्त में सफल होने के लिए उसने जोख़िम उठाया और हर हालत में उठाया, चाहे वह दो बार असफल रहता या न रहता?' दरअसल, यहाँ इसे कहानी का रूप देने की वजह स्पष्ट होती है। रिपोर्टिंग और रचना का अन्तराल पता चलता है। यथातथ्यता को रचनात्मक आयाम मिलता है। यथार्थ है मगर वह दूरी भी है, जो रचना और यथार्थ में होनी चाहिए।

इससे एक बात पर रोशनी कुछ पड़ती है कि रघुवीर सहाय किसी घटना को कहानी का रूप देना जानते थे। यथातथ्यता को रचनात्मक आयाम देना जानते थे। उनकी एक और कहानी है—'एक भगोड़े का आत्मकथ्य।' यह कहानी भी सिर्फ़ एक अनुभव का यथातथ्य बयान नहीं है, लेकिन एक अनुभव का दस्तावेज़ भी है। मनोहर श्याम जोशी इस अनुभव के प्रत्यक्षदर्शी रहे हैं। इस कहानी में एक सम्भ्रान्त महिला पात्र झूठा पता देकर, दुर्घटना में घायल अपने बेटे को ख़ून देने के लिए अतिरिक्त पैसों की ज़रूरत की बहुत मार्मिक कहानी कहती है। उसका बेटा जिस अस्पताल में भरती है, उसका बेड नम्बर और अपने घर का पता भी देती है। वास्तविकता में रघुवीर जी ने उस महिला की इस कहानी से प्रभावित होकर उसे कुछ धन दिया भी था। एक दिन उन्हें लगा कि पैसा देना ही काफ़ी नहीं है, उसकी और उसके बेटे की हालत के बारे में पता भी करना चाहिए। वह बताये गये अस्पताल पहुँचे। वहाँ पता चला कि उस महिला की वह कहानी पूरी फ़र्ज़ी थी। जोशी जी लिखते हैं—

> सड़क की प्रयोगशाला में प्राप्त इस अनुभव को रघुवीर अगर धोखे के खाते में डालता, तो वह साधारण व्यक्तियों से दिलचस्पी रखने वाला एक साधारण व्यक्ति कहलाता, असाधारण कवि नहीं। बकौल रघुवीर—'मेरा पता उसके पास है। अगर वह पता अभी भी उसके पास है तो मैं भी उसके पास हूँ और यूँ भी हूँ और पहले से बेहतर हूँ क्योंकि जो कुछ हुआ, वह मेरी ज़िन्दगी के साथ हुआ और वह कोई धोखा नहीं था, वह एक नया कुछ था, जिसमें मैं भागते-भागते ठिठक गया था—और नहीं भागा था—और नहीं भागा था। इतना ही जानने को काफ़ी है और मैं

> कुछ और नहीं जानना चाहता, जैसे यह कि रोज़ी पिण्टो (मुख्य पात्र) ने मुझे अपने जीवन की जो बातें बताईं, वे सही थीं या ग़लत।

इस अत्यन्त मानवीय टिप्पणी के बिना यह कहानी बेमतलब होती, धोखा देने और धोखा खाने की कहानी बनकर रह जाती। एक धोखा खाये आदमी की दृष्टि का यथातथ्य वर्णन बनकर रह जाती। कुशल कथाकार धोखा खानेवाले पात्र का मानवीयकरण भी कर सकता था मगर तब वह ऐसी कहानी न होती, जिसमें धोखा खानेवाला यह कहने की हिम्मत जुटा पाता कि 'जो कुछ हुआ, वह मेरी ज़िन्दगी के साथ हुआ और वह कोई धोखा नहीं था।' जहाँ हमारी नज़र फँस जाती है, उलझ जाती है, वहाँ से उसे निकालने-उबारने का बिन्दु ही वह होता है, जहाँ से रघुवीर जी की कहानियाँ आकार लेना शुरू करती हैं। जैसा कि वह लिखते भी हैं—

> तथ्य ही यथार्थ नहीं है...अपने सामाजिक कारणों से अलग कोई तथ्य व्यक्त नहीं किया जा सकता। इसका अर्थ यही है कि प्रत्येक तथ्य को व्यक्त करते हुए हम वास्तव में उसके सामाजिक कारण बता रहे होते हैं। पर क्यों? यही लेखक के सामने मौलिक प्रश्न है और इसी के उत्तर से उसके लिखने का कारण प्रकट होता है।

जोशी जी लिखते हैं—

> यह कहानी उस समय की है, जब रघुवीर पर 'व्यावहारिक समाजशास्त्र' का फ़ितूर चढ़ा रहता था और वह सड़क को अपनी प्रयोगशाला का दर्ज़ा देता था। समाजशास्त्र की पोथियों में मुझे भी दिलचस्पी रही थी, इसलिए मैंने रघुवीर के इस शौक़ में पूरा हाथ बँटाया। हम लोगों के आपसी व्यवहार और लोगों से अपने व्यवहार दोनों की परख करते रहते थे।...अपने अनुमानों की जाँच के अन्तर्गत एक बार रघुवीर ने यह परख कर देखा कि किसी अजनबी व्यक्ति से बस स्टैण्ड जैसे किसी सार्वजनिक स्थल पर, कुछ ही क्षणों के लिए सही, बहुत ही सहज-स्वाभाविक और आत्मीय सम्बन्ध जोड़ा जा सकता है। इस प्रयोग के दौरान हम दोनों ने ही कई अजनबी व्यक्तियों से बातचीत करके देखी और उनमें से कुछ से बाद में तो बाक़ायदा पहचान भी हो गयी। उसी दौर के एक अनुभव पर रघुवीर ने बहुत बाद में 'एक भगोड़े का आत्मकथ्य' शीर्षक कहानी लिखी।

रघुवीर सहाय ने १९४७ से १९८४ के बीच के सैंतीस सालों में कुल तीन

दर्जन कहानियाँ लिखी हैं। मित्र रहे जोशी जी, रघुवीर जी को कवि तो असाधारण मानते हैं मगर कहानीकार लगभग साधारण ही। वह इतना तक स्थापित करते हैं कि रघुवीर जी ने ज़्यादातर कहानियाँ बेरोज़गारी के दौर में पैसा कमाने के लिए लिखी हैं क्योंकि तब अधिकांश पत्रिकाएँ, कहानी छापने का पैसा देती थीं, कविता छापने का नहीं। लेकिन सावधान पत्रकार और लेखक जोशी जी अपने मित्र की कहानियों के बारे में यह जाँचना भूल गये कि यह उस हद तक सत्य भी नहीं है, जिस हद तक वह मनवाना चाहते हैं। कहानी लिखने की तिथियों पर ग़ौर करें तो उनकी लगभग आधी (१६) कहानियाँ ही उनके बेरोज़गार होने के दौर की हैं। शायद घटना-बहुलता को कहानी मानने वाले जोशी जी, रघुवीर जी की एक छोटी मगर महत्त्वपूर्ण कहानी को कहानी इसलिए नहीं मान पाये कि उसमें नाटकीयता और कथातत्त्व नहीं है, बग़ैर किसी विशेष टीका-टिप्पणी के एक बच्चे के लकड़ी से खेलने का वर्णन ('खेल') है। रघुवीर जी नयी कहानी के ज़माने की नाटकीयता और कथातत्त्व रचने के किस हद तक अवधारणा के स्तर पर ही विरुद्ध थे, इसे उन्होंने अपनी एक कहानी 'कहानी की कला' में बहुत अच्छी तरह स्पष्ट किया है, जिसमें भी कहानी बहुत छोटी और साधारण सी है। तीसरे दर्ज़े के भीड़-भाड़ वाले डब्बे में कथानायक को बैठने की जगह माँगने पर भी नहीं मिलती, फिर वही आदमी जो जगह घेरकर लेटा है और जगह देने से मना कर चुका है, अपने पास उसे आधे घण्टे तक खड़ा देखकर कहता है—'अब मुझे बर्दाश्त नहीं होता, आप यहाँ बैठ जाइये।' जिस तरह की कहानी कला के पक्षधर औरों की तरह जोशी जी भी थे, उन सबका मज़ाक़ बनाते हुए इसी कहानी में रघुवीर जी कहते हैं—

> मैं जानता हूँ कि ऐसे कोई कहानी नहीं कही जाती कि यह हुआ, फिर वह हुआ और अन्त में यह हुआ इति, मगर यह ख़ूब जानता हूँ कि कहानी होती ऐसी ही है—उसका आरम्भ भी होता है मध्य भी और अन्त भी।'...'आप कहेंगे कि यह कोई कहानी है? यह तो तीसरे दर्जे में घटनेवाली एक दैनन्दिन घटना है और आप इसे कहानी कहते हैं तो इसमें चौंकाने वाली बात कहाँ है? और उक्ति, उपमा या वर्णन का कोई चमत्कार नहीं था तो क्या थोड़ा-सा करुण-रस या शृंगार-रस भी आप नहीं पैदा कर सकते थे? कैसी विषय प्रवंचना है! कहानी ही बनाना है तो इसे यों कहिये कि जब वह हारकर रोनेधोने को हो आया तो अचानक निराशा की बदली को चीरकर पंचमी का चाँद उदित हुआ अर्थात् क्षीण

> आशा की एक किरण झाँकी अर्थात् एक डब्बे में उसे एक बेंच जैसी दिखायी दी, जिस पर किसी ने अपना होल्डाल रख छोड़ा था और यही नहीं वह दुष्ट उस पर डटा हुआ भी था, जैसे ख़ज़ाने पर साँप बैठा रहता है।

वैसे जीवन से तो कई कथाकार सीधे-सीधे कहानियाँ लेते रहे हैं मगर रघुवीर सहाय अपनी कहानियों में एक ख़ास दूरी रखकर जीवन को ही रख देते हैं—थोड़ा हिला-डुलाकर, विरूपित करके। जैसे उनकी एक कहानी है—'क़िले में औरत।' इसके बारे में ख़ुद लेखक बताता है कि वह एक होटल (कोलकाता की एक पुरानी पाँच सितारा) में ठहरे थे। उस समय बहुत तीव्रता के साथ मानवीय सम्बन्धों की वे सब विडम्बनायें—जो इस कहानी में हैं—अपने मन में उन्होंने नक़्श की थीं।

> यह बहुत व्यक्तिगत रागात्मक अनुभव की कहानी है इसलिए चीज़ें मुझे याद थीं। होटल के बैरे खाना भी परसते थे और रोशनी फेंकने वाले लैंप को भी सँभालते थे—यहाँ कलाकार की कल्पना है। ठीक-ठीक वैसा ही नहीं था। सिर्फ़ एक बैरे को देखा था—हाथ में स्पाट लाइट उठाये। गद्य की ताल के साथ लय मिलाने के लिए सारे एक्शन को थोड़ा-सा जानबूझकर विद्रूप बनाया गया था।

ऐसी उनकी कई कहानियाँ हैं, जो प्रत्यक्ष अनुभव पर आधारित हैं और जिन्हें कुछ विद्रूपित करके कहानी का रूप दिया गया है। कुछ के बारे में प्रत्यक्ष प्रमाण लेखक देता है, कुछ की गवाही कहानियाँ ख़ुद देती हैं। ऐसी एक कहानी 'चालीस की उम्र में प्रेम' पर अलग से लिखा गया है। उनकी एक कहानी है—'सीमा के पार का आदमी।' इसके बारे में 'पूर्वग्रह' के रघुवीर सहाय विशेषांक में अशोक वाजपेयी और मंगलेश डबराल से एक साक्षात्कार में उन्होंने बताया था कि यह सियालकोट की सीमा पर जाकर देखे गये अनुभव पर आधारित है—

> इस कहानी की एक-एक चीज़ देखी थी, सिवाय इसके कि उस तरह से नहीं देखी थी, जैसी कि इसमें बतायी गयी है। उस क्रम में नहीं देखी थी। कहानी में बूढ़े ने तब सिर झुकाया, जब उससे पूछा गया कि क्या तुम इसी गाँव के रहने वाले हो, उसने सिर नहीं झुकाया था। दरअसल, वह बूढ़ा वहाँ छत पर था ही नहीं, वह गाँव में टहल रहा था। हम लोगों को सिर्फ़ बताया गया था कि वह कहीं बैठा है। उसको मैंने छत पर लाकर बिठा दिया

क्योंकि वह मेरे क्रम में वहीं पर होना चाहिए। अगर मैं उसे वहाँ न बैठाऊँ तो वह जगह ख़ाली रहेगी।'

उनकी कहानियाँ एक स्तर पर उनके संस्मरण हैं। उनकी कहानियाँ पढ़कर बराबर यह अहसास होता है। 'रास्ता इधर से है' कहानी का आधार टाइम्स ऑफ़ इण्डिया संस्थान के लिए प्रशिक्षु पत्रकारों के चयन के इण्टरव्यू में बैठने के अनुभव का विरूपित आख्यान-सा है। 'हिन्दी के एक सम्पादक से भेंट' कहानी के बारे में जोशी जी का कहना है कि यह बहैसियत फ्रीलांसर हुई अपनी एक बातचीत को लगभग ज्यों का त्यों रखकर 'मान लेना है कि कहानी बन गयी।' 'घरौंदा' कहानी रघुवीर जी से छोटे भाई बलवीर सहाय के अनुसार उनके अपने बचपन के समय दीपावली मनाने के अनुभव पर आधारित है।

बहरहाल हमेशा वह कविता ही लिखना चाहते थे, पर कई बार लिख पाते थे कहानी; क्योंकि सत्य यह भी है कि 'अनेक कविताएँ मैंने इसलिए लिखी हैं कि नाटक नहीं लिख पा रहा था।' इस बारे में बाक़ायदा उनका अपना एक साहित्य शास्त्र था—

> साहित्य की विधाओं को अलग-अलग खेमे बनाकर रहना, लेखक को और भी असहाय करेगा। कविता, कहानी, उपन्यास, नाटक, निबन्ध इनमें क्या भेद है यह आज अप्रासंगिक है। लेखक के लिए प्रत्येक रचना अपने में एक अलग विधा नहीं बल्कि एक न एक विधा का विकल्प होनी चाहिए। इसी भाँति यह समझना कि प्रत्येक कला, दूसरी कला से जुड़ी हुई है, जितनी ज़रूरी आज है, उससे पहले कभी नहीं थी।

तीन कवि, तीन सहयोगी, तीन दिशाएँ

अज्ञेय के 'दिनमान' से जाने के समय उसमें तीन समकालीन-समवयस्क कवि काम कर रहे थे। रघुवीर सहाय सम्पादक, श्रीकान्त वर्मा विशेष संवाददाता और सर्वेश्वर दयाल सक्सेना उपमुख्य सम्पादक। इससे पहले और बाद में भी शायद ही किसी और पत्र-पत्रिका में ऐसा दुर्लभ संयोग रहा हो। उस समय तीनों की कवि के रूप में अपनी महत्त्वपूर्ण जगह और ख्याति थी। तीनों एक-दूसरे को बरसों से जानते थे और तीनों के अपने-अपने अहम थे। शायद रघुवीर सहाय में सबसे कम अहम था। कभी इलाहाबाद की वाम विरोधी लेखकों की समूह 'परिमल' में सक्रिय सर्वेश्वरजी अस्सी के दशक तक अतिवामपन्थी तेवर अपना चुके थे। युवा वामपन्थी कवियों में वह ख़ासे लोकप्रिय थे। उनकी कविताओं के अलावा उनके 'बकरी' नाटक ने भी तब अभूतपूर्व प्रसिद्धि पायी थी, हालाँकि साहित्यकारों-आलोचकों का एक वर्ग उन्हें अधिक तवज्जो नहीं देता था, जो बाक़ी दोनों कवियों को देता था।

रघुवीर सहाय 'सीढ़ियों पर धूप में' और उसके बाद अपने पहले स्वतन्त्र कविता-संग्रह 'आत्महत्या के विरुद्ध' के कारण चर्चा में थे। डॉ. नामवर सिंह की सबसे चर्चित पुस्तक 'कविता के नये प्रतिमान' के केन्द्र में जो कवि थे, उनमें रघुवीर सहाय का स्थान काफ़ी ऊपर था। श्रीकान्त वर्मा ने इस बीच अपने कविता-संग्रह 'माया दर्पण' के कारण अपनी एक जगह बनायी थी। वह काँग्रेस के नज़दीक भी आ रहे थे। बाद में वह राज्यसभा सदस्य बने।

तीनों 'दिनमान' में रहकर भी एक-दूसरे से एक हद तक असहज थे,

हालाँकि सर्वेश्वर जी और सहाय जी के कामकाजी सम्बन्ध बेहतर थे। श्रीकान्त वर्मा और रघुवीर सहाय में असहजता का भाव दफ़्तर के भीतर-बाहर प्रकट था। वह किसी से छुपा नहीं था।

रघुवीर जी के सम्पादक बनने के बाद श्रीकान्त जी कुछ देर के लिए कार्यालय आते। अज्ञेय जी के सम्पादक रहते उप-सम्पादक रहने तक उन्होंने 'दिनमान' में कला की कवरेज का दायित्व बख़ूबी निभाया। उनके विशेष संवाददाता बनने पर यह ज़िम्मेदारी प्रयाग शुक्ल पर आ गयी। अब श्रीकान्त जी जब दफ़्तर आते, प्रायः अपने कनिष्ठ कवि-सहयोगियों प्रयाग शुक्ल और विनोद भारद्वाज से साहित्य-कला पर कुछ चर्चा करते और चले जाते। वैसे भी 'दिनमान' में सम्पादकीयकर्मियों के लिए समय का कोई कड़ा बन्धन नहीं था। इसके अलावा विशेष संवाददाता की ख़ूबी रोज़ समय पर आकर देर तक दफ़्तर में रहना नहीं, 'फील्ड' में रहना माना जाता है। श्रीकान्तजी सप्ताह में एक ख़ास दिन राजनीतिक रिपोर्ट लिखवाते। विषय के निर्धारण की प्रक्रिया उनकी यह थी कि वह इसके लिए सम्पादक के पास एक पर्ची भेजकर दो या तीन विषय सुझाते। उनमें से जिस पर सम्पादक निशान लगा देते, उस पर पत्रकारिता की भाषा में जिसे 'स्टोरी' कहा जाता है, उसकी डिक्टेशन दे देते। उस दिन वह अपने साथ सम्बन्धित अख़बारों की कुछ कतरनें भी लाते थे, ताकि कुछ बुनियादी तथ्यों में चूक न हो। अपने अन्य सहयोगियों की तरह ही सम्पादक उनकी 'स्टोरी' को भी यथावत छापते। श्रीकान्त जी को शायद ही कभी शिकायत रही हो कि उनके लिखे के साथ सम्पादक ने 'छेड़छाड़' की है।

यह कहना कठिन है दोनों के सम्बन्धों में खटास कैसे, कब और क्यों आयी। प्रयाग शुक्ल को याद है कि शुरू के दिनों में इनमें से कोई एक विदेश यात्रा पर जा रहा था तो इस उपलक्ष्य में इसके अनौपचारिक जश्न में उन्हें भी शामिल किया था। समाजवादी नेता राममनोहर लोहिया से दिल्ली में पहली बार रघुवीर जी को मिलवाने का श्रेय श्रीकान्त जी लेते हैं, हालाँकि रघुवीर जी का एक लेख बताता है कि लोहिया जी से उनकी पहली मुलाक़ात १९६७ में हुई थी। वैसे आरम्भ में श्रीकान्त वर्मा भी डॉ. लोहिया से प्रभावित थे।

श्रीकान्त वर्मा ने शायद पहली बार रघुवीर सहाय की कविता का उल्लेख हरिशंकर परसाई द्वारा सम्पादित 'वसुधा' पत्रिका के अक्टूबर, १९५७ में

किया था, ऐसा उनकी रचनावली से पता चलता है। रघुवीर जी की ताज़ा प्रकाशित कविता 'एकान्तवासी' का उन्होंने अपने स्तम्भ 'क़लम की दिशा' में नोटिस लेते हुए लिखा था—

> निश्चय ही कवि (रघुवीर सहाय) ने इस अकेलेपन का अनुभव तीव्रता से किया होगा किन्तु यह उस प्रखरता से व्यक्त नहीं हुआ है। यही कारण है कि कविता बहुत कुछ एकान्त का घोषणापत्र बन गयी है।

लेकिन यह एक कवि का अपने एक समकालीन की एक कविता के बारे में तटस्थ विश्लेषण है जिसमें कहीं कोई व्यक्तिगत कलुष नज़र नहीं आता। इसके क़रीब चार महीने बाद डॉ. नामवर सिंह को लिखे एक पत्र (१२ फ़रवरी, १९५८) में वह रघुवीर सहाय के 'कल्पना' छोड़कर दिल्ली फिर से आ जाने की सूचना देते हैं मगर यह संयोग नहीं हो सकता कि न तो 'श्रीकान्त वर्मा रचनावली' में (इसके अलावा) और न 'रघुवीर सहाय रचनावली' में एक-दूसरे के प्रति कुछ सकारात्मक मिलता हो, नकारात्मक ज़रूर है। लिखित रूप में १९७२ से ये कटुताएँ साफ़ नज़र आती हैं। 'श्रीकान्त वर्मा रचनावली' में ऐसे डायरी अंश और पत्र हैं, जिनमें रघुवीर सहाय के प्रति व्यंग्यात्मकता और कटुता है। 'रघुवीर सहाय रचनावली' में प्रकाशित १९८९ के आसपास लिये गये एक साक्षात्कार में रघुवीर जी 'दिनमान' के प्रसंग में श्रीकान्त वर्मा के प्रति कटु नज़र आते हैं। यह उसी कटुता का प्रमाण है या नहीं, यह कहना मुश्किल है मगर रघुवीर सहाय ने अपने समय के कई साहित्यकारों के निधन के बाद उन्हें याद करते हुए उन पर लिखा है, जिनमें उनके सहयोगी कवि सर्वेश्वरदयाल सक्सेना तो हैं लेकिन श्रीकान्त वर्मा की मृत्यु १९८६ में होने पर भी वह मौन रहे, कहीं कुछ लिखा नहीं। सम्भव यह भी है कि किसी ने कहा न हो।

अरविन्द त्रिपाठी द्वारा लिये गये एक साक्षात्कार में श्रीकान्त वर्मा से अपने दौर के महत्त्वपूर्ण समकालीन कवियों के बारे में पूछा गया तो उन्होंने केदारनाथ सिंह, कुँवर नारायण और सर्वेश्वरदयाल सक्सेना का नाम लिया था मगर रघुवीर सहाय का नहीं। ६ फ़रवरी १९७२ को जर्मनी के हिन्दी विद्वान लोठार लुत्से के दिल्ली के आयोजित एक भाषण का उल्लेख अपनी डायरी में करते हुए श्रीकान्त वर्मा लिखते हैं—

> रघुवीर सहाय और सर्वेश्वर वहाँ अधिक आग्रह के साथ मौजूद थे।

इनकी भावभंगिमा और व्यवहार से लग रहा था कि ये अपने लिए विशेष बर्ताव की माँग कर रहे हैं—ठीक अज्ञेय की तरह। अन्तर केवल इतना है कि अज्ञेय अपने लिए विशेष बर्ताव की 'व्यवस्था' कर लेते हैं, ये दोनों नहीं कर पाते। लगता है इन दोनों की सबसे बड़ी आकांक्षा अज्ञेय का प्रामाणिक संस्करण होने की थी।

इसके क़रीब छह माह बाद १८ अगस्त, १९७२ को अशोक वाजपेयी को लिखे एक पत्र में श्रीकान्त वर्मा कहते हैं कि 'पहचान सीरीज़' (एक) की समीक्षा 'धर्मयुग' में हो रही है और वह 'साप्ताहिक हिन्दुस्तान' और 'द टाइम्स ऑफ़ इण्डिया' में भी करवायेंगे मगर जहाँ तक 'दिनमान' का प्रश्न है, वहाँ व्यक्तिगत मित्रता और शत्रुता ईमानदारी से निबाही जाती है (पहचान-एक में श्रीकान्त वर्मा द्वारा किया गया मायकोवस्की की कविता का अनुवाद भी प्रकाशित हुआ था) इसको लेकर पहले ही उनसे गरमा-गरमी हो चुकी है और कुछ अन्य साहित्यिक और राजनीतिक सवालों को लेकर मेरे और उनके बीच तनाव है। वह मुझे हरा तो नहीं सकते हैं मगर दिमाग़ी परेशानियों में डालने की कोशिश ज़रूर कर रहे हैं। ख़ैर 'दिनमान' अपनी प्रतिष्ठा खो चुका है—साहित्यिक और राजनीतिक दोनों जगह—इसलिए 'पहचान' की समीक्षा वहाँ निकले या न निकले, क्या फ़र्क़ पड़ता है?' इसके क़रीब तीन साल बाद १५ अप्रैल, १९७५ को अशोक वाजपेयी को लिखे एक और पत्र में वह मध्य प्रदेश कला परिषद् द्वारा प्रकाशित 'पूर्वग्रह' पत्रिका के बारे में व्यंग्यकार शरद जोशी द्वारा 'धर्मयुग' में छेड़े गये विवाद के प्रसंग में रघुवीर जी के सन्दर्भ में लिखते हैं—'चाहे 'धर्मयुग' या 'दिनमान' या कोई बड़ा पत्र, सभी कला परिषद् की लोकप्रियता और 'पूर्वग्रह' की कामयाबी से अपनी सत्ता को चुनौती का अनुभव करते हैं, इसलिए इनसे बहुत उम्मीद करना व्यर्थ है।' इसके नौ दिन बाद श्रीकान्त जी फिर से अशोक वाजपेयी को पत्र में लिखते हैं—'दिनमान' ने अब 'धर्मयुग' जैसा रवैया अपना लिया है। आरम्भ में जब तुम्हारे विरुद्ध पत्र आये, तब रघुवीर सहाय और सर्वेश्वर उन्हें छापने को बहुत उत्सुक थे। बाद में समर्थन में कई पत्र आये, वे अब नहीं छाप रहे।' वह यहाँ ही नहीं रुकते—'रघुवीर सहाय दस लोगों से दस तरह की बातें कह रहे हैं। मैंने जब उन्हें वक्तव्य दिया तो उन्होंने उस पर हस्ताक्षर कर दिये। अब वह कहते फिर रहे हैं कि मैं वक्तव्य से सहमत नहीं।' अशोक वाजपेयी स्पष्ट करते हैं कि श्रीकान्त जी को

रघुवीर जी से बहुत शिकायतें थीं मगर 'दिनमान' में 'पहचान' की कवरेज होने न होने से उनके प्रति सम्मान में कमी नहीं आयी। उन पर 'पूर्वग्रह' का एक विशेषांक निकला, वह विश्व कविता समारोह में भारत से बुलाये गये कुल छह कवियों में से एक और हिन्दी से अकेले कवि थे। और भी कई आयोजनों में वह आते रहे। वैसे जब ये दोनों कवि 'दिनमान' में नहीं रहे तो सम्भवतः १९८३ में भोपाल के एक आयोजन में दोनों ब्लड प्रेशर की कौन-सी दवाई कितनी अच्छी है, इस पर बात कर रहे थे। जब बहुत देर तक यही बातें चलती रहीं तो अशोक वाजपेयी ने उन्हें टोका कि आप बहुत देर से यह क्या बात कर रहे हैं, आपकी बात सुनकर तो कोई अच्छा-भला आदमी भी बीमार हो जाये।

केन्द्र में जनता पार्टी की सरकार के आने के बाद श्रीकान्त वर्मा को सांसद होने के बावजूद राजनीतिक दबाव में 'दिनमान' से ३१ मई, १९७७ को त्यागपत्र देना पड़ा था। उसके पीछे मैनेजमेंट पर राजनीतिक दबाव की बात तो उन्होंने स्वीकार की मगर श्रीकान्त जी इस प्रकरण में संस्थान के दोनों सम्पादकों—रघुवीर सहाय और धर्मवीर भारती के साथ ही टाइम्स समूह के 'कुछ हिन्दी लेखकों' की भूमिका पर भी सन्देह ज़ाहिर करते हैं। वह दावे से कहते हैं—'इमर्जेंसी के दौरान मैंने इन लोगों की मदद की थी, सरकारी व्यवस्था के ख़ूनी पंजों से इन्हें बचाया था।' उन्हें हटाये जाने पर उनका सन्देह वात्स्यायनजी तक जाता है, जिनकी उसी दौरान 'नवभारत टाइम्स' का प्रमुख सम्पादक बनाने की चर्चा सार्वजनिक हो चुकी थी।

ख़ैर! श्रीकान्त वर्मा की इन बातों की प्रामाणिकता पर चर्चा न करें, जो हमारा विषय नहीं है, फिर भी उनकी इस बात से तो शायद ही कोई सहमत हो कि १९७५ में 'दिनमान' ने अपनी 'साहित्यिक और राजनीतिक प्रतिष्ठा' खो दी थी। उधर रघुवीर सहाय भी एक साक्षात्कार में अपनी कटुता नहीं छिपाते और चूँकि वह ख़ुद 'दिनमान' में बाद में आये थे, इसलिए तथ्यों के बारे में कुछ गड़बड़ भी कर जाते हैं। जैसे उनका यह कथन दुरुस्त नहीं है कि—

> १९६४ की शुरुआत से थोड़ा पहले श्रीकान्त वर्मा के 'दिनमान' में शामिल होते समय वात्स्यायन जी उन्हें 'उपसम्पादक या ऐसा ही कुछ रखना चाहते थे मगर श्रीकान्त वर्मा का आग्रह बड़े पद के लिए था,

> इसलिए शुरू में ही रमा जी (बैनेट कोलमैन कम्पनी के स्वामी साहू शान्तिप्रसाद जैन की पत्नी, जो आधुनिक साहित्य में दिलचस्पी रखने के कारण समकालीन साहित्यकारों को नज़दीकी से जानती थीं) के कहने पर वात्स्यायन जी उन्हें विशेष संवाददाता के पद पर रखने को राजी हो गये।

तथ्य यह है कि श्रीकान्त जी ने उप-सम्पादक के रूप में 'दिनमान' में काम आरम्भ किया था, उनकी पदोन्नति बाद में हुई। रघुवीर जी यह भी मानते हैं कि विशेष संवाददाता बनने के पीछे श्रीकान्त वर्मा के 'बुनियादी मतलब' थे। 'वह शुरू से ही एक काँग्रेस एम.पी. (मिनी माता) के साथ लगे हुए थे और उसकी बदौलत वह पार्लियामेंट के दफ़्तरों में आया-जाया करते थे।...पर वे प्रेस प्रतिनिधि नहीं थे।' एक सवाल के जवाब में वह यह भी कहते हैं कि 'श्रीकान्त वर्मा जर्नलिज़्म के नाम पर पोलिटिक्स करना चाहते थे।'

रघुवीर सहाय और श्रीकान्त वर्मा के मन में एक-दूसरे के प्रति कटुता का एक प्रसंग विनोद भारद्वाज भी बताते हैं—'रघुवीर जी के बहुत बीमार होने पर श्रीकान्त वर्मा उनका हालचाल जानने के लिए उन्हें भी साथ ले गये। रघुवीर जी के घर जाने से पहले रास्ते में श्रीकान्त जी ने अशोका होटल में व्हिस्की के दो पैग लिए, फिर आर.के. पुरम नर्वस हालत में पहुँचे। चूँकि विनोद भारद्वाज वहीं पास में रहते थे, इसलिए श्रीकान्त वर्मा के जाने के बाद भी वह रघुवीर जी के पास रुके रहे। तब रघुवीर जी बोले—'जिसकी वजह से मैं बीमार पड़ा हूँ, वही हालचाल पूछने आ गया।' कुँवर नारायण से वैसे मज़ाक़ में ही रघुवीर जी ने कहा था कि दोनों (श्रीकान्त जी और सर्वेश्वर जी) उनका ब्लड प्रेशर बढ़ाते रहते हैं। अगर विश्वास करना चाहें कि श्रीकान्त वर्मा के मन में आपातकाल के दौरान रघुवीर जी के प्रति कितनी कटुता और विद्वेष था, इसका कुछ ज़िक्र 'दिनमान' में वर्षों तक दिनमान के ग़ैर-सम्पादकीय सहयोगी रहे तथा 'आडवाणी के साथ ३२ साल' के लेखक विश्वम्भर श्रीवास्तव ने अपनी पुस्तक में श्रीकान्त वर्मा को १८ जून, १९७७ को लिखे एक पत्र का उल्लेख किया है। लेखक का दावा है कि आपातकाल के दौरान उन्हें जेल जाने से बचाने का दावा राज्यसभा में एक प्रसंग में श्री वर्मा ने किया, तो इसका खण्डन करते हुए श्री श्रीवास्तव ने उन्हें यह पत्र लिखा था। उन्होंने लिखा था कि 'आपने कम

से कम तीन बार मुझसे उस दौरान कहा था कि मैं प्रधानमन्त्री (इन्दिरा गाँधी) को पत्र लिखूँ कि मैंने तो 'दिनमान' के सम्पादक रघुवीर सहाय की 'प्रेरणा' से जनसंघ अध्यक्ष लालकृष्ण आडवाणी के निजी सहायक का दायित्व स्वीकार किया था लेकिन मैंने आपकी राय स्वीकार नहीं की और न ही आपने मुझे जेल जाने से बचाया।'

मंगलेश डबराल कहते हैं कि स्थिति यह थी कि 'दिनमान' के उन दिनों में लोग इन तीनों कवियों के बारे में एक मज़ाक़ चलता था कि ये तीनों बड़े कवि एक-दूसरे की बीमारी का कारण हैं। मज़ाक़ छोड़ें मगर यह संयोग है कि ये तीनों इस दुनिया से समय से काफ़ी पहले चले गये। १९८६ में श्रीकान्त वर्मा मात्र ५३ वर्ष की उम्र में, १९८३ में सर्वेश्वर जी केवल ५६वें वर्ष में और १९९० में रघुवीर सहाय ६१ वर्ष की उम्र में।

रघुवीर सहाय और श्रीकान्त वर्मा दोनों के क़रीब रहे प्रयाग शुक्ल, श्रीकान्त जी की इस बात से सहमत नहीं कि आपातकाल में उन्होंने रघुवीर सहाय समेत तमाम लोगों को 'सरकारी व्यवस्था के ख़ूनी पंजों' से बचाया था। प्रयाग जी ने बताया कि ख़ुद उनका एक बार श्रीकान्त जी से इस पर विवाद हुआ था। फिर वह ऐसा दावा क्यों करते थे ? क्या यह उनका कोई अपराध बोध था या अपने को जनता सरकार के सम्भावित कोप से बचाने की रणनीति या कोई ग्रन्थि ? प्रयाग जी समेत 'दिनमान' के अन्य सहयोगी भी नहीं मानते कि जनता पार्टी की सरकार के आने के बाद श्रीकान्त जी को 'दिनमान' से हटाने में रघुवीर सहाय की कोई भूमिका हो सकती है। रघुवीर जी के सहयोगियों का अनुभव रहा है कि उन्होंने कभी अपने कितने भी बड़े विरोधी के साथ ऐसा व्यवहार नहीं किया। यह अलग बात है कि श्रीकान्त जी के मन में स्वभावगत आशंकाएँ रहा करती हों।

सर्वेश्वरदयाल सक्सेना के साथ भी रघुवीर जी के बहुत सामान्य सम्बन्ध 'दिनमान' में रघुवीर जी के आने से पहले भी नहीं थे। वह रघुवीर जी को उनके सामने कहते थे या नहीं, मालूम नहीं मगर अपनों के बीच उन्हें 'मुंशी' कहा करते थे, यह कहने से उनका जो भी आशय या सन्दर्भ रहा हो। इनके लगभग समवयस्क अजित कुमार लिखते हैं कि दोनों में कभी नहीं पटी। मनोहर श्याम जोशी भी यही संकेत देते हैं और 'दिनमान' के दिनों के सन्दर्भ में कृष्ण कुमार भी लिखते हैं कि दोनों में एक क्षीण अन्तर्धारा के तौर पर तनाव बहता था। इन दोनों के अन्य सहयोगी भी तनाव की बात

मानते हैं। अजित जी ने एक लेख में लिखा है कि उन्होंने एक बार इन दोनों के सद्यः प्रकाशित कविता-संग्रहों पर 'समकालीन भारतीय साहित्य' पत्रिका में एक तुलनात्मक लेख लिखा तो दोनों ने अलग-अलग आपत्तियाँ कीं कि उन्हें एक साथ क्यों रखा गया? फिर भी 'दिनमान' के अन्दर इन दोनों के बीच उस स्तर का तनाव नहीं था, जो रघुवीर जी और श्रीकान्त जी में नज़र आता था, हालाँकि इसने कभी प्रकट रूप से विस्फोटक रूप नहीं लिया। रघुवीर जी और सर्वेश्वर जी में तो बोलचाल और हँसी-मज़ाक़ का रिश्ता भी था। दोनों यदा-कदा साथ भी चले जाते थे, जैसा कि लोठार लुत्से के उस कार्यक्रम में जिसका उल्लेख श्रीकान्त जी ने किया है। सर्वेश्वर जी ने कभी सम्पादक के रूप में रघुवीर सहाय की अवज्ञा की हो, ऐसा भी नहीं हुआ। जब रघुवीर जी 'दिनमान' के सम्पादक बनाये गये, तब सर्वेश्वर जी यूँ भी इस पद के दावेदार नहीं थे। तब तक विशुद्ध पत्रकारिता का उनका अनुभव कुल चार वर्षों का था और राजनीतिक रिपोर्टिंग और विश्लेषण की समझ लगभग उन्हें नहीं थी। वैसे भी वात्स्यायन जी, स्वयं जोशी जी की उपेक्षा करके स्थानापन्न सम्पादक रघुवीर जी को बनवा कर गये थे तो यह कुण्ठा सर्वेश्वर जी को होने का भी प्रश्न नहीं था। अन्यथा भी जोशी जी के अनुसार सर्वेश्वर जी पत्रकारिता सीखने और अनुवाद जैसा 'घटिया' काम करने को 'भूलतः' भी तैयार नहीं थे और यही कारण था कि रघुवीर जी उनसे ख़फ़ा रहते थे। रघुवीर जी स्वयं भी एक साक्षात्कार में कहते हैं कि सर्वेश्वर जी आदि इसलिए 'दिनमान' में रखे गये थे कि वे 'वात्स्यायनजी को आश्वस्त कर सकें, उनके पहरेदार बन सकें। उनका पत्रकारिता से रिश्ता रत्तीभर भी नहीं था।' भले ही सर्वेश्वर जी पत्रकारिता और अनुवाद सीखने को 'भूलतः' भी तैयार हुए या नहीं हुए हों मगर 'दिनमान' में उनका स्तम्भ 'चरचे और चरखे' चर्चित और लोकप्रिय था। वैसे बिना नाम से छपनेवाले इस स्तम्भ के लिए अन्य लोग भी कभी-कभी योगदान किया करते थे। रंगमंच समीक्षा के कारण भी उनका इस दुनिया में अच्छा दख़ल था। पुस्तक समीक्षा भी वही देखते थे। 'दिनमान' एक रूप में उनकी पहचान का भी एक हिस्सा था। सर्वेश्वर जी—जो भी प्रतियोगिता या प्रतिद्वन्द्विता रघुवीर जी से मानते रहे हों—उसका मैदान सिर्फ़ कविता हो सकता था।

रघुवीर जी और सर्वेश्वर जी के सम्बन्धों का खट्टामीठापन कई तरह से

जाना-समझा जा सकता है। 'दिनमान' में अन्तिम कुछ वर्षों में रहे बनवारी जी बताते हैं कि १९८२ में रघुवीर सहाय को साहित्य अकादेमी पुरस्कार प्राप्त हुआ और उसी वर्ष सर्वेश्वर जी को भी कोई महत्त्वपूर्ण पुरस्कार मिला था। एक दिन सर्वेश्वर जी से कई साथियों ने कहा कि आज आप इस ख़ुशी में समोसे खिलाइये। उन्होंने समोसे ही क्या गुलाब जामुन लाने को भी कह दिया। इसी बीच किसी ने उन्हें याद दिला दिया कि अभी रघुवीर जी को भी तो साहित्य अकादेमी पुरस्कार मिला है तो उन्होंने तुरन्त चपरासी से पैसे वापिस ले लिये और यह योजना ध्वस्त हो गयी। वैसे यह मज़ाक़ करने का उनका एक टेढ़ा तरीक़ा भी था, जिसे उनके साथ रहनेवाले ही समझ सकते थे। उन्हें निश्चित रूप से साहित्य अकादेमी पुरस्कार की चाह थी लेकिन वह उनके जीते जी पूरी नहीं हो सकी। एक प्रसंग यह भी बनवारी ही बताते हैं कि रघुवीर जी के बीमारी के बाद वापिस आने के बाद प्रबन्धन ने प्रस्ताव किया कि आपके लिए दोपहर के खाने का यहीं प्रबन्ध कर दिया जायेगा। आपको इसके लिए दरियागंज से बहादुरशाह ज़फ़र मार्ग के बोर्ड रूम में आने की ज़रूरत नहीं होगी, जहाँ वह वैसे जाते भी नहीं थे। पहले तो रघुवीर जी ने इसके लिए शर्त रखी कि खाना फिर मेरे पूरे स्टाफ़ के लिए भिजवाना होगा, फिर स्वास्थ्य के नाम पर वह मान गये। खाना जब आता तो वह स्वयं कक्ष से बाहर आकर सर्वेश्वर जी को बुलाकर अन्दर साथ ले जाते, उनके साथ खाना खाने के लिए।

रघुवीर जी की सर्वेश्वर जी से परिचय की शुरुआत १९४८ में इलाहाबाद में हुई, जहाँ वह नौकरी ढूँढ़ने गये थे। सर्वेश्वर जी तब 'परिमल' में थे। उसकी गोष्ठियाँ कभी-कभी सर्वेश्वर जी के घर भी होती थीं। ऐसी एक गोष्ठी में रघुवीर जी अनुपस्थित होकर भी उपस्थित थे। धर्मवीर भारती ने उसमें एक कवित्तनुमा पत्र सुनाया। बाद में बताया कि यह रघुवीर ने उन्हें लिखा है। जोशी जी के अनुसार दिल्ली आने पर सर्वेश्वर जी की मेज़बानी का भार रघुवीर जी पर पड़ा, जो स्वयं तब अपने चचाजाद भाई के यहाँ बतौर 'चौकीदार' रह रहे थे क्योंकि उनके भाई-भाभी तब बाहर गये हुए थे। अत: सर्वेश्वर जी को अपना उचित स्वागत-सत्कार न होने की शिकायत रही। फिर उन्हें फ्लू हो गया तो रघुवीर जी द्वारा की गयी उनकी सेवा-सुश्रूषा भी उन्हें अपर्याप्त लगी। एक और दिलचस्प प्रसंग है। सर्वेश्वर जी तब दिल्ली पहुँचे ही थे। उसी समय एक गोष्ठी रघुवीर जी के घर पर हुई।

उसमें शिवसागर मिश्र स्वयं भाँग का गोला चढ़ाकर आये थे और दूसरों के 'लाभार्थ' भी लाये थे। उसकी छोटी-छोटी गोलियाँ सबको आग्रहपूर्वक वितरित भी कर रहे थे। बस प्रयाग नारायण त्रिपाठी ने विनम्रतापूर्वक और सर्वेश्वर जी ने झिड़ककर गोली लेने से इनकार कर दिया था। शिवसागर जी ने उस गोष्ठी में अपनी 'बुआ' शीर्षक कहानी सुनायी। तब तक बाक़ी सबको भाँग चढ़ चुकी थी, रघुवीर जी समेत। नशे में रघुवीर जी और जोशी जी की प्रतिक्रियाएँ ज़ोरदार रहीं। दोनों कुछ जुमले दोहराते रहे। एक-दूसरे को दाद भी देते रहे। किसी तरह प्रयाग नारायण जी ने उन्हें चुप कराया और पाया कि बाक़ी लोग भी भाँग के नशे में मस्त हैं। ऐसे वातावरण में उन्होंने अपने अलावा एक ही होशमन्द बचे सर्वेश्वर जी से कविताएँ पढ़ने को कहा। उनकी कविता सुनते हुए ओंकारनाथ श्रीवास्तव सर्वेश्वर जी के नाम के दूसरे हिस्से को गा गाकर दोहराने लगे—'दयालु जी, दयालु जी।' कुछ और लोग भी इस 'कीर्तन' में शामिल हो गये। रमानाथ अवस्थी अपने ख़ास अन्दाज़ में आँखें मींच-मींचकर हँसते-खिलखिलाते रहे। जोशी जी रो-रोकर अपने मरने की घोषणा करते रहे। सर्वेश्वर जी ने यह देखकर न केवल कविता पाठ बन्द कर दिया बल्कि बाहर चले गये।' इससे उनकी यह धारणा पुष्ट हुई कि 'दिल्ली एक अजनबी देश है। रघुवीर उन्हें मनाने के लिए बाहर लपका।'

बहरहाल! ऐसे और बाद के तमाम प्रसंगों के बीच १९८३ में सर्वेश्वर जी के निधन पर रघुवीर जी द्वारा लिखे गये श्रद्धांजलि लेख से पता चलता है कि १९५१ में 'प्रतीक' में आने के बाद रघुवीर जी का सर्वेश्वर जी की कविता से पहला परिचय हुआ था। पहले वह कहानी लिखा करते थे। सर्वेश्वर ने शायद तभी कविता लिखना शुरू किया था। बाद के पैंतीस वर्षों में यह सम्बन्ध कभी झगड़े और कभी दोस्ती का रहा मगर संवाद बना रहा। रघुवीर जी ने 'दिनमान' के दौरान सम्बन्धों का कोई ख़ाका देने की बजाय उनके कवि पर ज़ोर देना ठीक समझा। इतना ज़रूर कहा कि उन्होंने जैसा संवाद बनाये रखा, वैसा अब बहुत कम लोगों से सम्भव रह गया है। उन्हें 'समाज को बदलनेवाले' लोगों में भी बताया था।

सर्वेश्वर जी के अन्तिम संस्कार के समय रघुवीर जी उपस्थित थे। लेखक कृष्ण कुमार के अनुसार सर्वेश्वर जी की मृत्यु के बाद कुछ इस प्रतीक्षा में थे कि वह ऐसा कुछ कहें कि वे उछल सकें। जब रघुवीर जी ने लिखा कि

वह रोशनी के पक्ष में थे तो उन लोगों को ख़ासी निराशा हुई, जो उनके असम्पृक्त रवैये से खीजे रहते थे। तब के युवा पत्रकार दयानन्द पाण्डेय ने लिखा है कि सर्वेश्वर जी के अन्तिम संस्कार के समय रघुवीर जी कई लेखकों को तैयार कर रहे थे कि हम सब वहाँ उपस्थित बच्चन जी से सर्वेश्वर जी की बड़ी बेटी विभा को टाइम्स संस्थान में नौकरी दिलवाने के लिए बात करें और बात की भी गयी। व्यक्तिगत विरोध में भी वह गरिमा निभाना जानते थे, यही कारण है कि सम्बन्धों की खटास कभी विस्फोटक रूप न ले पायी।

कविता 'दैवीय वस्तु' नहीं, 'बनायी हुई चीज़' है

> एक नये समाज की समझ बनाना मेरा उद्देश्य रहा है और यह भी कि उसे बनाने के साधन क्या हो सकते हैं। इस उद्देश्य के लिए समाज के घटकों के परस्पर सम्बन्ध, भूगोल, इतिहास, प्रकृति से उत्पादन कर्म के सम्बन्ध और उत्पादन के साधन पर लोकतन्त्रीय नियन्त्रण से लेकर अनुभव की संवेदनशीलता तक में परिवर्तन करना मेरा उद्देश्य है। कविता मेरे पाठक को अगर दूसरे मनुष्य के साथ अपनी संवेदना के रिश्ते सुधारने की समझ देती है तो वह समाज को बदलने की समझ दे रही है।
>
> —(रघुवीर सहाय रचनावली-३, पृ. ४७३)

> जब भी कुछ कहना होता है, तब हमेशा वही कह डालूँगा, जो कि मन में है, ऐसा मेरे साथ कभी हुआ नहीं है, इसलिए अब तो शायद मैं ख़ुद ही यह नतीजा निकाल सकता हूँ कि 'प्रेरणा' नाम की कोई चीज़ मुझे नहीं मिलती है, क्योंकि अगर वह मिलती तो प्रेरणा तो जैसे हुई थी, वैसा ही, उसी क्षण में, मैं उसको कर डालता लेकिन ऐसा मेरा अनुभव नहीं रहा।
>
> —(रचनावली-३, पृ. ४२४-२५)

> आज का लेखक जानता है कि अपनी रचना-प्रक्रिया को एक हद से ज़्यादा जानना, रचना के रास्ते में बाधक हो सकता है पर वह यह भी जानता है कि उस प्रक्रिया को बिलकुल न जानने से उसकी कला का विकास कुण्ठित हो जाता है।'
>
> —(रचनावली-३, पृ. ५४)

जो रचनाकार आज हमारे बीच नहीं हैं, उसकी रचना-प्रक्रिया को समझने

के लिए ख़ुद उस कवि ने अपनी कविता और अन्य लेखन के माध्यम से जो प्रमाण हमें उपलब्ध कराये हैं, जिस हद तक उन्हें बताना ज़रूरी समझा है, उसी सीमा तक जानने की कोशिश की जा सकती है। सौभाग्य से रघुवीर सहाय ने इस बारे में काफ़ी चर्चा दूसरों के उकसाने पर की है और तरह-तरह से, कई पहलुओं को लेकर की है। इससे उनकी रचनात्मकता के अनेक पक्ष सामने आते हैं।

एक उम्र के बाद शायद सभी अपनी सम्भावित मृत्यु की कल्पना करने लगते होंगे, हालाँकि ५६ साल की उम्र इसके लिए काफ़ी कम है, ऐसा कहने की इच्छा होती है क्योंकि रघुवीर सहाय बहुत जल्दी केवल ६१ वर्ष की उम्र में हमारे बीच नहीं रहे। अपनी मृत्यु के क़रीब चार वर्ष पहले उन्होंने लिखा था (शायद थोड़ा मज़े-मज़े में बात कहने के भाव से)—

> अगर अभी इसी क्षण मैं दुनिया से विदा हो जाऊँ तो मेरे पास जमा काग़ज़ों में बटोरने-छाँटने और फिर जमा करने की प्रक्रिया में कुछ लोग झंझट में पड़ जायेंगे। ऐसा मानकर यह काम मैं अपने बाद ही कर रहा हूँ—मैंने कई बार उन काग़ज़ों की उथल-पुथल की है और हाँ काम की चीज़ें मिली हैं। वैसे ज़िन्दा आदमी इस अटल विश्वास में जीता है कि उसके पास रद्दी काग़ज़ के अपार भण्डार में अज्ञात-रत्न छिपे हैं तथा जब तक जीवन है, तब तक इन रत्नों में वृद्धि होती रहेगी। हर पुर्ज़ा—जिसका सम्बन्ध बाक़ी पुर्ज़ों से एक बार में स्पष्ट न हो रहा हो—वह भी काम की चीज़ है—उसे फेंका नहीं जा सकता और छपने तो बिलकुल नहीं दिया जा सकता। उसे केवल निकालकर एक अलग गड्डी में रखा जा सकता है। उन रद्दी काग़ज़ों के ढेर में छुपे असम्बद्ध जीवन के उन संगृहीत प्रमाणों में से जो अभी तक ठिकाने नहीं लगा दिये गये हैं, वे किसी छोर पर पहुँचकर किसी अधूरे महाकाव्य का अंग बन जायेंगे।

बहरहाल, वह जीवनभर कोई महाकाव्य लिखने के लिए सामग्री नहीं जुटा रहे थे। वह जो कुछ जुटाते रहे, उससे 'रामचरितमानस' जैसा कुछ रचने की आकांक्षा तो उनकी कतई नहीं थी, हाँ, 'महाभारत' जैसा अवश्य कुछ हो सकता है क्योंकि नया महाभारत तो ऐसे ही पात्रों से बना होगा, जैसे मेरे पास हैं।' वह लिखते हैं—

> सच तो यह है कि कभी-कभी तो चुटकुले भी सहेज लेता हूँ, जिनका महाकाव्योचित उपयोग अभी तक हिन्दी वाङ्मय में आविष्कृत नहीं हुआ है।

जिस कवि की कल्पना चुटकुलों के महाकाव्योचित उपयोग तक जाती हो, उसके लिए किसी भी जगह, किसी भी परिस्थिति में लिख सकना मुश्किल नहीं होता। रघुवीर जी के लिए नहीं था। उनके लिए लिखने की जगह सड़क किनारे का बिजली के खम्भे की रोशनी भी हो सकती थी। वह बस या ट्रेन में शोर-शराबे के बीच, किसी सभा में नेता का भाषण सुनते हुए, कभी-कभी तो किसी की कविता सुनते हुए भी काग़ज़ 'गोदगाद' दिया करते थे। जयप्रकाश नारायण जैसे बड़े नेता का साक्षात्कार लेते हुए भी ऐसा ही एक बार हुआ। नोटबुक में उनका कहा, रघुवीर जी लिखते जा रहे थे। बीच में कुछ सूझ गया तो उसे उसी समय कविता की तरह दर्ज़ करने लगे। बाद में उसके ऊपर गोल घेरा बना लिया, ताकि याद रहे कि यहाँ कविता लिखी है। सम्भव है कि उसका स्रोत भी कहीं उस बातचीत में रहा हो या न भी हो। फिर से वह साक्षात्कार के नोट्स लेने लगे। शायद इसका अहसास जे. पी. नहीं कर पाये।

बनारस के पत्रकार सुधेन्दु पटेल ने लिखा है कि दिल्ली आने पर एकाधिक बार वह रघुवीर जी की कार में बैठे हैं। रघुवीर जी ने बीच रास्ते में कहीं किसी सुरक्षित जगह पर कार रोकी, काग़ज़ के एक पुर्ज़े पर कुछ लिखा, फिर आगे बढ़ गये। रास्ते में यह क्रम कभी-कभी तीन-चार बार दोहराया गया। पटेल पहले तो संकोच के कारण पूछ नहीं पाये। एक बार पूछने का साहस किया तो पता चला कि इस बीच दिमाग़ में घुमड़ रही किसी कविता की कुछ पंक्तियाँ उन्होंने टाँक ली हैं।

सुरेश शर्मा के अनुसार ऐसे तमाम टुकड़ों की 'गोदगाद' को या तो जस का तस रहने देकर या बड़ा-छोटा करके कई बार वह कविताएँ सम्भव किया करते थे। जीवन के अन्तिम वर्षों में उन्होंने यह प्रक्रिया अधिक अपनायी है। बाद की उनकी कविताएँ किसी कॉपी में लिखी हुई नहीं मिलतीं, जैसी पहले कभी मिला करती थीं। कभी वह निमन्त्रण पत्रों पर, पुराने-बड़े-सुन्दर लिफ़ाफ़े की कोरी जगह पर या दूतावासों के सूचना पत्रों के पीछे और यहाँ तक कि सिगरेट की डब्बियों पर भी लिख लेते थे। पैकिंग पेपरों का उपयोग भी उन्होंने इस काम के लिए किया है। कुछ लिखने के लिए वह नया कोरा काग़ज़ ख़र्च करने से कतराते थे। नौकरी के दिनों में खुले दिल से पैसा ख़र्च करनेवाले कवि का यह रूप स्पृहणीय है। किसी दिन इन काग़ज़ों-पुर्जों को एक-एक कर पढ़ने की बारी 'सिद्धान्ततः' ही अधिक आती थी, यथार्थ में बहुत कम आ पाती थी—'हर बार मुझे यह तो याद रह

जाता है कि अमुक अवसर पर जो बात टाँक कर रख ली थी, वह किस गड्डी में रखी है पर वह गड्डी कहाँ रखी है, यह याद नहीं रहता था।' उसे याद करने की कोशिश करने का फल उन्हें इतना ही मिलता था कि बहुत-सी नयी बातें लिखकर फिर से जमा कर लेते थे।

रघुवीर जी के पुर्ज़ों में किसी-किसी में तो सिर्फ़ एक वाक्य मिलता है, किसी-किसी में दो-तीन शब्द, कभी-कभी एक घसीटा हुआ प्रश्नचिह्न भी। यह सवालिया निशान क्यों, किसलिए, किसके लिए लगाया था, यह उन्हें भी याद नहीं रहता था। ऐसी 'अनाथ' इबारतें उनके पास इतनी अधिक थीं कि—

> यह मेरा मौलिक लेखन उस कमी को पूरा कर देगा—जो कतरनों को छाँट देने से मेरे भण्डार में हो जायेंगी। आख़िरकार यह सब काग़ज़ जमा करने का कोई प्रयोजन है तो यही कि मैं हर समय लिखता रहूँ।

उनके दिनांकित और कुछ अदिनांकित काग़ज़ों में मिली कुछ कविताएँ, कुछ कवितानुमा नोट्स उनकी मृत्यु के बाद प्रकाशित उनके संग्रह 'एक समय था' में संकलित हैं, जिनसे उनकी रचना-प्रक्रिया के अन्तिम चरण को समझने में कुछ-कुछ मदद मिल सकती है। उनकी एक अदिनांकित कविता है—

आशा

मुझे एक लम्बी छुट्टी दो
मैं अपने काग़ज़ों को सँभालूँगा
कितनी तरह के ऊबड़-खाबड़ काग़ज़ हैं
इनके बीच से पिरो कर अपने दर्द को
निकालूँगा
बाहर भय है, भय है, भय है
जाने क्यों आशा है कि इनको सजाने से
भय मिट जायेगा
सिर्फ़ कुछ अनलिखे लेख सुलझाने से।

अकेलापन

क्या मैं पहले अपने सब रद्दी काग़ज़ समेट लूँ
तभी यह तीख़ा अकेलापन
इतने बड़े घर देखने के लिए
काग़ज़-क़लम लूँ?

अगर काग़ज़ होता

अनगिनत बार ऐसा भी हुआ है कि कुछ नहीं टाँक सका
जबकि जेब में काग़ज़ रखा था
सीधा बढ़ा उस क्षण को लिए हुए
औरों की तरह जो कि रोज़ यही करते हैं

लेकिन आज काग़ज़ नहीं है

आज अगर लिखने लायक जुमला पकड़ में आया
तो उसको लिखकर छुट्टी नहीं पा सकूँगा
जबकि पा सकता था अगर काग़ज़ होता।

यह तो हुआ उनकी रचना-प्रक्रिया का केवल एक पक्ष।

रघुवीर सहाय को छन्द में महारत हासिल थी और वैसी कविताएँ तो वह लिखते ही थे, जिनमें उस तरह का छन्द और लय नहीं होती थी, जिसे छन्द-लय मानने का अभ्यास हमें है। विशुद्ध गद्य में भी उन्होंने कविताएँ लिखी हैं और आगे इसी तरह कविता लिखने की कल्पना वह किया करते थे। छन्दबद्ध कविताओं में छन्द की ज़मीन उनके सामने पहले आती थी, उसमें शुरुआत में कविता बहुत हवाई रूप में सामने रहती थी—लगभग एक कथ्य के, विचार के, गद्य के रूप में। जब एक बार छन्द की ज़मीन बन जाती, कविता शक्ल लेना शुरू कर देती, फिर काटने-बदलने का सिलसिला शुरू होता। उनकी दूसरी तरह की कविताओं में कभी कोई बोल्ड इमेज, कभी सिर्फ़ दो-तीन पंक्तियाँ सहारा देती थीं, जो उन्हें अपने आप में पूरी लगती थीं, जो एक क़िस्म से अपने में कविता होने की सम्भावना लिए होती थीं। यदाकदा दो-तीन शब्दों के समूह के आगे-पीछे भाषा का कोई सिलसिला नहीं होता था लेकिन कवि के मन की कोई वेदना, इच्छा, कुछ कहने की आकांक्षा को उकसाने के लिए ये शब्द-समूह काफ़ी होते थे। ज़्यादातर तो उन दो-तीन शब्दों की जगह कोई इमेज ले लेती थी, अगर वह इमेज बहुत बड़ी होती, तब आगे काम करना उनके लिए आसान होता था। उन्होंने 'लोग भूल गये हैं', 'आत्महत्या के विरुद्ध' जैसी अपेक्षया लम्बी कविताएँ, अलग-अलग इमेजेस को जोड़कर लिखीं। जगह-जगह लिये गये नोट्स, इमेजेस या टिप्पणियाँ, एक या दो-तीन शब्दों के समूहों को आधार बनाकर उन्होंने इन्हें लिखा है। उसमें से 'लोग

भूल गये हैं' की एक इमेज उन्हें उज्जैन के किसी बाज़ार में दिखायी दी थी।

उन्होंने 'लोग भूल गये हैं' तथा 'आत्महत्या के विरुद्ध' जैसी अपेक्षया लम्बी कविताएँ, अलग-अलग इमेजेस को जोड़कर लिखीं, जो यहाँ-वहाँ काग़ज़ के टुकड़ों, डायरियों-नोटबुकों में बहुत बिखरे-बिखरे ढंग से दर्ज़ थीं। जगह-जगह लिये गये नोट्स, इमेजेस या टिप्पणियाँ, एक या दो-तीन शब्दों के समूहों को आधार बनाकर उन्होंने ये कविताएँ लिखी हैं। वह इस बात को 'बिलकुल खुले दिल से' और 'गँवारपन छोड़कर' (उनके शब्द) मानते थे कि कविता एक 'बनायी हुई चीज़' है। वह कहते थे कि—

> हिन्दी में यह 'गँवारपन' बहुत भरा हुआ है कि ऊपर से तो माना जाता है कि कविता आधुनिक हो गयी है लेकिन भीतर से माना जाता है कि कविता कोई 'दैवीय वस्तु' है और वह शायद आपके ऊँची जात के होने के कारण, आपके ऊपर जैसे फट पड़ी है। (चूँकि) 'कविता एक बनायी हुई चीज़ है, इसलिए उसके बनाने की प्रक्रिया को भी समझना चाहिए—पहले तो इस स्तर पर कि वह बनायी कैसे जाती है, फिर इस स्तर पर कि उसको इस तरह से बनाने से उसके अर्थ का क्या होता है यानी उसके रूप और वस्तु के सम्बन्ध को समझना दूसरी मंज़िल है। पहली मंज़िल यह है कि पहले आप रूप को समझें।

'कविता एक बनायी हुई चीज़' कहने का एक स्तर पर अर्थ उनके लिए यह था कि वह 'मेकेनिकल-टेक्निकल' (उनके शब्द) काम भी है। उन्हें यह कहने में दिक़्क़त नहीं थी कि वह इमेजेस को लगभग गोंद और कैंची से जोड़ने का काम भी करते हैं। दरअसल, एक इमेज को दूसरी इमेज में गोंद और कैंची से ठीक-ठीक जोड़ने का काम नहीं, बल्कि एक के ऊपर एक इमेज को चस्पां करने, उन्हें आपस में घुला-मिला देने का काम। जैसे कुछ लाइनें उनकी डायरी में दर्ज़ हैं, उन्हें उन्होंने एक जगह उतार लिया। फिर उसके बाद देखा कि वहाँ अब उन्हें कौन-सी लाइन जोड़नी है। फिर उनका एक क्रम बना लेते। ऐसा करने के बाद कई बार पता चलता कि एक और दो के बीच कुछ होना चाहिए, जो ग़ायब है। कभी यह होता कि एक तो है मगर उसके बाद का दो ग़ायब है। कभी यह भी होता कि वन, वन प्लस और टू भी है मगर उनके बीच के पुल बदलने पड़े हैं क्योंकि वे पुल बहुत सीधी-सपाट सामग्री के थे। उनकी कविताओं में—ख़ुद उनके ही शब्दों में—'इमेजेस का पैचवर्क' भी बहुत होता है—ख़ासतौर से उनकी लम्बी कविताओं में।

उनके पहले स्वतन्त्र कविता-संग्रह 'आत्महत्या के विरुद्ध' की इसी शीर्षक कविता भी इसी तरह लिखी गयी थी। वैसे उस कविता-संग्रह का कवर, काग़ज़ पर उस कविता को लिखने की प्रक्रिया को दर्शाता था और शायद पहली बार किसी हिन्दी कवि ने इस तरह का उद्यम-साहस किया था। जो चीज़ें कवि के दिमाग़ में आती चली गयी थीं, उन्हें वह एक जगह लिखता चला गया, इन्हें जोड़कर वह एक नयी चीज़, एक नयी कविता बन गयी :

> पहले उसमें तर्क नाम की चीज़ नहीं थी लेकिन सच्चाई की खोज, सार्थकता जैसे कुछ को चूँकि कवि ढूँढ़ रहा था तो वह तर्क भी प्रक्रिया के दौरान सामने आता गया।

कविता में शिल्प के महत्त्व को वह बार-बार रेखांकित करते हैं। कवियों के एक बड़े वर्ग को वह इस तरह ग़ैरइरादतन ढंग से चिढ़ाते भी हैं, जो कथ्य की प्रधानता को मानता है, जो शिल्प को कथ्य की चेरी मानता है। इसके विपरीत वह कहते हैं—

> अगर शिल्प मेरे भीतर कहीं आग्रह नहीं करता है, तो मुझे लिखने की कोई ज़रूरत नहीं है। मुझसे ज़्यादा—कहीं ज़्यादा—सत्यान्वेषी होंगे और वे बहुत कुछ दुनिया में देखते हैं, भुगतते हैं, पाते हैं अपने भीतर...पर वे इसको लिख नहीं रहे हैं तो क्यों?...इसलिए कि मेरे पास एक तरह की, एक और अतिरिक्त चेतना है, एक अतिरिक्त व्यथा है कि मैं हर चीज़ को फिर से उलट-पुलटकर, नये ढंग से सजाकर, नये ढंग से दुरुस्त करके और नया बना देने की इच्छा रखता हूँ, तो वही तो शिल्प है।...मैं तो मानता हूँ कि शिल्प सबसे ऊपर है और शिल्प की अनुपस्थिति जैसी कोई स्थिति कविता में नहीं होती। जहाँ आपको सबसे कम शिल्प दिखायी देता है, वहाँ भी शिल्प ही के कारण वह सबसे कम होता है। जहाँ सारे तथ्यों, सारे यथार्थ के अनुभवों की संगति बहुत विश्वसनीय ढंग से बैठ जाए, तब दूसरे लोग कहते हैं कि यह तो बिना शिल्प की कविता है।

अपनी बहुचर्चित कविता 'रामदास' को वह सबसे कम शिल्प दिखने की कविता के उदाहरण के रूप में देखते हैं।

उन्हें 'हँसो, हँसो, जल्दी हँसो' कविता से सम्बद्ध तमाम विवरण याद नहीं थे मगर अपनी एक और अत्यन्त प्रसिद्ध कविता 'रामदास' की रचना के समय के सारे विवरण ठीक-ठीक याद थे। १९७४ में जब उन्होंने यह कविता लिखी थी, तब वह आर.के. पुरम के तीन कमरे के एक सरकारी

मकान में रहते थे। इसके एक कमरे में वह सोते; लिखते-पढ़ते थे। एक रात क़रीब बारह बजे उन्हें यह कविता सूझी और इसे अन्तिम रूप देने का सिलसिला सुबह चार-पाँच बजे आकर रुका, तब उन्हें सन्तोष मिला। तब तक वह शारीरिक रूप से काफ़ी थक चुके थे मगर कविता के पूरी होने के साथ ही इस पर काम करके उन्हें लगभग शारीरिक काम करने जैसा सन्तोष भी मिला था। उन्हें मालूम नहीं था कि अन्ततः इस कविता का अन्तिम रूप ज़्यादा शब्दों में लिखने के बावजूद इतने कम शब्दों में आ सकेगा। इस कविता के उन्होंने कुल दो-तीन नये ड्राफ्ट बनाये थे, बीच-बीच में इन्हीं ड्राफ्टों में काटना-लिखना-काटना चलता रहा।

'रामदास' लिखते समय, इसका बेसिक छन्द एक बार स्पष्ट होने पर उन्हें यह समझ में आया कि इस कविता में दरअसल कहना क्या है। उसका पहला ड्राफ्ट पढ़कर ही उन्हें लगने लगा था कि इसमें बहुत कुछ फालतू है। उन्हें किसी कविता में जो-जो फालतू लगता था, उसे हटाने के बाद जो बचता, अगर वह इस योग्य लगता कि उसके माध्यम से कुछ कह दिया गया है तो उनकी कविता का लगभग अन्तिम रूप तैयार हो जाता था। 'रामदास' के साथ भी यही हुआ। रघुवीर जी मानते थे कि जिसे एक सरल अनुभव के रूप में वर्णित किया जा सकता है उसे एक सरल अनुभव के रूप में ही वर्णित करना चाहिए लेकिन जहाँ तक इस कविता का प्रश्न था, उसके शब्द ज़रूर सरल थे—इसमें एक भी कठिन शब्द नहीं था—लेकिन वह कहते थे कि यह एक सरल कविता होते हुए भी सरल नहीं है। सरल शब्दों के भीतर दुख की कई परतें छिपी हैं, दुख के ख़िलाफ़ विरोध की अनेक तस्वीरें भी हैं। इसमें रचनात्मकता के कई प्रयत्न समाहित हैं, मानव सभ्यता, मानवीय आत्मा पर आक्रमण को निरस्त करने के भी कई प्रयत्न शामिल हैं। उन्हें लिखते समय यह पता था कि इसमें सत्य के विभिन्न स्तर और पहलू उद्‌घाटित हुए हैं, उन्हें अगर कुछ लोग नहीं समझ सकेंगे तो भी ये शब्द, उनके भीतर वे आयाम, वे अर्थ रच सकेंगे।

रघुवीर सहाय चूँकि शिल्प के महत्त्व के प्रति सबसे ज़्यादा सजग थे, इसलिए उनकी बहुत कम कविताएँ ऐसी हैं, जिनका पहला ही ड्राफ्ट, अन्तिम ड्राफ्ट बन सका हो। पहले ड्राफ्ट में आने वाली ऐसी कविताएँ उनके अनुसार वही हैं, जिनके पीछे काफ़ी रागात्मक और मानसिक उफान उनके अन्दर-अन्दर रहा। वे एक आवेग का नतीजा थीं। जैसे 'नशे में दया'

कविता उन्होंने ३१ अक्टूबर, १९८१ को लिखी। उस दिन शाम को वह अकेले ही दिल्ली प्रेस क्लब गये थे। यह कविता इस तरह आरम्भ होती है—'मैं नशे में धुत था, आधी रात के सुनसान में/ एक कविता बोलता जाता था अपनी जान में /...' उन्होंने वहाँ शराब पी और खाना खाया। उस वक़्त तक वहाँ भीड़ कम थी। उनकी सेवा अहमद नामक एक पुराना बेयरा कर रहा था, जो खिदमतगारों की तरह विनम्र ज़रूर था मगर मालिक को ख़ुश करने के लिए बिछा नहीं जाता था। उसके स्वभाव में विशेष तरह की खुद्दारी थी। वैसे बाजवक़्त वह ख़ुशामद भी करता था। जब उसे किसी बात से इनकार करना होता तो वह ऐसे करता था, जैसे क़ानून के मुताबिक कर रहा हो मगर जब कुछ माँगना होता, तो उनसे साफ़-साफ़ कहता—'इस बिल में एक पैकेट सिगरेट जोड़ दीजिये और दस्तख़त कर दीजिये।' रघुवीर जी कहते हैं—'कौन जाने बाद में सिगरेट के पैकेट के बदले वह पैसे बना लेता हो? यह कौन जाने और क्यों जाने?' जब वह खा-पीकर क्लब से निकले तो दूर तक पैदल चले, कविता की पहली पंक्ति को गुनगुनाते हुए। घर आकर उन्होंने यह कविता पूरी की।

१९७५ में जब उनका दूसरा स्वतन्त्र कविता-संग्रह 'हँसो हँसो, जल्दी हँसो' प्रकाशित हुआ तो रघुवीर जी कहते हैं कि इस नाम से हिन्दी साहित्य में अचरज पैदा हुआ था। लोग कहने लगे थे—अजब नाम रखा है! क्या यह उसी कवि का संग्रह है, जिसने 'आत्महत्या के विरुद्ध' लिखा था? साहित्य के कुछ अच्छे-भले पाठक भी इस किताब का नाम याद रखने में गड़बड़ कर जाते थे, उनके मुँह से निकलता था—'हँसो, हँसो और हँसो।' वे जल्दी हँसने में जो आदेशात्मकता है, उसकी भयंकरता देख नहीं पा रहे थे। यह कविता उन्होंने १९७१ में लिखी थी, जो अगले साल बीकानेर की एक पत्रिका 'चिति' में प्रकाशित हुई। इस एक कविता को केन्द्र में रखकर जर्मनी के हिन्दी के विद्वान और कविताप्रेमी लोठार लुत्से ने उनसे लम्बी चर्चा की, जो वात्स्यायन जी के 'प्रतीक' के नये अवतार 'नया प्रतीक' में १९७८ में छपी थी। लुत्से जानना चाहते थे कि यह कविता रघुवीर जी ने किन परिस्थितियों में रची थी तो उन्होंने साफ़ कहा कि उन्हें यह ठीक याद नहीं है। कुछ देर बाद वह इसमें आये एक बिम्ब का स्रोत अवश्य याद कर पाये। इस कविता में पंक्तियाँ आती हैं—'जितनी देर ऊँचा गोल गुम्बद गूँजता रहे/ उतनी देर तुम बोल सकते हो/ अपने से/ गूँज थमते-थमते फिर हँसना/ क्योंकि तुम चुप मिले तो प्रतिवाद के जुर्म में फँसे/ अन्त में हँसे तो

तुम पर सब हँसेंगे और तुम बच जाओगे।' यह 'गोल गुम्बद' लोकसभा का वह गोल गुम्बद था, जिस पर सदन में कवरेज के लिए प्रेस-गैलरी में बैठनेवाले (उन समेत) संवाददाताओं की नज़र पड़ती थी। कवि इस कविता के सिर्फ़ एक ही बिम्ब को याद कर पाता है लेकिन इस कविता के पीछे छिपी गहरी तकलीफ़ को ज़रूर वह रेखांकित करता है। अलग-अलग किन घटनाओं से यह तकलीफ़ उनके अन्दर इकट्ठा हुई और कविता के रूप में आयी, इसके एक-एक विवरण में जाना शायद उनके या किसी भी कवि के लिए सम्भव नहीं था।

उन्हें हँसी कुछ अधिक ही मोहित करती थी। उसके अनेक रूपों-अभिव्यक्तियों पर उनकी निगाह जाती थी। इसके कई बिम्ब 'आत्महत्या के विरुद्ध' में तो आये ही हैं और 'हँसो, हँसो, जल्दी हँसो' में तो हँसी का एक भरापूरा संसार अपने तमाम रूपों में मौजूद है। हँसी पर उनके तीन अच्छे लेख भी हैं, जिनमें से उनका एक लेख १९८६ में छपा था—'हिन्दी हा हा हू हू।' लुत्से से बातचीत में जहाँ वह हँसी के ज़रिये लोगों की अपनी अवशता-असहायता को छिपाना देखने की बात अधिक करते हैं, वहीं इस लेख में वह हँसी को भाषा का पूरक और अपने आप में भाषा बताते हुए कहते हैं कि 'हा हा हा' हँसी का एक शब्द है। यह लिखा एक ही प्रकार से जाता है पर उच्चारित विभिन्न प्रकार से किया जाता है। वह हिन्दीवालों के अक्सर अकारण हँसते हुए पाये जाने की तरफ़ भी संकेतित करते हैं। हिन्दी हास्य की 'प्रथम विशेषता' वह यह मानते हैं कि उसमें वह व्यक्ति हास्य का पात्र हो जाता है, जो सत्ता के आसन से खिसका हुआ दिखायी पड़े। हास्य वहाँ है, जहाँ सत्ता नहीं है, जबकि हिन्दी में कभी यह शक्ति थी कि वह अत्याचारी की 'भर्त्सना' करती थी, उसकी पोल खोलती थी। आज वह 'अत्याचारी की ख़ुशामद' करके, उससे अभय अर्जित करने के लिए, उसके प्रतिद्वन्द्वी अत्याचारी का उपहास करने के लिए तैयार है। यही हिन्दी की विकृति है, एक जुझारू भाषा के 'चमचा भाषा' बन जाने की परिणति।

कविता सम्बन्धी उनकी कुछ मान्यताओं के कारण कोई उन्हें पिछड़ा हुआ मानना चाहे तो मान सकता है। जैसे उन्हें यक़ीन था कि कविता आदमी को—जिसने उसे लिखा है—एक बेहतर इनसान बनाती है और नहीं बनाती है तो फिर वह कविता नहीं है। कविता ही क्या, कोई रचना नहीं है। हर रचना उसे हमेशा एक बेहतर व्यक्ति बनाती है, जिसने उसको किया है।

द्वेष, घृणा या हिंसा के साथ उसका कोई मेल नहीं। जिस व्यक्ति में—रचना के क्षण में—ये गुण या दुर्गुण मौजूद हों, उसके लिए कोई भी रचना करना सम्भव नहीं है। साथ ही वह कविता की 'उद्देश्यपरकता' को भी मानते थे। यह 'उद्देश्यपरकता' उनके लिए नये समाज की समझ बनाना और उसे बनाने के साधन क्या हो सकते हैं, उसे रेखांकित करना था। इस उद्देश्य के लिए समाज के घटकों के परस्पर सम्बन्ध, इतिहास, भूगोल, प्रकृति से उत्पादन कर्म के सम्बन्ध और उत्पादन के साधन पर लोकतन्त्रीय नियन्त्रण से लेकर अनुभव की संवेदनशीलता में परिवर्तन करना अपना उद्देश्य मानते थे। वह भावुक होने को ज़रूरी मानते थे और भावुक होने का अर्थ उनके तईं संवेदना का होना था, जिसके बग़ैर कविता सम्भव नहीं।

वह 'कविता हुई नहीं कि मरी नहीं' के सिद्धान्त के पोषक थे। इससे उनका मतलब यह था कि जिस क्षण आप एक कविता को पूरा लिख लेते हैं अर्थात् आप किसी एक जगह से शुरू करके यह जान लेते हैं कि आपने क्या लिखा है, उसके बाद कवि के लिए उसका वह महत्त्व नहीं रह जाता, जो कि दूसरों के लिए होता है। जैसे ही वह कविता पूरी हो जाती है, उस कविता में जो कुछ भी कवि ने इस्तेमाल किया है या उसमें भाषा के ज़रिये कोई ऐसी चीज़ उसमें उस समय पैदा हुई थी, जो कि आपके लिए नयी थी, वह उसके बाद उसके लिए नयी नहीं रह जाती। वह रचना कविता तो रहती है—कवि के लिए भी लेकिन उसके उपकरण काम आ चुके हैं और अब उन्हीं उपकरणों से कोई दूसरी कविता नहीं लिखी जा सकती। समाज में कविता की जगह और ज़रूरत कम हो रही है, इसे मानने के लिए भी वह तैयार नहीं थे। वह मानते थे कि ऐसा कहने-माननेवाले वही तत्त्व हैं, जो हर तरह की रचना के ख़िलाफ़ हैं, अपनी राजनीतिक-सामाजिक विचारधारा से प्रेरित होकर ये तत्त्व एक स्वतन्त्र व्यक्ति को नष्ट करने पर तुले हैं। यह इन्हीं का प्रचार है। इनकी भाषा में इसका दूसरा अर्थ यह है कि कविता करने से भूखों मरना पड़ेगा, जिसका उलट यह है कि ऐश करना है तो कविता मत करो यानी उस सच को मत दिखाओ, जिसको बिकने योग्य बना कर हम अर्थात् पैसे और सत्ता के तन्त्र में बैठे ये राजनीतिक-सामाजिक तत्त्व इस्तेमाल में न ला पायें।

जिन लेखकों का वह सम्मान करते थे

यह सही है कि रघुवीर सहाय ने हिन्दी साहित्यिकों की दुनिया में अपने को अधिक नहीं खपाया, थोड़ी दूरी बनाकर रखी। 'दूसरे सप्तक' में 'अपने बारे में' कुछ सोचकर ही मात्र १८ साल (रचनावली में बताया गया है कि उन्होंने वक्तव्य १९४७ में लिखा था) के युवा रघुवीर ने यह महत्त्वपूर्ण संकेत दिया था—'दोस्त बहुत से हैं मगर एक भी नहीं' (पता नहीं कृष्ण नारायण कक्कड़ से दोस्ती होने पर उनके विचार बदले या नहीं!)। वैसे उनके साहित्यिक मित्रों की संख्या अधिक नहीं थी, जो थे भी उनसे साहित्यिक कारणों से कम, व्यक्तिगत कारणों से अधिक मित्रता थी। मनोहर श्याम जोशी कहते हैं कि रघुवीर जी के दोस्त अक्सर साहित्यिक बिरादरी से बाहर के लोग थे, जिनमें पत्रकार अधिक थे। न वह समकालीन साहित्यकारों को मित्र बनाने लायक समझते थे और न उनके समकालीन साहित्यकार उन्हें। इस तरह मामला परस्पर था। जिन लेखकों-आलोचकों ने आरम्भ में उन पर ध्यान दिया-दिलवाया, उनसे भी उपकृत होने का भाव उन्होंने नहीं पाला (अज्ञेय शायद किसी हद तक अपवाद हों) क्योंकि उन्हें अपनी रचनाशीलता की गतिमयता में अटूट विश्वास था। उनकी कुछ घनिष्ठता अपनी पीढ़ी के पहले और बाद के लोगों से किसी हद तक रही मगर समकालीनों से कम। कई पुरानों के प्रति उनमें सम्मानभाव है, जिनमें मैथिलीशरण गुप्त, सियाराम शरण गुप्त, राहुल सांकृत्यायन, बच्चन, गिरिजा कुमार माथुर, अमृतलाल नागर, यशपाल, भुवनेश्वर, नेमिचन्द्र जैन आदि हैं। इनमें से कुछ से उनका व्यक्तिगत सम्पर्क था, कुछ से नहीं। जैसे १८-१९ साल के युवा रघुवीर ने कथाकार-नाटककार भुवनेश्वर को लखनऊ के कॉफ़ी हाउस में कई दोस्तों से घिरा हुआ दूर से ही देखा था, उनकी बातें

सुनी थीं मगर एम.ए. कर रहे युवा रघुवीर की हिम्मत उनके नज़दीक जाने की नहीं हुई थी। मैथिलीशरण गुप्त और सियाराम शरण गुप्त, बच्चन आदि ने उन्हें प्रभावित किया था मगर इनसे भी उनका सम्बन्ध दूर का अधिक रहा। प्रेमचन्द के उत्तराधिकारी माने जाने वाले जैनेन्द्र कुमार के प्रति उनके मन में कोई ख़ास सम्मान नहीं था, बल्कि एक साक्षात्कार में लोहिया जी के 'दरबार' में उनकी उपस्थिति का मज़ाक़ ही बनाया है। रघुवीर जी कहते हैं—

> जैनेन्द्र जी वहाँ बैठे रहते थे घण्टों और लोहिया जी उनसे मिलते नहीं थे। न उनका क्षेत्र था, न समय था, न लोहिया जी को इसकी ज़रूरत थी कि वह लेखक को बुलाकर दुनिया को बतायें कि मैं कितना सांस्कृतिक आदमी हूँ। ऐसे दस आदमियों को वो ए बी सी डी पढ़ा सकते थे।

दरअसल, उनकी प्राथमिकताएँ और समझ का रास्ता अपने दूसरे साथी लेखकों से अलग था। रचनात्मक कौशल उन्होंने अर्जित किया था मगर उन्हें समकालीन समाज और राजनीति के पेंच अधिक आकर्षित करते थे। एक समतापूर्ण समाज कैसे बने, कैसे उस रास्ते से हमें भटकाया जा रहा है, यह चिन्ता उन्हें अधिक सताती थी, उनके लिए साहित्य उसका ही अभिन्न हिस्सा था। अपने समय के कई लेखकों की अपेक्षा उनकी सोचने—संवेदित होने—विश्लेषित करने की क्षमता अनोखी थी, जिसका एक तरह से विस्फोट १९६७ में उनके पहले सम्पूर्ण कविता-संग्रह 'आत्महत्या के विरुद्ध' में दिखता है। उनकी चिन्ताएँ-व्याकुलताएँ, कविता आदि में रूढ़ हो चुकी आधुनिक दृष्टि से अलग थीं। यहाँ तक कि उन वात्स्यायन जी से भी उनकी चिन्ताएँ अलग थीं, जिनसे उनकी व्यक्तिगत निकटता अधिक रही। उनके लिए किसी का अनुयायी होना सम्भव नहीं था।

उनके मन में मैथिलीशरण गुप्त, सियाराम शरण गुप्त के लिए बहुत सम्मान था। 'धर्मयुग' में अपने 'दिल्ली की डायरी' स्तम्भ में उन्होंने इस बात के लिए अँग्रेज़ी अख़बारों की ख़ासी ख़बर ली थी, जिन्होंने राष्ट्रपति के अभिभाषण पर राज्यसभा में हुई बहस के दौरान गुप्त जी के पद्यात्मक भाषण की उपेक्षा करते हुए सिर्फ़ एक पंक्ति में उनकी बात को समेट दिया था कि उक्त माननीय सदस्य ने कविता कही। रघुवीर जी ने लिखा कि अँग्रेज़ी के समाचार-पत्रों में काम करने वाले देश के हाल के इतिहास से परिचित होते तो वे यह समझ सकते थे कि भ्रष्टाचार और जड़ता की जो शिकायत माननीय सदस्य ने अपने भाषण में की थी, उसका क्या महत्त्व है!

'पद्य में ही सही पर मैथिलीशरण गुप्त ने देश की पुकार को स्वर दिया है। उसे सिर्फ़ कविता कहकर टाला नहीं जा सकता', यह टिप्पणी थी उनकी। १९६४ में ७८ वर्ष की उम्र में जब गुप्त जी का देहावसान हुआ तो 'आकाशवाणी' पर प्रसारित श्रद्धांजलि आलेख में रघुवीर जी ने लिखा—

> यदि आधुनिक भारत का कोई ऐसा इतिहास कभी लिखा गया, जिसमें साहित्यकारों के कृतित्व को अपना सच्चा श्रेय मिले तो भारतीय उत्कर्ष के पिछले १०० वर्षों में मैथिलीशरण गुप्त के ७८ वर्षों का विशिष्ट स्थान होगा।

गुप्त जी के छोटे भाई लेकिन अपने तौर पर बड़े रचनाकार सियाराम शरण गुप्त ने जनवरी, १९५८ के 'आजकल' में अपने प्रसिद्ध उपन्यास 'नारी' पर एक विश्लेषणात्मक आलेख लिखा था। उसकी प्रशंसा उन्होंने 'कल्पना', १९५८ में करते हुए सियाराम जी की 'रचनाशील निर्वैयक्तिकता' को उनका 'आचरणगत मूल्य' माना था। लखनऊ में उनका घनिष्ठ सम्पर्क अमृतलाल नागर और यशपाल जैसे वरिष्ठ लेखकों से रहा। शमशेर बहादुर सिंह और वह हालाँकि 'दूसरा सप्तक' के कवि थे मगर शमशेर जी हर मायने में रघुवीर जी से वरिष्ठ थे। शमशेर जी के इस कथन ने उन पर आजीवन गहरा असर डाला था कि ज़िन्दगी में तीन चीज़ों की बड़ी ज़रूरत है— 'ऑक्सीजन, मार्क्सवाद और अपनी वह शक्ल जो हम जनता में देखते हैं।'

कवि के रूप में वह अज्ञेय, मुक्तिबोध और शमशेर को सर्वोपरि मानते थे। मुक्तिबोध से तो रघुवीर जी की सिर्फ़ एक बार इलाहाबाद के लेखक सम्मेलन में थोड़ी देर बातचीत हुई थी और उनमें क्या चर्चा हुई थी, इतने वर्षों बाद रघुवीर जी को यह याद नहीं था लेकिन चिकित्सा के लिए जब दिल्ली के अखिल भारतीय आयुर्विज्ञान संस्थान (एम्स) में मुक्तिबोध को भर्ती किया गया तो वह इसमें सहायक बने थे। मुक्तिबोध के प्रशंसक वह १९६४ में तब बने, जब कवि का पहला कविता-संग्रह 'चाँद का मुँह टेढ़ा है' सामने आया था। कुछ मामलों में वह अज्ञेय से भी बड़ा कवि मुक्तिबोध को मानते थे। यह १९६६ में 'तार सप्तक' के दूसरे संशोधित संस्करण की समीक्षा से स्पष्ट है।

अपनी पीढ़ी में जिन कवियों से उनकी निकटता नज़र आती है, उनमें छात्र जीवन के उनके साथी कुँवर नारायण तो थे ही, उनके लगभग समवयस्क

विपिन अग्रवाल भी थे, जिनसे उनकी अन्तिम बार दिल्ली में तीन घण्टे लम्बी बातचीत अमेरिका में अपनी बेटी के पास बाईपास सर्जरी के लिए जाने से पहले हुई थी। वैसे वहाँ जाकर भी उनका जीवन बच नहीं पाया था। रघुवीर जी इस बात से व्यथित थे कि अप्रैल, १९८९ में उनकी मृत्यु हुई मगर दिल्ली के अख़बारों में जुलाई तक विपिन जी के बारे में कोई समाचार नहीं छपा था, जबकि इलाहाबाद से लेकर दिल्ली तक अनेक लेखक-कवि अख़बारों में रोज़ीरोटी के लिए काम कर रहे थे! गद्यकारों में फणीश्वरनाथ रेणु से उनकी घनिष्ठता थी। उनके लेखन के प्रशंसक तो वह थे ही, उनकी सामाजिक-वैचारिक निष्ठा और सक्रियता के प्रति भी उनके मन में गहरा सम्मान था। रेणु, अज्ञेय के समय से ही 'दिनमान' से जुड़े थे। उसके लिए रिपोर्टिंग करते थे। बिहार आन्दोलन में सक्रियता के कारण रेणु ने स्वयं अपने राज्य की रिपोर्टिंग का काम छोड़ दिया था। कारण यह था कि वह नहीं चाहते थे कि आन्दोलनकारी होकर वह रिपोर्टिंग निष्पक्षता से कर पायेंगे। यह काम के साथ न्याय नहीं होगा लेकिन रघुवीर जी ने उन्हें किसी न किसी रूप में 'दिनमान' से जोड़े रखा। उनसे नेपाल की सशस्त्र क्रान्तिकथा लिखवायी, जिससे वह एक समय सक्रिय रूप से सम्बद्ध थे। इसके अलावा उन्होंने १९७५ में पटना में आयी बाढ़ पर भी धारावाहिक रिपोर्ताज उनसे लिखवाया। रेणु में यह ज़बर्दस्त ख़ूबी थी कि अपनी संवेदनशील आँख से किसी भी दृश्य को वह चित्र से भी अधिक जीवन्त बना सकते थे, उसमें ध्वनि को ऐसे पिरो सकते थे कि वह कानों में बजने लगे। ये दोनों शब्दचित्र बाद में पुस्तकाकार आये। बाढ़ का रिपोर्ताज़ 'ऋणजल-धनजल' के नाम से और नेपालवाली कथा—'नेपाली क्रान्तिकथा' के नाम से। लेकिन इन दोनों लेखकों का सम्बन्ध लेखक-सम्पादक वाला, वैचारिक मित्रता वाला ही नहीं था, निजी घनिष्ठता का भी था। पटना जाने पर रघुवीर जी कितनी ही बार उनके घर रुके थे, खाना खाया था, गप्पें लड़ाई थीं। रेणु के न रहने पर भी उनके पटना स्थित घर गये थे लतिका जी से मिलने। इसके बाद रेणु को याद करते हुए 'रेणु की याद' शीर्षक से बेहद मार्मिक टिप्पणी लिखी थी। रेणु जी से रघुवीर जी ने १९७० में एक साक्षात्कार भी लिया था।

मलयज उन रचनाकारों में थे, जिनसे उनका शमशेर जी और प्रेमलता वर्मा के साथ ही मैत्रीपूर्ण सम्बन्ध बना था और जिनकी रचनाशीलता के प्रति

उनके मन में अन्त तक गहरा सम्मान बना रहा। मलयज ने उन्हें सबसे पहले १९५७ में 'कल्पना' के सम्पादक के रूप में कुछ कविताएँ प्रकाशन के लिए भेजी थीं। उनमें से तीन कविताएँ दिसम्बर, १९५७ में छपीं। व्यक्ति मलयज से तो रघुवीर जी का परिचय पहले हो चुका था, रचनाओं से एक तरह से यह उनका पहला परिचय था। इन कविताओं ने उन्हें बहुत प्रभावित किया। इनमें उन्हें कोई मुद्रा नज़र नहीं आयी, वक्तव्यबाजी भी नहीं, सिर्फ़ बिम्ब थे और बिम्बों में छिपी गहरी पीड़ा थी, जिसमें विडम्बना और अकेलेपन का बोध था। रघुवीर जी ने तुरन्त उन्हें 'विशिष्ट कवि' का दर्ज़ा दिया। बाद में रघुवीर जी हैदराबाद से दिल्ली आ गये तो मुलाक़ातों का सिलसिला बना रहा। कभी शमशेर जी और प्रेमलता जी के साथ, कभी अकेले। इस बात ने रघुवीर जी को बहुत पीड़ित किया था कि मलयज की मृत्यु के बाद उनकी रचनाओं के प्रकाशन में विलम्ब किया जा रहा है। उनका सुझाव था कि क्यों न इन्हें एक न्यास के सुपुर्द किया जाय 'क्योंकि प्रकाशकों और साहित्य के महन्तों पर अब भरोसा नहीं किया जा सकता।'

अमृतलाल नागर उनसे उम्र में चौदह साल बड़े थे मगर यह संयोग है कि १९९० की फ़रवरी में नागर जी की मृत्यु हुई, जिन पर रघुवीर जी ने बहुत आत्मीय श्रद्धांजलि लिखी और उसी वर्ष दिसम्बर में वह स्वयं भी इस दुनिया से विदा हो गये। नागर जी को उन्होंने इस बात के लिए याद किया था कि १९४९-५० में लखनऊ लेखक संघ की स्थापना में यशपाल जी के साथ उन्होंने भी बाद के इन लेखकों का वैचारिक समर्थन किया था। नागर जी से यह सम्बन्ध बाद में भी किसी न किसी रूप में बना रहा। रघुवीर जी दिल्ली आकर जब 'प्रतीक' से जुड़े तो स्वाभाविक है कि आरम्भ में अक्सर उन्हें लखनऊ की याद सताती थी। लखनऊ से नाता जोड़े रखने की छटपटाहट में अपने कुछ मित्रों के अलावा वह नागर जी को भी पत्र लिखा करते थे। नागर जी उनके कई पत्रों का जवाब नहीं दे पाये, जिसका कारण उनकी अपनी आजीविका की विकट समस्याएँ थीं। उन्होंने सितम्बर, १९५१ में लिखे एक पत्र में रघुवीर जी को अपनी आर्थिक और शारीरिक स्थिति के बारे में कुछ ऐसी बातें लिखीं, जो किसी अत्यन्त आत्मीय को ही लिखी जा सकती हैं। उस पत्र में उन्होंने लिखा था कि अन्दर ही अन्दर उनके शरीर की मशीन बुरी तरह थक गयी है। इस थकान का कारण आर्थिक चिन्ताएँ हैं क्योंकि 'घर में बैठकर खाना बड़ा तकलीफ़देह' साबित हो रहा है।

उन्होंने उसमें फिर से मुम्बई जाने की उनके मन में चल रही उधेड़बुन के बारे में लिखते हुए कुछ दूसरे क़िस्म के गहरे समझौते करने से बेहतर सिनेमा को अपने पेशे के रूप में स्वीकार कर लेना बताया। जब 'प्रतीक' में एक ऐसा उपन्यास धारावाहिक रूप से छापने की योजना बनी, जिसके अलग-अलग अध्याय, अलग-अलग लेखक लिखेंगे, जिसमें पहले वाले लेखक ने उपन्यास को जहाँ तक पहुँचा दिया है, उससे अगले लेखक को आगे ले जाना होता था। अपनी तरह का यह एक प्रयोग हिन्दी में हो रहा था, जिसमें नागर जी से उसकी पाँचवीं किस्त लिखने का आग्रह रघुवीर जी ने किया। बाद में जब रघुवीर जी 'दिनमान' के सम्पादक बने तो उनसे आग्रह कर लखनऊ की पुरानी रिहायशी इमारतों पर एक लेख लिखवाया, जो उनके ख़ुद के चौक स्थित निवास जैसी ही किसी हवेली के बारे में था। रघुवीर जी, नागर जी को सही अर्थों में मसिजीवी लेखक मानते थे।

यशपाल उन लेखकों में से थे, जो अमृतलाल नागर की तरह लखनऊ के उस दौर में उनके साथ रहे, जब रघुवीर जी और उनके मित्रों ने मिलकर लखनऊ लेखक संघ बनाया था। उनकी एक कहानी 'नशे नशे की बात' पर आधारित नाटक में युवा रघुवीर ने अभिनय किया था। दिल्ली आने के बाद एक बार १९६२-६३ में कभी वह यशपाल से मिलने गये थे। तब यशपाल अपने नये और बड़े मकान में आ चुके थे। तब यह चर्चा थी कि यह मकान रूस ने 'बनवाया' है। यशपाल ख़ुद कहते थे कि इसमें आधे पैसे उनके और आधे उधार के लगे हैं। बहरहाल, रघुवीर जी ने उन्हें उन लेखकों में अन्यतम बताया था, जिन्होंने पिछली तीन पीढ़ियों में हर पीढ़ी को स्वतन्त्र विवेचना के लिए उत्साह दिया है।

शमशेर जी जीवन के आख़िरी कुछ वर्षों में अहमदाबाद रहने चले गये थे या कहें, यही विकल्प उनके सामने बचा था। 'वाणी प्रकाशन' के एक समारोह में वह दिल्ली आये थे, जिसमें उन्हें भी बोलना था। ज़ाहिर है कि वरिष्ठता के क्रम में शमशेर जी की बारी बाद में आने वाली थी। रघुवीर जी लिखते हैं कि शमशेर से ज़्यादा उनके मित्रों को यह चिन्ता थी कि वह अब तक क़ैमरों की तेज़ रोशनी से थक चुके होंगे। रघुवीर जी ने यह भी नोट किया कि शमशेर जी को देखने के लिए उस दिन दिल्ली में जितने साहित्यकार एकत्र हुए थे, उतने शायद उपस्थित कवियों में से किसी की कविता सुनने के लिए एकत्र नहीं होते।

> शमशेर उस खोज का नाम है जो पिछले चार दशकों से हिन्दी साहित्य में नयी समझ और पहुँच के लिए जारी है और अध्यापकों और आलोचकों की पकड़ में नहीं आ रही है। सिर्फ़ कभी आशा कर सकते हैं कि वह संवेदना और शिल्प—जिसकी साधना शमशेर ने की है—अपनी छटपटाहट में उन्हें परम्परा में जोड़ पायेगी।

शमशेर जी की एक प्रसिद्ध कविता 'टूटी हुई, बिखरी हुई' पर रघुवीर जी ने जो टिप्पणी लिखी, वह इस कविता पर लिखी बेहतरीन टिप्पणी मानी जाती है। यही नहीं उनके संग्रह 'बात बोलेगी' १९८१ में छपा तो उस पर भी एक लम्बी समीक्षा रघुवीर जी ने लिखी। इसके अतिरिक्त रघुवीर जी ने 'दिनमान' में उनसे कई किस्तों में उर्दू पाठ लिखवाये। कभी शमशेर जी स्वयं चलकर इसके लिए 'दिनमान' के दफ़्तर आते थे और पाठ को अन्तिम रूप देते थे, कभी प्रयाग शुक्ल उनके पास जाते थे। रघुवीर सहाय के प्रति शमशेर जी के मन में भी प्रेम और सम्मान था, जो उनके जन्मदिन पर लिखी एक कविता 'र.स.' में व्यक्त हुआ है। दुर्भाग्य से उनके दो सहयोगियों—सर्वेश्वर दयाल सक्सेना और नेत्र सिंह रावत की मृत्यु रघुवीर जी के जीवनकाल में हुई। उन्हें भी उन्होंने श्रद्धांजलि दी। रघुवीर सहाय ने अपने जीवन में न केवल अपने से वरिष्ठ कवियों जैसे अज्ञेय और भवानी प्रसाद मिश्र की कविताओं पर लिखा बल्कि अपने से बाद के कई रचनाकारों की पुस्तकों पर भी लिखा, जिनमें विष्णु खरे, प्रयाग शुक्ल, मंगलेश डबराल, विष्णु नागर आदि की एक या दो पुस्तकें शामिल हैं।

शमशेर के र.स.

हिन्दी के बहुत कम कवियों ने इतनी आत्मीय कविता किसी दूसरे कवि पर लिखी होगी, जितनी शमशेर बहादुर सिंह ने रघुवीर सहाय पर लिखी है। इस कविता का शीर्षक है—'र.स.।' रघुवीर सहाय का संक्षिप्त रूप। वह कविता में कहते हैं—'र.स. मुझे ज़्यादा अच्छा लगता है/रघुवीर सहाय से/ संक्षिप्त है न, जो कि कला की आत्मा/है/अर्थात् संक्षिप्तता।' फिर इसी कविता में दोहराते हैं—'र.स.मुझे अच्छा लगता/ है/इसमें एक सादगी है/ सरलता के साथ सारतत्त्व जैसा कुछ।' याद करें र.स.'दूसरा सप्तक' में 'अपने बारे में' लिखते हुए भी एक जगह कहते हैं—'यह शायद सच हो कि पिताजी की सादगी से मैंने कला की प्रेरणा ली हो।' शमशेर भी उसी सादगी, उसी कला की आत्मा अर्थात् संक्षिप्तता का सम्बन्ध जोड़ते हैं, उनके नाम के संक्षिप्त रूप र.स. से।

यह कविता—जैसी कि ख़ुद गवाही देती है—र.स. के पचासवें जन्मदिन (९ दिसम्बर, १९७९) के दिन तो शायद पूरी तरह नहीं मगर उस अवसर पर लिखी गयी थी। एक साक्षात्कार में शमशेर कहते हैं कि उन्हें त्रिलोचन ने बताया कि अगले सप्ताह रघुवीर सहाय की पचासवीं वर्षगाँठ है। यह सुनकर पता नहीं, वह क्यों चौंके। र.स. का पचासवाँ जन्मदिन उनके लिए आश्चर्ययुक्त प्रसन्नता की बात थी। शमशेर कवि के रूप में वरिष्ठ थे मगर संयोगवश 'दूसरा सप्तक' में र.स. के साथ ही लिए गये थे। रघुवीर जी के पचासवें जन्मदिन की सूचना ही इस कविता को लिखने का कारण बन गयी, जिसे अन्तिम रूप देने के लिए शमशेर ख़ुद बताते हैं कि उन्होंने बहुत काम किया था। पहले शायद इसे मन ही मन लिखा। फिर उस 'अच्छी', 'बहुत अच्छी' कविता को भूल जाने, उसे दुहराकर याद न करना चाहकर यह कविता

लिखी। ऐसा करते हुए वह इस बात को नहीं भूले कि वह कविता—जिसे उन्होंने लिखित रूप नहीं दिया, जिसे दुहराना न चाहा था, अगर्चे, वह अच्छी थी, बहुत अच्छी कविता थी—मगर 'ख़ैर' कहते हुए वह आगे बढ़ जाते हैं।

यह कविता लिखकर ही वह एकदम अकेले र.स. की पचासवीं सालगिरह मना रहे हैं, बिना उसमें किसी को शरीक किये हुए (शरीक करना वह चाहते भी नहीं)। अकेले ही, मन ही मन, चुपचाप, आनन्द से, अपने कुछ 'डूडल्स' और बिलकुल 'मीनिंगलेस पेंटिंग्स', पोयम्स, कुछ तुकें, गीतों की कुछ लहरें, आधे-अधूरे शे'र, र.स. को भेंट करने की चाह मन में लिये हुए। जन्मदिन का कोई टीमटाम नहीं, कोई केक नहीं, र.स. ख़ुद भी नहीं, इस मौक़े पर उनके होने की चाहत भी नहीं। उस 'बहुत अच्छी' कविता को छोड़कर-भूलकर-बिसराकर—जो रचना वह लिखना चाहते हैं, लिख रहे हैं, वह भी अन्ततः लिखी ही जायेगी, पूरी ही होगी, इसे लेकर भी कवि स्वयं आश्वस्त नहीं है। कारण है कि यह कविता 'कोई ख़ास' तो हो नहीं रही, इसलिए इसे लिख भी लिया तो र.स. को भेज ही देंगे, इसका भी भरोसा नहीं। ग़ौर कीजिये कि कवि जो कविता लिखने की प्रक्रिया में है—उसे तो कुछ ख़ास मान नहीं रहा—मगर वह कविता ज़रूर अच्छी ही नहीं, बहुत अच्छी थी, जो ज़बानी लिखी गयी थी, जिसे वह भूल चुका है, जो इस कविता में फिर से आ नहीं पा रही है। यह विनम्रता का एक अनोखा, ख़ास शमशेरियन अन्दाज़ है, अपने एक प्रिय कवि का जन्मदिन मनाने का अपना एक अन्दाज़, कविता लिखने का, उसकी प्रक्रिया को खोलते हुए एक अलग ही स्वर है। कवि, कविता लिख ही नहीं रहा है, लिखने की प्रक्रिया का साझीदार भी पाठक को बना रहा है, उसे उस कविता को लिखने की मुश्किलों में अपना राज़दार बना रहा है।

शमशेर के दिमाग़ में इस कविता को लिखते वक़्त र.स. की बहुत-सी स्मृतियाँ इकट्ठा होती जा रही हैं, उन्हें हटाकर, उनके बिम्बमात्र, संक्षिप्ततम रूप मात्र को कवि ग्रहण करता है। वह र.स. पर निबन्ध नहीं—कविता है—तो उसमें वह सिर्फ़ बिम्बों को ही दाख़िला दे सकता है। ऐसा करते हुए वह बिम्बों की इस दुनिया में दूर तक पहुँच जाता है, जिस दुनिया में नाटे क़द का बॉल की तरह उछल जाने का आयोजन-सा करता कवि र.स. है, अपनी निरस्त्र करनेवाली सादगी और संकोच का दामन पकड़े 'साहसिकता' दिखाता, पचास-साला वह कवि। उसकी विभिन्न छवियों को कवि याद

करता है। उसे लखनऊ में संगठन (प्रगतिशील लेखक संघ, इप्टा और लखनऊ लेखक संघ में) को सक्रिय बनाता र.स. का वह पुराना रूप याद आता है। साहित्य सम्पादन के दायित्वों के बाद सांगोपांग रूप से आधुनिक 'साप्ताहिक' (दिनमान) का गम्भीर और सामूहिक दृष्टि से र. स. का सम्पादन करना उसी प्रवाह में याद आता है (जो काम र.स. तब कर रहे थे)। र.स.के कवि और अन्य लेखकीय रूप भी उन्हें याद आते हैं। फिर इस 'कृतघ्न हिन्दी दुनिया को', 'गँवार संस्कृति' को र.स. द्वारा दी गयी शालीनता, पीड़ा, हँसी का मर्म, अट्टहास का अर्थ और भी बहुत कुछ का स्मरण हो आता है, उसके बिम्ब याद आते-जाते रहते हैं। र.स. से इस कवि को मिली हार्दिकता—मौन हार्दिकता—एक आश्चर्यजनक आत्मालाप की आश्चर्यजनक तटस्थता—का स्मरण हो आता है। बहुत कुछ याद करते हैं, उस कविता के बहाने शमशेर, उस पचास साला कवि र.स. के बारे में। र.स. का 'बड़े आये इण्टरनेशनल के बच्चे' से बराबर मिलना, फिर बिना डिगे जस का तस बने रहना, बड़ों-बड़ों की तहों को टटोलना, बड़ी-बड़ी बातों के छोटे-छोटे मुँह पकड़ना, सबकुछ समझकर चुप रहना, बहुत ज़्यादा न पढ़ना मगर बहुत कुछ जान लेना जैसे अनेक बिम्ब उनकी स्मृति को घेर लेते हैं। र.स. के एक पुराने प्रेम सम्बन्ध की ओर भी इशारा-सा है कुछ, फिर उनकी गृहस्थी, शमशादक़द पत्नी, कन्याओं को अन्ततोगत्वा सुयोग्य वरयोग्य बनाना, मध्यवर्गीय-सा सफल सा बनाने का उनका संघर्ष, थकन, शराब और क़र्ज़, उनकी सादगी आदि अनेक बिम्बमालाएँ कवि के मन में आती हैं।

शमशेर, र.स. के पचासवें जन्मदिन पर शुभकामनाएँ ग़ालिब के 'प्यारे मुहावरे' में देते हुए कहते हैं—'हज़ार बरस और हर बरस के हों दिन पचास हज़ार।' फिर कहते हैं—पचास..., अरे पचास कोई उम्र है और भला सौ भी कोई उम्र ? हमारे यहाँ कई-कई हज़ार साल तक जीते रहे हैं लोग, जैसी तमाम शुभकामनाएँ शमशेर उस कवि को देते हैं। अन्त बड़ा आनन्ददायक है—'देखिये आख़िर में मैं प्राणायाम/और आसन की बात करने जा/ रहा हूँ—और मुश्किल/ परहेज़ों की। इसीलिए/ यहीं बन्द करता हूँ। अपनी सारी दुआ और बहुत से प्यार के साथ—।'

रघुवीर जी को प्राणायाम, आसन, योग आदि से लगाव नहीं था और परहेज़ों से भी उन्हें परहेज़ था, इसलिए शमशेर यह कहकर भी न कहते हुए से कविता को विराम देते हैं।

बसन्त पर बुरी गुज़र रही है

बसन्त के मौसम के विरुद्ध एक बड़ा अभियान चल रहा है। रंगमंच और फ़िल्म से उसको निकाल बाहर कर ही दिया गया है। नाटक-नारों और उपदेशों से फ़ुर्सत नहीं पाते, जो मनुष्य पर मौसम के असर को एक बार मौक़ा दें और फ़िल्में मुम्बई में बनती हैं, जहाँ बसन्त होता नहीं।...साहित्य में तो कोई एक पीढ़ी ने डर के मारे बसन्त (की ओर) झाँका तक नहीं। डर यानी बसन्त को नहीं, लेखक को यह डर है कि बसन्त जनविरोधी है।...बसन्त तो क्रान्तिकारी साहित्य में अब भी कवि की इस अपराध भावना के कारण अछूत है कि कवि उस आधी भारतीय आबादी का सदस्य नहीं है, जो प्रायः खुले आकाश के तले भटकते हुए हर मौसम की सिर्फ़ मार सहती है। संगीत में अलबत्ता दो-तीन रागों की बदौलत अभी बसन्त है और होली के गाने वाले अभी गाते हुए मिल ही जाते हैं मगर जब से सड़क के किनारे रंगसाज कम्पनी के डिब्बाबन्द रंगों का एक बड़ा विज्ञापन लगा है, रंगों की दुनिया में बसन्त पर बुरी गुज़र रही होगी...

—(रघुवीर सहाय रचनावली-२, पृ. २६६-६७)

बसन्त

वही आदर्श मौसम
और मन कुछ टूटता-सा
अनुभव से जानता हूँ
कि यह बसन्त है।

रघुवीर सहाय का प्रिय मौसम था बसन्त। उसकी उपेक्षा उन्हें असह्य (यह

संयोग नहीं कि उन्होंने अपने एकमात्र बेटे का नाम बसन्त रखा।) थी। किसी ज़माने में तो हर साल बसन्त पर एक कविता लिखने का नियम-सा उन्होंने बना रखा था। कविता लिखने के बारे में किसी नियम की बात उनके यहाँ इसी सन्दर्भ में पहली और अन्तिम बार मिलती है। मामला चाहे उनके और हमारे प्रिय बसन्त का हो लेकिन ऐसा नियम—वह भी कविता के मामले में—कब तक निभ सकता था? तीनेक साल निभा, फिर टूटा, सो टूट ही गया। बसन्त पर उनकी कुल पाँच-छह कविताएँ हैं, इन्हें वह अपने 'काव्य-संसार की भूमि की विभूतियाँ' मानते हैं। इनके ज़रिये उन्होंने यह बताने की कोशिश की है कि समय के साथ बसन्त की उनकी पहचान बदलती रही है। ये कविताएँ उन्हें विश्वास दिलाती थीं कि वह उस समाज की अन्तरंग इकाई हैं, जो सिर्फ़ आँकड़ों का जोड़ नहीं है, जिसमें मानव सम्बन्धों के न जाने कितने रूप एक-दूसरे से जुड़े हैं। इस क्रम में बसन्त पर जैसी कविताएँ और गद्य उन्होंने लिखा है (और गद्य भी कविता जैसा), वैसा तो छोड़िए, उस परिमाण में भी उनकी या बाद की पीढ़ियों के कवियों ने नहीं लिखा है। वैसे बसन्त पर ख़ुद उनके लेखों-टिप्पणियों की संख्या भी ज़्यादा नहीं है—तीन है।

१९८१ में लिखी एक टिप्पणी में वह इस बात से आहत से लगते हैं कि बसन्त को फ़िल्मों और रंगमंच के साथ साहित्य से भी बाहर कर दिया गया है। बसन्त पर लिखने को 'जनविरोधी' काम मानकर एक पीढ़ी ने उसकी तरफ़ झाँका तक नहीं। १९८० में उभरे हुए कवियों की ओर संकेत करते हुए वह लिखते हैं कि माँ, चिड़िया, धूप और फूलपत्ती पर तो एक तरह की 'मिनमिनाहट', 'क्रान्तिकारी कवियों' ने ज़रूर पैदा की है पर 'वह बसन्त तो नहीं है।'

यह लिखने के कोई तीन ही बरस बाद वह पाते हैं कि इस मामले में दोषी सिर्फ़ 'क्रान्तिकारी' कवि नहीं हैं। वास्तव में तो १९५० के बाद से बसन्त के बहाने कोई कविता उनके समेत सिर्फ़ दो-चार 'सिरफिरे' कवियों ने ही लिखी है। उनके अनुसार इसके विपरीत १९५० के पहले के प्राय: हर कवि ने बसन्त पर कविताएँ लिखी हैं। उनकी राय में प्रकट में इसका कारण भले यह हो कि उस समय कविता के बाज़ार में इस तरह के माल की ख़पत थी और बसन्त पर लिखने का अभ्यास भी तब के कवियों को था मगर उनके सामने चुनौती यह भी रही होगी कि वे प्रतिदिन, प्रतिपल, चंचल, व्यतीत होते समय को देखकर अपने हिस्से के बसन्त को बीत जाने से पहले ही

रच डालना चाहते होंगे।

उनकी राय में आधुनिक साहित्य—विशेषकर कविता में—बसन्त की इस उपेक्षा का नुकसान साहित्य को हुआ है। इससे नयी समझ बनने और फैलने से रह गयी है। इस जगह पर बड़ी हद तक उस तरह की समझ का कब्ज़ा हो गया है, जो अनुभव को गहरा और जीवनदायक नहीं बनाती। आधुनिक सौदागरों ने बसन्त को एक अनुत्पादक, असामयिक, अर्थहीन अनुभव मान लिया है। कहा जाने लगा है कि बसन्त ऋतु अब है कहाँ? सब तरफ़ तो कंक्रीट के जंगल हैं। हम कहें कि नये पल्लवों की यह ऋतु, मनुष्य में भी नयी शक्ति लाने वाला यह मौसम और कहीं नहीं तो गमलों में तो बचा होगा तो 'हम पलायनवादी ठहरा दिये जायेंगे।' 'देख रहे हैं आप? भगोड़े, उन्हें भगोड़ा बता रहे हैं, जो अब भी पैर टिकाये हुए हैं। एक गमले से इतना डर?'

वह इसे विचारणीय प्रश्न मानते हैं कि 'इस एक ऋतु के अनुभव से सभी लोगों को वंचित कर देने का षड्यन्त्र क्यों चला?' उनके विरुद्ध भी जो चला, जो ठिठुरते हुए जीवित बच गये होंगे और बसन्त जिन्हें अब बचाये रखेगा और उनके ख़िलाफ़ भी, जो अघाए हुए हैं, अपना अपच लिये-दिये, जमुहाते हुए कमरों से बाहर आते हैं।

> कोई चीज़ तो इस ऋतु में है जो लोगों का सामूहिक इस्तेमाल करनेवाली, लार टपकानेवाली और गुर्रानेवाली उस सत्तावादी संस्कृति के विरुद्ध है, जिसने यह अपच और यह भुखमरी दोनों एकसाथ पैदा की है।

दिलचस्प है कि बसन्त पर उन्होंने कविता समेत जितना भी लिखा है—लखनऊ से दिल्ली नामक 'परदेस' में आकर ही लिखा है। बसन्त की बात करते हुए उन्हें प्रकटतः लखनऊ याद नहीं आता। उनकी बसन्त पर पहली कविता 'बसन्त आया', अप्रैल, १९५२ में 'प्रतीक' में छपी यानी उनके दिल्ली आने के बाद। दूसरी कविता 'बसन्त की हवाएँ' भी उसी वर्ष लिखी गयी। तीसरी कविता 'बसन्त' १९५३ की है। १९५४ में लिखी कविता है—'अद्वितीय दृश्य।' फिर यह नियम टूट-सा जाता है। वह अगली कविता (धूप) १९५७ में और 'लोकतन्त्रीय मृत्यु' कविता १९६३ में लिखते हैं।

एक खोज उनकी अपनी, उनके अपने लिए यह थी कि किस फूल को बसन्त का प्रतीक माना जा सकता है तो तर्कबुद्धि से वह गुलाब निकला :

कितने सही हैं ये गुलाब
कुछ कसे हुए और कुछ झड़ने-झड़ने को
और हल्की-सी हवा में और भी जोख़िम से
निखर गया है उनका रूप जो झरने को है।

तो क्या दिल्ली का बसन्त उन्हें अधिक अपील करता था? इसका कोई निश्चित उत्तर नहीं दिया जा सकता मगर बसन्त से यह प्रेम यकायक दिल्ली आकर ही पनपा होगा, ऐसा भी शायद नहीं रहा होगा, उसके बीज कहीं लखनऊ में ही पड़े होंगे मगर बसन्त की छटा का वर्णन करते समय उन्हें दिल्ली ही दीखती है, जहाँ कि सड़कों और विशिष्ट बंगलों में समान रूप से बसन्त श्री दो-एक महीने तक लगभग सब की हो सकती है।

> रहने के लिए बंगला नहीं है, इस कुण्ठा से जो चहारदीवारी के ऊपर से इधर झुक आये गुलमोहर के पुकार-पुकार कर दिखाने वाले वृक्ष को भी न देख सकें, उनकी बात और है।' फ़रवरी के मध्य में सेमल फूलने लगा है और कुछ ही दिनों में कौवे उनके आकर्षक लाल डोडे को खाद्य समझकर उस पर आने लगेंगे—जब वह फटेगा तो चौंककर उड़ जाया करेंगे। बोगनवेलिया की मज़बूत और कँटीली झाड़ी भी—जो बेल-सी बन जाती है—अभी ही अच्छी तरह फूली है, हालाँकि यह ज़िद्दी पेड़ कभी-कभी जनवरी से ही फूलने लगता है और मई-जून तक फूलता चला जाता है। सड़कों के किनारे मकानों के खम्भों से होकर छत के एक कोने तक, गोल चौराहों के बीच में और मैदानों में जहाँ-जहाँ योजनानिष्ठ वृक्ष विभाग ने हरियाली की एकरसता भंग करनी चाही है, वहाँ-वहाँ, बैंजनीप्राय, सिन्दूरी, नारंगी और अबीर के रंग के लाल ढेर लगने लगे हैं क्योंकि फूल आने पर यह झाड़ी ऐसे ही दिखायी देती है। एक ही दो हफ़्तों में जहाँ-तहाँ इसके ठीक पार्श्व में, अचानक नील के रंग का जैकेरंडा फूल उठेगा और उसमें जल्दी मर जाने वाले छोटी-मोटी पंखुड़ियों के फूल इतने ऊँचे पर लगेंगे कि हरे रंग का फव्वारा-सा मालूम देगा। इसी समय एक बड़प्पन के साथ गुलमोहर का छाया देने वाला, छतनार, नीचे से ऊपर तक एक बहुत बड़े कच्चे पौधे-सा लगने वाला पेड़ डाल-डाल में फुनगियों तक सशक्त लाल सिन्दूरी फूल दौड़ा देगा : उसका आकार बाहर से जैसा प्रकाशमण्डित लगता है, उसके तले खड़े होने से वैसी ही हरी छाया मिलती है।'

१९५७ की यह टिप्पणी दिल्ली के बसन्त के ऐसे यथार्थपरक मगर काव्यमय

वर्णन से युक्त है।

१९८४ के एक आलेख में वह अपने उन युवा दिनों को याद करते हैं, जब बसन्त के दिनों में ऐसे ही एक दिन सड़क के किनारे एक बड़े से वृक्ष में टहनियों पर कुछ ललायी-सी दिखी। नज़दीक जाकर उन्होंने पाया कि मुलायम सिरों पर काठ के कच्चे माँस के भीतर दबा हुआ लाल नाख़ून-सा एक बिन्दु भर कुछ है। युवावस्था के आक्रामक भाव से उन्होंने टहनी को नोच लिया। उसे कब्ज़े में करना उन्हें एक माँसल सुख जैसा लगा—उसका निःशब्द टूटना भी। वह टहनी इतनी कड़ी न थी कि आवाज़ करती, इतनी दूधिया न थी कि मिचुका जाती। टहनी को लाकर उन्होंने काँच के गिलासनुमा एक बर्तन में पानी भरकर रख दिया।

गिलास में टहनी के भीतर से वृक्ष बाहर आने लगा। नाख़ून बराबर ललछौर बिन्दु, अब ललछौर नहीं रहे थे। पियरा गये थे। फिर वे ऊपर उठे। लिपटे हुए ही बड़े हुए। फिर उनकी लपेट खुली, जैसे किसी ने शिशु के प्राणों को उसी की हथेली पर रख दिया हो। उस खुलती हुई पत्ती ने उन्हें मानव-देह की याद दिलायी। वह मनुष्य ही थी उनके लिए, मनुष्य का कोई भी अंग। उतनी ही रहस्यमयी, उतनी ही पवित्र थी वह पत्ती, जो सड़क किनारे के विशाल वृक्ष से विच्छिन्न होकर उनके घर में एक साधारण पात्र में वृक्ष बन रही थी। वही उनका बसन्त थी। टहनी में से यही एक पत्ती नहीं बल्कि पूरा वृक्ष उत्पन्न हुआ। उस वृक्ष में पत्तियाँ ही पत्तियाँ थीं। छोटी-बड़ी शुरू में पियरायी, फिर गुलाबी हुईं, कुछ और बड़ी होने पर केले के खम्भे सी चिकनी हुईं और कोई-कोई अन्त में गहरी हरी, विविध गुणशील से युक्त हुई। अलग-अलग आयु पाकर वे पूरी हो गयीं। फिर उनका बढ़ना रुक गया। फिर थोड़े समय मानो मोहलत देकर टहनी समेत उस पेड़ ने सड़ना शुरू कर दिया। गिलास भर पानी और १२/१२/१५ का रघुवीर जी का वह कमरा उनके दीर्घ जीवन के लिए यथेष्ट नहीं था।

इस बार होली पर गले मिलना अच्छा रहेगा

> होली में एक ख़ास बात यह है कि वह घटियापन और नफ़ासत के बीच एक सीमा बनाना सिखाती है। मूलतः वह फगुनाहट का त्यौहार है, जिसकी शोभा इसी में है कि उजड्डपन से बचकर चलें। फोहश और रसियापन के बीच इसी तरह होली एक पर्दा बनती है, जिसमें क़ानून की वातानुकूलित दीवार नहीं होती। दोनों पक्षों की पत्थर पर्दादारी होती है। रस इसी में है और होना भी चाहिए।'
>
> —(रघुवीर सहाय रचनावली–२, पृ. २७२)

रघुवीर सहाय होली को एक सांस्कृतिक त्यौहार मनाते थे। बसन्त का मौसम भी उन्हें बहुत प्रिय था लेकिन अनुभव और संवेदनशीलता के स्तर पर। उसे पर्व की तरह वह नहीं मनाते थे। होली ज़रूर मनाते थे और अन्त तक मनाते रहे। रघुवीर जी के बचपन में यह त्यौहार आठ दिन तक चलता था लेकिन यह ज़रूरी नहीं था। इसका कार्यक्रम होली जलाने के दिन से शुरू होता था और कम से कम तीन दिन तक चलता था। होली जलने के समय घरों में गोबर के बल्ले, नया गन्ना, हरे चने का चूट, खोये की गुझिया और अबीर–गुलाल लेकर लोग चौराहे पर आते थे और होली जलाते समय ही मिलन और भुने होरे का आदान–प्रदान होता था। अबीर गुलाल और किसी–किसी विशिष्ट रुचि–सम्पन्न के यहाँ चन्दन बाँटा जाता था। रंग के दिन भी पलाश के फूलों का रंग ही असली रंग कहलाता था, बाक़ी कामचलाऊ रंग थे। रंग का इन्तज़ाम न कोई धार्मिक संस्था करती थी, न कोई होली मिलन समिति। वह हर परिवार की सांस्कृतिक चेतना करती थी, जिसके बनाने में बड़ा हाथ हर परिवार की राजनीतिक चेतना का भी होता था। १८–२० बरस के लड़के—उनमें लड़कियाँ शामिल नहीं होतीं—

अबीर-गुलाल झोली में लेकर सड़क पर गाते हुए निकलते। गाने में अँग्रेज़ी शासन के विरुद्ध ललकारने वाले गाने नहीं होते थे पर गाने वाले प्राय: सब पराधीनता के विरुद्ध थे।

बचपन के बाद युवा, अधेड़ और जीवन के अन्तिम कुछ वर्षों तक वह दूसरों को रंग डालते थे और ख़ुद रंग डलवाते थे। साल में एक दिन—होली के दिन—कभी-कभी वह भंग भी पीते थे। एक बार वह अपने दामाद हेमन्त जोशी और बेटी मंजरी के साथ भाँग पीकर होली मिलने वात्स्यायन जी के यहाँ गये, जिनके यहाँ हर होली पर वह सपरिवार मिलने जाते थे। उस बार किसी वजह से बेटी-दामाद के साथ ही गये थे। उनके यहाँ सूखी होली खेली, उन्हें गुलाल का तिलक लगाया, मिष्ठान्न का सेवन किया और आगे चले। रास्ते में यूगोस्लाविया के राजदूत का घर पड़ता था, उनसे दोस्ती थी तो उनसे भी होली मिलने गये। उस समय विष्णु खरे दक्षिण दिल्ली में रहते थे। उनसे होली मिलने की सूझी तो कहा, चलो उनके यहाँ भी चलते हैं।

भाँग का नशा देर से और मीठा खाने के बाद ज़्यादा अपना रंग दिखाता है। हेमन्त ने पूछा खरे जी के घर का नम्बर क्या है? घर का नम्बर तो नहीं, रघुवीर जी को यह याद था कि वह पानी की टंकी के पास है। उस कालोनी में पानी की दो टंकियाँ थीं। नशे में वह भूल चुके थे कि किस टंकी के पास खरे जी का घर है। दोनों टंकियों के दो चक्कर लगा लिए, घर नहीं मिला। तीसरा लगाया। पहली टंकी के पास से गुज़रे, घर नहीं मिला। फिर दूसरी टंकी के पास पहुँचे। हेमन्त ने कहा, हम पाँच बार टंकियों के चक्कर लगा चुके हैं, यह छठा है। तब अचानक जैसे उनका नशा-सा टूटा और संयोग से वह घर वहीं पर था।

होली को वह फगुनाहट का त्यौहार मानते थे। उनका एक आलेख तो सिर्फ़ इसी बात को रेखांकित करने के लिए है कि होली के दिन हमें अपने बड़प्पन का चोला उतारकर परिचितों और अपरिचितों, सबसे बेझिझक गले मिलना चाहिए। होली के दिन घर में छुपकर बैठना और कोई परिचित रंग खेलने आये तो उससे यह कहते हुए बाहर आना कि देखिए बहुत रंग न लगाइयेगा और फिर अपनी 'गरिमा' को सहेजे हुए उससे गले मिलना और इस औपचारिकता के बाद पुन: अपने एकान्त में लौट जाना, अपने आपको

बहुत गम्भीर, बहुत वयस्क और बहुत बड़ा देखना-दिखाना है। वैसे इस एकान्त में ऐसी कौनसी शान्ति होती है, जो किसी के आने से, उससे गले मिलने से भंग हो जाती है? नहीं, यह शान्ति, शान्ति नहीं है, शान्ति तो वास्तव में घर आये किसी से गले मिलने में है। किसी से गले मिलने से जो शान्ति मिल सकती है, उससे अपने को ज़बर्दस्ती रोके रखने की एक कुढ़ती हुई कोशिश ही यह कथित 'गरिमा' है, जिसका अहसास हम ख़ुद को करवाते रहते हैं। दरअसल, यह भाव अपना मुखौटा उतार फेंकने के साहस के अभाव से उपजता है। गले मिलने पर मित्रता के भाव में हल्का-सा जो रोआंसापन आ जाता है, इसका कारण भी यह आभास है कि इस विरोध, इस 'गरिमा' का मुखौटा उतार फेंकना चाहिए मगर इससे ख़ुद को रोकने की कोशिश इस रुआँसेपन, इस रुलायी का कारण बन जाती है।

वैसे सच यह भी है कि जिस मुखौटे को किसी ने सालभर लगाये रखा हो, उसे एक दिन के लिए उतार फेंकना उसके लिए मुश्किल होता है। हम हर दिन जो खाते, पहनते, जो (डिब्बाबन्द) गाना सुनते हैं, हम उसी समृद्धि, उसी प्रदर्शन के इतने अभ्यासी हो जाते हैं कि हमारे भीतर किसी नये अनुभव की इच्छा मिट जाती है और आज़ाद होने का भय हम अपने अन्दर जगा लेते हैं। किसी अजनबी चेहरे पर दो क्षण भी नज़र टिका कर हम नहीं देख पाते। किसी परिचित चेहरे को तो क्षण भर देखते रहने पर ही हमें घबराहट होने लगती है कि उसमें कहीं कुछ पहचाना हुआ, फिर से पहचान में न आ जाये!

ऐसे में किसी से गले मिलने से बड़ा ख़तरा—और वह भी किसी अजनबी से—और क्या हो सकता है, जिस पर हमीं पहरा दे रहे होते हैं? होली के दिन रंग न खेलकर और गले न मिलकर जो विशिष्ट गरिमा, उसकी सुरक्षा उस समय तो हो जाती है मगर उसके बने रहने को लेकर कहीं भीतर—बहुत गहरे—सन्देह भी रहता है कि कहीं यह अस्थायी तो नहीं है? चाहे यह 'गरिमा' इतना क्षणभंगुर न भी हो मगर यदि हम सबसे गले नहीं मिले तो इसे फिर बच गया ही समझिये, जबकि असलियत यह है कि गले मिलना कितना ही रस्मी क्यों न हो, कहीं तो दो लोगों को बराबरी पर लाकर खड़ा कर देता है। बड़प्पन का चोला अगर कई रंगों में रँगेगा तो उसकी पहचान एक दिन के लिए तो निश्चित रूप से खो जायेगी। इससे यह विषम समाज

बदलकर आदर्श नहीं हो जाने वाला है पर क्या इसकी आड़ में आनन्द के रहस्य को जानने का यह अवसर भी हमें गँवा देना चाहिए? एक ऐसे अत्यन्त व्यक्तिगत अनुभव से अपने को वंचित कर लेना चाहिए, जो राह चलते अजनबी से होली खेलकर हमें मिलता है?

होली को अदावत भूलने और फिर से दोस्ती करने का दिन भी माना जाता है। दुनियादारी के स्तर पर यह बात सही है पर जिससे न कोई अदावत थी, न कोई जान-पहचान है, उससे गले मिलना क्या एक लोकोत्तर अनुभव नहीं है?

उनकी अपनी शैली में—

> आइये फिर क्या है आपकी झोली में? ख़ाली है? कोई हर्ज़ नहीं। किसी न किसी के पास तो रंग होगा ही। शुद्ध पलाश के फूल का रंग नहीं है यह देखकर, उसकी संस्कृतिविहीनता पर तरस खाने को मन हो रहा है? कह लीजिये, बेचारा नहीं जानता। पलाश पर एक लेख लिख लीजियेगा पर आपके भीतर यदि कुछ टूटने-टूटने को हो आया है तो उसे संस्कृति की दुहाई देकर बचाने क्यों जा रहे हैं भाई? वह रखने योग्य नहीं है—वही टूटना तो संस्कार है! रंग के ये दिन, उसी मूल्यवान् संस्कार को पाने का एक अद्वितीय सामाजिक मौसम है। भारतीय समाज की एक अनुपम देन है, जिसमें भारतीय समाज की विचित्रता की तरह क़िस्म-क़िस्म के हुड़दंग हैं—सिर्फ़ उसकी विषमताओं ने उन्हें सुन्दर और असुन्दर बना दिया है।
>
> तो फिर यही तय रहा कि इस बार, एक बार गले मिलकर देखने से अच्छा ही रहेगा—शायद कोई सनसनी पैदा हो, जो भीतर के भयभीत एकान्त को तोड़ दे। क्यों न?

दूध तब 'प्रतिक्रियावादी पेय' हुआ करता था

> मुझे उम्दा खानों का शौक़ है पर किसी तरह के भी खाने से मुझे शिकायत नहीं होती। शिकायत सिर्फ़ कब्ज़ की होती है पर कब्ज़ अगर आप भांग नहीं खाते या पीते हैं तो जानते होंगे, जीवनप्रद चीज़ है। मुझे पीने की उम्दा चीज़ों का भी शौक़ है लेकिन इनमें शराब एक ऐसी चीज़ है जिससे सख़्त शिकायत है। वह यह कि हद से ठीक पहले तक ही लेने पर भी हर वक़्त यह पता रहता है कि इसके बाद हद है। यह एक खेल जैसा मालूम होता है और शराब का शायद सबसे बड़ा मज़ा यह खेल ही है—ग़म ग़लत करना एक बेसिर-पैर की बात है।
>
> —(रघुवीर सहाय रचनावली-३, पृ. ५०)

उम्दा खानों का उनका शौक़ तमाम बीमारियों—डॉक्टरी चेतावनियों, पत्नी की सख़्तियों-हिदायतों के बावजूद उनसे नहीं छूटा। १९४७ में 'दूसरा सप्तक' के लिए उन्होंने अपने बारे में जो वक्तव्य लिखा था, उसमें उन्होंने संगीत, फ़ोटोग्राफ़ी, चुनी हुई फ़िल्में देखने, तेज़ सवारी में बैठने और उन्हें ख़ुद चलाने के साथ ही कॉफी पीने के शौक़ के बारे में लिखा था। श्रीमती सहाय बताती हैं कि खाने के वह बहुत शौक़ीन थे और हर चीज़ खा लेते थे, बशर्ते कि स्वाद बढ़िया हो लेकिन खाने में मीन-मेख नहीं निकालते थे। कुछ सब्ज़ियाँ जैसे करेला पहले नहीं खाते थे, बाद में खाने लगे थे। माँस और मछली के शौक़ीन थे मगर चिकन पसन्द नहीं था। रस-मलाई आदि छैने की चीज़ें पसन्द थीं। बालूशाही पसन्द थी। आकाशवाणी के आरम्भिक दिनों में मनोहर श्याम जोशी के साथ मिलकर दोनों कुछ मज़े, कुछ फाकामस्ती करते थे। जो जाफ़री रघुवीर जी ने अपने फ्रीलांसर मित्र को

अपने सम्पर्कों से दिलवायी थी, उसके दूसरी ओर एक लालाजी की दुकान थी। उसमें जोशीजी का उधार खाता चलता था। रघुवीर जी के पहले के अनुभव से वह जानता था कि देर-सबेर इनका पैसा आ ही जाता है तो वह उधारी देने में आनाकानी नहीं करता था। दोनों साथ होने पर वहाँ से चाय-समोसा अक्सर खाया करते थे। अगर किसी ढाबे में जाकर किसी दिन खाना खाने की हैसियत न होती तो ये दो स्लाइसों के बीच एक समोसा दबाकर बना 'सैंडविच' खाकर भूख मिटाते थे। इन्हें दूध पीने से परहेज़ हुआ करता था, जिसे ये 'प्रतिक्रियावादी पेय' ठहराते थे। बनारस की गलियों से गुज़रते तो रबड़ी, लस्सी और मिठाइयाँ खाते, ऐसा सुधेन्दु पटेल ने लिखा है, जो 'दिनमान' के लिए लिखा करते थे। उन्हें खाने ही नहीं, उन्हें खिलाने का शौक़ भी था। दिल्ली के अपने आरम्भिक दिनों को याद करते हुए, मनोहर श्याम जोशी लिखते हैं 'कभी तब हम दोनों आकाशवाणी में काम करते थे, तो जब भी उनके मित्र की जेब में पैसे होते, वह कुछ उम्दा खाने का प्रोग्राम बना लेते थे।' जो शब्द उसकी ज़बान पर चढ़े थे, उनमें 'उम्दा' प्रमुख था। कॉफ़ी से लेकर कविता तक, लकड़ी से लेकर लड़की तक, हर चीज़ के सन्दर्भ में वह 'उम्दा' शब्द का प्रयोग करते थे। 'उसे उम्दा खाने का शौक़ ही नहीं था, उम्दा बनाने का भी था।' उनके हमउम्र मित्र अजित कुमार भी बताते हैं कि ख़ासतौर पर आकाशवाणी के दिनों में वह बंगाली मार्केट स्थित नाथू स्वीट्स या बंगाली स्वीट्स बुलाते थे। शादी के बाद एक पार्टी देने की योजना उन्होंने अजित जी और ओंकारनाथ श्रीवास्तव के साथ बनायी। इस पर कई दिनों तक पार्टी के तमाम ब्यौरों पर इतने विस्तार से विचार हुआ कि कोई भी मुद्दा विचार की परिधि से बाहर नहीं छोड़ा गया। अन्त में 'सिर्फ़ इतना बाक़ी बचा कि वह पार्टी नहीं हुई।' आगे वह स्पष्ट करते हैं कि वह मित्रों को खाने-पीने पर बुलाने से कतराते नहीं थे बल्कि अपनी प्रिय जगहों पर ले जाते थे। इसमें उनके दूसरे मित्र कुँवर नारायण की यह टिप्पणी भी जोड़ दें कि ऐसे वक़्त खाने-पीने का मैन्यू वह ख़ुद तय करते थे। रघुवीर जी के एक छोटे भाई विजयवीर सहाय बताते हैं कि जब भी लखनऊ आते हीवेट रोड पर, लाटूश रोड के चौराहे पर, एक हलवाई की दुकान पर दूध ज़रूर पीते थे या रबड़ी-मलाई अवश्य खाते थे। अन्तिम बार लखनऊ आने पर भी वहाँ दूध पिया था और स्टेशन के पूरे रास्ते में उसके दूध की तारीफ़ करते रहे।

'नवभारत टाइम्स' के शुरू के दिनों में उनकी निकटता वहाँ सम्पादकीय पृष्ठ का प्रभार देख रहे सत सोनी से हो गयी थी, जिन्हें वह खिलाने-पिलाने अक्सर बाहर ले जाते थे। मंगलेश डबराल बताते हैं कि रघुवीर जी ने उनसे कहा था कि मैंने उम्दा शराब पी है, उम्दा तम्बाकू खाया है, उम्दा खाना खाया है। 'जीवन के ऐसे मामूली सुखों के लिए उनमें बहुत पैशन था, एक क़िस्म का माँसल लगाव था। सिगरेट भी एक माँसल चीज़ है, यह मैंने उनसे सीखा। चीज़ों की दैहिकता, माँसलता के प्रति उनमें गहरा अनुराग था।'

खाने-पीने की उनकी लालसा लम्बा जीवन जीने की महत्त्वाकांक्षा से भी शायद बड़ी थी। जीवन के अन्तिम दिन प्रेस कौंसिल की रिपोर्ट पूरा करने के लिए जिन पत्रकार साथी पी. रमन के साथ घर पर वह काम कर रहे थे, उन्हें शराब पिलायी थी तो शायद दो-चार घूँट ख़ुद भी लिये हों। वैसे लगभग पैंतालीस वर्ष की उम्र से ही उन्हें हाई ब्लड प्रेशर था। १९७९ से उन्हें चक्कर आने लगे थे और हृदयाघात का हल्का दौरा भी पड़ा था। एक महीने वह घर में रहे थे।

उन्हें सरदर्द रहने लगा था। बाहर तो उनका चिढ़चिढ़ा रूप नहीं दिखता था मगर परिवार में दिखने लगा था। डाक्टर को दिखाने के लिए वह आसानी से राज़ी होते नहीं थे, उसकी हिदायतें भी जहाँ तक सम्भव हो, मानते नहीं थे। घर में विमलेश्वरी जी अनुशासन का पालन किसी हद तक करवा लेती थीं मगर बाहर वह इससे बँधते नहीं थे। उन्हें नमक, चीनी और माँस खाना मना था मगर इन्हें खाये बिना उनका मन नहीं मानता था। नमक के बग़ैर खाना उनके लिए नामुमकिन सा था। इसके बग़ैर उन्हें खाना, खाना नहीं लगता, फिर जो हो, सो हो। वह नमक न खायें, इसलिए विमलेश्वरी जी ने ख़ुद भी नमक खाना छोड़ दिया था मगर बात फिर भी बनी नहीं। अपना कॉलम देने कभी-कभी वह ख़ुद भी 'जनसत्ता' पहुँच जाते तो वहाँ खस्ता कचौड़ी खाना और चाय पीना नहीं छोड़ते थे। सुरेश शर्मा के घर जाते तो चाय पीने के साथ पकौड़े खाते थे। एक बार सुरेश शर्मा ने यह बात विमलेश्वरी जी को बतायी तो वह नाराज़ हुईं और कहा कि उन्हें तली हुई और मिर्च की चीज़ें मना हैं। डाक्टर ने उनसे सुबह-सुबह लहसुन खाने को कहा था। कुछ दिन तो यह सब उन्होंने चलने दिया मगर बाद में छोड़ दिया कि खायी नहीं जाती। स्वास्थ्य बनाने-सुधारने का उन्हें कोई ख़ास शौक़ नहीं था। फ्रीलांसिंग के दिनों में शाम को वह बाज़ार ज़रूर निकल जाते,

इधर-उधर घूम लेते, लोगों से बतिया लेते, बस स्वास्थ्य के नाम पर इतना ही। योग-व्यायाम आदि उम्र और बीमारियों को देखकर उन्होंने अपनाया हो, इसकी जानकारी नहीं मिलती।

वह असमय वृद्ध दिखने लगे थे, बीमारी के कारण उन्हें एक कान से कम सुनायी देने लगा था। और एक दिन वह आ गया, जब वह नहीं रहे। १९७१-७२ के बीच इस लेखक ने उन्हें बहुत चुस्त-दुरुस्त देखा था, टाइम्स हाउस की सीढ़ियाँ तेज़ी से चढ़ते हुए और एक समय वृद्ध और बीमार भी, थके-थके से भी मगर हारे हुए नहीं, चेतस और चौकस। इसी कारण भरोसा था कि वह हमारे बीच बहुत समय तक रहेंगे।

संगीत की गहरी समझ

संगीत में रघुवीर जी की बहुत बचपन से दिलचस्पी रही। उनके ताऊजी की बेटी गिरिजा को घर पर मास्टर सीताराम संगीत सिखाने आते थे। बालक रघुवीर वहाँ जाकर बैठ जाते और संगीत का अभ्यास देखते-सुनते-समझते रहते। गिरिजा को अपने छोटे भाई की उपस्थिति में संगीत का अभ्यास करने में संकोच होता था मगर वह क्या करें, छोटा भाई मानता नहीं था तो उसे रोकें भी कैसे? वह कोई बाहरी तो नहीं! बड़ी बहन, छोटे भाई से कहती भी होगी तो वह मानता थोड़े ही होगा। संगीत का रसिया वह भाई वहीं डटा रहता। गिरिजा को उनके माता-पिता कहते होंगे—'बेटी, रघुवीर तुम्हारा छोटा भाई है न, तुम्हारा क्या ले रहा है, चुपचाप सुन ही तो रहा है, सुनने दो।' तो वह भी मन मारकर बैठ जाती होगी। माँ-बाप की अदालत से बड़ी अदालत तो ऐसे मामलों में कोई होती नहीं! इस तरह उनका छोटा भाई बिना सिखाये संगीत सीखता रहता। इस तरह करते-करते रघुवीर को संगीत सीखने की धुन चढ़ गयी। बचपन में बाँसुरी बजाने का भी शौक़ था। घर में उनके लिए पिता दो-तीन क़िस्म की बाँसुरियाँ लाये थे। घर के इस वातावरण के साथ ही आसपास के बंगाली समाज ने भी कई स्तरों पर उन पर असर डाला, जो ख़ुद भी संगीतप्रेमी होता है।

जब रघुवीर जी शायद सातवीं या आठवीं कक्षा में पढ़ते थे, तब उन्होंने एक बार अपने पिता से संगीत सीखने की इच्छा प्रकट की। पिता का जवाब था—'बेटा, पढ़ाई करना और संगीत सीखना दोनों काम एकसाथ नहीं हो सकते। या तो तुम पहले पढ़ लो या पहले संगीत सीख लो।' ज़ाहिर है कि पिता के इस संकेत को पाकर वह चुप हो गये। वैसे रघुवीर जी का कहना है कि अगर वह ज़्यादा ज़िद करते तो उनके पिता उन्हें संगीत सीखने भेज

देते। क्या पता ऐसा हुआ होता, तो सम्भव है, वह हमारे बड़े कवि होने के बजाय हमारे बड़े गायक या वादक हुए होते या क्या पता शायद दोनों हुए होते या क्या पता कुछ होकर भी कुछ न हुए होते ? लेकिन जो नहीं हुआ, उसे कौन जानता है और जो हुआ, वह सबके सामने है। एक बार बेटी मंजरी के बहुत टटोलने पर उन्होंने कहा था कि अगर मुझे नौकरी न करनी होती तो मैं शायद गायक हुआ होता। जब पिता ने रघुवीर जी के सामने दो विकल्प रखे तो क्या पता उसी उम्र में भी उन्हें यह ख़याल आ गया हो कि पिता के बूढ़े होने पर घर कौन सँभालेगा ? घर के बड़े लड़के के नाते उन्हें नौकरी करने की ज़िम्मेदारी सँभालनी होगी और पिता को उस उम्र में आराम देना होगा। पढ़कर तो फिर भी कुछ कमा सकूँगा, संगीत से पता नहीं कमाई हो या न हो!

१९५० में जब वह २१ वर्ष के थे, उनके द्वारा लिखी और 'नवजीवन' तथा 'अमृत पत्रिका' जैसे स्थानीय दैनिकों में छपी उनकी रेडियो समीक्षाएँ इस बात का प्रमाण हैं कि उनकी संगीत में आरम्भ से गहरी दिलचस्पी थी। वह आकाशवाणी से प्रसारित फूहड़ संगीत कार्यक्रमों की बेझिझक होकर आलोचना किया करते थे। उन्हें अपनी कविता गाकर सुनाने का शौक़ भी था। उनके समवयस्क कवि अजित कुमार ने लखनऊ लेखक संघ की एक गोष्ठी में १९५२ में लिखा उनका एक गीत उनसे सस्वर सुना था—'ओ रे साथी मेरे यदि चरण थकें न मेरे, यदि मेरा मन थक जाय।' इसे उन्होंने कुछ-कुछ रवीन्द्र संगीत की पद्धति में गाया था। 'तीव्र और मन्द्र स्वरों की ऐसी संगति में आज लगभग चालीस साल बाद भी उनकी वह तान मेरे मन में गूँजती है।'

मनोहर श्याम जोशी को आकाशवाणी के लिए एक संगीत रूपक लिखना था— रागों में निबद्ध। यह जोशी जी के बस की बात नहीं थी। रघुवीर जी और वह साथ बैठे। पान खाकर कुछ देर सोचने के बाद रघुवीर जी ने कुछ गुनगुनाना शुरू किया। उन्होंने बहुत नीचे सुर और दबी-दबी सी आवाज़ में जो गाया, जोशी जी के अनुसार रघुवीर जी के समस्त संगीत ज्ञान के बावजूद वह बहुत सुरीला नहीं था।

उनके बच्चों को बहुत समय तक उनके गाने के शौक़ का पता नहीं था। उनके बेटे बसन्त के सामने यह रहस्य एक दिन तब खुला, जब वह स्कूल से घर आये। उस समय विमलेश्वरी जी को वह गाकर कुछ सुना रहे थे, जो

स्वयं भी संगीत में दख़ल रखती हैं। मंजरी तथा गौरी को भी इसका पता पहली बार तब चला, जब सहाय-परिवार रामाकृष्ण पुरम में रहता था। इन लोगों का आना-जाना पास के एक संगीत-प्रेमी परिवार में था। एक दिन किसी कारण ये बहनें अपने माता-पिता को बुलाने वहाँ गयीं तो पाया कि उनके पिता कोई ग़ज़ल गा रहे हैं। इतनी अच्छी साफ़ और गमकदार आवाज़ थी उनकी कि सहसा मंजरी को विश्वास नहीं हुआ। बाद में खाने के समय उनसे मंजरी ने पूछा तो इस बारे में मन्द-मन्द मुस्कुराते हुए उन्होंने कहा—'अगर मुझे नौकरी न करनी होती तो मैं शायद गायक होता।'

वह फ़ुर्सत में संगीत सुनते थे। घर में ख़ासकर सुबह के समय संगीत सुनना उन्हें ज़्यादा पसन्द था। मन होता तो वह रात को भी सुनते और साथ में कुछ लिखते-पढ़ते रहते। भीमसेन जोशी, कुमार गन्धर्व, अमीर ख़ाँ, किशोरी अमोनकर, बिस्मिल्लाह ख़ाँ, रसूलन बाई, विलायत ख़ाँ आदि कुछ उनके प्रिय भारतीय गायक-वादक थे। उन्होंने अपने कुमार गन्धर्व पर 'पूर्वग्रह' के १९७६ में प्रकाशित विशेषांक में एक आलेख लिखा था। कुमार जी के गायन में उस समय युवा वर्ग में बहुत उत्साह दिखायी देने लगा था। इसे नोट करते हुए रघुवीर का निष्कर्ष था कि इसकी वजह गायक के प्रति इनका भक्तिभाव नहीं है, बल्कि कुमार जी के गायन में तल्लीनता और द्वन्द्वात्मक दोनों का एकसाथ होना है। वह मानते थे कि तल्लीनता और द्वन्द्वात्मकता में कोई विरोध नहीं है। कुमार जी ने आधुनिक श्रोता को यह अनुभव कराया है कि संगीत सतत शान्ति प्रवाह ही नहीं है, वह एक चुनौती भी है। यह चुनौती गायक के सामने भी है और श्रोता के सामने भी। महत्त्वपूर्ण यह है कि कुमार गन्धर्व ने संगीत को भाषा से भिड़ा दिया है। उनका स्पष्ट उच्चारण इस बात का प्रमाण है कि यह मुठभेड़ कुमार जी ने जानते-बूझते की है।

रघुवीर जी की रुचि भारतीय शास्त्रीय संगीत तक सीमित नहीं थी। वह कभी मोत्सार्ट, कभी बाख, कभी चयकोवस्की आदि को भी सुना करते थे। वह सम्पादक होकर भी लाल किले के पीछे लगनेवाले कबाड़ी बाज़ार से चीज़ें ख़रीदने में संकोच नहीं करते थे क्योंकि वहाँ सस्ती और अनेक बार दुर्लभ चीज़ें मिल जाया करती थीं (एक सुन्दर सा लांग कोट भी, अपने बेटे बसन्त की फ़रमाइश पर बिजली के कई सामान आदि)। चयकोवस्की का 'स्वान लेक' के छह-सात रिकार्ड्स और कई भारतीय गायकों-संगीतकारों

के रिकार्ड्स भी वह वहाँ से लाये थे। एक ग्रीक गायिका नाना मस्करी भी उनकी पसन्दीदा थीं। पोलैण्ड का लोकसंगीत, जिप्सी फायर आदि भी उनकी पसन्द में शामिल था।

अपने ज़माने के प्रसिद्ध तबला वादक चतुरलाल भी रघुवीर जी के अच्छे मित्रों में थे। एक बार सम्भवत: दिसम्बर, १९६१ में विश्व प्रसिद्ध वायलिन वादक यहूदी मेनुइन दिल्ली आये। चतुरलाल अपनी अनेक विदेश यात्राओं में उनके दोस्त बन चुके थे लेकिन भारत कई बार आने के बावजूद वह इनसे मिलने आ नहीं सके थे। इस बार आये तो उन्होंने किसी और के यहाँ जाने का निमन्त्रण रद्द करके चतुरलाल के घर आना ठीक समझा। चतुरलाल के कुछ मित्रों के साथ उन्होंने चाय पीना स्वीकार किया, इनमें रघुवीर सहाय भी शामिल थे। बातचीत करते-करते चतुरलाल ने अपनी अमेरिकी यात्रा का एक दिलचस्प क़िस्सा सुनाया। न्यूयॉर्क में ओमनीबस टेलीविज़न कम्पनी ने जो जान नामक एक ड्रमर के साथ चतुरलाल का एक कार्यक्रम रख दिया, जिसे ८५ टेलीविज़न चैनल एक-साथ रिले करने वाले थे। जो जान की ख़ासियत यह थी कि वह पन्द्रह-बीस ड्रम और झाँझ एक-साथ बजाते थे। कभी हाथ से, कभी लकड़ियों से, कभी पैरों से। उधर चतुरलाल थे रविशंकर, अली अकबर ख़ाँ, पण्डित ओंकारनाथ ठाकुर आदि के साथ तबले पर संगत करने वाले। वह दोनों हाथों की उँगलियों से खेला करते थे। ऐसे चतुरलाल जैसे सीधे-सादे भारतीय का जो जान से मुक़ाबला था। शुरू के बारह मिनट तो जो जान ने ऐसा भयंकर रूप धारण किया कि चतुरलाल के छक्के छूट गये। चतुरलाल को लगा कि आज तो अब उनकी ख़ैर नहीं। आख़िरी का हिस्सा चतुरलाल का था। उसमें उन्होंने अपने गुरु का नाम लेकर १९ मात्रा की एक अप्रचलित चीज़ बजाई, जिसे 'लक्ष्मी' कहते हैं। फिर तीन ताल बजाते-बजाते उसमें खण्ड और मिश्र तोड़े बजाये। नतीजा यह हुआ कि जो जान बिलकुल भूल गया कि उसकी ताल पहले क्या थी। चतुरलाल की ताल को वह समझ नहीं सका। क़ैमरे में दिखाया कि वह हक्का-बक्का खड़ा है। चतुरलाल फिर से तीन ताल पर आये, उसे हाथ के इशारे से बताया कि यह है मेरी ताल। यह आख़िरी शॉट था।

रघुवीर जी के अद्‌भुत संगीत प्रेम का एक उदाहरण 'दिनमान' के उनके सहयोगी विनोद भारद्वाज ने दिया है। विनोद किसी बात पर अपने सम्पादक से नाराज़ चल रहे थे, रूठे हुए थे। दफ़्तर में भी उन्होंने सम्पादक से

मिलना-जुलना छोड़ रखा था। एक शाम रघुवीर जी ख़ुद उनसे मिलने, उन्हें मनाने उनके घर गये। वह बाहर ही थे कि उन्होंने पाया कि विनोद शूबर्ट की 'अनफिनिश्ड' सिम्फनी सुन रहे हैं। रघुवीर जी वहीं बाहर ठिठक कर खड़े हो गये और चुपचाप सुनते रहे, थोड़ी देर नहीं, क़रीब ४५ मिनट तक। इसके बाद विनोद से मिलने के बजाय वह सीधे अपने घर वापिस चले गये। यह सोचकर कि क्या पता विनोद इसे सुनकर इतने आनन्दित हुए हों कि उस आनन्द को अपने में समेटना उन्हें ज़्यादा ज़रूरी लगा हो, बजाय दोनों के बीच के तनाव पर बातें करने के और शायद उस आनन्द से अपने साथी को वंचित करना उन्हें अनुचित लगा हो। अगले दिन दफ़्तर में इस बात की जानकारी विनोद भारद्वाज को मिली।

एक बार मंगलेश डबराल के घर रघुवीर जी किसी बारे में बात करने आये। सुबह का वक़्त था, उस समय मंगलेश जी टेप रिकार्डर पर अमीर ख़ाँ की ऋषभ आसावरी सुन रहे थे। क़रीब पाँच मिनट तक दोनों की बातचीत चलती रही और पृष्ठभूमि में अमीर ख़ाँ का कैसेट भी बजता रहा। फिर रघुवीर जी ने कहा—'या तो हम यह गाना सुनना बन्द कर दें या अपनी बातचीत बन्द कर दें। दोनों काम साथ करना मुश्किल है। हम इस संगीत को बैकग्राउण्ड म्यूज़िक की तरह नहीं सुन सकते। इसे सुनने के लिए एकाग्रता चाहिए।' चूँकि वह बात करने आये थे, इसलिए मंगलेश जी ने तुरन्त कैसेट बन्द कर दिया और बातें होने लगीं। जब वह वापिस जाने लगे तो बोले—'मंगलेश जी, इसे सुनने मैं फिर किसी दिन आऊँगा।' और वह एक सुबह वाकई आये और दोनों ने क़रीब एक घण्टे तक अमीर ख़ाँ का गाया निःशब्दता में सुना। मंगलेश जी कहते हैं कि रघुवीर सहाय को संगीत की गहरी समझ और जानकारी थी और संगीत के प्रति उनका नज़रिया बौद्धिक और ग़ैरभावुक था। शायद इसलिए भी अमीर खाँ उन्हें बहुत पसन्द थे।

रघुवीर जी 'दिनमान' से 'नवभारत टाइम्स' में अपमानजनक ढंग से स्थानान्तरित किये जाने के दौरान १९८३ में जब कुछ समय तक पुस्तक समीक्षा का स्तम्भ देखा करते थे, तब उन्होंने स्वयं कई पुस्तकों की समीक्षाएँ लिखी थीं, जिनमें उस्ताद अलाउद्दीन ख़ाँ पर बाङ्ला से मराठी और मराठी से हिन्दी में अनूदित पुस्तक की समीक्षा भी थी। इसमें उन्होंने सबसे पहले इस बात पर क्षोभ व्यक्त किया कि उस्ताद का बजाना आकाशवाणी-दूरदर्शन में आजकल सुनाया नहीं जाता। 'पूँजीवाद में व्यापार और उद्योग

दोनों ने मिलकर इन्तज़ाम कर दिया है कि जो चीज़ पुरानी पड़ जाये, फ़िलहाल उसका बाज़ार उठ जाये। बाद में जब वह पुरावस्तु बन जायेगी, तो लुप्तप्राय हस्तशिल्प की तरह उसका भी मूल्य बहुत बढ़ जायेगा, तब बेच लेंगे।'

विमलेश्वरी जी ने शास्त्रीय गायन विवाह से पहले सीखा था। बाद में आकाशवाणी से जुड़े पण्डित रामनारायण (प्रसिद्ध सारंगीवादक नहीं) सितार सिखाने दिल्ली में उनके घर आया करते थे। रघुवीर जी के पहले स्वतन्त्र कविता-संग्रह 'आत्महत्या के विरुद्ध' की 'मैदान में' शीर्षक कविता की धुन रघुवीर जी ने बनायी थी। इस संग्रह के दूसरे संस्करण में उन्होंने लिखा है कि इसकी स्वर-लिपि विमलेश्वरी जी ने तैयार की है। 'हँसो, हँसो, जल्दी हँसो' कविता-संग्रह की 'हा-हा-हा' कविता की स्वर-लिपि स्वयं कवि ने तैयार की थी। अपनी क़रीब पाँच कविताओं की संगीतमय प्रस्तुति उन्होंने की थी, बाक़ी और कई कविताओं की स्वरलिपियाँ भी उन्होंने लिख रखी थीं। इसके अलावा काव्य-आवृत्ति के विभिन्न कार्यकर्मों के लिए भी उन्होंने संगीत रचनाएँ की थीं।

वह कविता प्रस्तुति में संगीत के उपयोग के प्रति अधिक खुले थे। वह मानते थे कि आधुनिक कविताओं में भी संगीत होता है बल्कि संगीत तो किसी भी तरह की कविता में होता है। वह यहाँ तक कहते थे कि जो यह मानते हैं कि आधुनिक कविता में संगीत नहीं होता, वे न संगीत जानते हैं, न कविता। सम्भव है कि संगीत की जो सामाजिक पहचान आज बनी हुई है, उसमें आधुनिक कविता फिट न होने पाये, इस कविता के संगीत को पहचानने के लिए हो सकता है कि संगीत की नयी पहचान बनानी पड़े। निराला के कविता-संग्रह 'परिमल' और अज्ञेय के कविता-संग्रह 'चिन्ता' में उन्हें ऐसी अनेक कविताएँ नज़र आयी थीं, जिनमें शास्त्रीय संगीत की पकड़ है और जिनमें गहरी तल्लीनता मिलती है। उन्होंने अज्ञेय, भवानी प्रसाद मिश्र, निराला समेत अपने समय के कई युवतम कवियों की कम से कम एक कविता की प्रस्तुति ज़रूर की थी।

श्रेष्ठ फ़िल्म के लिए वह पत्रकारिता की सीमाएँ तोड़ देते थे

> अच्छी फ़िल्म देखने से यथार्थ के सन्दर्भों के पुनर्संयोजन में एक बिलकुल दूसरे, अभी न जाने तरीक़े को इस्तेमाल कर सकते हैं। क्राफ्ट और तकनीक की ये उपलब्धियाँ हैं, जो मेरी संवेदनशीलता को बढ़ाने में मदद देती हैं। यूरोपीय फ़िल्म में संगीत के इस्तेमाल ने मुझे बहुत प्रभावित किया है पर यह कहते हुए हिचकिचाहट होती है—कहीं इसे क्रूड ढंग से न समझ लिया जाय—मुझे कविता लिखते वक़्त संगीत सुनायी देता है। यह कोई चमत्कार नहीं है। यह एक बहुत तेज़ लहर आती है...एक बहुत तीव्र भावनात्मक प्रतिक्रिया में संगीत, फ़िल्म, रोशनी और अँधेरा, उनके परस्पर सम्बन्ध सामने आते हैं।
>
> —(रघुवीर सहाय रचनावली-३, पृ. ४४३)

रघुवीर सहाय ने अपने जीवन में कुल एक फ़िल्म के लिए एक गीत लिखा था। इसके अलावा 'अमरोहे का अकबर' नाम से एक और स्क्रिप्ट है, जो सम्भवत: दूरदर्शन के लिए लिखी मालूम होती है। यह दिल्ली के ओखला औद्योगिक क्षेत्र में स्थापित मशीनी औज़ार केन्द्र पर है, जो मार्च, १९६१ में स्थापित हुआ था लेकिन एक प्रचारात्मक फ़िल्म को भी अमरोहा के मैट्रिक पास युवक अकबर और देश के अन्य इलाक़ों से इसमें प्रशिक्षण लेने आये युवकों से जोड़कर जीवन्त बना देने की सिफत उनमें थी। अकबर अपने क़स्बे की सँकरी गलियों से निकलकर अनजान-विशाल ज़िन्दगी में शामिल

होने के लिए इस केन्द्र में आता है और काम सीखता है। 'रघुवीर सहाय रचनावली' में दिये गये विवरण के अनुसार यह सम्भवत: पिछली सदी के सातवें दशक के पूर्वार्द्ध में लिखी गयी होगी। यह अनुमान सही लगता है, क्योंकि इसकी स्थापना और उसमें पहली बार युवकों की भर्ती के बाद इसका और अधिक प्रचार करने के लिए यह पटकथा लिखवायी गयी होगी।

१९७२ में 'माया दर्पण' फ़िल्म से ख्याति पा चुके कुमार शाहनी १९८४ में अपनी दूसरी फ़िल्म 'तरंग' लेकर सामने आये, जिसके लिए एक गीत 'बरसे घन सारी रात' रघुवीर जी ने लिखा था। इसे वनराज भाटिया के संगीत निर्देशन में लता मंगेशकर ने गाया था। लता जी उसे अपने गाये उन कुछेक गीतों में मानती हैं, जिसके बोल सबसे अच्छे हैं। कुमार शाहनी, रघुवीर जी की एक कहानी 'क़िले में औरत' पर दूरदर्शन के लिए एक फ़िल्म बनाने को भी उत्सुक थे, जिसकी तकनीकी पटकथा उन्होंने लिखी थी लेकिन किन्हीं कारणों से उसका उपयोग नहीं हो सका।

'तरंग' के लिए धन जुटाने में कुमार शाहनी को कई वर्ष लगे, हालाँकि इसे 'माया दर्पण' जैसी ख्याति न मिल सकी। उसमें अपने समय के अनेक प्रसिद्ध और उत्कृष्ट अभिनेता-अभिनेत्रियों ने काम किया था, जिनमें श्रीराम लागू, गिरीश कर्नाड, ओम पुरी, अमोल पालेकर, स्मिता पाटिल तथा रोहिणी हट्टंगड़ी आदि थे। इस फ़िल्म में कुल दो गीत थे। दूसरा गीत गुलज़ार ने लिखा था। परिस्थितिवश उसके कुछ टुकड़े ही फ़िल्म में इस्तेमाल हो सके, जिसे आशा भोंसले ने गाया था। रघुवीर सहाय के लिखे गीत के लिए लता मंगेशकर ने पारिश्रमिक लेने से मना कर दिया था। शायद कुमार शाहनी की पहलेवाली फ़िल्म 'माया दर्पण' को देखकर या उसके बारे में जानकर या गीत की गुणवत्ता के कारण या छोटे बजट के फ़िल्मकार की सहायता के उद्देश्य से।

फ़िल्म के लिए गीत लिखने का अनुभव रघुवीर जी के लिए पहला था। यह ऐसा गीत नहीं था कि गीतकार ने लिखा, संगीतकार ने संगीतबद्ध किया, गायक या गायिका ने गाया और काम हो गया। कम से कम कुमार शाहनी की फ़िल्म के लिए गाना लिखना इतना आसान नहीं था। वैसे रघुवीर जी के लिए गीत लिखना कोई चुनौती भी नहीं था। उन्होंने अपने साहित्यिक जीवन के आरम्भिक वर्षों में कई अच्छे गीत लिखे थे और लखनऊ में

आकाशवाणी के लिए भी यह काम किया था। नये-नये दिल्ली आये मनोहर श्याम जोशी को आकाशवाणी के लिए संगीत रूपक लिखना था। उसके लिए गीत लिखने में उन्होंने मदद की थी। मगर फ़िल्म के लिए गीत लिखना एक अलग तरह का अनुभव था।

इसमें पहला बन्धन यह था कि कुमार शाहनी ने पुणे के फ़िल्म इन्स्टीट्यूट में अध्ययन के दौरान मराठी तथा अँग्रेज़ी की कवयित्री गौरी देशपाण्डे की कविताएँ सुनी थीं। उन्होंने पाया था कि गौरी की कविताओं में मृत्यु अक्सर एक प्रेमी के रूप में आती है। कुमार शाहनी के मन में यह बात थी कि यह गाना इस थीम के आसपास होना चाहिए। इस गीत की संरचना के बारे में रघुवीर जी को फ़िल्म की शब्दावली में समझाया गया था, जो साहित्यिक शब्दावली से अलग और उनके लिए अपरिचित थी। उन्हें बताया गया था कि शूटिंग 'टाइट फ्रेम' में होगी और 'क्लोज अप' भी होंगे। उन्हें उन रंगों के बारे में भी बताया गया था, जो गाने में वर्जित होंगे। इसके अलावा गाने में कौन-कौन से स्वर और व्यंजन प्रधान रहेंगे, कौनसा राग आधार बनेगा, यह भी बताया गया था। अत: इस गाने को अन्तिम रूप देने के लिए रघुवीर सहाय और कुमार शाहनी ने मिलकर काफ़ी मेहनत की। कारण जो भी रहे हों, रघुवीर सहाय ने इसके बाद किसी और फ़िल्म के लिए गाना नहीं लिखा या किसी ने ऐसा आग्रह उनके लिए नहीं किया।

लेकिन रघुवीर सहाय का फ़िल्मों से जुड़ाव कुछ और स्तरों पर भी था। 'दिनमान' के सम्पादन काल में जिस परम्परा की शुरुआत उनके पूर्ववर्ती वात्स्यायन जी ने की थी, उसे बहुत आगे बढ़ाते हुए लीक से हटकर बनने वाली भारतीय और विदेशी फ़िल्मों तथा फ़िल्मकारों को अपनी पत्रिका में लगभग केन्द्रीय भूमिका उन्होंने उस समय दी, जबकि अँग्रेज़ी के भी अधिकांश फ़िल्म-समीक्षक, हिन्दी की व्यावसायिक फ़िल्मों की समीक्षा करने से आगे बढ़ना सीख नहीं पाये थे। उनमें से अधिकतर को विश्व और अन्य भारतीय भाषाओं की बेहतरीन फ़िल्मों से कोई लेना-देना नहीं था। ऋत्विक घटक और मणि कौल जैसी प्रतिभाओं पर कवर स्टोरी करने का जोख़िम 'दिनमान' ही ले सकता था और ग़ैर-व्यावसायिक तथा रचनात्मक सिनेमा को सामने लाने का महत्त्वपूर्ण काम कर सकता था।

सौभाग्य से उस समय नेत्र सिंह रावत जैसे अत्यन्त मेधावी और समर्पित फ़िल्म-पत्रकार 'दिनमान' में थे और उस पत्रिका में ऐसे पत्रकारों को पूरी

रचनात्मक स्वतन्त्रता देने का साहस सम्पादक में था। यह साहस फ़िल्म सम्बन्धित लेखन तक सीमित नहीं था। स्वर्गीय रावत जैसे समर्पित फ़िल्म-पत्रकार के साथी-सहयोगी के रूप में स्वयं रघुवीर सहाय ख़ुद और प्रयाग शुक्ल तथा बाद में विनोद भारद्वाज भी थे। बाद में रावत जी के 'दिनमान' छोड़कर दूरदर्शन में जाने के बाद यह काम भारद्वाज ने पूरी तरह सँभाला। कभी-कभी कुँवर नारायण, विष्णु खरे आदि भी फ़िल्मों पर लिखते थे। भारद्वाज तो जब लखनऊ में एम. ए. पूर्वार्द्ध के छात्र थे, तभी रघुवीर जी ने दो विदेशी फ़िल्मों की समीक्षाएँ लिखवायी थीं—डेविड लीन की 'रेयांस डाटर' (१९७०) और फ्रांसीसी फ़िल्मकार फ्रास्वा रोलां त्रुफो की 'मिसिसिपी मरमेड' (१९६९)।

रघुवीर सहाय ने फ़िल्म समीक्षा के कुछ और दरवाज़े भी खोले। उन्होंने 'दिनमान' में ऐसी विदेशी श्रेष्ठ फ़िल्मों की समीक्षाएँ स्वयं लिखीं और लिखवायीं, जो भारत में तब तक नहीं आयी थीं या यहाँ के सीमित दर्शक वर्ग तक जिनकी पहुँच थी। 'दिनमान' में व्यावसायिक फ़िल्मों की कठोर आलोचनात्मक समीक्षाएँ लिखी जाती थीं बल्कि जिन्हें 'नयी लहर' की फ़िल्में कहा जाता था, उनकी इस नाम या लहर से जुड़े होने के कारण प्रशंसा करना, उन्हें आगे बढ़ाना आवश्यक नहीं था। हर विषय, हर पहलू को आलोचनात्मक ढंग से देखना 'दिनमान' की अनिवार्य प्रतिज्ञा थी। इसके विपरीत किसी-किसी फ़िल्म की तो एक नहीं, दो नहीं, तीन-तीन समीक्षाएँ लिखी-छपी हैं। गोदार की फ़िल्म 'ल' काराबीनीये (सैनिक) पर ख़ुद रघुवीर सहाय के अलावा नेत्र सिंह रावत और विनोद भारद्वाज ने भी समीक्षाएँ लिखी थीं। फ़िल्म देखने के बाद ये तीनों एक रेस्तरां में बैठे और फ़िल्म पर बात करने लगे तो इन्हें लगा कि तीनों के पास अपने-अपने ढंग से कहने के लिए कुछ है तो सम्पादक ने स्वयं यह प्रस्ताव किया।

रघुवीर सहाय ख़ुद कोई नियमित फ़िल्म समीक्षक नहीं थे, न कोई सम्पादक चाहकर भी यह दायित्व निभा सकता है लेकिन जिन फ़िल्मों ने उन्हें लिखने के लिए उत्तेजित-प्रेरित किया, उन पर उन्होंने समय मिलने पर ज़रूर लिखा। १९५१ में 'प्रतीक' में आने के बाद सम्भवत: अपनी पहली फ़िल्म समीक्षा उन्होंने चेतन आनन्द की फ़िल्म 'अफ़सर' पर लिखी थी, जो रूसी कथाकार गोगोल की कहानी पर आधारित थी। इस फ़िल्म के बारे में उन्होंने लिखा कि इसकी बहुत प्रशंसा नहीं की जा सकती क्योंकि मन

लगाकर किये गये प्रयत्नों के बावजूद इसका कथानक तर्कसंगत नहीं है। उन्हें वे अधिकतर फ़िल्में पसन्द नहीं थीं, जो उस ज़माने में चर्चित और लोकप्रिय थीं, जिनमें राज कपूर की तमाम फ़िल्में भी शामिल हैं। इनका भारतीय क्या यूरोपीय यथार्थ से भी कोई सम्बन्ध हो सकता है, इसे वह नहीं मानते थे। महबूब खान की बेहद सफल और क्लासिक मानी जानेवालीं 'मदर इण्डिया' और बाद के वर्षों में गोविन्द निहलानी की अत्यन्त चर्चित फ़िल्म 'आक्रोश' ने भी उन्हें आक्रोशित ही किया था, उत्फुल्ल और आशान्वित नहीं। इस पर लिखी उनकी समीक्षा का शीर्षक था—'आओ ट्राइबल ट्राइबल खेलें', जो फ़िल्म की आदिवासियों के प्रति फ़िल्म निर्देशक की दृष्टि को चुनौती देता है। उन्होंने इस पूरी फ़िल्म के चरित्र को संदिग्ध माना। 'आक्रोश' को उन्होंने 'कानवेंटी मार्क्सवादियों' की पसन्द की फ़िल्म बताया था, जो उनकी छोटी-सी दुनिया में, छोटी-सी हलचल मचाकर रह जाती है। यह आदिवासी पति-पत्नी के प्यार को घनीभूतता को रति-प्रसंग तक सीमित कर देती है, जैसे कि उनके घनिष्ठ सम्बन्धों में विविधता न हो और रति ही उन सम्बन्धों की एकमात्र आधार हो। उनके अनुसार इस फ़िल्म का बहुत स्पष्ट सन्देश है कि आदिवासियों में कोई राजनीतिक चेतना नहीं होती, उन्हें यह चेतना हम देंगे।

अमिताभ बच्चन पर दो लेख लिखते हुए उनकी कलात्मक और सामाजिक-राजनीतिक दृष्टि पर रघुवीर जी ने प्रश्न उठाये। 'मदर इण्डिया' जैसी फ़िल्म के निर्देशक महबूब खान को उन्होंने 'अर्द्ध शिक्षित' फ़िल्मकार कहा। उन्होंने लिखा था कि इस निर्देशक का गाँव के जीवन से 'महान् अपरिचय' है। यह फ़िल्म एक स्त्री की कहानी कहती है, जो सारा जीवन अत्याचार सहती है और यह बताती है कि गाँव के बाक़ी लोगों की मानवीय सहानुभूति उसके और उसके कष्टों के प्रति नहीं है, वे इससे कतरा कर निकल जाते हैं। रघुवीर जी कहते हैं यह फ़िल्म उथली भावनाओं को प्रस्तुत करती है और इस प्रक्रिया में इसने सुनील दत्त तथा नरगिस जैसी कलाकारों की प्रतिभा की हत्या की है। इसका गाँव, गाँव नहीं है। इसमें स्त्री और उसकी आर्थिक समस्याएँ वहाँ की नहीं हैं, उसके जीवन के संघर्ष विश्वसनीय नहीं हैं।

रघुवीर सहाय की काव्यात्मक तथा फ़िल्म माध्यम की समझ का सही प्रतिबिम्बन गोदार की फ़िल्म 'ला काराबीनीये' और स्वीडिश निर्देशक

सुज़ान ओरहन की हास्य फ़िल्म 'मोत्सार्ट ब्रदर्स' की समीक्षाओं में देखा जा सकता है। 'मोत्सार्ट ब्रदर्स' में दिखाया गया है कि उसका निर्देशक, कलाकारों को उनकी जड़ता से निकालना चाहता है, जो परम्परा के पिटे-पिटाये व्यवहार ने उनकी संवेदना पर लाद दी। निदेशक उनमें परिवर्तन लाने के लिए, उन्हें रचनात्मकता की ओर ले जाने के लिए पहले उनसे प्रेम करने को कहता है तो वे बनावटी प्रेम करने लगते हैं। उनसे गुड़िया, जूता, पंखा में से अपनी पसन्द की चीज़ों में से किसी एक से प्रेम का सम्बन्ध बनाने को कहता है तो वे भौंचक रह जाते हैं। अन्ततः निदेशक के खुलेपन के कारण उनमें रचनात्मक प्रतिक्रिया शुरू होती है। क्यूबा के तोमास आलीया की फ़िल्म 'सरवाइवल' की समीक्षा भी रचनावली में दी गयी है लेकिन उसकी भाषा और विनोद भारद्वाज से चर्चा से यह स्पष्ट होता है कि श्री भारद्वाज की लिखी समीक्षा को असावधानीवश रघुवीर जी की बता दिया गया है।

श्री भारद्वाज ने एक साक्षात्कार में रघुवीर जी से पूछा था कि क्या आपने कभी फ़िल्म बनाने के बारे में भी सोचा है तो रघुवीर जी का जवाब था कि भौतिक रूप से यह ख़र्चीला और संगठनात्मक माध्यम है। उनसे पूछा गया कि लेखन से भिन्न- फ़िल्म बनाना चूँकि एक सामूहिक प्रयत्न का परिणाम है, कहीं इस शैली में काम करने की दिक़्क़त तो इसका कारण नहीं है? उनका जवाब था, 'नहीं बहुत ही छोटे पैमाने पर कविताओं के अभिनय संगीतयुक्त कार्यक्रम में यह करके उन्होंने देखा है मगर इस तरह के काम की कुछ शर्तें हैं कि जिनके साथ काम कर रहे हैं, वे ऐसे न हों, जिनके साथ आपकी तमाम परिभाषाएँ ही मेल नहीं खाती हों और अक्सर सब ऐसे होते नहीं।

रघुवीर सहाय के फ़िल्म-लेखन के कुछ अंश

कुछ दिन हुए एक फ़िल्म देखी थी, जिसमें एक युवा दम्पति के प्रेम के अनुभव की कहानी थी। दोनों तन्दुरुस्त थे—ज़बरदस्त तरीक़े से तन्दुरुस्त थे—इतने कि जब खेल छूटा तो पूरे सिनेमाघर में एक भी जोड़ा उतना खाया-पिया नहीं दिखा बल्कि ज़्यादातर लोग तो अत्यन्त निर्बल और निस्तेज़ दीखने लगे। वे एक तगड़े

और सफल मनुष्य की खोज में सिनेमा गये थे और वह मय शान–शौक़त और औरत के उन्हें पर्दे पर पसरा हुआ मिला।

—(रघुवीर सहाय रचनावली–५, पृ. ४८१)

...गरीबी ऐसे दिखायी जाती है जैसे वह हमारी सामाजिक व्यवस्था की एक उपज नहीं, कोई आकस्मिक संकट है, जो किसी भावना–समृद्ध वर्ग के लड़कों पर आन पड़ा करता है। ऐसे संकट से निस्तार नहीं होता, जब तक कि समृद्ध वर्ग के सहचर गुण्डों में से कोई एक बड़ा गुण्डा आकर हिंसापूर्वक दुष्टों का दमन न करे। ऐसे दृश्यों में हत्यारी पिटायी इतनी देर तक जारी रखी जाती है कि अपनी छोटी–छोटी असुरक्षाओं से घिरा दर्शक दहलते–दहलते सुन्न पड़ जाये, यह मान ले कि इतनी बर्बरता उचित और इतनी शारीरिक शक्ति सम्भव है।

—(रघुवीर सहाय रचनावली–५, पृ. ४८३)

...एक सज्जन ने मुझसे एक लम्बी बहस यह साबित करने के इरादे से की कि 'अर्द्धसत्य' में यथार्थ को थोड़ा ही सही, उभारा तो गया है और 'हमारी लड़ाई' के लिए यह रणनीति ज़रूरी है कि अगर थोड़ी भी सच्चाई सामने दिखायी जा सके तो हम उसकी तारीफ़ करें। मेरा तर्क यह था कि यह 'हमारी लड़ाई' नहीं, पुलिस और जनसाधारण के बीच की लड़ाई है, जिसे बड़ी चालाकी से निर्देशक, कथाकार ने बदलकर राजनीतिक सत्ताधारी और गुण्डों की लड़ाई का आभास बना दिया है, जबकि नायक का वीरत्व और पौरुष सिर्फ़ बहुत लाचार छुटभैयों को बात–बात पर बेरहमी से डण्डा और झापड़ मारने (और तीसरे दरज़े के तरीक़े अपनाने से उसे कौन रोक सकता है यह और बात है कि वे दिखाये न गये हों) तक सीमित है।

—(रघुवीर सहाय रचनावली–५, पृ. ४८४–८५)

किसी भेंटवार्ता में अमिताभ बच्चन ने कहा है कि 'अब मैं अपने डायलॉग बोलूँगा'। उनके हिसाब से यह उनके जीवन में बड़ा परिवर्तन होगा कि वह जो डायलॉग बोलेंगे, वे किसी और ने लिखकर नहीं दिये होंगे, पर बोलेंगे वह डायलॉग ही।

—(वही, पृ. ८९)

स्मिता पाटिल से जब पूछा गया कि एक फ़िल्म में उनकी स्नान करती अधनंगी देह क्यों दिखायी गयी थी और उसके चित्र विज्ञापनों में क्यों छापे गये थे तो उन्होंने जवाब दिया—'वह एक ग़रीब स्त्री थी। उसका खुले में नहाना कोई बड़ी अजब बात नहीं है, इसलिए उसे दिखाने में क्या बुराई थी, परन्तु विज्ञापनदाताओं ने उसका उपयोग किया है यह मुझे पसन्द नहीं आया पर मैं क्या कर सकती हूँ? फ़िल्म बनानेवाले और होते हैं, विज्ञापन का विभाग और होता है। उस पर मेरा बस नहीं।' ...ओह ऐसा? पर स्मिता जी, आप नंगी देह दिखा रही थीं या ग़रीबी? और ग़रीब की नंगी देह दिखा रही थीं तो वह और भी निन्दनीय शोषण है, क्या आप यह समझती हैं?

—(रघुवीर सहाय रचनावली-५, पृ. ४९४)

हँसने के कुछ कारण

> श्यामलाल इतने उम्दा आदमी थे कि उन्हें तुर्की-बतुर्की नागवार न गुज़री मगर वह इतने उथले न थे कि हर ऐसे मज़ाक़ को पसन्द करें जिसमें हमदर्दी न हो, ज़्यादातर मज़ाक़ आजकल इसी क़िस्म के होते हैं। उन्होंने अपने मन में कहा, और यह भी मेरे जैसे आदमियों के लिए आसान नहीं रह गया है कि मैं हँस सकूँ।
>
> 'चालीस के बाद प्रेम' कहानी से
> —(रघुवीर सहाय रचनावली-२, पृ. ११४)

रघुवीर सहाय में एक क़िस्म का नटखटपन उनके युवा दिनों में था और हास्यबोध तो था ही उनमें हमेशा, जो उनकी कविताओं में भी लौट-लौट कर आता रहा, उनके गद्य में भी, उनके जीवन-व्यवहार में भी।

पहले आकाशवाणी के दिनों की बात। रघुवीर सहाय रचनावली की समीक्षा के बहाने मनोहर श्याम जोशी ने एक छोटी सी रोचक किताब ही लिख दी, जिसमें कई प्रसंग हैं। पुस्तक का नाम है—'रघुवीर सहाय : रचनाओं के बहाने एक स्मरण।' यहाँ काम करने की पहली पारी के दौरान रघुवीर सहाय और मनोहर श्याम जोशी सहयोगी तो थे ही, धीरे-धीरे घनिष्ठ मित्र भी बने। तब ये दोनों अविवाहित थे और हिन्दी न्यूज़ रूम में कार्यरत थे। उन दिनों इन दोनों शरारतियों ने मिलकर टेलीफ़ोन डायरेक्टरी गाने का कमाल भी दिखाया था। उन्हीं दिनों की बात है। लखनऊ के दिनों से इनकी परिचित समाचार वाचिका थीं—उर्मिला मिश्र। उर्मिला जी के साथ इनका हँसी-मज़ाक़ का सम्बन्ध था। उन दिनों सुबह-सुबह ये दोनों भी ड्यूटी पर थे और सुबह पाँच बजे की बुलेटिन पढ़ने उर्मिला जी भी आयी थीं। उनके

समाचार कक्ष में पहुँचने से पहले ही इन दोनों ने ख़बरों का अनुवाद करके छुपा दिया था। उन्होंने रिहर्सल के लिए इनकी जोड़ी से समाचार बुलेटिन माँगा। बकौल जोशी जी, रघुवीर जी ने कहा—'आज हम तुम्हारे बारे में बातें करते-करते समय की सुधबुध ही बिसरा बैठे थे। अब पता नहीं, तुम क्या लगा कर आयी हो कि बेहोशी-सी छा रही है मुझ पर तो। कुछ कर-धर पाऊँगा नहीं अब।' जुगलबन्दी को आगे बढ़ाते हुए जोशी जी ने कहा—'तुम तो उर्मिला के पास बैठे हो, मैं तो इतनी दूर बैठा हुआ भी संज्ञाहीन हुआ जा रहा हूँ। लगता है कोई मादक सा परफ़्यूम लगाया है उर्मिला ने।' अब रघुवीर जी बाक़ायदा उर्मिला जी को सूँघने लगे। रघुवीर जी बोले—'पहचानने की कोशिश मैं कर रहा हूँ पर पहचान ही नहीं पा रहा हूँ इस ख़ास गन्ध को, जिसका निश्चय ही कुछ अच्छा-सा नाम है।' जोशी जी ने कहा—'सूँघते रहो, तुम्हें नाम से क्या काम है?' उर्मिला जी ने कहा—'तुम लोग बकवास बन्द करो और बुलेटिन मुझे दो। मैं कोई परफ़्यूम-वरफ़्यूम लगाकर नहीं आयी हूँ।' इस पर रघुवीर जी बोले—'मुमकिन है कल रात लगाया हो किसी पार्टी में जाने के लिए।' उर्मिला बोलीं—'मैं किसी पार्टी-वार्टी में नहीं गयी थी। अब तुम लोग अपना काम करो।' इस पर जोशी जी बोल पड़े—'शायद कोई ख़ास तेल लगाया हो या क्रीम-पाउडर।' वह बोलीं—'कुछ नहीं लगाया बाबा, बुलेटिन दो न जल्दी से।' रघुवीर जी ने उर्मिला जी का हाथ पकड़कर अपनी नाक से लगाया, गहरी साँस भरी और बोले—'तो शायद किसी बढ़िया साबुन से नहाया होगा।' उर्मिला जी झल्लाकर बोलीं—'मैंने तो कुल्ला तक नहीं किया—सीधे बिस्तर से उठकर चली आ रही हूँ।' इस पर रघुवीर ने उन्हें धकियाते हुए टिप्पणी की—'तभी मैं कहूँ, तुम में से इतनी बदबू क्यों आ रही है?'

तब एक और समाचार वाचिका होती थीं—कृष्णा चावला। स्वभाव से दबंग। बोलने का अन्दाज़ थोड़ा लट्ठमार लेकिन बहुत स्नेहिल और दरियादिल। उन्होंने आकाशवाणी के एक अधिकारी से प्रेम-विवाह किया था। उन्हें प्रेम-कहानियाँ सुनना बेहद अच्छा लगता था। उनकी इस कमज़ोरी का फायदा उठाकर कड़की के आलम में उनसे कुछ पैसे झटकने के लिए इनकी जोड़ी में से कोई एक मुफ़लिसी का मारा आशिक और दूसरा उसका उतना ही कड़का मित्र बन जाता। मिसेज चावला को बुलेटिन पढ़ते आता देख आशिक मुँह लटकाकर बैठ जाता और जब श्रीमती चावला उसकी

रोनी सूरत देखकर पूछतीं—'क्या हुआ है आपको'? तब वह लगभग अवरुद्ध कण्ठ से कुछ नहीं कहते हुए सिर हिला देता। फिर मानो अपने भीतर उमड़ते हुए आँसुओं से लड़ता हुआ वह मुस्कुरा देता। इस पर कृष्णा जी दूसरे से पूछतीं—'आपके दोस्त को क्या हुआ है जी ?' दूसरा कहता—'इश्क़'। इसके बाद वह दूसरा, उस पहले की 'प्रेमगाथा' सुनाता। मिसेज चावला बहुत चाव से सुनतीं और सुन-सुनकर हैरान होती रहतीं कि इसमें न तो कहीं एकतरफ़ा प्यारवाला चक्कर है और न दुखान्त प्यारवाला, तो वह कहतीं—'आप तो मुझे यह बताओ जी कि इसमें मयूस होकर बैठ जाने वाली कौन सी बात हो गयी ? लड़की साथ सिनेमा देखने रेडी हो गयी है और डिनर वास्ते चलने को राज़ी हुई पड़ी है, फिर और क्या चाहिए इनको ?' तब दूसरा रहस्योद्‌घाटन करता—'पैसा। मिसेज चावला महीने के तीन हफ़्ते बीत चुके हैं, इसकी जेब ख़ाली है। मेरी जेब में भी बस कुछ रेजगारी ही है। सिनेमा दिखाने, डिनर खिलाने के लिए पैसा कहाँ से आये और अगर प्रेमिका की इतनी छोटी-सी फ़रमाइश भी यह पूरी नहीं कर सकेगा, तो वह यक़ीनन उसकी ओर से मुँह फेर लेगी।' मिसेज चावला यह समझाने की आधी-अधूरी कोशिश करतीं कि जिस लड़की का प्यार इतना कच्चा हो, उससे प्यार करना ही क्यों ? लेकिन उन्हें यह भी बुरा लगता कि चाँदी के चन्द टुकड़ों के अभाव में एक नवोदित साहित्यकार की प्रेम कहानी शुरू होते ही पिटी जा रही है, इसलिए वह थोड़ी चिरौरी करने पर पर्स खोलकर कभी पाँच, कभी दस रुपये दे देतीं। देने से पहले वह इतना ज़रूर पूछतीं कि सम्बद्ध प्रेमिका कहीं पंजाबन तो नहीं है ? उनकी मान्यता थी कि पंजाबी लड़की हम यूपी वाले लड़कों के बस की नहीं होतीं। साथ ही 'आशिक' से इस बात का वचन भी लेतीं कि वह अपनी 'उपलब्धि' की रिपोर्ट पेश करेगा।

तीसरी समाचार वाचिका विनोद कुकरेजा से भी यह जोड़ी काफ़ी बेतकल्लुफ थी। विनोद कुकरेजा को भी दो साहित्यकारों का अपना समवेत स्तुतिगान सुनना अच्छा लगता था। एक दिन जब विनोद जी की ड्यूटी ख़त्म हो गयी, तो रघुवीर जी ने उन्हें इस बहाने रोक लिया कि वह लखनऊ जा रहे हैं और उनके लिए कोई उपहार लाना चाहते हैं। इसके लिए ज़रूरी है आपसी परामर्श करना। 'मैंने कॉफी मँगवा ली है, पीकर जाओ।' विनोद कुकरेजा रुक गयीं। कॉफी पीते हुए विधिवत् यह चर्चा शुरू की गयी कि उनके लिए

लखनऊ से क्या लाया जाय! उनके प्रकृति-प्रदत्त सौन्दर्य पर चार चाँद लगाने के लिए क्या चीज़ उपयुक्त रहेगी? इस सिलसिले में पहले पाँव से लेकर विनोद कुकरेजा के आकर्षण के अलग-अलग पहलुओं का विशद विवेचन नितान्त साहित्यिक भाषा में किया गया। ज़माने भर की कविताएँ उद्धृत की गयीं। इस सब में बहुत वक़्त लग रहा था। अगला बुलेटिन भी इन्हें करना था और उसे उर्मिला मिश्र पढ़ने वाली थीं। विनोद कुकरेजा इन्हें इस बात की बार-बार याद दिलाती रहीं। साथ ही अगले बुलेटिन और अगली समाचार वाचिका के प्रति इन दोनों की दुस्साहसभरी अवहेलना से वह रोमांचित भी होती रहीं। रघुवीर जी ने अपनी बजट सीमा को ध्यान में रखते हुए अन्त में यह प्रस्तावित किया कि विनोद कुकरेजा के पाँव में उनका सौन्दर्य अपनी चोटी पर पहुँचा है, अस्तु लखनऊ से उनके लिए जूतियाँ लायी जायें। फौरन उन्हें पुराने अख़बार पर खड़ा करके पेंसिल से उनके दोनों पाँवों का नाप लिया गया। उर्मिला जी पहुँचीं तो इन दोनों को झटपट बुलेटिन तैयार करने का कमाल दिखाना पड़ा।

इस कमाल को दिखाने की ज़रूरत तब भी पड़ी, जब ये दोनों मित्र एक शाम एशियाई-अफ्रीकी लेखक सम्मेलन के लिए पधारे देश-विदेश के साहित्यकारों के सम्मान में सोवियत दूतावास में आयोजित स्वागत-समारोह में गये। सोचा कि वहीं से रात की ड्यूटी के लिए निकल जायेंगे। तब सोवियत दूतावास त्रावणकोर हाउस में था, जो आकाशवाणी से बहुत दूर नहीं है। स्वागत समारोह में वोदका पिलायी जा रही थी। वोदका तब ज़्यादातर लोगों के लिए अनजान और आकर्षक ड्रिंक था। जैसे ही कोई बैरा ट्रे लेकर आता, भीड़ टूट पड़ती। ये दोनों ड्रिंक पाने से वंचित रह जाते, इसलिए इन्होंने एक नाटक रचा। ये दोनों प्रतिनिधि मण्डल के सर्वेसर्वा कवि कोन्स्तान्तिन सिमिनोव के पास पहुँचे। जोशी जी ने कवि महोदय से रघुवीर सहाय का परिचय 'हिन्दी के प्रसिद्ध समाजवादी कवि' के रूप में और अपना रूसी साहित्य के विद्यार्थी के रूप में करवाया। 'हम दोनों मिलकर आपकी अविस्मरणीय कविताओं का हिन्दी में अनुवाद करना चाहते हैं। क्या इस सिलसिले में आप हमें एकान्त-वार्ता के लिए समय देने की कृपा करेंगे?' सिमिनोव ने कहा—'तुरन्त तो नहीं लेकिन आप यहीं खड़े रहिये, जब मैं भीतर जाने लगूँगा, तब मेरे साथ आ जाइयेगा।' पूरे दस मिनट बाद वह उनके साथ भीतर गये। जहाँ इन्हें बहुत आराम से वोदका

पीने को मिल गयी लेकिन बातचीत में काफ़ी समय चला गया। ये अपनी ड्यूटी के लिए बहुत देर से पहुँचे। नशे के बावजूद या शायद नशे की कृपा से ही आनन-फानन बुलेटिन पूरा करके देवकीनन्दन पाण्डे को थमा दिया, जिन्होंने स्वयं सुराप्रेमी होने के नाते इन्हें भर्त्सना का नहीं, सहानुभूति और ईर्ष्या का पात्र माना!

उस ज़माने में विदेशी दूतावासों ने अपने सांस्कृतिक कार्यक्रम शुरू कर दिये थे और विदेशी टोलियाँ अपने प्रदर्शन करने दिल्ली आने लगी थीं। इसके चलते इन्हें कई विदेशी भाषाएँ सुनने को मिलीं। उनके कुछ शब्द रटकर और उन्हें बोलने का लहजा पकड़कर ये उनके ज्ञाता होने का एक नाटक-सा करने लगे। एक बार कुतुबमीनार की दूसरी मंज़िल पर खड़े रूसियों से इन्होंने इस तरह अंट-शंट रूसी बोली—'विनीगा कवितास्की झेहर कालो मीर रेका मेरी सखी।' इनकी बात बेहतर समझने के लिए वे नीचे उतर आये। आधे रूसी और आधे हिन्दी से बने संवादों का कोई मतलब होता, तब न उन्हें समझ में आता! ज़ाहिर है इन्हें कहना पड़ा कि रूसी पर हमारा अच्छा अधिकार नहीं है, हमसे आप अँग्रेज़ी में ही बात करें।

उस ज़माने में नाटक शुरू-शुरू में वेबल थियेटर नामक एक खुले रंगमंच में हुआ करते थे। वेबल थिएटर पार्लियामेंट स्ट्रीट और जनपथ के बीच ख़ाली स्थान पर था। वेबल थिएटर में बलवन्त गार्गी का लिखा और निर्देशित किया नाटक 'लोहा कूट' देखने ये दोनों मित्र गये। यह नाटक इब्सन के 'डाल्स हाउस' पर आधारित था। नाटक देखने के बाद कनॉट प्लेस से पैदल विनय नगर जाते हुए ये उस प्रसंग को याद करते रहे, जिसमें लोहार की पत्नी अपने पुराने प्रेमी से 'हुण की'? से शुरू होने वाले प्रश्न करती है और वह 'आहो' से उनका जवाब देता है यथा 'अब भी उस बूटे पर फूल खिलते हैं क्या'? 'हाँ अब भी उस बूटे पर फूल खिलते हैं।' उस कथोपकथन में कसक और पीड़ा के साथ-साथ अचरज भी मौजूद था। इस आधार पर इनका निष्कर्ष था कि पंजाबी, सनातन आश्चर्य की भाषा है। उसमें जो भी बोला जाता है चकित-मुदित होकर ही बोला जाता है, इसलिए बोलने वाला वाक्य के शुरू और अन्त का शब्द सुनने वाले पर उछाल-सा देता है। रघुवीर जी ने उसी की नक़ल में चकित-मुदित शैली में जोशी जी से पूछा—'टैम की होया'? जोशी जी ने भी उसी तरह कहा—'साड्डे नौ'। रघुवीर जी ने कहा—'साड्डे नौ'? जोशी जी ने कहा—'आहो

जी'। फिर इस तरह की चकित-मुदित शैली में बोलना और पंजाबी ढंग से 'मैंने जाना है, तैने खाना है' बोलना दोनों का शगल बन गया, जिससे इनके पंजाबी सहयोगी बहुत ख़फ़ा हुए क्योंकि वे बहुत अच्छी हिन्दी लिखते-बोलते थे।

जोशी जी की माँ में एक विशिष्ट क़िस्म का हास्य-बोध था। वह जानबूझकर सही शब्द की जगह, ग़लत शब्द बोलतीं, ताकि सुननेवाला उन्हें 'मूर्खा बुढ़िया' समझकर टोके और भूलसुधार करता रहे, जैसे वह यूनिवर्सिटी को जानबूझकर म्यूनिसिपल्टी कहतीं। उन्होंने रघुवीर जी को हमेशा किसी मिलते-जुलते नाम से पुकारा, जैसे—रघबर सहाय, रघुपत सहाय, महाबीर सहाय। रघुवीर से इजा (माँ) की विनोदवृत्ति समझते थे, इसलिए वह ख़ुद अपना नाम बिगाड़-बिगाड़ कर बताते रहते— दलबीर सहाय, धुरपट सहाय आदि।

वैसे 'वॉकी-टॉकी' लखनऊ से शुरू हो चुकी थी लेकिन वहाँ उसका शुद्ध देसी नाम था—'सड़क साहित्य।' दिल्ली में रघुवीर जी और जोशी जी ने अँग्रेज़ी शब्द वॉक और टॉक का 'पंजाबीकरण' करके उसे 'वॉकी-टॉकी' बना दिया था। लखनऊ में हज़रतगंज में टहलते-टहलते कुँवर नारायण, कृष्ण नारायण कक्कड़, रघुवीर सहाय आदि इसे अंज़ाम देते थे। कभी इलाहाबाद से विजयदेव नारायण साही, सर्वेश्वर दयाल सक्सेना भी आ जाते। 'फूलों में वह बात नहीं, जो फूलों में होती थी' इसी 'सड़क साहित्य' का एक उत्पाद था।

आकाशवाणी की ड्यूटी बजाकर रघुवीर जी और जोशी जी अक्सर पैदल नयी दिल्ली की सड़कें नापते। इस तरह चहलकदमी और बतकही करने का अपना मज़ा था। यूँ तो 'वॉकी- टॉकी' हर मौसम में सुखकर होती थी लेकिन जाड़ों में इसका विशेष आनन्द था। इस दौरान अक्सर 'सड़क साहित्य' रचा जाता। धर्मवीर भारती की 'प्रभु' को सम्बोधित कविताएँ पैरोडी करने की दृष्टि से इन्हें आदर्श मालूम पड़ती थीं। 'प्रभुवादी' एक पैरोडी की रचना दोनों ने मिलकर की—'प्रभु/ उस वस्त्र को/ क्या कहते हैं/ जो यद्यपि छोटा है/ किन्तु ढँक लेता है, जो पूर्ण व्यक्तित्व को हमारे/ प्रभु, उस वस्त्र को क्या कहते हैं/ जो यद्यपि छोटा है/... बस-बस वत्स न कहो और/ मैं समझ गया/ वह तो लंगोटा है'। सर्वेश्वर जी भी इलाहाबाद के दिनों से ही 'सड़क-साहित्य' के 'विद्वान' थे लेकिन रघुवीर जी से ख़फ़ा

रहने के कारण वह अक्सर इनके साथ नहीं निकलते थे। बहरहाल, दफ़्तर में इस तरह का साहित्य रचने में योगदान करते थे। एक बार सर्वेश्वर जी ने कविता पढ़ने वाले अन्दाज़ में जोशी जी से पूछा—'तुम बैठे-बैठे मौन वहाँ...' उनकी बात काटते और पूरा करते हुए रघुवीर जी बोले—'कौन पहाड़ उखाड़ रहे/' इसके आगे और भी कविता बनती चली गयी और एक काग़ज़ में लिखी जाती रही। बाद में देवकीनन्दन पाण्डे आये, तब उनकी निगाह उस काग़ज़ पर पड़ी। पाण्डे जी को नयी कविता से सख़्त नफ़रत सी थी। उन्होंने कविता को आगे बढ़ाते हुए एक बन्ध लिखा—'हे सरस्वती के जार पुत्र/ ये माँ की लाज उघाड़ रहे', आदि।

एक दोपहर वॉकी टॉकी के दौरान जोशी जी ने दो पंक्तियाँ कहीं—'शान्ति दो- शान्ति दो/ चाहे वह कान्ति की बहन ही क्यों न हो'/ रघुवीर जी ने फौरन ही कविता पूरी कर डाली—'और वह नहीं दो, तो कान्ति ही दो/ चाहे फिर शान्ति भी दे देना/ पर तब दया करके वह नहीं, जो कान्ति की बहन है'।

जोशी जी लिखते हैं—

> उन दिनों रचे गये 'सड़क साहित्य' में से यही एक कविता रघुवीर ने अपने किसी संग्रह में रखी। वॉकी-टॉकी में संवाद का आग्रह होता था और आपको भी कुछ कहना पड़ता था, लिहाज़ा अक्सर शरारती ढंग से कुछ कह देना होता था, जैसे—'बैंगन को डाल से टूटे हुए काफ़ी दिन हो चुके हों, तब वाला बैंगनी।' इस पर कभी रघुवीर प्रसन्न होकर अपने मास्टराना अन्दाज़ में एक दीर्घ खिंचा हुआ—'हाँ' उत्तर देता था। उसे लगता कि जोशी ने टिप्पणी की है—टाँग खींचने के लिए, तो वह अपनी ही पैरोडी करते हुए बात को आगे बढ़ाते 'न सिर्फ़ डाल से बहुत दिन पहले तोड़ा जा चुका हो बल्कि भीतर से थोड़ा-बहुत सड़ भी चुका हो, उस जैसा बैंगनी।'

एक जगह जोशी जी लिखते हैं कि रघुवीर जी का विनोदी-स्वभाव उनकी कविताओं में भूले-भटके झलक जाता है, वह उनके गद्य से नदारद रहता है लेकिन ऐसा नहीं है। रघुवीर जी का विनोदी स्वभाव कविता में भूले-भटके नहीं आता और गद्य में भी कई बार नज़र आता है। उन्होंने बाक़ायदा व्यंग्य भी लिखे हैं, जो रचनावली में संकलित हैं। उनकी अद्‌भुत विनोद-वृत्ति का परिचय पुरानी 'जनसत्ता' में 'दिल्ली की झलकियाँ' नाम से सितम्बर से

दिसम्बर, १९५२ के बीच लिखे कुछ आलेखों से मिलता है, उसके कुछ टुकड़े तो परसाई जी की याद दिलाते हैं, जैसे 'दिल्ली कार की और हज़ार की', 'बेकार के बादशाह', 'युअर गुडलक', 'बस तेरा इन्तज़ार है।' 'दिनमान' और 'जनसत्ता' में भी कई बार ऐसी चुटकियाँ उन्होंने ली हैं। 'दिनमान' में 'जी आपने कुछ कहा', 'जनसत्ता' में 'हिन्दी की पूजा बन्द करो' के आरम्भिक अंश, (दिलीप) 'चित्रेजी का एतराज़', 'धर्मयुग' में 'दिल्ली की डायरी' नामक स्तम्भ में उन्होंने हिन्दीवादी और अपने समय के ताक़तवर सांसद सेठ गोविन्द दास का मज़ाक़ उड़ाते हुए एक टुकड़ा लिखा था—

> यदि आपने यशस्वी नाटककार, संसद के वरिष्ठतम सदस्य और प्रखर नेता सेठ गोविन्द दास जी को निकट से देखा हो तो शायद आपको भी आश्चर्य हुआ हो कि सीना तानकर धड़धड़ाते हुए वह कैसे चले जाते हैं जबकि इनसे कम आयु के बहुत से राष्ट्र सेवक सीधे खड़े भी नहीं हो पाते।
>
> मुझे तो हुआ शायद सेठ जी को भी यही आशा थी कि आश्चर्य होना चाहिए, इसलिए उन्होंने बड़े स्निग्ध भाव से बताया कि इस युवावस्था का रहस्य क्या है!
>
> उस दिन सेठ गोविन्द दास जी के गौरक्षा व्रत का एक और पक्ष भी सामने आया, वह यह कि सेठजी केवल गाय का दूध पीते हैं—भैंस या बकरी का नहीं। यदि दिल्ली में प्रवास करते हुए कभी भैंस का दूध पीना ही पड़ा तो उसे यों नहीं पीते, चाय में डालकर पी लेते हैं, अन्यथा वह नहीं पीते हैं।
>
> सवेरे कुछ मील टहलते हैं, फिर १५ बादाम खाते हैं और एक आँवला कच्चा या मुरब्बे का लेते हैं। फिर भोजन, जो कहना न होगा कि निरामिष होता है और उसके बाद दूसरे भोजन तक कुछ नहीं लेते। इस पर उन्होंने ज़ोर दिया—कतई कुछ नहीं—शायद यही मेरे स्वास्थ्य का रहस्य है किन्तु हम लोगों को दो भोजन के बीच में खिलाने के लिए उन्होंने बड़े-बड़े रसगुल्ले मँगाए थे। बोले—'दिल्ली में बंगाली मिठाई अच्छी मिलती है', बड़े आग्रह से खाने के लिए उन्होंने कहा। बड़ों की आज्ञा शिरोधार्य करना चाहिए, इसलिए हम लोगों को सब ख़त्म करने पड़े हालाँकि सेठ जी कह रहे थे कि मन हुआ तो रात के भोजन के बाद दो रसगुल्ले मैं भी खा लूँगा।

> पर इससे एक समाचार मिला (और आप जानते हैं संवाददाता सभी जगह संवाद खोजते हैं) वह यह कि सेठजी भैंस का दूध दो तरह से सेवन कर सकते हैं या वह चाय में पड़ा हो या उसका रसगुल्ला बना दिया गया हो।

कुछ पत्रों में भी यह व्यंग्य भाव मिलता है। उन्होंने २४ फ़रवरी, १९८४ को अशोक वाजपेयी को पत्र लिखा था, जिसमें लेख छपने से पहले ही धन भेजने का आग्रह कुछ यूँ किया गया था—

> हबीब और शमशेर पर मेरे लेख, तीन कविताएँ, एक कहानी—ये सामग्री आशा है आप शीघ्र छापेंगे। यदि इनका लेखकांश आप छापने से पहले ही भेज दें तो मेरी कृतज्ञता आप अर्जित करेंगे (और आपका धन मैं)।

साहित्य और पत्रकारिता में अन्तर

जहाँ तक पत्रकारिता का मेरे साहित्य से सम्बन्ध का प्रश्न है, एक बड़ा भौतिक सम्बन्ध तो यही रहा कि पेशे से इस काम को करते हुए मुझे अपने घर से बाहर जाने के बहुत मौक़े मिले हैं। इसके कारण मेरे लिए जो सबसे बड़ा भौतिक अन्तर हुआ है, वह यह है कि शायद मैं उस घुटन से बहुत कुछ बाहर निकल सका, जो कि सिर्फ़ घर में बन्द रहने से होती है। उससे बहुत कुछ मिला भी। नहीं मालूम वह कहाँ पर किस तरह से इस्तेमाल हुआ है, यह अलग बात है।

—(रघुवीर सहाय रचनावली-३, पृ. ४२०)

पत्रकारिता के बारे में यह एक भ्रान्ति फैली हुई है कि यह जान-बूझकर नियोजित तरीक़े से रचनात्मकता को भ्रष्ट करने के लिए होती है। तमाम लोग—ख़ासतौर से हिन्दी के लेखक—ऐसा मानते हैं। जिन लोगों ने 'आत्महत्या के विरुद्ध' की कविताएँ पढ़ कर कहा था कि यह सिर्फ़ पत्रकारिता है, उनसे मैं पूछना चाहता हूँ कि क्या असल में कविता में पत्रकारिता वह नहीं है, जो तमाम प्रेम की कविताएँ, कवि सम्मेलनों या मुम्बइया सिनेमा के लिए लिखी जाती हैं या जो क्रान्ति के लिए लिखी जाती हैं? वह इस अर्थ में पत्रकारिता है कि उसमें आपका अपना जो अनुभव है, वह किसी चीज़ से असहमति प्रकट नहीं करता, वह एक प्रतिष्ठान की ज़रूरत है कि इसी तरह से सत्य को रखना होगा। इसी अर्थ में प्रेम का वर्णन पत्रकारिता है। मैं इतना ही कह सकता हूँ कि कुछ लोगों को शायद इस बात से भ्रम हो रहा है कि मेरी कविता में बहुत सी ऐसी चीज़ों का ज़िक्र आया है, जिनका आमतौर से कविता में

ज़िक्र नहीं आता। शायद अख़बारों में आता है क्योंकि वे चीज़ें भी दुनिया में हैं।

—(वही, पृ. ४२०-४२१)

पत्रकार और साहित्यकार में कोई अन्तर है क्या? मैं मानता हूँ कि नहीं है। इसलिए नहीं कि साहित्यकार रोज़ी के लिए अख़बार में नौकरी करते हैं, इसलिए कि पत्रकार और साहित्यकार दोनों नये मानव सम्बन्ध की तलाश करते हैं। दोनों ही दिखाना चाहते हैं कि दो मनुष्यों के बीच नया सम्बन्ध क्या बना। दोनों के उद्देश्य में समानता पूर्ण है। कृतित्व में समानता कमोबेश है। पत्रकार जिन तथ्यों को एकत्र करता है, उनको क्रमबद्ध करते हुए उन्हें उस परस्पर सम्बन्ध से वह विच्छिन्न नहीं करता, जिससे कि वे जुड़े हुए और क्रमबद्ध हैं। उसके ऊपर तो यह लाज़िमी होता है कि वह आपको अपने तर्क से विश्वस्त करे कि यह हुआ तो यह इसका कारण है। ये तथ्य हैं और ये समय, देशकाल, परिस्थिति आदि हैं, जिनके कारण ये तथ्य पूरे होते हैं। साहित्यकार इससे भिन्न कुछ करता है। साहित्यकार के लिए तथ्यों की जानकारी उतनी ही अनिवार्य है, जितनी कि पत्रकार के लिए है परन्तु उन तथ्यों का गतानुगत क्रम उसके लिए अवध्य नहीं है, वह उसको उलट-पुलट सकता है बल्कि तथ्यों के परस्पर सम्बन्ध को जानबूझकर तोड़कर ही साहित्यकार उन्हें नये सिरे से क्रमबद्ध करता है और इस प्रकार से नये सम्पूर्ण सत्य की सृष्टि करता है, जो एक नया यथार्थ है, एक सम्भव यथार्थ है। पत्रकार के लिए यथार्थ वही है, जो सम्भव हो चुका है, साहित्यकार के लिए वह है, जो सम्भव हो सकता है।

—(वही)

कोई रपट उतनी ही सर्जनात्मक हो सकती है, जितनी वह रचना, जो रपट नहीं है—बशर्ते कि लेखक अपने व्यक्तित्व के प्रति सजग हो।

—(वही, पृ. २७०)

रघुवीर सहाय ने पत्रकारिता आज़ादी के वर्ष १९४७ से शुरू की थी, लगभग उसी समय उन्होंने कविता लिखने की शुरुआत भी की थी। उनके पहले स्वतन्त्र कविता-संग्रह 'आत्महत्या के विरुद्ध' के १९६७ में सामने

आने से पहले उनकी कविता और पत्रकारिता दोनों की राहें अलग-अलग-सी लगती हैं। यही कारण था कि इससे पहले कभी उनके बारे में यह नहीं कहा गया कि वह कविता में भी पत्रकारिता करते हैं, कि उनकी कविता में काव्य नहीं, बल्कि अख़बारी कतरनें हैं। इस तरह की समझ के सम्भावित कारणों की ओर स्वयं रघुवीर सहाय एक जगह इशारा करते हैं। इस संग्रह का तीसरे संस्करण (१९८५) की भूमिका में उनका कहना है कि उस संग्रह के माध्यम से हिन्दी कविता में बहुत सी ऐसी चीज़ों का ज़िक्र आने लगा, जिनका उल्लेख पहले कविता में नहीं आता था, वे अख़बारों तक सीमित थीं।

उस संग्रह में साफ़ दिखता है कि उनकी कविता में ऐसी अनेक शब्दों-अभिव्यक्तियों ने प्रवेश किया, जो कविता की दुनिया में तब तक अजनबी थीं, निषिद्ध थीं। उनके बारे में सोचा तक नहीं जाता था। उनकी कविता में पत्रकारिता से शब्द और अभिव्यक्तियाँ आयी थीं, कई विषय आये थे। १९६०-६७ के बीच की उनकी कविताएँ 'आत्महत्या के विरुद्ध' में हैं, तब तक ख़ुद रघुवीर जी के मुताबिक रेडियो-टेलीविज़न और अख़बार के माध्यमों में उन्हें कम से कम बीस वर्ष बीत चुके थे। लखनऊ में रहते हुए अख़बारों और 'आकाशवाणी' के लिए भी उन्होंने लिखा था। फिर दिल्ली में 'प्रतीक' से लेकर 'नवभारत टाइम्स' के विशेष संवाददाता बनने तक, फिर 'दिनमान' के सम्पादक रहते हुए और फिर फ्रीलांस पत्रकार के रूप में उनकी पत्रकारिता आजीवन जारी रही। एक दिलचस्प प्रसंग है। एक बार असग़र वजाहत ने कहा कि मेरा मन होता है सहाय जी कि मैं आपसे कहूँ कि आप पत्रकारिता छोड़कर सिर्फ़ कविताएँ लिखें। उनका जवाब था—मैं पत्रकार हूँ, इसलिए कवि हूँ। पत्रकारिता के बिना मैं कविता नहीं कर पाऊँगा।

'आत्महत्या के विरुद्ध' के प्रथम संस्करण के प्रकाशन के समय 'नवभारत टाइम्स' में विशेष संवाददाता के रूप में काम करते हुए उन्हें चार साल बीत चुके थे। 'आकाशवाणी' या हिन्दी अख़बारों में तब तक साहित्यकार के रूप में पहचानी जानेवाली शायद ही कोई शख़्सियत संवाददाता के रूप में सक्रिय रही हो, उसे पत्रकारिता में यह काम रास आया हो, अपनी रचनात्मकता के लिए आवश्यक लगा हो। इसके विपरीत तब इस काम को एक तरह से 'साहित्य की गरिमा के प्रतिकूल और साहित्य रचना में बाधक' माना जाता

था। रघुवीर सहाय शायद पहले हिन्दी कवि थे, जो पत्रकारिता के अपने कर्म के प्रति इतने गम्भीर थे और उसके कारण अपनी रचनात्मकता के प्रति इतने आश्वस्त थे। उन्होंने डंके की चोट पर अख़बार में काम करने से 'रचनात्मकता का क्षरण' होने की बात को फिजूल बताया था—अपनी रचनाओं के माध्यम से भी और वक्तव्यों के ज़रिये भी। पत्रकारिता और कविता के अन्तर्सम्बन्धों पर इस तरह के स्पष्टीकरण की ज़रूरत ही उन्हें इसलिए पड़ी थी कि १९६७ में इस कविता-संग्रह ने कविता की तब तक चली आ रही अवधारणा को चुनौती दी थी। कविता और पत्रकारिता के रिश्तों का लम्बा खुलासा देने की ज़रूरत इस संग्रह के आने के क़रीब दो दशक बाद १९८६ तक बनी रही। रघुवीर जी तब इलाहाबाद गये थे। प्रसिद्ध आलोचक रामस्वरूप चतुर्वेदी ने (जिनके साथ अपना 'साहित्यिक जीवन विकसित' होने की बात रघुवीर जी ने कही है।) कॉफी हाउस में बातचीत के दौरान कवि के पत्रकारिता में जाने को प्रश्नांकित कर दिया था। उनका तर्क था कि 'आज का साहित्यकार, साहित्यिक पत्रकारिता छोड़कर अख़बार में क्यों चला गया है, जबकि प्रेमचन्द तक ने अख़बार में कभी काम नहीं किया बल्कि साहित्यिक पत्रकारिता तक स्वयं को सीमित रखा था।' रघुवीर जी ने वहाँ तो जो जवाब देना उचित समझा होगा, दिया ही होगा। साथ ही वह इलाहाबाद में यह कहकर भी आये थे कि इसका वह लिखित जवाब देंगे। उन्होंने तत्काल जयपुर से प्रकाशित साप्ताहिक 'इतवारी पत्रिका' (तब लेखकों के बीच परिचित और चर्चित) में अपने स्तम्भ 'बात' में इस पर टिप्पणी लिखी।

'लेखक, पत्रकारिता में क्यों गया', इसका जवाब उन्होंने यह कहते हुए दिया कि '१९५०-५१ के बाद हिन्दी में लेखन का उत्साह लेकर आने वालों को जीविका की आशा अख़बारों में दिखायी तो पड़ने लगी थी मगर वास्तव में वह सिद्धान्ततः ही थी। भारत आज़ाद हुआ था, नये रचनाकर्म के रास्ते खुल रहे थे, नये विचारों और नयी पीढ़ी को उससे उम्मीद मिलती दीख रही थी।' रघुवीर जी के अनुसार तब 'दो विचित्र घटनाएँ हुईं। पहली तो जो भी नये रास्ते खुल रहे थे या खुल सकते थे, वे पिछली पीढ़ियों के प्रतिष्ठित लोगों को मिल रहे थे और अक्सर इस विचार के बग़ैर मिल रहे थे कि जो नौकरी उन्हें दी जा रही है, उसके लिए कोई विशेष अनुभव अथवा योग्यता उनमें है या नहीं है, जबकि वहाँ 'विशेष योग्यता या प्रतिभा

दिखाने या सीखने के अवसर' थे। रेडियो की नौकरियों में ऊँचे-ऊँचे पद ऐसे लोगों से पट रहे थे, जो उस काम के लिए उपयुक्त नहीं थे। जो नौजवान १९५० के आसपास इतनी सम्भावनाओं से युक्त थे कि अपने माध्यम में सलाहकार और कर्मी बन सकते थे, वे इनके पीछे घिसटने को बाध्य थे। जो इसके विकल्प की खोज में थे, वे अनुवादक की नौकरी खोजते और पाते रहे क्योंकि वे तब बहुत उपलब्ध थीं और दिन-ब-दिन निकल रही थीं। एक पूरी पीढ़ी को 'राष्ट्रभाषा हिन्दी के सौदागरों' ने अनुवादक बनाकर रख दिया था। विद्या का जो क्षेत्र उनका था—अर्थशास्त्र, इतिहास, भूगोल आदि में वे मौलिक लिखने को 'अनुत्पादक' मानने लगे थे क्योंकि सरकारी नीति अनुवाद को बढ़ाने की थी। फिर उस अनुवाद को जनता तक पहुँचाकर भाषा के साथ अनर्थ किया जा रहा था।

जहाँ तक हिन्दी अख़बारों की बात थी, वहाँ तब तनख़्वाहें इतनी कम थीं कि उस पर काम करना संघर्ष करने का पर्याय था। लखनऊ में १९५० में 'दैनिक नवजीवन' में रघुवीर जी उप-सम्पादक बनने गये तो उसके सम्पादक ज्ञानचन्द्र जैन ने चेतावनी दी थी कि रघुवीर, एक बार फिर सोच लो क्योंकि 'अख़बार की नौकरी में निर्धनता और अनिश्चय है, न आराम है, न पैसा।' तब के युवा रघुवीर ने कहा कि सोच लिया है और १०० रुपये महीने पर काम शुरू कर दिया। पत्रकारिता में आने की एक वजह यह भी थी कि वह सरकारी नौकरी करना नहीं चाहते थे, हालाँकि जीवन में दो बार उन्हें आकाशवाणी में काम करना पड़ा। एक वजह यह भी थी कि भारतीय सिविल सेवा (आईएएस) की परीक्षा देकर उसमें आने की कोशिश तक करना वह नहीं चाहते थे, न किसी कॉलेज-विश्वविद्यालय में पढ़ाने में उनकी दिलचस्पी थी। 'नवजीवन' में रहकर उन्हें यह भी लग रहा था कि यहाँ कॉफी हाउस जैसा बहस और बातचीत का वातावरण है। फ़र्क़ यह ज़रूर है कि यहाँ काम करना पड़ता है, जो एप्रेंटिस के रूप में ज़्यादा था भी नहीं।

उन्होंने रामस्वरूप जी की इस धारणा का खण्डन भी टिप्पणी में किया कि अच्छी पुरानी पत्रिकाएँ विशुद्ध साहित्य छापा करती थीं। 'सरस्वती' का उदाहरण देकर रघुवीर जी ने बताया कि उस समय वह 'साहित्यिक' नहीं, बल्कि 'समग्र पत्रकारिता' कर रही थी। महावीर प्रसाद द्विवेदी अपने एक सहयोगी के साथ उसमें जीवन के अनेक विषयों को समेट रहे थे।

कुल मिलाकर रघुवीर सहाय पत्रकारिता और साहित्य के सम्बन्धों को जिस तरह देखते थे, उन्हें अगर कुछ सूत्रों में बाँधने की कोशिश करें तो इस तरह उनकी बातों को सूत्र रूप में रखा जा सकता है—

१ पत्रकार और साहित्यकार में कोई अन्तर नहीं है। पत्रकार और साहित्यकार दोनों ही नये मानव सम्बन्धों की तलाश करते हैं।

२. पत्रकार तथ्यों को क्रमबद्ध करते हुए उनके परस्पर सम्बन्ध को विच्छिन्न नहीं करता, जबकि साहित्यकार मानव सम्बन्धों की तलाश में तथ्यों का ऐसा गतानुगति क्रम देना अनिवार्य नहीं मानता। यही नहीं, उनके कार्य-कारण सम्बन्धों को स्पष्ट करना भी उसके लिए अनिवार्य नहीं है। वह चाहे तो तथ्यों को तोड़ कर, उनकी अन्विति बदलकर भी सम्पूर्ण सत्य की सृष्टि कर सकता है।

३. पत्रकार के लिए यथार्थ वही होता है, जो तर्कसिद्ध हो, जिसके सम्भव होने या हो चुकने का प्रमाण हो। इसके विपरीत साहित्यकार के लिए यथार्थ वह है, जो सम्भव हो सकता है या जिसे सम्भव होना चाहिए या जो सम्भव होगा कभी।

४. दोनों ही अगर लौकिक घटनाओं के भीतर छुपे अर्थ को नहीं खोजते तो अपने काम में असफल होते हैं। जो पत्रकार निरी सूचनाएँ जमा करते हैं, उनसे नये मानव सम्बन्धों की तलाश नहीं करते, वे उन साहित्यकारों की तरह असफल रहते हैं, जो निरी भावनाएँ जमा करके उन्हें सजा देते हैं।

५. जिस हद तक दोनों आज के बदलते मानव सम्बन्धों को देखते हैं, उस हद तक वे एक-दूसरे के निकट आते हैं। दोनों के काम की अन्तिम कसौटी आदमी को बेहतर इनसान बनाने की कोशिश करना है।

६. यदि एक ही व्यक्ति पत्रकार और साहित्यकार है, तो उसके काम की असली कसौटी यह होगी कि वह यथार्थ के प्रति अपने बरताव की एक विधि और दूसरी में अन्तर कर पाता है या नहीं? दोनों माध्यमों का वह अलग-अलग अभ्यास करना सीखता है या नहीं? अगर ऐसा नहीं करता है तो वह एक घटिया कवि और एक घटिया पत्रकार एकसाथ होगा।

७. पत्रकार की स्वतन्त्रता किसी व्यावसायिक मुखपत्र अथवा किसी राजनीतिक संगठन से जुड़ने पर आलोच्य हो जाती है।

८. जो साहित्यकार और पत्रकार राजनीति का अर्थ केवल सत्ता के लिए छल-छन्द के रूप में जानते हैं, वे पत्रकार और साहित्यकार के उद्देश्यों की समानता और वैविध्य को पहचान नहीं पाते।

९. पत्रकार और साहित्यकार की स्वतन्त्रता का अर्थ अपने रचनात्मक कर्म की स्वतन्त्रता है, यदि दोनों समता लाने और ग़ैर-बराबरी मिटाने के लिए सत्य को पहचानने और उसके अवरोधों से संघर्ष करने का काम नहीं करते हैं तो उस दशा में उनकी स्वतन्त्रता का कोई अर्थ नहीं है।

१०. पत्रकारिता के बारे में यह भ्रान्ति है कि वह जानबूझकर नियोजित तरीक़े से रचनात्मकता को भ्रष्ट करने के लिए है। पत्रकारिता अपने आप में अनुभव के स्तर पर घटिया काम नहीं है।

कविता बोली और सुनी भी जाय

> मैं मानता हूँ कि मुझे अधिकाधिक श्रोताओं के लिए लिखना चाहिए, हालाँकि साक्षरता बढ़ रही है, किताबें ज़्यादा छपेंगी, लेकिन संवाद की इतनी भारी कमी हो गयी है कि लिखी जानेवाली भाषा और उसके पढ़नेवालों के बीच का अन्तराल काफ़ी बड़ा हो गया है। मैं मानता हूँ कि अब कविता की आवाज़ जब तक लोगों के कान में नहीं पड़ेगी, तब तक कविता के शब्दों की सच्चाई के बारे में कवि पर कोई दबाव नहीं रह जायेगा। कवि सच्चे शब्द ही कहे और लिखे, इसके लिए ज़रूरी है कि वे शब्द लोगों को सुनायी पड़ें। मुझे यह लग रहा है कि कविता सुनाना, कविता लिखने की ज़रूरत का अनुपूरक बनता जा रहा है।
>
> —(रघुवीर सहाय रचनावली–३, 'आधुनिक कविता और संगीत' लेख)

रघुवीर सहाय ने लगभग १४ वर्ष (१९७४ से १९८८) तक इस बात का अथक प्रयास किया कि आधुनिक कविता को लिखित परम्परा के दायरे से निकालकर उसे श्रोताओं तक भी पहुँचाया जाय। यह कविता पाठकों के अलावा अपने श्रोता भी बनाये। कविता छापी, बाँटी–बेची तो जाय ही, वह बोली और सुनी भी जाये। उनकी नज़र में कविता में आये गतिरोध को तोड़ने का यह पहला कार्यक्रम हो सकता है। यह काम कवि कभी भी शुरू कर सकते हैं। अगर कवि यह भय छोड़ दें तो यह और भी अच्छा होगा कि कविता के बोले और सुने जाने से उसका अर्थ बिगड़ सकता है। शास्त्रीय आलोचक कविता का अर्थ जितना बिगाड़ते हैं, उससे ज़्यादा उसे बिगाड़ना श्रोताओं के बस में नहीं है। वह कहते थे कि अपना कविता–संग्रह किसी

को भेंट करने की बजाय अपनी कविताओं का टेप भेंट करके उन्हें अधिक ख़ुशी होगी। वह इस तर्क के कायल नहीं थे कि कविता लिखो, छपाओ और छुट्टी। 'मैं हमेशा इसका पक्षधर रहा हूँ कि मेरी कविताएँ सस्वर या ज़ोर-ज़ोर से पढ़कर बोली जायें ताकि वे कविता के रूप में स्थापित हो सकें।' अपनी कविता के टेप ख़ुद बनवाकर उन्हें बेचने का काम करना तो हर किसी कवि के लिए करना शायद सम्भव नहीं है (हालाँकि उन्होंने अपने घर पर मोत्सार्ट की सिम्फनी की पृष्ठभूमि में अपनी कुछ कविताएँ रिकार्ड करने का प्रयोग बहुत पहले किया था।) मगर उन्होंने राष्ट्रीय नाट्य विद्यालय (नेशनल स्कूल ऑफ़ ड्रामा) और श्रीराम सेंटर फ़ॉर आर्ट एण्ड कल्चर आदि के साथ मिलकर काव्य-आवृत्ति की हिन्दी में अपने ढंग की परम्परा डाली, जो दुर्भाग्य से बहुत आगे नहीं बढ़ सकी।

वैसे ठेठ कवि सम्मेलनी कविताओं से इतर निराला से लेकर आज तक के अनेक आधुनिक कवि अपनी कविताओं का अच्छा-स्पष्ट-प्रभावी पाठ करते आये हैं। जिन्होंने निराला के काव्यपाठ को सुना है, उनके मन पर उसकी अमिट छाप पड़ी है मगर कवियों द्वारा स्वयं अपनी कविता का पाठ करने से इतर रघुवीर सहाय ने अपनी, अन्य वरिष्ठ और समकालीन कवियों की कविताओं को श्रोताओं तक पहुँचाने के लिए काव्य-आवृत्ति की पद्धति की शुरुआत की, उसे विकसित और पल्लवित किया। उन्होंने कविता को उसके लिखित रूप से बाहर निकालने का अपनी तरह का पहला और अभी तक का आख़िरी प्रयास किया, जिसमें कविता की प्रभावी प्रस्तुति का महत्त्व था, इसका नहीं कि ख़ुद कवि ने अपनी कविता का पाठ किया है। उन्होंने इस बात से परहेज़ ही किया कि कोई भी कवि स्वयं अपनी कविता पढ़े। उन्होंने स्वयं भी अपनी कोई कविता नहीं पढ़ी। उन्होंने इस प्रयास में कविता को एक हद तक रंगमंच से जोड़ा, हालाँकि विशुद्ध रंगमंचीय प्रस्तुति और कविता की अपनी प्रस्तुति के भेद को उन्होंने बहुत स्पष्टता से रेखांकित किया है। उन्होंने कविता की प्रस्तुति की कमान अपने हाथ में ली, रंगकर्मियों को यह बताया कि यह काम किस तरह किया जा सकता है और कविता का प्रस्तोता किस सीमा तक स्वतन्त्रता ले सकता है तथा उस स्वतन्त्रता की सीमा कहाँ है और क्यों है?

उन्होंने यह काम १९७४ में शुरू किया, जिसे वह अपनी मृत्यु से दो वर्ष पहले तक यानी १९८८ तक लगातार करते रहे—क़रीब १४ वर्षों तक।

निस्सन्देह भारत में काव्य–आवृत्ति की सशक्त परम्परा बाङ्ला में रही है, जो बाक़ायदा वहाँ आज भी एक सम्मानित और पेशेवराना काम है। वहाँ कवि से इतर कुछ प्रस्तोता इस कौशल से कविताओं की प्रस्तुति करते हैं कि श्रोता उन्हें सुनने बड़ी संख्या में आते हैं, दुर्गापूजा के कार्यक्रमों तक में ऐसी आवृत्तियाँ होती हैं। हिन्दी में ऐसी कोई परम्परा नहीं रही, सुविचारित अभियान जैसा कुछ नहीं रहा। वैसे रघुवीर जी ने हिन्दी में जो किया, वह बाङ्ला की काव्य–आवृत्ति की परम्परा का अनुकरण नहीं था। वह किसी मामले में किसी के अनुकरणधर्मा कभी नहीं रहे—न जीवन में, न रचना में। दुर्भाग्य यह है कि उनके जाने के बाद इस प्रयास में वह त्वरा नहीं रही, उसे आगे ले जाने की गम्भीर, अनथक, रचनात्मक कोशिशें नहीं हुईं। इतना ज़रूर हुआ है कि रंगमंच की राष्ट्रीय संस्था राष्ट्रीय नाट्य विद्यालय (नेशनल स्कूल ऑफ़ ड्रामा) में कविता–आवृत्ति की जो शुरुआत रघुवीर जी ने की थी, उसे आज भी उसने अपने पाठ्यक्रम, अभ्यासचर्या और प्रस्तुति का अंग बना रखा है। संयोग से रघुवीर जी की बेटी हेमा सिंह इस सदी के पहले दशक से यह पाठ्क्रम पढ़ाती रही हैं। रघुवीर जी ने भी दो–तीन वर्ष तक कविता प्रस्तुति को बतौर पाठ्यक्रम वहाँ छात्रों को पढ़ाया है।

रघुवीर जी को एक तरह से स्कूल में पढ़ते समय ही काव्य–आवृत्ति के महत्त्व का आभास हुआ था। जब वह पाँचवें दर्ज़े में थे तो ग्रामीण पृष्ठभूमि के एक अध्यापक क्लास में बच्चों को मैथिलीशरण गुप्त के खण्ड–काव्य 'जयद्रथ वध' के अंश पढ़कर सुनाया करते थे। वह अगले पीरियड की घण्टी बजने तक इसके अंश सुनाते बल्कि पढ़ाई के नाम पर अक्सर वह यही करते। वह चाहते थे कि बच्चे कविता की ध्वनियाँ सुनें और उनका अर्थ स्वयं वाचन के माध्यम से समझें। उनके समय वह अकेले शिक्षक ही नहीं बल्कि दो–चार और भी ऐसे शिक्षक थे। कहीं बीज रूप में इसका असर उनके मन पर शायद रहा।

वैसे रंगमंच की दुनिया से तो वह छात्र जीवन से एक न एक तरह से जुड़े रहे और काव्य–आवृत्ति करने की बात भी उनके मन में कहीं रही हो तो मालूम नहीं लेकिन जब वह फ़रवरी, १९७० में, पहली बार सोवियत लेखक संघ के निमन्त्रण पर एक महीने के लिए गये तो वहाँ मास्को के तंगाका थियेटर में रूसी में कविता वाचन का एक कार्यक्रम सुनने–देखने पर ऐसा ही कुछ अपने ढंग से यहाँ करने की इच्छा उनमें पैदा हुई। उन्हें

पहली बार रूसी कविता का प्रामाणिक पाठ सुनने का मौक़ा मिला था। वाचन तो रूसी भाषा में हुआ था मगर चूँकि उन्हें उन कविताओं के अँग्रेज़ी अनुवाद पहले से उपलब्ध करवा दिये गये थे, इसलिए उन्हें यह जाँचने में आसानी हुई कि इस पाठ में वे सब तत्त्व मौजूद हैं, जो कि लिखी हुई और बोली हुई कविता के अन्तराल को भरने के लिए ज़रूरी हैं। जहाँ लिखी हुई कविता को वाचन के द्वारा सम्पूर्णता देने का अवसर था, वहाँ उसे वह सम्पूर्णता भी इस वाचन में दी गयी। वहाँ कुछ कविताएँ किसी एक ही व्यक्ति द्वारा और कुछ एक समूह द्वारा पढ़ी गयी थीं। वहाँ वाचक इस अर्थ में काफ़ी स्वतन्त्र थे कि उन्हें मंच पर एक जगह स्थिर होकर पाठ नहीं करना था, वे चल-दौड़ सकते थे लेकिन उसी सीमा तक जिसकी अनुमति कविता अपने भीतर से, अपने पाठ्यरूप के माध्यम से देती है। वह कार्यक्रम था तो छोटा ही और दर्शक भी सीमित संख्या में थे मगर रघुवीर जी को वह बड़ी विशिष्ट, अर्थमय, सन्तुलित और परिमार्जित कविता-प्रस्तुति लगी। इससे वह यह सोचने के लिए बाध्य हुए कि ऐसा ही कुछ अपने यहाँ भी करेंगे लेकिन इसका तत्काल कोई अवसर नहीं मिला या शायद 'दिनमान' के सम्पादन की व्यस्तताओं के बीच अपने स्तर पर इस तरह की पहल का पूरा भार ख़ुद अपने कन्धे पर उठाना उनके लिए सम्भव नहीं रहा होगा।

रूस यात्रा के क़रीब तीन साल बाद एक दिन राष्ट्रीय नाट्य विद्यालय के तत्कालीन निदेशक और भारत के अत्यन्त सम्मानित नाट्य निर्देशक इब्राहिम अल्काजी ने रघुवीर जी तथा सर्वेश्वर दयाल सक्सेना से प्रस्ताव किया कि आप अपनी कुछ कविताएँ प्रस्तुति के लिए विद्यालय के रंग-मण्डल को दें ताकि उन्हें प्रस्तुत किया जा सके। रघुवीर जी ने इसके जवाब में कहा कि वह अपनी कविताएँ इस शर्त पर देंगे कि उन्हें रंग-मण्डल के सदस्यों को यह सिखाने का अवसर दिया जाय कि वे उनकी कविताओं की प्रस्तुति किस प्रकार करें। उन्होंने स्पष्ट किया कि उनका आशय यह नहीं है कि रंग-मण्डल के सदस्यों पर वह यह थोपना चाहते हैं कि वे इनमें से क्या पढ़ें और क्या न पढ़ें किन्तु रंगमण्डल में कविता-वाचन की कोई परम्परा नहीं रही है, इसलिए पहले तो वे समकालीन कविता वाचन की पहचान करें और तब कविताएँ पढ़ें।

अल्काजी ने यह बात मान ली। इसके बाद रघुवीर सहाय ने रंग-मण्डल के सदस्यों के साथ कई बैठकें कीं, उन्हें अपनी कई कविताएँ पढ़कर सुनायीं।

इस तरह उनके साथ विचार-विमर्श में, समझने-समझाने-सुधारने-सँवारने में काफ़ी समय लगाया। १९७३ में हुए इस कार्यक्रम का शीर्षक 'आत्महत्या के विरुद्ध' था, जो उनके पहले स्वतन्त्र कविता-संग्रह का शीर्षक भी है। इस आयोजन में मनोहर सिंह, उत्तरा बावकर, सुरेखा सीकरी जैसे मशहूर कलाकार शामिल हुए। मनोहर सिंह को कविता वाचन के इस पहले कार्यक्रम का निर्देशन का भार दिया गया था लेकिन इसकी प्रस्तुति में रघुवीर सहाय की भूमिका काफ़ी अहम रही क्योंकि उनके मन में अपनी कविताओं के वाचन की शक्ल न जाने कब से बनती आ रही थी। इस पहले आयोजन की सफलता से उन्हें अपार सन्तोष मिला। इसके माध्यम से उन्हें यह लगा कि वाचन में उनकी कविताओं के लिखित और वाचिक रूप में बहुत तालमेल पैदा हो सका है बल्कि उनकी कविता के लिखित रूप को उसका वाचिक रूप नया निखार दे सका है, नया अर्थ पैदा कर सका है।

इस पहले प्रयोग से रघुवीर जी के मन में यह विश्वास पैदा हुआ कि उनका सिखाया हुआ तरीक़ा सटीक है। उन्होंने रंग-मण्डल को न केवल यह बताया था कि कविताएँ कैसे पढ़ी जानी चाहिए बल्कि यह भी बताया था कि उनका संगीत, उनके गायन का ढंग, कविताओं की प्रस्तुति का क्रम, उपयोग में आनेवाले वाद्य क्या हों। साथ ही प्रकाश और रंग संयोजन का तरीक़ा भी उन्हें बताया था। इस आयोजन के तत्काल बाद जब प्रसिद्ध समीक्षक, कवि और अँग्रेज़ी दैनिक 'स्टेट्समैन' के रंगमंच के स्तम्भकार नेमिचन्द्र जैन ने उनसे आकर कहा—'रघुवीर जी, मुझे पहली बार सुनायी दिया कि आप की कविता में कितनी चीज़ें छिपी हुई हैं। मैंने पहले भी कई बार आपकी कविताएँ पढ़ी थीं लेकिन ये बातें मुझे नहीं दिखी थीं, जो इस काव्य-आवृत्ति के बाद दिखायी देने लगी हैं। लिखी हुई कविता को पढ़ने और उसे बोलकर पढ़ने के सम्बन्ध को इस प्रकार समझा जा सकता है।' इससे रघुवीर जी की हिम्मत काफ़ी बढ़ी क्योंकि नेमि जी रंगमंच समीक्षक के साथ ख़ुद साहित्यकार और आलोचक भी थे, इसलिए वह दोनों के अन्तर्सम्बन्धों की बेहतर समझ रखते थे।

इसके बाद फिर तीन साल इस तरह का काम किये बग़ैर गुज़र गये। १९७६ में उन्होंने इण्डिया इण्टरनेशनल सेंटर में 'छाया' शीर्षक से 'हँसो, हँसो जल्दी हँसो तथा अन्य कविताएँ' शीर्षक से काव्य-आवृत्ति का आयोजन

किया। एक वर्ष बाद फिर यही कार्यक्रम वहाँ दोहराया गया। फिर क़रीब सात वर्ष का अन्तराल आया। सितम्बर, १९८३ में जब वह 'दिनमान' के सम्पादन की ज़िम्मेदारी से ज़बर्दस्ती मुक्त कर दिये गये थे, उन्होंने श्रीराम सेंटर रंग-मण्डल के छात्रों को कविता-आवृत्ति का प्रशिक्षण दिया और प्रस्तुति भी दी। फिर इसके लगभग दो वर्ष बाद १९८५ में उन्होंने भवानी प्रसाद मिश्र की कविताओं की आवृत्ति श्रीराम सेंटर रंग-मण्डल के लिए की और बाद में भोपाल में भी यह आयोजन किया। उसके बाद उन्होंने फ़रवरी, १९८६ में राष्ट्रीय नाट्य विद्यालय के द्वितीय वर्ष के छात्रों के साथ आधुनिक हिन्दी काव्य की कुछ चुनी हुई कविताओं की आवृत्ति की। इसमें उन्होंने अपने अलावा अनेक समकालीन कवियों की कविताओं की प्रस्तुति की, जिनमें अज्ञेय, सर्वेश्वर दयाल सक्सेना, श्रीकान्त वर्मा, कुँवर नारायण, केदारनाथ सिंह, विजयदेव नारायण साही, चन्द्रकान्त देवताले, विष्णु खरे से लेकर उस समय के कुछ युवा कवि जैसे मंगलेश डबराल, राजेश जोशी, विष्णु नागर, विनोद भारद्वाज तथा निर्मलेन्दु गुप्ता थे। इसके लिए उन्होंने बाक़ायदा एक कार्यशाला आयोजित की थी। इसी प्रस्तुति के साथ उन्होंने एक महत्त्वपूर्ण वक्तव्य प्रस्तुति के बारे में भी दिया था, जिसे अलग से दिया जा रहा है ताकि इस पूरे आयोजन के पीछे की उनकी दृष्टि की कुछ झलक मिल सके।

वैसे यह वर्ष उनके लिए इस दृष्टि से सबसे सार्थक रहा कि उन्होंने इसी साल अज्ञेय और मैथिलीशरण गुप्त की कविताओं की अलग-अलग आवृत्तियाँ कीं और हंगारी कविताओं की प्रस्तुति भी की। हंगारी कविताओं के पुस्तकाकार अनुवाद उन्होंने साहित्य अकादेमी के लिए किया। उसी वर्ष हंगरी के वार्षिक दिवस के मौक़े पर उन्होंने सात-आठ युवा मित्रों की मण्डली के साथ हंगारी कविताओं की प्रस्तुति हंगरी के सांस्कृतिक केन्द्र में की। इन युवा मित्रों का चयन उन्होंने स्वयं किया, जिनमें रंगकर्मी, युवा कवि, छात्र, भाषा के जानकार तथा समकालीन कविता में रुचि रखनेवाले विभिन्न पेशों से जुड़े लोग थे। सब ने सारी कविताओं को पढ़ा, समझने की कोशिश की और अपनी पसन्द की कविताओं के साथ एक निर्धारित दिन उन्हें पढ़ा। कवि मिथिलेश श्रीवास्तव के अनुसार उन्हें ये कविताएँ दे दी गयीं। उन्हें रघुवीर जी ने समझाया कि आप लोग ये कविताएँ पढ़ें, समझें और इनमें आप चयन करें कि कौनसी कविताएँ आप पढ़ना चाहेंगे। इस

तरह इसके एक–दो पाठ के बाद एक की पसन्द की कविता दूसरे को पढ़ने के लिए कहा। कुछ दिनों के अभ्यास के बाद लगभग सबकी कविताएँ एक–दूसरे से बदल गयी थीं।

उनकी मृत्यु के बाद इस तरह के तीन और आयोजन हुए, उन्हीं के इस काम से प्रेरित होकर। पहला श्रद्धांजलि–स्वरूप उनकी कविताओं के पाठ का हुआ था, दूसरा 'रघुवीर सहाय रचनावली' के विमोचन के अवसर पर दिसम्बर, १९९९ में हुआ, जिसका निर्देशन हेमा सिंह ने किया। इन दोनों आयोजनों के बीच हंगारी सूचना केन्द्र का एक और आयोजन भी हुआ, जिसमें रघुवीर जी द्वारा अनूदित और प्रस्तुत हंगारी कविताओं की पुनर्प्रस्तुति के साथ ही रघुवीर जी की कुछ कविताओं का पाठ भी हुआ, जिसका निर्देशन और संकलन वागीश कुमार सिंह ने किया।

रघुवीर सहाय के सामने इन प्रस्तुतियों को लेकर कुछ बातें स्पष्ट थीं कि कविताओं की प्रस्तुति में दृश्य का उपयोग ज़्यादा नहीं होगा बल्कि इसे ऐसा करना वह एक हद के बाद 'ख़तरनाक', यहाँ तक कि 'कविता–विरोधी' मानते थे। कविता को साकार रूप देने के वह विरुद्ध थे। 'कविता विजुलाइज करने के लिए तो नहीं लिखी गयी थी। कविता को विजुलाइज करना उसे समझना नहीं है।' अपनी दो कविताओं के उदाहरण देकर रघुवीर जी अपनी बात स्पष्ट करते हैं। उनकी एक कविता है 'पानी'। वह पूछते हैं कि क्या इसे विजुलाइज करने के लिए मंच पर पानी लाया जायेगा? 'रामदास' कविता की प्रस्तुति करते समय क्या आप रामदास नामक आदमी को 'रामदास' बना देंगे? फिर क्या उसको मार डालेंगे क्योंकि वह कविता में मारा जाता है? यह कविता दिखाना नहीं, उसे नष्ट करना हुआ। यह 'रामदास' को जिस तरह पाठक या श्रोता देखता है, उसको देख जाने की प्रक्रिया को ठहरा देना, ठप्प कर देना हुआ। 'रामदास' कविता में रामदास के बारे में सूचनाएँ नहीं हैं, रामदास और उसके पाठक के बीच जो मानवीय सम्बन्ध है, उसके बारे में सूचनाएँ हैं। 'रामदास' को प्रस्तुत करने का अर्थ दर्शक–श्रोता की कल्पना में उस कविता को फिर से बनाना है। अगर दर्शक–श्रोता की कल्पना को काम ही नहीं करना पड़ा तो ऐसी प्रस्तुति का क्या अर्थ?' अगर कविता को साकार करने के लिए ही कविता की जाती तो लोग कविता न लिखकर शूटिंग स्क्रिप्ट लिखते या नाटक बनाते।' कविता की प्रस्तुति का अर्थ कविता के अन्दरूनी अर्थ को सामने लाना है।

वैसे श्रीराम सेण्टर और फिर राष्ट्रीय नाट्य विद्यालय के द्वितीय वर्ष के छात्रों के साथ किये गये कार्यक्रमों में उन्होंने दृश्यों का उपयोग ज़रूर किया था बल्कि अपनी कविताओं की प्रस्तुति में उन्होंने दृश्यों का इस्तेमाल कुछ ज़्यादा ही किया था क्योंकि उनका मानना था कि उन कविताओं में इसकी सम्भावना कहीं ज़्यादा है। इस तरह की प्रस्तुति लोगों के भीतर बननेवाले दृश्यों से टकरायेगी नहीं। वाचन के दौरान यह बिलकुल सम्भव है कि अलग-अलग दृश्य, अलग-अलग श्रोताओं के मन में बनें मगर वे दृश्य परस्पर विरोधी नहीं होंगे, एक-दूसरे से भिन्न ज़रूर हो सकते हैं। उनमें अन्तर हो सकता है मगर वे एक-दूसरे से असम्बद्ध नहीं होंगे। वाचन का असली काम तो श्रोता को कविता में जो निहित है, उसे दिखाना है जबकि वाचक अक्सर कविता के शुद्ध उच्चारण पर ध्यान देने की बजाय अन्य बातों में उलझ जाते हैं, जैसे किसी बिम्ब, किसी चित्र, किसी घटना या किसी नाटकीय दृश्य को मंचित करके दिखाने में। सही उच्चारण के द्वारा कविता के सही अर्थ निकालने पर उनका बल था। किसी वाक्य को दस तरीक़े से बोला जा सकता है, हर तरीक़े का अर्थ अलग-अलग निकलेगा। बोलने के तरीक़े से वाक्य का अर्थ बदल जायेगा। यही बात कविता पर सौ फीसदी लागू होती है कि वाचक उसे सही तरीक़े से नहीं बोल रहा है तो कविता का सही अर्थ नहीं निकलेगा। जो पाठ यह काम नहीं कर पाता है, वह दोषपूर्ण है। कविता को बोलकर सुनाने का मतलब ही उनके लिए कविता के आन्तरिक चित्र को खोल देना है, जो कि उसके लिखित रूप में बन्द रहता है। बोले जाने पर कविता प्रत्येक श्रोता को यह अवसर देती है कि वह उसे समझे, अपने अनुभवों को उसमें शामिल करे, उसमें जो अलंकार, लय और ध्वनियाँ हैं, उन्हें अपने ढंग से समझने का प्रयत्न करे।

सामान्यतः वह कविता-पाठ स्वयं कवियों से करवाने के पक्ष में नहीं थे। कविता स्वयं कवि पढ़े, इसकी बजाय अगर उसे वाचक पढ़े तो इस बात की अधिक सम्भावना है कि वह कविता के अर्थों को ज़्यादा प्रकट करेगा क्योंकि वाचक के अनुभवों का दायरा, कवि के अपने अनुभवों के दायरे तक सीमित नहीं होता, उसकी संकीर्णता में वह नहीं बँधता। प्रश्न सिर्फ़ यही है कि वाचक ने कितना अच्छा वाचन किया है, उसने वाचन के शिल्प या उसकी कला को किस सीमा तक व्यापक ढंग से समझा है, कविता में कवि जो बोल-कह रहा है, वाचक उसे किस सीमा तक स्वयं गूँजने का

अवसर देता है, कविता के आन्तरिक चरित्र को वह कितने विस्तार से खोल पाता है, कविता के शब्दों के अभिप्राय को वह किस हद तक प्रकट कर पाता है। कवि के वाचन से जो सीमायें बन जाती हैं, उन्हें वह कितना तोड़ता है। वह वाचक के लिए भी कुछ योग्यताएँ ज़रूरी मानते थे, जैसे उसका अपनी भाषा के साहित्य से गहरा परिचय होना चाहिए, उसे कविताएँ दूसरों के मुख से सुनने का और सुनकर उनका आनन्द लेने का अभ्यास होना चाहिए। अगर वाचक प्राचीन और आधुनिक कविताएँ सुनता रहा है तो उससे वाचक को अपने वाचन का अच्छा आधार मिलेगा।

कविता में संगीत के उपयोग के प्रति वह अधिक उदार थे। उनकी मान्यता थी कि आधुनिक कविताओं में भी संगीत होता है बल्कि किसी भी तरह की कविता में संगीत होता है। जो यह मानते हैं कि आधुनिक कविता में संगीत नहीं होता, वे न संगीत जानते हैं, न कविता। सम्भव है कि संगीत की जो सामाजिक पहचान आज बनी हुई है, उसमें आधुनिक कविता फिट न हो पाये, कविता के संगीत को पहचानने के लिए हो सकता है कि संगीत की नयी पहचान बनानी पड़े। रघुवीर सहाय ने इसे अपनी कविताओं के माध्यम से साबित किया। रघुवीर जी ने एक अन्य अनूठा प्रयोग भी किया। उस समय जब टेप की हुई कविताओं की सी. डी. उपलब्ध नहीं थी, उन्होंने अपने दो कविता-संग्रहों में अपनी कविताओं की स्वर-लिपि प्रकाशित कीं। 'हँसो, हँसो, जल्दी हँसो' कविता-संग्रह में कविता 'हा-हा-हा' और 'आत्महत्या के विरुद्ध' कविता-संग्रह के दूसरे संस्करण में कविता 'मैदान में' की स्वर-लिपि प्रकाशित हैं। 'मैदान में' कविता की स्वर-लिपि, संगीत में दीक्षित उनकी पत्नी विमलेश्वरी सहाय ने तैयार की थी और 'हा हा हा' की स्वयं उन्होंने। उनकी पाँच कविताओं की संगीतमय प्रस्तुति उनके सामने हो चुकी थी, बाक़ी की स्वर-लिपियाँ भी उन्होंने लिख रखी थीं और उन्होंने उन्हें प्रकाश्य बताया था मगर अभी तक वे सामने नहीं आ सकी हैं। अपनी कुछ बाल कविताओं की धुनें भी उन्होंने बनायी थीं और अपने बच्चों को सिखायी थीं, जो वह आज भी गाते हैं। उस समय उन्होंने अपनी व दूसरों की कविताओं में कव्वाली व रैप जैसे संगीत रूपों का प्रयोग भी किया था।

निराला के कविता-संग्रह 'परिमल' और अज्ञेय के कविता-संग्रह 'चिन्ता' में उन्हें ऐसी अनेक कविताएँ नज़र आयी थीं, जिनमें शास्त्रीय संगीत की

पकड़ है और उनके अनुसार ये वही कविताएँ हैं, जिनमें गहरी तल्लीनता मिलती है। उन्होंने अज्ञेय की कविताओं के संगीत के साथ भवानी प्रसाद मिश्र की कविताओं और निराला की कम से कम एक कविता का संगीत भी तैयार किया था। उनका कहना था कि जो भी कविता के इस शिल्प को थोड़ा भी पहचानता है, वह इनकी छन्दबद्ध कविताएँ पढ़कर उन्हें गाये बिना नहीं रह सकता लेकिन अन्य समकालीन कवियों में वह पकड़ उन्हें नहीं मिलती थी। वे छन्द को आधार तो बना लेते हैं परन्तु उस पर खड़ी उनकी कविताएँ तुकों से समाप्त होनेवाली पंक्तियों का बहुधा एक ढेर होती हैं।

अधिकतर समकालीन कवियों के बारे में उनका मानना था कि उनमें से कम ही ऐसे कवि हैं, जिनके पाठ को सुनकर श्रोता तल्लीन हो जायें। कुछ के पाठ को सुनकर श्रोता कविता के प्रति उदासीन रहता है मगर कुछ के पाठ को सुनकर वह विरक्त हो जाता है। इसका कारण यह है कि प्राय: कवि, कविता लिखने के नियम को ही कविता पढ़ने का नियम भी मान लेते हैं, अत: वे कविता नहीं, छन्द पढ़ रहे होते हैं। कवि अपनी कविताएँ पढ़ते समय या तो अधिक की ओर झुकते हैं या फिर न्यून की ओर। अपनी कविता के वाचन को सन्तुलित और सार्थक रूप देना स्वयं कवि के लिए बहुधा सम्भव नहीं हो पाता। कविता पढ़ते समय कवि की कोशिश यह रहती है कि लिखते समय कविता में जो कमियाँ रह गयी थीं, उनका सार्वजनिक पाठ करके उन्हें पूरी करने का यत्न करे। कवि सम्मेलनी कवियों का धन्धा तो सुर या बेसुरेपन में गाने से चल जाता है, भले ही उनकी कविता में कुछ हो या न हो, अधिकतर तो उसमें कुछ होता नहीं है।

रघुवीर जी ने जिनके साथ काव्य-आवृत्तियाँ कीं, उनमें एकदम नौसिखिये भी थे और रंगमंच के परिपक्व अभिनेता भी, जैसे मनोहर सिंह, उत्तरा बावकर, सुरेखा सीकरी के अलावा नीना गुप्ता, इरफ़ान, भारती शर्मा, सोनू कृष्ण, कुसुम हैदर, बनवारी तनेजा, अशोक लोखण्डे आदि, जो तब किसी न किसी रूप में राष्ट्रीय नाट्य विद्यालय से जुड़े थे, वहाँ से दीक्षित थे। उन्होंने कई परिस्थितियों में एकदम नौसिखिये कलाकारों का भी उपयोग किया, जिनमें उनके अपने कुछ ऐसे परिवारजन भी थे, जिन्हें कविता पढ़ने-सुनने के संस्कार तो बचपन से हासिल थे मगर प्रस्तुति का कोई पूर्व अनुभव नहीं था। हमेशा ऐसे आयोजनों के लिए प्रशिक्षित अभिनेताओं को

उनकी अपनी अन्य व्यस्तताओं के कारण हासिल करना भी आसान नहीं था। नयों को प्रशिक्षित करने की अपनी समस्याएँ थीं मगर रघुवीर सहाय में 'दिनमान' के सम्पादन के दौरान और बाद में भी हमेशा नयों के प्रति खुलापन और विश्वास रहा। यह ज़रूर है कि जो बात प्रशिक्षित अभिनेताओं को समझाना और करवाना आसान होता था, वैसा नयों के साथ सम्भव नहीं था लेकिन नयों को सिखाने का अद्‌भुत धैर्य भी उनमें था। इससे उन्हें थकान होती थी मगर वह कभी धीरज नहीं खोते थे, हालाँकि उन्हें प्रशिक्षित अभिनेताओं की खोज रहती थी।

कविता-आवृत्ति को लेकर उनमें एक तरह का जुनून सा किस हद तक था, इसका एक रोचक क़िस्सा उनकी बड़ी बेटी मंजरी की शादी के अवसर का है। बारात आ चुकी थी, खाना चल रहा था। तब रघुवीर जी के मन में अचानक यह ख़याल आया कि क्यों न इस समय कविता-वाचन किया जाय? उन्होंने अपनी मँझली बेटी हेमा से यह बात साझा की। हेमा ने उन्हें रोका कि पापा, आपको यह क्या हो गया है? इस समय कविता की प्रस्तुति? कौन सुनेगा अभी और क्या अच्छा लगेगा ऐसा करना?

राष्ट्रीय नाट्य विद्यालय के द्वितीय वर्ष के छात्रों के साथ की गयी प्रस्तुति के समय दिया गया लिखित वक्तव्य :

> इस कार्यशाला में मैंने अपनी पिछली आवृत्ति (कविता मंचन) कार्यक्रमों तथा अपने निजी वाचन शैली के आधार पर कुछ प्रयोग किये हैं। कई प्रकार की कविताएँ लेकर उनका विश्लेषण किया गया और यह जाँचा गया कि किस कविता में छन्द, स्वर, बिम्ब, भाव, विचार आदि कविता के अंगों में से कौन सा अंग कवि ने प्रधान रखा है। फिर यह जाना गया कि कविता की आवृत्ति के समय इसमें से किस अंग को प्रधानता देनी चाहिए कि यह कवि के अभिष्ट को उभार सके। यह ज़रूरी नहीं कि आवृत्ति में वही अंग प्रधान हो, जो कि लिखते समय कवि ने प्रधान रखा था। आवृत्ति के लिए यह विश्लेषण और चयन इसीलिए आवश्यक हो जाता है कि कविता की लिखित परम्परा की रचनाएँ बोलकर सुनने की प्रचलित परम्परा को छोड़ रही हैं अर्थात् बोलने की प्रचलित शैलियों का सहारा नहीं ले रही हैं। मेरा अपना सोचना तो

यह है कि यदि वास्तव में कोई लिखित परम्परा बन सकती है तो उसके वाचन की भी एक नयी पद्धति होनी चाहिए। कठिनाई तब पैदा होती है, जब स्वयं कवि उस पद्धति को नहीं जान पाता। यह खोज तब आवृत्ति करने वाले को करनी पड़ती है। वही खोज हमने अपने अनुभवों से की है और इस कार्यशाला में उसी के प्रयोग विद्यालय के छात्रों के साथ किये हैं।

कविताएँ कई प्रकार की होती हैं, वाचन के भी कई प्रकार होते हैं। जैसा कि ऊपर कहा गया, वाचन ही कविता के प्रेषण का मूल साधन है। विशेष रूप से उन कविताओं में, जिनमें बिम्ब या भाव प्रधान है। वाचन को इतना सन्तुलित और संयमित होना चाहिए कि वह कविता के किसी बिम्ब या भाव श्रोताओं या दर्शकों पर आरोपित न करे। कविता सुनने के समय श्रोता एक बार फिर कविता के कथ्य को रूपाकार देते हैं। उनके मन में बने हुए बिम्ब और उठे हुए भाव हमेशा रचनाकार के मन में रचना के समय उत्पन्न बिम्बों या भावों का प्रतिरूप नहीं हुआ करते। आवृत्तिकार को अपने वाचन में भाषा के उच्चारण का अर्थात् स्वर, लय और वाचन का ऐसा सहृदय इस्तेमाल करना चाहिए कि श्रोता अपनी कविता स्वयं रचने के लिए अधिक से अधिक मुक्त रहें। ऐसी कविताओं को बोलकर सुनाना तनी हुई रस्सी पर चलने के समान है। दृश्य का प्रयोग आवृत्ति के साथ अनिवार्य नहीं है किन्तु हमेशा अनावश्यक भी नहीं है। यदि आवृत्तिकार दिख रहा है तो वह अपने शरीर के विस्तारों को भी दिखा ही सकता है, बशर्ते कि वह कविता के वाच्य के अनुकूल हों। वह मंच के स्थल का अपने शरीर की गति और दृश्यबन्ध द्वारा ऐसा प्रयोग अवश्य ही कर सकता है क्योंकि वह स्वयं एक दृश्य है पर नाटक में जहाँ विभिन्न पात्रों में विभिन्न चरित्र होते हैं और उनका स्थानान्तरण चरित्रों के विकास के लिए किया जाता है, वहाँ कविता पर हर स्थानान्तरण वाचन की लय और उसकी अन्विति के आधार पर किया जाना चाहिए। मेरे विचार से कविता में संगीत का निर्विवाद स्थान है पर संगीत की किसी ऐसी शैली को कविता पर थोपना नहीं चाहिए जो उसकी अपनी शब्द रचना से न निकली हो। यदि आवृत्तिकार संगीत को प्रधानता देने का निर्णय करता है तो उसे हर कविता के चरित्र और संरचना में उसी का संगीत निकालना चाहिए।

कविता के टेप का ३८ साल पुराना सपना :

यह बहुत पुराना सपना है, जो अभी तक साकार नहीं हुआ। आज भी उम्मीद बाक़ी है कि यह कभी पूरा हो जायेगा मगर एक डर भी है।

तो पहले आपको अपना सपना बता दूँ।...सपना एक सादा-सा सपना है। वह यह है कि किसी दिन मैं बाज़ार में बिकने वाले तैयार टेपों की दूकान में जाऊँगा और मुझे एक टेप बिकता हुआ दिखायी देगा, जिसमें एक तरफ़ छह-सात कवियों की कविताएँ भरी हुई होंगी, दूसरी तरफ़ तीन-चार गद्यांशों के पाठ भरे होंगे। मैं उन्हें अपने मामूली से टेप रिकॉर्डर पर सुना करूँगा बार-बार, जब चाहूँ तब। कवियों और गद्यकारों की संख्या मैंने अन्दाज़न बतायी है क्योंकि एक साधारण टेप का एक पार्श्व ३० मिनट का होता है और दाम २५ रुपये। मैं चाहता तो ग्रामोफ़ोन के तवे की बात करता पर उसमें कविता का रिकॉर्ड बनने का सपना तो और भी पुराना है और सम्भावना और भी कम—और दान सबसे ज़्यादा। फिर रिकॉर्ड कहीं से पैसे जमा करके ख़रीद भी लूँ तो बजाने की मशीन तो नहीं ख़रीद पाऊँगा। टेप बजाने की मशीन तो उधार भी माँगे मिल जायेगी।

मेरे इस सपने को अधर में लटके हुए ३६ साल तो हो गये।

हिन्दी की पूजा बन्द करो

जो भाषा राजभाषा—असली राजभाषा होगी—अनुवादी हिन्दी नहीं, उस भाषा में कारोबार, व्यापार, अख़बार, इश्तिहार, प्रकाशन और जीवन का हर काम करके लोगों को प्रतिष्ठा मिलेगी। आख़िर हिन्दी के नेता अपने बच्चों को अँग्रेज़ी स्कूल पढ़ने क्यों भेजते हैं या हिन्दुस्तानी आदमी ग़ुस्सा होने पर अँग्रेज़ी में क्यों बोलता है? सत्ता दिखाने के लिए ही तो! इसके विपरीत अँग्रेज़ी में बहुत रौब झाड़ने वाले को अँधेरे में एक डण्डा मारने से अपनी मातृभाषा में ही 'दैया रे दैया' चिल्लाता है। भारतीय मानस का सुधार तभी हो सकेगा, जब हम रोना और रौब डालना एक ही भाषा के माध्यम से करने लगेंगे।

—(रघुवीर सहाय रचनावली-५, पृ. ७१)

हिन्दी जनता से अधिकार पाने का साधन है और अँग्रेज़ी उस प्राप्त अधिकार को अपने पास दबाकर रखने का।

—(वही, पृ. ८७)

अकेली हिन्दी का भविष्य देश के भविष्य को निर्धारित नहीं कर पायेगा। सभी भारतीय भाषाओं का भविष्य ही देश का भविष्य है।

—(वही, पृ. ९४)

हिन्दी की रोटी वे नहीं खाते, जो हिन्दी में लिखते हैं। वे ज़रूर खाते हैं, जो सरकार की नीति के समर्थक और पालक हैं—(जो मानते हैं)हिन्दी में शब्द कमरे में बैठकर गढ़े जाने चाहिए और बाहर उनका इस्तेमाल तब तक रोके रखना चाहिए, जब तक हिन्दी 'समृद्ध' न हो जाय। ये जनसाधारण को हिन्दी में जीने,

कमाने और मौज़ मनाने नहीं दे रहे हैं। इन्हीं सरकारी पिट्ठुओं के कारण इस समय सच्ची, खरी समझ तो दूर, भावना तक हमारी नयी पीढ़ी को एक टूटी-फूटी हिन्दी और टूटी-फूटी अँग्रेज़ी में व्यक्त करनी पड़ रही है। इस षड्यन्त्र के चलते—जो हिन्दी 'समृद्ध' हो रही है—वह दिल और दिमाग़ से मुफ़लिस और पैसे से अमीर लोगों की हिन्दी है। ये लोग एक तरफ़ जनसाधारण को अगर गूँगा नहीं तो हकला बनाते हैं, दूसरी ओर अपनी बोली—पैसे और ज़ुल्म की—में दहाड़ मारते हैं। टूटी-फूटी अँग्रेज़ी तो प्रतिष्ठाजनक है, टूटी-फूटी हिन्दी बोलना भी 'ग्रेट' बन जाता है।

—(वही, पृ. १०३)

भाषा को मसलकर, मींजकर, मथकर, कूटकर जो उसे समाज की आकांक्षा व्यक्त करने के लिए बरतते हैं, वे लोगों को लोकतान्त्रिक अधिकार हासिल करने में मदद देते हैं। शब्दावली बनाने वाले तो उस अधिकार को स्थगित ही रखते हैं और जब तक बन पड़े स्थगित रखते चले जाते हैं। उनका स्वार्थ यह है कि एक दिन वह निर्जीव शब्दावली, जीवन्त भाषा की जगह स्थापित कर दी जाय। अँग्रेज़ी और हिन्दी के राजनैतिक रिश्ते का यही रहस्य है। आज अँग्रेज़ी हटा भी दी जाय तो जो हिन्दी उसकी जगह लेने के लिए तैयार की गयी है, वह 'हिन्दी में अँग्रेज़ी' ही होगी।

—(वही, पृ. ११८)

हिन्दी के प्रयोग के लिए अपनी सेवाएँ प्रस्तुत करने वाले लोग वंचितों के अधिकारों के लिए हिन्दी का प्रयोग नहीं करते हैं। वैसा प्रयोग कर सकते तो वंचित ही अपने अधिकारों का उपयोग करते हुए अपनी भाषा में प्रशासन कर रहे होते। वस्तुतः भाषा का प्रयोग करना कोई स्वयंसिद्ध अधिकार नहीं है—अपने नागरिक और राजनीतिक अधिकार का प्रयोग अपनी भाषा में करना ही भाषा का वास्तविक अधिकार है।

—(वही, पृ. १३५)

रघुवीर सहाय की बड़ी चिन्ताओं में सर्जनात्मक हिन्दी की चिन्ता भी शामिल है। इसे भी उनकी जीवनी का अंग बनाने का कारण यह है कि 'हिन्दी के हाल' पर अकेले उन्होंने लेखक और पत्रकार के रूप में जितना लिखा है समय-समय पर, शायद ही किसी और लेखक ने लिखा हो और

उन तेवरों के साथ लिखा हो, जिनके साथ उन्होंने लिखा है। १९६४ से 'नवभारत टाइम्स' के विशेष संवाददाता के रूप में वह उन दिनों के घटनाक्रम को संसद के अन्दर तथा बाहर देख रहे थे। तब के मद्रास राज्य और आज के तमिलनाडु में उस समय हिन्दी को राजभाषा बनाने के सवाल पर हिंसा, आगजनी, आत्मदाह की घटनाएँ हो रही थीं। उन्होंने अपने साप्ताहिक स्तम्भ 'राजधानी की चिट्ठी' में इस पूरे घटनाक्रम पर लगातार लिखा और कभी भी इस समस्या को 'हिन्दीवादियों' की तरह नहीं देखा।

मनोहर श्याम जोशी साफ़ कहते हैं कि उन्हें अपने जीवन के तमाम वर्षों में सबसे ज़्यादा चिढ़ 'हिन्दीवालों' से ही थी। 'हिन्दी का कवि हिन्दीवालों से नफ़रत करने की हद तक चिढ़ता हो तो वह अपने लिए मुसीबत ही मोल ले सकता है।'

प्रकाशन वर्ष की दृष्टि से उनका पहला हिन्दी सम्बन्धी लेख फ़रवरी, १९५९ में 'कल्पना' में छपता है यानी 'हमारी हिन्दी' कविता के प्रकाशन के लगभग दो वर्ष बाद। रघुवीर जी ने हिन्दी की स्थिति पर कई कविताएँ लिखी हैं। उनकी हिन्दी सम्बन्धी अन्तिम और संक्षिप्त कविता 'डर' है, जो उन्होंने सितम्बर, १९८८ में लिखी—'बढ़िया अँग्रेज़ी वह आदमी बोलने लगा/ जो अभी तक मेरी बोली बोल रहा था/ मैं डर गया।' यह कहना मुश्किल है कि इसमें आत्मव्यंग्य भी शामिल है। अच्छी अँग्रेज़ी वह जानते थे, लखनऊ विश्वविद्यालय से अँग्रेज़ी में एम.ए. थे मगर बीच-बीच में अँग्रेज़ी ज्ञान दिखाने की आकुलता उनमें नहीं थी, जैसी कि अक्सर हिन्दी के लेखकों में हीन भावना की हद तक पायी जाती है। एक बार किसी विषय पर अँग्रेज़ी में चल रही चर्चा में दिल्ली के मैक्सम्यूलर भवन में उन्हें धारा-प्रवाह अँग्रेज़ी में हस्तक्षेप करते हुए ज़रूर इस लेखक ने सुना था मगर अपने दैनिक व्यवहार में वह अँग्रेज़ी जानने-लिखने-बोलने का रौब नहीं झाड़ते थे। लम्बे अरसे तक दिल्ली में अँग्रेज़ी के प्राध्यापक रहे और शिक्षाविद कृष्ण कुमार ने शिक्षा पर एक विशेषांक अँग्रेज़ी की प्रतिष्ठित पत्रिका 'सेमिनार' का सम्पादित किया था। उसमें रघुवीर जी से भी लिखने का आग्रह किया था। वह लेख उनकी दृष्टि में संग्रहणीय तो है ही (और रचनावली में नहीं है) उनके अच्छे अँग्रेज़ी ज्ञान का प्रमाण भी है। आकाशवाणी में संवाददाता के रूप में वापसी से पहले कुछ समय तक वह अँग्रेज़ी पत्रिका 'वाक्' के उसके सम्पादक अज्ञेय के साथ सहायक सम्पादक रहे।

इस सबके बावजूद अँग्रेज़ी ज्ञान को उन्होंने अपना हथियार नहीं बनाया। न हिन्दी लेखक–सम्पादक होने के कारण वह हीन ग्रन्थि के शिकार रहे, न अँग्रेज़ी ज्ञान का प्रदर्शन करके उसे भद्रवर्ग की सदस्यता हासिल करने का पासपोर्ट बनाया।

रघुवीर जी विदेशी भाषा सीखने की दृष्टि से अँग्रेज़ी (या किसी भी विदेशी भाषा) पढ़ने, उसके माध्यम से ज्ञानार्जन करने को बहुत ज़रूरी और व्यक्ति की अतिरिक्त योग्यता मानते थे। ऐसा करनेवाले बड़ा काम कर रहे हैं, यह मानते थे वह। वह इसे भी स्वीकार करते हैं कि अँग्रेज़ों के आधिपत्य के विरुद्ध आरम्भ में उनकी ही अपनी भाषा अँग्रेज़ी को जिन्होंने लड़ाई का माध्यम बनाया, वह सही क़दम था। उस समय अँग्रेज़ों के सामने अँग्रेज़ी में भारत की अस्मिता को व्यक्त करना ज़रूरी था। अँग्रेज़ी सीखने का तब यही वास्तविक लाभ हम उठा सकते थे मगर आज यह याद रखना ज़रूरी है कि अँग्रेज़ी—हमारी नहीं—दूसरों की भाषा है। उसे हम उतना ही सीख सकते हैं, जितनी छपे हुए रूप में वह हमारे सामने आती है, जितनी हम उसे अख़बार में पढ़ते हैं। इस सीमा के कारण हम उन्हीं मुहावरों का उपयोग कर पाते हैं, जो अन्य माध्यमों से हमारे सामने आते हैं, उनसे आगे हम नहीं बढ़ पाते। हमारे सचिवों और मन्त्रियों के अच्छी अँग्रेज़ी नहीं जानने के कारण विदेश नीति के मामले में भी हमसे बड़ी ग़लतियाँ हुई हैं, जिनके कारण हमें शर्मिन्दा होना पड़ा है।

उनकी नज़र में हमें दरअसल उस भाषा की आवश्यकता है, जो लोगों के आक्रोश और भय दोनों को व्यक्त कर सके और ऐसी भाषा अँग्रेज़ी इसलिए नहीं हो सकती क्योंकि उस स्तर की अँग्रेज़ी जानने वाले भारत में सिर्फ़ दो प्रतिशत लोग हैं। आज़ादी के बाद प्राय: जो हिन्दुस्तानी अँग्रेज़ी बनी है, वह समाज में कोई मौलिक परिवर्तन नहीं ला सकी है। इसका एक प्रमाण यह है कि इस बीच अँग्रेज़ी में साहित्य रचने वालों ने कोई ऐसी रचना समाज को नहीं दी है, जिसने अँग्रेज़ी भाषा में युग परिवर्तन किया हो। वह भारतीय अँग्रेज़ीदां लेखकों का मज़ाक़ उड़ाते हुए कहते हैं कि जो बड़े–बड़े अख़बारी लेखक अँग्रेज़ी में चाकू–छुरी, पटाखा, फुलझड़ी बनकर आते हैं, उनकी क़लम की असलियत जानना हो तो उनके लेखों का अनुवाद हिन्दी में पढ़िए तो उनकी कलई खुल जायेगी। (यह अलग बात है कि हिन्दी पत्रकारिता आजकल यह ख़ूब कर रही है)।

उन्होंने यह समझाने की कोशिश की कि यह समझ लेना ग़लत है कि अँग्रेज़ी सीख लेने मात्र से सब भारतीय बराबर हो जाते हैं। अँग्रेज़ी जाननेवालों में भी तरह-तरह का श्रेणी-भेद है। वह सबसे नीचे माना जाता है, जिसने किसी राज्य की राजधानी में अँग्रेज़ी पढ़ी हो (उन्होंने स्वयं लखनऊ में अँग्रेज़ी पढ़ी थी)। दिल्ली या कोलकाता में जिसने उसे पढ़ी होगी, वह इससे ऊपर होगा। जिसने लंदन में अँग्रेज़ी पढ़ी होगी, उसे और भी ऊपर माना जायेगा। जिसका उच्चारण व्याकरणसम्मत होगा, वह और ऊपर माना जायेगा। जिसका उच्चारण अच्छा-पब्लिक स्कूली होगा, वह और ऊपर होगा। फिर ऊपर वह होगा, जिसकी अँग्रेज़ी, अँग्रेज़ों जैसी होगी। इससे भी ऊपर वह भारतीय होगा, जो दीखने में, कपड़ों और सलीके के हिसाब से अँग्रेज़ होगा पर सबसे ऊपर तो निश्चित रूप से अँग्रेज़ ही रहेगा।

उनकी इस बात से असहमत नहीं हुआ जा सकता कि अँग्रेज़ी न कभी हमारी जनभाषा बन सकती है और न देश की एकता को बनाये रखने की भाषा। यह लोगों को जोड़ने की, बदलाव लाने की भाषा कभी नहीं बन सकती। बदलाव उसी भाषा में आ सकता है, जिसे हमारे समाज ने बनाया हो और जिसे बनाना अभी जारी हो। हमारी हिन्दी, हमारी ओड़िया, हमारी पंजाबी आदि के द्वारा यह परिवर्तन सम्भव है क्योंकि 'हमारे समाज की नदियों से उनकी सिंचाई हुई है।' यही कारण था कि वह उन हिन्दीवादियों के ख़िलाफ़ थे, जो हिन्दी को लाने के पक्ष में तो थे मगर अँग्रेज़ी चली जाये, यह नहीं चाहते थे। उनकी दृष्टि में यह समाज के कुछ चुने हुए लोगों को—जो हिन्दी और अँग्रेज़ी दोनों जानते हैं— हमेशा ऊँची जगहों पर बनाये रखने का 'षड्यन्त्र' है, ताकि जो अँग्रेज़ी नहीं सीख सकते, वे ऊपर उठ नहीं पायें। उनकी नज़र में हिन्दी के हिमायतियों में अगर यह खोट नहीं होती तो कम से कम हिन्दीभाषी प्रदेशों से अँग्रेज़ी को सर्वोच्च स्तर से एकदम उखाड़ कर फेंक दिया गया होता। ऐसा एक भी प्रदेश सारे भारत में एक क्रान्तिकारी परिवर्तन का सूत्रधार बन सकता था, जो चारों ओर से भयंकर दबाव पड़ने पर भी हिन्दी को राजकाज की भाषा बनाये रखने के अपने निर्णय पर अटल रहता। शायद इससे केन्द्र में भी अँग्रेज़ी के हटने की शुरुआत होती यानी अँग्रेज़ी और हिन्दी को साथ-साथ चलाने का 'षड्यन्त्र' समाप्त होने लगता। वैसे उनका यह नज़रिया सीधे-सीधे उनके व्यक्तिगत हितों के विरुद्ध जाता था क्योंकि वह संयोग से उन्हीं 'चुने हुए लोगों' में से

थे, जो हिन्दी और अँग्रेज़ी दोनों जानते थे लेकिन असली लेखक वही होता है, जो अपने व्यक्तिगत हित-अहित से परे जाकर सोच-देख और बोल सके।

'प्रतीक' बन्द होने के बाद के कुछ कठिन महीने बिताने के बाद आजीविका के लिए मई, १९५५ से लेकर मार्च, १९५७ तक आकाशवाणी के हिन्दी समाचार विभाग में उन्होंने उप-सम्पादकी की। यहाँ उनका मुख्य या एकमात्र काम सम्पादन करना कम था, अँग्रेज़ी के समाचारों का हिन्दी में अनुवाद करना अधिक था यानी वही 'चुने हुए लोगों' वाला काम था। सम्भव है इस लम्बे और कड़वे अनुभव ने ही उन्हें 'अनुवादी हिन्दी' का ज़बर्दस्त विरोधी बनाया हो, हिन्दी की स्थिति पर सोचने के लिए अधिक विवश किया हो। वैसे एक जगह वह लिखते हैं कि हिन्दी समाचारों के भाषा निरीक्षक की हैसियत से जब वात्स्यायन जी आकाशवाणी में थे, तो उन्होंने अनुवादी भाषा की रूढ़ियाँ तोड़ी थीं पर बाद के हिन्दी सलाहकारों ने अपने अस्तित्व के लिए उन रूढ़ियों को फिर से अपना लिया। शायद यह भी एक कारण रहा कि वात्स्यायन जी के आकाशवाणी छोड़ने के बाद उन्हें वहाँ असुविधा महसूस होने लगी और कुछ समय बाद वह भी इससे अलग हो गये। दूसरी बार वह आकाशवाणी में संवाददाता की हैसियत से आये। यह काम उनकी रुचि का और उनकी दृष्टि में अधिक रचनात्मक था।

उन्होंने हिन्दी की 'पूजा' का लगातार विरोध किया, उसे 'बरतने' का पक्ष लिया। २६ जनवरी, १९६५ से हिन्दी के साथ अँग्रेज़ी को अनन्तकाल तक राजकाज की भाषा बनाये रखने के निर्णय पर उनकी टिप्पणी थी कि हिन्दीवादी अब हिन्दी को इस्तेमाल के लौकिक दर्जे से ऊपर उठाकर 'आराधना' और 'ध्यान' के अलौकिक ताक पर रखने जा रहे हैं। उनके कुछ लेखों में हिन्दीपूजकों का विरोध इतना मुखर है कि एक सीमा के बाद उसमें दोहराव-सा आने लगता है। १९६७ में डॉ. राममनोहर लोहिया के सम्पादन में 'जन' मासिक में प्रकाशित उनके एक लेख का शीर्षक है 'भाषा की पूजा बन्द करो।' इसे वह अपना एक महत्त्वपूर्ण लेख मानते हैं और उसका उल्लेख बाद के अपने दो-एक लेखों में करते हैं। उस लेख में आगे जाने का एक ही रास्ता वह बताते हैं कि 'भाषा की पूजा बन्द करो, उसका इस्तेमाल करो।' उनका तर्क था कि जब अँग्रेज़ी का इस्तेमाल करने को संविधान बाध्य नहीं करता और हिन्दी का उपयोग करने की इज़ाज़त

देता है, तब हिन्दी के नेता क्यों न ख़ुद उसका इस्तेमाल करते हैं, न दूसरों को करने देते हैं? ज़ाहिर है कि भारतीय भाषाओं को दबाये रखने और दो प्रतिशत की अँग्रेज़ी को बनाये रखने के लिए वे यह सब कर रहे हैं। 'हिन्दीपूजकों' को वह 'भाषा का ठेकेदार' बताते हैं, जो अँग्रेज़ी को राजभाषा और हिन्दी को सह-राजभाषा के रूप में देखना चाहते हैं। इनकी मंशा पर शक करते हुए वह कहते हैं कि हिन्दी कभी जनभाषा न बन पाये और राजभाषा बनकर भी वह जनभाषा न बनने पाये, यह इनका उद्देश्य है। एक 'हिन्दी पूजक' का बिना नाम लिए बग़ैर उसका यह कथन वह उद्धृत करते हैं—'एक दिन हिन्दी, अँग्रेज़ी का स्थान ले लेगी।' रघुवीर जी का सवाल है कि हिन्दी, अँग्रेज़ी का स्थान क्यों ले, अपना स्थान क्यों नहीं ले? क्या अँग्रेज़ी ने जिस तरह प्रतिभा का दमन करके, राजनीतिक सत्ता का संचय किया है, ग़ैर-बराबरी बढ़ाई है, हिन्दी भी अब वही करे? जो हिन्दी ऐसा करेगी, वह उन्हीं की हिन्दी होगी, जो अँग्रेज़ी से अनुवाद कर सकते हैं, उनकी नहीं, जो अँग्रेज़ी नहीं जानते परन्तु विद्या और कर्म में अँग्रेज़ी जाननेवालों से कम नहीं हैं।

हिन्दी को सरल बनाने की माँग तो आज तक भी उठा करती है। इस बारे में उनका मत था कि यह माँग उसी अँग्रेज़ी की तरफ़ से उठायी जा रही है, जो ख़ुद अपनी क्लिष्टता या सिर्फ़ ताक़त के बूते आज खड़ी है। दरअसल, क्लिष्ट अँग्रेज़ी को जनसाधारण से दूर रखने के लिए ही 'हिन्दी की क्लिष्टता' को सुरक्षा कवच बनाया जा रहा है, उसे भी जनसाधारण से दूर बताया जा रहा है, जबकि सच्चाई यह है कि हिन्दी स्वभाव से ही क्लिष्ट नहीं है। वैसे भी शब्दों के चयन से भाषा सरल या क्लिष्ट नहीं होती, अपने विन्यास से होती है। वाक्यों का अस्वाभाविक विन्यास, विदेशी विन्यास, भाषा को क्लिष्ट बनाता है, उसे राष्ट्रीय जनजातीय जीवन का अंग नहीं बनने देता। यह भी मात्र बहाना है कि कुछ शब्द दुरूह होते हैं और कुछ सरल, जबकि दुरूह कोई शब्द नहीं होता, दुरूह वाक्य ज़रूर होता है। सरल से सरल शब्दों से बना वाक्य भी अत्यन्त दुरूह हो सकता है क्योंकि उसके शब्दों के जोड़ों पर कब्ज़े नहीं, रिबिट लगे होते हैं। एक भ्रम यह भी है कि तत्सम शब्द कठिन होते हैं, उनकी जगह तद्भव रख देने से हिन्दी सरल बन जाती है। अख़बारों, विज्ञापनों और टीवी में दिन-ब-दिन इसी तरह की बनावटी सरल भाषा के उदाहरण बढ़ते जा रहे हैं। खोज-खोज कर

हिन्दी में सरल शब्द ठूँसने की बजाय जनसाधारण अपने जीवनानुभवों से जो भाषा गढ़ते हैं, उसे प्रचारित किया जाय, उसे सामाजिक मान्यता मिले तो स्थिति बदल सकती है।

सरकार द्वारा कृत्रिम, अनुवादी हिन्दी के निर्माण का वह पुरज़ोर विरोध करते हैं। कौन-से शब्द हिन्दी को चाहिए, उनकी ज़रूरत बोलने वालों को अनुभव करने देनी चाहिए। तब हिन्दी की बोलियाँ भी हिन्दी में अपनी ताक़त और अपनी मिठास उड़ेलेंगी। अगर कुछ शब्द हिन्दी और उसकी बोलियों में नहीं मिलते हैं, तब उन्हें अन्य भारतीय या अँग्रेज़ी सहित किसी भी भाषा से लेने पर आपत्ति नहीं होनी चाहिए। हिन्दी के पारिभाषिक शब्दों की रचना और उन्हें शब्दकोशों में सजाकर रखने का कार्यक्रम हिन्दी के 'दिग्गजों' ने ही धीरे-धीरे चलाया है। अब इन दिग्गजों का अपना भविष्य इसी में सुरक्षित दिखने लगा है। यही कारण है कि हिन्दी के शब्द-संसार को वातानुकूलित कमरों से निकालकर शब्द-व्यवहार के खुले मैदान में लाने की माँग ये नहीं करते, जबकि अँग्रेज़ी से अनुवाद का सम्बन्ध छुड़ाकर हिन्दी को अपने ऊबड़-खाबड़ रास्ते पर चलने देना चाहिए था। हिन्दी का नाम इसके नेता जब-तब ज़ोर-शोर से लेते हैं मगर हिन्दी के लिए, जो लड़ाई इन्होंने लड़ी है, वह रुपया मिलने और अनुवाद के लिए नौकरी मिलने पर आकर टूटी है। उधर सरकारी हिन्दी ऐसी बनती गयी है कि उसमें अँग्रेज़ी से हिन्दी में किये गये अनुवादों को समझने के लिए अँग्रेज़ी के मूल को देखने की अनिवार्यता बनी हुई है।

असली बात तो यह है कि अनुवाद हों ही क्यों? क्या हम इतने नाकारा हैं कि विज्ञप्तियाँ तक अपनी भाषा में नहीं लिख सकते? क्या हम इतने असमर्थ हैं जितना कि आज़ादी से पहले अँग्रेज़ हमें बताया करते थे कि हम हिन्दुस्तानी अपना शासन अपने आप करने के लायक नहीं हैं, इसलिए हमें आज़ादी देना उचित नहीं है? अनुवाद करते-करते कहीं ऐसा तो नहीं होगा कि हम अपनी मूल भाषा भूल जायें? तब हिन्दी विरोधी क्या यह तर्क नहीं देंगे कि हिन्दी में कुछ मौलिक काम हो ही नहीं सकता? क्या हिन्दी का प्रयोग अन्ततः खानापूरी होकर रहेगा? जनता की अपनी भाषा में सोचना, बोलना और लिखना नहीं बन सकेगा? क्या हिन्दीवाले इस बात को समझते हैं या केवल हिन्दी के नाम पर संसद और सरकारों में प्रतिनिधित्व तथा अधिकार प्राप्त करने के ही भूखे हैं? उधर सरकार के सारे अफ़सर भी

अँग्रेज़ हो गये हैं। वे देखने में हिन्दीभाषी ज़रूर हैं पर उनकी हिन्दी भी एक अँग्रेज़ी है, जिसे समझने के लिए जनता को हिन्दी भूलनी पड़ती है।

हिन्दी की सैद्धान्तिक लड़ाई के साथ उन्होंने कविता करने और नौकरी करने के दौरान जो अनेक लड़ाइयाँ लड़ीं, उनका कहीं बखान उन्होंने नहीं किया। 'दिनमान' के सम्पादन के दौरान उन्होंने अँग्रेज़ी में विज्ञापन छापने की मुमानियत-सी कर रखी थी, जबकि प्रबन्धन का इसके लिए दबाव था। इस मामले में प्रबन्धन से वहाँ उन्होंने झगड़ा मोल लिया था लेकिन हिन्दी के बारे में उनकी समझ हिन्दी के पुजारियों से न केवल अलग रही बल्कि उनके विरुद्ध रही।

'कठिन भाषा' के पैरोकार

साधारण भाषा से ख़बरदार रहिए, कठिन भाषा से डरिए मत।'

—(रघुवीर सहाय रचनावली-३, पृ. १३९)

सरल भाषा एक छलावा है।

—(रघुवीर सहाय रचनावली-५, पृ. १२६)

पहला अंश नवम्बर, १९८४ में 'रविवार' जैसे लोकप्रिय समाचार साप्ताहिक में प्रकाशित रघुवीर सहाय की एक टिप्पणी का है, जिसका शीर्षक है—'मेरी प्रिय कठिन भाषा।' क्या किसी लेखक-कवि का अपनी बात को इस तरह कहना—वह भी एक लोकप्रिय पत्रिका में और वह भी उस व्यक्ति द्वारा जो ख़ुद पत्रकार भी हो—अधिक साहसिक, कुछ अधिक अतिरिक्त नहीं लगता? इसके चार साल बाद, १९८८ में 'जनसत्ता' दैनिक में जैसे इसी बात को आगे बढ़ाते हुए उनकी एक और टिप्पणी प्रकाशित होती है—'सरल भाषा के ख़तरे।' आपको हिन्दी का कोई ऐसा लेखक-कवि आसानी से याद आता है, जो खुलेआम 'सरल भाषा के ख़तरों' से ख़बरदार करता हो और कठिन भाषा को 'प्रिय' बताने में संकोच न करता हो और उससे न डरने की सलाह देता हो? ऐसे कम से कम हिन्दी में एक कवि-लेखक-पत्रकार ज़रूर हुए हैं—रघुवीर सहाय।

रघुवीर सहाय के जीवित रहते सीधे उनसे और दूसरों के माध्यम से भी उन तक यह बात पहुँचायी गयी थी कि वह सीधी-सरल भाषा में नहीं लिखते, भाषा की जलेबियाँ बनाते हैं। ऐसा कहनेवालों में एक कवि के रूप में उनका सम्मान करनेवाले लोग भी रहे हैं। 'सारिका' में १९७९ में प्रकाशित एक साक्षात्कार में विनोद भारद्वाज ने विनम्रतापूर्वक एक सवाल इस बारे में

पूछा था कि आपके गद्य में बहुत 'घुमाव-फिराव' है, यह जोड़ते हुए कि शायद इसका मज़ा भी इसी में है। इसी तरह 'मेरी कठिन भाषा' शीर्षक आलेख में रघुवीर जी अपने एक पत्रकार-मित्र का ज़िक्र करते हैं, जिसकी उनसे शिकायत थी कि 'तुम जो लिखते हो, उसे पढ़ने (यानी समझने) में कष्ट होता है। तुम्हें सरल भाषा में लिखना चाहिए।' शायद यही सब कारण रहे होंगे कि उन्होंने 'कठिन भाषा' के 'प्रिय' होने और सरल भाषा के 'ख़तरे' की टिप्पणी लिखी होगी।

सामान्यतः कोई लेखक सुनना चाहता है कि वह गम्भीर है और पठनीय भी। बार-बार यह सुनकर कि उसका लिखा कठिन है और वह भाषा की जलेबियाँ बनाता है, कोई भी लेखक-कवि जाने-अनजाने में कठिन होने-दिखने के ख़तरे से बचना चाहेगा और वह सरल होने के दबाव में आता जा सकता है लेकिन रघुवीर जी इसके उलट अपनी 'कठिन भाषा' का औचित्य सिद्ध करते हैं, रक्षात्मक नहीं होते। वह भाषा की सरलता के बिन्दु पर महावीर प्रसाद द्विवेदी के गद्य की आलोचना करने से भी नहीं कतराते, जिनसे बहुत कुछ सीखने की बात भी वह स्वीकार करते हैं।

उनका मत है कि भाषा की सरलता सम्भव है मगर विचारों के सरलीकरण की क़ीमत पर नहीं। विनोद भारद्वाज के एक सवाल के जवाब में वह कहते हैं कि द्विवेदी जी में सरलीकरण शायद इसलिए है कि उनके अनुभवों, उनके विचारों का संसार बहुत बड़ा और जटिल नहीं है, जितना कि आज हमारा है। जैनेन्द्र के गद्य से तो वह 'अरुचि' दिखाते हैं, जो उनके अनुसार पाठक से एक 'दुराव' पैदा करता है—'उन्हें पढ़ना बुरा नहीं लगता पर वह पसन्द नहीं हैं।' उन्होंने न अपनी ओर से यह स्पष्ट किया है, न उनसे प्रश्नकर्ता ने पूछा था कि उनकी यह राय जैनेन्द्र के कथात्मक गद्य को बख़्शते हुए है और उनके कथित दार्शनिक गद्य के बारे में है या जैनैन्द्र के सम्पूर्ण गद्य का ही उनका यह आकलन है?

वैसे पठनीयता के किसी भी मानदण्ड से स्वयं रघुवीर जी के सम्पूर्ण गद्य को भी 'कठिन', 'पेंचदार और घुमावदार' नहीं कहा जा सकता। वह शब्द के सामान्य अर्थ में भी कठिन नहीं है, बल्कि रोचक है लेकिन जहाँ वह 'कठिन' नहीं है, वहाँ भी वह पाठकों को वैचारिक-संवेदनात्मक उत्तेजना देता है। रघुवीर जी का मानना है कि लेखक के विचार और शैली में अगर पाठक को उद्वेलित करने की शक्ति है तो पाठक प्रयत्न करके भी उसकी

भाषा के अर्थ खोजने का प्रयत्न करता है। अगर उस लेखन में यह क्षमता नहीं है तो पाठक उसे पढ़ना बन्द करके 'सरल' की खोज करेगा। पाठक का असली भाषा-प्रेम वहाँ है, जहाँ उसमें भाषा के छिपे अर्थों को खोलने और बरतने की इच्छा जागती हो और असली कठिन भाषा तो दिमाग़ पर ज़ोर डालेगी ही और इस तरह अपने विषय क्षेत्र के बाहर जाकर भी अर्थ उत्पन्न करेगी। उधर नक़ली कठिन भाषा अनेकार्थी होने का आभास देगी पर उसमें अर्थ-बाहुल्य नहीं होगा!

अख़बार में काम करनेवाले जिस मित्र की बात वह करते हैं, जिसे उनके लिखे हुए को समझने में 'कष्ट' होता है, उसे वह वक्रोक्ति में जवाब देते हैं कि मित्र, आपको पढ़ने में कष्ट होता है तो 'मुझे लिखने में भी कष्ट करना पड़ता है क्योंकि बहुत सजग होकर लिखता हूँ। मुझमें और आपमें अन्तर यह है कि आप मेरा लिखा एक उपभोक्ता की तरह पढ़ रहे होते हैं, जबकि मैं एक विक्रेता की तरह लिख नहीं रहा होता।'

रघुवीर जी के लिए वास्तव में मसला सीधी-सरल बात को सीधे-सरल ढंग से कहने का था ही नहीं। उनकी समस्या भाषा को नये अर्थ देने, विचार की तमाम सूक्ष्मताओं को पकड़ने (उनके शब्दों में इज़्ज़त देने) की थी। यही कारण है कि वह कठिन भाषा की वकालत करते हैं। वह इस बात को भी सिरे से नकारते हैं कि अमुक लोगों को तक अमुक बात पहुँचाना है—जो आपके ख़याल से विचार की सूक्ष्मताओं को नहीं समझ पायेंगे—तो उन्हें सरलीकृत ढंग से समझाना होगा। इस तर्क को वह 'बेहूदा' और विचार के साथ बेईमानी मानते हैं।

वह कहते हैं कि सम्भव है कि किसी व्यक्ति का 'विजन' बहुत स्पष्ट हो। वह अपने विचार की तमाम सूक्ष्मताओं को इतना अधिक स्पष्ट कर दे कि उसके विचार 'स्ट्रेट' मालूम दें, सीधी-सरल भाषा में व्यक्त हुए हैं, ऐसा लगे लेकिन यह काम विचार की सूक्ष्मताओं के तमाम कोनों को गोल-चपटा करके नहीं किया जा सकता यानी विचार की सूक्ष्मता और भाषा की सरलता का अनिवार्य विरोध नहीं है। विरोध की स्थिति तो तब बनती है, जब भाषा की सरलता, विचार की सरलता बन जाती है। समस्या तब पैदा होने लगी, जब हमने आज़ादी के दो-तीन वर्ष बाद से तत्सम, तद्भव और देशज शब्दों का साथ-साथ प्रयोग करने की परम्परा छोड़ दी, जिससे वाक्य विन्यास की आत्मीयता विलुप्त होने लगी और निर्मम तटस्थता ने

उसकी जगह ले ली। इस स्थिति के पैदा होने के ठीक-ठीक कारण बताना कठिन है कि यह अँग्रेज़ी से हिन्दी में बढ़ते अनुवादों के कारण हुआ है या अपनी भाषा में पढ़ना-लिखना कम होने की वजह से।

वह भाषा के कठिन होने को विचार-प्रक्रिया से जोड़ते हैं, जो सीधी न होकर पेचीदा होती है। उसके रास्ते में अँधेरे कोने, खाइयाँ, गड्ढे आते हैं और रोशनियाँ भी। उन पेचीदगियों में पड़ना आवश्यक है। हाँ, किसी चीज़ को सिर्फ़ एक कोण से देखनेवाले इन उलझनों में नहीं पड़ते। विचार की सूक्ष्मताओं को पकड़ने की एक दिक़्क़त यह भी है कि कभी-कभी अपनी बात को कहने के लिए सही शब्द नहीं मिलते। जो शब्द मिलते हैं, वे थोड़ा कम या थोड़ा ज़्यादा या ग़लत भी हो सकते हैं। कुछ देर यह भ्रम रहता है कि उपयुक्त शब्द मिलते ही बात बन जायेगी लेकिन वह शब्द जब मिलता है तो समझ भी बदलती है कि बात वह नहीं थी, जो पहले लग रही थी कि है बल्कि बात वह है जो इस शब्द के हासिल होने पर समझ में आयी है।

अन्तिम दिन, अधूरे सपने

> रघुवीर के दाह-संस्कार के दौरान मुझे याद आया कि कभी हम दोनों ने वीभत्स हास्य के मद में यह स्थापना की थी कि अगर कोई साहित्यकार चाहता है कि उसकी मृत्यु का समाचार प्रमुखता से छपे और प्रसारित हो तो उसे मरने से पहले इस बात का प्रबन्ध ज़रूर करना चाहिए कि कोई शक्तिशाली शुभचिन्तक राष्ट्रपति या प्रधानमन्त्री या दोनों के ही कान में यह बात डाल दे कि सर, यह बहुत टॉप का राइटर था, आपकी तरफ़ से शोक सन्देश जाना चाहिए। इसके बाद सोच-समझकर किसी ऐसे दिन मरना चाहिए, जिस दिन कोई और बड़ा आदमी न मर रहा हो।
>
> —(रघुवीर सहाय : रचनाओं के बहाने एक स्मरण : मनोहर श्याम जोशी, पृ. १०९)

वह रविवार का दिन था। ३० दिसम्बर, १९९० का दिन। १९९१ आने में अब एक ही दिन बचा था लेकिन नया साल तो दूर, साल का आख़िरी दिन भी रघुवीर जी के जीवन में न आ सका। दिसम्बर में जन्मे रघुवीर जी के जीवन का आकस्मिक अन्त भी संयोग से इसी महीने में हुआ—३० दिसम्बर को। उन्होंने अभी जीवन के सिर्फ़ ६१ साल २१ दिन पूरे किये थे, हालाँकि इतने समय में उन्होंने इतना काम किया था, रचनात्मकता का ऐसा वैविध्यभरा वितान रचा था और ऐसी ऊँचाइयाँ हासिल की थीं, जो कम ही लेखक में मिलती हैं।

वैसे रोज़ वह जल्दी उठा करते थे मगर उस दिन सुबह आठ बजे के कुछ देर बाद उठे थे। ऐसा होना कोई असामान्य बात नहीं थी। हो सकता है, देर से नींद आयी हो, देर से खुली हो, बहुत गाढ़ी नींद आयी हो। वैसे यह दिन भी

और दिनों की तरह सामान्य ढंग से शुरू हुआ था। इसमें कुछ भी असाधारण नहीं था। रघुवीर जी और विमलेश्वरी जी उतने ही स्वस्थ या अस्वस्थ थे, जितने कि रहा करते थे। रघुवीर जी उस दिन भी रोज़ की तरह ही तैयार हुए, उन्होंने अख़बार पढ़ते-पढ़ते नाश्ता किया। नाश्ते में मक्खन लगे स्लाइस पर अमरूद की जैली लगायी। यह जैली ख़ुद कुछ दिन पहले उन्होंने तैयार की थी। उस दिन की ख़ास बात—जो इतनी ख़ास भी नहीं मानी जानी चाहिए—यह थी कि वरिष्ठ अँग्रेज़ी पत्रकार और भारतीय प्रेस परिषद् के उन्हीं की तरह एक सदस्य पी. रमन का वह अपने घर पर इन्तज़ार कर रहे थे। दोनों को साथ मिलकर राम जन्मभूमि विवाद के दौरान अख़बारों पर हुई ज़्यादतियों और अख़बारों की साम्प्रदायिक भूमिका पर प्रेस कौंसिल ऑफ़ इण्डिया को (विक्रम राव के साथ मिलकर) रिपोर्ट तैयार करके देनी थी। रमन तय समय पर नहीं आये तो रघुवीर जी ने बेचैन होकर उन्हें फ़ोन किया। रमन ने कहा कि आज नहीं रघुवीर जी, मंगलवार को आऊँगा और उस दिन हम रिपोर्ट तैयार कर लेंगे। रघुवीर जी ने कहा—'रमन जी, हमें अगले हफ़्ते यह रिपोर्ट देनी है, मंगलवार तक तो बहुत देर हो जायेगी (और वाकई इतनी देर हो जाती, इतनी ज़्यादा देर कि उसका कोई हिसाब न होता)।' उनकी चिन्ता का प्रकट कारण यह था कि राम जन्मभूमि विवाद पर अख़बारों की भूमिका की जाँच करने उत्तर प्रदेश और बिहार में क्रमशः अयोध्या, कानपुर, बनारस, लखनऊ, पटना और राँची के दौरे पर गयी प्रेस परिषद् की यह समिति इस मामले में विभाजित थी। अधिकतर सदस्य एक तरफ़ थे और रघुवीर जी, रमन जी और विक्रम राव दूसरी तरफ़ थे। इनकी रिपोर्ट अगर समय पर तैयार नहीं होती तो प्रेस परिषद् की रिपोर्ट एकतरफ़ा चली जाती, दूसरा पक्ष लोगों के सामने नहीं आता। रघुवीर जी ने अपने दामाद हेमन्त जोशी से इस दौरे से लौटने के बाद उन्हें आयी कई चिट्ठियाँ दिखायी थीं और रिकार्ड किये हुए कुछ बयानों को सुनाते हुए बताया था कि हम लोग दिल्ली में बैठे-बैठे जिस तरह सोचते हैं, वैसा माहौल ज़मीन पर नहीं है। सभी जगह लोग उठकर साम्प्रदायिकता का मुक़ाबला कर रहे हैं।

रमन की सुस्ती से रघुवीर जी इतने व्यग्र हुए कि उन्हें फ़ोन करके यह दुबारा पूछना आवश्यक लगा कि वह अपने घर से अभी चल चुके हैं या नहीं? पता लगा कि रमन जी रास्ते में हैं।

इसी बीच मँझली बेटी हेमा का फ़ोन आया। उसके पापा ने उसे एक रिकार्ड

प्लेयर दिया था, जिसमें रेडियो भी था। उसे मालूम करना था कि इसमें रेडियो कैसे चलता है। उन्होंने कुछ बताया और कहा—'बेटा, तुमसे मिलने का बहुत मन है, तुम घर आ जाओ। मयूर विहार से रमन जी भी यहाँ आ रहे हैं, तुम भी उनके साथ चली आओ।' हेमा ने कहा—'पापा मुझे १ जनवरी को राष्ट्रीय नाट्य विद्यालय के रंग-मण्डल ज्वाइन करना है, ज्वाइन करके आऊँगी।' फ़ोन पर उन्हें अपने पापा की साँस फूलती हुई लगी। हेमा के सास-ससुर उस समय दिल्ली आये थे तो उन्हें बीकानेर केन्द्र का कोई कार्यक्रम सुनाने के लिए ही उसने रेडियो के बारे में पूछा था। वह बीकानेर केन्द्र लगाने लगी तो उसे किसी आकाशवाणी केन्द्र से अपने पापा की आवाज़ में उनकी कोई नयी कविता सुनायी दी। वह सुनने लगी। वह बताती हैं कि तभी उनके मन में हूक सी उठी कि पापा के ज़िन्दा रहते वह उनकी आवाज़ आख़िरी बार सुन रही है, दुबारा नहीं सुन पायेगी लेकिन उन्होंने इसे महज़ एक आशंका माना क्योंकि ऐसा सोचने का कोई ठोस-तार्किक आधार तो उस समय तक था नहीं।

फिर रघुवीर जी ने बड़ी बेटी मंजरी को सुबह नौ बजे के आसपास फ़ोन किया और कहा—'बेटा, टाइपराइटर जो तुम्हारे पास है आज लाकर दे दो, आज मुझे उसकी ज़रूरत है। प्रेस कौंसिल वाली रिपोर्ट हमें लिखनी है। लेकर जल्दी आ जाओ।' मंजरी पास ही दिल्ली विकास प्राधिकरण के एक फ़्लैट में रहती थी, तो उसे आने में ज़्यादा वक़्त नहीं लगा। पति हेमन्त जोशी और बेटे पीयूष के साथ आकर टाइपराइटर देकर वह चली गयीं, यह कहते हुए कि हम शाम को लौटते हुए फिर आयेंगे। उनके जाने के बाद रघुवीर जी ने विमलेश्वरी जी से कहा—'बट्टूजी आज सिर में पता नहीं क्यों, कुछ ख़ाली-ख़ाली सा लग रहा है।' चूँकि रमन जी को आने में देर हो रही थी तो यह सोचकर कि रघुवीर जी को शायद भूख लगने से ऐसा लग रहा होगा। विमलेश्वरी जी ने कहा कुछ खा लो, दरअसल कई बार भूख की वजह से भी ऐसा लगता है। उन्होंने बात मान ली। उन्हें रोटी, सब्ज़ी और दाल दी गयी। उन्होंने खाना खा लिया। इसी बीच सबसे छोटी बेटी गौरी की कुछ दोस्त आ गयीं। विमलेश्वरी जी उनके लिए इन्तज़ाम में जुट गयीं। उधर रघुवीर जी कबूतर के एक बच्चे को कुछ खिलाने लगे, जिसे तीन सप्ताह पहले रोशनदान में अकेला पाकर उसे पालने की ज़िम्मेदारी उन्होंने ली थी। इतना सब करके वह अमेरिका जा चुके बेटे बसन्त के कमरे में आये, जो आजकल उनका अध्ययन कक्ष बना हुआ था। कुछ देर

बाद कमरे में विमलेश्वरी जी ने आकर देखा तो कहा—'अरे इतनी ठण्ड पड़ रही है और आपने जुराबें नहीं पहन रखी हैं।' इतना कहकर वह जुराबें पहनाने लगीं। बातों-बातों में उन्होंने विमलेश्वरी जी से कहा—'हम आज प्रेस परिषद की रिपोर्ट तैयार करेंगे। यह ज़रूरी काम है। देखना, इसके नतीजे अच्छे निकलेंगे। इस कारण इस बीच तुम्हें परेशानी तो हुई है, यह मैं देख रहा हूँ। तुमने मेरे साथ यही क्या बहुत सी तकलीफ़ें झेली हैं लेकिन बट्टूजी जीवन में पैसा ही तो सबकुछ नहीं होता।'

रमन को आते-आते क़रीब डेढ़ बजे गये। बहुत देर से उनकी प्रतीक्षा में व्यग्र रघुवीर जी को रमन का देर से आना अखरा। वह और क्या कहते, बस इतना किया कि स्वागत में कुछ कहने की बजाय अपनी नाराज़गी यह कहकर जतायी कि हर हाल में आज ही यह रिपोर्ट हमें पूरी करना है। खाना सादा था। हाँ, रमन जी चूँकि केरल से हैं, चावल खाने वाले प्रदेश से, इसलिए विशेष रूप से उनके लिए चावल बनवाये गये थे। साथ में आलू-पालक की सब्ज़ी थी, मिर्च और लहसुन का अचार था और वही अमरूद की जैली थी। उनकी शुरुआती नाराज़गी अब तक ख़त्म हो चुकी थी, उन्होंने विमलेश्वरी जी से कहा—'अरे बट्टूजी इनके लिए कुछ गाजर-टमाटर भी तो लाओ। इन्हें खाने के साथ ये चीज़ें भी खाते हुए अक्सर देखा है।' इतनी बारीक़ नज़र रही है रघुवीर जी की प्रेस कौंसिल की बैठकों के दौरान इतना रमन जी ने सोचा नहीं था। उन्हें यह जानकर अच्छा लगा। गाजर-टमाटर भी आये। खाने का समापन कॉफी से हुआ। इसी बीच रघुवीर जी ने किसी सिलसिले में रमन जी से कहा—'हम लोग घर में अँग्रेज़ी नहीं बोलते। दरअसल, हमें वह भाषा बोलनी चाहिए, जो हमारी संस्कृति और हमारे व्यक्तित्व को प्रकट करे। वैसे कामचलाऊ अँग्रेज़ी तो हमारे घर के सब लोगों को आती है।'

खाने के बाद काम शुरू हुआ। उन्होंने रमनजी से कहा—'ऐसा करो, तुम भी अपने नोट्स निकालो। और सुनो, तुम्हें मुझे गाइड करना है कि किस तरह से ऐसी रिपोर्ट लिखी जाय क्योंकि मुझे इस सबका कोई अभ्यास नहीं है।'

काम शुरू करने पर रमन जी को पता चला कि रघुवीर जी ने रिपोर्ट लिखने के लिए अपनी तरफ़ से काफ़ी तैयारी कर रखी है। वह सभी सत्ताइस टेपों को सुन चुके हैं। रमन का काम बस इतना रह गया है कि वह तारीख़ों, जगहों और लोगों के बारे में अपने नोट्स से रघुवीर जी के नोट्स का

मिलान करवाते जायें। रमन ने यह भी पाया कि रघुवीर जी तो अँग्रेज़ी लिखने में भी माहिर हैं और रिपोर्ट लिखने में भी उन्हें कोई समस्या नहीं है। यह उनकी विनम्रता ही थी कि रिपोर्ट लिखने में रमन को निर्देशित करने के लिए कहा था।

इस बीच काम करते-करते क़रीब पौने पाँच बज गये तो चाय पी गयी। क़रीब सवा छह बजे तक हेमन्त, मंजरी और उनका बेटा पीयूष आये। रघुवीर जी ने विमलेश्वरी जी से कहा—'सुनो, आज इन लोगों को यहाँ मत रोकना, आज मेरे पास काम बहुत है।' उस बच्चे से भी कहा कि 'बेटा हमें आज डिस्टर्ब मत करो। आज नाना के पास बहुत काम है।' पन्द्रह मिनट बाद ही वे लोग जाने लगे। जाते-जाते मंजरी ने कहा—'बेटा, नाना को नमस्ते करो।' उसने नमस्ते किया। फिर कहा—'अंकल भी तो बैठे हैं, उन्हें भी नमस्ते करो।' सहाय जी ने इसे सुधारा—'ये अंकल नहीं हैं बच्चे, ये भी नाना हैं, इन्हें कहो, नाना जी, नमस्ते।' वे चले गये। उनके जाने के बाद उन्होंने रमन जी से कहा—'अपने इस नाती को मैं बहुत चाहता हूँ, अपने बच्चों से भी ज़्यादा।'

इस बीच विमलेश्वरी जी ने पूछा—'क्या आप चाय पियेंगे?' रघुवीर जी ने कहा—'रमन जी से भी तो पूछो।' रमन जी ने जवाब दिया—'नहीं, चाय नहीं।' 'तो क्या थोड़ी सी व्हिस्की चलेगी', रघुवीर जी ने पूछा तो रमन जी ने इसके लिए हाँ कहा। विमलेश्वरी जी ने ढूँढ़ा पर व्हिस्की की बोतल उन्हें नहीं मिली, तब रघुवीर जी ख़ुद उठकर गये और गिलास में एक पैग बनाकर लाये। विमलेश्वरी जी के कमरे से जाने के बाद रघुवीर जी ने रमन से कहा—'मैं अपनी पत्नी का बहुत ज़्यादा ऋणी हूँ। यह ख़ुद भी कितनी बीमार रहती हैं मगर मेरे काम में मदद करने में फिर भी आगे रहती हैं। आज भी तुमने ख़ुद देखा होगा कि उन्होंने टैप और काग़ज़ात ढूँढ़ने में मेरी कितनी मदद की है।' रिपोर्ट थोड़ी और आगे बढ़ी, कुछ टैप और सुने गये। रघुवीर जी ने बातों के बीच कहा—'रमन, हमें अख़बारों में छपी इन बेहूदा ख़बरों की एक प्रदर्शनी लगानी चाहिए। मैं सोच रहा हूँ कि मैं इस बारे में विष्णु जी (नागर) और मंगलेश जी (डबराल) से बात करूँ।' इस बीच विमलेश्वरी जी ने कहा—'आज आप सुबह से इस काम में लगे हैं। अब आप थके हुए लग रहे हैं। अब कुछ आराम भी कर लीजिये।' रमन जी ने भी इसका समर्थन करते हुए कहा—'हाँ-हाँ आप आराम कीजिये और अब ठण्ड बढ़ रही है, मैं भी घर के लिए निकलता हूँ। बाक़ी काम अगले सप्ताह निबटा

लेंगे।' लेकिन उनके जाने-अनजाने ज़िन्दगी का आख़िरी दिन आ चुका था, रघुवीर जी उस काम को आगे के लिए टाल नहीं सकते थे। टालना होता तो रमन जी की बात सुबह ही मान सकते थे। उन्होंने जवाब में रमन से कहा—'नहीं-नहीं, हमें आज ही यह काम पूरा करना है।' उधर विमलेश्वरी जी से कहा—'बट्टूजी, अब सिर्फ़ दस मिनट का ही तो काम बचा है। फिर सब काम ख़त्म। फिर हम साथ बैठकर खाना खायेंगे। आज सण्डे है। तुम्हारी फ़िल्म भी हमारे कारण मिस हो गयी। तुम ऐसा करो कि हॉट एयर चलाकर कमरे में जाकर लेटो, मैं अभी काम पूरा करके वहीं आता हूँ।'

क़रीब सात बजे रंगकर्मी एम.के. रैना का फ़ोन आया। उन्होंने सफ़दर हाशमी की हत्या की पहली बरसी पर 'सहमत' के कार्यक्रम में आने का निमन्त्रण दिया। रघुवीर जी ने आने की स्वीकृति फौरन दे दी। फिर काम के दौरान उन्होंने कहा—'हमें रांची के 'आज' अख़बार की निन्दा ज़रूर करनी चाहिए, जिसने निराधार ख़बरें छापीं और यही नहीं, ऊपर से अपने अख़बार को मुफ़्त में भी बाँटा।' सहाय जी अब तक रिपोर्ट के पाँच पैराग्राफ़ लिख चुके थे। छठा पैराग्राफ़ लिखना शुरू किया था—'साम्प्रदायिक लेखन का सबसे ज़्यादा असर उत्तर प्रदेश में हुआ क्योंकि वहाँ के प्रमुख अख़बार जैसे 'दैनिक जागरण', 'आज', 'स्वतन्त्र भारत' ने... ।' विमलेश्वरी जी अभी सोने के कमरे में गयी ही थीं, उन्होंने बदन पर कम्बल डाला ही था कि किचन में बर्तनों की खड़खड़ सुनायी दी। वह समझ गयीं कि उनके पति वहाँ हैं, क्यों आना पड़ा उन्हें अचानक, यह जानने के लिए वह तत्काल उठकर किचन में आयीं।

आकर देखा कि रघुवीर जी को साँस की तकलीफ़ बहुत बढ़ गयी है। उस समय वह भगोने में पानी गर्म करके गिलास में डाल रहे थे। उन्होंने विमलेश्वरी जी के सामने सफ़ाई पेश की—'यह समस्या मुझे लखनऊ में भी हुई थी, तब गर्म दूध पीने से ठीक हो गयी थी, आज भी गर्म पानी पीने से सब कुछ ठीक हुआ जाता है।'

मगर उनकी हालत बिगड़ रही थी, साँसों में भारीपन आ रहा था लेकिन वह गर्म पानी पीकर फिर से काम पूरा करने रमन के पास आ गये। वह छठे पैराग्राफ़ में यह और जोड़ना चाहते थे—'इस बीच 'नवभारत टाइम्स', 'हिन्दुस्तान' और 'पाटलीपुत्र टॉइम्स' की भूमिका सराहनीय रही, इसलिए बिहार में इसका प्रभाव उत्तर प्रदेश के मुक़ाबले कम ख़तरनाक रहा।' रमन

जी ने उनकी बिगड़ती हालत देखकर कहा—'ठण्ड अब बहुत बढ़ चुकी है, रघुवीर जी, अब मैं चलता हूँ।' जवाब में वह कुछ बोल नहीं पाये। उन्होंने हाथ हिलाकर उन्हें रुकने का इशारा किया और हीटर रमन के पास खिसका दिया। वह फिर कुछ लिखने की कोशिश करने लगे लेकिन अब हालत बहुत बिगड़ चुकी थी।

विमलेश्वरी जी उन्हें सहारा देकर सोने के कमरे में लिवा ले गयीं। सहाय जी ने कहा—'अभी हम बाथरूम से आते हैं।' दो मिनट बाद ही आशंकित विमलेश्वरी जी बाथरूम की तरफ़ गयीं। दरवाज़ा अधखुला था। कमोड पर बैठे रघुवीर जी को अचानक गर्मी बहुत लग रही थी, वह अपना स्वेटर उतारने की कोशिश कर रहे थे। बेचैनी अब साफ़ नज़र आ रही थी। विमलेश्वरी जी ने नोटिस किया कि उनकी कनपटियों पर ख़ून के काले थक्कों के निशान पड़ रहे हैं। उन्हें लगा कि कुछ अनिष्ट होने वाला है। उन्होंने रघुवीर जी को कमोड से उठाने की कोशिश की तो रघुवीर जी ने कहा—'नहीं बट्टूजी, मेरा वजन मत उठाओ, तुम्हें पहले से हड्डी की बहुत तकलीफ़ है। लेकिन यह हो क्या रहा है मुझे बट्टूजी? मुझे कुछ भी समझ में नहीं आ रहा है।'

उन्हें सहारा देकर बिस्तर पर लेटाया गया। वह लेट गये मगर अब शरीर में इतनी ताक़त भी नहीं बची थी कि वह अपना पाँव ख़ुद बिस्तर पर रख पाते। उनका पूरा शरीर पसीने से लथपथ था। उधर विमलेश्वरी जी पति की हालत देखकर डाक्टर और बच्चों को फ़ोन करने लगीं। कमरे में आकर विमलेश्वरी जी ने रघुवीर जी के ऊपर कम्बल डाला तो पसीने में डूबे रघुवीर जी ने उसे तुरन्त अपने ऊपर से हटा दिया। फिर उन्होंने विमलेश्वरी जी का हाथ ज़ोर से पकड़ा और कहा—'बट्टूजी, वहाँ सामने चैक रखे हैं। इन्हें कल बैंक में जमा कर देना और अपना...'

वाक्य अधूरा रह गया था मगर सारे आशय स्पष्ट थे। उनके हाथ की पकड़ अब ढीली पड़ चुकी थी और हाथ उनके अपने ही सीने पर जा गिरा था। आँखें बन्द हो रही थीं लेकिन फिर एक बार खुलीं, जैसे सोते-सोते खुल जाये। विमलेश्वर जी ने उसी घबराहट में महामृत्युंजय जाप शुरू कर दिया, वह समझ चुकी थीं कि अब उनके पति का लगता है, अन्तिम समय आ चुका है। उन्होंने रघुवीर जी से 'ओम' उच्चारने को कहा। सहाय जी के होठों में शायद थोड़ी हलचल सी हुई और उसके बाद सब कुछ हमेशा-हमेशा के लिए शान्त हो गया।

अब उनकी आँखें खुली थीं, उन्हें भी बन्द किया गया। उँगलियाँ नाक के पास ले जाकर विमलेश्वरी जी ने देखा तो उनकी साँस थम चुकी थी। बस, अब वह देह बची थी, जिसके ज़रिये उन्होंने यह जीवन भरपूर जिया था—उसकी तमाम रंगतों, आशाओं और निराशाओं-उलझनों-समस्याओं के साथ। अन्त तक कुछ न कुछ सार्थक करने में जो देह कभी थकी नहीं, वह निर्जीव होकर पड़ी थी। मौत को सामने देखकर भी जिस आदमी ने वह काम पूरा करने की भरसक कोशिश की, जो उसी दिन करने की उसने ज़िद ठानी थी। बस चलता तो वह काम पूरी तरह पूरा करके ही दुनिया से विदा लेते।

संयोग कि उस दिन उनके पास उनकी जीवन-संगिनी विमलेश्वरी जी के अलावा कोई नहीं था। बसन्त और गौरी तो हज़ारों क़िलोमीटर दूर अमेरिका में थे, हेमा पूर्वी दिल्ली के मयूर विहार के अपने घर में थी, मंजरी सपरिवार शाम को क़रीब छह बजे भी आयी थी। ये लोग दरवाज़े पर ही थे कि तब उन्होंने बड़े लाड़ से इनके बड़े बेटे पीयूष से कहा—नन्हूँ, नाना को आज बहुत काम है, तुम कल आना। ...उस समय मंजरी को उसके पापा थोड़े थके हुए लगे थे मगर ठीक लग रहे थे। उनकी तबियत ख़राब होने का अहसास नहीं हुआ। ये लोग पाँच-सात मिनट रुककर वापिस चले गये।

थोड़ी देर बाद बाज़ार से कुछ ख़रीदने ये पति-पत्नी बच्चे समेत बाज़ार तक आये ही थे कि मंजरी के पास विमलेश्वरी जी का फ़ोन आया कि पापा की तबियत बहुत ख़राब हो रही है। उसी समय विमलेश्वरी जी ने अपनी मँझली बेटी हेमा को भी फ़ोन किया। उससे भी लगभग रोते-रोते बताया कि पापा को कुछ हो गया है। मंजरी के पति हेमन्त लगभग दौड़ते-दौड़ते हुए प्रेस एन्क्लेव पहुँचे। मंजरी उस समय गर्भवती थीं तो वह बेटे पीयूष के साथ धीरे-धीरे पहुँची। देखा कि उनके पापा तख़्त पर लेटे हैं, विमलेश्वरी जी और हेमन्त उनके पास बैठे हैं। रघुवीर जी के शरीर में कोई हरकत नहीं है। तुरन्त अस्पताल ले जाने के लिए टैक्सी बुलायी गयी। प्रेस एन्क्लेव में ही रहनेवाले 'दिनमान' के वरिष्ठ सहयोगी रहे जितेन्द्र गुप्त को फ़ोन किया गया। हेमन्त, मंजरी और वहीं रहनेवाले वरिष्ठ पत्रकार मनमोहन ने उन्हें उठाकर सीढ़ियों से नीचे उतारा और उन्हें अस्पताल ले गये, जहाँ उन्हें शाम को सात बजकर छत्तीस मिनट पर मृत घोषित कर दिया गया। मंजरी ने हेमा को फ़ोन पर बताया कि पापा हमें छोड़कर चले गये हैं।

बाक़ी कहानी भी क्या कहानी है। तुरन्त ही यह ख़बर फ़ोन-टीवी-रेडियो-

टेलीप्रिंटर के ज़रिये सब तरफ़ पहुँच गयी। दिल्ली के लेखक–कवि आदि रात में ही सी–३, प्रेस एन्क्लेव, साकेत में उनके घर पहुँचने लगे। जो रात को पहुँच नहीं पाये, वे ३१ दिसम्बर को दिन में घर आये, निगम बोध घाट पर आये। श्मशान में शोकाकुल लेखक–पत्रकार बड़ी संख्या में थे। सब सदमे में थे। विष्णु प्रभाकर, कमलेश्वर,, राजेन्द्र माथुर, प्रभाष जोशी आदि। मंगलेश डबराल के शब्दों में वहाँ जितने युवा लेखक थे, उतने शायद किसी और साहित्यकार की अन्तिम यात्रा में नहीं रहे होंगे। कुछ बड़े नेता भी वहाँ थे। यह विडम्बना है कि जो बात कभी रघुवीर जी और जोशी जी ने मज़ाक़–मज़ाक़ में साझा की थी, वह एक तरह से सच साबित हुई। समाजवादी चन्द्रशेखर कुछ समय के लिए तब प्रधानमन्त्री थे, वह आये थे। भारतीय जनता पार्टी के वरिष्ठ नेता अटल बिहारी वाजपेयी आये थे, तीन मन्त्री भी आये थे। जैसा कि रिवाज़ है, नेताओं के पास श्रद्धासुमन अर्पित करने के लिए पर्याप्त होते हैं, तो उन्होंने वे समर्पित किये। चिता पर पड़ी देह—जैसा कि हिन्दू कहा करते हैं—पंचतत्व में विलीन हो गयी। अब रघुवीर सहाय नहीं, उनका स्मरण शेष था।

उम्र का असर तो पिछले कुछ समय से उन पर कुछ ज़्यादा ही दिखने लगा था मगर फिर भी यह किसने सोचा था कि उनकी मौत का दिन इतना नज़दीक है। यहाँ तक कि उस आख़िरी दिन भी यह आशंका किसे थी? क्या ख़ुद उन्हें थी? ऊपरी तौर पर लगता है कि नहीं थी मगर क्या पता रही हो वरना रिपोर्ट को उसी दिन ख़त्म करने की इतनी बेकली क्यों थी? क्यों वह यह काम रविवार की जगह मंगलवार तक टालने के पक्ष में नहीं थे? क्यों उन्हें लग रहा था कि रविवार, ३० दिसम्बर को ही यह काम पूरा नहीं हुआ तो बहुत देर हो जायेगी? इतनी देर कि फिर यह काम उनके हाथों कभी पूरा नहीं हो पायेगा? आज कौन इसका निश्चित उत्तर दे सकता है? वैसे यह भी सम्भव है कि रघुवीर जी को लगा हो कि मंगलवार कामकाजी दिन है और रमन जी संवाददाता हैं और उस दिन रमन जी की व्यस्तताओं के कारण या उन्हें स्वयं १ जनवरी को सफ़दर हाशमी की स्मृति में होनेवाले पहले कार्यक्रम में जाना है, इसलिए उस दिन भी यह काम टल जायेगा, जबकि अगले हफ़्ते यह रिपोर्ट देना ज़रूरी है। लेकिन ध्यान दें, यह बेचैनी उनके अपने लिए, अपने परिवार के लिए नहीं थी—अपने उस समाज के लिए थी, जो साम्प्रदायिकता के कुचक्र में फँसकर तब से अब तक बेहाल

है। क्या तबियत लगातार बिगड़ते जाने के बावजूद हर हालत में उसी दिन शाम–रात तक रिपोर्ट पूरा करने का उनके आग्रह को साम्प्रदायिकता की वेदी पर एक अलग तरह की शहादत माना जा सकता है? हो सकता है यह मानना अतिरिक्त भावुकता हो मगर उस दिन की सारी परिस्थितियों को देखकर क्या यह सवाल भी मन में नहीं उठना अस्वाभाविक है? यह लेखक भी उन्हें एक शहीद की बजाय भारत के एक बड़े कवि–लेखक–पत्रकार के रूप में ही देखना–दिखाना चाहता है, प्रथमतः रघुवीर जी वही थे और उसी रूप में उन्हें हमारी नज़रों में रहना भी चाहिए। लेखक की सबसे बड़ी प्रतिमा उसका लेखन ही हो सकता है, वे प्रतिमाएँ नहीं, जिन पर बनने के बाद धूल जमा होती रहती है, पक्षी बीट करते रहते हैं। प्रतिमा की सही देखभाल हो रही हो, तब भी लेखक को प्रतिमा में नहीं बदलने देना चाहिए, फिर भी एक सवाल उनकी मृत्यु के सत्ताइस साल बाद मन में उठा तो रखना भी ज़रूरी लगा। क्या उन्हें उम्मीद रही होगी कि उनकी इस रिपोर्ट से कुछ होगा, कुछ तो होगा ही, कुछ नहीं तो हमारे भीतर का कायर टूटेगा। क्या वह टूटा? क्या वह नहीं टूटा?

हेमा सिंह से आज भी कोई कहता है कि तुम्हारे पापा अब नहीं हैं, तो वह महसूस करती हैं, कहना भी चाहती हैं, वह हैं, क्यों नहीं हैं, वह मेरे भीतर हैं, मुझमें हैं, मेरे भाई–बहनों में हैं, उन सबमें हैं जो उन्हें पढ़ते हैं। वह एक बार मरकर मरनेवालों में नहीं हैं, सभी बड़े कलाकारों–लेखकों की तरह बार–बार हमारे भीतर जीवित होनेवालों में हैं। हेमा कहती हैं, हम उनकी विरासत को सँभाल रहे हैं हालाँकि उनकी विरासत को सँभालना क्या इतना आसान काम है? मंजरी कहती हैं—'पापा की एक कविता है—'शक्ति दो, बल दो, हे पिता', जो एक मन्त्र की भाँति अन्त तक उनके साथ रही। आज हम उसे ही दोहरायेंगे और वह शक्ति ही हमें अहसास करायेगी कि पापा कहीं नहीं गये हैं, वह हमारे संस्कारों में, हमारे विश्वासों में, और हममें जीवित हैं। पापा अभी हैं।'

वैसे रघुवीर जी की अन्तिम वर्षों की बहुत सी कविताओं में तरह–तरह से मृत्यु की चर्चा है (पहले भी कहीं–कहीं रही है, जो किसी भी कवि के लिए स्वाभाविक है)। बहुत बार यह चर्चा व्यापक आशय में है मगर कई बार अपनी या पत्नी की आसन्न मृत्यु की आशंका से घिरी है। दोनों तरह की कविताओं की संख्या गिनें तो लगभग बीस है। उनके या विमलेश्वरी जी के

अकेले रह जाने का बोध करानेवाली १९८८ से १९९० के बीच उन्होंने आठ कविताएँ लिखी हैं, जो १९९५ में प्रकाशित उनके कविता-संग्रह 'एक समय था' में संकलित हैं। इन कुछ कविताओं के शीर्षक इस प्रकार हैं— 'अभी लिखी नहीं गयी', 'दृश्य', 'हम दोनों', 'चुपचाप', 'मैं ख़ुद जाना चाहूँगा', 'बट्टू को देखकर', 'जीवन के अन्तिम दिन', 'मैं मर चुका हूँ।' इनमें से तीन कविताओं का रचना-वर्ष नहीं दिया गया है मगर उनकी संरचना से साफ़ ज़ाहिर है कि ये भी उन्हीं तीन वर्षों के बीच की हो सकती हैं। उनकी ऐसी एक कविता वर्ष १९८८ की है और एक १९८९ की है और तीन कविताएँ १९९० की हैं यानी मृत्यु के वर्ष की हैं। १९९० की एक कविता 'हम दोनों' के नीचे लिखा है—'बट्टूजी के लिए' यानी यह विमलेश्वरी जी को समर्पित है। एक और कविता का तो शीर्षक ही—'बट्टू को देखकर' है। जिन कविताओं में विमलेश्वरी जी का नाम साफ़ तौर पर नहीं आता है, उनमें भी बिना कहे यही बात दीखती है। १९८८ में इस तरह के संकेत देती पहली कविता का शीर्षक है—'अभी लिखी नहीं गयी।' इसमें वह कहते हैं—'एक दिन जल्दी ही हम दोनों में/ कोई एक चला जायेगा/ मैं गया अगर तो बहुत काग़ज़ छोड़ जाऊँगा/तुम अगर गयीं तो कुछ नहीं छोड़ जाओगी।' इसके अगले साल यानी १९८९ में लिखी कविता 'दृश्य' में तो वह ज़्यादा स्पष्ट ढंग से अपनी आसन्न मृत्यु को देखते हैं—'तुम यहीं रह जाओगी/ मैं चलता चला जाऊँगा/ भीख माँगते हुए दया की/ जिस-तिस को इशारतन कहता मुझे देखे।' बट्टू के लिए कविता में भी वह यही कहते हैं—'मैं चाहता हूँ कि मेरे मरने पर तुम रोओ नहीं...' बहरहाल, दोनों में से एक के छूट जाने या पत्नी को छोड़कर ख़ुद के दुनिया से चले जाने का भय इन कविताओं की मूलवस्तु है। इसे मृत्यु का आभास मानें या रोगग्रस्त और शरीर से थक चुके मन का स्वाभाविक भय?

उनसे दो दशक बाद कवियों की जो पीढ़ी आयी थी, उसके एक आदर्श व्यक्तित्व और कवि वह थे। वह पीढ़ी चाहती थी कि उनके साठवें जन्मदिन पर उन पर आधारित एक पुस्तक उन्हें भेंट करे। उनसे तीन बैठकों में एक लम्बा इण्टरव्यू लिया गया था। इण्टरव्यू लेनेवालों में प्रयाग शुक्ल, मंगलेश डबराल, असद जैदी और विष्णु नागर थे। उनकी इच्छा कुछ और बात करके कुछ और बताने की थी लेकिन यह हो नहीं सका। तमाम लेखकों ने उस पुस्तक के लिए उन पर लिखने में ज़रा आनाकानी नहीं की थी लेकिन

प्रकाशन की अपनी समस्याएँ होती हैं, इस कारण विलम्ब होता गया, यहाँ तक कि कुछ लेखक-कवि तो इतने निराश हो गये कि उन्होंने इस पुस्तक के लिए विशेष रूप से लिखे लेख मज़बूरन कहीं छपवा लिये। अन्ततः वह पुस्तक आयी रघुवीर सहाय नाम से मगर वक़्त के बहुत बाद। कौन जानता था कि उनका यह प्रिय कवि उनके बीच अब बहुत कम समय रहनेवाला है?

अपनी मृत्यु से क़रीब एक महीने पहले उन्होंने अपनी डायरी में संक्षिप्त लेख लिखने की योजना बनायी थी :

१. काव्यभाषा का समाज पर विशेष प्रभाव।

२. मानव चेतना के विकास में साहित्य की सीमित और अपूर्ण तथा अन्य मानवीय उपक्रमों से अन्तरावलम्बित भूमिका।

३. पाठकों की कमी भाषागत प्रयत्नों से दूर होने की व्यर्थ आशा।

४. एकता की परिकल्पना में तानाशाही के तत्त्व।

ऐसा लगता है कि इनमें से उनकी एक भी योजना पूरी नहीं हो पायी। कम से कम 'रघुवीर सहाय रचनावली' से इसका कोई प्रमाण नहीं मिलता, जो उनके लेखन का सबसे प्रामाणिक दस्तावेज़ है।

जवाहरलाल नेहरू विश्वविद्यालय में अध्यापन कर चुके और समाजवादी विचारधारा से जुड़े आनन्द कुमार बताते हैं—'रघुवीर जी की आकांक्षा हिन्दी के सन्दर्भ में भाषा निर्माण की मौजूदा प्रवृत्तियों का गाँवों और क़स्बों में घूम-घूमकर अध्ययन करने और भाषा तथा समाज पर रोशनी डालनेवाला साहित्य तैयार करने की थी। उन्होंने इस सन्दर्भ में एक प्रस्ताव भी तैयार करना शुरू किया था लेकिन उनके इस अनोखे सपने को सरकारी तन्त्र की सहानुभूति नहीं मिली। इसी प्रकार वह देश के अलग-अलग हिस्सों में घूमकर राष्ट्रनिर्माण और राष्ट्रीयता की स्वाधीनेतर तस्वीर उकेरना चाहते थे। 'दिनमान' के दुखद प्रसंग के बाद इस काम को करने के प्रति उनमें प्रबल आकर्षण था लेकिन कौन बुलाता, कौन साधन उपलब्ध कराता? ज़ाहिर है कि जिन बातों के बारे में रघुवीर जी तब सोच सकते थे, जिन सवालों को वे तब उठाते थे, उन्हें लेकर कुछ करने की आकांक्षा भी रखते थे, उन तक बौद्धिक संवेदनात्मक पहुँच कितनों की थी और आज भी कितनों की है? ज़ाहिर है ऐसी सभी परियोजनाओं को सांस्थानिक समर्थन मिलना असम्भव था, जिसके बग़ैर ये काम हो नहीं सकते थे।

धर्म, लोकतन्त्र से अधिक नहीं

जो धर्म का पालन करता है, वह संकट में और संघर्ष में भी, उसका पालन करता है और वह एक तपस्या ही है, एक निरन्तर खोज है—अपने आपको पहचानने की और अपने समाज को जानने की। जो लोग अपनेआप को पहचानने की बात कहकर बातचीत पर विराम लगा देते हैं, मैं उनसे विनतीपूर्वक असहमत हूँ। वहाँ विराम नहीं है। अपने को पहचानने के साथ ही समाज को पहचानना है, इसलिए राजनीति को पहचानना है। लेकिन राजनीति और राजनीतिक संगठन दो अलग-अलग चीज़ें हैं, यह बात भी जान लेनी चाहिए, इसलिए कि राजनीति तो मनुष्य का धर्म है लेकिन राजनीतिक संगठन मनुष्य का धर्म नहीं है।

—(रघुवीर सहाय रचनावली-४, पृ. ७१६-७१७)

मेरे मन में यह इच्छा पैदा नहीं हुई कि मैं ईश्वर नाम के किसी अनुभव को एक बार में पाऊँ। इच्छा पैदा न होने का कारण यही है कि वह मुझे मिलता रहा है...सारी दुनिया को छोड़ दूँ और फिर ईश्वर को देखूँ, ऐसी इच्छा कभी पैदा नहीं हुई क्योंकि जो कुछ भी मैंने देखा है, उसे मैंने जोड़-जोड़ करके रखा है, उससे ईश्वर का एक नमूना थोड़ा-बहुत तैयार हुआ होगा। वह नमूना इसी दुनिया से और इन्हीं लोगों से मिला है तो इसीलिए मैं कहता हूँ कि यही है ईश्वर।

(श्याम सुशील और बसन्त पाण्डेय को दिये गये एक अप्रकाशित साक्षात्कार से)

वही धर्म है, जो जीवन है और जो जीवन है, वही धर्म है।

—(उसी साक्षात्कार से)

> जिसमें न्याय नहीं है, वह धर्म तो है ही नहीं बल्कि वह अधर्म भी नहीं है। अधर्म के अन्दर यह निहित है कि अन्याय होगा, तभी वह अधर्म होगा अर्थात् जहाँ कहीं भी न्याय नहीं है, वहाँ अधर्म है।
>
> —(वही)

रघुवीर सहाय की चिन्ता का दायरा वैसे बहुत बड़ा था—साहित्य के भीतर भी, उसके बाहर भी। कह सकते हैं कि साहित्येतर चिन्ताओं का दायरा उनके साहित्य के चरित्र को निर्धारित नहीं तो काफ़ी हद तक प्रभावित ज़रूर करता था लेकिन उनकी चिन्ता के दायरे में धर्म-अध्यात्म लगभग नहीं आते थे। उनके विपुल लेखन में ये चिन्ताएँ हाशिये की जगह पाती हैं। दो व्याख्यान हैं, जो उन्होंने १९८५ में कहीं दिये थे। इसके क़रीब एक साल बाद (अप्रैल, १९८६) दो उत्साही युवा श्याम सुशील और बसन्त पाण्डेय को दिया गया एक साक्षात्कार है। ये दोनों कई प्रतिष्ठित साहित्यकारों से 'धर्म और साहित्यकार' विषय पर बातचीत कर चुके थे मगर रघुवीर जी इसके लिए राजी नहीं थे। फ़ोन पर समय लेने की इनकी तमाम कोशिशें जब सफल नहीं हुईं, तो ये दोनों एक शाम उनके प्रेस एन्क्लेव स्थित फ़्लैट पर बिना कोई सूचना के पहुँच गये। दरवाज़ा रघुवीर जी ने ही खोला। इन्होंने फिर बताया कि वे क्यों आये हैं। तब भी उनका जवाब था : 'मैं इस तरह के फिज़ूल विषयों पर बात करना नहीं चाहता ।' इस पर इन दोनों ने कहा कि यदि आप हमें पाँच मिनट का भी समय दे सकें तो हम ऋणी होंगे। अन्दर आने पर पहले इधर-उधर की बातें होती रहीं। फिर इस विषय पर चर्चा का सिलसिला शुरू हुआ, जो लम्बा चला। अभी तक अप्रकाशित इस साक्षात्कार को लेनेवालों ने इस अनुभव पर रघुवीर जी से दो पंक्तियाँ लिखकर देने को कहा तो उनकी पहली पंक्ति थी—'धर्म के विषय में बातचीत ने मन में कुछ उत्तर और उनसे अधिक प्रश्न जागृत किये।' धर्म पर बातचीत को फालतू मानने के पीछे एक कारण शायद यह था—जैसा कि उन्होंने इस इण्टरव्यू में कहा—कि वह धर्म, ज्योतिष और विज्ञान के विषय में अपने को बहुत अपढ़ मानते थे। इस साक्षात्कार में भी ऐसा लगता है कि वह बातचीत की प्रक्रिया में ही सोचते भी जा रहे हैं।

अपने दोनों व्याख्यानों में वह बताते हैं कि बहुत छोटी उम्र में धर्म के प्रतीक के रूप में उनका परिचय जिस कर्मकाण्ड से हुआ, उसके प्रति पता नहीं किन कारणों से एक समीक्षा, समालोचना का भाव उनमें शुरू से ही जागृत

हुआ था। जिस कर्मकाण्ड को पूजा-उपासना के रूप में उन्होंने अपने सामने होते हुए देखा था, उसके प्रति पहले जिज्ञासा, फिर अस्वीकृति, फिर उपहास का भाव जागते देर नहीं लगी। किशोरावस्था के भी पहले हर सुन्दर और ललित वस्तु या घटना या अनुभव के लिए जो आकर्षण पैदा होता है, वह उनमें भी था। आर्यसमाज के कर्मकाण्ड ने शुरू में उन्हें बहुत मोहित किया, क्योंकि बाक़ी जो कुछ उन्होंने तब तक देखा था, उसके ये बहुत विपरीत थे। ये कर्मकाण्ड उन्हें ललित और शुद्ध, परिपक्व और कुछ अर्थमय जान पड़े। कम से कम शब्दों की दृष्टि से ऐसा उन्हें अवश्य लगा। उन्होंने उस उम्र में मान लिया था कि धर्म के नाम पर अगर कुछ स्वीकार करना है तो वह यही हो सकता है। इससे उनका मोहभंग होने में बहुत समय लगा क्योंकि सम्पूर्ण से नहीं मगर उसके एक अंश से जुड़ने का मोह बना रहा। धीरे-धीरे यह एहसास हुआ कि इसके पीछे का तन्त्र भी बहुत लोकहितैषी नहीं है, उसके अन्दर भी बहुत से पाखण्ड हैं। यह भी निरा कर्मकाण्ड है। इसके पीछे का सामाजिक संगठन भी अर्थहीन है। इसमें भी वह लोकशक्ति और ऊर्जा नहीं है—आने भी नहीं दी गयी है—कि यह जीवन से जुड़ा रह सके, जिससे इसमें समय-समय पर परिवर्तन आते रह सकें। जिस समय वैदिक मन्त्र को आर्यसमाज के उपदेशकों ने हिन्दी में बोलना-बताना शुरू किया, वर-वधू को वैवाहिक मन्त्रों का अर्थ समझाना आरम्भ किया, तब उनके अनुसार ये एक क़दम आगे बढ़ रहे थे लेकिन मन्त्रों का हिन्दी अनुवाद कर देने मात्र से आगे का जीवन भी इसके अनुरूप ही रहेगा, इसकी कोई गारण्टी नहीं।

उनकी मान्यता थी कि आज भी, कहीं भी, किसी भी तरह के कर्मकाण्डों के संरक्षकों का व्यवहार अत्यन्त कुरुचि भरा, मनुष्य की नितान्त अवहेलना करनेवाला, उनके बीच समानता के विरुद्ध होता है। किसी भी मन्दिर में मनुष्य और मनुष्य के बीच बराबरी नहीं दिखती, सम्पत्ति अथवा राजनीतिक सत्ता के प्रभाव के दर्शन, वहाँ के प्रबन्धन में, मानवीय सम्बन्धों में दिखायी देते हैं। हम सब धर्मों को तो समान मानते हैं मगर सब मनुष्यों के राजनीतिक अधिकार और कर्तव्य बराबर हैं, सब समग्रता में जी सकते हैं, यह नहीं मानते। धर्मतन्त्र का लोगों के लौकिक जीवन पर कब्ज़ा नहीं होगा, उनके लौकिक जीवन को वह सीमित नहीं करेगा, यह नहीं मानते। हम सब एक होते हुए भी अलग-अलग हैं, ऐसा होना ही भारतीय होना है, यह नहीं

मानते। संगठित राजनीति बड़ी हद तक धर्मतन्त्र से साझेदारी करके चलती है। इससे राजनीति और धर्मतन्त्र, दोनों के सत्तातन्त्र की ताक़त बढ़ती रहती हैं। धर्म साम्प्रदायिकता या प्रचार का वाहक नहीं हो सकता, वह मुक्ति का ऐसा लौकिक-लोकतान्त्रिक रास्ता है, जो मनुष्य को मनुष्य बनाये, समता और न्याय के रास्ते पर ले जाये। 'जिसको मैं अपना धर्म मानूँगा, वह लोकतन्त्र से अधिक और कुछ नहीं है। उसकी शुरुआत वहीं से होती है और वह बहुत बड़ा रास्ता तय करके अन्त में फिर वहीं समाहित भी होता है।'

उनके व्यक्तिगत आचरण में ईश्वर और जिसे हम धर्म के रूप में पहचानते हैं अमूमन, उसका कोई ख़ास स्थान तो नहीं था लेकिन बिलकुल नहीं था, यह भी नहीं कह सकते। आर्यसमाज के कर्मकाण्ड में उनका विश्वास नहीं रहा था, जिसे उनके पितामह और पिता मानते थे। विमलेश्वरी जी सनातनी परिवार से आती हैं, सो वह समय-समय पर मन्दिर जाना चाहती थीं तो पति धर्म निबाहते हुए रघुवीर जी उनके साथ-साथ चले जाते थे। वह दर्शन करतीं और रघुवीर जी मन्दिर परिसर में पेड़ों, पौधों, वनस्पतियों, पक्षियों को देखते-निहारते, मुग्ध होते। उनके ताऊजी के बेटे, रिश्ते में उनके बड़े भाई यदाकदा दिल्ली आते तो उनके यज्ञ के दैनिक कर्मकाण्ड में उनके लिए वह तमाम सामग्री भी जुटाते थे। बड़े भाई चाहते थे कि उनका छोटा भाई भी सुबह-शाम यज्ञ में बैठे तो उनका सम्मान रखने के लिए रघुवीर जी ऐसा कर देते थे। विमलेश्वरी जी करवा चौथ का व्रत रखती थीं और वह नहीं चाहते थीं कि उनके पति उस दिन अण्डा खायें तो एकाध बार तो ज़िद करके कहा कि नहीं हम खायेंगे मगर बाद में उस दिन खाना बन्द कर दिया। ज्योतिष में कह सकते हैं कि उनका विश्वास था भी और नहीं भी था। उनके अपने पिता का भी ज्योतिष में विश्वास था, उन्होंने भी सभी बच्चों की जन्मपत्री बनवायी थी और शादी के समय मिलवायी भी थीं मगर रघुवीर जी के छोटे भाई बलवीर जी यह भी बताते हैं कि पिता के लिए विवाह में ज्योतिष ही एकमात्र निर्णायक तत्त्व नहीं था। ठीक यही रघुवीर जी की स्थिति थी। उन्होंने भी अपने सब बच्चों की जन्मपत्री बनवायी थी। यदा-कदा ज्योतिषी के पास दिल्ली और लखनऊ में जाते भी थे। उनकी एक सन्तान की गम्भीर बीमारी के कारण उसके जीवन के बारे में आशंकित हो गये थे तो लखनऊ में अपने एक भाई को उसकी कुण्डली भिजवाकर

कहा था कि उस ज्योतिषी को दिखाना और उससे स्वयं भी लखनऊ में मिले थे। ज्योतिषी की सलाह पर बसन्त की कुण्डली तीन साल की उम्र के बाद बल्कि उसके साढ़े चार वर्ष का होने पर बनवायी थी। बच्चों की शादी के समय भी कुण्डलियों का मिलान किया गया था लेकिन निर्णायक तत्त्व उसमें कुण्डली नहीं था। एक जगह वह साक्षात्कार में कहते हैं कि यदि आपको विवाह करना है तो आप कन्या को बुलाइए और विवाह कर लीजिये। मन्दिर में करिये, चाहे जंगल में कर लीजिये। उसके लिए चाहें तो कोई मन्त्र भी बोल लीजिये। उसके लिए पण्डित को बुलाने की ज़रूरत नहीं, क़ायदे से, इसलिए ऐसा हो, इस पर उनका ज़ोर भी नहीं था मगर इसका विरोध भी नहीं था। उनके बड़े दामाद हेमन्त जोशी बताते हैं कि उनकी और मंजरी की कुण्डली में ३६ में से केवल १५ गुण मिलते थे तो भी शादी कर दी थी। उनके सभी बच्चों की शादियाँ भी सभी विधि-विधानों से हुई थीं। सभी बच्चों का विद्यारम्भ भी करवाया गया था। अपने एकमात्र पुत्र बसन्त का विद्यारंभ अज्ञेय जी से तो करवाया ही था उन्होंने, उसके पहले हवन भी करवाया था। एक साक्षात्कार में वह कहते हैं कि आर्यसमाजी संस्कारों के कारण कुछ प्रचलित रूढ़ियों-अन्धविश्वासों के ख़िलाफ़ तो वह रहे मगर मानसिक बनावट के कारण शायद तरह-तरह की आशंकाएँ होती रहीं—'मेरे लिए आज भी मामूली अन्धविश्वासों से मुक्ति पाना कठिन है, असम्भव नहीं।'

राजनीति की तरह धर्म का संगठित, सम्प्रदायगत स्वरूप भी उन्हें आकर्षित नहीं करता था, क्योंकि यह रूप सत्ता एकत्रित करना चाहता है, व्यक्ति को मुक्त करना नहीं चाहता। मुक्ति सत्ता को संगठित करने में नहीं, उसे विकीर्ण करने में है। शायद यही कारण था कि नब्बे के दशक में जब 'रामायण' और 'महाभारत' जैसे सीरियलों का प्रसारण हुआ और इन्होंने टीवी पर लोकप्रियता के असाधारण शिखर छुए तो भी रघुवीर जी ने इन्हें पसन्द नहीं किया। इन पर 'जनसत्ता' के अपने स्तम्भ में साफ़ लिखा कि वह ये दोनों सीरियल नहीं देखते और जब उनके बस में होता है तो टीवी बन्द कर देते हैं, इसलिए नहीं कि ये धार्मिक सीरियल हैं बल्कि इसलिए कि ये उनकी उस कल्पनाशक्ति का अपमान करते हैं, जो उन्होंने इन दोनों महाकाव्यों को पढ़कर और रंगमंच पर इनके अनेक संस्करण देखकर हासिल की थी। इनमें व्यक्त मानवीय रागानुरागों की अनुभूति ने जो यथार्थ

की कल्पना उनमें जागृत की थी, उसकी ये बेइज़्ज़ती करते हैं, ऐसा उन्हें लगता था। वह कहते थे कि टीवी के परदे पर देव और दानव को उनके पूर्ण प्रभामण्डल और सींगों के साथ देखकर दर्शकों की कल्पना आहत होती है क्योंकि इस तरह दर्शक की अपनी कल्पना के लिए कोई गुंजाइश नहीं छोड़ी जाती, उसकी कल्पना में देव और दानव का कोई अपना रूप नहीं बनने दिया जाता।

जहाँ तक भारतीय रीतिरिवाज़ों, त्यौहारों, पर्वों, संस्कारों, उत्सवों, पहनावों का सवाल है, उनमें समय-समय पर परिवर्तन और बाहर से कुछ लेने के पक्ष में वह थे मगर सम्भ्रान्त वर्ग द्वारा पश्चिमी रहन-सहन के तौर-तरीक़े अपनाने के साथ ही चेहरे के भावों और शारीरिक भंगिमाओं तक में उसे अपनाकर 'सुसंस्कृत' दिखने की होड़ के वह आलोचक थे। वह इस विडम्बना को भी रेखांकित करते थे कि यही भद्रवर्ग अधिक 'भारतीय' दिखने की होड़ में प्राचीन शब्दों, कलारूपों, नामों और संस्कारों के आकर्षण से भी बँध रहा है, जबकि वह वास्तविक भारतीय सच्चाई से दूर है और कट चुका है। इन दोनों धुरों के बीच जीवन से आनन्द लेकर रीतिरिवाज़ और त्यौहार मनाने की ताक़त वह खो चुका है। यह वर्ग मण्डप के नीचे और वेदी के सम्मुख अत्यन्त विशिष्ट नैवेद्य आदि के साथ बड़े नामी कर्मकाण्डी पण्डित के हाथों संस्कार करवाता है। इस सबके चलते विवाह के अवसर में कभी जो रसिकता, स्निग्धता और सामूहिकता पायी जाती थी, उसे प्रकट करने वाले रीतिरिवाज़ों का मानो लोप हो रहा है। अब जन्मदिन पर केक पर मोमबत्तियाँ जलाकर उन्हें फूँक से बुझाकर एक बँधाबँधाया गाना गाया जाता है, जो कि गाना नहीं रहा बल्कि मन्त्र जैसा बन गया है। इसे गाकर बहुत ही खोखले अनुभव को बहुत अधिक रंगीन और जीवन्त बनाने के लिए प्रयत्न किया जाता है। वास्तव में तो जली मोमबत्ती को बुझाने की बजाय जन्मदिन पर दीप जलाना चाहिए क्योंकि यह सारी भारतीय संस्कृति में मंगल का प्रतीक है। जन्मदिवस के उल्लास में केक काटने का भी हमारे समाज से वह सम्बन्ध नहीं है, जो खीर, सेवईं, लड्डू या पेड़े का है। ये सब मिठाइयाँ कहीं न कहीं हमारी संस्कृति से जुड़ी हैं। पश्चिम में बल्कि यूरोप में केक का सामान्य जीवन में जो स्थान है, वही इन सब मिठाइयों का हमारे जीवन में है। वैसे भी किसी मिठाई के जनसाधारण की संस्कृति में शामिल हो जाने के कारण कई होते हैं। एक तो वह उस

मिट्टी से पैदा चीज़ों से बनी होती है, जिस मिट्टी पर वे लोग जीते हैं। दूसरे जलवायु के अनुसार उन चीज़ों को अधिक आसानी से पकाया और बरता जा सकता है या देर तक बरतने योग्य रखा जा सकता है। ये मिठाइयाँ विशिष्ट होती हैं मगर अधिक से अधिक लोगों को उपलब्ध भी हो सकती हैं। जैसे लड्डू किसी भी मीठे खाद्य पदार्थ का बना हो, उसे अमीर-ग़रीब सब अपने हाथों से बना लेते हैं। लड्डू या खीर, सादी से सादी भी हो सकती है और गरिष्ठ से गरिष्ठ भी। वह सिर्फ़ मुँह मीठा करने के लायक हो सकती है और घी से तर, मलाई से भरपूर भी। वह अमीरी और ग़रीबी की अलग पहचान नहीं बनती। घर में वह बच्चों के जन्मदिन पर मिठाई लाते थे और उस बच्चे के नये कपड़े लाते थे, बाक़ी कुछ नहीं।

वह मानते थे कि प्रथाओं में आनन्द देनेवाला तत्त्व प्रधान होता है, वही होना चाहिए। जितने मन्त्र प्राचीन काल से संस्कारों के अवसर पर बोले जाते हैं, वे सब वास्तव में शुभकामनाएँ, आशाएँ, सुरक्षा की, मंगल की, भविष्य की आकांक्षाएँ हैं। मृत्युंजय मन्त्र, मृत्यु से मुक्त होने और अमृत से जुड़ने की आकांक्षा है, इसलिए अन्त्येष्टि और मरणोपरांत संस्कारों को छोड़कर सभी में संस्कार करनेवालों को उपस्थित लोग अक्षत या फूलों की वर्षा करके इसी मन्त्र से आशीर्वाद देते हैं। जन्मदिवस के उत्सव की परम्परा भी प्राय: सारे भारत में रही है लेकिन इसे केवल १५ से १६ वर्ष की आयु तक मनाने की प्रथा सर्वाधिक प्रचलित रही है परन्तु आज हम स्वयं बड़ी उम्र के लोगों को अपना जन्मदिन मनाते हुए देखते हैं। इस उम्र में भी दूसरों के द्वारा या स्वयं उसके द्वारा अपना जन्मदिन मनाना समाज में उस व्यक्ति के जीवन की कामना में हिस्सा बँटाना हो सकता है, सबका स्नेह और आशीर्वाद माँगना हो सकता है।

वह कहते हैं—

> मैंने भारत की प्राचीन कलाओं पर पोथे के पोथे लिख डालने वाले विद्वानों के यहाँ भी अत्यन्त भोंडी छपायी के पर्दे और प्लास्टर ऑफ़ पेरिस की सिनेमाई देवताओं की मूर्तियाँ देखी हैं और ऐसे घर भी देखे हैं, जहाँ किसी समूह के जीवन्त जनजीवन को चित्रित करने वाले किसी अलंकार या संस्कार को केवल शोभा के लिए सजाकर रख लिया जाता है।...कितना अच्छा हो कि हममें से कुछ लोग आधुनिक भारतीय जीवन में कुछ नये संस्कारों की कल्पना करें और उत्सव का रूप देकर उनका

> महत्त्व बढ़ायें। संस्कारों के लौकिक आधार होते हैं, धार्मिकता उनमें बाद में आ जुड़ती है। कुछ संस्कार व्यक्तिगत होते हैं, कुछ सामाजिक परन्तु यदि समाज जीवित और प्रगतिशील है तो दोनों में रचनात्मकता का तत्त्व बना रहता है।'

बहरहाल, उनकी संस्कृति और धर्म सम्बन्धी विचारों की यह सीमा साफ़ समझ में आती है कि वह इसे हिन्दू लोकाचारों तक सीमित करके देखते हैं। अनजाने ही सही भारतीय संस्कृति और संस्कार सम्बन्धी सोच एक व्यापक धार्मिक फलक की उपेक्षा कर जाता हुआ लगता है।

हिन्दू साम्प्रदायिकता के उस दौर में प्रेस

अगर हिन्दुत्व का मतलब सर्वसत्तावाद है तब तो वह तो हमारी आज़ादी की सभी लड़ाइयों में हमारा शत्रु रहा है। हम उसी से लड़ते रहे हैं, उसी के विभिन्न रूपों से लड़ते रहे हैं। ब्रिटिश साम्राज्यवाद भी इसका रूप रहा है। आज़ादी के बाद हम भारतीयों के माध्यम से ही काँग्रेस या अन्य दलों के रूप में सर्वसत्तावाद को देख और भुगत चुके हैं।

साम्प्रदायिकता हमेशा लोकतन्त्र की शत्रु रही है। लोकतन्त्र के भीतर यह पक्ष मौजूद है कि अगर लोकतन्त्र पनपेगा तो अनेक प्रकार की उदारताओं को स्थान देगा। भाषा की रचनात्मकता विकसित करेगा। लोगों को आज़ादियाँ देगा और समाज के दलित-शोषित लोगों का उद्धार करेगा और उन्हें स्वाधीनताएँ देगा परन्तु साम्प्रदायिकता को यह सब ग्राह्य नहीं। उसे तो एक व्यक्ति राम का या राम के प्रतिनिधि का तन्त्र चाहिए। अगर कल को हाजी मस्तान अपने को राम का प्रतिनिधि घोषित कर दे और कोई सबूत निकाल कर दिखा दे तो पण्डा-पुरोहित उसे मान लेंगे। आख़िर इसमें बुराई क्या है? जब आडवाणी को मान लिया गया तो हाजी मस्तान को क्यों नहीं माना जा सकता है?

—(रघुवीर सहाय रचनावली-३, पृ. ५४७-४८)

देश में इस समय एक ऐसा हिन्दू तैयार किया जा रहा है, जो सिर्फ़ साम्प्रदायिक ही नहीं, फ़ासिस्ट है। ऐसा हिन्दू तैयार करते वक़्त हिन्दुओं के तमाम सकारात्मक प्रतीकों की मान्यताओं को बेकार और बेमतलब घोषित कर दिया जाता है।

—(रघुवीर सहाय रचनावली-३, पृ. ५४८)

> जब तक भाषा के तर्क वाले पक्ष को नष्ट नहीं किया जाता, तब तक लोगों के बीच से सहानुभूति वाले पक्ष को भी नष्ट नहीं किया जा सकेगा। तब तक लोग पूछते रहेंगे कि हम क्यों दूसरों से घृणा करें, हम क्यों किसी को मारें और क्यों आपस में लड़ें लेकिन भाषा के तर्कवाले आधार को नष्ट कर देने पर यह सम्भव हो जाता है कि हम लोगों को लड़ने के लिए उकसा सकें।
>
> —(रघुवीर सहाय रचनावली-३, पृ. ५४७)

१९९० में भारतीय जनता पार्टी के नेता लालकृष्ण आडवाणी की सोमनाथ से २५ सितम्बर को शुरू हुई और ३० अक्टूबर को अयोध्या पहुँची तथा ३० अक्टूबर से २ नवम्बर तक हुए शिलापूजन ने रघुवीर सहाय को बहुत विचलित किया था। हिन्दुओं के साम्प्रदायिक उन्मादीकरण का आज़ाद भारत का यह सबसे पहला, बड़ा, सघन और भयानक अभियान था। संयोग से तब रघुवीर जी भारतीय प्रेस परिषद के सदस्य थे, जिन्हें इण्डियन यूनियन ऑफ़ जर्नलिस्ट और इण्डियन फेडरेशन ऑफ़ जर्नलिस्ट ने संयुक्त रूप से नामित किया था। उपसमिति बनाने के साथ परिषद् ने यह भी फ़ैसला किया था कि वह साम्प्रदायिक उन्माद को बढ़ाने और फैलाने में विशेष रूप से कुछ हिन्दी अख़बारों की भूमिका और प्रेस की स्वतन्त्रता पर हमले की जाँच को उत्तर प्रदेश और बिहार तक सीमित रखेगी, जो इससे सर्वाधिक प्रभावित हुए हैं। इसे इन राज्यों की सरकारों द्वारा प्रेस की स्वतन्त्रता पर कथित आघातों के आरोपों की जाँच भी करनी थी। इस उद्देश्य से बनी छह सदस्यीय उपसमिति के एक सदस्य रघुवीर जी भी थे। इस उपसमिति में रघुवीर जी के अलावा नन्दकिशोर त्रिखा, एन. चन्द्रन, सतीश खुराना, के. विक्रम राव तथा पी. रमन थे। इसके अध्यक्ष श्री चन्द्रन थे। उनकी अनुपस्थिति में रघुवीर सहाय अनौपचारिक रूप से अध्यक्षता किया करते थे।

सदस्यों ने २१ नवम्बर से दौरा शुरू किया। वे दो चरणों में आगरा, लखनऊ, वाराणसी, फ़ैज़ाबाद, अयोध्या, राँची (तब झारखण्ड अलग नहीं हुआ था) और पटना गये। इस दौरान उप समिति के सदस्य पत्रकारों, साधारण जनों, अधिकारियों से तो मिले ही, दोनों राजधानियों में इन राज्यों के मुख्यमन्त्रियों (मुलायम सिंह यादव तथा लालू प्रसाद यादव) से भी मिले। लालू प्रसाद यादव ने रघुवीर जी, पी.रमन और के.विक्रम राव को अलग से भी अनौपचारिक बातचीत के लिए मुख्यमन्त्री निवास पर बुलाया था।

रघुवीर जी ने दौरे से पहले और उसके दौरान अपने स्तर पर कई स्थानीय लोगों से सम्पर्क किया था। 'दिनमान' के कारण उनके इस क्षेत्र में जागरूक लोगों से व्यापक सम्पर्क थे। इस दौरे के शुरू होने से कुछ दिन पहले उदय प्रकाश और असद ज़ैदी तथा कुछ अन्य कवि-लेखक उनसे मिले थे। इनसे भी रघुवीर जी ने कहा था कि इन-इन शहरों में उनके अपने जो भी मित्र-परिचित हों, उनसे कहें कि उप समिति के सदस्यों के सामने तथ्य रखें, इस दौर की अख़बारी कतरनें साथ लायें, ताकि स्थिति की समग्र और सच्ची तस्वीर सामने आ सके। ये दोनों लेखक-कवि अपने साथ उनके दौरे के शुरू होने से पहले अख़बारी कतरनों की भारीभरकम फ़ाइल की फ़ोटोकापी साथ लेकर गये थे।

दिसम्बर के पहले सप्ताह में दौरा पूरा करके उपसमिति के सदस्य दिल्ली लौटे। फिर रिपोर्ट तैयार करने में जुटे। वैसे यह उपसमिति वैचारिक मतभेदों के कारण अनौपचारिक रूप से दो भागों में बँट चुकी थी। तीन सदस्यों श्री त्रिखा, श्री चन्द्रन, श्री खुराना ने एक अलग रिपोर्ट तैयार की, बाक़ी तीन सदस्यों ने अलग। जीवन के अन्तिम दिन रघुवीर जी और रमन जी बैठकर अपने तीन सदस्यों की रिपोर्ट को अन्तिम रूप दे रहे थे, जिसके प्रारूप बाक़ी ये दोनों सदस्य अपनी ओर से दे चुके थे। २१-२२ जनवरी, १९९१ को तिरुवनन्तपुरम में रिपोर्ट को अन्तिम रूप दिये जाने से पहले ही रघुवीर जी इस दुनिया से विदा ले चुके थे। अब उनका साथ देनेवाले दो सदस्य रह गये थे, इसलिए इनकी रिपोर्ट अल्पमत रिपोर्ट कहलायी।

तिरुवनन्तपुरम में सम्पूर्ण प्रेस परिषद की बैठक में रिपोर्ट को अन्तिम रूप देकर सार्वजनिक किया गया। बहुमत और अल्पमत की रिपोर्टों में इस बात पर सहमति थी कि ख़ासकर चार अख़बारों—'दैनिक जागरण', 'आज', 'स्वतन्त्र चेतना' तथा 'स्वतन्त्र भारत' की भूमिका विशेष रूप से आलोच्य है। 'जनवार्ता' (वाराणसी), 'आवाज़ ए मुल्क', 'तंजीम' (पटना) तथा 'गाण्डीव' (वाराणसी) के बारे में भी कहा गया कि इन्होंने भी भड़कानेवाली रिपोर्टें छापीं।

इस उपसमिति का एक काम—ख़ासकर उत्तर प्रदेश सरकार द्वारा प्रेस पर लगाये प्रतिबन्धों की जाँच करना भी था। बहुसंख्यक सदस्यों की रिपोर्ट में ज़्यादा ज़ोर सरकार द्वारा लगाये गये प्रतिबन्धों पर था तो अल्पसंख्यक रिपोर्ट में इस तथ्य की अनदेखी तो नहीं की गयी थी मगर यह कहा गया था

कि स्थिति की किसी हद तक यह माँग थी। उस समय कई अख़बारों ने कारसेवकों की तरह काम किया था, यहाँ तक कि अयोध्या में मरनेवालों की संख्या के आँकड़े तक बढ़ा-चढ़ाकर छापे थे। इतना तक हुआ था कि एक ही अख़बार के अलग-अलग संस्करणों में मृतकों के अलग-अलग आँकड़े मनमर्ज़ी से छापे गये थे। 'आज' के वाराणसी संस्करण ने १००, राँची संस्करण ने ४००-५००, आगरा संस्करण ने १००, कानपुर संस्करण ने २०० और बरेली संस्करण ने ५०० मृतकों की संख्या बतायी थी। ज़ाहिर है कि ख़ासकर हिन्दी अख़बार हिन्दू साम्प्रदायिकता की लहर पर सवार होकर अपनी-अपनी प्रसार संख्या बढ़ाने की दौड़ में शामिल थे, ताकि उन्हें विज्ञापन की ऊँची दरें मिल सकें। इस दौड़ में वे पत्रकारिता का धर्म पूरी तरह भूल चुके थे। अल्पसंख्यक रिपोर्ट में तो विश्व हिन्दू परिषद् के नेता अशोक सिंघल को पत्रकार होने का परिचय पत्र जारी करने तक के आरोपों की चर्चा रिपोर्ट में है।

रघुवीर जी ने दौरे से लौटकर दिल्ली में कुल २७ कैसेटों में दर्ज़ लोगों के बयानों को फिर से ध्यान से सुना और नोट्स लिए। अपने जीवन के उस अन्तिम महीने के अन्तिम दिन के अन्तिम क्षण तक वह पी. रमन के साथ बैठकर रिपोर्ट को अन्तिम रूप देते रहे। जिस कमरे में उस दिन भी यह काम हो रहा था, वह कमरा पिछले दो महीनों से इन्हीं सब कैसेटों, काग़ज़ों से अस्त-व्यस्त था। उन्होंने मिलने आनेवाले कई लोगों से इस बीच अपनी चिन्ताएँ साझा की थीं। युवा पत्रकार विनोद विप्लव जनवादी लेखक संघ की पत्रिका 'नया पथ' के लिए उनसे बात करने आये थे तो अपने इस ताज़ा दौरे के सन्दर्भ में 'लोकतन्त्र की शत्रु' साम्प्रदायिकता के उभार पर उन्होंने विस्तार से बात की थी। अपने बड़े दामाद और पत्रकार हेमन्त जोशी आदि से भी इस बारे में वह बीच-बीच में चर्चा किया करते थे।

अपने इकसठवें जन्मदिन पर ९ दिसम्बर को दिल्ली के प्रेस क्लब में आयोजित कार्यक्रम में उन्होंने भाषा और समाज के सहज रिश्ते पर साम्प्रदायिकता ने किस तरह असर डाला है, इसकी चर्चा की थी। उनका कहना था कि अनेक रचनाकारों ने मेहनत से जिस हिन्दी को, मुक्ति के संघर्ष की भाषा बनाया था, उसे आज साम्प्रदायिकता की आग में झोंका जा रहा है। बाद में २५ दिसम्बर के आसपास विनोद विप्लव साक्षात्कार लेने पहुँचे तो उनसे हुई बातचीत से पता चलता है कि इस स्थिति से वह किस

हद तक चिन्तित थे। उन्होंने इस दौरे के सन्दर्भ में कहा कि हमने उत्तर प्रदेश के दौरे के दौरान देखा कि हर स्तर पर साम्प्रदायिक गुट के लोगों ने ज़ोर-ज़बरदस्ती और धौंस से यह बात मनवाने की कोशिश की कि वे लोग—जो भी कुछ कर रहे हैं—उसके पीछे एक 'महान् धार्मिक प्रेरणा' है। ''आपने देखा कि हमारा इतना विशाल जुलूस था, हमारे हज़ारों लोग पुलिस, सेना, क़ानून-व्यवस्था और प्रशासन को चुनौती देते हुए मस्जिद में घुस गये और तोड़-फोड़ की, कोई हमें रोक नहीं पाया। यह हमारे 'बल' का प्रतीक है।''

रघुवीर सहाय ने इस दौरे के दौरान यह भी पाया कि साम्प्रदायिकों ने उत्तेजना, आतंक और अफ़वाह फैलाकर दंगे को और भड़काया तथा घरों को चुन-चुनकर जलाया। इस तरह आग लगायी कि हिन्दुओं के घरों को नुकसान न पहुँचे (यही तरीक़ा २००२ में गुजरात के नरसंहार के दौरान अपनाया गया था)। इस तरह दंगों के दौरान हम देखते हैं कि एक समुदाय के लोगों को सुनियोजित ढंग से मारा जा रहा है और दूसरे समुदाय के लोगों को बचाया जा रहा है। दंगों के दौरान इन लोगों ने उत्तेजना, आतंक और अफ़वाह फैलाकर दंगों को और भड़काया। अच्छे-अच्छे हिन्दुओं के मन में यह ख़याल घर कर गया कि अब हमारे मुसलमान मित्र, हमें उतना नहीं मानते। इन्होंने अविश्वास का वातावरण बना दिया है। जहाँ एक ही जाति, एक ही विचार, एक ही धर्म के लोग होंगे, तो यह देश रहने लायक नहीं रह जायेगा। साम्प्रदायिक लोग दिल, दिमाग़ और विचार से बेहद संकीर्ण होते हैं। दरअसल, साम्प्रदायिक पार्टियाँ संकीर्ण लोगों का सम्प्रदाय बनाना चाहती हैं।

वह बताते रहे कि साम्प्रदायिकता का स्तर कितना नीचे आ चुका है। प्रयत्न यह है कि देश में कोई भी मुसलमान न रहे, उनसे जुड़ा कोई भी प्रतीक चिह्न न रहे और ऐसा कुछ न रहे, जो 'हिन्दू-विरोधी' है। 'हिन्दी ने हम पत्रकारों की शिक्षा और चेतना में एक मौलिक तत्त्व यह डाला था कि रचना में, भाषा में, हर एक तरह की रचनात्मकता के कामों में—लोकतन्त्र और समाज के सभी वर्गों का सहयोग लेते हुए—जनतन्त्र, संघर्ष और दलितों और शोषितों की ओर से बोलने का धरातल तैयार किया जाय। वही (पत्रकारिता) हिन्दू साम्प्रदायिकता के इस दौर में इतनी भ्रष्ट हो गयी है कि वह मनुष्य के विरुद्ध हो गयी लगती है।'

दिसम्बर, १९९० के उस अन्तिम महीने में असद तथा उदय से रघुवीर

सहाय कह रहे थे कि मैं बहुत अकेलापन महसूस करता हूँ। पता नहीं इस जाँच समिति में प्रेस काउंसिल अन्य सदस्यों की भूमिका क्या रहेगी। आख़िर प्रेस काउंसिल की बनावट भी तो भारतीय प्रेस और राजनीति की एक रेप्लिका (प्रतिकृति) है। हम मुश्किल से दो या तीन सदस्य ही खुल कर एकतरफ़ होंगे।

उपसमिति के स्तर पर तो उनकी यह आशंका सही निकली। उनके साथ के.विक्रम राव और पी. रमन ही थे मगर प्रेस परिषद की तिरुवनन्तपुरम की पूर्ण बैठक में मोटे तौर पर अल्पसंख्यक सदस्यों की रिपोर्ट का बड़ा भाग स्वीकार किया गया, जिससे एक तरह से रघुवीर सहाय और उनके साथियों की समझ पर ठप्पा लगा। अपनी अनुपस्थिति में भी वह उपस्थित थे। सिर्फ़ उस बैठक में नहीं, हमारे अपने बीच भी वह न होते हुए भी।

रघुवीर जी के साथ दो दशक

वह १९७१ का मई महीना रहा होगा। मैं सुबह-सुबह बिना किसी जान-पहचान, बिना किसी मददगार के मध्य प्रदेश के एक छोटे से क़स्बे शाजापुर से—जहाँ कि आबादी तब तक़रीबन १५-२० हज़ार रही होगी—दिल्ली पहुँच गया, जहाँ कि आबादी तब भी क़रीब ४० लाख थी। अचानक दिल्ली कैसे आ गया, यह एक अलग कथा है। दिल्ली आकर एक ही बात सूझ रही थी कि 'दिनमान' चलना चाहिए, वहीं कोई समाधान शायद निकले, तो निकले, जिसका मैं अभी-अभी समाप्त हुए छात्र-जीवन से ही सक्रिय पाठक था। उसके हर अंक की मुझे बहुत प्रतीक्षा रहती थी और मैं कालेज लायब्रेरी से 'दिनमान' का ताज़ा अंक माँगनेवाला शायद सबसे पहला पाठक हुआ करता था। तब 'दिनमान' का प्रकाशन ७, बहादुर शाह मार्ग से होता था। दूसरी मंज़िल पर एक बड़े हाल में 'दिनमान', 'नवभारत टाइम्स', 'द टाइम्स ऑफ़ इण्डिया' और 'द इकनामिक टाइम्स' सबके सम्पादकीयकर्मी बैठते थे। वहीं कतरनों-पुस्तकों की एक लाइब्रेरी भी थी। तब आज की तरह अख़बारों के दफ़्तरों में किसी के आने-जाने पर कड़े प्रतिबन्ध नहीं थे, इसीलिए साथ में अपनी एकमात्र सम्पत्ति रैगजीन का फटाटूटा बैग लेकर उस बिल्डिंग में घुस गया। हाँ, इतनी सावधानी ज़रूर बरती कि हॉल में घुसने से पहले अपनी फटेहाली के उस एक प्रतीक बैग को बाहर बरामदे में रख दिया था, हालाँकि फटेहाली मेरे कपड़ों से तो झलक ही रही थी लेकिन उसका मैं क्या कर सकता था!

सम्पादक के कक्ष के लगभग सामने सर्वेश्वर जी की टेबल-कुर्सी लगी थी, बाक़ी लोग उनके पीछे और दायीं तरफ़ बैठते थे। शाजापुर से आने से कुछ पहले मेरे एक प्रोफ़ेसर ने कहा था कि सर्वेश्वर जी, रघुवीर सहाय, श्रीकान्त

वर्मा से बड़े कवि हैं तो ताज़ा-ताज़ा सबसे अच्छा इम्प्रेशन उन्हीं के बारे में था। पहले उन्हीं से मिला। उन्होंने इस अजनबी को ठीक से बैठाया। मेरे पास कहने के लिए कुल इतना ही था कि मुझे दिल्ली में नौकरी करनी है और पत्रकारिता की मेरी योग्यता का जहाँ तक सवाल है, एक तो मैं 'दिनमान' का नियमित पाठक हूँ, दूसरा मैं बीए पास हूँ, तीसरा उज्जैन से निकलनेवाले 'प्रजादूत' अख़बार के लिए अपने क़स्बे से रिपोर्टिंग करता हूँ। इसके अलावा मेरी चौथी योग्यता यह है कि मैंने आप सबों को ख़ूब पढ़ा है, हिन्दी साहित्य का औपचारिक कम, अनौपचारिक विद्यार्थी अधिक हूँ और ख़ुद एक नौसिखिया कविनुमा भी कुछ हूँ। इसके प्रमाणस्वरूप देखिए, मेरी यह नोटबुक, जिसमें मेरी अब तक की लगभग सारी कविताएँ दर्ज़ हैं। उन्होंने वे कविताएँ उलटी-पलटीं। उन्हें अच्छा-बुरा कुछ न कहा। फिर कहा कि रघुवीर जी से जाकर मिलो, वह तुम्हारी शायद कुछ मदद कर सकेंगे।

इस बीच उन्होंने मेरी सबसे बड़ी तात्कालिक मदद कर दी थी। सिर छुपाने की तात्कालिक समस्या उन्होंने कवि कमलेश जी से अनुरोध करके सुलझा दी थी, जो अभी-अभी रघुवीर जी के कक्ष से बाहर निकलकर सर्वेश्वर जी के पास आ खड़े हुए थे। कमलेश जी से कहा कि ये दिल्ली आ गये हैं, कवि हैं, इनका कोई ठिकाना नहीं है, इन्हें ठहरा लो। कमलेश जी तैयार हो गये और उन्होंने कहा, आप सांसदों के इलाक़े नार्थ एवेन्यू के फलां नम्बर फ़्लैट की बरसाती में रात को सोने आ जाया करें, जहाँ मैं रहता हूँ। एक बड़ी समस्या हल हो चुकी थी, वह भी मुफ़्त में क्योंकि मेरे पास किसी धर्मशाला में ठहरने के लिए भी पर्याप्त पैसे नहीं थे। यूँ ही बिना सोचे-समझे चला आया था।

सम्पादक के कक्ष में रघुवीर जी से मिला। मैं वैसे तब तक बहुत संकोची था—ख़ासकर अपरिचितों के सामने लेकिन जब दिल्ली आ ही गया था तो कुछ न कुछ तो करना था। सबसे मिलना था, बोलना था। रघुवीर जी ने एक अपरिचित चेहरे को देखकर भी सहजभाव से अन्दर आने दिया। उनके आगे भी मैंने वही कविता की डायरी रख दी। उन्होंने एक-एक कविता पढ़ी, एक-दो या ज़्यादा को अच्छा बताया। उन्होंने उस दिन काफ़ी कुछ प्रोत्साहित करते हुए कहा था, जो ठीक-ठीक अब याद नहीं। हाँ, उनका यह कहना ज़रूर याद है कि मुझमें सामाजिक दृष्टि है। 'दिनमान' में कुछ

लिखने के बारे में उस दिन कुछ कहा होगा मगर कोई असाइनमेंट नहीं दिया था। यह ज़रूर कहा था कि हम तुम्हें काम दे सकते हैं। पाँचवीं या छठी कक्षा की समाज विज्ञान की पाठ्यपुस्तक में समाज विज्ञान के नाम पर क्या पढ़ाया जा रहा है, यह काम शायद उन्होंने उस दिन नहीं, बाद में किसी दिन दिया था।

कुछ ही दिन गुज़रे होंगे कि अन्दर से ऐसी हूक उठी कि मेरी माँ—जो बीमार चल ही रही थी—इस समय बहुत बीमार हैं। किसी परिचित के पास फ़ोन नहीं था। हाँ एक के पास था तो उनका नम्बर नहीं था और यह सूझा भी नहीं। उस समय वैसे बाहर फ़ोन करना आसान भी नहीं था। मैं माँ को देखने वापिस शाजापुर चला आया। मैं अपनी माँ की एकमात्र सन्तान, उनकी सारी ज़िम्मेदारी मेरी ही थी। जाकर देखा तो माँ संयोग से तब बिलकुल ठीक थीं, ख़ुश हुआ यह देखकर और कुछ उदास भी हुआ कि बिना जाने–समझे मैं अचानक तुरतफुरत चला क्यों आया?

ख़ैर, अपनी दिल्ली यात्रा का हाल सुनाने मैं अपने कालेज के प्राध्यापक दिनकर पेंढारकर के पास भी गया। मैंने जब उन्हें बताया कि रघुवीर जी ने कहा है कि वह मुझे काम दे सकते हैं तो पेंढारकर जी मुझ पर बिफरे कि जब 'दिनमान' जैसी प्रतिष्ठित पत्रिका का सम्पादक तुमसे कह रहा है कि मैं तुम्हें काम दे सकता हूँ और तुम चले आये? अजीब उजबक हो। ऐसा मौक़ा तुमने गँवा दिया?

तब न मेरे वह अध्यापक जानते थे और न मैं कि एक साप्ताहिक का सम्पादक मुझे काम देने की बात कह रहा है तो इसका अधिक से अधिक मतलब नियमित रूप से कुछ लिखने का मौक़ा देना है, न कि नौकरी देना। न मेरी बुद्धि तब तीव्र थी, न अब है कि दिल्ली जैसी देश की राजधानी में 'दिनमान' में नौकरी देने के लिए पहले से ही योग्य लोगों की क्या कमी होगी, जो रघुवीर जी को बीए पास एक कस्बाई युवक में काबिलियत दिखी होगी, जिसकी योग्यता का एकमात्र प्रमाण उसकी सड़ीबुसी कविताएँ हैं। बहरहाल, वह भ्रम तब काम कर गया और एक तरह से अच्छा ही हुआ। शायद मैं उसी शाम या अगली सुबह शाजापुर से वापिस चल दिया। अगले ही दिन 'दिनमान' पहुँचा। पता चला कि रघुवीर जी तो बाङ्‌लादेश के मुक्ति संग्राम की कवरेज के लिए जा चुके हैं और एक सप्ताह से पहले शायद ही लौटें। सर्वेश्वर जी से मिला तो उन्होंने यथार्थ का ज्ञान करवाया

कि रघुवीर जी के काम देने का मतलब नौकरी देना नहीं था, लिखने का काम देना था लेकिन अब वापिस लौटना अपनी नाक कटवाना था, इसलिए भ्रम टूटने के बावजूद अपनी नाक बचाने के लिए यहीं नाक-कान कटवाता रहा।

रघुवीर जी लौटे। उनसे मिला तो शायद तब उन्होंने मुझे पहला असाइनमेंट वह दिया, जिसका ज़िक्र ऊपर आ चुका है। हो सकता है कि रघुवीर जी की तीन बेटियों और एक बेटे में से जो कोई तब स्कूल की उस कक्षा में पढ़ता होगा, उनकी पाठ्यपुस्तक उन्होंने पिछली रात या सुबह देखी हो। 'दिनमान' में लिखने का मौक़ा मिलना ही मेरे लिए बहुत बड़ी बात थी। मैंने असाइनमेंट ले तो लिया मगर मुझे लगता नहीं था कि मैं उसे कर पाऊँगा। ख़ैर! ख़ूब प्रयत्न किया और तब तक करता रहा, जब तक कि यह नहीं लगा कि इससे और बेहतर मैं कर नहीं पाऊँगा। जीवन में पहली बार इतनी प्रतिष्ठित पत्रिका में लिखने का मौक़ा मिला था तो जिसे पसीना छूटना कहते हैं, वह मुझे छूट गया था। मैंने जो लिखकर दिया है, वह छपने योग्य है या नहीं, यह पलटकर पूछने तक की हिम्मत नहीं थी क्योंकि पक्का विश्वास था कि वह ठीक होगा नहीं। क़रीब एक महीने बाद एक दिन १०, दरियागंज पहुँचा, जहाँ सप्ताह में एक दिन सर्वेश्वर जी और नेत्रसिंह रावत कुछ फर्मों के फाइनल प्रूफ़ देखने जाया करते थे। इन्होंने अभी-अभी मेरी यह टिप्पणी प्रूफ़ के रूप में पढ़ी थी। इन दोनों ने मेरी काफ़ी प्रशंसा की और रावत जी की जिज्ञासा उन्हें यहाँ तक ले गयी कि उन्होंने पूछा कि क्या मैं अमृतलाल नागर का बेटा हूँ?

अब मुझे 'दिनमान' के सम्पादकीयकर्मी कुछ-कुछ जानने लगे थे, कभी-कभी बात करने लायक समझने लगे थे। श्रीकान्त वर्मा और प्रयाग शुक्ल से भी बात करने की हिम्मत अब थोड़ी-थोड़ी होने लगी थी। इसके बाद से रघुवीर जी से असाइनमेंट लेने लगा। मेरी लिखी चीज़ें बिना नाम के छपने लगीं, जो सामान्यतः नये लेखकों के साथ 'दिनमान' में होता था। बहुत कम लोगों का लिखा उनके नाम से छपता था।

इस तरह होते-होते एक दिन, फिर रघुवीर जी से पूछने गया कि अगला कोई विषय बतायें। उन्होंने मुझे लताड़ा, 'विष्णु जी, आप युवा हैं। बसों में सफ़र करते हैं, सड़क पर भटकते हैं, अख़बार पढ़ते हैं, ख़ुद कवि भी हैं, क्या आपको अपने आप कोई विषय नहीं सूझता, इतने देखे-सुने-पढ़े के

बीच? और एडिटर का दिमाग़ क्या कोई कारखाना होता है जिसमें विषयों का निरन्तर उत्पादन होता है?' बात कड़वी थी मगर उतनी ही सच थी। इसका मुझे तत्काल भी बुरा नहीं लगा था (और लगता भी तो क्या कर लेता? भरोसे का एक सहारा भी छोड़ देता?) और बाद में भी, बल्कि लिखने के लिए मुझे अपना विषय ख़ुद चुनने की प्रेरणा मिली। कुछ लिखकर देने से पहले मैं रघुवीर जी से चर्चा कर लिया करता था। रघुवीर जी या तो उनमें से किसी एक विषय पर लिखने के लिए कह देते या मेरे प्रस्तावों के बाद उनका दिमाग़ कहीं और दौड़ जाता और वे कोई नया विषय देते। हमारे बीच एक समझदारी सी यह भी थी कि वे कम से कम मेरी २०० रुपये की आमदनी हर महीने हो जाया करे, ऐसी व्यवस्था करते रहेंगे, ताकि जैसे–तैसे मैं अपनी माँ के साथ यहाँ गुज़ारा कर सकूँ। तब तक मेरी तात्कालिक राजनीतिक विषयों के बारे में ऐसी कोई समझदारी नहीं थी कि उन पर मुझसे लिखवाया जाता। सामाजिक मुद्दों पर ही लिखवाया जाता था। कई बार उनके लिए अगले अंक में ही जगह निकल पाती थी, कई बार नहीं। २०० रुपये महीने का वायदा पूरा नहीं हो रहा था।

इसी बीच एक दिन मैं रघुवीर जी के कक्ष में पहुँचा तो शायद उसी दिन 'सेक्यूलर डेमोक्रेसी' नामक पत्रिका का हिन्दी संस्करण उनके पास पहुँचा था, जिसके लिए मैंने किसी विषय पर अज्ञेय जी से साक्षात्कार लिया था। मैं बैठा ही होऊँगा उनके सामने कि उन्होंने एक तरह से मुझ पर काँग्रेसी पत्रिका के लिए अज्ञेय जी का इस्तेमाल करने जैसा आरोप लगा दिया और कुछ ऐसा भी कहा शायद कि एक तरफ़ आप 'दिनमान' के लिए लिखते हैं और दूसरी तरफ़ इस पत्रिका के लिए! यह सुनकर मुझे बेहिसाब रोना आ गया। मैंने कहा कि रघुवीर जी मैं वहाँ न लिखूँ तो क्या करूँ, कैसे जिऊँ, क्या खाऊँ, कैसे अपनी माँ का पेट भरूँ, जिसने ग़रीबी के बावजूद मुझे ज़िन्दगी में एक दिन भी भूखा नहीं रहने दिया? महीने में दो सौ रुपये भी तो मुझे 'दिनमान' से नहीं मिलते तो यह कैसे सम्भव है कि मैं कमायी के लिए दूसरी तरफ़ न देखूँ? ख़ैर! उन्होंने मेरी स्थिति को तत्काल समझा, चुप होने को कहा और वायदा किया कि अब से २०० रुपये महीने का मेरा लिखा छपेगा। मैं जानता हूँ उन्होंने यह बात झूठा वायदा करने के लिए नहीं कही थी मगर एक समाचार साप्ताहिक के सम्पादक के लिए जो विषय अत्यन्त सामयिक नहीं होते हैं, वे प्राथमिकता से छप नहीं पाते। उनके बारे

में इस तरह के वायदे पूरे करना चाहकर भी सम्पादक के लिए मुमकिन नहीं होता। मैं ख़ुद एक साप्ताहिक समाचार पत्रिका का कुछ समय तक सम्पादक रह चुकने के बाद आज पहले से बेहतर इस स्थिति को समझता हूँ।

एक दिन की बात है। शाम के समय ऑफ़िस से निकलते समय उन्होंने मुझे देखा तो वे मुझे भी अपनी कार में साथ लेते गये। मण्डी हाउस की तरफ़ कार मोड़ते हुए उन्होंने कहा—'विष्णु जी, आप...का इण्टरव्यू कर देंगे?' रघुवीर जी में इतना खुलापन था कि मैं एक मामूली फ्रीलांसर होते हुए भी उनसे यह कहने का दुस्साहस कर सका कि नहीं, रघुवीर जी मैं उन सज्जन का इण्टरव्यू नहीं कर पाऊँगा। उन्होंने पूछा—'क्यों?' वह मुझे टटोलना चाहते थे कि उस ताक़तवर शख़्स का इण्टरव्यू आख़िर मैं क्यों नहीं लेना चाहता, जो उस समय टाइम्स समूह के निदेशक बोर्ड के एक सदस्य होने के नाते और हिन्दी से अपने जुड़ाव के नाते काफ़ी ताक़तवर माने जाते थे। मैंने कहा—'मुझे वह आदमी सख़्त नापसन्द है। दिन में वह न जाने कितने चोले बदलता है। वह कभी जातिवादी मंच से बोलता है, कभी हिन्दीवादी हो जाता है, कभी संविधान विशेषज्ञ हो जाता है, कभी काँग्रेसी हो जाता है (बाद में वे सज्जन सांसद का चुनाव लड़ने के लिए भाजपायी हो गये थे)। और भी वह बहुत कुछ होते रहते हैं। मैं ऐसे लोगों को पसन्द नहीं करता, उनका इण्टरव्यू नहीं ले सकता।

दरअसल, रघुवीर जी के बारे में लगातार यह अफ़वाह उड़ती रहती थी कि उन्हें सम्पादक पद से हटाया जा रहा है। उस इण्टरव्यू के छपने से शायद उन्हें उन सज्जन की तरफ़ से कुछ आसानी हो जाती, जिन्हें 'धर्मयुग' अक्सर छापकर ओब्लाइज किया करता था। ख़ैर! उन्होंने बात को वहीं छोड़ दिया। अब मुझे ठीक-ठीक याद नहीं कि उन सज्जन का इण्टरव्यू बाद में 'दिनमान' में छपा या नहीं छपा लेकिन इस कारण मेरा 'दिनमान' में छपना बाधित नहीं हुआ। वैसे रघुवीर जी के साथ खुलेपन और बराबरी का व्यवहार मैं ही नहीं, उस समय के सभी लोग कर पाते थे मगर जब यही व्यवहार मुम्बई में प्रशिक्षु पत्रकार के रूप में धर्मवीर भारती के साथ मैंने करने की कोशिश की तो बहुत बड़ा झटका लगा। बहुत जल्दी मेरे और भारती जी के बीच अलंघ्य दूरी पैदा हो गयी, जो बाहर की दुनिया के लिए पाठकों के लिए एक भावुक इनसान थे मगर दफ़्तर में उनका ख़ासा आतंक था, स्टाफ से भी छह गज की दूरी रखते थे।

बाद के वर्षों में जब मैं स्थानान्तरित होकर दिल्ली आया और १९८० में जब अशोक वाजपेयी के प्रयासों से मध्य प्रदेश में किताबों की थोक ख़रीद हुई तो मेरे जैसे नौसिखियों के भी कविता संकलन छापने के लिए प्रकाशक आगेपीछे दौड़ने लगे। केदारनाथ सिंह का कविता-संग्रह भी क़रीब बीस वर्ष बाद लगभग उसी समय छपकर आया था—'ज़मीन पक रही है।' मैंने सर्वेश्वर जी से कहा कि मैं केदार जी के इस कविता-संग्रह को पढ़ना चाहता हूँ क्योंकि १९६० में प्रकाशित उनके नवगीत संग्रह 'अभी बिलकुल अभी' का मैं बहुत प्रशंसक हूँ और उसके बाद से उनकी तमाम जगह प्रकाशित छुटपुट कविताओं की भी जब तब ख़ूब चर्चा होती रही है। सर्वेश्वर जी ने प्रस्ताव किया कि तो तुम इस पर लिख भी दो लेकिन मैंने जो लिखा (और जो 'दिनमान' के ६-११ जुलाई के अंक में छपा)। वह काफ़ी आलोचनात्मक था क्योंकि वह संग्रह मेरी उम्मीदों पर खरा नहीं उतरा था। संयोग से वह उस कविता-संग्रह पर छपी पहली ही समीक्षा थी और ध्वंसात्मक और 'दिनमान' जैसी पत्रिका में छपी थी तो मामले ने काफ़ी तूल पकड़ा। दबावों-सन्देहों के बीच रघुवीर जी को स्थिति सँभालने के लिए मेरी समीक्षा से क़रीब दोगुना लम्बा मेरी समीक्षा का जवाब 'दिनमान' में छापना पड़ा। सर्वेश्वर जी को पुस्तक समीक्षा लिखवाने की पूरी स्वतन्त्रता थी तो उन्होंने बग़ैर रघुवीर जी की जानकारी के मेरी समीक्षा छापी होगी।

रघुवीर जी मुझे एक दिन अपने साथ कार में ले गये और रास्ते में परोक्ष रूप से मुझसे यह जानना चाहा कि कहीं मैंने किसी के बहकावे में आकर तो ऐसा नहीं लिखा है? स्वाभाविक है कि शक सर्वेश्वर जी पर किया जा रहा होगा क्योंकि समीक्षक के रूप में मेरी तब तक कोई छवि थी नहीं और कवि के रूप में भी कुछ पहचान बनने के क्रम में ही थी, इसलिए मैंने अपनी ही बात लिखी है, किसी और की नहीं, यह विश्वास भी कम लोगों को रहा होगा। मैंने रघुवीर जी को साफ़ बताया कि सर्वेश्वर जी का कोई निर्देश मुझे नहीं था। जैसा मुझे लगा, वैसा ही लिख दिया है और ज़ाहिर है कि मेरा केदार जी से किसी तरह का कोई व्यक्तिगत सम्बन्ध ही नहीं है, न उन्होंने कभी ऐसा कोई व्यवहार किया है जिसका बदला लेने के लिए मैंने ऐसा किया हो। मैं उनके विरुद्ध किसी की रणनीति के तहत क्यों लिखना चाहूँगा? रघुवीर जी को भी विश्वास रहा होगा कि मैं इतना कुशल व्यक्ति नहीं हूँ कि बहुत सफ़ाई से उनसे बहुत झूठ बोल सकता हूँ और यह बात सच भी थी!

हमारी पीढ़ी के लगभग सभी कवि कम-ज़्यादा रघुवीर जी के नज़दीक रहे, व्यक्तिगत स्तर पर जिनके सम्बन्ध नहीं भी थे तो भी कवि के नाते हमसब के मन में उनके प्रति बहुत सम्मान था और आज भी वही सम्मान है। जहाँ तक 'दिनमान' का सवाल है, मुझे अज्ञेय जी के 'दिनमान' की ख़ास स्मृति नहीं है मगर रघुवीर जी का 'दिनमान' मेरी नज़र में आज तक प्रकाशित हिन्दी के सभी समाचार साप्ताहिकों में श्रेष्ठतम है। उसने हिन्दी पत्रकारिता और सोचने-समझने-बदलने की इच्छा रखनेवालों की दुनिया को इतनी विस्तृत और विविधता से भरपूर किया था कि यह काम बाद में कोई न कर पाया, 'रविवार' समाचार साप्ताहिक कतई नहीं, जो अपने सर्वश्रेष्ठ रूप में सुरेन्द्र प्रताप सिंह के सम्पादन में निकला था और उस समय उसने ख़ासी लोकप्रियता भी अर्जित की थी।

कई बार रघुवीर जी के कक्ष में गया हूँ और तभी कोई या तो आ गया है या पहले से वहाँ कोई बैठा है। उन्हें लगभग हर लेखक-कार्यकर्ता से इस तरह बातें करते मैंने पाया कि सामनेवाला अपने विषय का कितना ही बड़ा विशेषज्ञ हो मगर रघुवीर जी की दृष्टिसम्पन्नता के कारण उनसे कुछ हासिल करके ही जाता था, प्रभावित होकर ही जाता था। अपने समय और समाज को समझने की जो आधुनिक दृष्टि उनके पास थी—न उनकी पीढ़ी के किसी और लेखक-पत्रकार के पास थी, न अब है।

इससे एक दिलचस्प प्रसंग याद आया। शायद १९७२ या १९७३ का वर्ष रहा होगा। टाइम्स ऑफ़ इण्डिया संस्थान (बैनेट कोलमेन एण्ड कम्पनी) के हिन्दी के प्रशिक्षु पत्रकारों के लिए दिल्ली में प्राथमिक इण्टरव्यू में लिखित परीक्षा के आधार पर मुझे भी बुलाया गया था। उस समय अक्षय कुमार जैन, 'नवभारत टाइम्स' के सम्पादक हुआ करते थे और वह भी इण्टरव्यू बोर्ड के एक सदस्य थे। मैंने अपनी योग्यता बघारने के लिए बताया कि मैं 'दिनमान' में लगातार लिखता रहता हूँ। अक्षय जी ने कुछ हिकारत और कुछ व्यंग्य से कहा कि हाँ वह तो आपकी भाषा देखकर ही पता चल रहा है। ख़ैर! इसके बावजूद दिल्ली में और बाद में बम्बई में भी मेरा चयन हो गया, यह अलग बात है। साफ़ है कि अक्षय जी टाइप तमाम प्रभावशाली लोग 'दिनमान' को एक बोझ के रूप में देखते थे, शायद इसलिए कि उन्हें रघुवीर सहाय की पत्रकारिता समझ में नहीं आती थी, जो उनके लिए एक तरफ़ चुनौती थी, दूसरी तरफ़ नहीं भी थी क्योंकि

लस्टमपस्टम ढंग से निकलने के बावजूद 'नवभारत टाइम्स' समय के मुताबिक ख़ूब चल रहा था और अब भी दिल्ली में ख़ूब चल रहा है।

'दिनमान' को आपातकाल के दौरान काफ़ी झटका लगा था क्योंकि उसके पास ज़ाहिर है कि वे तेवर नहीं रह गये थे, जिनके साथ यह साप्ताहिक पहले इन्दिरा गाँधी और काँग्रेस की खुली मुखालफ़त किया करता था, ग़रीबी हटाओ के नारे की पोल खोलते हुए कहता था कि ग़रीबी नहीं, ग़रीब हट रहे हैं। यही नहीं, जयप्रकाश नारायण की सम्पूर्ण क्रान्ति के खुले समर्थन में यह साप्ताहिक आ खड़ा हुआ था। वह समाजवादियों को काफ़ी हद तक खुला और वामपन्थियों को भी अपेक्षया अधिक समर्थन देता था। आपातकाल का दबाव इतना था कि १९७७ के लोकसभा चुनाव में रघुवीर जी ख़ुद इन्दिरा गाँधी के चुनाव क्षेत्र रायबरेली की कवरेज के लिए गये थे। शायद उन्हें यह अन्दाज़ा नहीं था कि देश की जनता ही नहीं, ख़ुद रायबरेली की जनता भी इन्दिरा जी को राजनीतिक निर्वासन में भेजने जा रही है और जनता पार्टी की सरकार बनने वाली है।

रघुवीर जी के हटाये जाने से पहले राजेन्द्र माथुर 'नवभारत टाइम्स' के सम्पादक बन चुके थे। कभी माथुर साहब 'दिनमान' में काम करने की इच्छा रखते थे मगर बाद में उनकी राय बताया जाता है कि यह थी कि 'दिनमान' वही पुण्य कार्य कर रहा है जो कुछ धर्मप्राण लोग रेलवे स्टेशन पर लोगों को ठण्डा पानी पिलाकर करते हैं। जब तक सम्भव है, यह करते रहिये। बताते हैं कि उन्हीं माथुर साहब ने 'दिनमान' के बाद रघुवीर जी को 'नवभारत टाइम्स' में लाने की पहल की थी मगर माथुर साहब उन्हें सम्मानजनक पद दिलवाने में कामयाब नहीं रहे।

१९८४ में स्वदेश लौटने और 'नवभारत टाइम्स' में फिर से काम करने पर मैंने माथुर साहब द्वारा शुरू करवाये गये 'आठवाँ कॉलम' स्तम्भ में लगभग हर सप्ताह जीवन के विभिन्न पहलुओं पर कुछ न कुछ लिखा, जिसका अभ्यास रघुवीर जी ने 'दिनमान' काल में करवाया था। मुझे याद है कि रघुवीर जी सुबह-सुबह उन लेखों-टिप्पणियों के बहाने कई बार टेलीफ़ोन पर घण्टे-घण्टे भर बातें किया करते थे। कई बार मुझे ही बीच में माफ़ी माँग लेनी होती थी क्योंकि तब बच्चों को सुबह आठ बजे स्कूल बस तक छोड़ने जाना होता था। उनके एक भाई धर्मवीर सहाय, उसी हाउसिंग सोसायटी में रहते थे, जिसमें मैं आज भी रहता हूँ। अपने भाई के यहाँ आते तो हमारे घर भी आते। इसी तरह

जब मैं 'नवभारत टाइम्स', मुम्बई में काम करता था तो मेरे साथ हमारे उस कुल जमा एक कमरे तक चले आये थे और मैथी की सब्ज़ी काटने में मना करने के बावजूद उन्होंने पत्नी का हाथ बँटाया था।

मुझे उनकी सोचने-समझने-संवेदित होने की क्षमता पर आश्चर्य होता था। कई बार यह लगता था कि जो आदमी इतनी छोटी-छोटी बातों की इतनी गहराई में जाया करता है, वह कभी भी अपने को तनाव मुक्त कैसे रख पाता होगा? वैसे जीवन और यौवन का उन्होंने जो सेलिब्रेशन 'सीढ़ियों पर धूप' की कविताओं में किया है, वह अतुलनीय है, अप्रतिम है। ऐसा कोई दूसरा हिन्दी कवि मुझे नज़र नहीं आता। वैसे रघुवीर जी के साथ बात करना सभी के लिए एक दिलचस्प अनुभव था। दिलचस्प और गहरा।

असद ज़ैदी, मंगलेश डबराल और मैंने मिलकर रघुवीर जी के ६०वें जन्म दिन पर उन पर लिखे गये आलेखों का एक संग्रह भेंट करना तय किया था। इसके लिए हमने दो-तीन चरणों में उनसे लम्बी बातचीत की थी, जिसमें हमारे वरिष्ठ और प्रिय प्रयाग शुक्ल भी शामिल हुए थे। वह कुछ और बातें भी हमसे साझा करना चाहते थे। उन्होंने मुझसे कहा था कि एक और बैठकी हो ताकि कुछ और बातों को तरतीब दी जा सके मगर इसे मेरा आलस्य ही कहिये कि मैं इसे टाल गया क्योंकि उस बातचीत को कैसेट से काग़ज़ पर उतारने का काम मुझे ही करना था। यह काम बहुत परिश्रम माँगता है और बहुत समय भी। तो वह बातचीत काफ़ी कुछ पूरी होने के बावजूद अधूरी है। यह पुस्तक हम उनके ६०वें जन्म दिन पर नहीं ला पाये, ६१ पर भी नहीं, जब तक वह हमारे बीच थे। उस ग्रन्थ के सम्पादकों ने और हमारे तमाम प्रमुख लेखकों ने समय पर लिखकर दिया था। सामग्री हमारे पास काफ़ी थी मगर उस समय जिन प्रकाशकों से हमें उम्मीद थी, वे इसके प्रकाशन के लिए राजी नहीं हुए। इसका प्रकाशन उनकी मृत्यु के क़रीब तीन साल बाद १९९३ में सम्भव हो पाया, जो 'रघुवीर सहाय' शीर्षक पुस्तक के रूप में उपलब्ध है और जिसका प्रकाशन तब के उत्साही और नये प्रकाशक देश निर्मोही ने आधार प्रकाशन से किया था। उन्होंने हम सब को साथ लेकर रघुवीर सहाय के नाम से एक पुरस्कार स्थापित करने में मदद भी की थी, जो विष्णु खरे, विनोद कुमार शुक्ल, लीलाधर जगूड़ी, अरुण कमल को दिया गया था मगर उस पुरस्कार की आयु भी अधिक नहीं हो पायी।

रघुवीर सहाय को इस बात का अहसास हो चला था कि उनकी मृत्यु अब बहुत निकट है या तो वह पत्नी के बग़ैर अकेले रह जायेंगे या विमलेश्वरी जी उनके बग़ैर अकेली रह जायेंगी। यह उनके जीवनकाल के बाद प्रकाशित उनके कविता-संग्रह 'एक समय था' की अनेक कविताओं से स्पष्ट है। ऐसी अनेक कविताएँ इस संग्रह में हैं जो मृत्यु की बात उनके और उनकी पत्नी के ख़ास सन्दर्भ में करती है—

जीवन के अन्तिम दिन

आख़िरी वक़्त कुछ बग़ैर कहे
तुम चली जाओगी
या मैं चला जाऊँगा
और कुछ बातें पड़ी रह जायेंगीं
कहने के लिए।

मैं ख़ुद जाना चाहूँगा

सच तो यह है कि कोई कह नहीं सकता है
हम दोनों में से कौन पहले विदा लेगा
हाँ चाहने को मैं ख़ुद जाना चाहूँगा
बाक़ी काम तुम पर या किसी पर छोड़कर।

बहरहाल, विमलेश्वरी जी हमारे बीच में हैं और अपनी उम्र के हिसाब से ठीक अवस्था में हैं। रघुवीर जी को जीवन सचमुच काफ़ी कम मिला—कुल ६१ वर्ष और २१ दिन। वह ६० की उम्र से पहले ही काफ़ी बूढ़े नज़र आने लगे थे। कई पारिवारिक चिन्ताएँ उन्हें शायद अन्दर ही अन्दर खा रही थीं, जिन्हें वह आमतौर पर लोगों से साझा नहीं करते थे। एक चिन्ता पत्नी की बीमारी को लेकर भी थी। यह कुछ स्वाभाविक ही लगता है कि उनकी मृत्यु ऐसे समय हुई, जब लालकृष्ण आडवाणी की तथाकथित राम रथ यात्रा के कारण उत्तर प्रदेश में जो साम्प्रदायिक वातावरण बन गया था, जिसे बढ़ाने में ख़ासकर हिन्दी के कुछ अख़बारों ने अपनी कवरेज के ज़रिये जो शर्मनाक भूमिका निभायी थी, उस पर प्रेस कौंसिल ऑफ़ इण्डिया की ओर से वह रिपोर्ट एक और वरिष्ठ पत्रकार साथी पी. रमन के साथ अन्तिम रूप दे रहे थे कि अचानक उन्हें दिल का दौरा पड़ा और डाक्टर के घर आने तक वह दुनिया छोड़ चुके थे। संयोग से उस समय घर की सदस्य के रूप में

विमलेश्वरी जी ही थीं। अचानक हुई यह मौत हम सब के लिए एक बड़ा हादसा थी। इससे अभी तक हम पूरी तरह उबरे नहीं हैं। एक बार वह सपने में दिखे थे। मैंने कहा—'आप तो अब हमारे बीच नहीं है।' उन्होंने कहा—'नहीं—नहीं, हूँ मैं।' शरीर से नहीं अन्यथा तो हैं ही वह हमारे बीच। लेकिन सपना, सपना होता है, टूटने के लिए होता है। उनका होना हिन्दी कविता और हमारे लिए सबसे आश्वस्तकारी था।

जीवन और रचना

सुरेश शर्मा

जीवन और रचना

१९२९

(९ दिसम्बर) : लखनऊ (मॉडल हाउस मुहल्ला) में साहित्य के अध्यापक श्री हरदेवसहाय के घर जन्म। शहर में नौकरी करने वाला विश्वविद्यालय शिक्षित परिवार, जिसकी बैसवाड़े में छोटी-मोटी ज़मींदारी थी। पितामह भी लक्ष्मी सहाय, पुलिस की नौकरी से सेवानिवृत्त होकर शेष जीवन आर्यसमाज के विचारों को फैलाने के साथ ही नि:शुल्क चिकित्सा सेवा का कार्य भी करते रहे।

१९३१

यक्ष्मा से माँ श्रीमती तारादेवी का देहान्त। माँ सीतापुर के तरीनपुर महल के रईस व ज़मींदार ठाकुर रामेश्वरबख़्श सिंह की ज्येष्ठ पुत्री थीं।

१९३६

पहले दर्जे में दाख़िला—'लखनऊ प्रीपरेटरी स्कूल' में।

१९३८

'डबल प्रोमोशन' से चौथे में दाख़िला—'बाज एंग्लो बंगाली स्कूल' में, जहाँ पिता अध्यापक थे। इसी वर्ष पिता का दूसरा ब्याह।

१९३९

पितामह की मृत्यु, जिनका कवि-शिशु पर अत्यधिक स्नेह था। इसी वर्ष एक छोटे भाई का जन्म, परिवार में अकेले लड़के से दुकेले हुए।

१९४४

मैट्रिक की परीक्षा पास की।

१९४६

पहली कविता लिखी—'कामना'। इसी वर्ष इण्टर किया। प्रसारण के माध्यम में शिल्पगत रुचि का आरम्भ, जो विविध रूपों में अन्त तक रहा।

१९४७

पहली बार कविता छपी—'आदिम संगीत', 'आजकल' के अगस्त अंक में। इलाहाबाद की 'विश्ववाणी' और 'संगम' में भी कविताएँ छपीं।

१९४८

पहली मुक्त छन्द की कविता लिखी 'नया वर्ष' जो इसी वर्ष 'कान्यकुब्ज कॉलेज' पत्रिका में छपी। अज्ञेय द्वारा सम्पादित द्विमासिक प्रतीक (पावस अंक) में पहली बार लम्बी कविता छपी—'सायंकाल'। प्रतीक के दो अंकों में और भी कविताएँ आयीं। इसी वर्ष बी.ए. किया।

१९४९

लखनऊ विश्वविद्यालय के तत्कालीन उपकुलपति आचार्य नरेन्द्रदेव ने कक्षा में उपस्थिति पूरी न होने के कारण अँग्रेज़ी एम.ए. प्रथम वर्ष परीक्षा में बैठने की अनुमति नहीं दी। शमशेर जी और श्रीकृष्णदास के पास इलाहाबाद में आकर कुछ दिन रहे। 'दूसरा सप्तक' के लिए अज्ञेय ने कविताएँ माँगी और इसी वर्ष उन्हें दे दी गयीं।

१९५०

लखनऊ लेखक संघ और नाट्य संघ के गठन में कृष्णनारायण कक्कड़ तथा नरेश मेहता के साथ शामिल हुए। यशपाल के नाटक 'नशे-नशे की बात' में यशपाल, कक्कड़ आदि के साथ अभिनय किया।

१९५१

लखनऊ विश्वविद्यालय से अँग्रेज़ी साहित्य में एम.ए. करते ही मई १९५१ से 'प्रतीक' में सहायक सम्पादक होकर दिल्ली आ गये । इसी वर्ष 'दूसरा सप्तक' में कविताएँ प्रकाशित हुईं।

१९५२

अगस्त में 'प्रतीक' बन्द हो गया। 'प्रतीक' बन्द होने के बाद अगले साल अप्रैल तक दिल्ली में ही मुक्त लेखन करते रहे।

१९५३

मई १९५३ में आकाशवाणी के समाचार विभाग में उप-सम्पादक बने।

१९५५

प्रो. महादेव प्रसाद श्रीवास्तव (अध्यक्ष, अँग्रेज़ी विभाग, बी.एस.एस.डी. कॉलेज कानपुर) की ज्येष्ठ पुत्री विमलेश्वरी जी से विवाह।

१९५७

मार्च १८५७ में आकाशवाणी से त्यागपत्र दे दिया। सितम्बर तक मुक्त लेखन करते रहे। मुक्त लेखन करते हुए लखनऊ से निकलने वाली पत्रिका 'युगचेतना' के दिल्ली प्रतिनिधि रहे। 'युगचेतना' के जून-जुलाई अंक में 'हमारी हिन्दी' कविता छपी। इस कविता को लेकर लखनऊ के सरकारी हिन्दी सलाहकारों में बावेला मचा। विद्यानिवास मिश्र उन दिनों सूचना विभाग में उप-निदेशक थे। उन्होंने पत्रिका की सरकारी ख़रीद की ४०० प्रतियाँ ख़रीदने से मना कर दिया। शिवसिंह सरोज (स्वतन्त्र भारत) ने इस पत्रिका की प्रतियाँ जलाने की धमकी दी। 'सरस्वती' सम्पादक श्रीनारायण चतुर्वेदी ने कवि और कविता के विरुद्ध लेख लिखा। "कविता में हिन्दी अगर दुहाजू की बीवी है तो यह दुहाजू कौन है?"—विरोधियों के द्वारा यह प्रश्न पूछा जाने लगा। इस पूरे प्रसंग में यशपाल ने कविता का समर्थन किया। इसी वर्ष बद्रीविशाल पित्ती के निमन्त्रण पर अक्टूबर में 'कल्पना' के सम्पादक मण्डल के सदस्य होकर हैदराबाद चले गये। मार्च में कानपुर में पहली सन्तान मंजरी का जन्म।

१९५८

श्रीमती कमलादेवी चट्टोपाध्याय और कपिला वात्स्यायन ने फ़रवरी १९५८ में सद्यःस्थापित एशिया थिएटर इन्स्टीट्यूट (बाद में नेशनल स्कूल ऑफ़ ड्रामा) में अनुसंधान अधिकारी के रूप में विदेशी नाट्य विशेषज्ञों और देशी छात्रों के साथ काम करने के लिए दिल्ली बुला लिया। जून तक दिल्ली में ही 'कल्पना' का काम देखते रहे। पिता (५२) की मृत्यु के कारण परिवार

का दायित्व सँभालने लखनऊ चले गये और अगले वर्ष मार्च तक वहीं रहे। दिसम्बर में वहीं दूसरी सन्तान हेमा का जन्म ।

१९५९

मार्च से दो अंकों में, अज्ञेय द्वारा सम्पादित अँग्रेज़ी त्रैमासिक 'वाक्' में सहायक सम्पादक। अगस्त से आकाशवाणी में संवाददाता के रूप में पहले एक साल का और फिर तीन साल का अनुबन्ध मिला ।

१९६०

पहला संग्रह छपा 'सीढ़ियों पर धूप में'—जिसमें कविताएँ, कहानियाँ, निबन्ध आदि शामिल हैं। मार्च में तीसरी सन्तान गौरी का जन्म, दिल्ली में। सुन्दरलाल के नाम से १९६० से १९६३ तक 'दिल्ली की डायरी' नाम से 'धर्मयुग' में एक पाक्षिक स्तम्भ लिखते रहे। इस वर्ष प्रायोगिक दूरदर्शन का उद्‌घाटन होने पर दूरदर्शन पर नियमित व्याख्यात्मक वार्ताओं का आरम्भ करने के लिए चुने गये।

१९६१

मार्च में पुत्र बसन्त का जन्म (दिल्ली में)।

१९६३

अगस्त में आकाशवाणी से अलग हुए तथा दैनिक 'नवभारत टाइम्स' में विशेष संवाददाता बने।

१९६५

भारत-पाक-युद्ध के बाद भारत अधिकृत पाकिस्तानी गाँवों की यात्रा। बाद में 'सीमा पार का आदमी' शीर्षक कहानी (रास्ता इधर से है १९७२) में इस यात्रा के अनुभवों का पुन: सृजन हुआ।

१९६७

सितम्बर में 'आत्महत्या के विरुद्ध' का प्रकाशन। अक्टूबर में सिक्किम में नाथुला सीमान्त की यात्रा। इसी वर्ष कृषि पर्यवेक्षण के सन्दर्भ में आन्ध्र, उड़ीसा तथा मध्य प्रदेश की यात्रा की। यात्रा में नागार्जुन सागर पर ही 'अकाल' शीर्षक कविता लिखी ('आत्महत्या के विरुद्ध' में संकलित)।

१९६८

'नवभारत टाइम्स' से स्थानान्तरित होकर मार्च १९६८ में समाचार सम्पादक के रूप में 'दिनमान' में नियुक्त हुए। तत्कालीन सम्पादक सच्चिदानन्द वात्स्यायन के विदेश चले जाने के कारण दिसम्बर १९६८ में इस पत्र में स्थानापन्न सम्पादक हुए। दूरदर्शन में पहली बार अन्तर्राष्ट्रीय घटनाओं पर व्याख्या के साप्ताहिक कार्यक्रम की परिकल्पना दी और एक वर्ष तक उसकी प्रस्तुति की।

१९६९

सच्चिदानन्द वात्स्यायन के सितम्बर १९६९ में विदेश से लौटकर त्यागपत्र देने पर 'दिनमान' के कार्यकारी सम्पादक हो गये।

१९७०

'दिनमान' के सम्पादक हुए। फ़रवरी में 'सोवियत लेखक संघ' के निमन्त्रण पर सोवियत संघ गये और एक महीना रहे। एब्तुशेंको और वोज्नेसेंस्की से परिचय हुआ और अलेक्सान्द्र सेकेविच जैसे युवा समीक्षकों से निकटता हुई। इसी वर्ष जर्मनी और इंग्लैण्ड की भी यात्रा की जहाँ क्रमशः उपन्यासकार ऊबे जानसन तथा कपि एलेन जॉन ब्राउन से परिचय हुआ।

१९७१

बाङ्लादेश में चल रहे संघर्ष के सन्दर्भ में अध्ययन के लिए त्रिपुरा गये। मुक्तिवाहिनी के प्रशिक्षण केन्द्रों की यात्रा की। अगरतला में मुक्तिवाहिनी के सैनिकों से तथा मुजीबुर्रहमान के विश्वासपात्रों से सम्बन्ध बना। दिसम्बर में मुक्ति के दस दिन बाद बाङ्लादेश की यात्रा। कवि जसीमुद्दीन, शमशुर्रहमान तथा अन्य लेखकों–बुद्धिजीवियों से निकट का परिचय हुआ।

१९७२

पहला स्वतन्त्र कहानी–संग्रह 'रास्ता इधर से है' प्रकाशित। मार्च में पुनः बाङ्लादेश की यात्रा। पहली यात्रा की तुलना में इस बार वहाँ बिखराव नज़र आया।

१९७४

'विश्व आर्थिक सम्बन्ध' नामक गोष्ठी में भारतीय पत्रकारों के प्रतिनिधि

के रूप में टोक्यो और बैंकाक की यात्रा।

१९७५

मई में 'हँसो, हँसो जल्दी हँसो' काव्य-संग्रह का प्रकाशन। फासिज़्म की पराजय की बीसवीं वर्षगाँठ पर सोवियत संघ के सूचना विभाग द्वारा निमन्त्रित होने पर दूसरी बार सोवियत संघ की यात्रा। इसी वर्ष नवम्बर में पूर्व जर्मनी और हंगरी की यात्रा। पूर्व जर्मनी के प्रसिद्ध कवियों-लेखकों से परिचय हुआ।

१९७६

'दिल्ली मेरा परदेस' शीर्षक से '६० से '६३ के बीच 'धर्मयुग' में 'दिल्ली की डायरी', के अन्तर्गत लिखी गयी रचनात्मक टिप्पणियों का संग्रह प्रकाशित।

१९७८

निबन्धों का संग्रह 'लिखने के कारण' प्रकाशित। तुर्की सरकार के निमन्त्रण पर १० दिन की तुर्की यात्रा। इस्ताम्बूल और अंकारा में प्रवास।

१९७९

शेक्सपियर के नाटक 'मैकबेथ' का 'बरनम वन' शीर्षक से पद्यानुवाद किया जो ब.व. कारन्त के निर्देशन में राष्ट्रीय नाट्य विद्यालय के रंग-मण्डल द्वारा खेला गया। इसी वर्ष यह अनुवाद प्रकाशित हुआ ।

१९८०

शेक्सपियर के 'ट्वेल्थ नाइट' का हिन्दी पद्य में तथा लोर्का का 'हाउस ऑफ़ वर्नाडा एल्बा' का उर्दू गद्य में अनुवाद किया। यह नाटक इसी वर्ष स्टूडियो वन में अमाल अल्लाना के निर्देशन में 'बिरजीस कदर का कुनबा' के नाम से खेला गया।

१९८३

'दिनमान' से अलग हुए। दिनमान में लिखे गये सम्पादकीय और लेखों के तीन संकलन छपे। पुस्तकों के नाम हैं—'वे और नहीं होंगे जो मारे जायेंगे', 'सागर भँवरे और तरंग', 'ऊबे हुए सुखी'। तीन हंगरी नाटक भी प्रदर्शित।

१९८४

'लोग भूल गये हैं' पर साहित्य अकादेमी पुरस्कार। 'जनसत्ता' में 'अर्थात्' कॉलम लिखने की शुरुआत।

१९८५

पोलिश उपन्यासकार इवो आन्द्रिच के उपन्यास 'द्रीनी चुप्रिया' के हिन्दी अनुवाद 'द्रीना नदी का पुल' प्रकाशित हुआ। यथार्थ सम्बन्धी लेखों के संकलन 'यथार्थ यथास्थिति नहीं' (सम्पादक : सुरेश शर्मा) का प्रकाशन। 'बिरजीस कदर का कुनबा' शीर्षक से लोर्का के 'दि हाउस ऑफ़ बरनाडा एल्बा' का अनुवाद।

१९८९

कविता-संग्रह 'कुछ पते कुछ चिट्ठियाँ' प्रकाशित। 'आधुनिक हंगारी कविता' शीर्षक से ३२ हंगारी कवियों की कविताओं का अनुवाद प्रकाशित।

१९९०

३० दिसम्बर को शाम साढ़े सात बजे देहान्त।

('रघुवीर सहाय रचनावली' में दिये गये विवरण से साभार)